1750

Breve historia de España

Humanidades

Fernando García de Cortázar
y J. M. González Vesga

Breve historia de España

El libro de bolsillo
Historia
Alianza Editorial

Primera edición en «El libro de bolsillo»: 1994
Novena reimpresión: 1995
Primera edición en «Área de conocimiento: Humanidades»: 1999

Diseño de cubierta: Alianza Editorial
Ilustración: Ángel Uriarte

Calle Juan Ignacio Luca de Tena, 15; 28027 Madrid
Teléf.: 91 393 88 88
ISBN: 84-206-3527-8
Depósito legal: M. 17.598-1999
Impreso en Coimoff, S. A.
Calle Acero, 1. Arganda del Rey (Madrid)
Printed in Spain

Capítulo I

España inacabada

Yo no canto la historia que bosteza en los libros,
ni la gloria que arrastran las sombras de la muerte.
¡España está en nosotros...!

EUGENIO DE NORA

¿Historia de España o historia de los españoles?, no le resulta fácil al historiador de final de siglo, liberado de las tentaciones de *uniformidad* decimonónica, decidirse a elegir un término adecuado a los últimos tres mil años de crónica peninsular. Espacio geográfico, protagonistas humanos, *sentido nacional,* parecían hasta ayer sinónimos y, sin embargo, en el presente no son unánimes los sentimientos de quienes quedaron englobados, por la fuerza de la geografía y la historia, en esa comunidad llamada España. A veces, la conciencia de pertenecer a una misma familia y la lucha por defenderla del extraño se impusieron sobre cualquier pensamiento; otras, se exageraron las diferencias, buscando romper los vínculos estrechados por los años entre las culturas peninsulares. En un tiempo, la convivencia pacífica de lenguas y religiones resultó casi natural, en otro se consideró un desatino. Pero desde el siglo XIX, una misma ideología, el nacionalismo, engangrena los desacuerdos al inventar términos excluyentes: España frente a Catalunya, Euzkadi o Galiza. Mediatizados por ella, políticos e intelectuales no se conforman con disfrutar plácidamente del patrimonio recibido, sino que manipulan los testimonios de nuestros antepasados haciéndoles protagonistas de preocupaciones modernas.

Con el compromiso de soslayar tales prejuicios, el libro que aquí arranca es una exposición forzosamente breve de nuestros siglos de historia, de sus crisis y titubeos, de sus logros socioeconómicos y de sus esperanzas de mejora. Destacamos, así mismo, el esfuerzo de los pensadores por hacer de la amalgama peninsular una Nación, lo que hoy justifica nuestra crónica. Y, por supuesto, la *Breve historia de España* no ha de ser sólo la de sus reyes y héroes, sino también la del arado y la oveja, los viajes marítimos y la burocracia, las leyes y los libros, y, sobre todo, un recuerdo de quienes aguantaron los golpes de la esclavitud, la explotación o el dolor, ...que las retóricas *patrioteras* olvidan. Nuestro deseo imposible, el mismo de Lord Acton al aceptar el encargo de dirigir la *Cambridge Modern History,* que este «Waterloo sea satisfactorio para franceses e ingleses, alemanes y holandeses, por igual».

El mar
alrededor de España
verde
Cantábrico,
azul Mediterráneo...

BLAS DE OTERO

Rodeada de mar y excéntrica en Europa, la posición geográfica de la Península Ibérica determina su itinerario histórico, sobre todo en la Antigüedad, cuando la capacidad humana para soslayar los inconvenientes de la naturaleza era escasa. Con la temible barrera de los Pirineos, el territorio parecía condenado a permanecer recluido en sí mismo, irreductible a los fenómenos culturales que llegaban del norte. Sin embargo no fue así: los flujos *europeizantes* lograron traspasar esta frontera, aunque siempre con un cierto retraso y después de notables transformaciones antes de aposentarse en Iberia. La herencia continental llegaría, sí; pero con tantos añadidos y mestizajes que imponen un sello original a las creaciones hispanas del mundo antiguo y el medioevo. Cuando los modernos medios de transporte revolucionen las comunicaciones en los siglos XIX y XX la traba física terminaría transformándose en frontera sicológica. El lema *Africa empieza en los Pirineos,* tan despectivo de nuestros vecinos norteños, y de algunos intelectuales domésticos, no es más que la constatación de esa especificidad cultural del ámbito peninsular, difícil de asimilar a las categorías de los países desarrollados.

Y es que, junto a su condición europea, España ha permanecido maniatada al continente africano, del que más que separar, el estrecho gibraltareño fue puente hasta la Edad Moderna. La eterna propensión de los peninsulares a mirar con recelo al sur, origen de continuas invasiones y pillajes, empujó a los gobernantes a imbuirse de un espíritu intervencionista en el norte de Africa. Herencia de Roma, Córdoba y Castilla que se prolonga en el XX con el protectorado marroquí vuelve a asaltarnos en los albores del XXI ante el espectro de los inmigrantes magrebíes, contra los que tomamos, como en el medioevo, el papel de *defensores de la fe,* bien que ahora, económica.

Enclave entre el norte europeo y el sur africano, la península vivió pronto la desdicha de convertirse en campo de batalla de ambos mundos pero también la suerte de ser solar de encuentro de sus pueblos, en un inacabado proceso de mestizaje de culturas y sangre que ella expandiría luego a las tierras americanas.

Asimismo, Iberia gozó desde tiempos remotos de las

esencias mediterráneas por más que en el gran mar ocupase un lugar extremo, alejado de las metrópolis culturales. La riqueza de su subsuelo y las cosechas de sus campos atrajeron a los navegantes fenicios, griegos, cartagineses, romanos y musulmanes, quienes le concedieron un puesto de honor en el espacio que constituirá el foco de la civilización occidental hasta la Edad Moderna. Gracias a las arriesgadas travesías de comerciantes, guerreros, o sacerdotes, la península mantuvo correspondencia con las tierras del Oriente Próximo, el mar Egeo o el Mediterráneo Central, donde importa novedades culturales y savia humana. Camino de ida y vuelta, durante la Edad Media la corona catalanoaragonesa devuelve la visita con su afición al Mediterráneo, contagiada a la monarquía hispánica de los Austrias.

Por otro lado, el esfuerzo de *españoles* y portugueses en el siglo XV elevó la condición atlántica de la península e impuso a Europa esta nueva perspectiva al abrirle un mundo desconocido, América, y redondear la imagen de la tierra. Si los pueblos orientales hicieron *mediterránea* a Iberia, ésta supo agradecer su gesto *atlantizando* Europa con el sacrificio de sus hombres y la mejora de las técnicas del Renacimiento. A lo largo de cuatro siglos la querencia americana sería el centro de gravedad de la historia peninsular, a costa de la mediterránea e, incluso, de la continental. Sólo en el XIX, la independencia de las colonias rompe el cordón umbilical de España y América: una nación desorientada se repliega sobre sí misma mientras una retórica vacía agosta la anterior cosecha. Aunque en el siglo XX los lazos parecieron estrecharse, con el ingreso en la Comunidad Económica es España la que abandona a su suerte a Hispanoamérica en su afán por recuperar el tren de Europa. Obsesionados desde el siglo pasado por la industrialización y el desarrollo europeos, los españoles dilapidan su herencia atlántica y mediterránea, el mejor regalo a ese proyecto continental. A la España reconcentrada sucede, pues, la *Minieuropa* ensimismada.

Si la ubicación de la península ha tenido notable influencia en su historia, lo mismo puede decirse de su estructura interna, dominada por una orografía abrupta donde las comunicaciones han resultado muy difíciles hasta el siglo XIX. Un escollo, que ha impedido el acceso de las corrientes exteriores a los ámbitos peninsulares y un desarrollo económico y político homogéneo. Frente a las receptivas tierras costeras, la Meseta sufre aislamiento por largos períodos, bloqueada por las cadenas montañosas del Sistema Ibérico, las serranías béticas y las cumbres cantábricas y galaicas, entorpecedoras de las relaciones entre el norte y el sur, el este y el oeste. La orografía rompe la península en distintas regiones geográficas —Meseta, cornisa cantábrica, Galicia, valles del Ebro y Guadalquivir, costa levantina, Cataluña— que, con el quehacer de la Historia, cristalizarán en una honda *comarcalización* cultural.

A las altas tierras meseteñas y montañesas, víctimas de un clima riguroso, escasa lluvia y pobres suelos, se oponen las feraces depresiones del Ebro y Guadalquivir donde la agricultura prende con fuerza desde la llegada de los primeros colonizadores mediterráneos. En el interior la ganadería será la salvación tanto de las tribus celtíberas como de romanos, visigodos o pueblos norteños. Después, la lucha contra el Islam de los reinos castellano-leonés y aragonés da nuevo aliento a esta especialidad pastoril, que hará de la oveja el animal rey. En la Edad Moderna, el apoyo de los poderes públicos, deseosos de capitalizar el tirón de la demanda europea de lana, reforzará el poder de la oveja frente al arado hasta el XVIII, en tanto las cañadas transhumantes pasan a ser las más transitadas vías de comunicación del país.

Mientras, los valles orientados a la producción agrícola no permanecen ajenos a los influjos foráneos, en ellos dominan las corrientes culturales del Mediterráneo y la agricultura tiende a adaptarse a los gustos y saberes de los hombres venidos de Oriente. Cartago introduce algunos árboles frutales e impulsa el cultivo de los cereales y las fibras. Roma organiza las cosechas alrededor de la triada mediterránea —vid, olivo, trigo— que arraiga en

Andalucía, Levante y valle del Ebro, prolongando sus raíces hacia la Meseta. Finalmente, el Islam robustece la militancia agrarista del sur y el este peninsular con la importación de nuevas especies hortofrutícolas desde Asia y el norte de Africa, en competencia con los reinos cristianos, que bregan por imitar la agricultura *romana* en los espacios reconquistados, aun en los menos aptos, a la búsqueda de la autarquía agraria regional.

La primera gran *revolución* en la agricultura clásica llega con el descubrimiento de América, cuando en un mutuo intercambio *ecológico* gran número de plantas —maíz, patata, tomate, caña de azúcar, algodón, vid— cruzan el Atlántico en ambos sentidos. De momento, las colonias salen más beneficiadas pero las nuevas especies americanas permitirán ganar tierra al arado en la península y mejorar los rendimientos, iniciando una especialización comarcal que no cesa hasta el triunfo de la agricultura *comercializada* del XIX. Entonces, cada territorio peninsular comprende la necesidad de concentrar su esfuerzo en aquellos productos históricos para los que se hallaba mejor dotado: surge el paisaje del olivar en Andalucía, del cereal en Castilla, de los frutales en Valencia, del viñedo en los campos de Jerez o en La Rioja, de la caña azucarera en las vegas de Granada y del maíz en la cornisa cantábrica.

Quizás el mayor obstáculo al desarrollo agrario de los dos últimos milenios hayan sido las escasas lluvias recibidas en muchas de las regiones españolas del interior, Andalucía y Levante, y, paradójicamente, los devastadores efectos de las aguas torrenciales en las zonas mediterráneas. Por ello, la lucha contra la sequía es tarea tenaz de los habitantes de la península, sobre todo en áreas con recursos hidráulicos, como las del Ebro y el Guadalquivir, aunque tampoco faltarán iniciativas en la Meseta. Roma recupera los trabajos de Cartago en las huertas levantinas ampliándolos a la Bética y el valle del Ebro, y de su ímpetu disfruta el Islam, que mejora las expectativas con nuevas técnicas orientales y más acequias. Los reinos cristianos se preocupan del agua desde la baja Edad Media pero la política hidráulica no adquiere vigor renovado hasta el siglo XVIII con los monarcas ilustrados: el regadío constituía el eje primordial de su proyecto de modernización de la agricultura española al igual que para Prieto y la Segunda República.

La *falta de agua* se agrava, en pleno siglo XIX, con el ensanche de las ciudades, la industrialización y la agricultura especializada, que consumen agua a manos llenas sin reparar en su *coste.* Ni siquiera el trabajo regulador de las cuencas con los pantanos de Primo de Rivera y Franco permitió atajar el mal. Es meritorio, no obstante, el esfuerzo de nuestra época por superar la regionalización de las políticas del pasado —atentas únicamente al aprovechamiento de las aguas fluviales dentro de unos circuitos muy restringidos— para buscar un equilibrio entre las cuencas peninsulares. La construcción del trasvase Tajo-Segura (1967-1980) simboliza el cambio de objetivos, al que podrán añadirse en un futuro no muy lejano otros más, de aplicarse la ley socialista de aguas.

Ante los planes gubernamentales han surgido, sin embargo, reticencias y rechazos de algunas comunidades que, como Aragón, ven *trasvasar* uno de los pocos bienes de que disponen para su desarrollo en favor de otras ricas, consumidoras netas por su índice de industrialización, sin las suficientes compensaciones. Parece llegado el momento de calibrar el verdadero valor del agua, bien escaso y *materia prima* de la industria, los servicios y la agricultura. El trasvase de los excedentes de las comunidades pobres a las adineradas debe venir acompañado del traslado de algunos grandes consumidores de las opulentas a las menesterosas a fin de evitar su virtual despoblación. Asimismo, resulta fundamental valorar los beneficios *reales* de cierto modelo de agricultura, basado en un gasto de agua desmedido, que presiona sobre los acuíferos subterráneos impidiendo su regeneración o arruinándolos al aumentar la salinidad de las aguas.

En compensación a las dificultades impuestas por las barreras montañosas, sus entrañas ofrecieron a los peninsulares los más ricos yacimientos minerales de la Europa occidental. Plata, cobre, plomo, mercurio, hierro..., todos se encontraban en abundancia. Tras el brillo de la plata y el cobre, fenicios y griegos compitieron por dominar el comercio con El Dorado del mundo clásico; Cartago descubrió en las minas andaluzas y murcianas los cimientos de su poderío y Roma parte del oro con que pagar sus ejércitos. En la Edad Media, la minería languidece y con el Imperio se hace, sobre todo, americana: picos y fundiciones se embarcan en los galeones para explotar la plata peruana o mejicana aunque no falte el trabajo de los ferrones, en torno al hierro vizcaíno, y el de los esclavos y convictos, encadenados al azogue de Almadén. Es en el siglo XIX cuando España renueva su posición de gran productor europeo horadando el suelo de Vizcaya, Asturias, Santander y Andalucía.

> ...los brazos de sus ríos acumulan
> venas que acercan las gargantas
> oscuras o los verdes valles,
> arrancando la tierra, acariciándola...
>
> José García Nieto

Todo este desarrollo económico y demográfico deja feas cicatrices en la piel peninsular. Las explotaciones mineras siembran las montañas españolas de cráteres, arrasando el patrimonio de sus crestas y laderas. Con dificultad se podrán olvidar las imágenes de los pozos de Almadén o el paisaje lunar de los montes de Triano en Vizcaya, los depósitos de ganga, que desde tiempo de Cartago y Roma se acumulan en la región murciana, o los deshechos de la minería del carbón en los valles asturianos. Y no solamente aquí, en Galicia la actividad de los esclavos romanos redujo a escombros montes enteros; los gases emanados por las fundiciones de plomo asolaron la vegetación de Linares y Puertollano; y el lavado de los minerales tiñó de rojo los ríos Tinto y

Odiel y de negro los arroyos cantábricos en tanto los residuos colmataban en menos de un siglo la bahía murciana de Portmán. Un nuevo atentado que añadir a los contaminantes efectos de la industria química y papelera en los ríos vascos, gallegos y catalanes y a la peligrosa compañía de nitratos y pesticidas en los acuíferos subterráneos, debido a los excesos de la agricultura del siglo XX.

Otros dos fenómenos, estrechamente relacionados, avalan la decadencia ecológica del territorio: la muerte de extensas áreas de bosque autóctono y el zarpazo continuo de la erosión. Los escritores grecorromanos llegaron a conocer la formidable masa arbórea que cubría la Península Ibérica hace más de dos milenios. Compuesta de frondosas de hoja caduca en el norte húmedo —hayas, robles, castaños— y de bosque mediterráneo —encinas, alcornoques, madroños— y matorral en la Meseta o Levante, la *selva* peninsular se vería muy pronto mermada por el empuje *civilizador.* Las agresiones pioneras tienen lugar en Andalucía con el despertar de las comunidades agrícolas y la actividad a gran escala de la metalurgia en el primer milenio a.C. El consumo de madera en las fundiciones indígenas acabó con la cubierta vegetal de Sierra Morena, cuyos suelos son arrastrados por las lluvias y el río Guadalquivir hasta rellenar las lagunas costeras de su desembocadura y dar origen a las actuales marismas de Doñana. También la agricultura romana es responsable de la mengua del espacio *virgen* en la Bética, Levante, Extremadura, valle del Ebro y en torno a las ciudades y *villae* meseteñas, al reemplazar las áreas de cultivo los viejos ecosistemas naturales.

La tala avanza con prisa en la Edad Media, a impulsos de la política de tierra quemada desarrollada por los contendientes en Castilla y Aragón, de la progresiva *humanización* del paisaje al norte del Duero y del desahogo de los olivos, frutales y huertas por los valles andaluces, valencianos y aragoneses, en poder del Islam. A pesar de las roturaciones, acompasadas al crecimiento demográfico, los espacios naturales norteños descubren un seguro de subsistencia en el modelo de reparto del *terrazgo,* al quedar adscritos gran parte de las zonas boscosas a aprovechamientos de tipo comunal que evitaron su destrucción. El equilibrio medieval entre la tierra cultivada y el suelo virgen se reproduce luego en las grandes propiedades nobiliarias del sur, que conservarán parte de sus áreas montaraces por la falta de mano de obra y la ganadería. El adehesamiento permite así la vida de enclaves naturales en Sierra Morena o los Montes de Toledo, a la vez que la pérdida de especies vegetales y los riesgos de la deforestación alientan a fines de la baja Edad Media los primeros proyectos legislativos de defensa del bosque.

Con el fin de la Reconquista y el auge del Imperio, la naturaleza vuelve a sufrir el ataque depredador del hombre. La necesidad progresiva de alimentos y el tirón del comercio americano, fuerzan nuevas roturaciones en terrenos marginales de Andalucía, ambas Castillas, Levante, Cataluña, sin tener en cuenta el rendimiento decreciente de los suelos, mientras la oveja exige más y más pasto a costa de los árboles. En la cornisa cantábrica, los Pirineos y el Sistema Ibérico, la demanda de la construcción naval y el consumo de la industria *ferrona* reducen a cenizas el bosque húmedo, al caer abatidas las especies de lento desarrollo —haya, roble— en beneficio de otras de vida rápida, a menudo importadas del continente americano. Sólo la crisis del XVII pone freno temporal a esta furia: el despoblamiento castellano fomenta incluso un retorno del sotobosque degradado. Mejor suerte corren los islotes vírgenes andaluces, manchegos y extremeños, despensa del ganado vacuno y de cerda. Su buena estrella declina, no obstante, con los repartos de Carlos III; olivos, vides, cereales y frutales ganan la partida al bosque extremeño, como en Valencia y Cataluña a las lagunas y albuferas desecadas.

El gran mazazo lo recibe el bosque peninsular en el siglo XIX, particularmente tras la desamortización de Madoz. Al privatizarse los comunales, las masas arbóreas caen bajo el arado en las regiones de agricultura más rentable. Igualmente, en las zonas escarpadas, la demanda de la industria siderúrgica y papelera de Andalucía, País Vasco y Cataluña fuerza la tala y la invasión del pino *insignis* y el eucalipto en Galicia, Cantabria, País Vasco y serranías béticas. El panorama del siglo XX es catastrófico, a pesar de las reservas naturales y los espacios protegidos. La imprescindible política de obras públicas —pantanos, carreteras, líneas de ferrocarril— hace jirones de la corteza peninsular, en tanto el crecimiento de las grandes ciudades y la oferta masiva de turismo devoran amplias parcelas de la naturaleza. Buscando la *productividad* inmediata, las leyes que regularon la *concentración parcelaria* en el norte mataron la masa forestal y arbustiva de los ribazos, linderos y caminos castellanos. Y para coronar el panel de desgracias, la plaga de los incendios veraniegos, en los que se conjugan las sequías, la negligencia y el negocio, calcina cada año las reservas vegetales de Castilla, Valencia, Galicia y el sureste.

Desde los años ochenta la mayor conciencia ecológica de la población presiona en defensa de los parajes naturales del territorio español, aunque escasos, los mejor conservados de Europa Occidental. Los proyectos encaminados a mantener España de *reserva ecológica* de Europa, no deben hacernos olvidar, sin embargo, que su *privilegiada* naturaleza es fruto del subdesarrollo económico del país en las dos últimas centurias y que cualquier política *conservacionista* ha de contar con los legítimos intereses de los habitantes de las regiones protegidas. Los intentos de unir estos enclaves a través de las antiguas rutas transhumantes o la reforestación de algunas tierras de cultivo poco rentables según la nueva política agraria comunitaria son buenos pasos, pues se apoyan en las subvenciones de la CEE a los agricultores afectados.

Las talas, la irregularidad pluviométrica con sus sequías y lluvias torrenciales, y la devastadora actividad del hombre han contribuido de manera notable al incremento de la erosión del suelo español. Carentes de defensas vegetales, las tierras españolas se ven sometidas al castigo inmisericorde de las aguas y el viento, que han arruinado parte de la Meseta y de los montes sureños depositando sus suelos productivos en valles y costas. No hay más que observar la ampliación de los deltas del Ebro y el Guadalquivir desde el siglo X, o el relleno de la bahía gaditana y otros *puertos* fenicios y romanos, hoy cerrados al mar, para ratificarlo. Además, las inundaciones y avenidas intermitentes en la baja Andalucía, Levante y litoral cantábrico han acelerado los procesos erosivos, agravados a partir del XVIII por la desecación de albuferas y lagunas litorales, el encauzamiento de ríos y la construcción de caminos y edificios sin respetar los desagües naturales.

Al cuadro descrito hay que añadir el peligro de desertización, más acusado en España a causa de su geografía y del clima semiárido de buena parte de su espacio. Un riesgo que se acrecienta al coincidir las regiones amenazadas con aquellas que han concentrado siempre las faenas agrícolas y ganaderas, hasta el punto de provocar la pérdida de algunos parajes en el sureste almeriense o en las Bardenas navarras y amenazar el sureste andaluz, Castilla y Aragón. Los regadíos inadecuados han contribuido también a la destrucción del suelo. Enfrascados en su lucha contra la sequía, los agricultores no se preocuparon muchas veces de preparar los drenajes pertinentes y la acumulación de sales en la superficie terminó por arruinar sus explotaciones.

> España, España, España.
> Dos mil años de historia no acabaron de hacerte.
>
> EUGENIO DE NORA

Si el paisaje peninsular ha soportado profundas mutaciones a lo largo de los tres últimos milenios, otro tanto puede decirse del *espíritu* de sus moradores. Tres mil años nunca pasan en balde, ni en lo *cultural* ni en lo *genético.* Por muy aisladas que se encontrasen las comunidades indígenas, todas ellas fueron absorbiendo, en mayor o menor grado, creencias, técnicas, fermentos creativos...

que a la postre se sobrepusieron a las diversidades regionales, herederas de la geografía, para dotar de una cierta homogeneidad a la, por otra parte, multiforme civilización hispana.

A las puertas del primer milenio a.C. los pueblos orientales y la cultura del hierro introducen la Península Ibérica en la Historia, con dos personalidades culturales diferenciadas. Cataluña y el valle del Ebro quedan adscritas muy pronto a las corrientes centroeuropeas de los «campos de urnas», que en pocas centurias extienden sus formas de vida y de ultratumba a la Meseta. Paralelamente, en Andalucía y Levante, la presencia de fenicios y griegos impulsa el desarrollo de los modelos del Mediterráneo oriental, en un proceso de inculturación culminado en el esplendor tartésico. Dos vías de homogeneización que conviven con una enorme diversidad tribal. De un lado, los influjos mediterráneos estructuran en Levante, Andalucía y la costa catalana el conjunto de las tribus ibérico-turdetanas, todas política y culturalmente independientes, pero provistas de unos rasgos comunes —urbanismo desarrollado, economía agrícola y minera, alfabetos muy parecidos, creencias relacionadas— que las emparentan. En la Meseta y el norte peninsular, las continuas migraciones provenientes de Europa reforzaron, por contra, los elementos continentales, al imponer los recién llegados su lengua y costumbres a los habitantes primigenios, así como una organización gentilicio-pastoril y, a menudo, guerrera y depredadora de los ricos poblados béticos, levantinos o del valle del Ebro. Tampoco aquí puede hablarse de unidad, pues, junto a la cultura castreña asturiana y gallega, coexiste la del Tajo, relacionada con la catalana de los campos de urnas, o la del Duero, a medio camino entre ambas. En sus guerras por el dominio peninsular y mediterráneo, Cartago y Roma cohesionarían políticamente estas tribus alrededor de una serie de *caudillos* que, sin embargo, nada podrían frente a las poderosas maquinarias bélicas de las potencias imperialistas.

Sobre las dos Iberias, la *mediterránea* y la *meseteño-at-*

lántica, Roma impone una política integradora al someter toda la península, con frecuencia de forma brutal y sangrienta, a su modelo de cultura. De su mano, los adelantos del mundo clásico en el urbanismo, la economía, la cultura o la religión acampan en el solar ibérico, vertebrando esa realidad histórica que denominamos *Hispania.* Roma dota a la colonia de ciudades, asentamientos militares y explotaciones agrícolas, origen de algunas de las urbes bimilenarias de hoy. Construye caminos y puertos que, superando las barreras de la geografía, permiten a un ejército de soldados, funcionarios y comerciantes expandir los avances de la *civilización latina* desde las regiones más cultivadas —Bética, Levante, costa catalana, valle del Ebro— hacia el interior, acelerando la mezcla de los primitivos moradores con las gentes venidas del exterior. Y por encima de ciudades y caminos, la organización administrativa, militar y religiosa no sólo facilita el gobierno a la metrópoli sino que refuerza el sentido de unidad, aún en los territorios donde la acción *romanizadora* era menos intensa.

Junto a la estructura territorial, que en muchas zonas de la península permaneció intacta a través de los siglos —las diócesis eclesiásticas, por ejemplo, han mantenido hasta hoy las viejas jurisdicciones romanas—, el Imperio deja una herencia cultural. La lengua, el derecho, ciertas *normas artísticas* y los monumentos escritos de la cultura clásica enriquecen el acervo intelectual, favorecen la comunicación de ideas entre los *pueblos* peninsulares y se imponen como elementos de afinidad entre sus respectivas elites. Con todo, por debajo del barniz latino de las clases dirigentes es posible detectar en el norte el latido de los modelos indígenas, tanto en lo religioso como en las formas de vida o lenguaje, que aflorarán a la superficie de la historia bastantes siglos después. Incluso, cuando el Imperio comienza a decaer todavía entrega un último tributo con la arribada, procedente del norte de Africa, del cristianismo.

Asociada al resto de las influencias *culturales,* la religión cristiana prende en las regiones más ricas de la Bética y la Tarraconense, desde donde acomete su apostolado proselitista de la Meseta. Los períodos de inestabilidad que preceden a la ruina del Imperio, el desconcierto en el ámbito ciudadano y la profunda polarización social fortalecerán el papel socioeconómico y político de la Iglesia hispanorromana, comprometida con el poder a raíz de los Edictos de Constantino. En poco tiempo, lo *político* va cediendo paso a lo *religioso* como factor cohesionador y civilizador mientras la cultura clásica y el cristianismo comienzan juntos el peregrinaje que les convertirá en las más claras señas de identidad de la cultura peninsular.

En los momentos de zozobra que suceden al ocaso romano, huérfana de la tutela latina, Hispania se despega del marco mediterráneo para concentrarse en sí misma con el asentamiento de las tribus germánicas y la ruptura de la unidad administrativa en varios *reinos* enfrentados. Pero, a largo plazo, y excepto pequeñas contaminaciones en el gusto artístico, la herencia romana se salva con el triunfo del pueblo visigodo. A pesar de los intentos de segregación ensayados por los monarcas godos para preservar su *pureza* y dominio político, su pueblo sería absorbido por unas formas de vida y cultura que les desbordaban: la conversión de Recaredo al catolicismo, el credo de los hispanorromanos, señala el inicio de la adaptación. Sólo en los valles norteños peor comunicados, el fin del poder imperial y la crisis económica fomentan el renacimiento de las formas *indígenas,* permanentemente acosadas desde Toledo cuando el *reino visigodo* reconsidere las líneas maestras de su política externa y trate de extender su brazo a los territorios que *nominalmente* habían formado parte de las *provincias hispanas.* Con los visigodos, por tanto, Hispania se independiza adquiriendo unos límites geográficos que permanecerán fijos hasta la Edad Moderna. Además, el bautizo del pueblo godo y los Concilios de Toledo sellan la duradera simbiosis de la Iglesia y el Estado: el reino visigodo continuaría la labor cristianizadora en el norte peninsular y el medio rural; el altar, la defensa de la estructura social y económica bajoimperial, que se impone a las masas populares de *vencedores* y *vencidos*.

De nada sirvieron las plegarias ante la tremenda fractura social generada por la desigualdad de fortunas y el sometimiento de la población. El alejamiento del *Estado oligárquico* de la sociedad desembocará en la ruina del reino, una vez que la derrota del 711 convierte el Islam en la tabla de salvación de las masas. Como por encanto, las gentes *hispanovisigodas* se transformaban en *hispanomusulmanas* al adoptar la fe de los *conquistadores*, grupo minoritario que, en principio, parecía destinado a sufrir la misma *absorción cultural* de los godos. A la imagen de *invasión*, herencia mitológica de la aristocracia militarista visigoda, hay que oponer, pues, el concepto de *revolución social*: los siervos se islamizaban para deshacerse del opresor, conservándose el parentesco racial entre los hombres y mujeres de la *Hispania islámica* y sus vecinos del norte.

Con las tropas victoriosas de Tarik y Muza la península recupera su esencia mediterránea, por un tiempo Bagdad y La Meca sustituyen a Toledo y Roma, aunque la primigenia *tolerancia* del Estado musulmán permita a las raíces clásicas y cristianas sobrevivir durante varios siglos. No obstante, la nueva *orientalización* ibérica también tuvo su precio; tras Poitiers el enfrentamiento de la Europa cristiana y el Islam profanó las tierras españolas, campo de batalla de dos mentalidades opuestas y excluyentes. Una lucha que expandirá entre las gentes peninsulares el sentimiento de *cruzada* y de *guerra santa*, rompiendo cualquier atisbo de convivencia. Como cantan los poetas de ambos bandos:

> Hoy el diablo ha retrocedido desembarazándose de la causa de los enemigos.
> Los partidarios de la herejía han sabido entonces en el extremo oriente donde están o en el extremo occidente que el fetichismo no era más que mentira.
> En Santiago cuando llegaste con las espadas blancas semejantes a una luna que se pasea por la noche entre sus estrellas...

> ...Qué bella es la vista de la religión en frente de su fealdad y la frescura de la fe del partido de Allah en relación con su llama...
>
> IBN DARRAY, *Loas a Almanzor por su victoria en Santiago*

> A grandes voces llama en que en buena hora nació:
> ¡Heridlos, caballeros, por amor del Creador!
> Yo soy Ruy Díaz, el Cid de Vivar Campeador...
>
> ANÓNIMO, *Poema de Mio Cid*

El mundo islámico fortalecerá, sin proponérselo, la diferencia norte/sur al enriquecer con su experiencia asiática la vida urbana de Andalucía, Levante y el valle del Ebro, tan antagónica a la sociedad agraria de las comunidades establecidas al norte del Duero o los Pirineos.

Mientras esto ocurre en el sur, los grupos contrarios a la *invasión* encuentran refugio en los intrincados valles cantábricos, astures y pirenaicos, cohesionan políticamente a sus habitantes y los incorporan a su empresa militar de *resistencia.* De esta manera, la semilla *visigoda* germina en unos territorios escasamente latinizados y cristianizados, con lo que los resistentes toledanos completaban la labor de la difunta Roma en la cordillera Cantábrica asumiendo a cambio algunos elementos *indígenas.* El aislamiento de los diversos enclaves y el grado de los aportes autóctonos darán pie a modelos dispares. En el caso de los núcleos cantábricos, la *legitimación* del poder y de la empresa reconquistadora empuja a los *monarcas* astures a reforzar su labor de *caudillos* militares —propia de la monarquía germánica— con enlaces matrimoniales en el seno de los clanes indígenas, asegurándose así la dependencia personal de sus miembros, a la vez que la Iglesia se comprometía en la defensa ideológica. La llegada de los mozárabes del sur, con su equipaje de tradición latina, y el prodigioso trabajo de los intelectuales de la corte de Oviedo en sus Crónicas, restablecerán finalmente el *vínculo histórico* que hará del *reino asturiano* sucesor legítimo del visigodo. Una sucesión en la que, por otro lado, se intentará involucrar a la Providencia con su *ayuda* en Covadonga y el descubrimiento del sepulcro del apóstol Santiago. En la región pirenaica, la resistencia cristaliza a causa de intereses externos: la necesidad de la corte carolingia de asegurarse el flanco sur mediante la creación de una *marca* defensiva.

La injerencia de Aquisgrán en Cataluña y el empuje de las sociedades pirenaicas en los siglos IX y X repueblan la región, organizándola a imagen y semejanza del resto del Imperio. Mientras, los sucesivos intentos de hacer lo propio en Pamplona terminaron en fracaso; primando, por contra, el apiñamiento de los clanes indígenas en torno a la familia Arista, que organiza el reino navarro con la inestimable ayuda de sus parientes mudéjares de Tudela. Los préstamos del Ebro islámico y posteriormente de la sociedad feudalizante gala quedan ocultos dentro de su mitológica *independencia* frente a Carlomagno: a la Covadonga astur se une pronto el Roncesvalles navarro como hitos en el ansia de *libertad* de los reinos cristianos.

La Reconquista y repoblación de las tierras arrebatadas al Islam acrecientan la personalidad propia de cada uno de los enclaves. En tanto los señores catalanes y aragoneses, incapaces de avanzar al sur por la barrera urbana del valle del Ebro y por la codicia de las parias del siglo XI, arrebatan libertad y propiedades al campesinado, esa *tierra de nadie* que era el *desierto* del Duero suponía una válvula de escape en Castilla y León. A diferencia de los *malos usos* catalano-aragoneses, los hombres meseteños conservaron un acusado grado de libertad, sobre todo en Castilla, donde las constantes aceifas musulmanas obligaban a combinar la espada y el arado. El salto del Duero al Tajo fortalece la *independencia* con los *concejos de frontera* y el conjunto de privilegios y franquicias concedido a sus moradores.

Enorme importancia tienen las derivaciones políticas de la disolución del Califato y el desmembramiento de *Al-Andalus* en los reinos de taifas. Si las proclamas de soberanía política y religiosa de los Abderramanes habían hecho resaltar la preeminencia del *marco peninsular* sobre el europeo-norteafricano, la crisis de Córdoba demostraba que la tentación centrífuga de las oligarquías hispanas afectaba por igual a ambos lados de la frontera cuando desaparece la cabeza defensora de la vida en *comunidad.* Ya había ocurrido en el siglo IX con Cataluña respecto del Imperio carolingio; a finales del X, con Castilla frente a León, y volverá a resurgir en el XII al separarse Portugal de la corona castellanoleonesa. Ahora la crisis dejaba a las sociedades islámicas a merced de sus belicosos vecinos norteños que sacarán el mayor rendimiento de su debilidad.

Gracias a su rápido asalto al mediodía los monarcas castellanoleoneses dispondrán de una formidable masa de recursos y de un arma jurídica sin igual —la facultad de legitimar la apropiación de la tierra— para situarse por encima de los *pares* del reino; en Cataluña y Aragón, por el contrario, los reyes agotaron pronto sus propiedades y hubieron de *pactar* con la oligarquía. Una oposición que deriva en la forma territorial de los Estados: los monarcas castellanoleoneses consiguieron superar las divergencias regionales y fusionar sus *reinos* con el señuelo de las tierras del sur; en el este, sin embargo, las elites no cedieron nunca al proceso integrador, sus presiones y recelos se plasman en la Confederación catalanoaragonesa, extendida después a Valencia ante la imposibilidad de compaginar los intereses contrapuestos de la oligarquía de ambos reinos.

Pese a las diferencias internas existentes, reafirmadas con la configuración de los idiomas —castellano, catalán, gallego-portugués, aragonés—, los reinos cristianos conservaron un cierto sentimiento de pertenencia a un pasado común, al que contribuyen la actividad de la Iglesia, los enlaces matrimoniales entre las monarquías y, sobre todo, la colaboración frente a un enemigo compartido. En algunas ocasiones, las herencias, y las intromisiones de los monarcas en los asuntos internos de sus vecinos, consiguieron resucitar aquella *unidad perdida.* Será, no obstante, Castilla quien termine por asumir, como tarea histórica, la reconstrucción de Hispania al declararse heredera de Asturias y Toledo mediante una rica tradición *goticista* de la que bebe Alfonso VII, autoproclamado *emperador de España.*

El salto castellano del Duero al Tajo y el aragonés al otro lado del Ebro acercan un poco más los dos reinos, dejando a Navarra encajonada y a merced de sus poderosos vecinos. Ambos emplean idénticos estímulos para atraer repobladores, implantan las mismas órdenes religiosas y popularizan las actividades ganaderas. El Camino de Santiago y las peregrinaciones jacobeas también trabajaron en esa dirección, al importar las corrientes culturales europeas. No hay más que observar, por ejemplo, las semejanzas entre el románico de Aragón, Castilla y Galicia, o la reproducción de los fueros urbanos para comprobarlo. Además, a hombros de los *segundones* franceses, enrolados en las huestes de los monarcas hispanos, y el Cluny, en el siglo XI cruzan los Pirineos los influjos del *feudalismo* galo que aceleran la *militarización* política y económica de las sociedades navarra, aragonesa, portuguesa y castellana. Y con ella, del ansia de botín, en detrimento del despegue de la *burguesía* autóctona, ahogada en un marco social asfixiante. Sólo en Cataluña la burguesía renueva su brío, enriquecida por el comercio entre la Europa feudal y las taifas, el interior peninsular y los productores orientales. Pero con los *peregrinos* viajan una variada gama de *prejuicios,* que ahondan la sima entre los reinos cristianos y el Islam, dando pábulo sus relatos a visiones deformadas de la realidad hispana, que envenenan las relaciones con el resto del continente.

Tras los rápidos avances del siglo XII en La Mancha, Andalucía y Levante —Fernando III y Alfonso X de Castilla y Jaime I de Aragón— las sociedades peninsulares han de afrontar nuevos problemas. La falta de mano de obra y el peso de las clases militares fuerzan una distribución de la tierra en grandes lotes que benefician, en exclusiva, a los grupos nobiliarios y a la Iglesia, acrecentando su poder político y social. Al margen de diversidades regionales nace, ahora, un sur —sea castellano, portugués o aragonés—, dominado por los señoríos y la gran propiedad. Los dos se dilatan con el saqueo de los bienes de la corona y los concejos en la baja Edad Media y las crisis de la monarquía en la Moderna, y con la desamortización del siglo XIX, que origina el latifundismo contemporáneo. Junto a los *hombres libres* y la pequeña propiedad castellana al norte del Tajo, va en aumento la masa de los españoles desposeídos.

Por otro lado, castellanos y catalano-aragoneses se enfrentan a partir del siglo XIII a una sociedad *multirracial,* al absorber por *derecho de conquista* a hispanomusulmanes y judíos. Las gentes cristianas se encontraban, de repente, ante la necesidad de vivir con los *otros,* pero ahora desde una posición minoritaria en Andalucía y Valencia. A la tolerancia del Imperio romano o de Al-Andalus, donde el poder se autoproclamaba defensor de las *religiones del libro,* la sociedad cristiana responde con hostilidad o recelo. De todos modos hay que reconocer que las comunidades *distintas* gozaron en la Edad Media de la protección de reyes y nobles ante el clamor eclesiástico y la violencia populista: los musulmanes, porque constituían una mano de obra campesina, barata y sumisa; los judíos, por su labor de intermediarios del mundo cristiano e islámico, su eficaz trabajo en la administración real y las finanzas y, sobre todo, su absoluta lealtad a la monarquía.

Las posibilidades abiertas por la libre convivencia de cristianos, musulmanes y judíos tienen su mejor representación en el *renacimiento* cultural de las cortes de Alfonso X y Jaime I y en la Escuela de Traductores de Toledo, pero el respeto se quiebra en el siglo XIV. La crisis económica y demográfica, unida a la incapacidad de las coronas en el mantenimiento del orden público, degenera en violencias contra las aljamas en Cataluña, Aragón y Castilla. Expuestos a los ataques de unas masas azuzadas por sermones *incendiarios,* judíos y musulmanes comienzan un interminable éxodo, que habrá de conducirles a su *expatriación* definitiva. De momento, numerosas familias hebreas abandonan las urbes catalanas para buscar refugio en Castilla, mientras los musulmanes andaluces huyen hacia Granada. Su situación se agrava en tiempos de los Reyes Católicos: al concluir en 1492 la Reconquista, cientos de familias islámicas cruzan el Estrecho y se asientan en el norte de Africa; los que deciden permanecer en seguida sufren el acoso de los poderes eclesiásticos.

Dos rebeliones en menos de una centuria y la expulsión de los *moriscos* en el siglo XVII cierran las páginas del *pasado islámico español.* El mismo año en que cae Granada, se expulsa a la minoría hebrea: la unidad religiosa camina eliminando a los *diferentes,* a quienes sólo se ofrece la *gracia* del bautismo para continuar en su tierra. Muchos optan por salir de Sefarad, otros por cambiar de religión, pero el *estigma* de la *sangre contaminada* acompaña siempre, con su pesada carga sociológica y cultural, a los conversos. El problema de la *intolerancia,* habitual en toda la Europa de la época, se complica en España por el mestizaje de siete siglos de vida en común: hasta Fernando de Aragón llevaba en sus venas sangre judía. La expulsión de musulmanes y judíos y las persecuciones contra los conversos empobrecerán la sociedad hispana, por más que las raíces orientales se replieguen al ámbito de lo popular, donde perviven en los hábitos alimenticios, de vida, vestido o lenguaje, sin faltar tampoco en la actitud *transgresora* de muchos intelectuales conversos, poco dados a refrenar sus diatribas contra la Iglesia y el poder establecido.

La baja Edad Media trae consigo otros cambios importantes en los *cinco reinos.* La conquista de Al-Andalus aporta a Castilla la savia de las ciudades islámicas, con su multiplicidad de actividades artesanas y mercantiles, que se incorporan al triángulo de oro de las *ferias* de Valladolid y a las exportaciones laneras de los puertos norteños para constituir el corazón económico del reino. Gracias a la lana, Castilla se abre al norte de Europa mientras los intereses económicos estrechan los lazos de la Meseta con Andalucía y las *ciudades* del litoral cantábrico. Otro tanto sucede en la Confederación aragonesa, donde Cataluña celebra el esplendor comercial de Barcelona o Tortosa y el desarrollo del artesanado gremial, que empuja al

Principado hacia el Mediterráneo. Concluidas sus campañas en la península y malogradas sus aspiraciones al norte de los Pirineos, los reyes aragoneses buscan su futuro por las islas del *mare nostrum,* a remolque de los negocios de la burguesía barcelonesa. Incrementan así sus roces con París y su dependencia de los nobles, que se cobran la ayuda con *mercedes* y un estatuto jurídico privilegiado, debilidad del poder real que se agrava con la llegada al trono de la familia Trastamara, más preocupada por intervenir en Castilla que en fortalecer la corona.

También en Castilla la monarquía pierde parte de sus prerrogativas al frenarse el ímpetu conquistador y acabarse los recursos. La falta de tierra con que compensar a los fieles obliga a la corona al pago de *soldadas* en metálico y a la adopción de impuestos sobre la artesanía, el comercio y los ingresos de la Iglesia, que conformarán la base de la Hacienda española hasta las reformas del XIX y, aun después, con los *Consumos* y el *IVA.* En compensación, los representantes de las principales ciudades se integrarán en los Consejos Reales, dando origen a las Cortes. No obstante, la monarquía se reservó en Castilla un amplio margen de maniobra frente a la acción fiscalizadora de sus súbditos, lo que nunca lograría en la Confederación aragonesa. Así mismo, ante las injerencias de los nobles, la monarquía persiguió la alianza de la burguesía urbana, deseosa de restablecer la paz necesaria a sus negocios, y, a menudo, de la Iglesia, harta de los despojos de la aristocracia. Por último, la recuperación del derecho romano, después de varios siglos de olvido, fortalece la figura regia como *fuente de la ley.* Aunque todavía sea pronto y numerosos espacios permanezcan al margen de la justicia real, el derecho romano estrecharía las relaciones entre los territorios de los diferentes reinos, estableciendo un modelo común para todos ellos. Las fórmulas *forales,* tan frecuentes en el medioevo, se tornan excepcionales, y las que sobreviven darán respuesta a situaciones muy específicas: pobreza del espacio, difícil comunicación con la corte que favorece el autogobierno en cuestiones secundarias, desarrollo histórico diferenciado...

La gente de España llamava «¡Aragón!»,
e todos «¡Navarra!» los de su quadrilla;
e los que guardavan el noble pendón,
do era pintada la fogosa silla,
llamavan «¡Mallorca, Çerdeña e Çeçilia...!»

MARQUÉS DE SANTILLANA

Desde los parámetros bajomedievales es como hay que entender la convergencia de las coronas castellana y aragonesa a finales del siglo XV. En esa hora los dos reinos pasaban por situaciones comprometidas. Pese a su prosperidad económica, Castilla se desangraba en plena anarquía al tiempo que en Aragón las tensiones derivaban en guerra civil, asestando un golpe mortal a la dinámica Cataluña, cuyo cetro pasa a Valencia. Con este panorama la boda de los herederos de las dos ramas Trastamaras no era simplemente una cuestión de familia, sino que colmaba las apetencias e intereses de las dos monarquías. Juan II de Aragón apostaba por Isabel porque veía en ella un útil aliado, aun a costa de intervenir en la meseta para conquistar la corona de su nuera; la futura *reina católica* podía vender a sus partidarios el logro de las aspiraciones castellanas de resucitar la vieja Hispania. No obstante, al concretarse las relaciones entre los diversos territorios triunfa la visión confederal aragonesa, partidaria de una unión personal y dinástica. El antiguo *patrimonialismo* medieval sobrevive así en la teoría, por más que en la práctica los estados peninsulares queden trabados por vínculos *indisolubles.* Y nada mejor para representar este tradicionalismo que la larga lista de dignidades ostentadas por Isabel y Fernando, quienes rehusan la titulación de «reyes de España» propuesta por el Consejo Real un vez reunida la mayor parte de la península, porque sin Navarra y Portugal estaba incompleta.

Por su potencial económico y humano, libertad de acción de la corona en relación a las Cortes y la nobleza y posición geográfica, Castilla asume pronto el liderazgo de la monarquía. Deseosos de consolidar los lazos peninsulares, los Reyes Católicos encuentran en el pasado el mejor ejemplo a seguir: a la lucha contra el Islam sucede una agresiva política exterior como *medio* de agrupar a todos sus súbditos en un objetivo compartido. Granada será la primera gran empresa de carácter *nacionalizador,* que redondea las aspiraciones de Castilla de terminar la Reconquista, pero no tardan en seguirle las intervenciones militares en Italia —donde se satisface a los catalanes a costa del enfrentamiento con Francia—, la conquista de Navarra y la expansión ultramarina. Sólo los portugueses se mantienen ajenos a la política guerrera; sus viejos conflictos con Castilla dan paso ahora a una estrategia de buena vecindad y enlaces matrimoniales, orientados a mantener viva la llama del *iberismo.*

Plantada la cruz en la Alhambra, Isabel y Fernando imponen la unidad religiosa como trabazón de la política. Después de los asaltos nobiliarios del siglo XIV, la Iglesia española siente renacer su poder como notario de la nueva monarquía con sus haberes por los diezmos, la jerarquía integrada en los órganos del Estado y el dominio ideológico a través de la Inquisición. Poco dura su alegría, la corona corta pronto sus alas al obtener del Papado los medios para controlarla y llevar adelante los planes de reforma que exigía su relajación, motivo de críticas desde la baja Edad Media.

Con las guerras contra Boabdil o las conquistas italianas, la monarquía ofrece, además, una *salida honorable* a la belicosa nobleza, mientras la Santa Hermandad impone la paz en el interior. Privados de otros medios de sustento, los segundones hispanos acabarán enrolándose en el ejército que los monarcas crean en Italia, origen de los temidos Tercios, o en la balbuciente burocracia cortesana, en búsqueda de su promoción económica y social. Tampoco la alta nobleza sintió excesiva animadversión hacia las reformas de Isabel y Fernando, ya que si bien fue desplazada del *Estado,* no se cuestionó su primacía en momento alguno. Es más, todos sus miembros fueron considerados príncipes en sus dominios, sin graves interferencias de la monarquía, en tanto se acelera el emparentamiento de las grandes casas nobiliarias de los reinos peninsulares que daría origen a una *aristocracia española,* abierta, así mismo, a italianos y flamencos. De esta manera, al superar el estrecho marco de los *reinos* el comportamiento de estas elites va adelantándose a la idea de *España.*

Peor suerte corren los campesinos gallegos, andaluces, valencianos y aragones, cuyas condiciones de vida no mejoran con la *unificación.* En Cataluña, por el contrario, la sentencia de Guadalupe pondrá fin a los excesos más reprobables del modelo de dependencia feudal. El malestar permanecerá latente en el agro español, explotando en momentos de inestabilidad económica y política, aunque con menor frecuencia que en los países de la Europa Occidental. Quizás el desarrollo de las instituciones de caridad, públicas y privadas, tenga que ver con esta anestesia de la conflictividad.

Finalmente, la monarquía católica amplió los intereses económicos de los territorios peninsulares, ganándose la colaboración de las minorías burguesas y comerciantes periféricas: Castilla enriquece con las transacciones laneras el eje Burgos-Bilbao; Sevilla medra espectacularmente con la apertura de América y se transforma en una ciudad cosmopolita durante los siglos XVI y XVII; Valencia se convierte en el *puerto castellano* del Mediterráneo al cerrar el circuito con Toledo e Italia.

En 1492 el descubrimiento de América, con su posterior conquista y colonización, coronan la fortaleza de la monarquía hispana. Hacia allí acaban exportándose todos los males que tenían asiento en la península —intolerancia religiosa, ansia de botín, injusta división socioeconómica— hasta modelar una sociedad gemela de la metrópoli; pero ello no empaña la épica de los colonizadores ni algunos de sus logros como el mestizaje, la defensa legal de los indios y la expansión del catolicismo o la cultura clásica europea.

El *esplendor* del reinado de los Reyes Católicos, cuya gloria resiste por siglos en el subconsciente colectivo del país, se malogra en las centurias posteriores pese a la efervescencia del *Imperio.* Como resultado de la política matrimonial ensayada por Isabel y Fernando, los reinos hispánicos se ven integrados en aquella *casa común europea* que fue la monarquía de los Habsburgos, a cambio de su independencia. Si Castilla conserva su posición de cabeza dirigente, lo es a costa de su ruina económica y del peligro de descomposición de la unidad tan arduamente perseguida. Henchidos de ideales universalistas, Carlos I y Felipe II no repararon en el alto precio de sus metas ni tampoco los *españoles* pudieron poner límite a las maniobras reales, tras la derrota de los comuneros castellanos y las germanías valencianas. A raíz de Villalar, Castilla, primera víctima del Imperio, asiste inerme al abatimiento de sus libertades políticas y a la completa inoperancia de sus Cortes, donde la hacienda habsburguesa encontraba campo libre en su demanda abusiva de recursos. No será la única consecuencia del triunfo de los ejércitos reales. Ante el riesgo de conflictos, las elites de todos los reinos de la monarquía vuelven sus ojos a la corona como garante de la paz interna y el *statu quo* socioeconómico. La corona recompensa su fidelidad, y aunque separadas de la administración del Estado, disfrutan de privilegios fiscales y jurídicos y del reconocimiento de una estratificación honorífica con la figura del Grande de España en la cúspide.

El costoso mantenimiento de la idea imperial, incrementado por el cesarismo de Carlos I —digno sucesor de los caudillos medievales hispanos—, y el empeño de Felipe II de hacer de la monarquía hispana *espada de la fe* devoraron los ingresos de las Indias, cuyos tesoros enriquecen a los banqueros europeos sin fructificar en el país. Además, las progresivas necesidades del erario fueron una dura competencia para productores y comerciantes, llevando a la ruina a la burguesía autóctona y, con ella, a la industria y artesanía peninsular que, poco a poco, es desplazada por los fabricantes extranjeros en los mercados nacionales y americanos. Se da así la paradoja de que la metrópoli del mayor imperio conocido termine siendo una mera colonia comercial del resto de las naciones europeas.

En la huida burguesa de los negocios influye también, de manera notable, el auge de la mentalidad nobiliaria de origen bajomedieval, con su desprecio de las actividades mercantiles y productivas. Una vez enriquecidos, los burgueses españoles dirigieron sus capitales a la tierra o la deuda pública en un paso previo al ennoblecimiento y al abandono del comercio. Sin medir los riesgos, la misma monarquía participa activamente en el reciclaje al poner en venta una riada de cargos, beneficios y títulos en el siglo XVII. Hay quien ha querido ver en la traición empresarial de la burguesía un efecto indirecto de la influencia del catolicismo en la vida pública y privada española frente al activismo de la *ética protestante* o el *pragmatismo judío* como promotores del progreso económico, pero no faltaron nunca hombres de negocios hispanos a ambos lados del Atlántico que demuestran lo contrario.

Caballero andante del catolicismo en Europa, la monarquía de Felipe II hace de la Iglesia un escudo más del fortalecimiento regio, tomando sus riendas e impregnando de barniz religioso la vida peninsular. La España cosmopolita de Carlos I se hunde cuando aparecen los primeros brotes de *protestantismo.* Mientras el *misticismo* se adueña del pensamiento nacional, y la Inquisición corta por lo sano cualquier conato de rebeldía cultural, religiosa o sexual, la península se aleja de la revolución científica, tecnológica y moral que se iniciaba en el continente. El retraso intelectual no se recuperará nunca, reafirmando la imagen de una España negra, dominada por una religión asfixiante, que impide su progreso.

La monarquía universal ratifica los ejes económicos heredados de los Reyes Católicos, pero además, el lento despoblamiento de Aragón refuerza su *castellanización* económica y la incorporación de Portugal, los vínculos entre Castilla y Lisboa: la España de los negocios se adelantaba a la España política.

En la posterior configuración de España tienen especial relieve la creación por los Habsburgos de la burocracia madrileña y la universidad leguleya y teológica, modernos nexos de comunicación y control de los diversos espacios peninsulares. Al rey-caudillo le sustituye el rey-burócrata, que si bien reconoce la autonomía fiscal, militar o judicial de sus estados al respetar los fueros, no por ello deja de intervenir en circunstancias graves, a través de sus funcionarios. Entre ellos destacan los hidalgos vascos, los *vizcaínos,* que serían los primeros en plantear la necesidad de imponer los estatutos de *limpieza de sangre* en el acceso a las carreras públicas; se desembarazaban así de la peligrosa competencia de los escribientes conversos, los únicos que podían hacerles sombra en Madrid. También la Iglesia colabora a trabar los territorios hispánicos, tanto por la acción pastoral de los obispos, elegidos por el monarca, como por el trabajo de la Inquisición, para la que no existían fronteras interiores.

Sobre estos pilares descansa la figura del rey, representación *totémica* de la monarquía y fuente de la cascada de privilegios y prerrogativas que distribuía el Estado entre los notables. A través de su dependencia personal y de la lealtad políticorreligiosa debida por los súbditos a la corona, los Habsburgos españoles pudieron asegurarse el engarce de sus bienes hispanos. En esta función icónica, cobraría notable importancia la forma barroca y teatral con la que la corona *representaba* su papel, su sacralización y la manipulación propagandística de las artes y las letras al servicio de una imagen grandiosa del soberano y su familia, sinónimos del conjunto de la monarquía.

Del mismo modo, la expansión del castellano como lengua franca en los niveles administrativos y en la convivencia de las elites aportó un nuevo eslabón a la unidad. El bilingüismo de las clases cultivadas, incluidas las portuguesas a tenor de la obra de Camoens, abría camino al entendimiento entre los idiomas peninsulares, aunque la fortaleza de la burocracia, la *Gramática* de Nebrija y el Siglo de Oro jugasen a favor del castellano. Empuje interno que tiene su correlato en el extranjero cuando el idioma de *La Celestina* resuene en los palacios como lengua de cultura y hasta en la Santa Sede como lengua diplomática, una vez rota por el embajador hispano la tradición de dirigirse al Papa en latín.

> Porque te veo andando entre zarzales
> por todos los caminos rezagada
> con una cruz al cuello y otra al hombro,
> durmiendo en las cunetas de la gloria
> para soñar perdidas carabelas
> con ojos anegados de ceniza
>
> ANGELA FIGUERA

El modelo imperial se agota en el XVII: la crisis económica, demográfica y financiera arruina a Castilla, que es superada por la periferia. Los intentos del conde-duque de Olivares de reafirmar la unidad política en el campo fiscal y militar se estrellarían contra la férrea resistencia de los territorios forales a sufrir la misma postración castellana. Las sublevaciones de la década de 1640 a punto estuvieron de malograr la obra de los Reyes Católicos, aunque finalmente sólo Portugal se separaría de la corona para caer dentro de la órbita inglesa. En Cataluña las elites buscaron, así mismo, el apoyo externo a fin de consolidar su posición secesionista, pero aquí pudo más la tradicional enemistad francocatalana, el ahínco de los ejércitos reales y la transigencia de Felipe IV hacia un territorio considerado parte intransferible de su monarquía. Mientras, la economía se hunde, la picaresca y una nobleza mal entendida van engangrenando el tejido social y la oligarquía se enquista en el poder sin que el trono, incapaz de perpetuarse a sí mismo, pusiese freno a su apetito. El gobierno de los Grandes demuestra, sin embargo, el formidable trabajo de la maquinaria burocrática: el país continúa su marcha sin un monarca poderoso, o con uno funesto, en un disparatado esperpento histórico en el que la monarquía sobrevive a su propia ineptitud.

Frente a los problemas internos, el país va fraguando

en la conciencia europea la imagen de un todo que borra las diversidades hispanas. La España guerrera y salvaje de la *leyenda negra* se expande por Flandes, Alemania, Gran Bretaña, Francia..., y en Italia, los influjos y las modas asientan un modelo hispano de cultura que se expresa con la acuñación del patronímico *español* para referirse a los peninsulares. La misma dinámica que impone en la península el sentimiento de afinidad, cuyo reflejo inconsciente conjuga el orgullo del Imperio y el rechazo a los enemigos comunes que presionan en las fronteras terrestres, en las colonias o en Europa.

Después de los amargos acontecimientos de 1640 y de los atropellos de las potencias europeas a finales de la centuria, el siglo XVIII inicia un cambio de rumbo con el acceso a la corona de una dinastía, cargada de ideas europeizantes, y una guerra civil entre los partidarios de los candidatos al trono de Carlos II. El país saldrá de este conflicto interno y, a la vez, continental, fuertemente trasformado; rota su economía por el estrangulamiento de las rutas americanas y maniatado en política exterior por la alianza pertinaz con Francia, de desastrosos efectos para la península y América. Como respondiendo a criterios históricos, la guerra divide el país en dos bloques territoriales encabezados por Castilla y Cataluña: no hay en ello afanes secesionistas, sino dos maneras diferentes de entender la monarquía que se solapan a otros enfrentamientos de origen socioeconómico. El bloque catalanoaragonés defiende el concepto confederal heredado de los Austrias, que tan buenos dividendos les había rendido y en el que confiaban completar la recuperación económica detectada desde fines del XVII. Frente a él, la victoria de Felipe V y las teorías centralizadoras francesas, lo era también del antiguo proyecto castellano de fusión, fracasado en el siglo anterior por las maniobras de la oligarquía periférica. Lo que no pudo ser en el XV, a pesar del ímpetu económico y demográfico castellano, se conseguía ahora por la fuerza: la Castilla agraria imponía su modelo a la España costera, más dinámica y activa, en plena decadencia. No hay que olvidar en este cambio de actitud el empuje de las masas campesinas y urbanas, en pos de sus intereses, por encima de consignas *regionalizantes,* aunque al final los Borbones restauraran el pacto corona-oligarquía como base de su Estado, una vez depurados los colaboracionistas del archiduque. Tampoco la burguesía catalana, alma del Principado, llevó muy adelante sus quejas, tras solucionar favorablemente la cuestión impositiva y militar. La tentación que suponía la apertura del tráfico con América desde mediados de siglo y el apetitoso bocado del mercado peninsular acallaron pronto las críticas. Los Borbones aprendieron el delicado juego de equilibrios, característico de sus predecesores compensando con su merced a las indianas barcelonesas la abolición del régimen político que regulaba la vida de Cataluña. Sólo las Provincias Vascongadas y Navarra vivieron al margen del proyacto uniformador. La fidelidad mostrada a Felipe V les favoreció, como el hecho de que el modelo foral vasco se integrara desde antiguo en el esquema político castellano sin suscitar problemas demostrando su buen funcionamiento los últimos siglos. Además, siempre se podría utilizar la amenaza de desviar el tráfico comercial hacia Santander para apretar las clavijas a los comerciantes.

Los decretos de Nueva Planta constituyen, por tanto, un paso significativo en la conformación «administrativa» de España, al impulsar una política centralizadora, fijar un único derecho para la mayor parte del país y establecer unas Cortes comunes sin las cortapisas de las de Aragón. Se facilita así la labor de los delegados regios en los territorios orientales, mientras el *Catastro* acrecienta su colaboración financiera en los gastos de la monarquía sin imponer, por ello, una presión fiscal excesivamente onerosa. El propio gobierno sufre las arremetidas del reformismo borbónico de la primera mitad de siglo: desaparecen los Consejos, bastión de la nobleza reaccionaria, y se reglamenta el trabajo de las Secretarías y los Intendentes, delegados especiales en los reinos.

Después de Utrecht, España deja de lado la óptica

continental para centrarse exclusivamente en América, donde la corona promueve una renovación profunda que, a menudo, le granjeará la animosidad de las elites criollas. Cerrada la herida flamenca, el ejército se repliega en la península y asume la defensa del orden público, acantonando las tropas cerca de la corte, las grandes urbes y las fronteras. La creación de las Capitanías Generales refuerza la estrategia unificadora de la monarquía, aunque la idea de dotarse de un ejército nacional mediante el servicio militar obligatorio y el sistema de levas castellano habrá de aparcarse por las resistencias de los territorios levantinos. Los privilegios de las provincias vascas y los cupos catalanoaragoneses hicieron que el ejército continuase siendo eminentemente castellano y puerto seguro de la pequeña nobleza meseteña. Falto de dinero y estrategia, el ejército demostró escasa capacidad de respuesta ante los desafíos exteriores, saldando el siglo con un alud de fracasos. Por el contrario, el flanco americano impuso el fortalecimiento de la armada; con el trabajo de los astilleros hispanos y coloniales, el reino consiguió sostener las vías atlánticas y defender su puesto de potencia media.

El Estado toma un rumbo inesperado durante el gobierno de Carlos III con la alianza tácita de la burocracia, la corona y la *intelligentsia,* imbuida de las Luces. En el sentir de los minoritarios grupos ilustrados, la monarquía debía ser la gran palanca de la modernización de España y de la felicidad de sus habitantes. Nada se escapa a la piqueta de los intelectuales: el atraso económico, los pobres resultados de la agricultura, el agobiante peso de la Mesta, el anquilosamiento nobiliar, la Iglesia... Sus reflexiones guiarán la acción real hacia la superación de la herencia recibida, mientras se sustituyen las antiguas legitimaciones divinas por las modernas del patriotismo o los derechos individuales. No obstante, el frente intelectual pronto se estrella ante la imposibilidad de avanzar en el proceso reformista sin poner en entredicho el orden social establecido. La debilidad de la monarquía de Carlos IV y su carrera contra reloj por encontrar bases firmes arrumba los aires renovadores, muy castigados ya por el estallido de la Revolución Francesa que obliga al Estado a defender el Antiguo Régimen y a la corona a restablecer los lazos con las viejas elites. La *traición* de la monarquía alargó el triste panorama de la masa campesina andaluza y extremeña, en tanto su desprestigio fomentaba el convencimiento de que el cambio sólo llegaría desde la ruptura revolucionaria. De esta forma, el fracaso de la Ilustración ampliaba la grieta entre quienes se afanaban en perseguir la modernidad y los que anclados en el pasado defendían tercamente sus privilegios: empezaba a fraguarse el conflicto de las dos Españas, aunque de momento en ámbitos muy restringidos. A finales del XVIII, la balanza se inclina del lado del reaccionarismo político y su catastrófica imagen de la pérdida de supuestas esencias nacionales a manos de los conspiradores de las Luces y la Revolución. No por mucho tiempo.

En su afán organizador de la nueva España, los Borbones topan al punto con la Iglesia, a la que exigen, no ya lealtad y colaboración política, sino sometimiento como un brazo más del Estado. Nunca habían faltado en la monarquía *católica* los intelectuales críticos ante el excesivo poder acumulado por la Iglesia, pero en el Siglo de las Luces ésta se transforma en blanco predilecto de cuantos buscaban las raíces del atraso hispano. Las tensiones Iglesia-Estado arrecian en tiempos de Carlos III, cuyo golpe de efecto de la expulsión de la Compañía de Jesús tras el motín de Esquilache demuestra el compromiso de la corona en imponerse a los representantes del mundo *espiritual.* Estos no siempre permanecerán callados. Ilustrados, masones y revolucionarios tienen el dudoso honor de suplantar a iluminados, luteranos, quietistas y criptojudíos en los afanes cinegéticos de la Inquisición y en los escritos de los clérigos más reaccionarios. Su interesado trabajo reduccionista metió a todos los disidentes en el mismo saco de la herejía, achacándoles el declive de España y la pérdida de su identidad patria.

De la misma manera, el omnipresente Estado borbónico extiende sus tentáculos a la economía. Tras la decadencia del XVII, los gobiernos dieciochescos se arrogan la misión de activar la industria y el comercio como medio de acercar España a los países de su entorno, según las propuestas de los pensadores ilustrados y las necesidades políticas de la monarquía. Aun a costa de suplantar, en ocasiones, a la iniciativa privada, el desarrollo por el Estado de industrias básicas y de lujo, equilibró la balanza de pagos y elevó el nivel productivo y tecnológico del país, con Cataluña a la cabeza del empuje industrializador. Otro tanto puede decirse del ámbito comercial, donde los primeros Borbones introducen el modelo de las compañías privilegiadas para incentivar el capitalismo autóctono, consiguiendo aumentar el volumen de géneros españoles en las colonias. Desde mediados de siglo, sin embargo, triunfan los partidarios de la libre competencia —fin del monopolio gaditano de las transacciones con América—, lo que estimulará todavía más el comercio.

España contempla impotente al avance del latifundismo y las manos muertas; Andalucía va camino de ser el *problema nacional* de la centuria próxima; en Galicia el minifundismo obliga a emigrar y la proletarización de las masas campesinas resulta imparable al sur del Tajo. Levante y Cataluña, en cambio, soslayan los problemas con relativo éxito gracias a su agricultura especializada en contacto con América. En principio, los gobiernos carolinos optaron por no inmiscuirse demasiado en la estructura socioeconómica del campo hispano, a fin de no perjudicar sus relaciones con los notables rurales: la política hidráulica y la liberalización del mercado de alimentos parecían medidas suficientes. Se trataba, claro está, de una opinión ingenua, pues no tenía en cuenta la capacidad de los propietarios de manipular los precios y proseguir en su empeño de acaparar la tierra. Después de las violencias de 1766, los repartos de tierra y la puesta en explotación de terrenos concejiles de Extremadura, Andalucía, La Mancha o la repoblación de Sierra Morena; y las pragmáticas sobre los foreros gallegos intentaron dar remedio a las situaciones más difíciles del campo español. Sin embargo, la inquietud estatal se estrelló contra el inmovilismo y los intereses de los poderosos, que paralizaron todo intento de *reforma agraria* o de imponer, a través del catastro, cualquier contribución sobre sus bienes. Un juego peligroso, dada la enorme conflictividad social latente, pero que reporta grandes beneficios a los privilegiados, lo que les motivó a repetirlo para obstaculizar los planes renovadores de José Bonaparte.

> La bandera que bordas temblará por las calles
> entre el calor entero del pueblo de Granada.
> Por ti la Libertad suspirada por todos
> pisará tierra dura con anchos pies de plata.
>
> FEDERICO GARCÍA LORCA

En 1808 la guerra *popular* contra el francés acrecentó el sentimiento de pertenencia a una *comunidad española* aunque, en un comienzo, la movilización partiera de la Iglesia y la nobleza en defensa de sus prerrogativas. Frente a las amenazas de los herederos de 1789 a la libertad nacional, al rey ausente y a la fe, la España conservadora levantaba de nuevo el espíritu de la Reconquista. En contraposición a esta cruzada reaccionaria, las Cortes de Cádiz izarán la bandera del liberalismo y el nacionalismo, dos caras de una misma lucha progresista a favor de los derechos individuales y colectivos, como medio de superar la sociedad de los *privilegios* y dar paso a una España renovada. Con el trabajo intelectual de los diputados gaditanos, despunta la *nación española,* por encima de diferencias culturales y políticas, al otorgarse a todos los *ciudadanos* los mismos derechos y obligaciones. No obstante, el modelo instaurado en Cádiz sigue adoleciendo de un exceso de elitismo. Como en el XVIII, reaccionarios y progresistas constituyen minorías, sin la fuerza suficiente para imponerse una sobre otra e incapaces de llegar a un acuerdo, lo que provoca una inestabilidad generalizada durante toda la centuria. La monarquía, lejos de mantenerse al margen, se comprometerá, según el único criterio de sus propios intereses y los de las clases acomodadas, desprestigiando la institución y poniendo en peligro su supervivencia.

El final de la guerra de la Independencia supone también el descabezamiento de una parte de la intelectualidad implicada en las reformas napoleónicas. Herederos de la Ilustración del XVIII, los *afrancesados* vieron en Bonaparte al esperado impulsor del país desde la cabeza, un pensamiento propio de la centuria precedente, y terminaron por salir al exilio tras su derrota. Se estrena así el camino que habrían de seguir tantos españoles, fieles a sus ideas políticas, utilizado poco después por los liberales de Cádiz y culminado en 1939 con la riada humana, víctima de la última guerra civil.

Aún así, las transformaciones eran demasiado hondas para no dejar huella. La pérdida de las colonias, fruto del liberalismo americano y de la oposición de las elites criollas al absolutismo fernandino, cierra una etapa de la historia hispana, el Imperio, y, tras el *triunfo* liberal de 1833, el Estado se vuelca en la formación de la nación española. La guerra civil contra los partidarios del absolutismo, liderados por el infante don Carlos, exigió al liberalismo encontrar un recambio que sólo podía ofrecérselo el despliegue del moderno concepto de nación. Por otro lado, la disolución de los señoríos y de los estamentos privilegiados, privaba a la corona de sus anclajes aristocráticos en los territorios peninsulares, cuando tampoco contaba con la Iglesia, definitivamente enemistada por la desamortización, pero que ya había demostrado sus dificultades para integrarse en el orden burgués.

Lamentablemente, el espíritu progresista con que surge el nacionalismo español en la bahía gaditana se diluye conforme pasa la centuria y el poder recae en manos de la burguesía moderada isabelina. Colocando por encima de los intereses del *pueblo* los suyos propios, la burguesía triunfante evita profundizar en la reforma económica y social que hubiese liberado a las masas campesinas —más del 66 por 100 de la población española en una fecha tan tardía como 1855— de su atraso, sometimiento y pobreza. Frente al campesinado, la burguesía decide pactar con las elites laicas del viejo orden: la nobleza aceptará gustosa la mano tendida, preservando así su poderío económico y ascendencia social. Una minoría se opondrá, recalcitrante, a los *progresos* de la España burguesa, pero, después del abrazo de Vergara, el carlismo apenas es un elemento testimonial, más un reaccionarismo político de base teológica que un verdadero oponente al sistema.

Partiendo de estas premisas ideológicas, la España del siglo XIX se construye sobre los cimientos del derecho emanado de las Constituciones y los códigos; sobre la centralización administrativa y la moderna organización provincial, con su pirámide burocrática de ayuntamientos y diputaciones que compensan la desaparición de los vínculos señoriales; y sobre el mercado unificado, una vez trasladadas las aduanas vasconavarras a la costa en 1841. La idea de España camina rauda con la marcha de los negocios de la burguesía catalana y vasca y los terratenientes andaluces y castellanos, teniendo un notable acelerón, mediado el siglo, con el tendido del ferrocarril, motor de la unidad al romper las barreras geográficas, acercar unos territorios a otros y favorecer el movimiento de hombres, capitales y opiniones. Por último, la educación y la cultura, convenientemente instrumentalizadas, coronarían el esfuerzo nacionalizador.

Faltó, sin embargo, un proyecto común capaz de suscitar el entusiasmo de los diversos componentes de la monarquía como ocurriera en el resto de Europa. No contó España con la fuerza atrayente del nacionalismo italiano o alemán, ni tampoco con el reto colonial de Francia, Gran Bretaña o Bélgica. Justamente lo contrario, es ahora cuando el viejo sueño americano naufraga, haciendo añicos durante cien años las relaciones entre ambos continentes hispánicos. La guerra de Africa pudo haber tomado el relevo, pero ni la capacidad militar ni la financiera avalaron la aventura.

Desplazado del poder político por las maniobras conjuntas del moderantismo e Isabel II, el progresismo se refugia en las tertulias de café, las sociedades secretas y el ejército, encontrando en los movimientos revolucionarios o las intentonas golpistas las únicas vías para alcanzar sus metas. Sin querer daba alas al intervencionismo de los generales, muy crecidos por la ineficacia de los políticos, las guerras civiles y su importante contribución al mantenimiento del orden público. Ociosos en el exterior, los *espadones* reemplazan a los políticos, con el respaldo de la monarquía, los partidos o la prensa. Bajo la falaz máscara de la opinión pública, nunca antes ni después —excepción hecha quizás de la transición democrática del decenio 1975-1985— los periódicos tendrían tanto poder *político* como en el segundo tercio del XIX.

Problema candente es el de la redefinición de las relaciones Iglesia-Estado, después de la complicidad eclesiástica con el absolutismo fernandino. La alianza de María Cristina y los moderados dejaba en 1833 huérfana de protectores a una Iglesia demasiado comprometida, en lo terrenal y en lo ideológico, que se siente tentada por la esperanza restauracionista. Surge, de este modo, la imagen del cura trabucaire, asociado a las partidas carlistas, que pasaría a la centuria siguiente, como expresión del fanatismo religioso y de la proclividad del clero a abanderar reivindicaciones políticas.

El forcejeo de la Iglesia por hacerse un hueco y del Estado por afirmar su laicidad y promover el fin de las propiedades eclesiásticas tendrá incluso su reflejo estético. La fiebre anticlerical de 1834 y la enajenación de los bienes desamortizados vaciaron las ciudades y los campos españoles del excesivo número de edificios religiosos que recordaban a cada momento la omnipresencia de la institución. En su lugar, nuevas plazas, avenidas o casas de vecindad, cuando no fábricas, proclamaron a los cuatro vientos la victoria de la burguesía sobre sus antiguos competidores. Expandiendo los modernos conceptos burgueses de racionalidad, higiene y *buen gusto,* estas iniciativas cambiarán la faz de las ciudades de España.

Siglo de contradicciones, marcado por guerras civiles

y golpes de mano, el XIX es, así mismo, una centuria de despegue económico. Las desamortizaciones y el ferrocarril favorecen la fecundidad del campo, cuya producción se especializa de acuerdo con los mercados nacionales y europeos. Nace el capitalismo industrializador que, aunque con retraso respecto a los países pioneros, planta sus raíces en Cataluña, las Provincias Vascas, Asturias y Andalucía. No obstante, la dependencia económica del capital extranjero es tan grande que sólo Cataluña y el País Vasco conseguirán crear una burguesía dinámica, volcada en los sectores textil y minero metalúrgico, que con el cambio de siglo diversifica sus empresas y extiende su influencia por el resto de la nación.

> La España de charanga y pandereta,
> cerrado y sacristía,
> devota de Frascuelo y de María
> de espíritu burlón y de alma quieta...
>
> ANTONIO MACHADO

Como contrapunto al progreso industrial, la clase obrera incrementa la conflictividad en el sur minero y el norte fabril, en tanto la agitación jornalera se adueña del campo andaluz y extremeño. No se trata, sin embargo, de los intermitentes estallidos de épocas anteriores: los desheredados plantean ya exigencias políticas y económicas sobre la base de unos esquemas de recambio, contra los que nada puede la ideología dominante, salvo reforzar las medidas represivas. Tras el ensayo de la Primera República, en el que se hicieron sentir los obreros y menestrales, la Restauración inicia su recorrido con la tarea pendiente de definir una España que, superando la liberal moderada y la republicana, bloquease todo amago de reforma, en provecho de la burguesía conservadora.

La necesidad de preservar la paz y controlar al paisanaje fomenta la formulación de una España, uniforme en lo político y administrativo, que quiere acabar con los rescoldos de foralidad en Vascongadas y Navarra. Respaldan el propósito la autoridad del derecho decimonónico europeo y los proyectos económicos de la burguesía vasca, frenados hasta ahora por unos usos de raigambre anticapitalista. Sin reparar en la diversidad de las Españas, el centralismo miope de la Restauración ahoga la heterogeneidad cultural de la población española, bajo la coartada de evitar la disgregación del Estado, con el recuerdo del cantonalismo de la República. La derecha manipulaba, de esta forma, el sentimiento nacionalista hispano para sabotear la carga revolucionaria de carácter social del sexenio, como volverá a hacerlo en 1936 cuando las reivindicaciones catalanas y vascas aviven los temores secesionistas. Fruto de la política centralizadora de los gobiernos de la Regencia, la riqueza industrial y la entrada en la lid de las clases medias, nacen los nacionalismos periféricos que beben en las mismas fuentes que el español, manteniendo con él estrechos lazos ideológicos. Del pensamiento integrista hereda Sabino Arana su pesimismo existencial y su miedo al progreso que contrastan con el talante optimista del nacionalismo catalán. Orgullosa de la arrolladora marcha de sus fábricas, la burguesía barcelonesa presiona al Estado con el objeto de capitalizar su primacía económica en una España atrasada. Al carro de la patria catalana se suben los eclesiásticos que con el obispo Torras i Bages salmodian: «Cataluña y la Iglesia son dos cosas de nuestra historia pasada que no pueden ser separadas; si cualquiera desea rechazar a la Iglesia, tendrá que rechazar al mismo tiempo a la patria.» Por las mismas fechas, otros prelados cantaban la gloria católica de la nación española.

De igual manera, la España de Cánovas refuerza su componente historicista; los laureles pasados adornan los discursos de los políticos, las obras de los historiadores, las páginas de los manuales de enseñanza y la pintura oficial. En su búsqueda de un modelo histórico ajustado a la nueva era —una España unida, católica, conservadora y en paz—, éste terminará degenerando en imperial. La reivindicación de la España de los Reyes Católicos y los primeros Austrias cuadraba, por otro lado, con las viejas leyendas intelectuales de una edad de oro a fines del siglo XV, y el cuarto centenario del descubrimiento de América ofrecía una efemérides perfecta.

Finalmente, los intereses de los sectores productivos, agrarios e industriales, orientan el país hacia la autarquía, desde la aprobación de los aranceles, única salida frente a los peligros de una competencia abierta. Dividendos casi asegurados y rentas agrarias en alza atraen a los burgueses y latifundistas al régimen, acostumbrándolos al paraguas protector del Estado en los negocios: una deformación que, con altibajos, subsiste hasta nuestros días.

La noticia más sobresaliente es la vuelta de la burguesía al regazo de la Iglesia ante el acecho de socialistas, anarquistas, republicanos o simples liberales progresistas. En la España profundamente conservadora, en lo social y en lo moral, de finales del XIX la Iglesia recobraba su puesto de protagonista en la historia del país, después de varios decenios de espectadora, lo que no equivale a inactiva. Agobiada por los problemas financieros derivados de su dependencia del Estado y, en cierto modo, menospreciada por las masas proletarias, la institución se echa en brazos de los propietarios, especializándose en descargar conciencias, educar elites y cubrir los vacíos asistenciales del sistema. El regreso de la Iglesia al combate, en defensa de la España canovista, será celebrado por los mentores intelectuales del régimen, que habían hecho del catolicismo la más genuina marca ideológico-cultural de la nacionalidad.

Toda esta España se tambalea a comienzos del siglo XX con la irrupción de las masas proletarias y el progreso del nacionalismo catalán entre las clases medias. El sistema canovista naufraga en el agobio de la crisis económica y la desastrosa guerra contra los Estados Unidos que descubre la distancia que separaba la España real de la aparatosa España oficial manejada por los políticos. Perdido en la estética de un pasado atemporal, el traído y llevado *problema de España* de la *generación del 98* esconde el resquebrajamiento de un concepto de España muy de finido que, a pesar de todo, vivirá hasta la década de 1950. Una España que podemos calificar de centralista, agraria, frailuna, caciquil, militarista, y cerrada a las novedades artísticas y científicas de la cultura contemporánea. Un modelo más atento a las fidelidades del pasado que a los apremios del presente y provocativamente elitista. Cuando la presión de los desposeídos en la calle y las fábricas —huelgas, manifestaciones, atentados— o de las burguesías nacionalistas de la periferia en el aparato político-administrativo se incrementa amenazadora, los grupos oligárquicos no dudan en reforzarlo atrapando en él al ejército, único poder recio con vocación de cancerbero del orden. Hasta la monarquía cae en la trampa, descolocada por el paso del tiempo, los cambios sociales y un rey educado en el siglo anterior. El militarismo se adueña de la sociedad española, con su desprecio de las reglas políticas o su más que peligroso sentido de la unidad de la patria, en rotundo antagonismo con las aspiraciones de autonomía de la burguesía catalana y la mesocracia vasca. El ejército se convierte de esta manera en piedra angular de un *nacionalismo español* de nuevo cuño, en el que militan la burocracia madrileña, los latifundios del sur, el tradicionalismo eclesiástico y la gran burguesía vasca, temerosa de la efervescencia proletaria y del avance de las consignas sabinianas. Nada más trágico para España que el *españolismo* de estos *patriotas,* excluyente como el del Siglo de Oro y antiilustrado como el reaccionarismo del XVIII.

Con Primo de Rivera, la burguesía española deja patente su indefinición, al autoproclamarse liberal y exigir, a la vez, la presencia física del cirujano de hierro pedido por Costa para emprender la reforma desde la cabeza, acabar con el régimen caciquil y fomentar el crecimiento económico, sin concesiones a los obreros. Desorientación que se aprecia en las obras de pensadores liberales como Azaña u Ortega con su temor a *la rebelión de las masas* y la búsqueda arqueológica de una España *vertebrada* que había perdido su conciencia histórica con la invasión de Tarik; o Claudio Sánchez Albornoz y Américo Castro quienes, ya en el exilio, ahondan en el eterno enigma de España. Para uno, comprensible desde el ansia de libertad de los sublevados asturianos y castellanos contra el poder de Córdoba; para el otro, desde la convivencia de cristianos, judíos y musulmanes en la Edad Media.

En media docena de años de poder (1931-1936) los intelectuales bregan por alumbrar una España plural, democrática y justa después de que la participación ciudadana decidiera retirar a Alfonso XIII. Una utopía que no tuvo en cuenta ni la fortaleza de los obstáculos internos ni la victoria de los totalitarismos en el exterior. La guerra civil dirimirá la oposición de las dos Españas, saliendo triunfadora la de las espadas, cruces y rentas. Muchas fueron las destrucciones materiales y las pérdidas humanas en los frentes de combate, pero la más perdurable secuela del conflicto será el exilio de la intelectualidad liberal; con ella desaparecen los verdaderos beneficios de la renovación económica del XIX. Los enfrentamientos y animosidades, alimentados por los tres años de la contienda, agigantan la imagen de las dos Españas *machadianas* y prolongan la intolerancia y el odio mutuamente correspondido durante la larga noche franquista.

En la era de Franco, la España industrial periférica se impone a la agraria, ganadora de la guerra, atrayendo los excedentes de mano de obra campesina al compás de la segunda industrialización de los años sesenta. Este empuje no hubiese sido posible, por otro lado, sin una apertura económica controlada que no soluciona, sin embargo, la dependencia del mercado mundial de capitales y tecnología. Ni sin la avalancha de turistas que busca un sol barato en la costa mediterránea y las islas. En obsequio a los visitantes, los ministros y empresarios del ramo recrearán una España folklórica, adobada de flamenco y toros que, impresa en la mentalidad media europea, oculta el alcance de los cambios socioeconómicos y explica la extraña fascinación ejercida, en el futuro, por la transición política.

La masiva llegada de extranjeros repercutió en una relativa relajación de la moral tradicional y las costumbres, en la que también colabora el desarrollo de los medios de comunicación de masas, especialmente el cine y la televisión. A pesar de los rígidos corsés establecidos por la censura o la manipulación sistemática de las pantallas y los periódicos, el gobierno no pudo impedir cierta apertura intelectual. Incluso, las necesidades de la economía obligaron a reformar los planes de enseñanza para acercarla a toda la sociedad, lo que contribuyó a un aumento significativo de la población alfabetizada y universitaria. Y con la educación y el crecimiento económico, el abandono de las prácticas religiosas se acelera. De nada sirve que la Iglesia intente ahora desligarse del Estado y comprometerse con los movimientos sociales o nacionalistas: su tiempo iba quedando atrás.

Frente a estos cambios estructurales, la España del franquismo sigue manteniendo en vigor la imagen decimonónica del país, con un régimen político controlado para evitar «la anarquía de las masas»; un nacionalismo agobiante, cuya herencia envenenada habrían de ser el terrorismo etarra y el desprestigio de *lo español;* el control de los resortes del poder por la burguesía industrial y los latifundistas; un acusado militarismo y un Estado confesional. Todo bien condimentado por una retórica imperial que explotaba los viejos mitos de la España de los Reyes Católicos y los Austrias, y su vertiente americanista de la *madre patria,* siguiendo la estela intelectual de Ramiro de Maeztu. Una España irreal que a la muerte de Franco le acompaña en su tumba del Valle de los Caídos.

La Constitución se fundamenta en la indisoluble unidad de la nación española, patria común e indivisible de todos los españoles, y reconoce y garantiza el derecho a la autonomía de las nacionalidades y regiones que la integran y la solidaridad entre todas ellas.

Constitución española de 1978, artículo 2.º

La pacífica *transición* venía a certificar que la España conservadora-canovista ya había muerto para 1975; quedaba, eso sí, la tarea de adecuar las estructuras políticas y sociales a la nueva realidad. Tres años más tarde, la Constitución, elaborada desde el consenso político, prefiguraría la España de finales del siglo XX, caracterizada por la instauración de un régimen de libertades y la participación democrática de los ciudadanos en la vida pública. Se establece también un equilibrio entre las necesidades de un Estado moderno y las aspiraciones de autogobierno de las regiones mediante el desarrollo del sistema autonómico: un modelo que extendió a los viejos reinos la *libertad* exigida por vascos y catalanes para sí mismos. El «café para todos», fruto de la debilidad de los gobiernos de la UCD, consumirá en un gasto disparatado la pretendida mejora en las prestaciones de la administración al ciudadano, en tanto el definitivo cierre del modelo queda pendiente por el miedo de las clases dirigentes a la falta de *lealtad constitucional* de los nacionalismos periféricos.

Con las autonomías se reconoce una cultura plural y abierta, que conjuga la asimilación de las novedades internacionales con la convivencia y mutuo respeto entre las varias lenguas y tradiciones existentes en el país. Sin embargo, los roces siguen sido frecuentes por el *localismo* de algunas de las propuestas autonomistas y por los mecanismos coactivos vigentes en las comunidades obsesionadas con su *recuperación* lingüística.

La Constitución certifica la estricta separación de la Iglesia y el Estado, después de 1.500 años de caminar unidos, y la aconfesionalidad de los poderes públicos: el catolicismo pierde su carácter de *esencia nacional* y la Iglesia su función legitimadora. Pero, consumada la transición política, la jerarquía no se sentirá nunca cómoda y, amparada en las organizaciones más conservadoras del país o en el efecto de arrastre de las visitas papales a la península, se sumergirá en desgastadoras campañas de propaganda con el ánimo de imponer sus creencias a los gobiernos *laicos*. Al igual que con la Iglesia, los gabinetes de la UCD ponen en marcha el proceso de desmilitarización de la sociedad española, un trabajo que se prolonga hasta bien entrados los años ochenta con los socialistas ya en el el poder. El ejército pagará además su intervencionismo anterior con el despliegue entre la juventud de teorías contrarias al servicio militar obligatorio, una de las conquistas de la revolución liberal del XIX. Finalmente, la reforma política intentó promover otra de carácter económico desde el moderantismo que caracterizó a los gobiernos centristas. Aparcada la posibilidad de un reparto de la tierra, la reforma se centró en conseguir una política fiscal progresista, que hiciera tributar en función de los ingresos y el patrimonio y no recayera como hasta el presente en los consumos, a la vez que una secuencia de pactos sociales perseguía solucionar el alarmante incremento de los índices de paro.

Tras los prolegómenos reformistas de los gobiernos de Adolfo Suárez, el acceso del PSOE a la dirección del Estado en 1982 alimenta la esperanza en el progreso modernizador de España y en el recorte de las diferencias económicas existentes. Los votos obtenidos por Felipe González y la abrumadora mayoría en las cámaras legislativas avalaban el proyecto, así como el abandono programático de los principios marxistas presentes desde la fundación del Partido Socialista. No obstante, la vía renovadora se agosta pronto. Bajo la *legitimidad* de las urnas, los socialistas encubren una forma de gobernar que excluye, en principio, cualquier práctica de consenso, mientras el rodillo parlamentario se prolonga al resto de los resortes del Estado. La monopolización de las instituciones públicas, sin dejar ningún resquicio a la oposición activa —o el reparto partitocrático de ellas al estilo italiano— servirá de tapadera a los fenómenos de corrupción que jalonan el final de la tercera legislatura socialista.

De igual forma, y a pesar de las promesas electorales que hacían del empleo la tarea primordial de la política económica, ésta embarrancó en un monetarismo a ultranza, insuficiente, por otro lado, para contener la inflación desatada por el desmesurado déficit público, los abusos de los monopolios y las ansias consumistas de la población. Confiados en que la integración en la CEE rejuvenecería el tejido industrial y deslumbrados por un quinquenio de euforia, fruto del hundimiento de los precios del petróleo y la inundación de capitales extranjeros especulativos, los gobiernos del PSOE perdieron la oportunidad histórica de llevar a buen puerto la reforma que España precisaba. Como en el siglo XVII las remesas de la plata americana, los flujos de dinero incrementaron los precios, fomentaron la compra de mercancías suntuarias importadas e hicieron del país el paraíso de la especulación y el dinero fácil o bien enajenaron a compañías internacionales las empresas rentables.

Todo el montaje se desploma, a mediados de 1992, con la recesión internacional: la retórica de una España integrada en el pelotón de cabeza de la Unión Económica y Monetaria se estrellaba contra la cruda realidad de una industria desmantelada por la competencia de los productores europeos, una agricultura desorientada y el crecimiento imparable del desempleo. Es ahora cuando la imagen de los triunfadores de los negocios contrasta violentamente con los apuros de las clases medias o de los parados de larga duración. Frente a la degradación de las condiciones de vida de los obreros especializados o la absoluta precariedad en el empleo de los jóvenes sorprende la contenida conflictividad social reinante en el decenio de los noventa. Extraña actitud que refleja la desgana de una sociedad materialista desprovista de utopías, así como su envejecimiento y el alcance destructivo de los paraísos artificiales de la droga entre las capas juveniles desfavorecidas. Y mientras tanto no falta entre el empresariado quien reclame una nueva autarquía o recurra a los viejos vicios del *control salarial* o de la ayuda del Estado para recuperar la competitividad y evitar la desindustrialización del país.

Las dificultades económicas son, igualmente, terreno propicio para la radicalización de los movimientos *nacionalistas,* preludio del «sálvese quien pueda», especialmente en la cornisa cantábrica. Su alejamiento del nuevo eje de crecimiento económico (Barcelona-Zaragoza-Madrid-Valencia-Murcia) y el monocultivo de la industria pesada, la minería y los bienes de equipo favorecen el declive, así como las complicadas comunicaciones o el terrorismo político. Aun así su potencialidad sigue siendo mayor que la de las olvidadas Galicia, Extremadura o Castilla. Cataluña, por su parte, vive una etapa transitoria: su diversificación industrial, su cercanía a Europa y una mano de obra cualificada le auguran un futuro brillante. Porvenir que los políticos de CiU saben vender muy bien para lograr de Madrid mayores cuotas de autogobierno, en especial, en lo referente al sistema fiscal.

Desoyendo las quejas del antaño norte rico, el gobierno concentró sus esfuerzos en la fachada mediterránea y en Andalucía, a fin de evitar el estrangulamiento económico de la primera y atajar los desequilibrios históricos en la segunda. Las enormes inversiones en infraestructuras, a caballo de la EXPO, han resultado el intento más serio de sacar al sur de su tradicional aislamiento y dar esperanza a la mayor bolsa de pobreza del país. En la toma de conciencia de que el sur también existe, sin duda influye el deseo de impedir que este enorme territorio (17 por 100 de la superficie y de la población peninsular) se transforme, como en Italia, en una región incontrolable. Aunque el esfuerzo *nacional* no ha conseguido todavía estimular suficientemente el conjunto, es un buen punto de partida para liquidar las graves desigualdades entre las diversas autonomías y un paso en la creación de una España en verdad solidaria. En este sentido, la década de los noventa aparece convulsionada por los planteamientos divergentes de los nacionalismos periféricos, las propuestas de administración única de Manuel Fraga o la España federal de los socialistas catalanes, sin que el PSOE haya logrado articular ninguna respuesta alternativa, salvo su estéril vanagloria de ser el único partido *capaz de garantizar la unidad de España.*

Como respondiendo al socialismo *light,* avanza en la década de los ochenta una cultura también *light,* que esconde su falta de creatividad y compromiso bajo la reivindicación de lo efímero, lo populista o lo provocador. La *movida* sustituye entonces a la reflexión; la falta de lectura se compensa con el consumo masivo de programas audiovisuales o juegos electrónicos; el arte se banaliza o se torna mercancía en manos de galeristas y casas de subastas y los suplementos literarios y artísticos de diarios como *El País* se erigen en baluarte de la cultura oficial de los *mass-media.* Los mismos gobiernos central y autonómicos se enfangan en la trivialidad con su política cultural de *escaparate,* especializada en costosos montajes, a mayor gloria del político de turno, o en la construcción de faraónicos auditorios, palacios de congresos o museos de última generación sin planes precisos para su futuro uso. Es una cultura-espectáculo más preocupada por los índices de visitantes y el *marketing* que por la calidad, el riesgo de las propuestas o la creación diaria, cuya caricatura serían las largas colas de visitantes a la exposición antológica de Velázquez en El Prado. Enfervorecidos por los medios de comunicación, muchos de ellos ni siquiera repararon en que la mayoría de las obras estaba en el museo desde su fundación sin provocar ninguna avalancha. Mientras tanto, faltan bibliotecas o conservatorios dignos, obras de arte y monumentos del pasado se degradan y los centros de investigación de las universidades languidecen.

En el ámbito cultural, como en los demás, el PSOE, y los partidos nacionalistas en las comunidades en que gobiernan, han tenido a su favor la completa desmovilización de la sociedad española, una de las más perdurables y peligrosas herencias del franquismo. Mantenida en una eterna adolescencia, la sociedad ha sido manipulada al antojo de los políticos, sin que nadie se haya preocupado por ayudarla a *madurar* confiándole actividades públicas, monopolizadas por el Estado. Esta es una de las apuestas de la España del XXI, la de resucitar la sociedad civil, destruida por la guerra y la dictadura, e incorporarla al diario quehacer de la nación.

Sin otras ramas a las que asirse, los políticos de los años ochenta hicieron de Europa y de lo europeo el mito con el que debía adornarse el discurso político e ideológico. La invasión de códigos y justificaciones europeístas se superpuso entonces a las viejas señas, por más que en algunas regiones hubiera quien pretendiese oponer a las glorias españolas sus leyendas particulares. Pero a la larga el discurso se hundió también con la recesión económica: de Europa llegaban los cierres de fábricas, los precios agrarios ruinosos, las limitaciones a la pesca, las maniobras especulativas contra la peseta o las políticas de homogeneización cultural que pretendían acabar con la «ñ» o diluir los esfuerzos de recuperación de las peculiaridades regionales.

Rotos sus soportes ideológicos, el nacionalismo español retrocede en estos últimos años del siglo XX; la idea misma de España se libera al ser despojada de sus esencias tradicionales. Emerge así una España múltiple y diversa, viva no por supuestas identidades milenaristas sino por la voluntad democrática de sus habitantes de reconocer una historia común y una cultura sin imposición alguna: al fin y al cabo Cervantes, Velázquez, Goya, Picasso o Antonio López forman parte de una misma herencia como Maragall, Gaudí, Rosalía de Castro, Miró o Gabriel Aresti. Porque no se trata de una versión mediterránea del Imperio austrohúngaro, un Estado multinacional, sino de una nación multicultural que ha amontonado quinientos años de derribar murallas y suscitar encuentros. Una España definida por la evolución y el cambio incesante, cuyo vértigo bien pudiera ser la causa de la pérdida de sentido histórico de nuestra sociedad. Este libro aspira a acompañarla desde sus orígenes, sin otro deseo que el de preparar un mejor siglo XXI a hombros de la historia, un arma cargada de futuro y utopía.

LOS AUTORES

Bilbao, 2 de mayo de 1993

Capítulo II
El salto a la historia

Agotado el segundo milenio antes de la era cristiana, la Península Ibérica comienza a dar sus primeros balbuceos en la historia con la ayuda de los pueblos centroeuropeos y orientales, que se adentran por el norte y sur. Una nueva realidad cultural y económica alborea al ritmo del avance extranjero. La variedad peninsular revelada en épocas pasadas se agranda ahora con el encuentro de los nuevos moradores. Mientras la periferia descubre la magia del forastero, la Meseta se encierra en la tradición, lejos de promiscuidades. Dejándose llevar por el hechizo indoeuropeo, el norte —Cataluña y valle del Ebro— discrepa del sur —Andalucía—, donde los rasgos orientales dominan el proceso de inculturación del que emerge el ámbito tartésico.

Aires de Centroeuropa

Las migraciones que el historiador, guiado por las azarosas reliquias de la cerámica y del bronce, trata de fijar en el mapa y que no comprendieron los pueblos que las ejecutaron...

JORGE LUIS BORGES, *Los conjurados*

La arribada de los indoeuropeos a la península es un episodio más en el vagar de los pueblos de Centroeuropa hacia el suroeste, a partir de los siglos XIII-XII a.C. Para definir este trasiego de gentes y culturas, la historiografía empleó el término *invasión;* sin embargo, la realidad arqueológica apunta hacia una *penetración no violenta* de reducidos grupos suprafamiliares que, atravesando los pasos pirenaicos, se asentaron en los valles más cercanos. Desde allí continuarían nuevas expansiones, con el acomodo en áreas menos atractivas o de peor acceso, y a la búsqueda de los territorios circundantes.

Entre los siglos XI y IX a.C., pueblos del sur de Francia, Suiza y norte de Italia se internan por oriente para poblar Cataluña y dar vida a la cultura de los *campos de urnas.* Con posterioridad —siglos IX-VI a.C.— hombres y mujeres del Rhin y suroeste francés se establecen en el alto Ebro, antes de continuar su camino hacia la meseta. Por el curso del río Ter y los llanos costeros del Rosellón, la cultura de los *campos de urnas antiguos* alcanza Cataluña, entre los siglo XI y X a.C. Sus núcleos se concentran en los Llanos de Urgel y Segría, el Ampurdán y el campo de Tarragona, donde emprenden un tímido avance hacia el valle del Ebro, bajo Aragón y Levante. Salvo en las tierras llanas del alto Segre, no existió un hábitat estable sino simples cabañas construidas con materiales orgánicos, propias de pueblos migratorios y ganaderos, sin que falten tampoco las cuevas como vivienda y necrópolis *(la Fou de Bos, Les Encantades de Toloriu).*

Entre el 900 y el 700 a.C., la cultura de los *campos de urnas recientes* se proyecta por todo el noroeste peninsular. A partir de los tres grandes núcleos antiguos —Segre, Ampurdán y litoral catalán— prospera un proceso de inculturación que da lugar a varios focos regionales. Es el período de los primeros poblados de casas rectangulares con calle central *—Pedrera de Valfogona, Balaguer—* y las necrópolis planas y tumulares del Segre; zona que se convierte en punto de irradiación, expandiendo su influencia en la Cataluña interior y el bajo Aragón *(Cabezo Monleón, Roquizal del Rullo).* Desde aquí la tradición de los campos de urnas alcanza el País Valenciano (800-600 a.C.) y el valle del Ebro, donde se fusiona con los aportes procedentes del ámbito alavés *(Cortes de Navarra, El Redal)* y el sur de Francia.

Fruto de múltiples intercambios, la indoeuropeización del valle del Ebro ofrece un panorama cultural mucho más rico. Un espacio paulatinamente urbanizado es el elemento fundamental de progreso, visible en abundantes asentamientos *(Cabezo Monleón, Las Escondrillas),* caracterizados por los objetivos defensivos de su ubicación o de sus murallas, fosos y empalizadas *(Tossal Redo, Cortes de Navarra).* El tránsito del Hierro I al Hierro II representa un momento álgido por la extraordinaria solidez de los recintos del Ebro *(Els Castellans, San Antonio de Calaceite)* y Alava *(Arkiz, La Hoya),* con planificación urbanística de traza rectangular o cuadrada y una plaza o calle central a la que se abren todas las viviendas cuyas paredes traseras conforman la muralla del poblado. Estas casas tenían una cubierta plana, inclinada hacia la fachada, dos o tres habitáculos alrededor del hogar y un banco corrido lateral para depositar el menaje. Piedra en los zócalos y adobe o tapial en los paramentos son los materiales usados en la construcción. El empleo del adobe, aun en terrenos donde la piedra es generosa, y de postecillos de madera en los muros manifiestan la incorporación de técnicas importadas.

Triunfantes en el Ebro, las influencias culturales exteriores comienzan a entrar en la Meseta pero sin provocar mutaciones tan notables, debido a la gran dificultad de comunicación entre ambos espacios. Define al mundo meseteño la obsesión por la defensa de sus poblados *—castros—* y la anarquía urbanística de las viviendas circulares. Notable excepción, Alava contará con plantas rectangulares y poblados organizados cuando prosperen sus relaciones con el valle del Ebro.

Avances urbanísticos, cerámicas desconocidas *—impresiones digitales, excisa, de boquique—* sustitutas de las tradicionales *bruñidas* y las actividades metalúrgicas relacionadas con el hierro constituyen el elenco de las influencias materiales importadas. Será, sin embargo, en el aspecto ritual donde se aprecie una notable revolución de las costumbres, una vez asimilada la liturgia de la quema de los cadáveres. Pese a la evidente unidad cultural del noroeste, las diversas tradiciones indoeuropeas e indígenas y el desfase cronológico se plasman en la rica variedad de las necrópolis.

En Cataluña, pero también en el valle del Ebro, alto Aragón y Navarra, los campos de urnas, característicos de la migración, dominan el ámbito funerario. Tras incinerar el cadáver, las cenizas eran recogidas en urnas de cerámica, depositadas en hoyos y cubiertas con piedras y tierra, sin muestra externa alguna. Nacen, de este modo, extensos *campos* de sepulturas: *Angullana, Atalaya.* En el bajo Aragón perdura, no obstante, la cultura de los túmulos y las *cistas* —sepulturas practicadas en el suelo, cuyas paredes están protegidas con lajas de piedra— de la Edad del Bronce, aunque el enterramiento incorpora el rito de la incineración, siendo significativas las necrópolis del *Piuró del Barranc Fondo, Azaila y San Cristóbal de Mazaleón.* El reducido número y el tamaño de estos sepulcros individuales sugieren una cierta jerarquía social, que vendría exigida por los programas de defensa y planificación urbana.

Amplias regiones del país, hasta entonces vírgenes, conocen ahora las faenas del laboreo, adaptadas siempre a las condiciones del terreno. Por ello las fértiles tierras del Ebro y del Segre despliegan una rica agricultura cerealística, el futuro granero ilergeta, y las tierras más altas —rebordes pirenaicos, meseta— una ganadería trashumante, caballar y porcina, combinada con la recogida de castañas y bellotas.

La metalurgia aprovecha las técnicas foráneas, que revitalizan las áreas mineras en decadencia y favorecen la especialización. El trabajo más extendido es el del bronce, aunque como consecuencia de los problemas de abastecimiento de materias primas, en especial estaño, aumente el número de piezas amortizadas. Sólo al final del período, el hierro emprende un paulatino despegue al racionalizarse su producción en los poblados cercanos a yacimientos *(Cortes de Navarra, Moncayo).*

Una ventana al Mediterráneo

Mientras las primeras oleadas indoeuropeas cruzan los Pirineos, el sur peninsular es visitado, primero esporádicamente, luego con trazas de permanencia, por gentes del extremo oriental mediterráneo. Acosados por problemas de suministro metalífero, griegos y fenicios hallaron en la Península Ibérica un auténtico Eldorado, capaz de abastecerles de las más preciadas materias primas: cobre, estaño, oro y, sobre todo, plata.

Con el viento a favor, las ciudades costeras del actual Líbano —Sidón, Tiro—, enriquecidas con el intercambio comercial de productos de alto valor añadido, se lanzan a crear su *imperio ultramarino.* Cuentan Estrabón y Poseidonios que la colonización por las costas del Mediterráneo tuvo sus orígenes en el siglo XII a.C., al fundar los comerciantes tirios Lixus, Utica y Cádiz; las tres en la ruta de acceso al estrecho de Gibraltar confirman la fascinación ejercida por los metales andaluces sobre la empresa fenicia.

Sin negar la existencia de aquel grupo de fundaciones arcaicas de incierta cronología, el siglo IX a.C. trae un segundo momento colonizador en el norte de Africa *—Auza y Cartago—,* germen de la pléyade de establecimientos nacidos alrededor de los siglos VIII-VII a.C. en Sicilia, Malta, Pantelaria, Lampedusa, Cerdeña, el golfo de la Sirte y en las costas de Andalucía oriental. Hay quien ha visto en este desparrame semita el fruto de la presión sufrida por sus ciudades con el acoso del Imperio asirio. Sin embargo, aunque el expansionismo afectó desde el punto de vista tributario a amplias zonas de Israel y Siria, no llegaría a destruir la pujanza de las ciudades fenicias. Al contrario, éstas se beneficiaron del desorden de sus competidores y de la demanda de metales del Imperio asirio y mantuvieron la independencia gracias a su condición de abastecedoras.

El reparto geográfico de los asentamientos fenicios respondió a una doble necesidad comercial y logística. Algunos de esos enclaves —Cádiz, el más importante— habían sido fundados como lugares de intercambio con las comunidades indígenas; otros como centros de control y apoyo a la navegación por las principales rutas marítimas que, buscando las corrientes y los vientos, comunicaban las costas de Chipre y Creta con el estrecho de Gibraltar. El camino más aconsejable entre Tiro y Gadir pasaba obligatoriamente por Cerdeña, Ibiza y las costas del Mediterráneo andaluz, mientras que el de regreso recalaba en las africanas o bien enfilaba el Tirreno a través de las Baleares. Las «colonias» mantuvieron siempre gran semejanza entre sí, con preferencia por los islotes, penínsulas de buenos fondeaderos y bahías resguardadas, fáciles de defender y cómodas para los navegantes; también se valoró mucho la existencia de fuentes de agua dulce y la cercanía a las desembocaduras de los ríos y otras vías naturales de penetración. A menudo, la historiografía clásica otorgó a los comerciantes tirios el monopolio del estrecho de Gibraltar pero las excavaciones arqueológicas en Cádiz y Huelva descubren la presencia griega en el sur peninsular. La abundancia de cerámica helena aparecida en poblados y necrópolis confirma la actividad de los comerciantes áticos en las costas andaluzas, sin que fueran éstas el área primordial de su ejercicio mercantil.

Y por fin... Cádiz

Gadir fue la mayor metrópoli comercial erigida por los fenicios en el Mediterráneo occidental. Los primeros intentos de fundación habían fracasado en Almuñecar, demasiado alejada de las minas andaluzas, y en Huelva, feudo del mundo tartésico. Un tercer viaje daría con el punto idóneo: tres islotes en la desembocadura del Guadalete, cercanos al bajo Guadalquivir y a las serranías de Huelva, ricas en plata, oro y cobre. En esta época las áreas productoras de metal por excelencia se encontraban en las regiones de Riotinto y Aznalcollar. En el primer caso, los lingotes se sacaban, a través de los ríos Tinto y Odiel, hacia Huelva, donde el comercio del metal transformará los poblados onubenses en un próspero puerto comercial y enriquecerá a sus elites *(necrópolis de La Joya).* Cádiz permitía el acceso a las exportaciones de Huelva sin interferir en su sistema de producción y reparto del beneficio, evitando así los recelos que podían surgir al instalarse en el ámbito indígena.

Además la proximidad al valle del Guadalquivir hacía de Gadir la salida natural de una segunda vía comercial que, atravesando los poblados de *El Rocío, Almonte* y *Tejada la Vieja,* llegaba a Aznalcollar y las riquezas de Sierra Morena, con el poblado de San Bartolomé de Almonte como pieza clave del engranaje, dedicado a la fundición a lo largo de los siglos VIII y VII a.C. Más que competidoras, ambas rutas articularon una eficaz estructura de aprovechamiento de la riqueza minera ofrecida por la región andaluza.

Hasta fines del siglo VII a.C. el comercio de la plata peninsular constituye una sustanciosa fuente de beneficios, que compensa con creces los gastos de las instalaciones marítimas. Los principales agraciados fueron la oligarquía de Tiro —como intermediaria comercial y a través de las transferencias del templo gaditano—, los mercaderes de Gadir y las elites sureñas. Ingresos que fortalecerían las diferencias sociales en el valle del Guadalquivir y zonas limítrofes *—Carambolo, Asta Regia, Onoba—,* por donde se expanden los afamados objetos de lujo semitas. Ensanchada en la tierra firme, Cádiz entra en contacto entonces con el poblado indígena del *Castillo de Doña Blanca,* que se convierte en un anexo de la colonia y en su principal puerto de embarque hasta ser definitivamente abandonado en el siglo IV a.C. al colmatarse la bahía. Ya en el siglo VII a.C. la influencia de la urbe toca Extremadura y Portugal, al socaire de las rutas terrestres y marítimas del comercio del estaño, y el litoral atlántico marroquí *(Lixus, Mogador)* a la búsqueda de los densos bancos de pesca y los reinos proveedores de oro y marfil.

La estela fenicia

Tanto las fuentes escritas como la arqueología destacan la gran densidad de gente fenicia arcaica establecida en las costas de Andalucía oriental, donde la distancia media entre yacimientos no suele superar los ocho o nueve kilómetros con una perfecta conexión visual de uno a otro. El patrón de poblado respondía a las características propias del modelo tirio: debilidad por los promontorios costeros poco elevados sobre la desembocadura de ríos —Guadarranque, Guadalhorce, Guadalmedina, Vélez, Algarrobo, Verde y Adra— y por los feraces *hinterlands* de aprovechamiento agrícola. La escasez de recursos metalíferos quedó compensada por la disposición natural a acoger naves comerciales, el dominio de las vías de comunicación con el interior, el desarrollo de actividades de carácter industrial —cerámica, púrpura, salazón— y el cultivo de las vegas. Entre los núcleos más destacados de este tramo costero se encuentran los poblados de Toscanos, Chorreras, Morro de Mezquitilla y Cerro del Villar, las necrópolis de Cerro del Mar y Trayamar y los vestigios de Sexi —Almuñécar— y Abdera. De todos, el más conocido es la factoría de Toscanos (740 a.C.), que desde sus mismos orígenes presenta un urbanismo y una arquitectura regularizada, con edificios construidos mediante muros de adobe sobre zócalos de mampostería y un poderoso sistema defensivo, reforzado durante el siglo VII a.C. con paramentos de sillar. Ambos contradicen la idea tradicional de pequeñas factorías orientadas específicamente al comercio y muestran una estructura social bien definida desde el primer momento.

Durante el siglo VII a.C. la colonia experimenta un notable estirón demográfico y económico. Surgen instrumentos industriales y mercantiles que denotan la importancia y autonomía del núcleo: grandes almacenes, barrio del Cerro del Peñón dedicado a procesar metales para consumo propio... Mientras, los hombres se dispersan por el cerro Alarcón y su comercio alcanza el interior peninsular y el Mediterráneo central. A partir del siglo VI a.C. el yacimiento entra en decadencia y no despierta hasta la llegada de los cartagineses. Al igual que Toscanos, el resto de los poblados de la costa oriental andaluza, como los del noroeste de Cerdeña, tuvieron voluntad de permanencia, autonomía productiva y control del espacio; un verdadero proceso colonizador que exigía sistemas defensivos frente a posibles ataques y dominio de las vías de comunicación.

Socialmente las necrópolis del siglo VIII-VII a.C. traslucen una estructura compleja y una uniformidad cultural vinculada a Tiro. Entre estos elementos culturales predominan los ritos de incineración y las ofrendas fúnebres de cerámica y joyas. Las grandes tumbas de cámara excavadas en la roca o en forma de hipogeos –*Trayamar, Almuñécar*– compendian a la perfección la magnificencia de una elite floreciente gracias a la agricultura y al comercio. Una clase mercantil muy especializada y tributaria de la metrópoli, que formaba auténticos clanes, según se desprende de la continuidad de enterramientos a lo largo de los años en muchos de estos panteones.

Colonizadores o comerciantes

Si las excavaciones arqueológicas confirman la presencia de los fenicios en el sur peninsular, tal y como sugerían las fuentes escritas, no ocurre lo mismo con los griegos. La diferencia entre el número de fundaciones mencionadas por los autores clásicos —Emporion, Rhode, Mainake, Oinussa, Cypsela...— y los pobres hallazgos materiales (tan sólo hay confirmación de las dos primeras) se debe a una errónea interpretación de los textos, que confunden el modelo colonizador aplicado por los griegos en la Magna Grecia o Sicilia, con el comercial, ensayado en la Península Ibérica. En efecto, el nacimiento del mundo foceo occidental, cuyo ejemplo más visible es Massalia, surge vinculado al comercio (llámese Tartessos o el estaño de Bretaña), que no va a necesitar territorios sino seguridad para establecer sin cortapisas sus intercambios. Estas áreas de comercio o *emporion* cumplen las mismas funciones que los puertos abiertos de las islas mediterráneas, frecuentados por todos los pueblos comerciantes; a partir de ellos se establecerían las relaciones con los pueblos nativos hasta la creación de núcleos permanentes.

Es en este sentido de *establecimientos de trueque, escalas de ruta,* como se entienden las supuestas «fundaciones» transmitidas por los clásicos, muchas veces simple helenización nominal de enclaves costeros conocidos en los viajes de los mercaderes griegos del siglo VI a.C. Los metales tartésicos constituyeron también el principal motivo de estos periplos, de acuerdo con Herodoto y con los hallazgos arqueológicos que muestran mayor abundancia y calidad de la cerámica griega en el sur, durante los siglos VI y V a.C. Será a raíz de las fluctuaciones comerciales del último tercio del siglo VI cuando la colonización griega se oriente hacia los recursos del sureste y los ricos cotos mineros de la Oretania (*Castulo,* cercano a la actual Linares, y *Cartagena*).

Cataluña griega

Los historiadores Estrabón y Tito Livio fechan la fundación de Ampurias en el año 600 a.C., poco después de Marsella, coincidiendo con el incremento del comercio foceo por el sur de Francia, estrecho de Mesina y Siracusa. La región elegida disfrutaba de un espacio económicamente atractivo —salinas, minerales y agricultura— y de un fácil acceso marítimo a las bocas del Ródano, donde se alzaba la cabeza rectora de la colonización en el Mediterráneo occidental, Marsella. Numerosos restos orientales —etruscos, púnicos, foceos— hacen suponer una primera fase de apertura a múltiples influjos, en relación con el tráfico tartésico; pasada esta etapa, el núcleo se estabiliza, convirtiéndose en una ciudad griega con personalidad propia. El temor a lo desconocido y el dominio de la bahía, uno de los pocos refugios naturales del litoral ampurdanés, explican la construcción de la ciudad *(Palaiapolis)* en la isla de San Martín, compartida con los indígenas establecidos en ella desde el siglo VIII a.C. La coexistencia pacífica hará posible la mezcla de materiales griegos y locales. Más adelante, fundidos ambos grupos, tendrá lugar el salto a tierra firme para instalar una nueva urbe *(Neapolis)* al reclamo de las comodidades del puerto.

La evolución tipológica de los enterramientos de la ciudad sirve para describir el itinerario de simbiosis cultural recorrido por los colonizadores y los primitivos habitantes del Ampurdán. Los primeros sepulcros nativos descubiertos —necrópolis Parralli— presentan la conocida estructura de campos de urnas, sin influencias helénicas, pero en los de la muralla noreste, aunque se mantiene la incineración *in situ,* aparecen ya, junto a las urnas, algunas armas y adornos metálicos de sabor mediterráneo y cerámicas griegas y etruscas. Por su variedad y riqueza, los ajuares denotan una profunda mutación de la sociedad indígena, explicable porque desde el 575 a.C. las relaciones con los recién llegados se hacen fluidas y se les imita siguiendo la pauta de la coetánea necrópolis griega de Portixol: inhumaciones, ajuares hasta entonces desconocidos como vasos de vino y perfumarios, propios de la refinada sociedad helénica. La asimilación continúa con fuerza entre los siglos VI y IV a.C. —necrópolis *Martí*—, cuando los ajuares griegos se superponen a los campos de urnas, que subsisten como signo distintivo del origen familiar del difunto. Mientras tanto, las sepulturas de los inmigrantes *—Bonjou, Mateu, Granada* y *Martí—* concuerdan con las tumbas en fosa desarrolladas por la colonización en el resto del Mediterráneo.

En cuanto a Rhode, tanto Estrabón como el Pseudo Escimno atribuyen su fundación a los rodios mucho antes que los viajes foceos, pero las excavaciones no certifican la llegada griega antes del siglo VI a.C. Debió de tratarse de un lugar pequeño y probablemente mixto, pues la cerámica ibérica cohabita con las importaciones etruscas, áticas y masaliotas. La abundancia de vajilla marsellesa, entre los siglos IV y III a.C., documenta la progresiva intromisión de la metrópoli francesa, que buscaba hacer frente a la independencia de Ampurias. Finalmente será ésta quien termine por controlar el enclave.

La cultura de la convivencia

Si las características pantanosas del Ampurdán en la antigüedad habían obligado a sus pobladores a concentrarse en los puntos más elevados, la lenta desecación natural, entre el Bronce final y la Edad del Hierro, favoreció su dispersión por la llanura mientras recibía los influjos de los campos de urnas ultrapirenaicos. Ahora, las corrientes orientalizantes fenicias —fines del siglo VII a.C.— y grecoampuritanas —mediados del siglo VI— preparaban el camino de una cultura plenamente ibérica, la de los *indicetes*.

Para comprender esta *inculturación* del Ampurdán, el poblado de Ullastret resulta de un interés capital. Las excavaciones constatan la existencia de dos núcleos de habitación: el más antiguo se ubicaba en la Illa d'en Reixach y responde al conocido centro indígena en altozano sobre la marisma. Sus primeros vestigios se remontan a finales del siglo VII a.C. con cerámica a mano y algunos restos de ánforas fenicias. A mediados del VI a.C. las importaciones etruscas y griegas aumentan, el urbanismo adopta viviendas de planta rectangular, zócalos de piedra y alzados de adobe y surge la cerámica ibérica, fruto de las intensas relaciones con Ampurias. Por esos mismos años, nace el poblado del Puig de Sant Andreu, asentamiento fortificado según los esquemas griegos de moda, con abundancia de silos descubiertos. Su pujanza económica será grande durante los siglos VI y V a.C., permitiéndole aumentar las compras de productos áticos a su vecina Ampurias, de quien dependería políticamente.

Al menos desde la primera mitad del siglo VI a.C., la colonia ampuritana mantiene intercambios con las poblaciones indígenas de su entorno, a la búsqueda de los productos agropecuarios para el abastecimiento de la ciudad. Nace así un intenso comercio en el que Ampurias canjea cerámica griega, previamente importada del Egeo. Fruto del trajín, las poblaciones indígenas del entorno se *helenizan,* conservando siempre los rasgos propios de su cultura, aun después de la definitiva integración política y socioeconómica. La capacidad de Ampurias para proteger su esencia *griega* sólo es comprensible por su apertura a otros centros helénicos del Mediterráneo y por su superioridad cultural respecto de los indígenas. Su empuje desbordaría el espacio catalán, proyectándose sobre las regiones peninsulares de organización política más desarrollada, hasta crear un área permeable a las influencias mediterráneas que acelera el nacimiento de las culturas ibéricas.

Capítulo III

El país de la plata

La leyenda de Tartessos

Leyenda o historia, muchos son los misterios que aún hoy rodean la existencia del reino de Tartessos. La fascinación ante la riqueza material de sus yacimientos sólo tiene paralelo con el hechizo que ejerce su decadencia y posterior olvido. Cegados por el oro de sus más bellas creaciones, los arqueólogos se inquietaron, durante tiempo, por encontrar el centro rector de esa civilización y el fulgor de algunos hallazgos espectaculares oscureció la necesidad de definir el contorno espacial, étnico o cultural de lo que puede considerarse *tartésico.*

El nombre de Tartessos aparece mencionado por vez primera en las fuentes griegas relacionadas con los viajes fenicios y helenos al Mediterráneo occidental. Entre todas ellas, *Ora Marítima* del poeta Avieno (siglo IV d.C., aunque probablemente los datos fueron tomados de un periplo anterior) utiliza tal denominación para designar una ciudad, un río, un monte, una región y un centro comercial minero, lo que prueba el desconcierto ya entonces existente. Más contradictorias, si cabe, son las noticias sobre su emplazamiento: Éforo lo pone a media jornada de navegación de Cádiz; Escoliasta de Lycophoi en una isla en pleno océano, cerca de las columnas de Hércules; Pausanias y Esteban de Bizancio en el estuario de un río homónimo. No es de extrañar, por tanto, que quienes se han servido de estas informaciones hayan aportado ubicaciones tan dispares como el coto de Doñana, la desembocadura del Guadalquivir o Huelva. Su ámbito cultural, dentro del triángulo formado por las actuales provincias de Huelva, Sevilla y Córdoba, abarcaba tanto la riqueza minera descubierta en las regiones montañosas de Riotinto y Sierra Morena, como la feraz agricultura de las vegas del bajo Guadalquivir-Guadiana.

A partir del siglo VII a.C., la unidad cultural de ambas regiones se hace posible gracias a la labor de los pueblos indoeuropeos asentados en la Meseta y a las relaciones con los mediterráneos. Las gentes del norte desplazan en el interior las formas de vida tradicionales, al desarrollar actividades metalúrgicas en los yacimientos de las serranías de Córdoba a Huelva y levantar nuevos poblados para el cuidado de las vías de exportación, como Riotinto y Tejada la Vieja. Cerámica a mano de adornos geométricos *—Ategua, Cabezo de la Esperanza, Carmona—* y viviendas de planta rectangular con tapiales de grandes mampuestos unidos en seco y suelos de pizarra o guijarros componen también parte de este goteo meseteño. Protegidos por poderosos recintos amurallados, los nuevos núcleos respondieron a medidas de defensa y, sobre todo, al triunfo de una mentalidad de carácter militar.

El tesoro andaluz

Como era de prever, las rutas entre el área tartésica y los enclaves fenicios de la costa andaluza originaron un fenómeno asimilador de los hábitos sociales, hijos de la tradición semita. El comercio actúa así de fuerza aglutinante, en función de intereses económicos, y prepara, a la larga, la uniformidad cultural. Mediante la entrega de regalos —cerámica, telas, marfiles, orfebrería—, traídos de Asia o fabricados en las colonias costeras, los mercaderes fenicios lograron integrar en el sistema comercial a las elites indígenas, obteniendo en pago los metales codiciados o la libertad de paso por las vías de comunicación. Los objetos exóticos sirven para apuntalar el rango y prestigio de los reyezuelos locales y, por tanto, su supremacía política y social. Con el tiempo, el intercambio de obsequios abrirá las puertas del comercio, en sentido estricto, contaminando los gustos de los grupos privilegiados y, en consecuencia, de todos los habitantes. Entre los resultados más visibles de este fenómeno de *orientalización,* la arqueología evidencia transformaciones urbanísticas en los poblados indígenas y ostentosos enterramientos tumulares, propios de una sociedad cuya riqueza estaba en manos de la aristocracia militar.

La técnica de la cerámica avanza al incorporar el torno de alfarero y plagiar los modelos decorativos de las vajillas fenicias —barniz rojo, tonos grisáceos— que pronto arrinconan a los autóctonos. En la orfebrería, los artesanos de *La Aliseda, Carambolo* o *Cortijo de Evora* conjugan los motivos importados —cresterías de flores y palmetas flanqueadas de ruiseñores— con otros de pleno sabor local, muy afiligranados. La imitación de piezas en marfil por los talleres indígenas y la más que probable presencia de artífices orientales, a partir del siglo VII a.C., hacen difícil separar las piezas peninsulares de las importadas, como ocurre con las de *Setefilla* o *Bencarrón.*

La trinidad tartésica

Tres grandes zonas de actividad subrayan el interés fenicio por el sur: la región onubense, el bajo Guadalquivir con la ruta de Extremadura y la alta Andalucía.

— La rica Huelva.

Desde la llegada de los fenicios a las costas mediterráneas, Huelva se convierte en cabeza del conglomerado tartésico. Su riqueza minera y las posibilidades de comunicación a través de los ríos Tinto / Odiel / ría de Huelva, que permitían el rápido trasiego del metal hacia Cádiz, explican su protagonismo. Los primeros poblados con influjos orientales —siglos IX-VII a.C.— estaban situados en la misma capital —*Cabezo de la Esperanza, necrópolis de La Joya*—, como corresponde al lugar de encuentro entre ambos mundos. En todos, las importaciones de cerámica mediterránea concuerdan con un incremento de las tareas metalúrgicas, que durante los siglos VII y VI a.C. constituyen la práctica económica preferente. A ellos se unen *San Bartolomé de Almonte,* con un urbanismo indígena de cabañas circulares parcialmente excavadas en la roca y cubierta vegetal, y el *Cerro Salomón,* dedicado a la plata. Junto a los poblados productores sobresale el de Tejada la Vieja, punto neurálgico en las rutas de Riotinto y Aznalcollar a la metalurgia de Huelva y Almonte, cuyas murallas serían reforzadas de continuo durante más de quinientos años.

Interesante resulta, desde el punto de vista social, la necrópolis de La Joya, retrato de un pueblo muy jerarquizado, presidido por una minoría atenta a los gustos orientales —incineración, lujosos ajuares con alabastros, marfiles y ungüentos— hasta en la muerte.

— A orillas del Betis.

El Carambolo (Sevilla), Carmona, Cerro Macareno, Setefilla o Colina de los Quemados (Córdoba) componen el segundo epicentro tartésico, levantado sobre el espacio agrícola, ganadero y minero del valle del Guadalquivir. Todos entran en relación con los colonizadores desde el siglo VIII a.C. y van copiando poco a poco las viviendas rectangulares con zócalos de mampostería y paredes de tapial y las cerámicas de engobe rojo, pastas grises o polícromas. La riqueza de sus notables permitirá erigir monumentales mausoleos, típicos de Setefilla, donde el insólito derroche sugiere una sociedad compleja, fundamentada en grupos familiares o clanes.

— Rumbo al océano.

Desde estos dos focos principales, la influencia tartésica se extiende por Extremadura y los demás caminos que llevan a la Meseta y al litoral atlántico. Una arraigada orientalización hace presa, desde el siglo VII a.C., del poblado de Medellín, con joyas de procedencia gaditana y un tímido desarrollo metalúrgico. Dicho proceso, como los hallazgos en el estuario del Tajo, marcan jalones en la búsqueda de las vías terrestres y marítimas que unieron Tartessos y Gadir con los centros productores de estaño.

Geryon, Gárgoris y Argantonio

Si los hallazgos arqueológicos describen una sociedad con jerarquías, las fuentes grecolatinas dan un paso más al definir la organización política de Tartessos como monárquica. Conforme a estos testimonios, dos grupos de dinastías se suceden en el gobierno: uno mítico, de naturaleza divina, y otro, histórico, símbolo del auge económico tartésico y de sus relaciones con los griegos. Las monarquías divinas incluyen dos parejas de reyes, cuya conexión es desconocida. Vinculados a las tradiciones heracleas, Geryon y su descendiente Norax derivan de conceptos culturales indoeuropeos —tres cabezas, fabuloso tesoro, pacifismo—, propios de uno de los sustratos que coadyuvaron a la formación de la cultura tartésica. Gárgoris y su nieto Habis, héroes civilizadores, a quienes se debería el descubrimiento de la agricultura y las ciudades, responden, por su parte, al mito fundacional difundido en el Próximo Oriente. Así pues, la monarquía tartésica debería su génesis a la amalgama de elementos indoeuropeos con otros de origen mediterráneo antiguo, amasados en la región costero-fluvial. El reinado de Habis coincidiría con los primeros intercambios de los pueblos autóctonos y los comerciantes fenicios, que consolidaron tanto la evolución tribal hacia formas «civilizadas» como el poder de la monarquía.

Mientras esto sucede en las regiones cercanas a la costa, perviven en el interior regímenes de naturaleza señorial. Con el máximo esplendor de la monarquía, esos reyezuelos acabarían dependiendo de Tartessos, mediante sistemas de alianza o confederación. La iniciativa fenicia aparece, por tanto, como factor primordial en la toma del poder por la corona, dada su necesidad de regular los suministros metalíferos. A la tranquilidad doméstica, fruto de la obra integradora de la monarquía tartésica, debe el comercio semita su expansión por Aliseda, Cástulo y Carmona.

El robustecimiento político culmina en tiempos de la dinastía histórica de Argantonio, de quien Herodoto, Anacreonte y Plinio ponderan su talante pacifista y gran longevidad. Su reinado debió extenderse en el siglo VI a.C., siendo conocido personalmente por los viajeros griegos que frecuentaron Andalucía, como Colaios de Samos. Al aceptar en su territorio a los mercaderes helenos y sellar su amistad con valiosos dones, es muy probable que Argantonio intentase fomentar la competencia en el comercio metalífero para engrandecer la riqueza básica de su país.

El colapso del estaño

A fines del siglo VI a.C., Tartessos desaparece de los testimonios escritos. Puestos a buscar causas de este enmudecimiento, se llegó a pensar en una intervención cartaginesa contra el *reino* indígena. Sin embargo, la decadencia que sufren las factorías costeras fenicias en la misma época y las oscilaciones que también afectan a las colonias griegas del golfo de León sugieren una coyuntura menos belicista.

La primera pista para entender la crisis hay que buscarla en el Próximo Oriente, donde, estrenado el siglo VI a.C., el nuevo imperio de Nabucodonosor golpeaba violentamente el sistema de intercambios creado por Tiro. Afectadas en una de sus fuentes de riqueza, las ciudades de la costa libanesa no pudieron costear sus relaciones con Occidente, viéndose inermes frente al expansionismo babilónico. Tras un prolongado asedio de trece años, la vieja Tiro cae en manos de Nabucodonosor (573 a.C.) y el desorden comercial se adueña del Mediterráneo, mientras Gadir y las colonias del litoral padecen los rigores de la crisis.

Menos perjudicados resultaron los griegos con el cierre del comercio asiático pues, desde tiempo de Argantonio, no dependían del circuito fenicio para su abastecimiento. Marsella prospera incluso, al crear una nueva ruta que, a través del Sena / Gaona / Ródano, conecta con los centros productores de estaño en la Bretaña y entra en abierta competencia con las vías tartésico-fenicias.

Para Tartessos el desbarajuste de los mercados metalíferos es un golpe mortal. Frenada la exportación y usurpado el estaño por Marsella, la metalurgia tartésica se colapsa, agravando las penalidades de Cádiz, su principal proveedor de manufacturas. Al marasmo económico seguiría el caos social y político. Sin medios para enriquecerse, las elites perdieron su situación de poder y la monarquía, empobrecida y desprestigiada, resultó incapaz de sostener la unidad ante las tendencias disgregadoras. Las luchas entre reyezuelos y notables fragmentan el territorio en medio de numerosos conflictos por el dominio de los campos, las minas y los poblados. La influencia griega en el sureste y levante peninsular favorece este desguace, a la vez que despierta el mundo ibérico-turdetano, surgido de la masa cultural tartésica fermentada por la levadura helénica. Conscientes de estos cambios, los indígenas intentan atacar la opulenta Cádiz cuando ya la conquista de Tiro y el fortalecimiento de los griegos anuncian un nuevo orden en el Mediterráneo occidental, que convertirá Cartago en baluarte de la tradición semita.

Cultura e iberismo

El caminar histórico de las tribus autóctonas en la costa levantina y el valle del Ebro, abiertas a los influjos externos, estimula, a partir del siglo V a.C., una comunión de rasgos culturales. Levante, Cataluña, Ebro y Andalucía enseguida forman parte de ese entramado de creaciones y mentalidades que se denomina *cultura ibérica,* mientras el norte y la Meseta conservan sus rasgos específicos, dominados ahora por el sustrato céltico. Una divergencia entre costa e interior que se prolonga en la historia de España, hasta la puesta en marcha de las modernas vías de comunicación, en el siglo XIX.

Bajo el paraguas del mundo ibérico se guarece una multitud de pueblos distintos, nacidos de variadas condiciones geográficas, culturales y sociales. Quizás fuera Andalucía el espacio más homogéneo, aunque el fin de Tartessos volvió a subrayar las divergencias existentes entre un valle del Guadalquivir agrícola y mediterráneo —donde se instalarán *túrdulos* y *turdetanos*— y una sierra con vocación ganadera, escenario de los oretanos y enlace con La Mancha y Levante. En el polo opuesto, la fragmentación cultural provocada por las *invasiones* indoeuropeas y las corrientes helénicas hará de Cataluña un espacio profundamente dividido. La orografía multiplica el despliegue de tribus: *cerretanos, andosinos* y *arenosios* en los valles pirenaicos; *indicetes* en la costa septentrional; *laietanos* en torno a la actual Barcelona; *cossetanos* en el norte de Tarragona. Otro tanto ocurre en el litoral levantino, cuya población se adapta a las peculiaridades del terreno, con los *edetanos-contestanos* en las llanuras valencianas; los *deitanos* y *mastienos* en las vegas murcianas o los *bastetanos* en las vertientes de Sierra Morena. Un sentido más unitario caracteriza al valle del Ebro, donde los ilergetes saben hacer valer la riqueza de sus tierras para dominar la región y erigirse en intermediarios de la costa y los pueblos celtíberos del interior.

Iberia de las tres damas

El mundo ibérico establece un modelo de asentamiento sobre las cumbres de las colinas, en los enclaves naturales fácilmente defendibles: el *oppidum*. Aunque los más cercanos a las colonias fenicias y griegas adopten el urbanismo greco-oriental –*Burriach, Gerunda, Ausa*–, ninguno de ellos puede ser considerado como auténtica ciudad, salvo *Ullastret* y *Sagunto*. En Cataluña se prefieren los cerros próximos a la llanura costera, que delimitan ricos campos de cultivos, o bien las líneas fluviales de comunicación. El urbanismo utiliza plantas en forma de parrilla y cono amurallado –*Sant Juliá de Ramis, Ullastret, Puig Castellar*– con viviendas adaptadas a la topografía, alrededor de calles longitudinales. Estas casas, construidas en piedra y tapial, toman definitivamente la forma rectangular o cuadrada. Repitiendo las arquitecturas catalanas, los poblados levantinos –*La Bastida de Mogente, Sagunto, Puig de Alcoy, Liria*– se alzan vigilantes sobre la llanura valenciano-alicantina y ofrecen los *oppidum* más perfectos de la península.

Los dos componentes que mejor describen la religión ibérica son su sincretismo —con la adopción de divinidades y cultos de los pueblos colonizadores— y su formidable pragmatismo. Un profundo sustrato naturalista subyace también en las creencias que giran en torno a la salud de los hombres y los animales. La masiva ofrenda de exvotos de barro y bronce en los santuarios del sur y levante confirma este sentimiento, por el que el individuo trata de hacer propicios a los dioses para alcanzar la felicidad propia —curación de enfermedades, fertilidad, amparo en la guerra— y la de su familia. De igual manera, los santuarios ibéricos entran en comunión con la naturaleza, consagrando ancestrales lugares de culto como cuevas, simas o minas –*Cogull, Monfrage, Les Maravelles*–, donde lo inaccesible, el agua o las estalactitas evocan la presencia divina; la religiosidad popular los mantendría vigentes hasta la romanización.

Junto a los lugares naturales de epifanía sacra, la religión ibera desarrolla sus liturgias en algunos santuarios rurales, cuyo prestigio rebasa el ámbito local, aunque se desconocen posibles primacías o capitalidades. Entre los más visitados, *La Serreta* (Alcoy), *El Cigarralejo* (Mula, Murcia), *Nuestra Señora de la Luz* (Algezares, Murcia), *Llano de la Consolación* y *Cerro de los Santos* (Montealegre, Albacete) o *Collado de los Jardines* (Santa Elena, Jaén) han deparado una espléndida variedad de materiales, destacando los jienenses y murcianos por la abundancia de figuritas de bronce de personajes masculinos —guerreros y jinetes— y los albaceteños por sus divinidades femeninas protectoras del hogar y la vida doméstica. Casos particulares, Llano de la Consolación y El Cigarralejo (fines del siglo V a.C.-siglo III a.C.) acumulan pequeños bronces de animales, lo que hace sospechar la presencia de una divinidad protectora del ganado caballar, y el de La Serreta (Alcoy), cuyas terracotas de influencia púnica sorprenden por su número.

El ritual funerario ibérico se centra en la cremación de los cadáveres. Una vez incinerados y tras limpiar los restos, las cenizas del difunto eran introducidas en urnas y depositadas junto al ajuar y las ofrendas en un hoyo. Según zonas, las urnas se disponían formando calles o se cubrían con túmulos. Para evitar la contaminación del contacto con el suelo, las tumbas se acolchaban con arcillas purificadas mediante la quema de maderas y resinas. Camino de la pira, el cadáver se engalanaba con sus mejores joyas y armas previamente inutilizadas, mientras se sacrificaban caballos y otros animales domésticos, para acompañar a sus dueños en la vida de ultratumba.

Al inmovilismo propio de las creencias religiosas debe Cataluña la indeleble impronta de los «campos de urnas» —necrópolis de *Cabrera Mataró, Cain Canyis, Coll del Moro, Pedrera de Balaguer*—, que se difumina en las cercanas a Ampurias, donde aparecen vestigios de inhumación.

Tampoco hay novedades en el valle del Ebro, con sus tradicionales túmulos de incineración sobre *cistas* rectangulares —*Roquizal del Rullo, San Cristóbal de Mazaleón*—, en tanto que los cementerios de Murcia y Albacete —*Llano de la Consolación, Cabecico del Tesoro, Hoya de Santa Ana*— comparten túmulos de planta oval o rectangular formados por acumulaciones de lajas sobre la urna.

Los reyezuelos de la alta Andalucía manifiestan ahora su riqueza y poder con monumentales mausoleos, cuyos pilares esculpidos, falsas bóvedas y sillares semitallados describen un programa arquitectónico definido y una clase social influida por los aires suntuarios que llegan del Mediterráneo. Entre las sepulturas más llamativas sobresalen Villaricos (Almería), Basti (Baza), Tutugi (Granada), Castellones del Ceal (Jaén) y la excepcional de La Toya (Jaén). Allí, tras cruzar la puerta, flanqueada por dos grandes monolitos que sustentan el dintel, el visitante encuentra una cámara de planta trapezoidal con tres naves y cinco departamentos; en su interior, un banco corrido acoge un ajuar principesco: esculturas de piedra, armas, medallones de metal dorado, joyas y restos de un carro, con los correspondientes arreos para el caballo.

La escultura ibérica echa a andar en el siglo V a.C. a hombros del arte provincial griego y fenicio, de los que hereda el rasgo esencial de su acentuado arcaísmo —frontalidad, falta de animación—, alternando iconografías zoomórficas y humanas. Proliferan por Andalucía y Levante esculturas de animales, en una amalgama de realismo y fantasía: leones, toros, caballos y ciervos conviven con esfinges, sirenas o grifos, tomados en préstamo de las culturas asiáticas. Yacentes o en actitud amenazadora, los artistas se recrean en la diferenciación de los órganos sexuales y decoran sus cuerpos con guirnaldas y flores. Esta zoología despliega una gama muy rica de símbolos, todos ellos de carácter funerario: seres protectores del difunto, representaciones de las fuerzas superiores y recreación de la vida de ultratumba.

Adorno de los costosos monumentos fúnebres, las esculturas zoomórficas sirvieron a la aristocracia para prolongar su prestigio en el más allá y fortalecer su imagen terrenal. Por su carácter propagandístico solían erigirse en lugares estratégicos y junto a las vías de comunicación *–Porcuna, Pozo Moro–* como pregoneras de la magnificencia de sus moradores. Reflejo de la desigualdad, sustentada en la fuerza, la mayoría de estos monumentos fue pasto de los estallidos de conflictividad social, a lo largo de la primera mitad del siglo IV a.C., cuando la ruptura de las estructuras tradicionales se unió al desprestigio de sus conceptos religiosos.

Menor dispersión tiene la escultura humana, cuyos ejemplares se apiñan en las regiones andaluza y murciana. De rasgos estilizados y formas compactas, las piezas más helenizadas podrían pasar incluso por prototipos de un arte provincial griego: sedentes de Cabecico del Tesoro, Llano de la Consolación y Cerro de los Santos. Hacia los siglos V-IV a.C. la escultura indígena llega a su cima en obras polícromas como la *dama oferente del Cerro de los Angeles,* la de *Baza* o la de *Elche,* cuyas modeladas facciones de herencia clásica sobresalen entre vistosos elementos decorativos. Llegado el siglo III a.C., los escultores incorporan el universo de las formas itálicas en los *togados del Cerro de los Santos,* el *grupo del Cortijo de Tixe* o el de *Osuna.* Aquí, los restos arqueológicos conservados ofrecen escenas militares y rituales en composiciones minuciosas, dominadas por la verticalidad y la falta de perspectiva, fruto de un gusto arcaizante.

La vida en común de la cerámica ibera con las importadas —barniz rojo o pasta gris fenicia, vasos griegos desde el siglo VI o piezas romanas entre el III y el I a.C.— empuja a los artesanos locales a imitar las formas, las arcillas y los adornos del mundo colonial. Reconocible por el color rojo vinoso de su decoración, esta cerámica es singular en su tipología —sombrero de copa, vaso de doble cuerpo—, deudora de las indígenas del Carambolo o Carmona. Cuatro escuelas decorativas se suceden a lo largo del tiempo, resultando la más sencilla aquella que repite bandas, arcos y circunferencias, divididas en metopas para conseguir una sensación de ritmo. Muy arraigada en la alta Andalucía, sus modelos alcanzan pronto Murcia y Valencia, con gran esplendor formal durante el siglo IV a.C. *(La Bastida de los Alcuses).* Evoluciona más tarde hacia imágenes de la naturaleza —hojas de hiedra, flores, zarcillos, granadas— entrelazadas con motivos geométricos y animales estilizados. Bien representada en *La Escuera, Cigarralejo, Verdolay* y *Oliva,* tiene su apogeo en el siglo III a.C. Algo más moderna, en la cerámica de estilo narrativo la gran protagonista es la figura humana, descrita en sus combates, procesiones, fiestas y cacerías, según el sistema de friso corrido. Alrededor del hombre, el espacio se rellena con peces, aves o espirales, auténtico «horror al vacío» de los artistas de *La Serreta, Oliva* y *Liria.* Finalmente, en los siglos III-I a.C. algunos poblados valencianos —Elche, Archena, Verdolay—, murcianos y almerienses exhiben una decoración de carácter mágico que traduce en la cerámica cotidiana el complejo mundo de las vivencias religiosas.

Al margen de estas líneas, en las creaciones del valle del Ebro *—Azaila, Castellones de Alloza, Calaceite—* la dinámica del movimiento y el juego de motivos abstractos manifiestan la influencia céltica en la cerámica iberomediterránea. Cataluña *—Ullastret, Ampurias—* alumbra en los siglos V-IV a.C. la cerámica *indikete,* original por la alternancia de formas helénicas y la decoración geométrica o vegetal ibérica.

Junto a las piezas de cultura material, los iberos legaron a la posteridad una creación difícilmente valorable: un alfabeto y una escritura indígena. Nacida del acercamiento de la escritura meridional-tartésica (silábico mixta) a la levantinocatalana y al abecedario fenicio litoral, los hallazgos epigráficos —plomos de *La Serreta de Alcoy*— muestran un alfabeto de cinco vocales y seis consonantes. El empleo de una grafía, más o menos emparentada, es un sólido argumento de la unidad cultural de los pueblos ibéricos.

En el mundo ibérico, la agricultura —cereales, viña, olivo— y la ganadería se combinan con arreglo a las facilidades del suelo. El cultivo de la tierra es la principal fuente de riqueza en la baja Andalucía y el valle del Ebro, mientras que en el interior y en las serranías la ganadería se adapta mejor. Las antiguas labores mineras acaban por concentrarse en Sierra Morena *(Castulo)* y en torno a las ricas venas de *Ilipa, Aci* o Cartagena (plata), Sisipo-Almadén (cinabrio) y Moncayo (hierro). La llegada de nuevos cultivos, como el lino, o la importancia estratégica alcanzada por el esparto favorecen una poderosa industria textil *(Sagunto, Játiva, Cartagena, Ampurias)*, que a partir del siglo V a.C. convive con las renacidas fábricas de salazones (*garum* gaditano) y la metalurgia armamentística.

No obstante la riqueza producida, el desigual reparto de las ganancias provocó el aumento de la masa de desheredados. Amplias capas de la población tuvieron que ofrecerse como mercenarios a las potencias mediterráneas —griegos, cartagineses y romanos— o a las sociedades urbanas del valle del Guadalquivir y la alta Andalucía. La mentalidad popular, las débiles estructuras políticas y las variadas fórmulas de relación personal *—fides* y *devotio ibérica—* apuntalaban esta orientación guerrera del mundo ibérico.

Los difíciles equilibrios socioeconómicos y las tradiciones también tendrían reflejo en el terreno político. En el Guadalquivir, la herencia tartésica fortaleció la forma de gobierno monárquica aunque el crecido número de régulos impidió una paz estable. Las regiones de Valencia y Murcia, carentes de esta tradición y muy influidas por los griegos, se pueblan de pequeñas ciudades independientes que, desde el siglo II a.C., caen en manos de *tiranos*, al abrigo de situaciones de emergencia. Ante la amenaza externa, la fuerte y bien estructurada monarquía de los ilergetes trabaría en continuas confederaciones al resto de las tribus por las tierras del Ebro.

Capítulo IV

Entre Dido y Rómulo

Memoria de Africa

Doblegada Tiro por las armas babilónicas, sus colonias de la península parecían condenadas al pillaje de las tribus indígenas del interior. Sin embargo, el testigo lo recibe pronto Cártago, que continúa la labor materna extendiendo la influencia semita por el norte de Africa, el Mediterráneo central y la costa andaluza. No es fácil precisar el momento del relevo en Iberia; Diodoro de Sicilia lo hace coincidir con el primer asentamiento púnico en Ibiza (654 a.C.) a la sombra de las rutas comerciales mediterráneas. La arqueología detecta la presencia norteafricana tanto en la isla balear —santuarios y necrópolis de *Isla Plana, cueva d'Es Cuyram*— como en los yacimientos fenicios de la costa —*Villaricos, necrópolis Jardin*— bien entrado el siglo VI a.C. La inhumación en grandes tumbas hipogeas y el progreso del fenómeno urbanizador descubren el itinerario de la nueva sociedad cartaginesa. Pero no sería hasta la siguiente centuria cuando el activismo cartaginés asiente los cimientos de su dominio peninsular; en un principio, de manera relajada, ya que sus ojos seguían absortos en el Mediterráneo central.

Las constantes luchas en Sicilia, encaminadas a salvaguardar la libertad de comercio y mantener expedito el acceso a los puertos isleños, influirán notablemente en la política cartaginesa respecto a la península. Desaparecidos los vínculos con la metrópoli tiria, el despliegue púnico se orienta a la defensa de los antiguos centros comerciales fenicios. La fluidez de relaciones entre la capital norteafricana y Cádiz legitima así la intervención cartaginesa contra los pueblos indígenas del sur andaluz, cuyos ataques a la urbe gaditana frenaban los intercambios mercantiles.

A lo largo del siglo V a.C., Cartago organiza distintas exploraciones oceánicas, destinadas a recomponer las antiguas vías comerciales y ampliar el horizonte de sus actividades económicas. Camino del mercado del oro guineano, las costas africanas del Atlántico sur serían la meta del periplo de Hannon; mientras, en el Atlántico norte, el viaje de Himilcon trataba de acaparar nuevamente las rutas del estaño, desviadas en favor de Marsella. La empresa debió de constituir un verdadero éxito, pues la arqueología certifica la mejora del bronce cartaginés del siglo V a.C., el renacer de la economía gaditana y el hundimiento de Marsella, con el paulatino despegue de Ampurias. Las costas malagueña, granadina y almeriense y, sobre todo, de Cádiz prosperan con la llegada de gentes púnicas, que hacen de Villaricos e Ibiza los centros redistribuidores de sus mercancías y la cabeza administrativa de la minería argentífera.

Resueltos los problemas del siglo VI a.C., Cádiz se aprovecha intensamente de la presencia púnica. Al monopolio de la plata de la baja Andalucía y el estaño norteuropeo, la bahía gaditana añade, a finales del siglo VI a.C., una red de pequeñas factorías de salazones —actual Puerto de Santa María— que afianzará su liderazgo económico en el sur peninsular. Los panteones y los inigualables sarcófagos antropomorfos son la mejor muestra de la prosperidad de la urbe andaluza. El crecimiento tiene sus contrapartidas; murallas en los antiguos centros abiertos semitas —Torre de Doña Blanca, siglo V a.C.— y fortalezas en los caminos de la orilla izquierda del Guadalquivir denuncian la inestabilidad interna y los intentos indígenas de agresión.

Con la plata andaluza en manos de la *burguesía* gaditana, Cartago desvía su interés hacia las regiones productoras de Cartagena y Cástulo, donde los ataques púnicos, combinados con las razzias desde la Meseta y las propias fricciones intestinas, disgregan el *orden* ibérico durante el siglo IV a.C. Todos estos cambios políticos y económicos —incluyendo la libertad comercial en Sicilia— se plasmarán en el segundo tratado romano-cartaginés (348 a.C.). Ambas potencias delimitan sus áreas de influencia: Roma concentraría sus esfuerzos en la península italiana; para Cartago quedaban el sur ibérico y las minas cartageneras. Garantizada la seguridad en el norte de Africa y la Península Ibérica, los cartagineses podían dedicarse a estrechar sus vínculos comerciales con Egipto y Sicilia, mientras Marsella, aliada de Roma, conservaba su influencia en el sur de la Galia y la costa catalano-levantina.

La libertad de movimientos instaurada por el pacto daba pie a un cambio en las relaciones del dominador cartaginés con las poblaciones indígenas peninsulares. Negociando con los poderes cercanos para evitar fricciones indeseadas —tratados con Roma en el 306 y en el 279 a.C.—, Cartago establece un nuevo *statu quo* con las elites indígenas, pero ahora desde una posición de fuerza, en tanto amplía su influencia por Murcia y Alicante a la búsqueda de recursos para su economía.

La zanahoria y el palo

No podía ser duradera la política de guerra fría ensayada por Roma y Cartago a lo largo del siglo IV a.C., pues las dos potencias aspiraban a convertirse en grandes imperios, con objetivos geoestratégicos y económicos, a menudo, contrapuestos. Entre el 264 y el 241 a.C., el antagonismo se desliza hasta el enfrentamiento bélico. Derrotados, la paz de Lutacio es un duro revés para los cartagineses; no sólo pierden algunas de sus más preciadas colonias —Sicilia y Cerdeña—, sino que han de desprenderse de lo mejor de su flota, aceptar el libre acceso comercial de Roma a su mercado y pagar cuantiosas indemnizaciones, mientras quedan recluidos en el norte de Africa, las Baleares y la Península Ibérica. En el interior de la ciudad, la represión de las tropas mercenarias sublevadas (240 a.C.) robustece el *lobby* colonialista del senado cartaginés dirigido por el general Amílcar Barca, para quien la única manera de preservar la independencia consistía en apurar al máximo el control sobre los centros productores de materias primas. El sur y el sureste peninsular pasaban al primer plano de los objetivos bárquidas.

En el 237 a.C. Amilcar desembarca en Cádiz dispuesto a iniciar la campaña de reconquista de Iberia. Elige la antigua ciudad fenicia por su excelente puerto, las vías de comunicación hacia el interior y las buenas relaciones con las tribus indígenas, lo que garantizaba cierta tranquilidad. Con medidas de fuerza y diplomacia, el general cartaginés se atrae a la mayoría de los pueblos autóctonos de la baja Andalucía, sometiendo a los de la costa —turdetanos, iberos—, al tiempo que en Sierra Morena lanza las primeras incursiones de castigo contra los célticos. Los mandatarios norteafricanos sacuden enseguida el Levante con expediciones contra *Helike* y ponen en *Akra Leuke* la base operativa de la zona.

A la muerte de Amílcar, el caudillaje de Asdrúbal engrasa la hegemonía púnica en la península, gracias a la cual los recursos hispanos facilitan el renacer económico de la metrópoli y el reclutamiento de mercenarios nativos. El entramado defensivo de Córdoba-Jaén, sobre los pasos entre la Meseta y Andalucía, y nuevas instalaciones estratégicas en Cartagena y Akra Leuke sostendrán el rápido robustecimiento del poderío bárquida, afirmado en su imagen carismática y en la dependencia personal de muchos reyezuelos hispanos. Ciudades, alcazabas y mercados colaboran en la vertebración del territorio ibérico, a cuya cabeza se colocaría Cartagena, capital púnica peninsular y centro económico de primer orden por su esparto y minería. Es muy probable incluso que los dominios hispanos fuesen divididos territorialmente atendiendo a realidades geográficas o naturales en tres grandes *pagus:* alta y baja Andalucía y Levante.

Para bellum

Una vez conseguido el dominio efectivo de los espacios más ricos de la península, los militares cartagineses organizan económicamente las áreas conquistadas y transforman el sur y Levante en una auténtica colonia de explotación, aunque, eso sí, renovando las técnicas productivas en aras del mayor beneficio. Los cotos mineros por excelencia, Cartagena, Cástulo y Herrerías, dejan de lado los anticuados métodos indígenas para adoptar un régimen monopolístico, dirigido por el Estado, en el que se conjuga la mano de obra esclava y la ingeniería helenística. Sin sufrir el intervencionismo estatal, salvo algunas materias primas como el esparto cartagenero, los progresos agrícolas convierten Andalucía, y más concretamente el valle del Guadalquivir, en el granero de emergencia del norte de Africa, como antes lo había sido Sicilia. La pesca y los salazones, de igual manera, se recuperan expandidos por el litoral gaditano y las playas de Málaga, Adra o Almuñécar, siempre bajo la tutela de la administración cartaginesa, dueña del monopolio de las salinas. Durante mucho tiempo, Cartagena mantendrá su puesto de capital industrial de la península, con fábricas de armamento, pertrechos navales y militares, almacenes agrícolas y fundiciones metalúrgicas.

Contra lo que la inestabilidad bélica pudiera hacer pensar, el mundo cartaginés disfrutó de unos años brillantes de éxito comercial. Mientras dura la conquista, el comercio de Estado va por delante del privado, que pronto experimentaría una reacción. Con el envío de salazones, púrpuras, telas o espartos, los comerciantes púnicos de la península restablecerían las comunicaciones con Italia y las colonias griegas del sur de Francia, preparando el clima propicio para las primeras emisiones de moneda hispanocartaginesa.

Directores supremos de la guerra y mediadores entre Cartago y las elites indígenas, ni Amílcar ni Asdrúbal romperían, sin embargo, con la metrópoli, a cuyo senado siempre tendrían informado de sus campañas. Socialmente, la aventura cartaginesa apenas si implicó cambio sustantivo alguno, pues la administración colonial pactó con las clases dirigentes iberas contribuyendo al mantenimiento del orden en vigor. Como grupo minoritario, los cartagineses se concentraron en las ciudades costeras semitas y en las estratégicas urbes del interior, aunque su dominio no afectó a la antigua jerarquía, en la que ellos mismos se integraron. Al ritmo de la prosperidad económica fue tomando posiciones una riquísima clase comercial que compartía las grandes capitales con artesanos libres, cada día más numerosos.

Sagunto sacrificada

Roma no verá con buenos ojos el expansionismo cartaginés. Los ventajosos resultados de Amílcar en el Levante encienden las primeras suspicacias de la República y sus aliadas helenas, que el general púnico trata de disipar justificando su colonialismo en la necesidad de allegar recursos para pagar las deudas contraídas con la propia Roma. A fin de aclarar la situación, ambos imperios signan en el 226 a.C. el tratado del Ebro, que, por vez primera, pone límites a la vehemencia expansiva del ejército cartaginés en Iberia. Al prohibirle cruzar este río, Roma defendía los intereses de Marsella en el área catalana y compraba la neutralidad de los gobernantes norteafricanos ante el peligro de una hipotética alianza con los galos que acechaban Italia.

Apoyado en el convenio, Aníbal, sucesor de Asdrúbal, descarga una oleada de campañas contra los pueblos meseteños asentados al sur del Guadarrama para castigar sus continuas *razzias* sobre los ricos valles béticos y dominar el antiguo camino tartésico de los metales, luego denominado Vía de la Plata. Ante los éxitos obtenidos, Aníbal emprende la conquista de la franja costera levantina que el compromiso del 226 había dejado en sus manos, sin percatarse de los cambios operados en Roma, donde los triunfos militares habían catapultado en el Senado a los Emilios y Escipiones, enemigos de Cartago por cuanto suponía de freno a sus ambiciones en el Mediterráneo. La política de fuerza adoptada por Aníbal frente a Sagunto se convertía de pronto en una magnífica excusa para entorpecer los planes cartagineses, aunque esto arrastrara a una nueva guerra.

Al sitiar la ciudad levantina, el general cartaginés taponaba una grieta por la que podían colarse las injerencias romanas. Ponía en juego, de esta forma, todo su potencial militar para contrarrestar los avances conseguidos por la diplomacia romana, que soslayando lo pactado estrechaba lazos con Sagunto y avivaba sus ansias independistas. Obligado a asestar el primer golpe, el 219 a.C. Aníbal arrasa la ciudad, sacrificada ahora en el altar de la estrategia romana y mitificada, junto a Numancia, por la historiografía nacionalista como símbolo de la heroica resistencia *española* a la dominación extranjera.

El comienzo de la segunda guerra púnica confirma la importancia de la península en el Mediterráneo occidental. Aníbal tendrá en ella su base de aprovisionamiento y la plataforma de la poderosa ofensiva que, a través del sur de Francia e Italia, conduce a sus ejércitos a las puertas de la misma Roma.

Escipión hispánico

El mismo año en que Roma declara la guerra a Cartago, y pese a la amenaza que suponía la travesía de los Alpes por Aníbal, tiene lugar la primera incursión romana en la Península Ibérica. Al atacar la retaguardia hispánica, los estrategas latinos reconocían el peso de estos territorios en la maquinaria bélica de su tradicional oponente. Dos legiones al mando de Cneo Escipión aprovechan la alianza con Marsella para hacer una cabeza de puente en Ampurias, núcleo lo suficientemente alejado de los centros de poder cartagineses y con buenas defensas para ofrecer garantías de seguridad. Sin embargo, la destrucción de la flota romana por el general Asdrúbal y las *razzias* de las tribus indígenas del interior catalán y del valle del Ebro asociadas a Cártago —ilergetes, ausetanos, lacetanos— frenarían el primer impulso a la altura de Tarragona, el 217 a.C.

Confirmada la posición tarraconense y con nuevos esfuerzos romanos e iberoturdetanos, los Escipiones se dirigen contra los centros claves del entramado cartaginés. La derrota de Asdrúbal en Hibera y la toma de Sagunto despejan el camino al alto Guadalquivir, pieza clave para ambos contendientes. Sin embargo, la reacción púnica, preparada con aumento de masa militar y diplomacia, consigue cambiar el signo de la guerra y derrotar a los generales romanos provocando el repliegue de sus tropas al norte del Ebro. La primera tentativa se saldaba así con el fracaso.

Tras la catástrofe (210 a.C.), es elegido para dirigir la ofensiva Escipión el Africano. Lejos de buscar el enfrentamiento directo con los poderosos ejércitos situados en el Algarve, la Lusitania y la Carpetania, Escipión planea una estrategia de escaramuzas destinada a cortar los avituallamientos de las tropas enemigas. Conquista Cartagena y se hace de esta forma con las ricas explotaciones de plata y esparto, con una segura base naval y con una importante reserva de materias primas. La caída de la capital permite además la rápida ocupación de toda la costa oriental y los yacimientos de Sierra Morena. Junto a la actividad militar, los legados romanos ponen en marcha una política de atracción de los jefezuelos indígenas, que deriva en la nueva derrota de Asdrúbal en Baecula, completada en el 207-206 en Ilipa, y la defección de Cádiz, punto final de la presencia cartaginesa en Hispania. Desde ahora Roma es el único árbitro de la historia peninsular.

El camino de Finisterre

Las victorias de Escipión en Iberia no constituyeron avance alguno en la articulación social y cultural emprendida por los fenicios. Faltaba establecer un plan de conquista y organizar el territorio para explotarlo, por lo que durante más de un siglo se mantuvieron el sistema productivo cartaginés y la acción depredadora de los dominadores en Hispania. En estos primeros tiempos, las circunstancias empujan a Roma hacia las regiones más explotadas y colonizadas —Andalucía y Levante—, mientras en el resto se penetra lenta y desigualmente hasta el cambio de era. Al final, subsistirían, por tanto, las diferencias regionales de etapas anteriores.

Distintos acontecimientos demostraron enseguida la imposibilidad de armonizar el interés de Roma con el de los pueblos indígenas. Las tribus meseteñas y las del valle del Ebro acosan las tierras catalanas, en un momento en el que toda la península se revuelve contra los excesos recaudatorios de los gobernantes italos obligando a actuar al cónsul M.P. Catón en Sierra Morena y Andalucía, 194 a.C. Tras imponer su paz y desmantelar los castros y murallas de los vencidos, Roma allana el camino del valle del Ebro y la Meseta como medida protectora de los espacios costeros de Levante y Cataluña. Sin embargo, las sublevaciones internas y los asaltos de las tribus celtibéricas y lusitanas sobre los valles del Ebro y del Betis no cesan, arrastrando a la primera guerra celtibérica (181 a.C.). La escasez de tierras de cultivo y el acaparamiento de los ganados por las elites tribales habían empujado a los nativos más pobres al robo, por ello el nuevo cónsul T. Sempronio Graco alternó medidas coercitivas con otras de gracia para pacificar definitivamente las comarcas ribereñas del Ebro. Mediante repartos de tierras y concesiones de ciudadanía a los servidores del ejército romano, Graco aliviaba la pobreza de estos núcleos y eliminaba la causa de sus frecuentes saqueos, a la par que la fundación de Graccurris en el alto valle servía de referencia romana de la zona. A cambio, los celtíberos se comprometían al pago de tributos a Roma, a proporcionarle tropas auxiliares y a no edificar más ciudades. Con tales medidas, la presencia romana alcanza su mayoría de edad en Hispania: la primitiva ocupación por razones estratégicas se transforma en una verdadera voluntad de permanencia, pese a lo costoso que resultaba mantener los ejércitos en suelo hispánico.

En la metrópoli, la conquista ayuda al desarrollo del *capitalismo,* ya que la transferencia de cereales, metales y mano de obra esclava enriquece a la clase media comercial y a los grupos ecuestres encargados del arrendamiento de las aduanas, contribuciones o minas. Políticamente, las exigencias militares arrumbaron los viejos modelos de gobierno, alentando los primeros balbuceos de la Dictadura con las injerencias del ejército en la vida pública, animado por el caudillismo generado en las tropas permanentes.

De bello civili en Hispania

Las esperanzas puestas en la pacificación de Graco se frustran y el entendimiento entre Roma y la península resulta imposible. A la colosal maquinaria de las legiones se opuso la encarnizada resistencia de los pueblos meseteños a aceptar los modos de vida de los conquistadores. Nuevos derramamientos de sangre dan fe de los límites del *pactismo* romano, incapaz de comprender algunos hábitos culturales de las tribus celibéricas, como el que fundía sacralmente al guerrero con sus armas. De ahí que las exigencias de desarme condujeran siempre a la guerra o al suicidio colectivo. Durante la segunda guerra cántabra —154-133 a.C.— y la primera lusitana, el Senado romano pondrá al descubierto su afán imperialista, al exigir la rendición de todos los pueblos sublevados sin ofrecerles una salida digna. El sometimiento de las tribus celtíberas y la destrucción de Numancia llevan consigo el paso del Jalón al Ebro medio y los llanos de la Celtiberia, incluido el granero *vaceo* de Palencia. Este triunfo exacerba, aún más, los dictados colonialistas romanos, cuyos ojos se vuelven sobre la Lusitania, colchón frente a los ataques a la Bética. La misma estructura social de muchos de los pueblos lusitanos facilitó el trabajo de Roma, que se alía a las elites terratenientes y ganaderas contra la gran masa de indigentes.

Ni la muerte de Viriato, caudillo indiscutible de las tribus lusitanas, ni la dual política de amedrentamiento y reparto de tierras consiguieron una paz firme. Las insurrecciones se suceden, mostrando las carencias de la victoria romana. Aunque la fase de ocupación, culminada en el 83 a.C., no aportara botines proporcionados a la sangría humana, habría de tener importantes repercusiones económicas, al facilitar la agricultura cerealística y el trabajo minero en las provincias costeras, así como grandes masas de mano de obra esclava. Por otro lado, la necesidad de favorecer las comunicaciones terrestres con la capital impulsó la conquista del sur de Francia, donde se ponen los cimientos de la futura provincia Narbonense.

Este lento fluir del poder romano en Hispania y la excesiva presencia de tropas hacen inexorable la participación de las nuevas provincias en las guerras civiles del siglo I a.C. Su protagonismo será decisivo en los enfrentamientos de Sertorio contra el dictador Sila —83-73 a.C.— y en los de Pompeyo contra César, más tarde. Durante las luchas sertorianas, la península se convierte en el principal núcleo de resistencia armada al poder aristocrático asentado en Roma y en la base de las operaciones para la reconquista del gobierno. También la guerra manifiesta las grandes desigualdades culturales aún vigentes: mientras Sertorio es respaldado por una pequeña parte de los hispanorromanos y las tribus celtíberas y lusitanas recién sometidas, los optimates de Sila reciben el apoyo mayoritario de la Hispania más rica y romanizada. Obligado por su inferioridad militar a una estrategia de guerrillas, Sertorio no puede librar los poblados celtíberos —Uxama, Clunia, Calahorra y Huesca— de la acción devastadora de Roma, que le derrota en Itálica y Segóbriga, preámbulo de su muerte a manos de sus propios partidarios y a mayor gloria de Pompeyo.

...luego de haber domeñado a los pueblos que confina el impetuoso Ebro y las armas que levantó Sertorio fugitivo y de haber pacificado el occidente, venerable tanto con la blanca toga como con la toga que adorna el carro triunfal...

LUCANO, *La Farsalia*

Apenas veinte años después, Hispania vuelve a ser campo de batalla. El fracaso de los acuerdos de Luca, entre Pompeyo y César, en el que se cedía a aquél la península, anima al vencedor de las Galias a presentarse en tierras ibéricas para liquidar la amenaza de las seis legiones y los veinte mil auxiliares indígenas aquí establecidos. Igualados en cuanto al número de hombres, César aventaja a su rival por la habilidad y experiencia de sus tropas, adiestradas en la reciente conquista gala. La victoria de Ilerda y la alianza con las grandes ciudades sureñas —Córdoba, Cádiz, Carmona e Hispalis— precipitan la rendición del ejército pompeyano, pero no traen la paz a los ganadores. La salida de César hacia la Galia y el desafortunado gobierno de su delegado Casio Longino le enajenan a sus partidarios mientras el ejército se divide, ofreciendo parte de sus efectivos el mando a Cneo Pompeyo, el hijo de su enemigo. Solamente después de la derrota de Tapso en el norte de Africa, cuando una vez muerto Pompeyo sus seguidores pretendan instalarse en la península, César intervendrá de nuevo en Hispania. La victoria de Munda ponía término a la guerra civil y afianzaba el prestigio del general en Roma.

Tantos años de lucha no podían arrojar sino un balance desastroso para las provincias hispanas: las pérdidas humanas y materiales hicieron aumentar la presión fiscal sobre los nativos y sus centros productores. Por contra, los partidarios del bando ganador obtuvieron algunas ventajas al fundarse las primeras colonias de veteranos y concederse la categoría de *municipium* a algunos poblados indígenas. No se apaciguaría definitivamente Hispania tras la guerra civil —las legiones lanzan duras campañas contra los pueblos del norte— hasta que en el 29 a.C. Augusto decida completar el dominio de todo el territorio hispano. El propio *emperador* se pone al frente de sus tropas y alcanza un primer objetivo al firmar su delegado la paz con los cántabros, que, sin embargo, preparan nuevos levantamientos. Siete legiones y abundantes tropas auxiliares llevarían el peso de las guerras cántabras, cuya secuela demográfica sería tremenda debido al exterminio de los jóvenes en edad militar o su reducción a la esclavitud. Así mismo, transformarían el área sometida, al acabar con los antiguos poblados en los cerros y dar entrada a la economía monetaria y a la explotación de minas y campos.

Capítulo V

La agonía del indigenismo

Roma contestada

Había llegado la hora de Roma, la de inaugurar un capítulo original y fecundo en la historia de la Península Ibérica. A partir de ahora, los imperativos militares, la explotación del territorio y el sistema administrativo articularán el espacio conquistado y facilitarán la dependencia de Hispania respecto del complejo engranaje romano. La urbe pasa a ser protagonista de la vida económica y política peninsular; allí donde ésta no llega, las minas y los latifundios, las guarniciones militares y los viejos núcleos indígenas ocuparían su lugar. El enlace de todos ellos mediante las vías de comunicación, terrestres o marítimo-fluviales, crearán la tupida red de ensamblaje en el que se sustentará el edificio de la dominación.

Si no hubiesen existido los componentes imperialistas que asomaban en el desarrollo de Roma, ésta se hubiese contentado con recuperar las iniciativas, los espacios y los modelos ensayados por los pueblos coloniales. Sin embargo, el nuevo panorama político invitaba al dominio territorial y, por tanto, a la organización de un área cada vez mayor, que terminaría por absorber la geografía hispana dentro de la maquinaria del Imperio. Las diferencias de partida de cada uno de los espacios conquistados —Andalucía, Levante, Meseta, Galicia, cordillera Cantábrica— tenderán, de esta manera, a atemperarse en una lenta nivelación socio-cultural.

Pese a la disparidad de situaciones comarcales, nace así la conciencia de pertenecer a un orden común que logrará sobreponerse a las mutaciones históricas cuando la unidad imperial desaparezca y afloren nuevamente las tensiones centrífugas; ahí radica una de las más valiosas aportaciones del mundo romano al futuro peninsular.

A lo largo de casi tres siglos, los que median entre el desembarco de las legiones durante la segunda guerra púnica y el fin de las cántabras, *lo romano* se infiltra en los modos de vida y cultura de las tribus peninsulares hasta imponerse como modelo de actuación y pauta de comportamiento social. De esta manera, la tradicional fragmentación de los grupos hispánicos comienza a diluirse, al adoptar una serie de elementos comunes, aunque sólo fuera a nivel externo.

No obstante, la romanización no fue ni rápida ni sencilla y continuará incluso cuando las propias estructuras políticas romanas desaparezcan. Las variadas culturas indígenas, la falta de directrices en la conquista durante el primer siglo, el retraso en la ocupación del territorio..., facilitaron la supervivencia de aspectos diferenciadores entre las diversas áreas geográficas. Históricamente receptivas, la Bética, la costa levantina, el valle del Ebro y Aragón se convierten en las regiones más romanizadas, decreciendo esta influencia hacia el norte y el oeste. Por paradójico que resulte, las novedades traídas por Roma se reflejan con mayor intensidad en las tierras del interior —Meseta, Galicia y cornisa cantábrica—, más atrasadas, que en Levante o Andalucía, cuya evolución fue paulatina. En los extremos norteños, donde resultaba difícil conjugar las tradiciones indígenas con los aportes extranjeros, se desarrollará una duplicidad cultural profunda de tal forma que el pertenecer a la red administrativa del Imperio o hablar su lengua no impedirán la continuidad de maneras de vida de origen prerromano.

Múltiples factores colaboran en la tarea de inculturación. La prolongada convivencia de las tribus hispanas con los ejércitos de conquista y la fundación de ciudades y colonias mostraron en seguida a los nativos la superioridad de la organización itálica. A sus clases dirigentes se les atrajo además con derechos de ciudadanía a la par que se integraba a los habitantes de la península en los intercambios comerciales y la colonización agrícola. Disfrutando de la comodidad de las calzadas se estrechan, aún más, las relaciones personales, favorecidas por el empleo del latín como lengua oficial del Estado y las clases cultas. El cristianismo habría de ser el último eslabón de la cadena.

Del campo al foro

Antes de Roma, la urbanización mostraba acusadas diferencias según las diversas regiones. Mientras en los territorios culturalmente desarrollados se puede rastrear el dinamismo de algunos asentamientos humanos, cuyo soporte constructivo u organizativo permite hablar de verdaderas ciudades —Carthago Nova, Gadir, Rodas, Emporiae, Sagunto—, en el interior este conglomerado de instalaciones no existe. Pequeños núcleos agrícolas o pastoriles albergaban a la población meseteña al tiempo que en Galicia y Asturias supervivían los castros adoptados durante la primera Edad del Hierro. A partir de ahora, nuevas ciudades distribuidas a lo largo y ancho de la península pregonan la vocación integradora de los romanos, cuya estrategia urbana enlaza con la práctica administrativa y la política económica y cultural.

Fue imposible, sin embargo, borrar las diferencias heredadas. Con la integración de las ciudades indígenas fieles —muchas de las cuales obtienen el estatuto de derecho latino o romano— y el traslado de militares y comerciantes a las urbes mediterráneas de origen fenicio o griego se recuperó el pulso del área bético-levantina, lo suficiente como para atraer las primeras fundaciones propiamente romanas. Por contra, del Tajo al Cantábrico perseveró la estructura autóctona, engarzada en Roma a través de algunas urbes de carácter administrativo. Como rectoras de un amplio *territorium*, sostuvieron las líneas maestras de la política imperial frente a una constelación de castros y poblados diseminados, sobre los que ejercieron su protectorado. En la cornisa cantábrica, la escasa entidad de las ciudades hizo aparecer una instancia intermedia, el *mercado*, a modo de enlace entre los poderes públicos y los diversos castros: el modelo de explotación, basado en la actividad minera a gran escala, no requería de mayores esfuerzos.

Hasta la época de César no existe en Roma una racional política colonizadora. Con anterioridad, la República había sido cicatera en sus concesiones a los núcleos hispanos del derecho latino o romano y muy poco generosa en el reparto de tierra entre la masa indígena. No obstante, ante la urgencia de acomodar a los veteranos del ejército y defender el Guadalquivir de los ataques lusitanos o el Ebro de las tribus norteñas, se fundarían las primeras ciudades romanas, que posteriormente acceden a la categoría de colonia o municipio: Tarragona, Calahorra, Córdoba, Valencia, Pamplona o Itálica, cuyas ruinas inspiraron la elegía de Rodrigo Caro.

> Estos, Fabio, ¡ay dolor!, que ves ahora
> campos de soledad, mustio collado,
> fueron un tiempo Itálica famosa.
> Aquí de Cipión la vencedora
> colonia fue: por tierra derribado
> yace el temido honor de la espantosa
> muralla, y lastimosa
> reliquia es solamente.

Tres clases de ciudades abundan en Hispania: las *federadas*, que conservaron su independencia al considerarse unidas a Roma por un pacto; las *libres*, exentas del pago de impuestos y con gobierno autónomo, y las *estipendiarias,* que gozando de su propia organización estaban obligadas a tributar y sostener guarniciones militares. En minoría, las ciudades federadas se ufanaban de su pasado de colaboración con Roma desde los primeros tiempos de la conquista: Cádiz, Málaga, Ibiza, Tarragona... La política urbana le sirve a César para incorporar amplias áreas del país y compensar a sus partidarios en las guerras civiles. Algunas de la fundaciones de la etapa anterior acceden ahora al rango de colonias —Tarragona, Asta Regia, Hispalis—; nuevos poblados acogen a los veteranos de sus legiones —Ampurias— y antiguas ciudades federadas redoblan su prestigio con la concesión del estatuto de municipio romano —Cádiz— o latino —otras veintisiete de la Bética.

Después de la actividad fundadora de César, el testigo pasa a Augusto, a quien deben su nacimiento veinte colonias en la península: Mérida, Zaragoza, Braga, Lugo, Astorga o Sasamón. El interés por promocionar económicamente las provincias hispanas, que concentra las ciudades en las zonas ricas de la Bética y Levante, alterna con las razones estratégicas de los núcleos que forman el arco norte de Braga a Zaragoza o Mérida en la Lusitania. A comienzos de la era cristiana, la política imperial puebla la Bética de ciudades, sobre todo en las márgenes del Guadalquivir, cuya fisonomía cambia con celeridad. Constituidas en escaparates del poder romano, las colonias andaluzas copian los trazados ortogonales de la metrópoli —Hispalis, Carmona— mientras levantan lujosos edificios públicos de aplastantes proporciones.

Casi todas las ciudades erigen espléndidos templos presidiendo los foros o cercanos a las murallas, así como espaciosos teatros, anfiteatros o termas. El caso más ejemplar de este desarrollo es Itálica. Primer asentamiento romano en la península como guarnición avanzada en la defensa del valle del Guadalquivir, los emperadores Trajano y Adriano harían de ella la cima del progreso y el lujo urbanos. Sus robustas murallas, más para delimitar el espacio ciudadano que para defenderlo, albergaron las riquísimas mansiones de la aristocracia senatorial de la Bética y la mayor concentración de edificios públicos de toda la provincia: cuatro templos, dos termas alimentadas por una ingeniosa red de acueductos de treinta y cinco kilómetros, un teatro excavado en la ladera oriental de la colina de San Antonio y recubierto por exóticos mármoles polícromos y un gigantesco anfiteatro.

> Este llano fue plaza, allí fue templo:
> de todo apenas quedan las señales.
> Del gimnasio y las termas regaladas
> leves vuelan cenizas desdichadas.
> Las torres que desprecio al aire fueron
> a su gran pesadumbre se rindieron.
> Este despedazado anfiteatro,
> impío honor de los dioses, cuya afrenta
> publica el amarillo jaramago,
> ya reducido a trágico teatro,
> ¡oh fábula del tiempo!, representa
> cuánta fue su grandeza, y es su estrago...
>
> RODRIGO CARO, *Canción a las ruinas de Itálica*

Mucho peor repartidas que en la Bética, las ciudades de la Tarraconense buscan la costa para beneficiarse de unas comunicaciones más fluidas. Alrededor de Cartagena, Tarragona y Ampurias, un rosario de colonias jalona el espacio levantino: Sagunto, Valencia, Tortosa, Barcelona... A medida que se penetra en la Meseta, la urbanización pierde fuerza. Todavía es importante en el valle del Ebro, donde surgen las colonias de Zaragoza y Calatayud o los municipios de Calahorra, Lérida, Huesca y Cascante. La celtiberia y el norte peninsular apenas si atraen a los colonos; las únicas ciudades relevantes responden a razones militares —León, Lugo, Clunia, Flaviobriga— o al control de yacimientos mineros como Astorga.

En tierras de la Lusitania, el florecimiento de Mérida colma los desvelos de Roma, que descuida el resto de la provincia. Fundada para acoger a los veteranos de las guerras cántabras, la descomunal extensión de la tierra repartida junto con su emplazamiento, a medio camino entre la Meseta y el valle del Guadalquivir, la convirtieron en una de las capitales más esplendorosas de occidente. Magníficos templos a Diana, Marte o la Concordia de Augusto flanqueaban sus calles principales, sin que faltasen tampoco los edificios de espectáculos, teatro y anfiteatro. Tres acueductos surtían la ciudad desde las minas y pantanos del norte mientras una perfecta red de alcantarillado alejaba las aguas residuales de las viviendas.

Con el reparto de lotes de tierra, el Estado trasplantó a Hispania un considerable grupo de población romana que pondría en cultivo un espacio de 120 kilómetros en torno a Mérida. Otro tanto ocurre en Ecija, Baza, Jumilla o Yecla, donde las concesiones superaron las 2.000 hectáreas. Convertidos en agricultores, los soldados romanos casaron con mujeres indígenas acelerando la *inculturación* del territorio, al igual que en los siglo XVI y XVII el mestizaje americano serviría para afirmar la cultura hispana en aquel continente.

La historia conduce a Roma

Estrechamente vinculada a las ciudades, la política de infraestructuras fue inaugurada por la República con los primeros tramos de la Vía Hercúlea, que recorría la costa mediterránea desde los Pirineos hasta las comarcas mineras de la cordillera Penibética, abierta por el sur de la Galia a Roma y, en tiempos de César, a Cartagena y a Cádiz, por Córdoba e Hispalis. A partir de este eje los caminos avanzan con las conquistas, a las que secundan al permitir el traslado de hombres y vituallas en momentos de peligro. Muy pronto nacen distintos ramales, que por el valle del Ebro unen la capital provincial, Tarragona, con Zaragoza. El emperador remataría este programa prolongándolos hacia las nuevas fundaciones meseteñas y galaicoportuguesas —Clunia, Astorga, Lugo, Braga—, con lo que mejora las perspectivas de comunicación del interior peninsular. La vía meseteña también se completa: un vial secundario conecta, por Pamplona y Oyarzun, el valle del Ebro con la calzada aquitanoibérica.

La segunda columna vertebral del sistema romano de caminos es la Vía de la Plata, que por la antigua senda tartésica del estaño comunica Mérida con la colonia astorgana. Esta ruta occidental realzó la importancia estratégica de la capital de Lusitania, al concentrar las carreteras secundarias que por Córdoba empalmaban con la vía hercúlea y las de Badajoz-Lisboa, Santarem, Trujillo-Talavera de la Reina-Toledo, y desde allí al Ebro y la Meseta. Junto a las rutas terrestres, Roma sacó partido de las facilidades que ofrecían algunos ríos peninsulares, siendo muy comunes los trabajos y el comercio por el Guadalquivir —navegable con pequeñas barcazas hasta Córdoba— o el Guadiana. Así mismo, barcos de poco calado surcaron el Duero, el Miño, el Tajo o el Ebro.

Con el soporte material de las ciudades y los caminos, la burocracia administrativa y política permite a la metrópoli llegar hasta los más apartados lugares de la península. Conforme a un esquema piramidal, el municipio ocupa la base; a su lado, el despliegue de los ejércitos; por encima, la administración provincial y judicial. Tanto en Roma como en las ciudades de Hispania, la cúspide del poder local recae en los *diunviros,* bajo cuyas órdenes un sinfín de funcionarios —ediles, prefectos, cuestores, escribanos— manejan los hilos de la trama urbana. Aunque su dedicación no estaba remunerada, el puesto resultaba atractivo para las grandes familias como muestra de honorabilidad y escalafón en el *cursus honorum* al servicio del Estado.

Además de la burocracia civil, la administración ciudadana dispuso de otra de carácter religioso compuesta, en un principio, por los miembros de los colegios de pontífices y augures, a los que en el Imperio se sumarán los flamines, versados en el culto al emperador. La vida municipal recibirá gran impulso tras el *Edicto de Latinidad* de Vespasiano (70 d.C.). Fruto de las presiones del *lobby* hispano en el Senado y de la búsqueda de apoyos en las provincias occidentales, el edicto fomentaría la redacción de leyes reguladoras de las relaciones ciudadanas, gracias a las que se conoce hoy el funcionamiento de la esfera burocrática.

Desde fechas tempranas —205-197 a.C.— la península se divide en dos grandes provincias: la Hispania Citerior, futura Tarraconense, y la Ulterior, luego Bética. Ambas crecerán a medida que lo haga la conquista territorial de la Meseta y el norte, al ritmo de los condicionamientos geográficos y tribales. Culminadas las guerras cántabras, Augusto parcela Hispania en tres provincias: la Tarraconense, con capital en Tarragona; la Lusitania, en Mérida, y la Bética. Esta, como espacio más romanizado, fue cedida al Senado, mientras que las otras dos permanecieron bajo gobierno imperial. Más allá de las razones estrictamente políticas —mantenimiento de fuertes contingentes militares—, en el ánimo del emperador pesaron las económicas al reservarse los ricos cotos mineros de Galicia. En la nueva ordenación, con motivo de las guerras norteñas, la Bética cederá a la Tarraconense la franja entre Cartagena y Almería, con las explotaciones de Sisipo, Cástulo y Cartagena. Para facilitar el gobierno, cada una de estas unidades territoriales se subdividía a su vez en instancias más pequeñas, los *conventus,* cuya jurisdicción delimitaba las zonas del cobro de impuestos, reclutamiento de tropas, ejercicio de la justicia y culto imperial. La dinastía Julia-Claudia estableció catorce *conventus:* siete para la Tarraconense —Tarragona, Cartagena, Zaragoza, Lugo, Braga, Astorga, Clunia—; tres en la Lusitania —Mérida, Scalabis, Beja— y cuatro en la Bética —en Hispalis, Córdoba, Ecija y Cádiz.

Impuestos y centuriones

Pacificada Hispania a partir del 19 d.C., los ejércitos desplegados en las guerras de conquista se reducen a tres legiones —IV Macedónica, VI Victrix y X Gémina— acantonadas en el noroeste peninsular; en el 74 d.C. sólo la *Legio VII* permanecería allí. Sus objetivos se transforman también al ritmo de la paz; la misión consiste ahora en controlar la mano de obra esclava empleada en los yacimientos mineros, a la vez que colaboran en las obras de ingeniería y en el trabajo de policía rural. Desde el primer siglo de la era cristiana, el número de soldados hispanos enrolados en el ejército de Roma aumenta sin cesar. Favorecido por las condiciones socioeconómicas, este crecimiento tendría una gran repercusión en las regiones tardíamente incorporadas al Imperio —Lusitania, Cantabria, región del Duero, Vasconia— al convertirse en vehículo de romanización. El necesario dominio del territorio desplazará los centros militares hacia el norte a medida que crezca el control de Roma sobre la península. De esta forma, la mayoría de los cuarteles del sur y sureste que conformaron la línea de protección del valle del Guadalquivir, terminarán siendo cedidos a los veteranos, mientras en el norte surgen León, Astorga o Lugo como avanzadillas defensivas de la Meseta.

Sostener este programa administrativo, amén de las obras públicas, obligó a Augusto a renovar el fisco de las provincias hispanas. Fue preciso para ello acabar con las irregularidades de la época republicana, cuyos ingresos dependían más del arbitrio de los gobernadores o de los botines de guerra que de un eficaz programa impositivo, y revisar la capacidad de todos los habitantes a través de un censo. Dos fuentes abastecen el erario en los primeros siglos: los tributos y los rendimientos del patrimonio imperial. Augusto recogerá los impuestos republicanos —*stipendi, minas, quinquagesima, tributum*— añadiéndoles otros de nueva creación sobre las exportaciones a las Galias, las herencias y las manumisiones. Pero, sobre todo, abandonará el sistema de arrendamiento para centrarse en la gestión directa de los impuestos comerciales: aduanas, arbitrios de entrada y salida de las ciudades y pagos de peaje. A fin de conseguir un control más estrecho, la burocracia estatal se apostó alrededor de los grandes centros productores-exportadores —Iliberis, Ilipa, Ecija, Córdoba, Hispalis— y en los puertos de embarque y descarga de los productos de máxima comercialización como Cartagena.

Saneada fuente de ingresos durante el Alto Imperio, el

patrimonio imperial procedía de los derechos de conquista. Destacaban los cotos mineros de oro y plata de Cartagena y la Gallaecia, algunas propiedades latifundistas olivareras confiscadas por Septimio Severo y la mayor parte del *Ager Publicus,* así como las contribuciones sobre los espectáculos de gladiadores. Desde el siglo II se observa el progresivo intervencionismo del Estado y el abandono del modelo de arrendamientos heredado de la República. El mismo sistema impositivo se traspasó con rapidez a las finanzas municipales —tributos comerciales, arriendo de bienes—, pero frecuentemente la insolvencia hizo necesario recurrir a los donativos particulares. La huida de las gentes más ricas, a partir del siglo III, provoca la quiebra de la mayoría de las haciendas locales. También la capital pasará por momentos difíciles tras el gobierno de Nerón; su sucesor Vespasiano impuso una durísima política de saneamiento, intensificando los recursos con el envío de funcionarios para controlar las minas, en tanto que la concesión de la latinidad acababa con las inmunidades fiscales y un nuevo censo de personas y bienes combatía fraudes y ocultaciones.

El cuerno de la abundancia

Pasados los momentos de inestabilidad, Roma emprende la explotación sistemática de los recursos hispanos. Estrabón, Posidonio y Diodoro ofrecen testimonios de la variedad de productos metalíferos —plata, oro, estaño, plomo, cinabrio, cobre o hierro— y de otros minerales más insólitos como la obsidiana, alabastro y malaquita, que la península enviaba a Roma. Desde tiempo atrás, gozaban de fama las minas de Sierra Morena, Riotinto, y Cartagena; a ellas se unirían, con la conquista, los yacimientos de oro y estaño asturianos y gallegos y los catalanes de hierro y sal. Roma intensifica el laboreo de los cotos, acudiendo a la mano de obra esclava —sólo en Cartagena trabajaban cuarenta mil hombres— y a nuevas técnicas de alivio en las inundaciones de las galerías subterráneas. Mayor importancia revistieron, sin embargo, las fundiciones a pie de mina para la primera reducción de los minerales; tanto en la minería argentífera —La Tejeruela, Cerro del Plomo— como plúmbea —Almodóvar del Río— y aurífera —La Deleitosa—, los hornos se dispersaron por toda la geografía.

La iniciativa privada continuó explotando la mayoría de las vetas, bien individualmente —negociantes de Cartagena— o a través de compañías de *publicanos* como las que desde el 195 a.C. arrendaban las de Cástulo. El Estado, entre tanto, se encargó de la gestión de los filones auríferos de la Gallaecia, por su trascendencia política y fiscal. Exportados por vía fluvial y marítima, los lingotes rendirán viaje en el norte de Africa y las islas mediterráneas, aunque con el mercurio de Almadén la metrópoli ejerciera el monopolio de refino, comercio y cotización.

A lo largo del primer siglo del Imperio la actividad minera logra su techo productivo, de tal forma que el cansancio de los cotos del sureste puede compensarse con la riqueza de la comarca onubense y los fabulosos recursos extraídos de las minas asturgalaicas, veinte mil libras de oro anuales, según Lucano. La caída de los rendimientos no afectó a las condiciones de vida de los mineros y una numerosa mano de obra libre seguirá afluyendo desde el noroeste y la Meseta hacia las regiones productoras. Las compañías capitalistas acaparan los yacimientos y ceden al fisco un porcentaje que nunca superó el cincuenta por ciento de sus beneficios. Para armonizar los intereses del Estado y los patronos surgen las primeras ordenanzas mineras, conservadas en Aljustrel y Vipasca, que confirmaban la autoridad suprema de la administración y reconocían las corporaciones de obreros. Simultáneamente, Roma puso en marcha canteras como las de Macael, Almadén de la Plata o Almenera, de donde saldrían los mármoles y otras piedras finas para los monumentos de Andalucía y Extremadura.

A partir del siglo I, los repartos de suelo promovidos por la República y César favorecen el renacer agrícola de la Bética y el valle del Ebro. El trigo es el rey de los cereales, expandido por la Bética y las ricas llanuras del Ebro, antiguos solares de las tribus vaccea e ilergeta. Ni el arado romano ni los regadíos conseguirían, sin embargo, mejorar los rendimientos por hectárea, que permanecieron muy bajos. Crecen los viñedos, al socaire de las formas de vida importadas, pero sólo los vinos gaditanos traspasan las fronteras, el resto —lacetanos, lausos, tarraconenses, levantinos— es consumido en las mismas comarcas productoras. De gran calidad, el aceite hispano copó los mercados de Roma, mientras toda la Bética se vestía de olivares, así como las orillas del Tajo, en torno a Mérida, y la costa levantina. Hispania fue pródiga en arboricultura y horticultura —trufas de Cartagena, alcachofas de Córdoba, lechugas de Cádiz—, muchos de cuyos frutos se exportaban al *limes* germánico.

La cría de ganado, verdadero pilar de la economía celtibérica y lusitana, adquiere una posición privilegiada en las regiones poco favorables a la agricultura como la Meseta. Por las tierras de Extremadura pacen las piaras de cerdos, en tanto grandes vacadas pueblan las marismas del Guadalquivir y los latifundistas béticos hacen experimentos con las ovejas, cruzándolas con norteafricanas, a la búsqueda de lanas de más calidad.

> Mi lana es natural, yo no cambio con el tinte.
> Eso quede para las lacernas tirias.
> A mí me tiñe mi propia oveja.
>
> M. V. MARCIAL, *Epigramas*

También los caballos peninsulares inspirarían a los poetas latinos por su nervio y belleza, fueran béticos, del Tajo o galaicos,

> Este pequeño caballo asturiano,
> que mueve rítmicamente sus rápidos cascos,
> viene del país abundante en oro.
>
> M. V. MARCIAL, *op. cit*

mientras Estrabón y Plinio se hacían lenguas de la variedad de especies marinas atrapadas en las costas de Hispania: congrios, morenas, calamares, atunes, ostras...

Hispania actuó siempre como mera *colonia*, exportadora de materias primas y productos semielaborados e importadora de mercancías de lujo. De ahí que las labores artesanales se limitasen a la manipulación de los recursos agrícolas y pesqueros y a satisfacer las necesidades locales de telas, metalurgia o cerámica. Ampliados los mercados por la unidad del Imperio, las viejas factorías de salazones —Málaga, Almuñécar, Cádiz, Cartagena— alcanzan dimensiones espectaculares, merced a la favorable coyuntura comercial, que arranca de los años centrales del siglo I a.C. El monopolio cartagenero de la pesca del *escombro* afirma su posición señera con pingües beneficios para las compañías de publicanos, arrendadoras de las industrias conserveras. La demanda de envases por los exportadores impulsa la industria cerámica, cuyos centros acompañan en la Bética —Córdoba, Lora del Río— a las fábricas de salazones y a los olivos. En las mesas hispanorromanas, no obstante, las vajillas galas arrumbaron a la *sigillata* local, de peor calidad y heredera de la tradición indígena: Abella, Solsona, Tricio. Con el ingenio de artistas siriacos el vidrio relumbra en el Guadalquivir, al tiempo que las telas turdetanas y levantinas —Ampurias, Tarragona y Cartagena— aprovechan los excedentes laneros y los tintes nativos.

Desde finales del siglo I, la construcción y la labra de piedra impulsan la actividad artesanal. La fiebre edificadora llega a su punto culminante con los emperadores béticos, Trajano y Adriano, a quienes se deben algunos de los monumentos hispanorromanos más conocidos: arcos de Bara y Medinaceli; puentes de Alconetar y Alcántara; templos de Augustobriga y Diana de Mérida; *capitolium* de Baelo; acueductos de San Lázaro y los Milagros de Mérida, Toledo...

La despensa romana

Gracias a la paz augustea y a la extensión de la red de vías terrestres y marítimas, Hispania participa de lleno en el comercio mediterráneo. Italia, las costas del norte de Africa y, en menor medida, las islas son los mercados consumidores de la producción peninsular. Un incesante movimiento de hombres y mercancías hizo revivir los antiguos puertos levantinos y andaluces —Cádiz, Ampurias, Cartagena, Tarragona— durante los dos primeros siglos de nuestra era. En particular, Cádiz revalidará su gloria púnica, siempre con las riendas del negocio interoceánico y norteafricano: más de quinientos *equites* avecindados en la urbe pregonan su prosperidad.

El interior peninsular va organizándose alrededor de las ciudades, desde las que se redistribuyen las mercaderías llegadas de todo el Imperio y donde se concentran las artesanías del entorno. Desparramados por la Bética y Levante, los mercados más concurridos son los de Itálica, Carmona, Ecija, Almuñécar, Sagunto o Tortosa, comunicados entre sí por las calzadas romanas. En la Meseta y el noroeste, menos pródigos en ciudades, el comercio se refugia en las guarniciones militares y en los núcleos administrativos. Autárquicas, las importaciones se reducen a objetos de lujo.

La especialización primaria de la economía obligó a movilizar grandes cantidades de materias primas metálicas y alimenticias. El trigo, los vinos —layetanos, tarraconenses y gaditanos hacia Italia y el sur de Francia—, algunas hortalizas, el sabroso *garum* y el aceite de oliva, darán a Hispania, en primacía, la llave de la despensa metropolitana entre los siglos I y II. Desplazando de los mercados la producción italiana, el aceite bético copa, a comienzos de Imperio, los suministros de la Galia, Germania, Britania y aún de la misma Roma, hasta tocar techo en los años 140-165 d.C. Por su exclusiva posición, Cádiz triunfa como mediadora entre las almazaras de Hispalis y Córdoba y los centros consumidores: sus naves trasladan las ánforas a la capital imperial y por rutas marinas y fluviales a Britania y el limes germano. Singularmente perfeccionado, el abastecimiento militar a través de la *Annona militaris* lleva el aceite andaluz a los campamentos del centro y norte de Europa a la vez que los salazones gaditanos y cartageneros salpican Alejandría, Palestina o Siria.

Este comercio a gran escala descansaba en un complejo organigrama que unía a comerciantes autónomos, empresas estatales de abastecimiento, agentes delegados en los puertos *—negotiatores—* y cofradías de navieros. De toda la organización comercial, la del aceite bético es la más conocida. Hasta el siglo III estuvo en manos particulares, sin grandes intervenciones del Estado. Los trasportistas aguantaron el peso de la exportación acompañados por los *diffusores olearii,* corredores de comercio establecidos en los puertos de consumo. Numerosos gremios y colonias de comerciantes hispanos en los puertos de Puteoli, Ostia, Narbona o Nimes manifiestan el vigor de la actividad mercantil. Sin embargo, el valor estratégico del aceite hace que el Estado termine por intervenir su comercio. A través de los impuestos en especie, la burocracia controló una parte de la producción dirigiéndola a los núcleos designados por los poderes públicos. La política fiscalizadora progresa tras otorgar Vespasiano el derecho latino y confiscar Septimio Severo las propiedades olivareras de los partidarios de Albino el año 193.

La abultada masa de mercancías exportada —el vertedero romano del monte Testaccio contiene unos cuarenta millones de ánforas hispanas— dio origen a fortunas importantes. Enriqueciendo a clanes familiares como los Aelii Optati, las remesas monetarias financian la compra de objetos de lujo. Mármoles de Carrara y Grecia, tejas romanas, mosaicos orientales, sarcófagos, bronces, tejidos, perfumes, vidrios, cerámicas de Pérgamo, Samos y el valle del Po, vinos rodios o de Campania... engrosaron la valija de la importación. Pese al alto precio de estos productos y al valor de las transferencias fiscales, la balanza fue favorable a la península durante el Alto Imperio. La sangría de metales preciosos *metropolitanos* pudo compensarse por el traslado a la capital de una parte de la aristocracia ibérica con el consiguiente equilibrio de las transacciones, por sus gastos en Roma y la campiña italiana.

El orden capitolino

Con la República, la organización social de Roma irrumpe en las provincias para solaparse con las viejas estructuras indígenas: la atracción de las elites, el mercenariado militar y las ciudades facilitaron la tarea, aunque las estructuras gentilicias permanecerían vivas en el norte y noroeste. Las concesiones individuales de privilegios romanos respaldaron la asimilación, al obtener las aristocracias nativas el rango de ciudadanos romanos.

La ley distingue los hombres libres de los esclavos, cuyo número crece durante los siglos I y II d.C. como consecuencia de las guerras de conquista. Unos doscientos mil trabajaban en los latifundios de la Bética y los centros metalíferos de Turdetania y Cartagena, variando su condición según las labores encomendadas —minería, trabajo agrícola o servicios domésticos—; algunos alcanzaron, incluso, cierta categoría como administradores de *villae* o de bienes estatales.

En la cúspide de la sociedad, el orden senatorial requería un patrimonio mínimo de un millón de sestercios, siendo la propiedad territorial la más importante fuente de sus ingresos. Habiéndose de repartir unos doscientos escaños entre todo el Imperio, el número de hispanos fue muy restringido hasta el siglo I: los Balbo gaditanos, los Trajano de Itálica y los Ulpii, antepasados del emperador Adriano, formarían las primeras promociones de senadores nativos. Por debajo de ellos se encontraba el orden ecuestre, el más significativo en el ámbito provincial; su posición intermedia en lo social se compensaba con las grandes posibilidades de enriquecimiento que Hispania les ofrecía. Junto a la explotación de la tierra y el comercio, los *equites* controlaron el arrendamiento de impuestos que utilizaron de trampolín del poder. Monopolizaban los empleos secundarios del ejército y la burocracia, en un sistema endogámico apoyado en el clientelismo de los grandes generales o directamente del emperador, lo que favoreció su ascenso social. Profundamente ligados a Hispania, los caballeros sirvieron de amalgama de las oligarquías autóctonas y los colonizadores itálicos, residiendo en las viejas urbes fenicias y en los puertos comerciales. El último escalón de los grupos privilegiados lo formaban los *decuriones*, pequeña burguesía dominadora del gobierno municipal.

De naturaleza más heterogénea y en aumento desde el siglo III, los plebeyos componen la mayoría de la población hispanorromana de las ciudades y el campo. Sus ocupaciones varían, del artesano especializado al pequeño agricultor, del trabajo asalariado en las minas al servicio en las residencias de los acaudalados. Cuando la economía se torna difícil, el ejército o nuevas roturaciones constituyen la salida más sencilla para este grupo, al que se irán incorporando los *libertos;* entre ellos, los *imperiales* alcanzarían una desahogada posición como administradores de los bienes del Estado y servidores del culto al emperador.

La gloria de Adriano

Fueron Augusto y sus sucesores de la familia Julia-Claudia los que integraron Hispania en la política metropolitana. Si el primer emperador definió los fundamentos de la unión, Tiberio, Calígula y Nerón explotaron las posibilidades del territorio con el fomento de las calzadas, el aparato judicial y el comercio. Con las concesiones de ciudadanía de Tiberio el traslado de patricios se acelera hasta dar lugar a los primeros clanes hispanos en Roma del orden ecuestre y el senatorial: Lucano, los hermanos Séneca, Columela o Pomponio Mela aseguraron la influencia peninsular en la burocracia y la cultura de la capital. No es de extrañar, pues, que en el revuelo posterior al asesinato de Nerón Hispania jugara una carta decisiva, al apoyar la *Legio VII* la proclamación en Clunia de Sulpicio Galba como emperador. Resuelta la crisis con el nombramiento de Vespasiano, la península obtiene el derecho latino en pago a su fidelidad aunque con la contrapartida de obligarse a alimentar con hombres y dinero el imperialismo de Roma. De día en día, las camarillas hispanas arrancan a los Flavios variadas prebendas, que se reparten C. Ulpius Traianus, gobernador de la Bética y padre del futuro emperador, o Calpetanus R. Quirinalis y las familias Licinius Silvanus Granianus, Maecius, Aelii o Valerii. Dirigido por los Trajanos, Licinio Sura y Minucio Natalis, el influyente clan colocaría, muerto Nerva, a M. Ulpius Traianus en el trono, convirtiéndose en el primer emperador no romano ni itálico para inspiración de los poetas hispanos Quintiliano y Marcial.

Oh Rin, padre de las ninfas y de los ríos que beben todas las escarchas de Odrisia, ojalá siempre te deslices en ondas fluyentes, y no te oprima la rueda bárbara de un insolente conductor de bueyes, y que después de haber reprimido tus cuernos de oro, seas romano en ambas orillas. En cambio el Tíber, señor, te ruega que envíes a Trajano a sus pueblos y a su ciudad.

MARCO VALERIO MARCIAL, *Epigramas*

Hispania le sirve a Trajano de escaparate de su política de engrandecimiento del Imperio, tras la conquista de la Dacia. La economía, exultante por las medidas gubernamentales, activa el comercio bético mientras la munificencia del emperador embellece las capitales —escenario del teatro de Mérida, anfiteatro de Itálica— y renueva la red viaria gracias a una ingeniería avanzada. Con su sucesor Adriano (117-138 d.C.), Hispania llega a su apogeo. A impulso de la intervención estatal en las empresas olivareras y mineras, los negocios prosperan. Las provincias colaboran estrechamente en la defensa de las fronteras y las urbes se modernizan: murallas de Lugo, Astorga o León. Ni Antonino Pío ni Marco Aurelio podrán evitar, no obstante, la pérdida de protagonismo peninsular, en tanto la Bética sufre el duro golpe de la invasión norteafricana. El saqueo deja sus secuelas en la exportación aceitera, acosada por la competencia y los impuestos; agostado el flujo comercial, la fuga de capitales se agudiza, arruinando la vida municipal y las inversiones en obras públicas. Al morir el emperador Cómodo, la guerra civil da la puntilla a la aristocracia bética, pues los latifundistas, partidarios del pretendiente Albino, perderán sus propiedades, confiscadas por el vencedor Septimio Severo.

Soldados de Cristo

Nada ayudó tanto a los conquistadores, en su deseo de conectar con la mentalidad popular, como el enlace de sus dioses con los que los nativos adoraban. La común influencia de formas helenísticas facilitó la simbiosis de las deidades romanas con las fenicias veneradas en Cartagena y Cádiz, asociándolas a las figuras de Esculapio y Hércules-Melkart, y durante toda la Antigüedad el templo gaditano al dios tirio fue meta de innumerables peregrinaciones con el propio César de visitante.

Importada en tiempos de la República, la religión romana giraba en torno a la triada Capitolina —Júpiter, Juno y Minerva—, asimilada en Hispania a ciertas creencias locales: es el caso de Júpiter para los dioses masculinos del norte y Juno para las divinidades femeninas de la Bética, herederas de la púnica Tanit. Al lado de estos cultos públicos, las plegarias privadas solían dirigirse a Vesta y a los lares o manes, protectores del hogar y la vida de ultratumba. El resto de los moradores de los Campos Elíseos —dioses celestes, acuáticos, protectores de la guerra— prenderán también en la religiosidad de las clases campesinas y populares.

Muy pronto el Estado imperial descubre el culto al emperador como su mejor baza para legitimar el poder monárquico y trabar el mosaico político. Tarragona lo inaugura en tiempos de Augusto. Será, no obstante, Tiberio, quien lo regule, en el año 15, al consagrar un templo a su padrastro y divinizar a la familia imperial. A partir del siglo II, una oleada de mitos y deidades orientales invade el Imperio; vinculados al mundo vegetal —Dionisios, Cibeles, Isis— o solar —Mitra—, su expansión se detecta en el noroeste peninsular y a lo largo de la Vía de la Plata, en los asentamientos militares y comerciales. Hasta las persecuciones de Decio y Diocleciano, en pleno siglo III, no pueden datarse los primeros testimonios de la presencia cristiana, entonces referidos a comunidades de Astorga, León y Mérida. Todas las noticias confirman las relaciones del cristianismo peninsular con el norteafricano; en uno y otro, comerciantes y soldados contribuyeron a sembrar la semilla del Evangelio. Adelantándose al concilio ecuménico de Nicea, la reunión de los obispos hispanos en Elvira —hacia el 306— demostraba el vigor de la comunidad cristiana, que a no tardar ofrecería a la Iglesia universal las personalidades de Osio, obispo de Córdoba, san Paciano o el papa san Dámaso, cuya elección tanta sangre haría correr en Roma. Cuando la Iglesia hispana establezca sus divisiones administrativas, recurrirá al modelo de las provincias y los *conventus* romanos; las capitales provinciales acogerían a los obispos metropolitanos y las *conventuales* a los sufragáneos.

El senequismo

Siete siglos de presencia romana apuntalan una herencia que, a hombros del latín, el cristianismo y el derecho, se mantiene viva en el siglo XX. Atraídos por el esplendor de Roma, muchos jóvenes hispanos buscaron en sus centros de enseñanza el riego de la cultura, cuyas señas de identidad habría de llevar una admirable nómina de escritores, filósofos y eruditos. Durante el gobierno de Augusto, el valenciano Cayo Julio Higinio, amigo del poeta Ovidio, dirige la biblioteca palatina, donde redacta numerosas obras históricas, religiosas y su tratado *De agricultura.* Mientras, en los cenáculos intelectuales Séneca «el Retórico», M. Porcio Latrón, Turrino Clodio o Fabio Rustico preparan el camino de Lucio Anneo Séneca, el poeta Lucano y el geógrafo Pomponio Mela.

Superviviente de las purgas de Calígula, Mela describe

en su *Chorographia* el mundo conocido en el siglo I, con noticias sobre los pueblos que habitaban la Hispania imperial. De la misma familia, los cordobeses Séneca y Lucano compaginaron las humanidades con las intrigas cortesanas contra Nerón, que acabaría empujándoles al suicidio en el año 65: una salida estoica, propia de quien puede ser considerado maestro de esa filosofía. Preceptor del emperador, en sus obras –*Quaestiones Naturales, Epistolae Morales ad Lucillium,* tragedias— Séneca evoluciona desde el panteísmo estoico a la idea de un dios unipersonal en paralelo a la llegada del cristianismo, mientras enaltece la lucha constante del hombre sabio –*vir fortis*– como guía de la humanidad y ser independiente, capaz de superar el destino. Aunque la inconsecuencia entre la vida y obra del autor fuera evidente, el *senequismo* caló hondo en el pensamiento romano y tuvo gran proyección en la literatura castellana tras ser redescubierto por Alfonso de Madrigal, Quevedo, Gracián o Saavedra Fajardo. Tan mundano como su tío, Lucano dejó una obra abundante y refinada –*Medea, Saturnalia,* el poema épico *Iliacon,* la histórica *Farsalia*– que sería alabada por Marcial.

...La fecunda Córdoba habla de sus dos Sénecas y de Lucano, el poeta singular; la juguetona Cádiz se goza con su Canio; Mérida con mi querido Deciano; nuestra Bílbilis se gloriará contigo, Liciniano, y no se olvidará de mi nombre.

Adentrándose en el siglo, Quintiliano, renovador de la Retórica, los poetas Canio Rufo y Deciano, los jurisconsultos Luciniano y Materno y el agrónomo Columela tomarían el relevo. Pero sobre todos ellos, descollaría M. V. Marcial, poeta satírico nacido en Calatayud, que en sus más de quinientos epigramas escribe una crónica descarnada de la vida cotidiana, con los vicios, públicos y privados, de la Roma imperial. Amigo de Quintiliano, Plinio «el Joven» y Juvenal, Marcial incorpora el realismo crítico propio de la mentalidad romana sin abdicar de una actitud interesada y vital de halago a los poderosos. Desde su residencia en la metrópoli, el escritor bilbilitano recordaría con nostalgia las tierras de Hispania, a la que regresaría para morir.

> Te admiras, Avito, de que yo hable con mucha frecuencia de gentes remotas, habiendo envejecido en la capital del Lacio; que sienta sed de las aguas del aurífero Tajo y que desee volver al patrio Jalón, y a los campos mal cultivados de una casita bien abastada. Me gusta la tierra en que soy rico con poco, y los recursos pequeños me hacen nadar en la opulencia.
>
> M. V. MARCIAL, *Epigramas*

Capítulo VI

Roma decadente

El imperio desordenado

A comienzos del siglo III, el Imperio Romano inaugura un período de cambios políticos, complicados con alteraciones sociales y económicas. El lento desplazamiento de su eje comercial hacia el Este, visible desde los años del emperador Caracalla (212-217), aviva la descapitalización de todo el Occidente y repercute de forma negativa en la economía peninsular. Sin apenas demanda exterior, la productividad hispana hubo de refugiarse en el mundo rural, con el consiguiente decaimiento del poderío urbano, tan necesario para la vigencia de la organización política en los territorios alejados de la metrópoli. Con una maquinaria burocrática y militar muchas veces descabezada, la autoridad central se vio contestada, cuando no desobedecida. El desorden en el seno del ejército y sus continuas injerencias en la administración pública tuvieron un efecto demoledor en la aceptación de la magistratura imperial. En breve tiempo (235-268) un total de siete emperadores desfiló por los palacios romanos, la mayoría de ellos eliminados de forma violenta.

Nada más perjudicial para la economía hispana que la ruptura de las relaciones del Estado con sus súbditos y del centro con la periferia. Por si este cúmulo de circunstancias no fuese suficiente, a partir del 252 la peste se acomoda en la península y desangra algunas comarcas del valle del Ebro (Calahorra, Calatayud, Lérida). El golpe de gracia, sin embargo, se lo darían los acontecimientos que acompañaron, siete años más tarde, la proclamación de Póstumo como emperador. Entretenidos los leales al nuevo César y sus adversarios en peleas y revueltas, dejaron desguarnecida la frontera germánica, por donde habrían de colarse los francoalamanes en la Galia e Hispania. Esos mismos pueblos, incorporados a los ejércitos de Roma como mercenarios, desatarían una terrorífica campaña de saqueo, tras la muerte de Póstumo, con destrucciones de ciudades en Cataluña (Ampurias, Barcelona, Lérida), valle del Ebro y Levante y graves daños en explotaciones agrícolas del interior.

Aunque estas invasiones resultasen pasajeras y se restableciera en seguida un mínimo orden, su repercusión en la política y la economía fue capital. Si bien la mayoría de la población urbana consiguió protegerse tras los cinturones amurallados, el miedo y el deseo de seguridad se adueñaron de ella una vez rotas las fronteras. Poco podía esperarse de los emperadores ilirios (268-284), más ocupados en sofocar los levantamientos de su ejército que en atajar las amenazas exteriores. La incapacidad defensiva de Roma desató la apetencia expansionista de los germanos, que con sus escaramuzas obligaron a mayores dispendios de hombres y dinero, siempre insuficientes en la vigilancia del límite del Imperio. Todos estos factores se conjuraron en detrimento de la economía del campo y la ciudad, ya diezmada por la presión fiscal y la realización de costosas obras de carácter defensivo.

Concluido el siglo III, el antaño exitoso orden romano estaba bajo amenaza. La periferia se alejaba del centro, la correa de transmisión de decisiones se agrietaba, la factura de la burocracia devenía impagable, proliferaban las agresiones exteriores. ¿Hasta cuándo Hispania seguiría siendo romana?

El triunfo del campo

Amilanadas, antes incluso de las primeras agresiones de los germanos, las ciudades hispanas presentaban un aspecto poco saludable y su vida mortecina repelía más que atraía a los nuevos moradores. Síntoma y efecto, la pérdida de población empequeñece los recintos romanos de muchas urbes peninsulares mientras que su mengua económica y política obliga a aflojar el control de espacios y gentes. De esta forma, la nueva correlación de fuerzas permite emerger territorios neutros, donde el poder central se muestra incapaz de afirmar su preeminencia. Abundaron éstos en el norte, multiplicándose las *villae* o explotaciones agrícolas, cuya actividad sirvió para mantener la ficción de un Estado unitario e integrado, aunque fuese a costa de una privatización de las prerrogativas de la autoridad central.

No obstante, allí donde subsistió un núcleo urbano vivo y poderoso, como en Tarragona o Gerona, los asentamientos agrarios permanecieron sujetos a la ciudad. Esto no fue obstáculo para la construcción de riquísimas residencias campestres —así las de Altafulla o Tossa del Mar—, cuyos propietarios, a pesar de ello, prefirieron los encantos de la urbe y delegar la administración en mayordomos. Con el tiempo el absentismo ahondaría las diferencias culturales entre señores, colonos y esclavos consagrando definitivamente el alejamiento del campo respecto de la ciudad.

En los espacios menos urbanizados de la actual Castilla se encuentran los mejores ejemplos de la vitalidad y autonomía de esos poblamientos agrarios. Enormes latifundios —Dueñas, Pedrosa de la Vega, Quintanilla de la Cueza— se beneficiaron de la decadencia municipal mientras que la desaparición de Clunia permitió aflorar a

Valdearados y Cardeñagimeno. Algo similar puede decirse del área gallega, magnífico exponente de las innovaciones demográficas introducidas en Hispania. A este tenor, la refortificación de la única ciudad galaica, Lugo, manifiesta no sólo su posición clave sino también su responsabilidad como centro rector del espacio circundante. Gracias a sus bastiones conseguirá mantener el carácter de ciudad enteramente romana hasta la segunda mitad del siglo V, en que se incorpora a los reinos suevo y visigodo.

En la misma sintonía romanizadora, distintos castros indígenas —Viladonga, Peñadominga— aumentan su población con los refuerzos militares exigidos por la nueva política defensiva. Es lo que ocurre también en otras áreas del norte de la Meseta (Yecla, Cilda, Peña Amaya). A mayor abundancia, la proliferación de latifundios por todo el *convento lucensis* actúa, así mismo, de elemento romanizador. Los valles fluviales del Sil y ciertos enclaves de las rías —Betanzos, Coruña, Puentedeume— les ofrecen el hábitat más adecuado y el enlace con los puntos neurálgicos de la Meseta septentrional, valle del Duero, Bierzo... En definitiva, por una de esas paradojas históricas Galicia alcanza su mayor grado de romanización precisamente en una época en la que la metrópoli se muestra incapaz de frenar la descomposición de su imperio.

El deterioro de la urbe y su declive económico no vinieron solos; siempre se hicieron acompañar de un gobierno en desintegración. En plena desbandada, los aristócratas y terratenientes, extenuados por sus desembolsos en obras públicas defensivas y víctimas de la voracidad fiscal del Estado, buscaron refugio en el campo, dejando vacantes sus responsabilidades ciudadanas. Sobre las espaldas de los que se quedaron habrían de caer los inexorables cupos fiscales, mientras la escasez de dinero convertía en quimera cualquier intento de recuperación económica.

Desmoronadas las ciudades, quedó allanado el camino del intervencionismo del Estado, que sacrifica la autonomía municipal en aras de los gobernadores militares. Cambian los procedimientos de designación de las autoridades locales y aumentan los cánones de riqueza exigida a los cargos. De forma hereditaria se sujeta a familias de munícipes a la obligación de recaudar impuestos para el Estado, al tiempo que proliferan los funcionarios encargados de vigilar a los miembros de la corporación y de aumentar su colecta.

Bien distinta fue la actitud de la autoridad imperial en sus relaciones con los poderes rurales, empeñados en no prorratear el mando con el Estado. Desde el arranque del siglo IV, el triunfo del campo convierte a los latifundios en puntas de lanza del nuevo orden socioeconómico e impone la privatización de las funciones públicas en beneficio de los grandes propietarios. La riqueza de algunas de estas *villae* se desborda en la construcción de basílicas, mausoleos, plazas, termas y baños, que conservan viva en España la memoria de Roma, así como fortines, donde auténticos ejércitos privados se ocupaban de garantizar la tranquilidad de sus habitantes.

La economía de la soledad

Los nuevos tiempos de ocaso de la vida ciudadana y peligro en las rutas comerciales dan un vuelco a la economía altoimperial, basada en la producción y venta de materias primas y manufacturas agroalimentarias. Doblado el siglo III, el trasiego comercial se ve aquejado de una parálisis galopante, cuyo mejor diagnóstico lo constituye la posterior legislación arancelaria. El *Edicto de Pretiis* (301) y la *Expositio Totius Mundi et Gentium* (359) manifiestan la escasa importancia de las exportaciones hispanas en el conjunto de los intercambios de la centuria. Sólo pequeñas partidas de aceite de oliva y salazones, algo de minerales y trigo, textiles y ganado caballar componen el catálogo de la remesa peninsular. De igual forma, la importación se restringe a contados objetos de lujo, destinados al disfrute de una minoría cada vez más exigua. Vidrios germanos o normandos, bronces del Danubio y Renania, cerámicas galas y norteafricanas, sarcófagos de Roma y orfebrería oriental son el grueso de la balanza. Muchos productos ni tan siquiera llegaron a Hispania a impulsos del precario comercio, sino como regalos y canjes que servían de lenitivo a la falta de numerario. A ese apartado pertenece el magnífico presente del emperador Teodosio, una gran bandeja de plata en forma de disco encontrada en Almendralejo.

Sin apenas demanda interna, la economía hispana tampoco encuentra su salvación en el consumo del ejército, alejado de la península por los movimientos de frontera, ni el gasto de la corte, obligada a guardar mayor austeridad. Asimismo, en nada ayudaba al relanzamiento del comercio la obligatoriedad del pago de impuestos en especie, que ponía en manos del Estado el timón de la economía, acentuando un protagonismo ya detectado en el Alto Imperio. El dirigismo burocrático cierra el paso a la iniciativa privada y convierte las cofradías de navegantes en guiñoles de la administración pública, a las que se encomienda el transporte de los tributos a la capital.

La economía real busca cobijo en el campo, como único reducto donde enfrentarse con éxito al intervencionismo estatal y encontrar seguridades que en otros ámbitos se le negaban. Pero las contrariedades del comercio de artículos agroalimentarios restringen pronto el terreno cultivado, aunque respetan las producciones originales de la cosecha mediterránea. Otro cambio tiene que ver con la posible desaparición del monocultivo —cereal, viñedo, olivar o la cría ganadera— para acoger diversidad de labranzas, que traducen la búsqueda del autoabastecimiento dentro de una economía cerrada. Más desolador es el panorama de la minería que desde la dinastía de los Severos abandona muchos de los yacimientos y paraliza la explotación en el siglo IV, con la salvedad de algunos pozos auríferos en Galicia y salinos en Tarragona.

Buscando mejores aires, también la fuerza de trabajo

se refugia en el campo, donde numerosas *villae* reclaman el concurso de grupos de artesanos, ociosos en las ciudades. La demanda es grande en los textiles, en las cerámicas de carácter popular y en la forja del metal. Aunque mantiene su envergadura, la industria conservera y oleícola se contrae al compás del atasco de la exportación, cerrando las pequeñas factorías en favor de las de mayor rendimiento (Barcelona, Tarragona, Cartagena). Lo mismo ocurre con los hornos de cerámica; resisten sólo los de calidad agrupados en el Levante y sur peninsular.

En el siglo IV, la construcción de las grandes *villae* meseteñas y la porfía entre sus propietarios convocan a numerosos artesanos cualificados. De entre todos ellos, los virtuosos del mosaico, organizados en talleres ambulantes, inundan la geografía peninsular (Mérida, Pedrosa de la Vega, Dueñas, Fraga, Liédena, Arróniz) con hermosas manualidades. Su repertorio comprende los viejos diseños clásicos, ahora sofisticados, y otros recientes de inspiración africana o gala y mayor calidad. Al reclamo de las exigencias decorativas de los nuevos poblados acuden falanges de escultores, a los que se confía las estatuas de los césares y la monumentalidad de jardines y plazas. Avanzado el siglo IV, la iconografía cristiana se apodera del arte funerario, invadiendo tumbas y sarcófagos. La Bureba, Tarragona o Ecija arrebatan el mercado a los artistas italianos, que mantienen sus clientes en las localidades costeras.

Notable beneficio obtendrá la iniciativa privada de las grandes obras públicas del período. Los ricos propietarios intervienen en la contrata de fortines y murallas mientras el trazado y mejora de las calzadas se hace urgente por los movimientos de hombres y vituallas. De esta forma, desde la Galia a Hispania, circulan con rapidez las tropas, en el siglo V, mediante una adecentada red viaria. Otros caminos llevan a las poblaciones agrícolas de la Meseta, cuya actividad señala el repliegue del eje económico hacia el centro peninsular, en menoscabo del Levante o la Bética.

Atados a la tierra

Muchas cosas habían cambiado en el Imperio como para que la sociedad hispana no se sintiera afectada. Los propietarios rurales, desde el siglo III enriquecen sus patrimonios, a costa muchas veces de la vieja *burguesía* urbana, cuyos bienes inmobiliarios no eran sino cenizas del antiguo esplendor. Arramblan también con extensas propiedades municipales y hasta con valiosos predios del Estado, que en ocasiones echa mano de sus tierras para pagar deudas de carácter civil o militar. Al no existir una barrera precisa entre lo público y lo privado, los terratenientes acaban integrando en sus patrimonios las parcelas recibidas en usufructo, como pago a alguna gestión.

Otra vía de robustecimiento del latifundismo es la presión de los potentados sobre los pequeños labradores, ansiosos de seguridad y protección. La tierra sirve para comprarlas y, mediante su entrega al latifundista, el campesino se asegura una renta y una garantía de amparo. Dentro de los recintos amurallados, los propietarios ponen a buen recaudo a quienes les traspasan las tierras; con sus ejércitos personales los defienden de la coacción fiscal y militar del Estado, y adjudicándoles para su trabajo la parcela transferida y aun otras propias responden de su subsistencia. De este modo arraiga con fuerza la *encomendación,* destinada a transformar las formas de producción agraria en la península.

En pleno azote de la crisis bajoimperial, la falta de mano de obra y el miedo de los propietarios a ver desatendidos sus latifundios imponen la adscripción forzosa y hereditaria del campesino a la tierra. Los esclavos comienzan a escasear y los colonos ocupan su lugar en unas tareas que los terratenientes ya no pueden abarcar personalmente. Si a los buenos rendimientos del colonato se añade la difusión de las ideas humanitarias del cristianismo, se entiende la drástica caída de la esclavitud en esos años. Muchos obtienen ahora la libertad jurídica, pasando a ser colonos de parcelas de sus antiguos dueños, con quienes quedan unidos mediante la reserva de manumisión hasta la muerte del propietario, la obligatoria adscripción a la tierra y el pago de una renta.

Concentración de la propiedad y señorialización son por tanto las dos caras de una misma moneda, la que lleva bien marcada la huella de un notable esquematismo social. Por unas y otras razones, la sociedad de la época se polariza en torno a dos grupos muy diferenciados, cuyas divergencias se agrandan con el tiempo. Los *potentiores* u *honestiores* monopolizan el poder y las exenciones y componen la oligarquía, donde se entrelazan de manera endogámica los grandes terratenientes, el alto funcionariado, los mandos militares y la jerarquía eclesiástica, enaltecida con el respaldo imperial y las donaciones de los fieles. Dependientes de ellos, los *humiliores* forman una amalgama de antiguos esclavos, libertos, siervos, colonos encomendados y pequeños artesanos, cuyos niveles de vida tienden a equipararse, sin las diferencias jurídicas que los definían como subgrupos.

La degradación social no sobreviene de modo pacífico, sino que se acompaña de rivalidad, a menudo diluida en otras convulsiones de carácter general. Es el caso del recrudecimiento del bandolerismo, a partir del siglo II, en plena invasión mora de Andalucía. De esos años arranca también la *bagauda,* que importada de la Galia se erige en vehículo del descontento social de las gentes marginadas. Esta rebelión campesina crece en paralelo a la *encomendación,* teniendo como objetivo y bandera el ataque a los ricos latifundios. En Hispania se torna en pesadilla cuando, unida a vascos y pirenaicos, aprovecha la entrada de los visigodos (409) para saquear numerosas explotaciones agrarias del valle del Ebro (Tudela, Fraga).

Al igual que la *bagauda,* el priscilianismo —herejía condenada por su sincretismo religioso— prende con fuerza entre las capas populares, mal romanizadas, del campo de Galicia, Duero y Tajo. Su credo profético, acusador del enriquecimiento del clero, del maridaje Iglesia-oligarquía y de la esclavización de los colonos, actúa como catalizador de los intereses de clase y permite por vez primera la puesta a punto de un frente común entre la jerarquía eclesiástica y los poderes públicos para erradicarlo. La excomunión de los sectarios y la condena de la herejía por los concilios de Zaragoza y Burdeos son el preámbulo del ajusticiamiento de su mentor Prisciliano en el 385. Pese al fin de éste, la doctrina mantiene su arraigo hasta la época de las invasiones en el noroeste, donde vuelve a ser reprimida y anatematizada por los suevos.

Los agujeros del Imperio

La lección del asalto de los francos fue aprendida en seguida por Roma. Para acomodar sus estructuras territoriales a las nuevas exigencias, Diocleciano decide la división del poder central entre dos *augustos* y dos *césares* encargados de la defensa de las distintas zonas. Gracias a esta mayor atención se conjura la amenaza de las tribus mauritanas y francas, cuyas *razzias* colapsaban el comercio mediterráneo y alteraban el difícil equilibrio de Hispania. Una nueva organización administrativa y militar convierte la península en la *diocesis Hispaniarum,* cuyo ámbito abarçaba también el norte de Africa (Mauritania Tingitana), con seis provincias —siete en el siglo IV, con la Baleárica— dirigidas por un gobernador, acompañado, según los casos, por un *comes* para asuntos militares. La fragmentación provincial buscaba eficacia en la vigilancia de las vías de comunicación y equilibrio en el peso político de los gobernadores, a la par que la inclusión de Mauritania garantizaba a Roma el tráfico por el Estrecho y entorpecía los asaltos de los nómadas norteafricanos.

Si desde el siglo I el alejamiento de Hispania de las áreas conflictivas venía produciendo su desmilitarización, la política diocleciana habría de centrarse en refortificar las ciudades y diseñar una red de torres y defensas para el control de los caminos. Los ejércitos hispanos propiamente dichos ocupan entonces los ámbitos más conflictivos, la Mauritania y el norte peninsular, aunque en este último caso muy probablemente en calidad de tropas de retaguardia y vigilancia frente a posibles asaltos en la costa y a través de los ríos.

Como ocurre siempre, la reorganización administrativa generó un vuelco en los impuestos. Todos los esfuerzos de los funcionarios fiscales, introduciendo nuevas cargas y actualizando las viejas, no lograron, sin embargo, compensar la subida de los gastos imperiales. Así y todo suele señalarse lo novedoso de la separación entre la tesorería pública y la privada del soberano y la dispensa alcanzada por la Iglesia, luego de la conversión de Constantino.

La muerte de Diocleciano aceleró el deterioro del modelo tetrárquico, que ya para entonces había demostrado su inoperancia, precipitando intervenciones militares y guerras civiles hasta la conquista del trono por Constantino. A la búsqueda de una monarquía absoluta de carácter divino, el emperador recuperará la estructura piramidal de poder y encontrará su justificación última en la proclamación del cristianismo como credo oficial. Ni siquiera esta vía habría de resultar, a la larga, eficaz en medio de batallas sucesorias —Constantino II y Constante— o maniobras de usurpación de la corona. En el 407, Constantino III refrenda el intervencionismo militar en la vida civil autoproclamándose emperador en Brittania frente al sucesor legítimo Honorio. Necesitado de un territorio donde ejercer su investidura, el impostor dirige sus tropas contra la Galia e Hispania, aun a sabiendas de que Honorio contaba con la fidelidad de la familia de Teodosio, dueña de un poderoso ejército. Sin embargo, las disensiones internas habían debilitado al clan hispano, que carente de liderazgo no consigue evitar su derrota ante el general constantineo Gerontius, árbitro de la situación de Hispania.

Enemistado con la población hispanorromana y con el usurpador Constantino III, Gerontius pretende adueñarse de la península, por lo que negocia los servicios guerreros de los bárbaros de Aquitania —suevos, vándalos, alanos— a cambio de su entrada en Hispania. Al mismo tiempo se atrae a parte de la oligarquía hispanorromano, con el nombramiento como *augusto* de Máximo, uno de sus miembros. Gracias a sus alianzas Gerontius destroza el ejército de Constantino y sitia al propio monarca en Arlés. De nada le vale tal esfuerzo, pues su ausencia de la península es aprovechada por Honorio, que, hecho fuerte en Italia, interviene con prontitud en Hispania para acabar con Máximo y frenar a Gerontius, asesinado finalmente por sus mismos secuaces. Con esta maniobra, el soberano logra conservar para el Imperio la provincia Tarraconense, es decir la región costera mediterránea más atrayente a los intereses comerciales de Roma, al tiempo que en el interior comienza el asiento de los pueblos bárbaros.

Llegan los bárbaros

La irrupción de los pueblos bárbaros en la península es la muerte de la Hispania romana; tan sólo la Tarraconense continúa fiel a los designios del agónico Imperio. Desde el año 411, el resto del territorio se despieza en tres grandes espacios, políticamente aislados entre sí: vándalos asdingos y suevos ocupan Galicia; los alanos la Lusitania y la Carthaginense, mientras que los vándalos se instalan en la Bética. Casi a la vez, otro pueblo germano, el visigodo, penetra en las Galias y, tras dos intentonas fracasadas de trasladarse al Africa latina, suscribe un acuerdo con Roma. El Imperio se compromete a entregar anualmente al rey godo Valia una substanciosa cantidad de trigo para el mantenimiento de sus hombres a cambio de que éstos defiendan los derechos de Roma de las apetencias de las tribus diseminadas por Hispania. En una primera operación de limpieza, los visigodos visitan las regiones más romanizadas —Bética y el sur de la Tarraconense— para proteger sus riquezas y comercio de los estragos de los vándalos silingos y alanos, que sufren un castigo definitivo.

Liberadas las zonas de interés, y ante el riesgo de un desmedido robustecimiento de los visigodos en Hispania, el emperador Honorio prefiere alejarlos del botín mediterráneo ofreciéndoles una porción de la Aquitania gala con sus provincias limítrofes. La elección trataba de garantizar al mismo tiempo la continencia de los godos tocante a riquezas hispanas y su diligente acometividad en el caso de ser requerida. Sin embargo, la designación de Toulouse como capital de los visigodos y sus intentos de expansión hacia el Ródano ponen en guardia a Roma.

Toda Hispania es un hervidero. Desaparecidos los vándalos silingos y alanos, otros pueblos germanos se disputan con las armas la hegemonía. En esa disyuntiva el Imperio inclina su balanza del lado de los suevos, confiando tanto en su menor peligrosidad respecto de las provincias romanizadas como en su capacidad para restablecer los mecanismos del poder central en Galicia. Una primera secuencia de enfrentamientos envalentona a los vándalos, que se aprovechan de la extremada debilidad de Roma y saquean la Bética. Después de asegurar su retaguardia —victoria sobre los suevos en Mérida y pactos con la oligarquía sureña—, cruzan el Estrecho, en el 429, y fundan en el norte de Africa un reino que sobrevive hasta su conquista por Justiniano en el siglo VI.

Sin el agobio de los vándalos, Roma recupera el dominio de la mayor parte de la península, salvo Galicia, donde se afianza el reino suevo de Hermerico. Pero ya el poder romano es poco más que una entelequia en medio de ambiciosas aristocracias locales, cuya arbitraria gestión trasluce el oscurecimiento de la autoridad pública. Ningún problema tienen los nuevos ocupantes del noroeste hispano con los restos de la vieja administración, de tal forma que los galaicorromanos conservan sus fortalezas y ciudades más seguras (Coimbra, Lugo), la autonomía de sus instituciones y su religión católica. Esta armonía se rompe hacia el 438, cuando el monarca Rekhila, victorioso de las milicias de los aristócratas hispanorromanos, se adueña de la Lusitania, la Carthaginense y la Bética y pone en jaque el valle del Ebro. Su sucesor Rekhiario azota las tierras vasconas y alentado por el *lumpen* bagauda castiga Tarazona, Zaragoza y Lérida, con lo que el apoyo de los hispanos a los ejércitos romanos y a sus aliados visigodos no se demora más.

Las tropas de Teodorico II, rey visigodo de Toulouse, zancadillean las expediciones de los suevos, a los que sujetan en Galicia, y limpian la Tarraconense de todo vestigio de estallido bagáudico, que tanto perjudicaba a la producción. Nuevas campañas de los suevos se saldan con derrotas a manos de Teodorico en Astorga y con la muerte del propio monarca Rekhiario. Como ya ocurriera con los alanos, la beligerancia goda revoluciona por completo el reino en el ámbito político —división del poder, intentos de usurpación— y también en el socioeconómico con agresiones contra la población galaica y aumento de los saqueos.

Una vez han aplastado a los demás pueblos germanos de Hispania, los visigodos se aprovechan de los problemas de sus aliados en Roma y, con la agonía del Imperio, se convierten en el poder hegemónico de Occidente. A partir de entonces su política exterior tiene como objetivo controlar militarmente a los suevos de Galicia e introducirse en su órbita mediante enlaces matrimoniales o embajadas. El vacío de poder en Roma les despeja el camino hacia el Mediterráneo galo y la Tarraconense, al tiempo que la definitiva desaparición del emperador (476) pone en sus manos las riendas del Estado. Es el momento que también desean aprovechar las aristocracias locales en distintas regiones hispanas para ejercer, sin cortapisas y en su propio beneficio, el gobierno.

Capítulo VII

El bautismo del godo

La derrota del sur

Abarcando un territorio que limita con el Ródano y el Loira, las costas atlánticas francesas y la Tarraconense hispánica, el reino visigodo de Toulouse se había granjeado la animosidad de los francos, poco dispuestos a dejarse arrebatar la primacía de las Galias. En el año 500, la conversión al catolicismo del pueblo franco ofrecía una baza inmejorable a su rey Clodoveo para ganarse las simpatías de una gran parte de la nobleza galorromana. Por su lado, los visigodos, que habían instalado algunas de sus gentes en el valle del Ebro, afianzaban su dominio en el noreste hispano, a costa de un debilitamiento en el sur galo. La ocasión es aprovechada por los francos, que en Vouillé (507) destrozan la potente maquinaria militar goda y acaban con su rey.

La derrota sufrida alcanza tal magnitud que a punto está de perecer el reino, si no lo salva la intervención de Teodorico, soberano ostrogodo de Italia. A la vista de la presente relación de fuerzas y aplacadas las querellas intestinas, el monarca italiano consigue establecer los fundamentos de un nuevo Estado. En esa labor le va a ser de gran utilidad su adiestramiento romano, utilizado para restaurar la *prefectura* de las Galias, que en adelante debía sellar la dependencia de los visigodos respecto de la corte ostrogoda de Rávena. La demarcación comprendía un territorio que cabalgaba en torno a los Pirineos, entre el valle del Ebro y el sur de Francia, con capitalidad eclesiástica en Arlés, sede metropolitana, sustitutoria de Toulouse y Narbona, ahora en poder de los francos.

En contraste con esta política autonomista, la regencia de Teodorico (511-526) somete a la nobleza visigoda a los dictados de la clase dirigente ostrogoda, trasplantada de Rávena, cuya supremacía no se pone en entredicho durante medio siglo. El golpe de estado de Agila (549-555) contra Theudiselo y su ascenso al trono cambian la situación, catapultando a la aristocracia nativa y recuperando la independencia perdida.

Bajo una u otra jerarquía los godos progresan en su camino hacia el sur, toda vez que las campañas de los reyes merovingios hacen impracticable la senda del norte. Caen en su poder Mérida, Córdoba y Sevilla en un alarde de vocación bélica, mientras su estrategia militar les hace dueños de la red de mando y operatividad diseñada por Roma. Sólo así se explica la facilidad con que, pese a sus escasos efectivos humanos si se los compara con los hispanorromanos, logran dominar buena parte de la antigua Hispania. Sin embargo, las continuas rivalidades domésticas frustran las primeras tentativas de extender el dominio godo sobre el mediodía peninsular y complican el panorama étnico y político al introducir un nuevo factor desestibilizador en el área. Quien saca provecho de la inestabilidad es el emperador bizantino Justiniano, que se cobra el socorro prestado a Atanagildo y a sus fieles sublevados en Sevilla con la creación de una provincia sufragánea de Oriente entre la desembocadura del río Guadalete y el norte de Cartagena. Una larga cadena de resistencias y conflictos prolongó por más de setenta y cinco años aquella situación colonial.

Dos pueblos en un reino

Los visigodos se encuentran en la península con un pueblo nada homogéneo, que ha recibido influjos distintos de la presencia romana. No son sólo los pueblos bárbaros con sus asentamientos los autores de la diferencia, pues también la tarea romanizadora había alcanzado resultados diversos. Para mayor complejidad social, la arribada de los godos, en minoría respecto de la población hispana, coincide con numerosos brotes de indigenismo, localizados sobre todo en el norte (sappos, astures, cántabros, vascones).

Las leyes godas se orientarán a remontar ese déficit, mediante una estricta separación entre ambos grupos, que habría de asegurar la preeminencia de la clase dirigente invasora. Desde el mismo amanecer del reino, el *Breviarium* de Alarico II, aprobado por los obispos y la nobleza romana, manifiesta con claridad el deseo de instaurar dos categorías fundamentales de ciudadanos, según su origen.

El establecimiento del que será en seguida reino de Toledo apenas sí tuvo consecuencia alguna en la estructura social, heredada del Bajo Imperio. Los grandes terratenientes aguantan con éxito las sacudidas del siglo V y disfrutan de su riqueza agraria bajo los monarcas godos. No pocos de ellos acaban fundiéndose con la elite germana, siendo embrión de poderosos linajes nobiliarios, pese a estar prohibidos los matrimonios mixtos. Muy al contrario de lo que pudiera suponerse, el nuevo régimen no liquida el fenómeno de señorialización, vigente desde el ocaso de Roma, ya que los latifundistas suplantan en sus funciones a los administradores regios y oprimen a la población marginada. La debilidad del Estado y el desamparo de los pobres promueven la *encomendación,* mientras el derecho da una vuelta de tuerca a la dependencia absoluta de los colonos: imposibilidad de enajenar tierras sin el consentimiento del señor, reducción a la esclavitud en caso de huida...

Al igual que ocurre en el campo, la vida ciudadana se

debate entre el desorden y la inestabilidad política. Por ello los monarcas godos intentan garantizar cuanto antes la perseverancia en sus quehaceres municipales de los funcionarios de la burocracia precedente. Había una ocupación de la que nunca se podía desertar: la de recolectar impuestos. Con los ojos clavados en la hacienda, el rey Chindasvinto castiga duramente la defección de los munícipes, a los que prohíbe vender sus bienes, refugiarse en el campo o en el orden eclesiástico.

Por medio de gobernadores romanos, los visigodos plagian el reparto provincial del Imperio, haciéndolo depender de una corte, instalada primero en Toulouse y luego en Toledo. En ellos residen todos los poderes delegados del rey y es competencia suya la administración de justicia, aunque sólo cuando afecta a la población hispanorromana. Los litigios de los godos se resolvían en otras instancias, interviniendo en ocasiones el propio rey. La cobranza de tributos ocupaba asimismo la actividad de los gobernadores, cuyos intendentes enriquecían las arcas reales con la contribución de viñedos y parcelas arables y los derechos de aduana abonados en los puertos y fronteras de Francia, Galicia y la provincia bizantina.

Paralelo al derecho romano, la población goda mantuvo durante largo tiempo su viejo modelo de legislación consuetudinaria. Solamente tras las revisiones de Leovigildo y Recesvinto inicia su itinerario la reglamentación estatal; los códigos visigodos aplican entonces a la parroquia goda las singularidades penales de los romanos, que preveían castigos acordes con la condición social de los delincuentes y las víctimas. Sin excluir por completo el castigo temporal, las sanciones de los nobles se resuelven, en su mayoría, con multas pecuniarias. Un complejo sistema de compensaciones económicas tradujo la estratificación de la comunidad goda y abrió la puerta de la esclavitud a aquellos reos que no pudieron pagarlas. Una vez efectuado el abono de la reparación, y por muy graves que fueran los delitos, la ley prohibía las venganzas familiares, asestando así el primer golpe a la vieja organización social de los visigodos, apoyada en los lazos de sangre.

En las orillas altas del Ebro y Tajo, los godos concentraron su población buscando siempre espacios reducidos donde compensar la inferioridad numérica respecto de los hispanorromanos y defenderse de la absorción por éstos. Alrededor de 235.000 germanos eligen Segovia y las provincias circundantes para desarrollar la especialidad ganadera en sus enormes despoblados y latifundios, que les garantizaban la ausencia de roces inherentes a cualquier reparto de tierras. Mientras tanto, fuerzas militares y nobiliarias ocupan enclaves estratégicos en el dominio del espacio, como Toledo, Mérida o Pamplona, y numerosas ciudades de la Bética y la Galia Narbonense.

Como ya ocurriera en las Galias (418), el asentamiento de los godos en Hispania se realiza mediante la fórmula de la *hospitalitas,* que obliga a los terratenientes nativos a entregar dos tercios de su heredad a los nuevos pobladores. De esta manera la nobleza goda compone grandes lotes de terreno, cuya posesión y disfrute contribuyen a cambiar su criterio respecto de la riqueza: la tenencia de ganados, armas o artesanías cede en importancia ante la tierra.

Para evitar los conflictos que el avecinamiento de sus partidas militares originaba en algunas urbes hispanorromanas, establecieron una jerarquía paralela encargada exclusivamente de su etnia. Al *comes civitatis* se le confió la población goda de las ciudades mientras que el *dux* ejerció su autoridad en toda una provincia. Pese al *apartheid,* algunos hispanorromanos consiguen acceder a tal jerarquía por méritos militares, necesarios para el desempeño de una función en gran parte defensiva.

Durante todo el siglo VI el ejército es la piedra angular del poder visigodo sobre Hispania. Organizadas según el modelo romano, las milicias reciben soldadas y hombres de las ciudades, admitiendo en sus filas sólo a una pequeña porción de gente no goda. A la milicia se le encomendó la defensa del reino de la agresión exterior, pero también fue responsabilidad suya la vigilancia del cumplimiento de las leyes en el interior.

Junto a hispanorromanos y visigodos, la población de

Hispania se nutre de un número importante de personas de origen extranjero. Bretones, expulsados de su tierra e instalados en el noroeste huyendo de la conquista anglosajona, y orientales emigrados por conflictos religiosos o en busca de intercambios comerciales. Pero sobre todo judíos, cuya cuantía y raigambre pronto les harán un hueco en la historia de España. Las comunidades hebreas rastrean las ciudades de la Bética y Levante, aquellas con actividad mercantil y buen mercado. Florecen las juderías de Toledo, Mérida, Tarragona, Tortosa o Zaragoza, mientras la sociedad envidia sus riquezas y —tras la unidad religiosa— urge su conversión.

La Hispania visigoda

A medida que avanza el siglo VI, los esfuerzos godos se centran en fortalecer su seguridad frente al enemigo extranjero y en recuperar la unidad territorial de la Hispania romana. La elección de Toledo como capital del reino confirma el definitivo traslado de sus intereses hacia la Península Ibérica, aunque sin descuidar las posesiones galas, tapón del ansia expansionista de los francos. Las alianzas matrimoniales, a menudo saldadas con catastróficos resultados, y las expediciones contra los merovingios ratifican la preocupación toledana por su herencia continental. A pesar de su poderío militar, engrandecido a costa del deterioro franco, los reyes visigodos —Atanagildo, Liuva, Leovigildo, Recaredo— en modo alguno pretendieron expandirse hacia el norte; sus campañas en las Galias tuvieron siempre carácter defensivo con la mirada fija en su patrimonio hispano.

Cuando en el año 573 Leovigildo accede al trono, la estrategia de unificación territorial diseñada en el reinado anterior triunfa al someter las ciudades hispanorromanas del sur y cercar la provincia bizantina. Atento a cualquier intentona de fragmentación del poder, el monarca reprimió la desobediencia de los nobles hispanorromanos y las algaradas de las masas campesinas, exponentes de las tendencias centrífugas de las distintas áreas peninsulares. También tuvo que habérselas con su propio hijo Hermenegildo, que nombrado gobernador de la Bética se independizó de la corte toledana adjudicándose el título de rey. Discrepancias religiosas entre Leovigildo y el príncipe —recién renegado del arrianismo— se entreveran con los últimos rescoldos secesionistas de los católicos sureños y desatan una auténtica guerra civil de carácter regional, en la que los partidarios de ambos contendientes se reclutan en todo el abanico etnicosocial. El ensayo separatista quedó liquidado con el asesinato del sedicioso.

En el año 585 el reino suevo de la Gallaecia pasa a convertirse en provincia visigoda, después de que Leovigildo, amparado en un conflicto sucesorio, lo invadiera. Sólo unos pocos kilómetros, entre la cordillera cantábrica y el mar, se escapan del propósito unificador de los godos. De ahora en adelante, esta integridad recuperada no se pondrá en cuestión, siendo objetivo de las futuras insurrecciones, más que la disgregación territorial, el dominio absoluto de la península entera.

El trono y el altar

Bajo el cetro toledano cohabitaron suevos, godos e hispanorromanos en un difícil equilibrio, mejorado por la derogación de las leyes prohibitorias de los matrimonios mixtos. Sin embargo, la pretendida articulación social del reino habría de llegar, no por obra de los tribunales civiles, sino de la coherencia interna suministrada por el credo religioso. Durante los primeros años de su reinado Leovigildo exageró la tradicional tolerancia goda respecto del catolicismo, pero la guerra civil le hizo cambiar. De esta forma, mientras el sínodo de Toledo (580) tendía puentes a los católicos incentivando económicamente su paso al arrianismo, la lucha ponía agresividad en las relaciones de ambas comunidades.

Tras el fracaso de Leovigildo al no lograr reunir en

torno al arrianismo a todos sus súbditos, su hijo Recaredo, convertido en rey el año 586, ensaya la vía del catolicismo. Para ello vence la repugnancia de los nobles de las Galias, Toledo o Mérida y amortigua las diferencias doctrinales entre los creyentes como preámbulo a las sesiones del III Concilio de Toledo (589), donde se proclama la definitiva conversión del pueblo godo a la fe católica. Es un momento señalado para la Iglesia, enriquecida con la requisa de los bienes de los arrianos y respaldada en sus pretensiones de poder social. Los obispos son de ahora en adelante verdaderas autoridades del reino, con competencia en asuntos civiles, fiscales o judiciales y profusas injerencias en la vida privada de los hispanogodos. Nobles y prelados conviven en los concilios mientras la alianza del trono y el altar emprende el largo camino por donde habría de discurrir la historia de España.

La victoria del catolicismo sobre la herejía desata una oleada de intolerancia que afecta por igual a los reductos de paganismo y a los judíos. La acción misionera busca paganos en el norte para catequizarlos y meterlos en las iglesias y monasterios, construidos en abundancia como símbolo de la religión vencedora. Amparada en el poder político y en su capacidad coactiva, la jerarquía católica hostiga a los judíos y les exige su retractación, hecho que sólo se transforma en problema, tras las conversiones forzosas decretadas por el piadoso Sisebuto (612-621) y condenadas por el IV Concilio de Toledo (633). Aunque numerosas comunidades judías consiguen alcanzar la frontera francesa, miles de católicos judaizantes, sospechosos a los ojos de las autoridades, serían puestos en cuarentena impidiéndoseles retornar a su credo.

En reinados posteriores, la acción represora se acentúa pero sin la extremosidad exigida por el papa Honorio I, cuyas disposiciones son suavizadas por Braulio, obispo de Zaragoza, y el IV Concilio toledano. En definitiva, la Iglesia y el Estado convienen en llevar adelante una estrategia de lenta integración de los judíos, sin renunciar a la fuerza, pero abandonando la idea de una conversión en masa. Como novedad en Europa occidental, una ley de Chintila prohíbe a los no católicos vivir en el reino y obliga a todos los judaizantes conversos de Toledo a abjurar de sus íntimas creencias. Más allá va Chindasvinto, que castiga con la muerte a quienes mantienen sus liturgias y abluciones después de manifestado su reniego.

Durante el mandato de Recesvinto, el antisemitismo cobra bríos renovados, como si quisiera reforzar el compromiso del gobierno con la Iglesia. El VIII Concilio de Toledo redobla las medidas coercitivas para impedir que los conversos se sacudan su fe joven y despliega un amplio muestrario de castigos destinado a los relajados: es el primer intento sistemático del Estado por erradicar el judaísmo de la Península Ibérica.

La corona de barro

A medida que los visigodos consiguen la unificación del reino, la burocracia se vuelve más compleja y centralizadora. En la cúpula, el *oficio palatino* cuidaba del engranaje del Estado —patrimonio, ejército, hacienda, cancillería— valiéndose de funcionarios con rango de condes, al estilo de los viejos oficiales de las cortes romanas. Recaredo y Recesvinto avanzan decididos en su labor unificadora por medio de leyes de aplicación en todo el territorio sin diferencia de pueblos. Reemplazado el derecho romano, desaparece el sistema de gobierno copiado de Roma: el patriciado hispanorromano pierde el poder de las ciudades en provecho de los obispos y los jueces a la par que los gobernadores resignan el suyo ante las investiduras godas.

Todo progreso de los godos en la construcción del Estado se oscureció, sin embargo, por su incapacidad de articular un método pacífico de sucesión al trono, con la monarquía y la nobleza siempre dispuestas a liquidar sus diferencias por la fuerza. De esta forma litigan los partidarios de la monarquía electiva y los de la vía hereditaria, haciendo del regicidio y el derrocamiento los instrumentos habituales del cambio de poder. Fórmulas de corregencia —inauguradas a la muerte de Atanagildo en las personas de Liuva y Leovigildo— o de asociación al trono —Hermenegildo y Recaredo con su padre— servirán de puente en los escasos traspasos pacíficos de gobierno. No obstante, la unción sacra administrada por imperativo del IV Concilio de Toledo constituirá un principio de justificación y afianzamiento de la monarquía.

Más allá de los símbolos, la majestad y la soberanía recayeron en quien pudo ejercer el control efectivo de los recursos del Estado. El dominio del patrimonio estatal permitía el mantenimiento de poderosas mesnadas, núcleo del ejército visigodo, y aseguraba la colaboración de la nobleza, a la que se atraía con entregas de tierra y dinero. Sin contar los ingresos puramente fiscales, los reyes dispusieron de las rentas de extensos latifundios, herencia del Imperio, agrandados con lotes procedentes de legados y confiscaciones; al paso de los años, todos sufrieron alguna merma por obra de los nobles, que se hicieron propietarios de tierras cedidas a título vitalicio. Además tenían a su disposición el tesoro regio, cuyo origen se remontaba al botín acumulado durante el saqueo de Roma por Alarico I, enriquecido luego por Leovigildo con el oro de los suevos. Como estimación valorativa se recuerda que Amalarico entregó la Provenza para recuperarlo o que los ejércitos de Agila le traicionaron cuando el monarca lo perdió a manos de sus contrincantes.

Rebasado el siglo VI, el rumbo del reino visigodo parecía definitivamente enderezado; por ello la política contemporizadora de Recaredo con los nobles fue un traspiés en el camino de afirmación del poder monárquico. Envalentonada, la aristocracia copa los cargos públicos y fortalece las asambleas de notables, sobre todo el *aula regia* y los concilios, antes de provocar una sangrienta refriega de homicidios y deposiciones. El trasiego de monarcas es enorme a lo largo de la primera mitad del siglo VII, mientras sucesivos concilios de Toledo se esmeran en realzar la figura del rey y defender su vida, excomulgando a quien atentase contra él o su familia. En el IV de ellos se impuso la vía electiva como forma de acceso al trono; en todos, la nobleza y los obispos consiguieron acrecentar su poder y prerrogativas.

Aun en medio de tanta inestabilidad y desgobierno la política exterior cosechó éxitos y confirmó la supremacía goda en Occidente. Menor suerte tuvieron las alianzas matrimoniales con los francos, a menudo, rematadas con fracasos. Distintos levantamientos y *razzias* de los pueblos norteños —astures, cántabros, rocones— provocaron despiadadas expediciones de castigo, en las que se manifestó la superioridad militar de los godos, culminada en el año 624, cuando las tropas de Suintila, después de la toma de Cartagena, ponen fin a la provincia bizantina de la Península Ibérica.

Los nuevos aristócratas

El desarrollo de la burocracia y la oficialidad del catolicismo transforman la administración pública de tal forma que pronto una nueva clase dirigente coge el timón del país. En buena armonía, los aristócratas godos comparten el sillón y la riqueza con los nobles hispanorromanos y los obispos, los grandes beneficiados del régimen; las concesiones arrancadas a la monarquía en horas bajas les habían hecho cómplices en el anhelo de poder. Orgullosos de pertenecer al *oficio palatino* o al *aula regia,* estos elegidos, militares exitosos o funcionarios, acólitos del rey en su comitiva, amasaron ricos patrimonios que habrían de encauzar poderosos clanes. Con todo, apenas un reducido grupo conquistaría el derecho de elegir al monarca, encaramándose así a la cumbre de la jerarquía social.

Más desafortunados, los pequeños propietarios no logran esquivar las crisis ni la presión tributaria, que les obligan a abandonar sus tierras y a acogerse a la protección interesada de los pudientes. Crece el número de siervos por imposición de penas, insolvencia fiscal o autoventa en un panorama de deterioro progresivo del campesinado. Desertando de su sumisión a la tierra, proliferan los siervos fugitivos, muestra fehaciente del malestar social que envolvía el reino toledano en las postrimerías del siglo VII.

En el norte peninsular los godos desarrollaron con provecho sus aficiones ganaderas. Herederos de la estructura agropecuaria romana, la enriquecieron con la cría de ganado ovino y porcino, dejando indicios de transhumancia entre regiones apartadas, cuya ruta principal venía a coincidir con la vieja Vía de la Plata. Menos rentables fueron, por contra, sus actividades industriales y comerciales, no recuperadas del sobresalto de Europa. Un puñado de iglesias, levantadas en áreas rurales, proyecta dudas sobre la envergadura de su industria de construcción. Salvo algunos yacimientos explotados por los suevos, la minería estuvo inactiva. Sin embargo, la orfebrería alcanzó niveles de extraordinaria calidad y belleza, prodigada en un muestrario corto pero de notable refinamiento, con influencia bizantina y sello toledano.

No fueron años buenos para el comercio, sometido a los vaivenes políticos, la mala racha de la economía y al desfallecimiento de las ciudades. En el interior, los mercados locales conviven con un comercio más profesional, en manos de los judíos, y de productos de gran valor añadido, como textiles, joyería, marfil o vidrio. En el Mediterráneo las transacciones comerciales son monopolio de los negociantes orientales, que gozan de autonomía jurisdiccional y fiscal y disponen de lonjas operativas en los principales puertos del mediodía y el este. Las rutas norteafricanas, italianas y asiáticas abastecen el reino de los codiciados artículos de Oriente, que se intercambiaban por materias primas, en especial cereales y vino, favorecidos estos contactos por la existencia de la provincia bizantina en el sur peninsular. Otros itinerarios —Britania y Galia— resisten el tránsito de mercancías pero tienen vida más lánguida.

La frágil monarquía

Después de medio siglo de zozobra, en el 642 alcanza el trono Chindasvinto. Consciente de la fragilidad de la institución monárquica —él mismo había accedido al poder con la deposición y tonsura de su predecesor—, el nuevo rey procura hacerse respetar por la fuerza. Con un baño de sangre se deshace de la antigua nobleza y pone en pie otra nueva, fiel a su persona, entre la que reparte los bienes de los eliminados y a la que desposa con sus viudas e hijas. Las reformas legislativas, origen del *Liber Iudiciorum* (654), y los concilios le respaldan en su objetivo de fortalecer la corona y afirmar su supremacía sobre la Iglesia. De este modo, al reservarse el derecho de nombrar obispos, Chindasvinto equipó a la monarquía con un arma poderosa en la lucha por la hegemonía política y el control de la sociedad civil. Los clérigos fueron, así mismo, desposeídos de su fuero en los casos de homicidio y magia y condenadas sus intrigas políticas.

En otras situaciones, la monarquía no pudo mostrarse tan autosuficiente y hubo de recurrir a la nobleza para sortear el peligro. Cuando Froila, ayudado por los vascones, asaltó el valle del Ebro amenazando Zaragoza, no tuvo otro remedio Recesvinto que volver sus ojos a los nobles. En el Concilio de Toledo (653), el nuevo rey desanda el camino, concede generosas amnistías a los represaliados por su antecesor y devuelve bienes que ya formaban parte del patrimonio regio. La asamblea se ratificó en la naturaleza electiva de la monarquía; los electores serían los obispos y unos pocos nobles, que se reunirían sin demora en Toledo o en el lugar del fallecimiento del rey. Urgía evitar los largos interregnos en los que los nobles se hacían fuertes a costa de la corona.

Entre el 672 y el 711, el aparato civil y militar del Estado se destroza sin remedio. A poco de recibir el cetro, Wamba debe contener un levantamiento de aristócratas de la Narbonense, empeñados en romper los vínculos de la provincia con el resto de la monarquía. También los vascones se han sublevado, poniendo en entredicho el difícil equilibrio del reino. A Wamba ya no le basta un ejército mixto, en parte sometido a la voluntad de los señores y los propietarios rurales, de ahí que una ley militar obligue a todos los súbditos, incluidos los eclesiásticos, a acudir con sus tropas a defender al rey en los casos de alzamiento. El precepto, por cuanto tiene de recorte de atribuciones, atiza el fuego de la rebeldía nobiliaria, que pone en marcha el dispositivo de tonsura y deposición de Wamba. Para conquistar el trono Ervigio hipoteca la monarquía: a Julián, obispo de Toledo, le llena su sede de privilegios, tras convertirla en *primada* y reconocer oficialmente el rango que desde hacía siglos ostentaba. La nobleza saca, asimismo, partido de la debilidad del monarca: son arrancados indultos y amnistías, la ley militar admite excepciones, llega el perdón para las deudas fiscales..., pero, sobre todo, los palaciegos y eclesiásticos conquistan el *habeas corpus* por el que sólo responderían ante tribunales de iguales y en juicio público.

Las presiones y el miedo logran, en el 687, la renuncia de Ervigio en favor de su yerno Egica. La inseguridad personal del rey monopoliza la legislación, que prohíbe prestar juramento de fidelidad si no es al propio monarca, mientras su ejército se refuerza con libertos manumitidos. De poco le sirve a Egica, que sujeta como puede la rebelión de un grupo de nobles, incluido Sisberto, arzobispo de Toledo. La sangre volvió a correr abundante, adelantándose a nuevas confiscaciones, que dejaron a la nobleza exangüe pero a la espera de su siguiente oportunidad. Al resguardo de la represión, el rey coloca a su hijo Witiza de corregente y le asigna el gobierno de la antigua Galicia sueva.

La cuenta atrás

Con el cambio de siglo parece imposible desatar el nudo de las contradicciones del reino toledano. Inquieta por su propia supervivencia, la corona no pudo abanderar la tarea colectiva de defender Hispania del zarpazo extranjero. La privatización del poder había debilitado tanto al Estado que apenas si disponía de medios de resistencia o de efectivos para mantener comunicados sus distintos territorios. Todo el castillo de naipes, no otra cosa era el reino visigodo, estaba condenado al derrumbe, una vez hubiera desaparecido su cabeza; sólo la organización eclesiástica garantizaba estabilidad en medio de la sacudida.

Ningún motivo de satisfacción tenía el campesino, duramente maltratado por la actividad guerrera y la visita de la peste, que ensombrecía aún más el paisaje del hambre, la sequía o la mala cosecha del trienio 707-709. A los labriegos les tocó pagar la belicosidad de la nobleza, que exprimió sin límite a los colonos para enjugar sus pérdidas. Como remate, los postreros años del reino visigodo se acompañan de manifestaciones antijudaicas y dan trabajo a los concilios de Toledo, cuya legislación no consigue atajar el crecimiento de las juderías. Nunca un cristiano podría ser esclavo de judío, ni se permitirían sus ritos; en detrimento de su actividad comercial se les prohíbe viajar y se les acusa de conspirar contra el reino. De todos modos, la voluntad regia de liquidar el judaísmo no consiguió traspasar la barrera del hostigamiento continuo, que, si bien contuvo su progreso, enajenó su ánimo contra la monarquía visigoda y le hizo confiar a los ejércitos islámicos su liberación.

La cuenta atrás del reino toledano comienza a la muerte de Witiza, con sus secuelas de desbarajuste y guerra civil. Como en otras ocasiones, las armas volvían a despejar las divergencias entre los partidarios de mantener en el trono el linaje del difunto y la nobleza que ya había elegido sucesor en la persona de Don Rodrigo, duque de la Bética. Ante el sesgo de los acontecimientos, y aprovechando la campaña de éste contra los vascones, el clan witizano solicita ayuda del extranjero y a su reclamo acuden 7.000 hombres, la mayoría bereberes, al mando de Tariq, gobernador de Tánger, que atraviesan el estrecho y se congregan al pie del peñón, bautizado Gibraltar en su memoria.

Después de ser derrotado Rodrigo en Guadalete (711), las tropas musulmanas progresan hacia el norte hasta ocupar Toledo, aniquilando a su paso la anticuada maquinaria de guerra de los godos. Las luchas intestinas de los nobles hicieron el resto. Sobre las cenizas del más poderoso reino germánico de Occidente empezaba a erguirse el dominio del Islam.

Capítulo VIII

La puerta de Occidente

El sueño de Medina

Cuando los musulmanes irrumpen en la península llevan ya más de medio siglo en continua expansión. Desde el año 630 caminaban hacia el este y el oeste, habiéndoseles quedado pequeña su Arabia natal. La guerra santa, como punta de lanza del avance y aglutinante de la diversidad tribal, permitía a los primeros califas desahogar la agresividad doméstica de sus pueblos y asegurarles el sustento con el reparto del botín de la conquista. A su vez, la tolerancia con las demás religiones monoteístas —previo pago del correspondiente impuesto— y el escrupuloso respeto a los bienes inmuebles de los indígenas arropaban con facilidad al Islam en tierras bien alejadas de la Península Arábiga. Sin apenas contratiempos, la nueva religión se desparrama por el norte de Africa mientras unos pocos árabes consiguen sujetar a una población más numerosa. De esta forma, los bereberes, en cuanto estuvieron islamizados, se aprestarían a colaborar con sus misioneros en la implantación del Corán.

En Hispania pocos lamentaron la muerte del poder godo a manos del conquistador; para las clases desfavorecidas el cambio de patronos fue una auténtica liberación. La presión fiscal se atenuó y a nadie se le obligó a abjurar de su credo en homenaje al nuevo señor. Bien es verdad que la aceptación del Islam ofrecía importantes ventajas sociales a los conversos, que en adelante serían dispensados del impuesto religioso. Menor unanimidad se dio entre la aristocracia goda: unos resistieron hasta el límite refugiados en la provincia Narbonense o en los intrincados montes del norte peninsular al tiempo que otros prefirieron pastelear con el ejército invasor. Las autoridades musulmanas se comprometieron a respetar las propiedades y privilegios de los colaboracionistas, pero exigieron su contribución al gobierno de la provincia y a la recogida de impuestos. Son conocidos los casos del obispo Opas en Sevilla, de Teodomiro de Murcia o de Ardabastro, hijo de Witiza.

La escasez de fuerza militar —apenas diez mil guerreros para toda la península en el 711— hacía impensable cualquier aventura por tierras norteñas, debiendo los musulmanes resignarse, en un principio, con su dominio del sur. Al año siguiente, las cosas empiezan a cambiar a medida que desembarca un refuerzo de dieciocho mil hombres al mando del gobernador africano Muza y se confían las ciudades sometidas a sus aliados indígenas y judíos. Caen la Tarraconense y el valle del Ebro en poder del Islam a lo largo del 713 y proliferan los escarceos por el norte y Galicia. Tres grandes columnas con sedes en Astorga (Tariq), Aragón (converso Fortún) y Zaragoza (Muza) componen el grueso del ejército y facilitan la plena integración del territorio, según una estrategia muy similar a la empleada por Roma y luego por Toledo. La caída en desgracia de Muza y Tariq transfiere el poder a Abd al-Aziz Ibn Muza, hijo del primero, quien coronará la estrategia paterna con la obediencia de las ciudades lusas y levantinas y el establecimiento de las primeras estructuras administrativas. A su muerte (716) solamente el noroeste permanecía al margen del dominio árabe.

Medio mundo mira a Damasco, que cada día se engrandece con las conquistas árabes y se pavonea sin complejos ante Bizancio. A la cabeza de tan dilatado imperio, la familia Omeya coronaba a sus miembros, distinguiéndoles con el título de califas y asignándoles la cúpula del poder político y religioso. Desde Damasco un ejército de funcionarios mantenía en pie las relaciones con los gobernadores civiles o militares asignados a las provincias, si bien la lejanía de muchas —tal era el caso peninsular— fomentaba en ellos deseos de autonomía. La maquinaria burocrática del Islam respetó los gobiernos locales establecidos, contentándose con que sus autoridades realizaran la ingrata labor de la recaudación tributaria.

Oriente contra Occidente

Animadas por sus éxitos hispanos, las tropas de Damasco, a partir del 719, se aprestan al ataque de la Galia Narbonense, sin advertir que la provincia gala se había reforzado y que numerosos emigrados estaban dispuestos a plantar cara al peligro árabe. Dos años más tarde, la expedición del gobernador Al-Sahm queda frenada por el duque Eudo de Aquitania, confirmando que los cambios de geografía y clima no beneficiaban precisamente a los atacantes. En Poitiers, atento, les esperaba el merovingio Carlos Martel para hacerles sentir la pobre realidad de sus recursos humanos y el desgaste de sus campañas. Era el 732 cuando la derrota musulmana cerraba al Islam las puertas de Francia para abrírselas más en Hispania, donde, como había ocurrido con los godos, concentraría todos sus esfuerzos.

La retirada de Francia y el triunfo de las tendencias centralistas en el califato enconan el descontento popular, ya grave por las diferencias sociales vigentes. En los días de la conquista, la huida precipitada de los grandes propietarios rurales había dejado en manos árabes importantes patrimonios de tierras y viviendas, que se repartieron con criterios políticos y étnicos. La minoría árabe se adueñó de los feraces campos del valle del Guadalquivir y de extensos terrenos en Extremadura, en tanto que los bereberes, nómadas, hubieron de conformarse con el suelo menos productivo de Castilla, León y Galicia, donde ejercieron sus tradicionales actividades agrícolas y ganaderas al amparo de la escasa población indígena. A mediados de siglo una racha de malas cosechas desató la espiral del hambre entre los bereberes de la península, por los mismos años en los que el evangelio fundamentalista de Jawarich sembraba en el norte de Africa la resistencia contra la supremacía árabe.

El malestar a ambos lados del Estrecho no tarda en estallar con virulencia. En el 740 los bereberes norteafricanos toman por la fuerza el gobierno de Tánger, pero son víctimas de la cruel represión alentada desde Damasco. Una oleada racista se ceba en los bereberes y sobre ella cabalga el gobernador andaluz, que desata disturbios y violencia entre sus súbditos de esa etnia. Para meterlos en cintura es enviado un potente ejército sirio, cercado en Ceuta por la población norteafricana, pero que logra saltar el Estrecho y apaciguar la revuelta con sus siete mil jinetes. La traición del gobernador, no atendiendo a las necesidades de los sirios, les puso en el plano inclinado del *golpe de Estado,* que derrumbaría el frágil edificio sociopolítico levantado en el 711. El sitio de la capital, Córdoba, la destitución del gobernador y el nombramiento de su jefe, Kalbi, como máxima autoridad peninsular son preámbulo del definitivo asentamiento sirio en el sur —Elvira, Sevilla, Sidonia, Algeciras, Jaén— y de una neta política de favoritismo respecto de los árabes del Oriente Medio en perjuicio de los procedentes de la Península Arábiga. Los intentos de arreglo pacífico con reparto de poder incluido resultarán infructuosos y no evitarán una nueva guerra civil interárabe.

La virulencia de las rivalidades domésticas, los problemas califales —exacerbados en el 750 con el golpe de los Abbasíes y la eliminación física de los Omeyas— y la huida de los bereberes hacia el Magreb, tras la dura represión de la revuelta del 740, impondrán un reajuste de las fronteras de la provincia musulmana. Como objetivo fundamental de la nueva política se persigue la creación de una zona desarticulada y despoblada al norte de la península que disuada al enemigo de posibles ataques: es el «desierto» del valle del Duero, verdadera tierra de nadie, que permitirá los primeros pasos repobladores de los minúsculos estados cristianos, entre los que comienza a descollar Asturias (Alfonso I, 739-756).

Adiós a Bagdad

La lejanía de los centros de poder del Imperio y la honda grieta abierta por la guerra civil provocan agravios y cuestionan los lazos de dependencia de la metrópoli. Pero la mecha la pone un retoño de la familia Omeya, salvado de las matanzas del 750: la llegada de Abd Al-Rahman a la península es la gran ocasión para romper los vínculos de ésta con Bagdad, la nueva capital abbasí. Nada más desembarcar en las playas sureñas (755), Abd Al-Rahman consigue atraerse a toda la oposición yemení y bereber recién derrotada y con hábiles maniobras alcanza también el favor de la gran masa musulmana del país. Al año siguiente, marcha sobre Córdoba, un paseo triunfal, donde con todas las bazas en la mano prohíbe mencionar al califa en los rezos, se proclama *emir* y da vida, de esta forma, a la primera entidad política independiente del mundo musulmán.

Ha llegado la hora de Abd Al-Rahman I (756-788), la de desplegar la labor organizadora que en otras épocas correspondiera a personajes como Leovigildo o Augusto, aunque, al igual que ellos, hubo de emplear la fuerza contra la nobleza y las distintas etnias. Son sofocados los motines de los qaysies de Toledo, lo mismo que los de los yemeníes de Niebla y Sevilla o los abbasíes de Beja; las oligarquías toledana y cordobesa quedan descabezadas. No es fácil imponer orden en ese revoltijo de razas y culturas, ni resulta sencilla la convivencia de los árabes con los bereberes, los muladíes —el grupo más numeroso formado por los hispanos convertidos al Islam— y los judíos. Como en los tiempos godos, el afianzamiento del emirato dependía de la puesta en pie de una eficaz estructura política, que, al margen de la diversidad, terminara por integrarla y facilitara su control.

Toda la obra de Abd Al-Rahman persiguió tal fin, al que accedería por la convergencia de tres vías fundamentales: la organización de un ejército mercenario al servicio del emir, el restablecimiento de la administración pública con sede en Córdoba y la utilización del Islam como amalgama social, aun liberando el ejercicio de otras creencias. Los éxitos del emir fueron fracasos para otras ambiciones del norte, así lo atestiguan las derrotas de asturianos y carolingios en Pamplona y Roncesvalles en el 788 y su obligado ajuste a aquella tierra de nadie que la política cordobesa imponía.

Sin que fueran molestados los espacios integrados bajo la férula musulmana, el emir emprende la creación de un arco defensivo de carácter territorial, estableciendo tres regiones militares o *marcas* con sede en Zaragoza (Superior), Toledo (Media) y Mérida (Inferior), que recomponen uno de los ejes del antiguo dispositivo romano e inauguran la rutina anual de las expediciones de castigo contra enclaves norteños.

El primer traspiés

La muerte de Abd Al-Rahman I, como en similares momentos de la historia visigoda, destapó los conflictos contenidos y los descontentos neutralizados durante el reinado. Su sucesión fue un estallido de separatismo y de intentonas de golpe de Estado, llevadas a buen puerto en algunos casos por los gobernadores de las marcas. Los Bani Quasi de Tudela, los Ibn Yilliqi de Mérida o Umar Ibn Hafsum en Ronda pudieron gozar en sus territorios de temporadas de semiindependencia. Asimismo, la parálisis de la máquina política devolvió protagonismo a las relaciones vasalláticas de sangre e interés, fundiendo estos miniestados musulmanes con sus vecinos cristianos en alianzas como las de los Quasi tudelanos y los Arista pamploneses.

Atentos a la debilidad de Córdoba, los reinos del norte programan su expansión, con la mira puesta en la ayuda que les pueda aportar el interés carolingio de levantar un muro de contención a las batidas islámicas. La conquista de Barcelona (801) por los francos, sin embargo, no logra estimular a Bermudo I y Alfonso II, que sufren derrotas en las campañas de Hisham I y Alhakam I por tierras de Asturias y Galicia.

Evitar el desmoronamiento del emirato es la tarea que se propone Al-Hakam (796-822) cuando alcanza la cúpula del reino, apoyado en un eficiente sistema de espionaje. Con el propósito de asegurarse la fidelidad del ejército, el emir se rodeó de una guardia personal no árabe, recortó la influencia de los alfaquíes —intérpretes del Corán— sobre el monarca y apartó de tareas gubernamentales a la familia real y a los cortesanos. La rebelión de Toledo y la guerra civil subsiguiente (820) no le cogieron, pues, inerme y apenas si consiguieron debilitarle.

Al acceder Abd Al-Rahman II (822-852) al trono encuentra allanado por su predecesor el camino de la recuperación del prestigio cordobés. Se repiten las escaramuzas de los interregnos complicadas con rebeliones tribales en Mérida, Toledo y Algeciras y posteriores ataques normandos a Sevilla y Cádiz, pero el emir recobra su fortaleza. Tanto que puede conjurar el peligro extranjero y aquellas situaciones de independencia —los Quasi— heredadas en el norte. La mejora de la flota vale para destruir la amenaza normanda, mientras que la reanimación musulmana la pagan los reinos cristianos, saqueados en Alava, Castilla, Galicia y Barcelona.

Tan favorables perspectivas en el exterior se acompañan en el interior del azote de la hambruna, hija de las malas cosechas y las inundaciones, y de conflictos religiosos entre cristianos y musulmanes, sobre todo al ser arrastrados los mozárabes cordobeses por el extremismo del clérigo Eulogio. El reino, sin embargo, se enaltece con artistas y poetas pregoneros de un renacimiento cultural, que construye mezquitas en Sevilla y Jaén y asombra al mundo con la ampliación de la de Córdoba.

La muerte del emir ratifica, una vez más, la debilidad de lo que sólo mucho más tarde podría llamarse Estado. La minoría mozárabe soliviantada por la ejecución de Eulogio se revuelve contra las persecuciones que animan a emigrar a miles de personas a las tierras cristianas de nueva repoblación. El hambre y las plagas del 867 y 874 diezman la demografía del emirato; reaparece el peligro normando; los reinos cristianos —alianza de Ordoño I con los muladíes de Toledo— ponen en jaque al poder andalusí. Tampoco los gobernadores musulmanes se aquietan; antes al contrario sus rebeliones en Mérida, Ronda o Sevilla dejan desguarnecidas las marcas del norte. Este desplome de fronteras estimulará la ofensiva de los reinos cristianos, enardecidos por el presunto hallazgo de la tumba del apóstol Santiago, en tiempos de Alfonso II (791-842).

Córdoba de las luces

Desde la arrancada del siglo X, el emirato cordobés renace de sus pavesas para estrenar una centuria de esplendor que habría de convertirle en el reino más poderoso de todo el Occidente europeo. La singular convergencia de una figura como Abd Al-Rahman III (912-961), un crecimiento económico sostenido y la favorable oportunidad internacional del fin del Imperio carolingio será la responsable de la metamorfosis.

Los primeros días de gobierno del nuevo emir se emplean, como siempre, en remediar los desarreglos de la sucesión: debilidad del poder central, tendencias secesionistas a flor de piel y maniobras de los reinos cristianos en busca de nuevas fronteras. Protegido por un ejército mercenario de esclavos europeos y con una administración doblegada, el omeya atrae hacia sí a una gran parte de los magnates indecisos, obligándoles a jurar fidelidad al monarca. El asalto a los bastiones andaluces —toma de Sevilla y purga definitiva de las ciudades sublevadas por Ibn Hafsun— confirmaba pronto el vigor de la autoridad cordobesa, engrandecida en el 929 con la proclamación de Abd Al-Rahman como califa y jefe de los creyentes. La adopción del nuevo título acababa para siempre con la ficción de la dependencia respecto del Imperio islámico de Damasco e incorporaba un trascendental elemento religioso legitimador de la supremacía del califa cordobés sobre sus enemigos domésticos y los reinos autónomos norteafricanos.

Pacificado el sur, la acción deriva a las marcas militares —Badajoz, Toledo, Zaragoza—, que en seguida caen dominadas. La restauración del marco espacial se acompañó de un reajuste de las estructuras de poder, destinado a poner bajo dependencia del califa la política exterior e interior, los mandos del ejército y la propia religión. El palacio real actúa de motor del reino, acaparando todas las funciones burocráticas y apartando al monarca del contacto con sus súbditos. Desde la suntuosidad de Medina Al-Zahra, el califa Abd Al-Rahman III gobierna con un gabinete presidido por el *hayib* —mayordomo o primer ministro— y un variable número de *visires* o ministros. Las difíciles relaciones del centro con la periferia se abordan con la división del territorio en veintiuna provincias, gobernadas por un *wali,* pero en la frontera se conservan las regiones o marcas militares, ocupadas por ejércitos mercenarios. Al frente de las instituciones de gobierno o defensa, Abd Al-Rahman colocó a sus colaboradores más leales con un criterio de equilibrio entre las fuerzas. Además, en la mejor tradición tolerante del mundo islámico, regaló cierta autonomía a judíos y cristianos, gobernados ahora por funcionarios especiales con facultades recaudatorias y justicia propia.

También Abd Al-Rahman atendió al viejo problema de la inseguridad de sus fronteras con mayores efectivos militares en las marcas y actitudes ofensivas en los reinos limítrofes. Entre el 920 y el 924 las expediciones anuales musulmanas asolan los campos leoneses y tan sólo Ramiro II consigue derrotar a los ejércitos califales en la batalla de Simancas (939), que neutraliza el avance andaluz en las llanuras castellanas e inaugura un período de predominio cristiano con expansión por tierras salmantinas. Muerto Ramiro II (951-961), Abd Al-Rahman maneja con habilidad las querellas intestinas de los reinos cristianos y afirma su hegemonía en toda la península, mediante el reconocimiento de la dependencia vasallática y el pago de un tributo anual por los reyes de León y Navarra y los condes de Castilla y Barcelona.

Aunque el dominio teórico fue absoluto, Córdoba no llegó a trasplantar población musulmana a las tierras septentrionales, como sucedería en el valle del Ebro. Tampoco tuvo ascendencia alguna sobre los pobladores de esos reinos, unidos con relaciones de vasallaje a sus señores, que a su vez tributaban obediencia al califa. Los amagos de emancipación política reprimidos por el general Galib en tiempos de Al-Hakam II (961-971) muestran los bajos niveles de integración del cristiano norteño en el Imperio omeya.

En paralelo con las escaramuzas de la frontera cristiana, Abd Al-Rahman fija su atención en los asuntos del norte de Africa con el deseo de restaurar la afinidad de ambas orillas, tan necesaria para prevenir cualquier peligro que llegase del sur. Todos los movimientos del reino fatimí de Túnez tienen respuesta en la corte hispanomusulmana, siempre celosa de su hegemonía en el área y dispuesta a defenderla con sus ejércitos. A este propósito le vino muy bien su investidura califal, allanándole el camino de las alianzas con los pequeños principados y tribus bereberes de las costas marroquíes, que actuarían de dique de la marea tunecina. Una flota remozada y puesta a punto haría el resto. Sin embargo, la mayor solicitud requerida por la política hispana, a partir del 959, lesionará los intereses en Africa, donde la acometividad fatimí habría de reducir el dominio cordobés a las plazas de Ceuta y Tánger. Más tarde, cuando los fatimíes se vuelquen en el afianzamiento de su reino en Egipto, el bravo Galib recuperará para Al-Andalus gran parte del norte de Africa (973-974).

El alba de las ciudades

La incorporación de la península al Imperio musulmán le permite recobrar la vocación mediterránea que los godos habían distraído y volver a las antiguas rutas de comercio: las ciudades y los negocios despiertan con el ímpetu del Islam. Los mercaderes enfilan hacia Francia y viajan por el Mediterráneo cargados de joyas, textiles y cerámicas que una industria renovada no para de fabricar. La experiencia administrativa árabe en Oriente Medio resuelve ahora muchas de las dificultades que habían agobiado a las ciudades hispanas desde el declive de Roma. Abriendo mercados y redes comerciales o instaurando gremios de artesanos, el gobierno y los municipios abanderan el progreso económico y el renacimiento urbano.

El zoco, junto a la mezquita, llena de algarabía el corazón de las ciudades árabes, por más que, hacia el norte del país, éstas se revistan de un aire militar, rural o burocrático. Córdoba (100.000 habitantes), Sevilla, Algeciras, Málaga (20.000), Almería (27.000), Granada (26.000), Valencia, Mérida, Toledo (37.000), Zaragoza (17.000)... componen la nómina de las ciudades más ricas. Todas han sido elegidas por los artesanos, tenderos y labradores potentados como lugar de residencia, dado el gusto andalusí por los aires urbanos, en contraste con sus homólogos cristianos, amigos del terruño y la aldea.

No puede explicarse, sin embargo, este florecer ciudadano sin la prosperidad de la agricultura o la cabaña y la puesta a punto de un complejo sistema de abastecimiento que apuntalan la demanda de las poblaciones, cada día más densas y exigentes. De Roma había heredado el campesino hispano los elementos primordiales de explotación del campo, pero las técnicas árabes mejorarían notablemente su productividad. Las innovaciones en el regadío andaluz y levantino repercutieron en el aumento y la calidad de las cosechas y en la recuperación de algunos suelos despreciados hasta entonces.

¡Dios mío! La noria desborda de agua dulce en un jardín cuyos ramos están cubiertos de frutos ya maduros.
Las palomas le cuentan sus cuitas, y ella les responde, repitiendo notas musicales...

SAD AL-JAIR DE VALENCIA, *La noria*

Entre las producciones de mayor calado de la agricultura peninsular habrían de contarse los granados, el arroz, la caña de azúcar, el algodón y los naranjos:

¿Son ascuas que muestran sobre las ramas sus vivos colores, o mejillas que se asoman entre las verdes cortinas de los palanquines?
¿Son ramas que se balancean, o talles delicados por cuyo amor estoy sufriendo lo que sufro?
Veo que el naranjo nos muestra sus frutos, que parecen lágrimas coloreadas de rojo por los tormentos del amor...

BEN SARA DE SANTAREM, *El naranjo*

El cultivo del secano con sus alternancias anuales de siembra y barbecho difiere poco del romano, practicado en el norte y el resto de Europa. Las llanuras del Guadalquivir se transforman en grandes arrozales, aunque son insuficientes para compensar el déficit crónico de cereales, que obliga a comprarlos en los mercados norteafricanos. Por toda Andalucía alarga sus raíces el olivo, acompañado de plantas textiles y colorantes: algodón (Sevilla, Guadix), lino (Granada), esparto (Murcia), morera (Baza, Jaén, Las Alpujarras). La ganadería prospera al recibir sangre africana en un continuo trajín de razas y especialidades que mejoran las cabañas equina y ovina. A pesar de estos avances, el campesinado andaluz debe su alivio, sobre todo, a los nuevos contratos de aparcería, que reparten las cosechas entre propietarios y labriegos, a diferencia del norte cristiano, con mayor servidumbre de los trabajadores del campo.

La explotación minera también continúa y enriquece la tradición romana, obteniéndose pequeñas cantidades de oro (arenas del Tajo, Darro) y más abundantes de plata (Murcia, Alhama, Hornachuelo) y hierro (Córdoba, Sevilla). El mercurio sigue siendo de Almadén y el cobre tiene yacimientos en Toledo, Granada y Riotinto. Con estos metales pudieron desarrollarse industrias de orfebrería y metalurgia, cuyos centros más dinámicos se apiñaban en torno a los talleres fundados por Abd Al-Rahman III en Medina Al-Zahra.

Otras producciones notables, aparte de las manufacturas alimenticias, fueron el vidrio, la alfarería, el cuero, la marquetería, las sedas, pieles y marfiles..., todas ellas bajo el palio del proteccionismo califal. También se beneficiaron en su periplo exportador de las mejoras de las calzadas romanas y de la construcción de ramales, que enlazaban Córdoba con las demás ciudades del reino. Merced a estas comunicaciones, Al-Andalus pudo abastecerse de las mercaderías que llegaban de Europa, en especial esclavos, que, vía Barcelona, procedían del comercio judío del eje Danubio-Rhin, y madera para los astilleros almerienses y tortosinos. En Oriente, Córdoba compraba libros, orfebrería, materiales de construcción... Pero los mejores intercambios los hizo en el norte de Africa colocando sus excesos de aceite y acopiando cereales mientras descargaban las caravanas el oro del Sudán.

El Parnaso andalusí

Recostada en un bienestar creciente, Córdoba atrae a científicos y poetas deseosos de compartir el festín que el imperio islámico ofrece en los grandes centros del saber mundial, en Egipto o en el Próximo Oriente. De esta forma, las cortes de Abd Al-Rahman III y Al-Hakam II entran en el circuito de la cultura de la época, erigidas en la Meca de sabios y filósofos. La libertad de pensamiento pone alas a la creatividad humana, desbordada en la ciencia y la filosofía, al paso que aumentan las compras de libros procedentes del Islam oriental y Bizancio. Aunque las empresas culturales tuvieron siempre el apoyo del primer califa y su hijo, muchas disgustaron a la ortodoxia alfaquí, incómoda con la especulación que algunas corrientes de pensamiento religioso presuponían.

Malos vientos soplan a la muerte de Al-Hakam cuando los juristas defensores de la dictadura de Almanzor señalan como perniciosos el debate erudito, la reflexión religiosa o el método científico. En un lamentable atentado contra la inteligencia sucumbe una parte de la biblioteca reunida por Al-Hakam —llegó a tener más de cuatrocientos mil volúmenes—, pasto del fuego de los inquisidores. Antes de esta momentánea derrota de la razón, la corte andaluza había sufragado una de las escuelas religiosas más florecientes dentro de la tradición sunni, la doctrina Maliki, sin descuidar otras ramas como la Safi'i o la Zahiri. Este fue el caldo de cultivo del asceta Muhammad Ibn Massarra, introductor del pensamiento griego en la península y partidario de una lectura alegórica del Corán, que fomentara la meditación personal.

Con los años de libertad creadora, los mismos del apogeo político, la matemática y la física brillan con luz propia en los cenáculos de los estudiosos donde se registran al día los progresos científicos de Oriente. A finales del siglo IX llega desde la India el sistema numeral actual, que, en la centuria siguiente, Córdoba daría a conocer a los reinos cristianos. La medicina reverdece con la traducción del tratado de Dioscórides, regalo del emperador Constantino VII al primer califa, y la astronomía embelesa a Al-Hakam II, cuyos maestros se las tienen que ver con los alfaquíes y sus censuras a la visión de las estrellas.

Al margen de melindres religiosos, la corte de Medina Al-Zahra enseñó a paladear la belleza a hornadas de escritores y poetas que, a menudo, pondrían sus liras al servicio de la gloria real. Atraídos por el cosmopolitismo cordobés, viajan desde Oriente líricos, como los sirios Ziryab o Abu'Ali, que alegran el parnaso omeya con sus tradiciones literarias. Acomodando éstas al gusto andaluz nace la poesía hispanomusulmana, con representantes valiosos como Ibn Abd Rabbi-Hi, trovador del califa, o Muhammad el-Hazdi ben Hani. La poesía popular, por su parte, liberada del corsé de la tradición, modela en el siglo X dos de sus composiciones de mayor trascendencia en la literatura peninsular: el *zejel* y la *muasaja,* en las que se rastrean las primeras huellas romances. Como notarios de las gestas de la monarquía, los historiadores escribieron hermosas crónicas de la conquista musulmana y la vida del califato durante el siglo X.

Sometida a un designio propagandístico, la arquitectura recobra el valor de escaparate de la magnificencia y prosperidad del califa. A lo largo del siglo X, Córdoba es un hervidero de escultores y labrantes con encargos en el palacio de Medina Al-Zahra y la mezquita. A la memoria de Abd Al-Rahman los arquitectos musulmanes barajan elementos arquitectónicos de procedencia romana, goda y oriental en un ejercicio deslumbrante, apto, a la vez, para mostrar la majestad del rey y alejarla de sus súbditos. Por vez primera se diseñan en exclusiva capiteles y columnas con el fin de embellecer la mezquita y engalanarla con una recargada panoplia de arcos —herradura, lobulados o entrecruzados— que rubrican el nacimiento del arte islámico peninsular.

Campos de estrellas

Mientras Andalucía mira al Oriente y contempla Damasco o Bagdad, sabe que está muy lejos de la Europa continental, mucho más desde que en Poitiers se cerrara la puerta a la aventura árabe. Además los reinos cristianos, cuyos dogmas y empresas los vinculan al continente, se interponen en su camino hacia el norte. Una doble frontera, política y cultural, ahonda la diversidad de Hispania y aleja a sus hombres y tierras del propósito de unidad del Imperio. Los contrastes se agigantan en esos tiempos de divorcio, donde la economía, la religión o los modos de vida de uno y otro lado del linde olfatean rumbos opuestos.

A los árabes les gustan las ciudades y sus mercados y por ello desplazan nuevamente el eje geoeconómico y político hacia las áreas periféricas de Andalucía, Levante y valle del Ebro, las regiones más ricas y mejor comunicadas, que no abandonarían sin pelea. Por contra, los territorios del norte se ruralizan en extremo, cabizbajos en los valles cántabros y pirenaicos, y forjan en ellos una conciencia militarizada de escudo protector de Europa frente a los hombres del Corán.

Ante el inicial empuje del Islam, grupos de nobles y eclesiásticos godos, reacios a la colaboración, descubren en su desbandada el refugio estratégico de las cordilleras septentrionales. La alianza con las tribus norteñas —astures, cántabros y vascones— favorece el hostigamiento a las tropas enviadas por Córdoba, amalgamando un área tradicionalmente enfrentada a políticas unificadoras y poco habituada a los criterios socioeconómicos en boga desde el Bajo Imperio. En este sentido, Asturias es el ejemplo más claro del acomodo indígena al estilo de vida de los herederos visigodos.

> ... Madre España, ¡ay de ti!, en el mundo tan nombrada,
> de las partidas la mejor, la mejor y más ufana,
> donde nace el mismo oro, y la plata no faltaba,
> dotada de hermosura, y en proezas extremada;
> por un perverso traidor toda eres abrasada,
> todas tus ricas ciudades, con su gente tan galana,
> las domeñan hoy los moros por nuestra culpa malvada,
> si no fueran las Asturias, por ser la tierra tan brava.
>
> ANÓNIMO, *Romance de don Julián*

Con el estímulo de la monarquía fundada por Pelayo, los asturianos ensanchan —Alfonso I— su primitivo reducto, a costa de las tierras abandonadas tras la guerra civil árabe-bereber, beneficiarias de las campañas de despueble de la submeseta norte, cuyos ocupantes cristianos son arrastrados a los valles gallegos. Asegurada la frontera sur, se fortifica la región oriental —valle de Mena, Alava, Castilla nuclear— como avanzadilla frente a las incursiones cordobesas por el Ebro.

Finales del siglo VIII: el reino astur está enteramente afianzado. El rey Alfonso II, «el Casto», ha tenido éxito en su política de afirmación monárquica gracias al triunfo de las tesis hereditarias de acceso al trono. Todavía es muy débil para medirse en un cuerpo a cuerpo con el Goliat de Córdoba; sin embargo, ensaya la misma estrategia de las *razzias* anuales de los árabes. También los cristianos castigarán con idéntica periodicidad los paisajes musulmanes *—aceifas—* y dispondrán de una red de castillos vigías para espiar sus ajetreos. Conforme a la tradición goda de la que se siente heredero, Alfonso organiza su gobierno y se vale de los mozárabes que huyen del sur para la colonización de los espacios vacíos, en cuya tarea le ayuda la Iglesia, interesada en abrir monasterios y promover obispados.

Continuadores de su obra, Ramiro I, Ordoño I y Alfonso III (850-911) consiguen franquear la Cordillera Cantábrica hasta enlazar con el Duero, donde asientan San Estéban de Gormaz y Osma, base geográfica de los futuros reinos leonés y castellano merced al crecimiento vegetativo y a las gentes mozárabes, lanzadas hacia el norte por las contrariedades del emirato. La repoblación de espacios tan dilatados y la amenaza de las expediciones musulmanas obligaron a los monarcas asturleoneses a dirigir personalmente las operaciones de reclutamiento y traslado de los nuevos colonizadores. La fundación de monasterios; la entrega de extensos latifundios a nobles e iglesias, sobre todo en Galicia, y la actividad de los emigrantes cántabros y vascones en la futura Castilla están en la raíz de la diversidad del movimiento repoblador. El progreso demográfico reprodujo, así mismo, la variedad económica del antiguo reino godo, conservando su orientación ganadera en las montañas norteñas y en las regiones castellanoleonesas, el cereal y el viñedo. Escindida en una minoría guerrera y un campesinado sometido, recuerdo del pasado toledano, la sociedad astur se desvía ahora del rumbo de la Cordillera Cantábrica, donde perduran comunidades de hombres libres sin apenas diferencias económicas, que se desparramarán por la región castellana al amparo de su actividad mixta, agrícola y defensiva.

Con el paso del tiempo, la complejidad interna del reino desemboca en la formación de tres realidades geopolíticas distintas: Galicia, Asturias —León y Cantabria— y Castilla. La independencia de esta última, hacia el 960, venía ya prefigurada por su posición fronteriza, entre los vascos del norte y los asaltantes islámicos del valle del Ebro, el vigor de sus dirigentes y el dinamismo de una sociedad de pequeños propietarios con ganas de romper la legalidad heredada. Las discordias civiles y el equilibrio político logrado por su conde, Fernán González, entre León y Navarra aligerarían la secesión.

Al reino franco también le preocupan los movimientos de la península y no pierde ojo a su frontera sureña, a la que trata de proteger con el apoyo a pequeños núcleos de resistencia pirenaicos. Movido por el deseo de dominar la región al norte de Pamplona, de escaso interés para los musulmanes, el emperador Carlomagno sella las primeras alianzas con los grupos familiares más sobresalientes de la zona. Tras las luchas de los años iniciales del siglo IX, el pacto del 812 entre el emperador y el emir parece dejar el Pirineo como espacio de influencia francesa, si bien el empeño por imponer una administración carolingia en Pamplona habría de entrellarse contra la entente de los Arista, caudillos vascones, y sus parientes, los Banu Quasi tudelanos, atentos cancerberos de su seudoindependencia.

La desaparición física de la familia Arista y su relevo por la Jimena —Sancho Garcés I, 905— entierran el viejo orden tribal de los vascones para sustituirlo por una sociedad jerarquizada y una estructura política al estilo de las cortes condales carolingias. En estrecha unidad de acción con los leoneses, el reino navarro se expande, ante la decadencia de los Banu Quasi, por las tierras bajas de la Ribera y la Rioja, convertidas en parapeto de las batidas cordobesas contra Alava y Castilla.

El influjo francés resulta decisivo en la organización de los enclaves surgidos desde el siglo VIII en el noroeste peninsular, Aragón, Sobrarbe, Ribagorza... A comienzos de la centuria siguiente, el condado aragonés se vincula por herencia a la familia Aznar Galindo, que impulsa la empresa repobladora procurando preservar su personalidad política ante las asechanzas navarras. Finalmente, en el 922, el condado pasa a poder de Pamplona, que lo mantiene con sus peculiaridades políticas y su economía pastoril y agrícola. Otro tanto ocurre con Sobrarbe y Ribagorza, dependientes hasta el 872 del conde de Tolosa. Su vida lánguida y la escasez de recursos precipitan el irremediable desenlace, luego del reparto de 1025 entre Sancho III de Navarra y el conde de Pallars.

A su vez, Cataluña constituye un caso especial, por cuanto es el único territorio con dependencia formal del reino franco hasta el siglo X. La presión carolingia sobre el sur, saldada con manifiestos fracasos en el extremo oeste, encontró aquí mejor suerte con la toma de Gerona y Barcelona (801). Gracias a estas victorias, y pese a las campañas de estrago y sometimiento emprendidas por Hisham I, la zona atrae a muchos cristianos que huyen de la represión de Abd Al-Rahman. Cinco condados —Barcelona, Gerona, Ampurias, Rosellón y Urgel-Cerdaña— surgen tempranamente de ese enclave, agrupándose, en ocasiones, varios de ellos bajo una misma autoridad —duque, conde— para mejorar su defensa. Siempre con el objetivo militar de frenar las incursiones árabes, los condes fomentaron la repoblación mediante el sistema de *aprisiones,* roturaciones cuya propiedad debía confirmar el emperador. Después de largos enfrentamientos, los condados se unen patrimonialmente (878) en manos de Vifredo el Velloso de Barcelona, para disgregarse en seguida al recibirlos en herencia sus hijos; con todo, el eje Barcelona-Gerona-Vic prosperará hasta configurar Cataluña.

Desde el siglo IX el afianzamiento territorial lleva consigo una intensa repoblación en sintonía con la relativa abundancia de habitantes de las zonas montañosas y las facilidades ofrecidas por el quebranto del Al-Andalus, que permite la ocupación de la Plana de Vic. En esta zona la *presura* no impide la formación de dilatados patrimonios laicos y eclesiásticos, dada la frecuencia con que el poder cede extensos territorios a unos pocos agraciados, ni la energía del movimiento feudalizador. El retorno de la pesadilla cordobesa —destrucción de Barcelona (985)— y la decadencia del Imperio carolingio acentúan las encomendaciones, mientras se aclimatan las categorías feudales europeas.

Córdoba herida

Muerto Al-Hakam II, el califato cordobés se debilita por la minoría de edad del heredero y la intentona de la guardia palaciega buscando colocar a su propio candidato en el trono. Crece la anarquía, aprovechada por las fuerzas de la reacción para ganar posiciones en la corte. Las camarillas de Medina Al-Zahra no son sino trasunto del reparto del reino entre los poderosos: Ya'sar Al Mushafi, el general Galib y su yerno el general Almanzor (Ibn Abi'Amir).

En el 978, tras una sangrienta cuartelada, Almanzor se adueña de la situación, se proclama *hayib* y reduce al califa Hisham a figura simbólica, ajena por completo a la tarea de gobierno. Con tal de conservar el poder no tiene escrúpulos en aliarse con los elementos más reaccionarios del califato, como los alfaquíes, o en purgar sin miramientos al ejército. Buscando adhesiones personales organizará una tropa de bereberes y mercenarios cristianos con la que se sentirá fuerte para limpiar la administración pública y trasladar su centro de los palacios reales a su residencia de Al-Madina Al-Zahira.

La mano dura de Almanzor se tradujo en política exterior en una inusitada presión militar sobre los reinos cristianos a los que somete —campañas contra León y Castilla, ataque a Barcelona, saqueo de Santiago, derrota de la coalición en el año 1000— y también en el norte de Africa, donde su hijo se apodera del virreinato de Fez. El poeta Ibn Darray le felicita por la victoria de Compostela:

Tú has roto los fundamentos de la religión de los herejes en sus raíces, aunque estaba sólidamente defendida.

El tiempo no ha asustado nunca en él a un alma tranquila y jamás un oído oyó sus desgracias.

Por lo que son escogidos los adoradores del demonio y han creído y la herejía se ha edificado desde milenios de su tiempo.

La columna de su herejía es el tupé semita y su raíz los romanos y los etíopes y los francos.

Las tropas de los herejes venían a él en peregrinación a rezar semejantes a un espacio en donde hay sombra al encuentro de sus nubes.

Heredera de Almanzor, una especie de dinastía amirí confía en el 1002 el gobierno a su hijo Abd Al-Malik, que respetuoso con las instituciones dirige su actividad al castigo de los enclaves norteños. Su política no tuvo continuador en su hermano Abd Al-Rahman, nombrado sucesor del califa a costa de enquistársele la oligarquía andaluza. La rebelión progresa a lo largo del 1009 hasta conseguir la caída de los amiríes, el derrocamiento de Hisham y la proclamación de un nuevo monarca: Muhammed III. Es el preámbulo de la guerra civil, que azota a los partidarios de la familia de Almanzor y a sus apoyos bereberes. En plena anarquía, cualquier grupo nombra su propio califa, mientras Sancho García de Castilla aprovecha la oportunidad para entrometerse en los asuntos andaluces y saquear cuanto puede. Ningún vínculo une ya a las provincias y ciudades; cada una busca su independencia según su componente racial o la autonomía alcanzada por los gobernadores en las regiones militares.

Los esfuerzos de los aristócratas y el pueblo de Córdoba por recomponer la unidad y restaurar la dinastía omeya se estrellan contra la ineptitud de los califas electos y la escalada de enfrentamientos. En el 1031 una asamblea de notables decreta la disolución del califato, dando carta de naturaleza a las ambiciones provinciales, exasperadas por conflictos étnicos y sociales y el oscurecimiento del poder central. El feudalismo de la Europa occidental se cuela a través de las marcas y el Islam muestra su incapacidad de adaptación a las nuevas formas.

Córdoba está herida de muerte desde mediados del siglo XI, cuando los reinos de taifas triunfan en su pulso con la autoridad metropolitana. En el reverso de la moneda, los monarcas cristianos extienden de día en día su dominio sobre la Meseta y engrosan su hacienda con la acrecida de tributos y parias de los islámicos. Por fortuna para el mundo hispanomusulmán, si el desplome del califato dio origen a numerosos pequeños reinos y principados, la concentración de poder en las marcas militares retardó su muerte. De éstas surgieron las poderosas taifas de Badajoz, Toledo y Zaragoza, cuyas guarniciones habrían de oponer dura resistencia al avance cristiano. En el resto de Al-Andalus los distintos territorios se organizan más conforme a criterios étnicos que a estratégicos, dominando los bereberes la costa meridional del Guadalquivir a Granada; los eslavos, las ciudades costeras —Almería, Valencia, Tortosa— y los abbadíes, Sevilla.

El reino del arado

A diferencia de la rica vida urbana y comercial de Al-Andalus, la sociedad y la economía de los reinos cristianos permanecen aletargadas en la esfera del mundo rural. No existe antes del siglo XI población alguna que pueda medirse ni con la más insignificante ciudad islamizada, ya que tanto en el extremo asturiano como en los valles pirenaicos Roma había fracasado en su injerto de herencia urbana. La incorporación de algunos núcleos ciudadanos —León, Astorga, Lugo, Pamplona, Gerona o Barcelona—, en la frontera de los siglos VIII y IX, constituyó un acontecimiento en la marcha de sus respectivos reinos, pero en la mayoría de los casos se trataba de urbes desconectadas del antiguo marco romano y sedes solitarias de la corte, la administración y la jerarquía eclesiástica. La vida laboriosa se apiñaba, mientras tanto, en los campos.

Y fue en el agro donde se pusieron los cimientos económicos y sociales del lento caminar hacia el sur que trasformaría los minúsculos enclaves del norte en las grandes potencias de los siglos XI y XII. No obstante, el avance nunca resultó homogéneo. El apremio, la demanda de tierras, los influjos culturales foráneos y la ecología de cada zona habrían de traducirse, a partir del siglo X, en la fragmentación política del ámbito hispanocristiano. Si en Cataluña triunfan rotundamente los modelos importados —roturación intensa, favorable acomodo del cereal y el viñedo— gracias al mayor calado de las estructuras romanas, la dependencia social de origen carolingio y la superpoblación pirenaica, en el oeste el afán roturador-culturizador se diluye al tener frente a sí la tierra de nadie del «desierto» del Duero. Al concentrar la actividad en los espacios propicios de Galicia, Castilla o Liébana, aliviados con los excedentes humanos de los valles norteños, Asturias, Cantabria y Vizcaya se estancan.

Familias sin medios de subsistencia, aventureros en busca de riesgo, emigrados cristianos puestos a salvo de la intolerancia islámica... componen las partidas de campesinos al asalto de los campos abandonados en el Duero. Con su labor individual o colectiva de *presura* —apropiación y cultivo de la tierra— esos ejércitos anónimos dilatarán las tierras de sus reinos defendiéndolos muchas veces de las acometidas musulmanas. Nuevas técnicas agrícolas —molino hidráulico, yugo, herrajes— sirven para compensar el estirón demográfico sin que apremie el ensanche del espacio cultivado: la ocupación de la Cataluña Vieja, La Rioja y el valle del Duero a mediados del siglo IX demuestra la viabilidad del proyecto.

La puesta en cultivo de esas regiones consagra la aldea como célula fundamental del espacio y la sociedad cristiana, en perjuicio de antiguas relaciones de dependencia familiar gentilicia, atrincheradas en los valles norteños. La aldea suplirá al clan con el desarrollo de vínculos de solidaridad vecinal, al tiempo que establecerá los espacios individuales de cultivo —huerto, viña, cereal— y regulará el servicio comunitario de montes, aguas y pastos.

Nacidos de la apropiación de las tierras vacías, muy pronto comienzan a formarse grandes patrimonios de carácter señorial, fruto de las concesiones regias a monasterios, iglesias y familias nobiliarias, cuando no recompensa por el desempeño de cargos públicos, como ocurre con los condes catalanes. Sin embargo hasta el siglo XI no toma cuerpo la sociedad de naturaleza dual de guerreros y campesinos. La existencia de una amplia frontera en Castilla-León y la prosperidad catalana, favorecida por el dinero arrebatado al califato, el éxito del viñedo y la comercialización agraria, evitan la muerte definitiva de la pequeña y mediana propiedad en un largo tiempo.

Capítulo IX

Los reinos cristianos

Cruzada contra guerra santa

La descomposición del califato de Córdoba hace disparar las alarmas en los reinos del norte, que no esperan más para lanzarse a la ofensiva. A partir de ahora, y durante dos siglos, las milicias castellanas, leonesas, navarras y catalano-aragonesas invaden las fronteras señaladas por el movimiento repoblador —valles del Duero y Ebro, Plana de Vich— incorporando bajo su bandera la mayor parte de la península.

Si a las tornadizas relaciones de los reinos cristianos y las taifas se añade la desigual presencia de los musulmanes en cada área se entiende que la labor reconquistadora no fuera uniforme y progresara más en las regiones meseteñas que en el valle del Ebro o Levante. Los reinos hispanomusulmanes cambian de manos en cuatro grandes oleadas, accidentalmente interrumpidas por la intervención del mundo islámico norteafricano —invasiones almohade y almorávide— en auxilio de sus correligionarios ibéricos.

Con el cobro de parias y el progreso de la feudalización, los reinos cristianos pueden acometer su primera aventura de rescate del suelo ocupado por el Islam. La monarquía navarra en la persona de Sancho III dirige el empeño y logra situar la frontera en el eje Duero-sierra de Cameros-Ribera. En seguida Castilla-León hereda la buena estrella que le permite copar el paso desde el Duero hasta el Sistema Central. De Alfonso VI es la gloria de ocupar Toledo en plena época de expansión de Castilla hacia al sur. Como continuador de su obra, Alfonso I de Aragón (1110-1134) aprovecha la resaca almorávide para presionar con éxito sobre el valle del Ebro y anexionarse el reino de Zaragoza. La ocupación de un amplio espacio entre Tudela y Madrid, más las tierras de Huesca y Teruel, y la fortificación dc las líneas del Jiloca y bajo Ebro ensancharán enormemente el reino aragonés. Tras su unión a Cataluña habría de proseguir la buena racha con la conquista de Tortosa, Lérida y Fraga.

Hacia la mitad del XII se prepara la tercera gran acometida después de que Castilla y Aragón ensayaran un reparto de áreas de influencia en los tratados de Tudilén (1151) y Cazorla (1179). Mientras Castilla se lanza sobre el sur del Tajo, La Mancha y Sierra Morena, los catalanoaragoneses se reservan la fachada costera levantina con los reinos de Valencia, Denia y Baleares. Habría que esperar, no obstante, un siglo para que la ampliacion cristiana hacia el sur, una vez superado el peligro almohade en la victoria de Las Navas de Tolosa (1212), alcanzase sus últimos objetivos. La conquista de Andalucía por Fernando III de Castilla, coronada con la toma de Sevilla (1248), y la ocupación de Levante —Valencia, 1231, Denia, 1245— por Jaime I de Aragón señalan el ocaso definitivo del mundo islámico peninsular. Al margen, en 1249 Portugal culmina también su *reconquista* con la rendición de la ciudad sureña de Faro.

Las conquistas de Jaime I cierran la expansión catalanoaragonesa en la península, ratificada por el tratado de Almizra, que deja el reino de Murcia dentro de la órbita castellana y es presa de Alfonso X en 1266. Empujada por el comercio y dueña de las Baleares, Cataluña buscará en adelante el Mediterráneo. Castilla, sin embargo, debilitada por la crisis demográfica y las querellas dinásticas, tendrá que esperar antes de embarcarse en empresas expansionistas; de ahí la pervivencia del reino granadino otros doscientos años.

El reparto del botín

Las campañas de reconquista entregaron a los reinos cristianos buenos lotes de tierra, cuya puesta en cultivo no podía realizarse de acuerdo con las fórmulas jurídicas aplicadas anteriormente. Era preciso, ante todo, afianzar el dominio sobre un espacio inestable con restos de población islámica, acosado por los musulmanes y, en principio, poco atractivo para los habitantes del norte. La primera ofensiva coincidía además con una temporada de malestar interno, fruto del desmoronamiento de las familias extensas y de los primeros síntomas de jerarquización social en los antiguos solares del Duero. Desde el siglo X variadas amenazas se ciernen sobre estos clanes, a menudo copropietarios de tierras, pastos e ingenios transformadores. De un lado, algunos de sus miembros se empeñan en finiquitar el sistema comunitario de disfrute de recursos, asignándolos individualmente; de otro, señores laicos y eclesiásticos presionan para hacerse con las mejores propiedades. Derechos de paso y montes, molinos, salinas, pesqueras, uso de aguas... les ponen en pie de guerra. Con calculada estrategia, desplazan a los anteriores usufructuarios y heredan sus derechos terminando por apropiarse de los elementos productivos más rentables. Solamente allí donde la frontera estaba cercana, el campesinado castellano-leonés o catalán logró retrasar el sometimiento feudal, que en otras zonas le obligaba al pago de los servicios agrícolas. Las tierras abiertas tras la batalla de Simancas actuarían de imán nivelador entre los marginados por esa dinámica de dependencia.

Entre 1085 y 1109 una segunda oleada colonizadora

se desparrama por la Meseta hasta el Sistema Central. Pronto, el nuevo territorio castellano-leonés se organiza en un conjunto de núcleos urbanos a los que la monarquía reconoce su singularidad con la concesión de fueros especiales. El más tempranero de ellos, entregado a Sepúlveda en el 1076, establecía la inmunidad fiscal y la consideración social de infanzones para sus moradores, así como la autonomía de gobierno y la transferencia de un amplio entorno o *alfoz* con el compromiso de colonizarlo; todo a cambio de ayuda militar en la defensa del reino. Apenas cae Toledo, asoman grandes concejos por la *extremadura* castellano-leonesa: Salamanca, Avila, Cuéllar, Arévalo, Segovia, Soria, Berlanga, Medina del Campo, Olmedo... El modelo es el mismo, pero con variaciones forales quc recortaban la generosidad del trato concedido a Sepúlveda, imponiendo deberes a los infanzones y amortiguando la autonomía municipal con un delegado regio.

Casi a la vez, e impelida por las dificultades encontradas en su progreso hacia el sur, la monarquía aragonesa maquina un ambicioso programa de repoblación interior en el trazado del Camino de Santiago como eje primordial. La entrega de fueros facilita el asentamiento de artesanos y comerciantes, muchos de ellos de origen europeo, en las pequeñas villas de la vía de peregrinaje —Jaca, Pamplona, Estella, Logroño, Nájera— y da lugar al polo de crecimiento demográfico y económico más notable del norte peninsular, entre los siglos X y XII.

La capitulación de la taifa de Toledo, con el reconocimiento de la pequeña propiedad musulmana y la diversidad social del territorio conquistado, tiene consecuencias importantes en futuras actuaciones repobladoras. Tras la derrota del Imperio almorávide, la huida de una parte de la comunidad islámica ofrece el espacio necesario para una mejor repoblación, conjugando la pequeña y mediana propiedad de origen musulmán con los grandes concejos y las concesiones patrimoniales a la recuperada diócesis toledana. Más tarde, con las sacudidas del siglo XII, extensas pertenencias regias pasarán también a la nobleza, que pone ahora los cimientos de su poder en las tierras del sur.

Estas nuevas formas de repoblar se exportan a Aragón durante la primera mitad del siglo XII. En el valle del Ebro Alfonso I «el Batallador» combina la concesión de fueros concejiles inspirados en el de Sepúlveda —Belchite, Calatayud, Daroca— con los *repartimientos* en los núcleos urbanos de Zaragoza, Tudela o Tortosa... A fin de preservar los intereses en juego, se permite a la población musulmana conservar sus propiedades rurales, pero se le relega a los arrabales mientras los cristianos ocupan sus casas y las tierras no cultivadas.

La rapidez con que se asaltan los cursos altos del Guadiana, La Mancha y el norte de la costa levantina, superada la primera mitad del siglo XIII, impidió una integración homogénea del territorio. En seguida se estableció un modelo mixto que alternaba la presura y lo concejil con los repartimientos y concesiones de fuero, como en Cuenca y Cáceres. La debilidad demográfica, la orientación ganadera de la economía peninsular y el robustecimiento de las clases dominantes imponen una repoblación señorial y latifundiaria de cuño pastoril. A través de las *encomiendas* la nobleza laica y las Ordenes Militares —templarios y sanjuanistas en Aragón; calatravas, alcántaras y santiaguistas en Castilla-León y Portugal— se repartirán enormes extensiones de La Mancha, Extremadura y Castellón.

En el último esfuerzo repoblador del siglo XIII sobre Andalucía, Levante y Murcia, el gran incremento territorial (más de ochenta y cinco mil kilómetros cuadrados), la endeble densidad de los conquistadores y la presencia de la población islámica aconsejaron la ocupación de las ciudades como medio de dominar los reinos... Algo en consonancia con la propia herencia musulmana que hacía de la urbe el centro fundamental de actividad económica y política. Desde las ciudades, como antes lo hicieran los latifundistas hispanomusulmanes, los nuevos propietarios cristianos vigilarán el rendimiento de sus predios, a menudo trabajados por labradores islámicos.

A imitación de Alfonso I en el valle del Ebro, Fernando III «el Santo» dispondrá de las propiedades urbanas de los musulmanes, junto con las tierras yermas, los latifundios de los magnates islámicos y los bienes de las instituciones políticas y religiosas. Mediante el oportuno reparto, recompensa con este fondo a la nobleza y los hombres libres colaboradores en la conquista, asignando una parte a la monarquía y cediendo un rico patrimonio a la sede eclesiástica hispalense, en compensación del tercio diezmal, entregado para financiar las campañas del monarca.

Los repartos fernandinos persiguen un equilibrio entre las instituciones —Iglesia y nobleza— y los *heredamientos* otorgados a medianos propietarios, pero la expulsión de los musulmanes tras su rebeldía de 1262 hace escasear la mano de obra y contribuye a propagar el latifundismo en Andalucía. En el ámbito de la corona aragonesa o en el reino murciano, por el contrario, la pervivencia de la población musulmana obligó a repartir la tierra en pequeños lotes que se solaparían con los derechos de la minoría nobiliaria.

La incorporación de La Mancha, Andalucía, Levante y Murcia introduce en las sociedades cristianas una gran diversidad étnico-religiosa, sustrato de no pocos conflictos sociales y culturales en el futuro. Mozárabes, de los siglos IX al XI; francos, primero en Cataluña y luego en torno al Camino de Santiago; judíos, emigrados de Al-Andalus o miembros de las comunidades del Levante y Andalucía, en el XIII, y mudéjares, sobre todo a raíz de la conquista del valle del Ebro y la franja levantina, formaron los grupos más numerosos. Cerca del 25 por 100 de la población de Valencia y Baleares estaba compuesta por la comunidad mudéjar. La mayoría de esos colectivos tardó en fundirse con la población autóctona, rigiéndose por leyes particulares —los mozárabes del siglo XI y los francos— o bien siendo confinados en aljamas, juderías y morerías.

Curas, soldados y labriegos

A partir del siglo XI, la quiebra de la familia extensa desordena el panorama social y orienta hacia otros pagos la necesidad de protección de sus miembros. El reducido núcleo familiar no sirve para defender al individuo de la amenaza exterior, por lo que la búsqueda de seguridades pasa a ser objetivo importante del campesino castellano, leonés o catalanoaragonés. Entregadas las tierras a los nobles a cambio de tutela, las encomendaciones campesinas reviven, a lo largo de valles y llanuras, y acentúan lentamente la señorialización de la sociedad cristiana.

En Cataluña las alteraciones son aún más patentes, por sus vínculos con el reino carolingio, cuyos modelos vasalláticos aplicados a la administración reciben un espaldarazo con los *Usatges* del tiempo de Ramón Berenguer I (1035-1076). También por influjo francés las relaciones vasalláticas invaden Castilla-León en el siglo siguiente, aunque la tendencia a la hereditariedad de cargos y prestimonios no prospera tan pronto como en Cataluña, Aragón o Navarra. Desde finales del XI la nobleza difunde un movimiento de afirmación propia que afecta a la monarquía, recortada en alguno de sus derechos, y al campesinado, cada día más sometido. Las pequeñas parcelas de los labradores son presa de los señores, que se apoderan así mismo de los bienes comunales, demostrando por la fuerza la supremacía de la actividad guerrera y su aptitud para generar nuevas exacciones. Las áreas de cultivo, las huertas, los caseríos, el aprovechamiento de bosques y aguas... se acomodan al nuevo régimen productivo. Mientras los señores arrancan a los reyes derechos de inmunidad y honores de carácter vitalicio que engrasan los ejes de la sociedad feudal, los campesinos son obligados a mantenerla. Al pago de las rentas de la tierra acompañarán en adelante otras cargas a título personal: los denominados *usos* y *malos usos*.

Con la apertura del sur y los nuevos concejos fronterizos, el avance señorial se desacelera, pero se hace fuerte en las áreas de vieja colonización. La huida de una parte de la población a los asentamientos del Duero y el Tajo o las tierras del Ebro provoca un déficit de trabajadores en los territorios norteños que intensifica el control de los señores sobre sus subordinados. Los reinados de Alfonso VI de Castilla y sus sucesores, incluido Alfonso I de Aragón, son claves en el fenómeno feudalizador. El progreso de los monasterios, imbuidos del ideario de Cluny, la obediencia a los reyes y señores y el afianzamiento de la colonización interior forman parte de este hiato histórico. Asimismo, la conquista de Toledo y la lucha contra los imperios norteafricanos constituyen una pieza notable del mosaico, pues diversifican las fórmulas de reparto de tierra, destacan el valor de la guerra como medio de enriquecimiento y obligan a tomar conciencia de la grandeza del estamento militar. Las querellas entre los reinos cristianos por conservar su identidad o imponerse a los demás también favorecen esta «militarización» social, fruto de la cual crece el estamento nobiliario al incorporarse a la cruzada peninsular segundones de la aristocracia francesa. Una vez el poder islámico cae en barrena definitiva, el modelo señorial descubre un campo abonado en los repartos de los monarcas castellanos en tierras de La Mancha, Extremadura y Andalucía y los catalanoaragoneses de Levante, siempre ventajosos para la nobleza militar.

Las transformaciones sociales de los siglos XII y XIII tienen especial influencia en el ámbito urbano. Al cerrarse las vías de enriquecimiento basadas en el reparto del botín y las parias exigidas a los reinos de taifas, afloran tendencias feudalizantes en los viejos concejos de frontera. El poder municipal y la explotación ganadera son ahora disputados por unos pocos, los mismos que se habían beneficiado de la economía de guerra. Los comunales aumentan su valor, lo que incentiva la lucha por ampliar los alfoces a costa de las aldeas limítrofes y defenderlos de las acometidas de los grupos dominantes.

Quien también sufre en sus carnes el avance feudalizador es la burguesía instalada desde el siglo XI en las villas del Camino de Santiago. Los problemas de la nobleza, cuyos patrimonios se diluyen en sucesivas herencias sin hallar otros ingresos hasta el definitivo empujón sobre La Mancha y Andalucía; la pérdida de braceros atraídos por el sur y las ciudades y el enriquecimiento de la burguesía, deseosa de ampliar su dominio sobre las aldeas vecinas, se averiguan en la hostilidad de ambos grupos. Pero el alboroto suscitado tras el fracaso de la unión dinástica castellanoaragonesa —matrimonio de la reina Urraca y Alfonso I de Aragón— y la guerra civil durante la minoría de Alfonso VII de Castilla (1110-1117) serán los que prendan la mecha del conflicto. Una oleada de disturbios sacudió las urbes jacobeas —Santiago de Compostela, Sahagún, Lugo, Carrión, Burgos— contra sus señores, exigiendo el término de las exacciones. Ante el enemigo común, la formación de hermandades campesinoburguesas enmascaró temporalmente la disparidad de intereses del colectivo, pero a largo plazo no resultaría operativa. La salida de Castilla de Alfonso I de Aragón y la alianza de «clase» entre nobleza, monarquía y alto clero atajarían de raíz el movimiento antiseñorial. De esta forma, la burguesía perdía una oportunidad de oro para desembarazarse de algunos de los obstáculos que entorpecían su progreso y Castilla el revulsivo de su renovación.

Al acercarse el siglo XIII la sociedad hispana aparece jerarquizada de acuerdo con la posesión de riqueza territorial. En la cúpula, los nobles redoblan su ascendiente y obtienen mayores exenciones tributarias, inmunidades y tierras en pago a su servicio de armas. A partir del siglo XII, la nobleza articulada en la Orden de Caballería se organiza en tres grupos: los magnates o ricos hombres, los infanzones y los caballeros villanos. Privilegiada también por su dedicación, la Iglesia goza de fuero especial así como de amplias prerrogativas e inmunidades. El alto clero —obispos, abades— se identifica ideológicamente con los intereses de la nobleza, cuyo fundamento económico y, a menudo, social comparte; su posición se reforzará no sólo por su proximidad al monarca sino también por el diseño de las redes parroquiales y episcopales y el cobro de los inevitables diezmos. El bajo clero, por contra, recluta sus miembros entre la población pobre, aunque libre, con quien reparte problemas y estrecheces.

Los tiempos caminan hacia el progresivo sometimiento de los pequeños propietarios libres y su reducción a meros colonos, instalados en tierras de señorío y obligados por ello al abono de un conglomerado de rentas y derechos. A medida que prospera la señorialización, sus relaciones con los propietarios toman un rumbo nuevo. Los trabajos en la reserva señorial o el suministro de leña, utensilios o pesca tienden a ser sustituidos por pagos de carácter jurisdiccional: tributos militares, impuestos sobre transmisiones hereditarias y derechos de protección. Desde mediados del siglo XII la vida campesina mejora como resultado de la pérdida de mano de obra, que ha emigrado a las nuevas tierras colonizadas, y del creciente flujo monetario. Los señores intentan a toda costa retener a sus labriegos para evitar trabajen en otros predios mientras se popularizan los *fueros buenos,* que permiten la liberación de algunas cargas a cambio de un censo anual. Distintas fórmulas jurídicas —censo, foro, rentas por un número establecido de años— consagran el alivio campesino en Castilla-León; no así en Cataluña, donde los seis *malos usos* mantienen su vigor hasta el siglo XV; especialmente gravoso resultó el de *remensa,* que obligaba al campesino a indemnizar a su señor en caso de abandono del cultivo.

A la par de la expansión política, desde el siglo XI bullen las clases urbanas porfiando por hacerse presentes en una sociedad orientada a la guerra y al trabajo del campo. La pequeña burguesía —artesanos, comerciantes— situará sus establecimientos alrededor de dos focos principales, el Camino de Santiago y las ciudades costeras catalanas, enriquecidas por sus intercambios mercantiles con el continente, como intermediarias de los franceses y centroeuropeos y el califato cordobés. Cuando la reconquista de los siglos XI y XII amplíe el horizonte de esa burguesía con la apertura de importantes ciudades hispanomusulmanas, la actividad comercial se verá fortalecida a impulsos de emprendedoras minorías judaicas, mudéjares o italianas.

Si en Castilla todos los intentos emancipadores de la burguesía parecían abocados al fracaso, no puede decirse lo mismo de Cataluña. Sus ciudades, espoleadas con el trabajo de los emigrantes del sur de Francia, apuntalaron su ascendencia sobre la monarquía y se organizaron en jerarquías paralelas a las de los caballeros-villanos. El gobierno municipal lo usurpará entonces una minoría enriquecida, los *ciutadans honrats,* que obtendrán de los reyes privilegios análogos a los de la nobleza.

La dehesa se agranda

La primera oleada roturadora sobre el valle del Ebro, la llanada navarra o la Plana de Vich —siglos VIII-IX— incorporó a los diminutos reinos cristianos un fértil espacio donde ampliar la escasísima agricultura de los valles pirenaicos y cantábricos, más propiamente ganaderos. Sin embargo, muy pronto salen a la luz los desequilibrios internos que el crecimiento provoca junto con la irreductible hostilidad de labriegos y pastores. Las maniobras de las instituciones religiosas y otros grandes propietarios por el control de los bienes comunales forman parte de esta preliminar batalla entre orientaciones económicas divergentes. La reconquista de los siglos XI y XII exacerbará la disparidad de criterios sobre el rendimiento de los territorios adquiridos y la agricultura quedará relegada a una posición secundaria dentro del conjunto agropecuario, ante el arrollador paso de la oveja.

Muchas son las causas que podrían explicar el virtual «adehesamiento» de una estimable área de la geografía hispana, pero quizás las más significativas deriven del mismo proceso reconquistador. En efecto, la inestabilidad bélica catapultó a las cabezas de ganado ovino a la categoría de bien seguro, apto para ser transportado y defendido del acoso enemigo. Los concejos de la extremadura castellana o de las comarcas aragonesas consiguieron, de esta manera, poner en producción los enormes alfoces de que disponían, al abrigo de las amenazas de las aceifas islámicas. Cuando a mediados del siglo XII Castilla y Aragón acaben con las taifas sureñas, la ganadería lanar ofrecerá un sistema de aprovechamiento racional del espacio, sin necesidad de trasladar los contingentes humanos que la roturación agrícola precisaba y del que carecían los propietarios norteños.

El acomodo de los rebaños a los pastos disponibles en cada estación del año exigió el desplazamiento de la cabaña ganadera. En un principio la movilidad se circunscribe al tradicional ir y venir del valle a la montaña, común en las regiones al norte del Ebro y el Duero, lo que fomenta incesantes maniobras por el dominio de los pastizales, sobre todo en Navarra o en Castilla-León. Tras la toma de la taifa toledana y la invasión aragonesa de Soria y Teruel, se practica una transhumancia a gran escala, cuyas metas se sitúan en las serranías de los sistemas Central e Ibérico y, posteriormente, en las dehesas de Extremadura y La Mancha. Para mantener las cañadas, mediar en los enfrentamientos de campesinos y ganaderos y luchar por la exención impositiva nacerán las *juntas,* poderosos sindicatos de pastores. Su agrupamiento en el *Honrado Concejo de la Mesta* (1273), obra de Alfonso X de Castilla, señala la etapa inicial de imposición absoluta de los intereses ganaderos.

Por su parte, los cereales panificables —trigo, cebada, centeno— concentrarán el trabajo campesino, aunque los rendimientos continúen bajos. La vid, no obstante, se propaga, desde la segunda mitad del siglo XII, al socaire del comercio del vino, adaptándose a los suelos propicios de La Rioja y el Duero. La especialización de la mano de obra vitivinícola redunda en provecho del campesinado, pues promueve contratos especiales, como la *complantatio* catalana, por la que el agricultor se encarga de las labores de puesta en cultivo de un terreno señorial a cambio de la propiedad de algunas viñas. Como novedad, los productos hortofrutícolas aumentan su prestigio, después de la incorporación de las comarcas huertanas del Ebro, el Guadiana, el Guadalquivir o el Turia, cuyos braceros moriscos se hacen insustituibles en el mantenimiento de los sistemas de regadío heredados del mundo islámico.

Vaivenes urbanos

Cuando, a partir del XIII, la economía de carácter depredador llegue a término, el comercio encuentra aliciente para su desarrollo: materias primas y alimenticias —hierro, sal, aceite, cereales— integran la valija exportadora que busca los centros artesanales europeos a la vez que la aristocracia peninsular importa manufacturas suntuarias. A lo largo de tres siglos, los fueros y privilegios reales atraerán a compradores y negociantes a los mercados de Barcelona, Jaca, León, Cardona o Santiago, testigos del comercio cotidiano que se relanza en las ferias anuales con el concurso de vendedores forasteros.

El lento y dificultoso trasiego de mercancías en la península pudo aprovecharse durante el medioevo de las antiguas calzadas de origen romano, que, a partir del XIII, son restauradas para acoger el incremento comercial y la transhumancia. Unos pocos ríos, el Ebro, Guadiana y Guadalquivir, sirvieron de vías fluviales, al tiempo que se cerraban otras, sacrificadas por las modificaciones orográficas de la política deforestadora y el uso de la fuerza hidráulica en molinos y acequias.

Al concluir el siglo XIII, las actividades comerciales de los reinos hispanos esbozan ya los cuatro grandes ejes que sustentarán la economía peninsular del tiempo venidero: el viejo Camino de Santiago, cuya importancia mercantil decae, pese a su superioridad cultural, las ciudades de Barcelona y Sevilla y la ruta que enlaza Burgos con los puertos del Cantábrico. A la empresa mediterránea se entregará Barcelona, en competencia directa con las ciudades italianas por el dominio de la especias orientales y la exportación de su industria textil. Con el *Consulado del*

Mar, los comerciantes catalanes se equiparon de un instrumento de defensa corporativa y del mecanismo necesario para activar los intercambios. Sevilla, mientras, dominará el comercio entre el Mediterráneo y el Atlántico con el apoyo de Génova y la apertura a la navegación del estrecho de Gibraltar. La ciudad andaluza se arroja a la carrera del liderazgo del comercio hispano, integrándose en el circuito mercantil de Flandes y norte de Italia. En el Cantábrico, la elección de Burgos como centro recolector de la lana castellana y la fundación de Bilbao —1300— sabrán aprovechar las privilegiadas relaciones de los puertos vascos con el canal de la Mancha. Como en el caso sevillano, mercaderes burgaleses y navieros vascos actúan de intermediarios de los artesanos flamencos y los ganaderos y consumidores castellanos; sin olvidar tampoco a los capitalistas judíos establecidos en las villas de la Meseta cercanas al litoral, Briviesca, Medina de Pomar o Miranda de Ebro. Las ferias de Medina del Campo y Villalón son los lugares de encuentro de hombres, capitales y mercancías, llegados a Castilla en las pinazas vascas y las carracas andaluzas, y en sus mercados descansará durante siglos la economía del reino.

Las primeras Cortes europeas

Tras desaparecer el reino visigodo, la unidad política, heredada de Roma, se rompe en mil pedazos. En el norte, la misma geografía conspira a favor de la disgregación, exigida también por condicionamientos tribales y estratégicos, en un ámbito de resistencia al Islam. Pactos entre minorías, costumbres regionales admitidas como fuente del derecho, diversa intensidad de las influencias feudales... habrían de cristalizar en entidades políticas diferenciadas, que entre los siglos XI y XIII toman conciencia de su personalidad.

Desde un primer momento, los distintos sistemas repobladores aplicados a los valles del Duero, Tajo, Ebro o la Plana de Vic convierten en letra muerta el principio de unidad interna que el derecho romano introdujo en la península, acentuando la separación de los individuos con arreglo a su hábitat o a su origen etnicorreligioso. También el feudalismo, por su lado, atentaba contra la idea romana del Estado al privarle de sus fundamentos más sólidos, respetados en cambio por los visigodos y musulmanes.

A partir del siglo XI el poder central, llámense reyes o condes, consigue recomponer un nuevo orden al ensamblar hombres y territorios gracias a su supremacía política. La concesión de fueros a las villas —Jaca o Zaragoza en Aragón; Sepúlveda, Logroño o Cuenca en Castilla; León o Benavente en el reino leonés— no sólo contribuye a la uniformidad de amplias zonas de frontera o del Camino de Santiago sino que asienta firmemente la autoridad regia. Botines y parias son, asimismo, valiosos instrumentos en manos de la monarquía, deseosa de asegurar la fidelidad de los nobles.

Las redes de dependencia personal y foral constituyen la clave del nacimiento de los cinco reinos: Asturias-León, Castilla, Navarra, Aragón y Cataluña. Pero el ejercicio privado del poder por parte de los señores y las guerras contra los vecinos mantendrán encendida la llama de la disgregación, de la que la génesis de Castilla ofrece un claro ejemplo. En este contexto las casas reales no tienen más salida que una agresiva política de conquista, capaz de recomponer y acrecentar su patrimonio, el único garante de la lealtad de sus clientelas, como ya ocurriera en el pasado visigodo. El avance territorial de los siglos XI-XII beneficiará especialmente a los monarcas castellanos y aragoneses, fortaleciendo su hegemonía peninsular.

Cuando el botín guerrero ceda en importancia, los reyes necesitarán encontrar nuevas fuentes de ingresos. A los impuestos de las actividades económicas, el monopolio sobre salinas y minas y las rentas del patrimonio regio se añade ahora la petición de subsidios a las ciudades más poderosas del reino. En contrapartida, las villas obtendrán promesas de estabilidad monetaria, exenciones fiscales y el reconocimiento de franquicias y privilegios. La mudanza en las fuentes de financiación tiene su correspondencia en el entramado estatal, pues la monarquía verá en las villas y ciudades el aliado ideal para frenar el incómodo entrometimiento de los grupos nobiliarios. Especialmente en Castilla, donde la repoblación del Duero al Tajo había originado abundantes concejos, engrandecidos ahora por la compra de aldeas y dominios al rey o a particulares. Es así como algunos representantes de aquellas ciudades se incorporarán a la *curia real* para formar las primeras Cortes europeas (León, 1118). El carácter y prerrogativas de cada uno de estos parlamentos oscilarán según los reinos. En Castilla poseían un mero valor consultivo, pero en Aragón las exigencias de los representantes llegarían a arrancar a los monarcas una cierta *soberanía* compartida.

Con todo, no será hasta el siglo XIII cuando los monarcas —Fernando III y Alfonso X en Castilla, Jaime I en Aragón— se desvinculen de la concepción de *primus inter pares* para imponerse como la única y más alta instancia política de cada reino. Sus pretensiones hegemónicas son respaldadas con la recuperación del contenido divino de la monarquía y a impulsos del renovado derecho romano, que atribuía al rey la *potestas* y la función legisladora. La promulgación de una ley única para cada reino —Fueros de Aragón y Navarra, Fuero Real y Código de las Siete Partidas en Castilla— reduce las peculiaridades jurídicas de las distintas áreas. Paralelamente, el nacimiento de organismos especializados en la corte —cancillerías, consejos o tribunales— robustecerá la centralización del Estado y el poder de la corona. Los monarcas, sin embargo, sólo gobernarán en la tierras de *honor regia* o sus villas y ciudades, sin inmiscuirse en los señoríos privados o en aquellos territorios que por su especial configuración conserven ciertas singularidades. Tal es el caso de las Provincias Vascongadas donde, pese a las teorías romanistas, resisten las dependencias de carácter personal.

Como compañera de la monarquía, la Iglesia domina el horizonte de la sociedad hispana. Dueña de enormes posesiones y definidora del orden social, no es de extrañar que los monarcas centralizadores, Fernando III y Jaime I, vieran en ella un posible antagonista y trataran de reducirla con medidas que iban desde el recorte de sus ingresos hasta la censura de las bulas papales consideradas nocivas al Estado y el ejercicio del derecho de patronato en el nombramiento de obispos y dignidades. Con mejor o peor fortuna, todos los reyes invadieron el ámbito eclesiástico a expensas de una política *nacionalizadora* de las Iglesias peninsulares.

El asalto de la monarquía coincide con las tensiones desatadas dentro de la propia Iglesia como consecuencia de los primeros síntomas de reforma de la vida religiosa. Fruto del auge urbano y de una conciencia crítica respecto del poder eclesiástico, las órdenes mendicantes —dominicos, franciscanos— ponían el dedo en la llaga por donde se desangraba una Iglesia opulenta y embutida en los apretados límites de la tradición monástica. En las ricas ciudades catalanas encuentran buen acomodo los mendicantes, al calor del dinero requerido por sus instituciones de caridad. Frente a ellos, los viejos monasterios languidecen desplazados por el ritmo ciudadano, al tiempo que la Iglesia secular expande por tierras meseteñas parroquias y catedrales financiadas con el cobro de los diezmos. Por último, en Extremadura, La Mancha o Castellón, las Ordenes Militares trasladan a la vida religiosa la mentalidad guerrera imperante en la sociedad.

Pese al fortalecimiento de las mesnadas regias con mercenarios los notables siguen haciéndose insustituibles en los ejércitos reales e instituciones palatinas; es el arma de que disponen en su contencioso con la monarquía, cuyos vaivenes financieros, peleas domésticas o interinidades manipularán durante siglos. Al sentirse hostigados, su influencia les permitirá establecer tribunales nobiliarios exclusivos, como la Curia Castellana (1274) o el Justicia de Aragón (1265).

Las Navas de la unión

Entre angustias económicas y ambiciones expansionistas trascurre la vida de los reinos cristianos, siempre alertas al movimiento de los guerreros de Al-Andalus. No hay hegemonía duradera ni imperio inapelable, sino que distintas vicisitudes construyen la historia de cada uno de los enclaves. Gracias al cobro de las parias y a su mayor urbanización, el reino de Navarra se alza como primer gran estado cristiano a hombros de Sancho III «el Mayor» (1000-1035). El Camino de Santiago había facilitado la infraestructura urbana necesaria para reivindicar tal preeminencia, que los monjes benedictinos con su labor sociocultural también ayudaban a cimentar. Absorbidos los condados aragoneses y Castilla, la corona navarra llegará a intervenir en los asuntos internos leoneses. No obstante, la idea patrimonial de la monarquía llevaba el germen de su desmembración, acaecida con el reparto del territorio entre los herederos del rey Sancho. A García le correspondió Navarra, Fernando reinó en Castilla, Gonzalo en Sobrarbe-Ribagorza y Ramiro en Aragón. La quiebra de la unidad tendrá fatales consecuencias para el reino pamplonés, encajonado por la tenaz resistencia de las poblaciones islámicas del valle del Ebro y el afán expansionista de sus vecinos cristianos. En Atapuerca (1054) los ejércitos de García serán aniquilados y su reino repartido entre aragoneses y castellanos.

Aragón dirige ahora sus conquistas hacia el valle del Ebro. Entre 1096 y el 1100 caen Huesca y Barbastro y se atrae el comercio francés con la concesión de fueros como el de Jaca. Los castellanos concentran su interés en la Meseta al anexionar el debilitado reino leonés y arremeter luego contra las taifas de Badajoz, Toledo y Sevilla. A pesar del fugaz reparto patrimonial de Fernando I, su hijo Alfonso VI reconstruye la unidad castellana, facilitada por el Camino de Santiago, por el que en seguida llegan las corrientes políticas, religiosas y artísticas europeas. La incorporación de La Rioja, el sometimiento vasallático de las taifas de Zaragoza y Valencia, el acoso de la de Murcia desde la fortaleza de Aledo y la toma de Toledo demuestran la acertada estrategia del rey, capaz de enfrentarse al temible reflujo de la reacción almorávide (1086-1110) y de convertir Castilla en la potencia hegemónica de la península.

La resurrección del peligro musulmán provoca el primer traspiés de Castilla. Aunque el poderío andalusí apiñó a los reinos cristianos en un objetivo común, no pudo soslayar, sin embargo, la descomposición interna. El fracaso del matrimonio de Urraca y Alfonso I «el Batallador» y la guerra civil posterior destruirán una alianza momentánea, que hubiese podido reconstruir la unidad de la mayor parte de la Hispania romana, cuatrocientos años antes de los Reyes Católicos. Junto a los problemas sociales, la monarquía deberá afrontar las tensiones irredentistas de las áreas culturalmente diferenciadas de Galicia y Portugal. Resultado de estas décadas de desconcierto son la independencia lusa (1143), la invasión de La Rioja y la extremadura soriana por Aragón y el aumento de las concesiones jurisdiccionales en favor de las clases nobiliarias.

Por poco tiempo la supremacía se traslada a Aragón, donde la conquista del valle del Ebro había beneficiado a la Corona más que a la nobleza. Pero la muerte sin herederos directos de Alfonso I rehace el panorama peninsular: Navarra se independiza con García Ramírez y Castilla presiona en Zaragoza. Falto de una mano firme, el reino vuelve sus ojos a Ramón Berenguer IV de Barcelona. Ya rey, por su matrimonio con la heredera Petronila, recupera pacíficamente la taifa zaragozana mediante el tratado de Tudilén y proyecta su política exterior según los intereses de Barcelona. Sus metas se alejan del interior para asomarse a la ventana levantina; a Castilla y Portugal les corresponderá, pues, la reconquista del sur andaluz.

La derrota de Alarcos y el Imperio almohade ensombrecen la perspectiva de las monarquías ibéricas, desviando su beligerancia hacia las fronteras intercristianas. Aliado de la burguesía, Alfonso VIII de Castilla disputa

Álava y Guipúzcoa a Navarra, con el propósito de dominar las rutas mercantiles del norte. Cataluña acelera en su carrera ultrapirenaica hasta la derrota y muerte de Pedro II en Muret. Aun así, los temores compartidos unen a los reinos en el campo de batalla frente al enemigo musulmán; la recompensa será la victoria de las Navas de Tolosa, tras la cual los tratados de Corbeil, Coimbra y Almizra marcan los límites de la expansión de cada monarquía. Gracias a ellos, Castilla recupera la iniciativa, confirmada por la investidura de Fernando III como rey de León y la rápida conquista de Andalucía.

En Aragón, el dominio de las tierras valencianas trae consigo el reconocimiento de una tercera entidad dentro de la confederación catalano-aragonesa, el reino de Valencia, cuyas Cortes se reúnen por vez primera en 1261. El disgusto nobiliario por el reparto de los predios abrirá una brecha en las relaciones del rey aragonés con la aristocracia, que se agranda tras la negativa de ésta a socorrer a Alfonso X, yerno de Jaime I de Aragón, contra los rebeldes murcianos. Viendo peligrar su independencia, Navarra bascula hacia Francia con el acceso al trono de la casa de Champaña y desde 1285 del propio monarca francés.

Balbuceos novedosos

En sintonía con el discurrir político y a impulsos de la personalidad propia de cada reino, nacen las primeras manifestaciones lingüísticas y literarias como testimonio del mosaico peninsular. Ocupando el espacio que en la comunicación popular había dejado el latín, brotan distintos idiomas desgajados del tronco común pero sólo triunfan el galaico-portugués, el castellano y el catalán, a costa de la fusión con los dialectos vecinos y del desplazamiento de la lengua árabe, mientras en los valles vascos y navarros logra subsistir el vascuence. Por su fonética innovadora y su capacidad expansiva, el castellano arrincona muy pronto al leonés y mediatiza al navarro-aragonés hasta hacerlo desaparecer a finales del siglo XV.

Desde las primeras manifestaciones de la lírica provenzal, la galaico-portuguesa o los cantares de gesta castellanos, estas lenguas forman parte del acervo diferenciador de sus reinos y fortalecen su función de instrumento de propaganda política o social. La obra maestra de la épica castellana, el *Poema de Mío Cid*, es un ejemplo de literatura propagandística, que utiliza la glorificación de Rodrigo Díaz de Vivar para ensalzar a Castilla dentro de un contexto realista y antinobiliario.

Con la conquista del sur y el renacer de las ciudades tiene lugar una profunda revisión del sistema cultural cristiano. Los idiomas romances alcanzan su apogeo en el ámbito de la creación, obteniendo su reconocimiento con la obra de intelectuales de prestigio, como Alfonso X, que escribe en galaico y castellano, o Ramón Llull, poeta y prosista catalán. Entre tanto, el saber y la belleza multiplican los intercambios de los pensadores cristianos, islámicos y judíos, cuyo testimonio máximo es la Escuela de Traductores de Toledo, merecedora de tal título por el mecenazgo de Alfonso X. Todas las ramas del conocimiento atrajeron el interés del ateneo toledano, frecuentemente visitado por la *intelligentsia* europea, que descubre las obras de los grandes sabios musulmanes y las de los griegos, hindúes o persas, traducidas previamente al árabe y al castellano. El nuevo idioma se acredita, de este modo, en los foros intelectuales y rompe con celeridad sus primitivas fronteras.

Los cambios sociales agrietan el monopolio docente de la Iglesia y las antiguas escuelas monacales y catedralicias dan paso a corporaciones novedosas, llamadas estudios generales y luego *universidades*. Las primeras, Palencia y Salamanca, son del XIII, fundándose en el siglo siguiente las de Lérida, Huesca y Perpiñán dentro de la corona de Aragón y Coímbra en Portugal. Asimismo las realizaciones artísticas dependen estrechamente de las alternancias del poder y los vaivenes de la guerra. Los momentos de expansión territorial han quedado reflejados en un conjunto de castillos, que acompañan en el paisaje a monasterios y catedrales, testimonio de la siembra religiosa. Durante el siglo XI, los saqueos de Ramón Borrel I en Córdoba sirven para poblar los valles pirenaicos de hermosas manifestaciones del románico catalán —Tahull, Rosas, Ripoll— mientras que la hegemonía navarra se retrata con parecida arquitectura en el Camino de Santiago (Leyre, Jaca, Fromista), por donde el gusto peregrina hasta San Isidoro de León y Compostela.

A expensas del avance cristiano sobre el Tajo se financian, a partir del siglo XII, los grandes monasterios cistercienses de Poblet y Las Huelgas. Los concejos de frontera invierten también su dinero en arte sacro, como puede admirarse en las primeras catedrales —Salamanca, Avila, Segovia, Zamora—, en las que el gótico esboza sus destellos antes de perpetuarse en las de León, Toledo, Burgos, Barcelona o Palma, cuya construcción sufragan reyes, burgueses y los diezmos eclesiásticos.

El canto del cisne

En contraste con la prosperidad cristiana, los musulmanes hispanos se repliegan asustados por la crisis general del mundo islámico. Las imágenes de las taifas asaltadas se funden con las noticias que llegan del corazón mismo del Islam, donde los cruzados habían hecho estragos, o de Sicilia, diezmada por los normandos. El espíritu de cruzada se adueña de la cultura europea. Erradicar *lo musulmán* adquiere un sentido religioso, del que se aprovechan los monjes del Cluny para difundir su proyecto cultural. Si en Europa las cruzadas encauzan hacia el exterior la agresividad social —liberándola de frenos al desarrollo económico y cultural—, en la península, la reconquista malograría tal oportunidad. El ideal guerrero acunado en la mística de la intolerancia, privaría por siempre de la riqueza humana y material de Al-Andalus.

Tomada Toledo, el peligro que se cierne sobre Córdoba y Sevilla pone en pie de guerra contra Castilla a las taifas islámicas. En ese trance, los almorávides, extendidos por el norte de Africa, aprovecharán el resquicio ofrecido por sus hermanos de la península. Al servicio de los Mu'Tamid sevillanos, castigan en Zalaca la ambición de Alfonso VI, y en 1090, tras otro desembarco, obligan al rey castellano a renunciar a su política ofensiva. Vista la debilidad de la sociedad arabigoandaluza y la tibieza religiosa de los notables hispanomusulmanes, en comparación con su propio fervor, los almorávides se animan a tomar las riendas con la esperanza de recuperar las posiciones perdidas. Paso previo será el desalojo de los reyezuelos de las taifas de Granada, Córdoba, Badajoz y Zaragoza.

Todo lo olvidaré menos aquella madrugada junto al Guadalquivir, cuando estaban en las naves como muertos en sus fosas.

Las gentes se agolpaban en las dos orillas, mirando cómo flotaban aquellas perlas sobre las espumas del río.

Caían los velos porque las vírgenes no se cuidaban de cubrirse, y se desgarraban los rostros como otras veces los mantos...

BEN AL-LABBANA DE DENIA, *Mutamid y su familia embarcan para el destierro*

Sin embargo, carente del empuje preciso frente a los territorios repoblados al norte del Tajo, el Imperio almorávide falló en su golpe contra Toledo. A raíz del fracaso, su buena estrella declina en un ambiente de mayor relajo y frialdad religiosa, peleas domésticas y temor a las conquistas de Alfonso I de Aragón (Zaragoza, 1126) y Alfonso VII de Castilla, preludio de la conspiración interna que pondría fin a la presencia almorávide en Al-Andalus. Otro movimiento religioso, caracterizado también por su celo reformador, vino a ocupar el espacio cedido por los almorávides. Con la conquista de Marraquech, los almohades se aseguran el relevo, en 1147, y fijan su mirada en la península. En 1171 se apoderan de Sevilla para precipitarse en seguida sobre los demás reinos de taifas y amenazar Toledo. Las treguas acordadas con Castilla y León les permitirán reforzar su posición en Andalucía hasta la definitiva victoria de Alarcos, al tiempo que la animosidad bélica generada en el norte coaligará a los reinos de

León, Castilla, Navarra y Aragón, que en 1212 liquidan el militarismo almohade.

Si en el terreno político ni los reinos de taifas ni los imperios norteafricanos consiguen frenar la decadencia de Al-Andalus, no puede decirse lo mismo de la cultura. Aquí compitieron las cortes de taifas por mostrar la ilustración de sus monarcas, cuyo mecenazgo dio pábulo a la creatividad musulmana ya consagrada en el esplendor de los omeyas. Los nombres del enciclopedista Yusuf Ibn Al-Sayj, el historiador Ibn Jaldun o el filósofo Ibn Ruso-Averroes evocan aquella época dorada de la sabiduría. A éste se le recuerda por su interés en conciliar la religión y la filosofía, con la ayuda de Aristóteles y el pensamiento neoplatónico, antes de que la intolerancia y el poder *maliki* cegaran el camino.

El arte busca sorpresas en los arcos y entrelazados de la Aljafería zaragozana, con su efectismo decorativo tan alejado de la rígida austeridad de la Giralda sevillana, levantada en tiempo de los almohades. Nada sin embargo, comparable a la Alhambra, fortaleza palatina de los emires nazaríes de Granada, el gran símbolo de la herencia musulmana en la península.

Capítulo X

Don Carnal y doña Cuaresma

Primus inter pares

Cuando en los reinados de Alfonso X y Jaime I, la reconquista serena su ímpetu, la pugna entre monarcas y nobles por el manejo del gobierno se acentúa. Tras la retórica de los *fueros* y los derechos políticos, apuntan intereses más prosaicos de los nobles, deseosos de acaparar el dinero y dominar las instituciones de la corte. Ni siquiera la gran labor organizadora del monarca castellano pudo sustraerse a la amenaza. Dirigida por miembros de la familia real, la nobleza conseguirá en las Cortes de Almagro la suspensión de las Partidas —y con ellas del derecho romano que legitimaba el recorte por el rey de prerrogativas nobiliarias— y la dispensa del nuevo impuesto de la alcabala. Tampoco su suegro, Jaime I, mejoró el margen de maniobra de la corona aragonesa. La carrera mediterránea, si bien alejaba momentáneamente la belicosidad aristocrática de los campos de la Confederación, hacía más dependiente al rey de los intereses *particularistas* y oligárquicos de cada reino, frenando cual quier atisbo de unidad respecto de la política exterior. Muy al contrario, la nobleza aragonesa aprovechará sin rubor las horas bajas para plantar cara a la corona y arrancarle sustanciosos favores. Sirva de ejemplo su negativa en 1264 a socorrer a Alfonso X en Murcia hasta obtener el nombramiento del Justicia de Aragón, la extensión del Fuero a los señores aragoneses con propiedades en Valencia y la voluntariedad del servicio de armas fuera del reino.

Más que apaciguarse, los ánimos se exaltan en los reinados posteriores. Las escaramuzas castellanas y aragonesas en torno a Navarra, la lucha por la hegemonía peninsular y las conquistas ultramarinas exigían la colaboración del rey con la nobleza, y ésta supo hacérsela pagar con creces. En situaciones de peligro o bajo la amenaza de motín o cambio de bando los nobles obtienen *concesiones* de Pedro el Grande, Alfonso III el Liberal y Jaime II. En 1282, la Unión Aragonesa —hermandad nobiliar de ayuda mutua frente al rey— consigue en las Cortes de Zaragoza una verdadera claudicación del monarca al confirmar sus fueros y confiar al Justicia sus pleitos así como el compromiso de consultar al parlamento antes de declarar la guerra.

No se quedarían rezagados los catalanes; al año siguiente la oligarquía del Principado impone su *ley*. Por encima del derecho escrito vuelve a reconocerse la superioridad de los usos y costumbres y se reserva una jurisdicción especial a la nobleza. Alfonso III (1285-1291) llega a admitir la incapacidad legal de la monarquía para condenar a los unionistas sin sentencia previa de las Cortes o del Justicia, lo que equivale a reconocer la impunidad de la nobleza. No correrán igual suerte los campesinos; en Cataluña los señores se arrogan de nuevo el derecho a juzgar en sus dominios, prohibiendo la entrada a los oficiales regios. Mayor importancia aún habrían de tener las cesiones de naturaleza política: convocatoria de Cortes anuales, consentimiento parlamentario para promulgar leyes y control de la burocracia estatal, que suponían una vuelta atrás en los esfuerzos modernizadores de la monarquía.

Bien distintos de los reyes aragoneses, los sucesores de

Alfonso X de Castilla —Sancho IV, Fernando IV, Alfonso XI y Pedro I— intentaron poner barreras a los grupos dominantes, por medio de su alianza con las ciudades y la labor de la burocracia jurídica. La Hermandad contrarrestó la codicia de los poderosos, en los años de máxima debilidad de la institución monárquica: guerra civil entre Sancho IV y Alfonso X, minorías de Fernando IV y Alfonso XI. Su defensa de la monarquía es recompensada con el reconocimiento de los fueros ciudadanos, la independencia de las villas respecto de la nobleza y la separación de los eclesiásticos de la corte, aunque algunos cabecillas de la aristocracia también conseguirían sacar provecho. El escritor infante don Juan Manuel, el señor de Vizcaya, Diego López de Haro y el jefe de la casa de Lara, Juan Núñez, encabezan la lista de los agraciados.

La doble vía de concesiones a la nobleza y las ciudades facilitó la autonomía de la corona, que basculó de uno a otro bando según sus intereses, en tanto que la aristocracia cortaba las alas a sus competidoras urbanas con la disolución de la Hermandad en las Cortes de Carrión (1317). Para entonces, la más seria amenaza a la institución regia ya había pasado: con la mayoría de edad de Alfonso XI (1325), la monarquía se encuentra con fuerza suficiente para imponer su voluntad a todos los poderes intermedios. El sometimiento *manu militari* de los aristócratas díscolos —muerte de Juan el Tuerto de Lara y compra del señorío de Vizcaya— alterna con los obsequios de dinero o tierras y la promulgación de un ordenamiento jurídico específico (Nájera, 1348). Como muestra del vigor renovado de la monarquía se envían corregidores —delegados del rey— a las ciudades; no obstante, Alfonso XI tuvo la habilidad de preservar los fueros locales y defenderlos de las injerencias señoriales. En 1348 las Cortes de Alcalá reconocen en el monarca el origen del derecho y le capacitan por tanto para legislar solo y enmendar privilegios y fueros.

Al amparo de la firmeza y tenacidad paternas, Pedro I (1350-1369) confía en sujetar a los nobles, pero, con la peste por medio, resulta imposible y la derrota le obliga a aceptar todas las pretensiones de la nobleza que hasta tal punto asustan a las ciudades que levantan un ejército en favor del rey. Con su concurso y a golpe de purga, lo que le valdría el apodo de «cruel», el monarca castellano busca quitarse el lastre de la prepotencia nobiliaria para poner la administración en manos de burócratas ciudadanos y expertos judíos. En la guerra civil castellana de 1365-1369 ambas concepciones del poder medirían sus fuerzas. Asimismo, en Cataluña la peste multiplicó los enfrentamientos. La oligarquía, muy perjudicada por la muerte de sus campesinos, vuelve a negarse a secundar la expansión mediterránea, que ya había crispado a la Unión aragonesa y valenciana, justo cuando las finanzas de la burguesía barcelonesa son insuficientes para costearla. El intercambio de privilegios por dinero —libertad de comercio a Barcelona, mano libre para someter a los campesinos que intentasen huir al realengo o a las ciudades, retirada de la burocracia del rey de las villas— aplacaría los ánimos hasta el reinado de Juan II. El robustecimiento de las Cortes catalanas —periodicidad, función legisladora, control de gastos— contrasta con la doma de las castellanas, pero a la vez oculta su transformación en reducto de las clases privilegiadas para defensa de sus intereses corporativos.

Las guerras castellanoaragonesa (1356-1365) y civil castellana (1365-1369) afianzarán la preponderancia nobiliaria en ambos reinos. En Aragón, Pedro el Ceremonioso tiene que ceder ante las Cortes cuando las primeras ofensivas revelen el peligro de invasión: las catalanas de 1359 le arrancan de esta forma el nombramiento de la Diputación General de Cataluña, organismo encargado de recaudar los impuestos y controlar su gasto. La muerte de Pedro I —Montiel, 1369— y la coronación de su hermanastro Enrique de Trastámara desprestigian gravemente al trono castellano —bastardía del nuevo rey, escalada del antisemitismo, crisis económica— y se entregan abundantes privilegios como pago a quienes le ayudaron en su acceso al trono. La debilidad de la monarquía no sería óbice para que Enrique, persuadido del peligro que significaba una nobleza poderosa, recuperase la idea de alejarla del gobierno con concesiones económicas y sociales mientras encumbraba a hidalgos y juristas, al servicio del Estado.

Harto de donaciones, su hijo Juan I (1379-1390) se negará a perder la condición de fuente suprema del derecho, sostenido por las villas y la Iglesia, asustada de la codicia nobiliar. En las Cortes de Briviesca y Palencia el monarca autorizará nuevamente las Hermandades y la entrada de las villas en el Consejo Real; pero el reflujo oligárquico no se detiene, arrebatando en las de Guadalajara el derecho a juzgar a sus vasallos. La minoría de Juan II (1406-1454) retrotrae el reino a una situación similar a la de cien años antes: la monarquía salva su preponderancia con el apoyo de las villas, la pequeña nobleza y parte de la Iglesia, a costa del ascenso de Fernando de Antequera, tío del monarca.

El abandono momentáneo de la política expansiva catalana (Juan I, 1387-1396) tampoco sirve para fortalecer a la monarquía en la Confederación aragonesa, ya que sus deudas y la enajenación del patrimonio de la corona seguían obligándola a depender de las Cortes. Las iniciativas de Martín I (1396-1410) fracasan, al morir sin herederos y salir elegido rey, en el Compromiso de Caspe, Fernando de Antequera, cuyas dádivas desvirtuarían aún más el poder del monarca, como es el caso de la transformación de la Generalitat en órgano de gobierno del Principado. El de Antequera no necesitaba de mayores prerrogativas, sus ingentes ingresos e intereses estaban en Castilla, donde intrigaba para colocar a sus hijos, los infantes de Aragón —Alfonso, futuro rey de Aragón; Juan, rey de Navarra; Sancho, maestre de Alcántara, y Enrique, maestre de Santiago—, haciendo temblar al mismo soberano.

> ¿Qué se hizo el rey don Joan?
> Los Infantes d'Aragon
> ¿que se hizieron?...

La alianza de Juan II con la nobleza castellana, encabezada por Alvaro de Luna, consigue imponerse a los infantes, cuyos bienes sirvieron de acicate de esa colaboración, rota cuando el favorito intente poner orden en casa. Un nuevo enfrentamiento entre Juan II y los infantes (1435-1440) fue la coartada perfecta para paralizar el proceso: el continuo cambio de alianzas permitió a los señores evitar la consolidación de cualquier poder ajeno al conjunto de la nobleza. La proclama de las Cortes de 1442, que anula las donaciones hechas por la monarquía en los últimos años, y la victoria de don Alvaro en Olmedo concitarán la unidad de la nobleza en torno a Juan Pacheco, futuro marqués de Villena, hasta el ajusticiamiento del favorito.

> Pues aquel grand Condestable,
> maestre que conoscimos
> tan privado,
> non cumple que del se hable,
> mas solo como lo vimos
> degollado...

A partir de entonces la supremacía de la nobleza castellana es absoluta. El nuevo rey, Enrique IV (1454-1479), nunca podría obstaculizar sus progresos, que llegan al apogeo en 1465 cuando en una ceremonia pública en Avila es destronado simbólicamente y sustituido por su hermanastro Alfonso, niño todavía, y por tanto fácil juguete en manos de la oligarquía.

> Pues su hermano el innocente
> qu'en su vida sucessor
> le fizieron
> ¡que corte tan excellente
> tuvo, e cuanto grand señor
> le siguieron!
> mas, como fuesse mortal,
> metiole la Muerte luego
> en su fragua. (...)
>
> JORGE MANRIQUE, *Coplas por la muerte de su padre*

La victoria de Enrique IV en Olmedo, aliado a la Hermandad de villas, y la muerte del príncipe apaciguarán a los sediciosos, que, no obstante, logran del débil rey la aceptación como heredera de su hermana Isabel en la Concordia de Guisando, una vez despojada de derechos su hija Juana. De pronto, el panorama da un giro inesperado y el matrimonio de Isabel con el infante Fernando de Aragón rompe el equilibrio proyectado por el marqués de Villena.

En Cataluña, la vuelta al Mediterráneo y los manejos de Alfonso el Magnánimo en defensa de sus hermanos y sus bienes en Castilla elevan el tono de las prerrogativas de la Diputación General, que obliga a su rey a firmar la paz con el reino vecino (tregua de Majano, 1430). Con Juan II (1458-1479), las revueltas campesinas y urbanas suministraban un poderoso instrumento de presión para debilitar a los privilegiados o chantajearlos en busca de dinero. La oligarquía del Principado no lo olvidaría y al degenerar las querellas familiares del monarca y su hijo, el príncipe de Viana, maniobrará formando el Consejo Representante del Principado de Cataluña para recortar sus poderes. En la Capitulación de Villafranca del Penedés (1461), Juan II deberá doblegarse como Enrique de Castilla en Guisando. La muerte del príncipe y la sangrienta represión del Consejo contra *remensas* y *buscaires* al rey a declarar la guerra a la Diputación (1462-1472) complicada por la internacionalización del conflicto. Lejos de sacar partido a su victoria, Juan II tuvo que aceptar la autonomía de la Diputación y del Consell de Barcelona y sus privilegios, y devolver las rentas y tierras incautadas a sus antiguos propietarios. Después de diez años de guerra, la superioridad de la oligarquía quedaba en pie; Fernando el Católico seguiría sin tener las manos libres para planificar su política, lo que explica su tendencia castellana dentro de la unión que se avecina.

Labradores estancados

La población española, como la europea, declina desde comienzos del siglo XIV, al compás de graves problemas de abastecimiento. Un cúmulo de catástrofes preparaba la fecha negra de 1348, en la que la peste bubónica, importada de Europa, inicia su letal recorrido por los reinos hispanos. Las malas cosechas habían roto antes las leyes estadísticas esquilmando el campo y la cabaña y castigando con el hambre a las clases populares, muy afligidas en sus bolsillos por la presión fiscal. Con el fondo sombrío de la guerra, que desarticula el comercio y dispara la inflación, las Cortes de Burgos (1345) pedirán al monarca que prohiba la saca de géneros alimenticios.

La falta de víveres no sólo origina las primeras defunciones y el recorte de los sembrados en años posteriores, sino además el deterioro biológico de la población, que se convierte en presa fácil de las enfermedades contagiosas, tifus, viruela, difteria, compañeras de la pobreza. Únicamente en las *tierras de acarreo* de Cataluña, Valencia o el País Vasco, cuya cercanía del mar facilitaba la importación de granos, la esperanza de supervivencia era mayor.

Los brotes iniciales de la peste se detectan en las Baleares, los puertos mediterráneos de la corona aragonesa y Almería, con un foco aislado en Santiago de Compostela, consecuencia de alguna peregrinación. Desde allí la epidemia se propaga velozmente a través de las rutas comerciales que llevan a Castilla; sus gentes caen contagiadas y trasmiten el mal al resto de la península. Las ciudades y villas próximas a las vías de comunicación son las más diezmadas. Nuevas embestidas de la enfermedad siembran la muerte durante cien años, pero no alcanzan los niveles de catástrofe colectiva del arranque de la plaga.

Desaparecido el peligro de contagio, las ciudades reconstruyen en seguida su maltrecha demografía con trabajadores procedentes del campo. La escasez de mano de obra mejora temporalmente las condiciones de vida de los campesinos, cuyos servicios son requeridos con apremio por los señores. Pero sobre todo repercute en el abandono de las tierras menos productivas, muchas de las cuales se trasforman en pastos, y en la huida campesina de los latifundios señoriales hacia los núcleos de realengo.

También los salarios se vieron recompensados por esta mengua de la clase labriega, en medio de las protestas de los propietarios. Desde finales del siglo XIV se aprecian síntomas de recuperación de la demografía con diferencias sustanciales en las distintas áreas peninsulares. El litoral se recobra antes que el interior, pero la buena salud de las ciudades castellanas es una excepción notable. Apenas cincuenta años después de la gran peste, Toledo, Valladolid, Soria, Segovia, Salamanca o Ciudad Real se ufanan de su prosperidad.

Aun cuando desde mediados del siglo XIV las ciudades recuperan su dinamismo artesanal y mercantil, la economía española no cambia de rumbo ni las costumbres de la población se despegan del ámbito agrario. Los campos y ganados seguían siendo el gran patrimonio de una sociedad todavía empantanada. Tanto las técnicas como los aperos de labranza recordaban en exceso a los que los romanos habían patentado; la escasa profundidad de los surcos se agravaba por el deficiente abonado, que obliga a continuar con los barbechos bienales o trienales, y la rígida dependencia de la climatología remataba el panorama. De ahí el atasco de la productividad y la inmisericorde carencia de alimentos.

Los cereales, con el trigo a la cabeza, mantienen su preponderancia, como corresponde a su empleo cotidiano en la alimentación humana y animal. Para obviar la dificultad del traslado de tan voluminosas mercancías, todas las regiones buscan el autoabastecimiento pero el déficit de zonas del Cantábrico, Valencia o Cataluña hubo de enjugarse con la panificación de cereales secundarios y la importación de Europa. En Andalucía y Aragón, donde el transporte resultaba sencillo, el cereal gana terreno. Al recuperarse a fines del siglo XIV el comercio de las producciones agropecuarias, varias comarcas se especializan en el cultivo del viñedo y el olivo mientras que retrocede en las menos afortunadas. La viña prefigura algunas de las zonas productoras por excelencia: La Rioja, Priorato catalán, Toro, Valladolid y Galicia. El olivo aumenta su dominio por la escasa mano de obra requerida y la demanda de la liturgia. Como lubricante se nutren de aceite los telares del norte de Europa y poco a poco va entrando en la cocina. Prende con fuerza en el Aljarafe sevillano pero también en los Llanos de Urgel, Zaragoza y Castilla la Nueva. Las plantas textiles y ciertos tintes básicos en la industria pañera, o la morera en Granada y Valencia, ocupan parte de los suelos liberados por la especialización.

En contraste, arrecia peligrosamente la acción deforestadora del paisaje ante la necesidad de madera en las atarazanas, viviendas y carbonerías. Los árboles de tardo crecimiento —roble, castaño, haya— caen en talas incontroladas mientras crecen raudos los pinares de las sierras del Duero, Sistema Central y Serranías Béticas. La Meseta saldrá muy perjudicada de este asalto que obliga a continuas regulaciones de la repoblación forestal. En Castilla, la normativa de las Cortes de Valladolid (1351) o el Fuero de Vizcaya son buenos ejemplos de la preocupación *ecológica.*

Al igual que en épocas anteriores, la debilidad demográfica tras la peste estimuló la vocación ganadera del agro hispánico. Los rebaños ovinos alcanzan ahora una importancia capital en el ámbito económico y también en el político, ya que el impuesto sobre la lana se convierte en uno de los ingresos más seguros de la monarquía. El número de cabezas de ganado ovino crece aparatosamente: Castilla llega al millón y medio en 1400, para rozar los dos millones setecientos mil en 1477 y superar con holgura los tres millones en la centuria siguiente. Tal progresión agudiza las fricciones entre ganaderos y agricultores así como la lucha por los pastos concejiles, que se disputan los nobles para alquilárselos a los grandes propietarios de reses. Los problemas inherentes al crecimiento de la cabaña aconsejaron pronto la reforma de la Mesta. Presidida por un *alcalde entregador,* ayudado de cuatro alcaldes de *cuadrilla* —uno por cada ciudad cabecera de las cañadas: León, Segovia, Soria, Cuenca—, la Mesta caminará irremisiblemente hacia su total dependencia de la monarquía y los notables, sobre todo desde el momento en que el cargo más importante pase a ser de nombramiento real.

Sin embargo, el cambio de mayor alcance dentro del sector agropecuario reside en el triunfo definitivo del proceso de concentración de la propiedad en unas pocas manos. Aprovechándose de los vaivenes políticos, las clases privilegiadas arrancan a los reyes parte de sus tierras mientras despojan a los pequeños agricultores de sus predios y privatizan extensos terrenos vecinales de ciudades y aldeas. Durante las oleadas pestíferas, la Iglesia se enriquece con numerosos legados testamentarios, que unidos a las dotaciones de reyes y nobles le alzarán como primer propietario del país, a pesar de las protestas de las Cortes castellanas. Lo mismo ocurre con la nobleza, agrandados sus patrimonios por herencias, compras o donaciones, y las camarillas municipales, que invierten buena parte de sus ganancias en tierras, como bien seguro y salvoconducto para el ennoblecimiento. Estas acumulaciones de suelo pervivirán gracias a la fórmula del *mayorazgo* hasta el siglo XIX, asegurando la buena posición de la nobleza cuando entren en desuso sus funciones militares o el reconocimiento sociorreligioso que legitimaba su poderío. Concedido con carácter excepcional desde 1369, el mayorazgo vinculaba las tierras a una familia a través de la herencia única y la primogenitura.

Impelida por factores históricos la concentración de propiedad será más importante en los territorios castellanos del sur del Tajo, Galicia y Valencia. A los campesinos despojados de sus parcelas sólo les quedaba la posibilidad de alquilar pequeñas fincas por medio de contratos de arrendamiento y aparcería. El alza continuada de los precios animó a los dueños a reducir los plazos a sus inquilinos para adecuar las rentas a la inflación y exigir la vuelta a pagos en especie. Allí donde la agricultura se integra en los circuitos comerciales, como Andalucía, los terratenientes optaron por la explotación directa de la tierra con mano de obra jornalera.

Vivir de la lana

La fragmentación peninsular en reinos y señoríos no facilitó el trabajo artesanal. Salpicado por toda la geografía apenas logró superar el carácter local o regional, pese a que conforme se acerca el siglo XVI algunos centros manufactureros salten esta barrera. Por lo que se refiere a Castilla, su vocación agrícola-ganadera y exportadora de materias primas y el menor desarrollo de sus ciudades explican su penuria productiva. Las ventas a Flandes o Inglaterra de los mejores géneros susceptibles de transformación desmoralizaban a los pequeños creadores que no conseguían frenar la importación de artesanía extranjera. El horizonte cambia, no obstante, a lo largo del siglo XV cuando la calidad de ciertas manufacturas se constituya en emblema de algunas ciudades. Los cueros de Córdoba, las espadas de Toledo, la cerámica de Talavera, el jabón de Sevilla, los vidrios andaluces o murcianos, los paños de Segovia, la platería toledana, sevillana o cordobesa y la seda de Murcia y Toledo serían merecidamente reconocidos hasta en el norte de Europa. Algo quedaba, pues, de la espléndida artesanía islámica.

La minería florece en los cotos activos desde la antigüedad —estaño gallego, plomo andaluz, mercurio de Almadén— y en las salinas, cuya producción imprescindible para la conserva de alimentos era monopolio real. En el norte, los yacimientos de hierro vizcaíno y la abundancia maderera de sus bosques derivaron en el auge de las ferrerías en Vizcaya —más de 125 hacia el año 1480—, Guipúzcoa y Asturias, una parte de cuyo producto se transformaba en armas, clavos y anclas.

Por encima de todas estas artesanías, la lana sostuvo el palpitar de una industria pañera de mediocre calidad. La pañería castellana enriqueció las villas del sur meseteño y Andalucía, pioneras por su cercanía a los centros recolectores de la lana: Ciudad Real, Alcaraz, Toledo, Cuenca, Ubeda, Baeza y Córdoba. El poder de los artesanos textiles en el siglo XV es tal que los procuradores en Cortes consiguen en 1462 la prohibición temporal de venta de lana virgen al extranjero para soslayar el desabastecimiento de la industria local. Otras industrias textiles como la del algodón de Córdoba o el lino tuvieron problemas por la competencia de las holandas flamencas o bretonas. Por contra, Castilla contó en Murcia con una artesanía sedera avanzada, en estrecha relación con la granadina y valenciana, y muy pronto también en Toledo, gracias a ser nudo de comunicaciones y mercado consumidor.

En la Confederación aragonesa, la artesanía gozó de variada fortuna según los distintos reinos. Semejante a Castilla, Aragón puso en pie una próspera industria pañera en Calatayud, Daroca, Huesca y Jaca debido a su disponibilidad de materia prima barata. Pese a todo, el consumo desbordó siempre la capacidad de abastecimiento interno, obligando a la compra de géneros catalanes o franceses. El reino de Valencia vendía gran cantidad de manufacturas —tintes, papel, cerámica de Manises, sederías, derivados del cuero— aunque apenas lograba sufragar sus importaciones. Mallorca, por su parte, dispuso de una rica artesanía textil orientada al mercado mediterráneo pero la piratería, agravada por su condición insular, y la competencia barcelonesa la hundirían en la baja Edad Media.

También arranca ahora el liderazgo de Cataluña en el tinglado pañero de la Península Ibérica y el Mediterráneo occidental. Beneficiándose de los mercados y la mano de obra especializada que la crisis de la industria francesa había liberado, los catalanes instalan telares en Barcelona, Tortosa, Tarragona, Lérida y Perpignan. Disponen de materias primas en su entorno —Valencia, Zaragoza, Maestrazgo— y juegan fuerte la carta de la monarquía aragonesa, lanzada a la conquista de nuevos mercados. Sin embargo, las sacudidas políticas y en especial la guerra civil de 1462-1472 oscurecerán de momento su esplendor, que sirve a los holandeses e ingleses para ampliar sus exportaciones. Así mismo, las minas férricas del Rosellón y la Cerdaña alimentaron un nutrido grupo de forjas en el norte del Principado. La pérdida de ambos territorios y la guerra civil arruinarán el sector. Igualmente reconocidos fueron algunos artículos de lujo como la platería o el coral.

Durante el bajo medioevo, la producción artesanal fue monopolio de los gremios —agrupaciones de trabajadores de un mismo oficio— poderosos e inflexibles en los ambientes urbanos y, por consiguiente, en la corona catalana. Nacidos con el fin de ayudarse entre sí sus miembros, terminaron por acaparar otras funciones de carácter economicosocial, que obstaculizaron el normal desarrollo de las actividades productivas; sus cortapisas convencerían a muchos «industriales-comerciantes» a derivar la producción hacia el mundo rural, donde las familias campesinas trabajaron las materias primas cedidas por los mercaderes a cambio de un sueldo.

Banqueros mejor que reyes

La expansión del siglo XIII había dejado en las economías peninsulares un reguero de alza indiscriminada de precios y salarios con efectos muy negativos en las clases propietarias y productoras. Las tensiones inflacionistas del bajo medioevo derivan tanto del flujo de la moneda como de su manipulación por los monarcas, que buscan equilibrar sus presupuestos mediante la rebaja de los metales preciosos empleados en su acuñación.

Desde el año 1260 hasta el 1320 el incremento de los precios resultó imparable en Castilla al compás de estallidos de revuelta social y guerra civil. Tras un breve período de sosiego, la inflación volvió a galopar aguijoneada por la fatalidad de la peste. Aragón y Navarra resistieron mejor el ataque pero no lograron evitar sus perniciosas consecuencias después la oleada de epidemias, malas cosechas y cierre del comercio en los años treinta del siglo XIV. Excepcionalmente Cataluña, sortea con relativo éxito la mala racha gracias a sus relaciones con el mundo mediterráneo y a su economía mixta. La coyuntura cambia a finales de la centuria; a partir de entonces Castilla mantiene una gran firmeza en los precios, con leves ascensos fruto del crecimiento de la demanda. En la Confederación, por el contrario, la inestabilidad se adueña de la economía hasta provocar la quiebra del sistema productivo catalán.

Además, la falta de una política económica racional y el intervencionismo público entorpecieron la recuperación, sobre todo en Castilla, donde el control burgués ejercido sobre la monarquía no pudo impedir las degradaciones monetarias o el aumento de los impuestos, aunque fue este reino un adelantado en fijar medidas de contención de los precios. En las Cortes de Sevilla (1252), Alfonso X decreta la primera devaluación monetaria de la época, tratando de acercar su valor nominal al real, prohíbe exportar géneros alimenticios y establece una legislación antisuntuaria para evitar el endeudamiento de la aristocracia. La guerra en Navarra, no obstante, frustró tan buenos deseos.

La crisis económica se recrudece hasta obligar al monarca a una política económica que estimulaba la producción y el comercio, contenía los precios y favorecía la acumulación de capital en manos de los productores. Las Cortes de Segovia suprimen la legislación anterior, que sólo había acarreado el acaparamiento, la escasez y el deterioro de las condiciones de vida de los menos favorecidos. Las de Valladolid acotan los gastos de la burocracia, fijan el interés máximo de los préstamos, declarando legítimo el 33,3 por 100 anual, y disminuyen el número de impuestos comerciales. Por fin, Jerez (1268) consagra el absoluto intervencionismo regio en la economía. A partir de entonces, los pesos y medidas serían comunes en todo el reino, la moneda estable y los precios de algunos artículos de consumo tasados. Para combatir los intereses corporativistas se prohiben las cofradías de mercaderes y artesanos y se les compensa con la congelación salarial de los menestrales. Con el propósito de hacer efectiva la prohibición de sacar del país géneros de primera necesidad, se señalaron los puertos autorizados a comerciar con el extranjero.

Los sucesores de Alfonso X refrendarían estas medidas como contraprestación a su permanente alianza con la burguesía urbana. Las quejas municipales de las malas cosechas, la inseguridad de los caminos o los excesos fiscales hallaron una monarquía receptiva, pero la endémica penuria de la hacienda real y la obsequiosidad de las Cortes a la hora de permitir nuevas exacciones constituirían el auténtico cáncer de la economía urbana castellana. Aquejados por problemas semejantes, también los aragoneses emprenden una política dura en tiempos de Jaime II, aunque la dependencia del rey respecto al parlamento evitó las irregulares manipulaciones de la moneda y el abuso de los impuestos extraordinarios. Con esos cuidados sanearon la economía y prepararon el florecimiento de la burguesía comercial catalana.

En el reinado de Alfonso XI de Castilla, las protestas de las Cortes contra los prestamistas conseguirán el perdón de un tercio de las deudas y una mejora en las condiciones de reintegro. No obstante, la escasez de oro y plata necesarios en la acuñación obligaron a componendas con los banqueros hebreos, que les compensarían largamente las pérdidas anteriores. Obtienen un sobreprecio para su plata atesorada, así como la plena libertad de exportación, lo que provocaría el desabastecimiento y el alza indiscriminada de los precios. Simultáneamente, el nuevo impuesto de la alcabala —el IVA bajomedieval— y la peste descabellan la economía castellana.

Para salir de la crisis, Pedro I el Cruel resucita las medidas de Alfonso X con un claro sentido discriminatorio pues limita los costos de producción en beneficio de la oligarquía propietaria. Mientras se ensaya la aplicación por regiones de las tasas de precios y salarios, vuelven a prohibirse los gremios y el comercio se oxigena mediante tratados comerciales con Inglaterra. La escasez de alimentos y otros géneros de absoluta necesidad obligaron a una rebaja de los impuestos para atraer la atención de los importadores. La política intervencionista continúa en los reinados de Enrique II y Juan I; los negociantes, sin embargo, jamás vieron con buenos ojos la injerencia gubernamental en el establecimiento de los precios, consiguiendo en las Cortes de Burgos (1379) la anulación de las tasas.

En Aragón, el cambio también sería drástico. A la peste que destruye parte de su potencia económica se unen las guerras con Castilla y las luchas intestinas entre señores y campesinos con grave repercusión en la agricultura, la artesanía y el comercio. Tampoco la monarquía salió bien parada de este desorden, complicado todavía más por la devaluación del florín de oro y la quiebra bancaria de 1381. Aun así, el impacto de la crisis fue menos violento que en Castilla, gracias a la rápida recuperación de finales del siglo XIV.

La paz de los caminos

Aunque las condiciones reinantes en los siglos bajomedievales no fueran las más idóneas para las relaciones mercantiles, el comercio recuperó poco a poco su pulso. El principal escollo continuaba estando en las dificultades orográficas que encarecían sobremanera el transporte de los artículos. Trasladado el eje económico hispano hacia el sur, el Camino de Santiago pierde su afortunada posición en aras de las rutas transversales que unen el norte y el sur. En particular, los *caminos reales* entre las grandes ciudades: Burgos, Valladolid, Medina del Campo, Sevilla, Córdoba y los puertos del Cantábrico en Castilla, Zaragoza, Monzón, Lérida, Barcelona, Valencia o Alicante en el reino aragonés. Las calzadas recuperan la estructura viaria diseñada por los romanos, mejorada ahora con las nuevas técnicas constructivas y ampliada en la Meseta. Todos los caminos llevarían a Toledo, nudo de comunicaciones del centro peninsular. A lo largo de estas arterias, una falange de muleros y carreteros acarrea las producciones de la economía, adquiriendo el refrendo de la corona en 1497, al crear los Reyes Católicos la Real Cabaña de Carreteros de Castilla.

Por su mayor rapidez, baratura, volumen y seguridad, el barco aventajó a cualquier otra forma de transporte. El aumento de las pesquerías desde el siglo XIII, notable en las costas cantábricas, gallegas y andaluzas, amén del impulso colonial y mercantil cataloaragonés suministraron los conocimientos suficientes para la ampliación de los intercambios marinos. En uno y otro caso, nuevas atarazanas en Barcelona, Sevilla, Cádiz o Palos; naves adaptadas a la diversidad climatológica y marítima —naos, carracas y galeotas en el Mediterráneo, carabelas y pinazas vascas para el Atlántico— y los adelantos de la cartografía mallorquina y catalana permitieron el despegue de la costa.

El mercado, corazón de la actividad comercial en los siglos precedentes, comienza a ser desplazado por el empuje de las tiendas artesanales, sobre todo en Andalucía, que aún conserva el zoco y sus anexos. Proliferan, así mismo, las ferias protegidas por monarcas y señores con la *paz de caminos,* exentas fiscalmente y con un calendario establecido. Los encuentros en Valladolid, Medina de Rioseco, Villalón, Palencia, Salamanca, Burgos, Segovia, Sevilla o Murcia son la columna vertebral de la economía castellana. De entre todas, sobresale la feria de Medina del Campo, erigida al paso del tiempo en centro financiero de la monarquía, al reunir a los prestamistas del rey para sus operaciones con el erario. En el territorio de la corona de Aragón, las ferias tuvieron escasa relevancia porque el desarrollo comercial y artesano descubrió en las *lonjas* un instrumento más efectivo; estos lugares de contratación, ubicados en las villas principales, permitieron el trasiego regular de mercancías y el establecimiento de precios de acuerdo con la oferta y la demanda.

La multiplicación de las compraventas, desde mediados del siglo XIII, sólo pudo sustentarse gracias al mayor movimiento monetario. Para facilitar los negocios, los reyes convertirán en moneda los metales preciosos atesorados con el cobro de las parias o la exportación. Cuando éstos no alcanzaban o resultaba complicado movilizar las cantidades necesarias, nuevos medios de pago, como las letras de cambio, agilizaron las transferencias. Separados política y comercialmente, cada reino creó su propio sistema monetario. Aragón conserva, en un primer momento, el patrón carolingio —libra, sueldos, dineros—, pero sus relaciones con el mundo mediterráneo le obligarán a acomodarse a los cánones italianos, confirmados por Pedro IV con su *florín de oro*. Más cerrada en sí misma, Castilla se inspira en las monedas almorávides y almohades para su *maravedí* y su *dobla* y la instauración del trimetalismo monetario, es decir, la convivencia de piezas de oro, plata y vellón con paridad fija entre sí. El paso más importante en el camino de la unidad monetaria lo darían los Reyes Católicos con la creación en 1477 del *ducado;* su riqueza metálica e inalterabilidad harán de él la moneda internacional por excelencia, el dólar de la época.

Al despegue del comercio acompaña un tímido movimiento bancario, especializado en el cambio de moneda y el préstamo a interés. Monopolio de judíos y conversos, los reyes legislaron para poner freno a sus comisiones usurarias, animados también por la condena eclesiástica de estas prácticas. En Cataluña, la complejidad de las operaciones llevará a la organización de las primeras *taulas,* mesas de cambio en las propias lonjas. La quiebra de numerosas casas de crédito en 1381 impondrá su municipalización, en Barcelona y Gerona, conviviendo con otras de capital privado. A medida que crecen el comercio y las necesidades de los Estados, los movimientos financieros se liberalizan y hasta los monarcas recurren a bancos privados hispanos y europeos.

En el altar de Mercurio

Dotada de una tradición mercantil y de ventajosos recursos, Cataluña marca la pauta del comercio peninsular entre los siglos XIII y XV, sólo la guerra civil y los levantamientos de la primera *remensa* conseguirán acabar con su dominio del mar, al cortar las líneas de crédito y acelerar la huida de capitales al campo. El comercio discurre estrechamente vinculado a la acción política exterior de la corona: las iniciativas militares y diplomáticas en el Mediterráneo (1270-1327) buscan introducir una cuña en el monopolio que Marsella, Génova y Venecia disfrutan como intermediarios en las relaciones de Bizancio con Occidente. De ahí el apoyo militar y financiero ofrecido por Barcelona a las ambiciones dinásticas; Cataluña encontraría además en esta irradiación de mercados el lenitivo al mal trago de las pestes del XIV.

Hacia Oriente, el Principado enviaba paños, miel, vidrio y artículos de lujo a cambio de cueros, tintes, esclavos, oro o especias, que luego revendía con sustanciosas ganancias en Italia, norte de Africa y Europa. Junto al mundo oriental, su especialización comercial llevó al diseño de una red de vías secundarias hacia el sur de Francia y Centroeuropa, Aragón, Andalucía, Flandes e Inglaterra. Como granero del Principado, Sicilia siempre concentró la atención de la monarquía, dando origen a un activo trasiego de papel, paños y otras mercaderías asiáticas.

Al igual que Sicilia, Aragón no pasó de ser un mero *hinterland* agropecuario de Cataluña. La importación de telas, azúcar, seda o artesanías orientales compensaba crecidamente los envíos de lana, cera, trigo, aceite y madera que aquélla le compraba. Sus relaciones con Valencia eran escasas y casi nulas con Castilla por la similitud de sus producciones. Cuando Barcelona decaiga en el siglo XV, Valencia canalizará el comercio de la corona, controlando la salida de la lana aragonesa a Italia, la exportación marítima de su rica agricultura y el intenso tráfico con Castilla. Las ventas de seda, paños y madera crecen con el acceso de los Trastámaras castellanos a la corona aragonesa y la supresión de aduanas entre los dos reinos. La paz interna fomenta la riqueza y refuerza la posición valenciana en la Confederación como financiera de las empresas de Alfonso V y Fernando II.

Desde mediados del siglo XIII, el comerciante revive en Castilla: sus puntos de mira, múltiples, abarcan el norte de Europa y el golfo de Vizcaya, Francia y el Mogreb atlántico. Los marinos cantábricos reemplazan en el canal de la Mancha a los catalanes y dan fama a Fuenterrabía, Bermeo, San Sebastián o Guetaria. Nace Bilbao (1300), como núcleo neurálgico entre Castilla y Europa. Gracias a los privilegios obtenidos en Inglaterra, Flandes, Gascuña, Bretaña o Normandía y a su pericia, los transportistas vascos coparán este tráfico, fundando colonias de comerciantes y consulados en las ciudades más florecientes (Brujas, 1428). A cambio de la lana, el hierro vizcaíno, los vinos castellanos o gallegos, los barcos norteños introducirán en el reino las lujosas artesanías europeas —pañería flamenca, inglesa o francesa, encajes, metales, vidrio, tapices, obras de arte— y en años de malas cosechas trigo y salazones. Brujas, Amberes o Amsterdam; Rouen, Le Havre o Dieppe; Maules, Saint-Malo o La Rochelle; Burdeos o Bayona acogerán el grueso de sus naos. La comunicación con Inglaterra estará a merced de la veleta política, basculando entre la cordialidad y el cierre de fronteras.

El segundo polo comercial castellano, Andalucía, anticipa en la baja Edad Media el esplendor mercantil y naviero, del que harán gala en siglos posteriores Sevilla, Jerez, Cádiz y Puerto de Santa María. A su función de escala entre Italia y el norte de Europa, Sevilla incorpora ahora el horizonte norteafricano. Grandes cantidades de oro se acumulaban en la ciudad del Guadalquivir pero más que enriquecer a los comerciantes nativos, sirven para engrosar las arcas de florentinos, genoveses y venecianos, reemplazados en el siglo XV por ingleses, franceses y flamencos. Fuera del ámbito cristiano, la taifa granadina, extendida por las actuales provincias de Granada, Málaga y Almería, conservó la rica variedad de la economía hispanomusulmana. Huertas y árboles frutales compensaron el secular déficit cerealístico del reino. La caña de azúcar —Motril, Salobreña, Almuñécar—, los frutos secos de Málaga, el azafrán, la morera, el lino y el algodón reflejan una agricultura volcada al exterior y muy motivada por la demanda de los mercaderes genoveses, establecidos en el dominio nazarí. También la ganadería serreña y las pesquerías aportaron su grano de arena al equilibrio de la balanza comercial aunque será la artesanía la que sustente la pujanza del comercio granadino. La orfebrería y el trabajo de la seda, herederos de la tradición oriental, gozaron siempre de gran prestigio en el extranjero.

El reino de los violentos

Los hombres y mujeres de los reinos hispanos continúan divididos en tres grandes estamentos de acuerdo con criterios económicos y, sobre todo, familiares, geográficos y religiosos. A la Iglesia correspondía, en última instancia, convencer a los menos afortunados de la excelencia de su posición en la escala social y a los más agraciados de la legitimidad de la suya. Agitados por graves perturbaciones, amasadas en el trasiego de la peste, nadie plantearía, sin embargo, un debate crítico sobre las diferencias *permitidas por Dios* en una sociedad, por otra parte, de extremada violencia.

Aunque reducida en número, la nobleza comprende cerca del 10 por 100 de la población castellana, incluidos los hidalgos norteños y vascos, pero no llega al 2 por 100 en Aragón. Exentos del pago de impuestos, las luchas contra la monarquía permitieron a los nobles incrementar sus privilegios económicos y sociales a costa de reyes y campesinos. El trato con la corona y la disparidad de fortunas marcaron profundas diferencias entre ellos de tal forma que en el siglo XIV una nueva alta nobleza tomó en Castilla el relevo de la anterior cúpula, muerta en los campos de batalla o en purgas palaciegas. Pocos apellidos de la aristocracia —Enríquez, Manuel, De la Cerda— sobreviven a este recambio, salvo los muy poderosos, los alejados de la corte o los miembros de la familia real. La clase triunfante saldrá de la parentela trastámara, de los mercenarios que les apoyaron en la guerra civil y posteriormente de la burocracia de servicio o de corte. Su riqueza aumentó con las continuas mercedes de Enrique II, Enrique III, Juan II y Enrique IV, tanto en donadíos como en ingresos del Estado hasta acaparar en 1480 más del 60 por 100 de sus rentas. El desbarajuste encontró arreglo en el reinado de los Reyes Católicos, con la anulación de numerosas concesiones a cambio del refrendo de otras y el reconocimiento del mayorazgo.

Mucho más restringida es la alta nobleza aragonesa, apenas veinte o treinta linajes por reino pueden considerarse herederos de los viejos títulos condales o de los ricoshombres de la reconquista. Si bien la comunidad de intereses de los nobles regionales se mantuvo intacta hasta el reinado de Jaime I por el reparto peninsular, la expansión mediterránea rompió el consenso. Cada oligarquía se orientará en adelante a la defensa de sus propias apetencias, encubiertas bajo máscaras *nacionalistas,* aunque coincidirá siempre en su oposición al fortalecimiento de la figura real o a las tentativas de recuperación del patrimonio regio.

El rango sociopolítico de la nobleza inoculará en el tejido cultural de la península el virus de la emulación desmedida. Víctima de él, la sociedad castellana perseguirá el ennoblecimiento como supremo objetivo social, entorpeciendo así cualquier vía renovadora en siglos futuros, con su desprecio del trabajo manual, su obsesión por la limpieza de sangre y su empeño por traspasar el umbral de clase, una vez alcanzado cierto estatus económico, en perjuicio de los negocios productivos. Entre los linajes que despuntan ahora, la historia recordará a los Fernández de Velasco, De la Cerda —duques de Medinaceli—, Manrique, Quiñones, Pimentel —condes de Benavente—, Enríquez —almirantes de Castilla—, Osorio y Sotomayor, Alvarez de Toledo —duques de Alba—, Mendoza —duques del Infantado—, Téllez Girón —duques de Osuna— o Portocarrero.

A la baja nobleza, los siglos XIV-XV no resultaron especialmente fecundos. Agotado el botín guerrero, sus ingresos estaban circunscritos a las rentas de sus propiedades y a las soldadas procedentes de la alta nobleza o la monarquía, que con la inflación habían quedado pequeñas para el mantenimiento de su tren de vida y sus obligaciones militares. A fin de poner remedio, los monarcas legislaron contra la competencia suntuaria —ropas, caballos, comida— desatada entre las elites del reino que deterioraba gravemente la situación de la mesocracia nobiliaria. De este modo, las leyes de Alfonso X, Alfonso XI o Enrique II, además de su contenido mercantil tendrían un móvil social al especificar el número y calidad de los signos externos de riqueza consentidos a cada individuo, de acuerdo con su posición. La monarquía consagraba en ellas las divisiones sociales previas al crecimiento de la burguesía, manteniendo legalmente las diferencias y liberando a la nobleza de dilapidar sus rentas en su campaña de imagen frente a los ricos patricios urbanos o rurales que le hacían sombra.

La usurpación de bienes y rentas del reino, en momentos de debilidad de la corona habían compensado, en parte, el declive de sus ingresos, pero muy pronto resultaron también insuficientes. Comenzó entonces el expolio de la sociedad a manos de la mediana nobleza, lanzada contra los campesinos depauperados, la burguesía urbana, las ciudades y los tesoros de la Iglesia. A la fuerza, numerosos labriegos del *realengo* son sometidos al dominio señorial o reducidos a un estado semiservil. En Aragón, los señores arrancan a la monarquía el derecho de prohibir la entrada de los oficiales regios en sus propiedades y la jurisdicción civil y criminal sobre sus vasallos. No pasará mucho tiempo sin que se les reconozca su facultad de maltratarlos y despojarles de sus pertenencias. La negativa de Pedro I de Castilla a conceder similares prerrogativas a la nobleza castellana le enajenaría su apoyo durante la guerra civil. Concluida ésta, la prodigalidad de los Trastámaras se desborda con la entrega a sus partidarios de distintas villas de la Meseta; el más beneficiado habría de ser Fernando de Antequera, que se queda con las poblaciones y ferias de Valladolid. Las quejas contra la inseguridad de los caminos y la ayuda de los nobles a los *malhechores feudales* llenan los discursos de los procuradores en Cortes. Organizadas en Hermandades, las ciudades ofrecen a la corona un instrumento de pacificación mientras la Iglesia pierde parte de los diezmos, que va a parar a los *patronos laicos.* Valiéndose de la *encomendación,* la pequeña nobleza también hizo acopio de tierras de monasterios y parroquias a cambio de su defensa.

Pese a sus diferencias económicas, el estamento nobiliar conservó fuertes vínculos de solidaridad familiar y de clase, que le permitieron responder con fortuna a las acometidas de la monarquía y los estratos paralelos pero que, asimismo, no impidieron sangrientas reyertas en su seno; especialmente crueles fueron las banderías que asolaron las Provincias Vascas.

De naturaleza mucho más feudal, la nobleza aragonesa mantuvo firme su vocación militar al tiempo que su equivalente en Castilla devenía cortesana. Más apegados a la tierra que a la ciudad, los aristócratas aragoneses descargaron una violencia inusitada contra sus campesinos, abonando futuros levantamientos. Nuevos linajes reemplazarán a las viejas familias, catapultados por su sangre real, los Cardona, Moncada, Ampurias o Urgel.

Las donaciones pías y los diezmos ampliaron ostensiblemente los recursos de la Iglesia, aunque muchos de ellos se destinaran al sustento de centros asistenciales o de enseñanza. Al igual que la nobleza, el alto clero disfrutó de una posición desahogada, descollando por su magnificencia las diócesis de Toledo, Santiago, Sevilla, Burgos, Tarragona, Valencia y Zaragoza, y los maestres de las grandes órdenes militares. Los obispos se reclutaban en la familia real o la aristocracia, deseosa de encontrar acomodo atrayente a sus segundones y a su alrededor pulularían canónigos, racioneros, arciprestes, verdaderas cortes que manejaban los hilos de la institución y disfrutaban de sus prebendas e ingresos. Tampoco la demografía eclesiástica era homogénea, se apiña en las ricas ciudades y deja desatendidas extensas zonas de la península o al cuidado pastoral de un clero poco preparado y a menudo de dudosa moralidad. En estrecha relación con el campo, los ingresos de la Iglesia mermaron al compás de los estragos de la peste repercutiendo en seguida en el número de candidatos. Por otro lado, la crisis del siglo XIV con su secuela de relajo empeoró la condición moral de los clérigos y el éxodo de los párrocos de las zonas pestíferas se complicaría con sus abusos económicos, incontinencias, analfabetismo y su beligerancia política en la guerra civil. Estos descarríos inundan las páginas de la literatura de la época, inspirando obras como *El Libro del Buen Amor* del Arcipreste de Hita y avalando los deseos de reforma de los siglos posteriores.

Peor suerte tuvo el campesinado, sobre todo en Aragón, donde la vida de los labriegos cristianos llegó a ser más dura que la de sus vecinos mudéjares. Nada consiguen tras sus numerosas rebeliones, pues la sentencia de Fernando el Católico en Celada daría carta legal a las violencias de la aristocracia sobre sus vasallos. Desde finales del siglo XIII las relaciones de los señores con sus campesinos también se endurecen en Cataluña. De resultas de la peste y de las facilidades concedidas para la ocupación de las tierras vacías, el campesinado catalán se rompe en dos grupos. Pobres y sometidos a la baja nobleza, los asentados en las tierras menos fértiles del área pirenaica; con una situación más satisfactoria los de la Cataluña nueva, pero ambos sujetos a los *malos usos*.

Agotados por la enfermedad y víctimas del capricho de los señores, los campesinos catalanes desfogan su descontento en algaradas dirigidas contra las clases dominantes con quema de contratos y cosechas. La corona no permanecerá impasible ante la subversión y, aun a costa de beneficiar a la nobleza, su más peligroso enemigo, apagará los fuegos encendidos por ella. Así Juan II desatiende las peticiones del campesinado pobre, pese a que le había apoyado en su guerra contra la Diputación General, dando origen a una nueva insurrección en 1484.

La paz inaugurada por Fernando el Católico, con la sentencia de Guadalupe, soluciona el contencioso aunque sólo beneficia a los payeses más ricos.

Tampoco en Castilla los labradores gozaron de buenas perspectivas. Una cadena de altercados salpicó la geografía del reino, pero faltó un levantamiento generalizado como el ocurrido en Cataluña. La única sublevación que rebasó el ámbito local fue la de los *irmandiños* gallegos (1467-1469), cuyo propósito de frenar el bandolerismo nobiliario aglutinó a campesinos, burgueses, clérigos y pequeña nobleza. Además de destruir castillos y expulsar del reino a la alta nobleza laica y eclesiástica, el movimiento permitiría a Enrique IV reducir a sus oponentes políticos en Olmedo. El efímero triunfo de la hermandad gallega se torna en derrota cuando el rey cambia sus alianzas y propicia la formación de un gran ejército, comandado por el arzobispo Fonseca y el conde de Lemos.

En las ciudades castellanas, las ambiciones señoriales no se satisfacen con la sola posesión de los bienes inmuebles; sin pausa, la oligarquía copa el gobierno y restringe el acceso a los cargos municipales con el filtro de la hidalguía y la limpieza de sangre. Campesinos semiennoblecidos y caballeros dominan las urbes aragonesas mientras que en Cataluña es la alta burguesía la que elimina a la nobleza del gobierno municipal. No obstante, el colapso del comercio y la artesanía orientó las inversiones burguesas hacia el extrarradio de sus ciudades, creando un amplio *hinterland* agrario al que también políticamente someterían.

Como en el campo, el dominio excluyente del gobierno municipal provoca motines y algaradas, con especial virulencia en Barcelona. Aquí se enfrentan, desde mediados del siglo XV, menestrales y propietarios por el control del ayuntamiento y por las directrices económicas que debían aplicarse en los momentos de decadencia. La malversación de fondos y el amiguismo de la *Biga* patricia hacen saltar la chispa en 1451 y, al final, la capitulación de Pedralbes da la razón a la plutocracia barcelonesa. Idéntico resultado tiene el levantamiento coetáneo de los artesanos y labriegos mallorquines contra la burguesía de Palma y sus aliados catalanes.

Al lado de la burguesía urbana convivieron artesanos, jornaleros, criados y aprendices, así como algunos grupúsculos marginales de esclavos, gitanos y mendigos, dependientes de la caridad eclesiástica. La novedad más significativa reside en la llegada de las clases medias, ocupadas en la burocracia estatal, la empresa o el saber: letrados, notarios, médicos, artistas, docentes universitarios...

Al margen de Dios

Junto a esta estratificación social, coincidente con la de los demás reinos europeos, perviven minorías étnico-religiosas musulmanas y semitas, herencia de la reconquista. La peste y los desórdenes sociopolíticos empeorarán las condiciones de vida de estos colectivos, envueltos a menudo en intermitentes estallidos de violencia y marginación. El espíritu tolerante, tanto de los monarcas cristianos como de los califas musulmanes, se quiebra en la baja Edad Media al unísono de los problemas internos y las desgracias de campesinos y menestrales. Las asonadas de tinte *racista* se dirigen preferentemente contra la minoría judía, quizás por su opulencia y su especialización bancaria, mientras que los pobres agricultores musulmanes sortean mejor la anarquía.

Como en el alto medievo, los judíos constituyen la minoría más influyente. Supieron hacer valer su oficio de intermediarios entre los reinos cristianos y las taifas en el ámbito del comercio y la cultura y además su gran preparación les procuró un papel protagonista en la incipiente burocracia financiera de los Estados. Abraham el Bachillón —encargado de la hacienda de Sancho IV— o Yuzaf de Ecija —almojarife de Alfonso XI— recuerdan el prestigio judío entre los tecnócratas. Aunque indispensables para la monarquía, los reyes de la primera mitad del

XIV no retrocedieron a la hora de frenar el poderío hebreo hasta prohibirles la compra de tierras.

Los agobios económicos de la época fomentaron los odios antisemitas, en consonancia con el sentimiento que recorría Europa. Soliviantadas las muchedumbres por las soflamas del bajo clero, la marea racista crece empujada por la política económica de Alfonso XI que concita la animosidad del reino contra los comerciantes judíos, a quienes se responsabiliza del desabastecimiento alimenticio. La situación degenera con Pedro I, empeñado en entregar la administración a técnicos hebreos al mando del financiero Samuel Levi, mecenas de la más suntuosa sinagoga toledana. Su hermanastro Enrique aprovecha la tentativa para calentar los ánimos y dar a la guerra civil una cobertura religiosa que enmascara sus verdaderos propósitos: desplazar a los partidarios de Pedro y anular las deudas de la nobleza con los prestamistas judíos.

La guerra intensifica los asaltos a las juderías y morerías, pero una vez coronado Enrique II da marcha atrás, protegiéndolas y negándose a secundar a las villas en su deseo de obligar a las minorías a portar emblemas distintivos. A partir de entonces la violencia corre pareja con la debilidad del poder y los períodos de escalada de la conflictividad social; de esta forma la muerte de Juan I de Castilla desemboca en los terribles estragos de 1391, mera derivación de la venganza de los pobres contra los propietarios. Iniciados en Sevilla los *progrooms,* se extenderían veloces por Andalucía, Levante y Aragón, arrasando multitud de aljamas. Intervenciones de distintos monarcas atajarían momentáneamente el peligro, al precio de la supresión de algunos derechos y modos de vida propios de los agredidos.

Eran poco menos del 5 por 100 de la población peninsular y continuarían siéndolo. Sin mermar apenas su número, las persecuciones provocaron el éxodo judío de las ciudades más peligrosas. Muy castigada resultaría la corona de Aragón con la huida pues el 95 por 100 de sus judíos se dedicaban a la artesanía, al comercio o a distintas profesiones liberales. En Castilla, la emigración fue menor por las conversiones del patriciado hebreo. No obstante, la renuncia a su fe no ahuyentaba del todo el peligro: los conversos seguían marginados por las leyes, rechazados por los pobres e incluso por los poderosos, que levantan barreras de autoprotección con el concepto de *limpieza de sangre* y la sobrevaloración de los *cristianos viejos.* Muchos hijos de conversos se verían empujados a emigrar dentro de la península o a cambiar de apellidos para encubrir su vergonzante condición y acceder a los cargos públicos. La *intelligentsia* de la España de los siglos XV y XVI lleva en su sangre este estigma con personalidades del rango de Fernando de Rojas, Mateo Alemán, Torquemada, Francisco de Vitoria, fray Luis de León o la doctora de la Iglesia, santa Teresa de Avila. El mordaz Quevedo evoca en sus versos la legión judía:

> ... No revuelvas los huesos sepultados;
> que hallarás más gusanos que blasones,
> en testigos de nuevo examinados.
> Que de multiplicar informaciones,
> puedes temer multiplicar quemados,
> y con las mismas pruebas, Faetones.

Reducidos al gueto de las morerías, los musulmanes castellanos y aragoneses conservaban su religión, costumbres y jueces en virtud de las capitulaciones de la conquista. Vivían sobre todo en Andalucía, Murcia, valle del Ebro, Huesca y en los aledaños de Valencia, Gandía o Játiva. Menos influyentes que los hebreos, los campesinos islámicos lograrán subsistir durante el ocaso de la Edad Media sin excesivos roces con sus vecinos cristianos, debido al interés de los señores en conservar una mano de obra sumisa y al de los reyes de no privarse de sus impuestos.

Nace el Estado

Uno de los grandes legados de la baja Edad Media a la historia peninsular es el Estado con el aparato burocrático necesario para mantenerlo. Siempre a remolque de las embestidas de la aristocracia, el tinglado administrativo facilitará, con el tiempo, el triunfo de las monarquías sobre el resto de los poderes intermedios, llámense señores, particularismos locales o Iglesia. Si bien es cierto que el monarca se coloca en el vértice institucional con la categoría de cabeza del reino, jefe del ejército o director de la política exterior, su gobierno no será nunca absoluto al hallarse mediatizado por los demás señores y constreñido por las Cortes y sus leyes.

Bajo el monarca y en constante fricción por el dominio de la función legislativa, las Cortes constituyeron el segundo polo político de los estados cristianos peninsulares. Conservando su faceta consultiva, el parlamento castellano languideció según discurría el siglo XV; aunque en la práctica su consentimiento resultaba imprescindible para establecer nuevos impuestos. Durante esta época quedaron delimitados el número y los representantes del estamento urbano al confiar a las cabeceras de los reinos —Burgos, León, Toledo, Jaén, Córdoba, Sevilla y Murcia— y las villas más ricas —Zamora, Toro, Salamanca, Valladolid, Soria, Segovia, Avila, Madrid, Guadalajara y Cuenca— el encargo de cubrir los escaños del tercer estado. La reunión de los tres brazos se hacía siempre por separado, elevando cada uno sus propuestas como conclusiones, que adquirían el rango de leyes, una vez aprobadas por el rey e inscritas en el *cuaderno de Cortes.* Por supuesto, la corona podía dictar leyes directamente con la fórmula del *ordenamiento de Cortes.*

En contraste con Castilla, la Confederación aragonesa no tuvo nunca un órgano legislativo común, subsistiendo los parlamentos de cada reino: Cataluña, Aragón y Valencia. Dividido también en brazos —tres en Valencia y Cataluña, cuatro en Aragón por desglose del grupo nobiliar—, las reuniones se celebraban por separado, con la presencia de funcionarios nombrados por el rey con objeto de informarle. Para la toma de decisiones la nobleza exigió la unanimidad, mientras que la Iglesia y la burguesía consideraban suficiente la mayoría. Al despojar a la corona del monopolio del poder legislativo las Cortes compartieron desde 1283 la iniciativa legal, que generará en Cataluña dos tipos de leyes, las *constituciones* —proyectos presentados por el rey y aprobados por el parlamento— y las *capitols de Corts,* iniciativas parlamentarias con el visto bueno regio.

Al margen del aparato legislativo, surgen los primeros organismos especializados de gobierno, circunscritos, en principio, al reducido ámbito de la corte. De entre todos pronto sobresale el Consejo Real, dedicado al asesoramiento de la corona, al gobierno del reino y a las apelaciones judiciales, como tribunal supremo de justicia. El número y categoría social de los componentes oscilaron muchísimo en este período, siendo un punto de fricción constante entre la monarquía y los delegados de las ciudades. A la larga, quedaría compuesto por una representación paritaria de los tres estamentos en Cortes: cuatro nobles, cuatro eclesiásticos, cuatro portavoces ciudadanos. En Aragón, el Consejo actuó además como elemento aglutinador, ya que sus miembros representaban tanto a los estamentos como a cada uno de los reinos, y se encargó de planificar la alta política de la monarquía; en 1287 el rey aceptará el compromiso de gobernar con él.

La administración va adquiriendo sus rasgos característicos pero la falta de una capital permanente impidió el establecimiento de un centro organizativo sólido, con trasiego de funcionarios y expedientes a medida que lo hacía el monarca. Antecedente directo de la capitalidad será el asentamiento de la Cancillería en Valladolid (1442). En Aragón el panorama se complica por la carencia de una capital compartida y la creación de burocracias paralelas en las cabezas de cada reino, Barcelona, Valencia y Zaragoza. Incluso la casa del rey —mayordomos, tesoreros, camareros, almojarafes— se triplicó.

Piedra angular de la administración, la Cancillería alcanza grandes dimensiones con Alfonso X y Jaime I. Al rey Alfonso se debe la consagración del castellano como lengua oficial y diplomática al ordenar su uso en todos los documentos del reino. El creciente trabajo exigió una mayor profesionalidad de los funcionarios, los verdaderos artífices de la institución, por mucho que el cargo de canciller correspondiera a las altas dignidades eclesiásticas, testimonio de los antiguos servicios cortesanos de los arzobispos de Santiago, Toledo o Tarragona.

En una sociedad donde la violencia era moneda corriente, la figura del rey se agiganta por su condición de juez supremo del reino. *Alcaldes de corte, alza y fijosdalgo* le ayudaron en su labor judicial a la par que, en instancias más cercanas a los súbditos, los alcaldes de las ciudades se responsabilizaban de todos los casos, con derecho de recurso ante corregidores o merinos. En las Cortes de Briviesca (1388) Juan I de Castilla crea la Audiencia, tribunal de apelación de carácter itinerante —Medina, Olmedo, Madrid, Alcalá—, que a mediados del siglo XV se instala definitivamente en Valladolid. Una vez conquistada Granada, los Reyes Católicos establecen una segunda audiencia en la capital andaluza con competencia en los asuntos del sur. Ya desde el siglo XIII los aragoneses disponían de ella pero es ahora cuando se multiplican de acuerdo con la peculiar estructura de la corona: Barcelona, Valencia y Mallorca. Especial relieve adquiere la institución del Justicia Mayor de Aragón, único con capacidad de juzgar los pleitos nobiliarios y celoso cancerbero de los fueros.

Para el mejor ejercicio de la justicia y el cobro de impuestos, la burocracia estatal dividirá los reinos en distritos administrativos, dando origen a las merindades —Asturias, Galicia, Alava, Castilla la Vieja, Castilla la Nueva y León— y a los adelantamientos castellanos de Andalucía y Murcia. En Aragón, la autonomía de cada estado exigió el nombramiento de un lugarteniente o virrey al frente de aquellos reinos donde no se encontraba el monarca. Dotado de enormes prerrogativas, el cargo se elegía entre los miembros de la familia real, dependiendo de él los gobernadores de las regiones de los distintos territorios compuestas a su vez por demarcaciones más pequeñas:

las *veguerías* comarcales y las *bailías* locales. Conviene señalar, no obstante, que el entramado descrito afectaba únicamente a los espacios y hombres dependientes de la corona, sin que existiese facultad para intervenir en los señoríos, especie de islas dentro del reino, y que pervivieron áreas de organización política diferenciada en el propio dominio real.

La burocracia y la guerra aumentaron de tal forma los gastos de la monarquía que fue preciso renovar el sistema fiscal para adecuarlo a las necesidades de Castilla. Hundidos los impuestos derivados de una precaria economía agrícola, la presión hacendística se desplazó hacia el comercio interior y la exportación. Las grandes sumas obtenidas por esta vía aseguraron el predominio del monarca sobre las Cortes y la financiación de la burocracia, algo bien distinto de lo ocurrido en Aragón, cuya monarquía dependió siempre de los subsidios votados por el parlamento. A Alfonso X y Fernando IV debe Castilla los ejes de su hacienda, alargada con ligeros retoques hasta el siglo XIX. Junto a los tradicionales monopolios e impuestos señoriales se incorporan los derechos de aduana y, sobre todo, la alcabala aprobada por las Cortes en 1342 para sufragar la guerra de Algeciras. Pese a su concesión inicial por tres años, habría de transformarse en el ingreso fijo más suculento y mimado (cerca del 70 por 100 de la recaudación): afectaba por igual a todos los súbditos, pero pronto la nobleza y la Iglesia conseguirían su exención. A finales del siglo XV, las ciudades obtienen del monarca su *encabezamiento,* esto es, el pago de una cantidad fija por villa, disminuyendo la presión del impuesto sobre la economía. Ante la insuficiencia de los ingresos corrientes, en momentos de inflación o guerra, la monarquía tuvo que acudir a recursos extraordinarios: los subsidios de las Cortes y las rentas eclesiásticas compensaron el déficit. La corona esgrimió la protección del trono al altar para asaltar sus jugosas propiedades mediante las *tercias reales,* concedidas por el Papa a Fernando III y la *bula de la Santa Cruzada.*

El laberinto italiano

Encerrada en el sur peninsular durante la reconquista, Castilla amplía sus horizontes a lo largo del siglo XIII. Dos problemas seculares van a atraer su atención: la conquista del reino nazarí y la vigilancia de la peligrosa Navarra, siempre al acecho del comercio lanero septentrional. Castilla no podía permitir que Aragón o Francia pusieran su pie en Pamplona sin peligro de una asfixia económica inminente. Cuando Aragón, de la mano de Cataluña, centre su interés en el Mediterráneo desaparecerá la amenaza. En Europa, la alianza con Francia o Inglaterra se mueve al compás de las necesidades de los exportadores norteños pasando por períodos de amistad y recelo. La defensa de sus condados del Rosellón y la Cerdaña de la codicia francesa es otro de los objetivos de Aragón.

En política exterior los reinos hispanos quedan definidos desde los tiempos de Alfonso X y Jaime I: a la muerte sin sucesión de Teobaldo I, la pugna de ambos monarcas por el trono navarro se saldaría con el revés común de la entrada de Francia en Pamplona (1285), justamente por los mismos años en que fracasaron los intentos aragoneses de conservar su influencia diplomática en Toulouse y Provenza. Perdidas las primeras partidas, los dos monarcas buscan resarcirse en otros pagos: Alfonso optando a la corona imperial alemana, y Jaime I volcado al Mediterráneo. Fueron sus propios súbditos los que hicieron naufragar el sueño imperial de Alfonso, pues, más pragmáticos, se negaron a sufragar los gastos de la elección. Por contra, la interesada burguesía catalana aceptó gustosa secundar los proyectos ultramarinos de su rey, que no hacían sino continuar la expansión costera peninsular. El Papa nombra rey de Sicilia a Carlos de Anjou, a cuyos seguidores, existosos en Navarra y Provenza, habrá que poner freno. A tal fin, los catalanes conspiran con los marselleses y sicilianos refugiados en Túnez contra el recién entronizado, hasta enfurecer a su padre san Luis, quien lanza en 1270 una cruzada sobre el reino norteafricano.

Pedro el Grande continúa en 1280 la política mediterránea al tomar Sicilia por la fuerza, con la excusa de un sublevación popular contra los angevinos *—vísperas sicilianas—* para desembarcar en la isla y deponer al monarca francés. Excomulgado por el Papa y rotos los vínculos vasalláticos, Pedro debe pactar con Sancho IV de Castilla y camelar a su nobleza con el reconocimiento de privilegios. Tratando de capear el temporal, la corona decide asegurar su influencia en el área, a costa de la división en varios estados de todas sus posesiones ultramarinas —Mallorca y Sicilia—, entregados a miembros de la familia real. La secesión tranquiliza a Francia, que acepta firmar un tratado de paz en Anagni (1295), y al Papado, que recompensa a Jaime II con los teóricos derechos sobre Córcega y Cerdeña. Libre del frente mediterráneo, el rey aragonés se inmiscuye en la guerra civil castellana con la secreta pretensión de ocupar Alicante y Murcia y debilitar a su vecino, dividiendo el reino castellano entre los pretendientes Alfonso y Juan. Ni una ni otra se conseguirán aunque Aragón tomó Orihuela, Alicante, Elda, Novelda y Elche. Con la paz, soldados aragoneses pasarían como mercenarios a Sicilia, Italia y Bizancio, donde fundan los ducados de Atenas y Neopatria (1311), mientras otros reemprenderían la expansión ultramarina en la conquista de Cerdeña.

Desangrada en guerras civiles y minorías, la corona castellana apenas si es capaz de asegurar su integridad y el traspaso pacífico del trono. Sancho IV bascula hacia la Francia de Felipe IV, aceptando como un mal menor la absorción navarra, frente a un Aragón que no duda en tomar partido en los desórdenes ajenos para aliviar su camino mediterráneo. Tan sólo la mediación en las disputas entre Diego López de Haro y su sobrina María por el señorío de Vizcaya reclama el interés de los castellanos. La estabilidad interna conseguida por Alfonso XI clarifica su política exterior: paz en las fronteras cristianas peninsulares mediante los matrimonios con príncipes portugueses y aragoneses, asalto al reino de Granada e intervención en el Señorío de Vizcaya (1326). Además, la guerra de los Cien Años obligaba a decantarse por uno de los contendientes; el peso del comercio y la marina vascocantábrica harían caer el fiel de la balanza del lado inglés. Finalmente, la invasión benimerín de Gibraltar de 1338 es respondida por la alianza de castellanos, aragoneses y portugueses triunfante en la batalla del Salado.

La ocupación catalana de Cerdeña enajena para siempre la amistad genovesa, compensada por el pacto de Barcelona y Mallorca contra la ciudad italiana. A la paz se llega en 1336 por las amenazas de Francia, Nápoles, Sicilia y el Papado, deseosos de conservar el *statu quo* mediterráneo, en peligro también tras destituir el rey aragonés a Jaime IV de Mallorca y anexionarse su reino. La victoria naval de la armada catalanoveneciana sobre Génova en el Bósforo (1353) resuelve, en parte, el litigio, pero degenera en conflicto internacional por los lazos de la derrotada con Castilla. Al estallar la guerra civil castellana (1356-1365), la península se transforma en campo de batalla secundario tanto de la contienda europea como de la mediterránea, en la que se dilucida, asimismo, la hegemonía de los reinos hispanos.

En las primeras escaramuzas, Pedro I persigue la alianza con Francia para volver más tarde a su política de amistad con Inglaterra. A pesar de la superioridad militar de Castilla, patente en las continuas invasiones de Aragón y Valencia, y el bloqueo naval de Barcelona, el soberano aragonés sabrá jugar mejor la baza diplomática, en conspiración con los Trastámaras castellanos y atrayéndose a Francia y el Papado, cuyos intereses continentales priman ahora sobre los mediterráneos. El asesinato de Pedro I en Montiel y la coronación de Enrique de Trastámara como rey de Castilla parecían el triunfo definitivo de Aragón; sin embargo, muy debilitado por la guerra, perdió la ocasión de obtener Murcia, ofrecida por Enrique a cambio de su ayuda. Tampoco el monarca navarro conseguiría sacar partido de su traición al cruel Pedro, los Trastámaras no se desprendieron de Vizcaya y Guipúzcoa como había sido estipulado.

A fines del siglo XIV, nadie puede hacer sombra a Castilla ni en la península ni el Atlántico, donde la destrucción de la flota inglesa por la marina cántabra en La Rochelle elimina toda competencia en el canal de la Mancha. Sin objetivos fáciles a su alrededor, Aragón vuelve al Mediterráneo para establecer enlaces matrimoniales con el reino siciliano. Entre tanto, Navarra se mueve en un negro juego de intrigas y alianzas, dirigido por Carlos II, destinado a preservar la independencia obtenida de Francia en 1328.

Firme en su papel de primera potencia, la Castilla de Juan I hace a Portugal víctima de sus ambiciones. La diplomacia busca, en un principio, enseñorearse de la corte, pero el derrocamiento del monarca luso por la nobleza obliga a actuar militarmente con los catastróficos resultados de Aljubarrota (1383) y el secular recelo portugués respecto de Castilla. La emergencia castellana tiene su corolario en el comienzo de la conquista de las islas Canarias (1402) y en la elección de Fernando de Antequera como rey de Aragón en Caspe (1412), aunque con la contrapartida de sus continuas injerencias y las de sus hijos, Alfonso el Magnánimo y Juan II, en los asuntos internos de Castilla, que devuelve la pelota, sembrando la discordia en Navarra.

Los problemas domésticos no desalientan ni a Juan II, ni a Enrique IV, que compaginan una política de equilibrio europeo, no exenta de altercados, con el pillaje en la taifa granadina y las intromisiones en Navarra. Muy pendientes de sus intereses familiares en Castilla, Alfonso el Magnánimo y Juan II tampoco olvidan a sus súbditos catalanes. Los amagos secesionistas de Cerdeña son reprimidos con celeridad, avanza la ocupación de Córcega y se castiga con duras campañas a Génova, instigadora de los levantamientos. En 1425 Alfonso pone un pie en la península italiana al desembarcar en Nápoles en ayuda de su reina contra los angevinos, suscitando la coalición de sus enemigos que le vencen en la batalla naval de Ponza, descrita poéticamente por el marqués de Santillana en su *Comedieta.* Gracias a la defección del señor de

Génova y Milán y a la idea aragonesa de separar los dominios de la Confederación de los ultramarinos, Alfonso el Magnánimo conseguiría en 1442 el reino napolitano en herencia para su hijo Ferrante. Su escalada italiana pasa a continuación por Milán, defendida con el apoyo francés y el de las repúblicas veneciana y genovesa, en un anticipo del futuro camino imperial hacia el centro de Europa.

Capítulo XI

La monarquía universal

Una sola corona

En 1469, el matrimonio de Isabel y Fernando pone la primera piedra de la convergencia de los reinos hispánicos peninsulares, después de varios siglos de roces y rupturas. El camino estará repleto de obstáculos; su superación, no obstante, marca el tránsito a la Edad Moderna.

No fue cómodo para la princesa Isabel su acceso al trono castellano. Los nobles, acostumbrados a manejar a Enrique IV, manipulan los rumores sobre la ilegitimidad de la heredera Juana, apoyan la candidatura de Isabel mientras ésta se somete a sus dictados y le dan la espalda cuando perciben su fortaleza personal y familiar. Para complicar más la situación, Francia y Portugal se inmiscuyen en la guerra civil desatada a la muerte del monarca entre partidarios de una y otra. Los portugueses por razones estrictamente dinásticas, los franceses por su tradicional política antiaragonesa. Gracias a la lealtad de las ciudades, algunas familias nobiliarias y ciertos territorios, así como los ejércitos de su suegro, Isabel logra doblegar a sus oponentes. Entre los primeros reconocimientos de la discutida reina destaca el de las Provincias Vascongadas, que le proclaman Señora de Vizcaya, en plena guerra civil. Las paces de Alcaçobas (1479) y Toledo (1480) liquidan el conflicto, al comprometerse Portugal a abandonar a su suerte a los enemigos de Isabel a cambio del libre movimiento luso en Africa.

Remansadas las aguas de la sucesión, pero no el malestar interno, Isabel y Fernando derivan al frente granadino las tensiones sociales del reino. Luego de sanear las finanzas del Estado y heredar la corona aragonesa, entre 1480 y 1492 los Reyes Católicos dirigen la agresividad de sus súbditos contra las vegas sureñas. El propio Fernando involucra a los habitantes de la Confederación al incluir Granada en su política de Estado, por encima de la estrategia meramente castellana. Es la culminación del viejo sueño de la reconquista. Además, la guerra estrecha los lazos de la monarquía con los diversos componentes de sus reinos, acelerando el germen de un ejército permanente y de la burocracia estatal precisa para su sustento.

Tras varias intentonas, el 2 de enero de 1492 la Alhambra se entrega a los reyes, que en las capitulaciones se comprometen a facilitar la expatriación de Boabdil al norte de Africa y a respetar la religión, leyes e impuestos de cuantos decidieran quedarse. Un alarde de tolerancia ahogado por la avaricia nobiliaria y la intransigencia del regente Cisneros, que al imponer la conversión forzosa, contra la parsimonia del indulgente fray Hernando de Talavera, soliviantará los ánimos de los moriscos hasta el extremo de provocar su rebelión en las Alpujarras (1512), reprimida a sangre y fuego.

Una vez conseguido este primer objetivo común, la unión dinástica orienta su política internacional adaptándola, lo mejor posible, a los intereses de todos los reinos. Herencia del mundo bajo medieval aragonés, el Mediterráneo suscita los desvelos de la monarquía aun a costa de nuevas guerras con Francia; de la misma forma que el eje Borgoña-Flandes-Inglaterra mantiene la tradición castellana. La posición de Navarra adquiere un nuevo alcance en la estrategia exterior, como puerta al corazón de la península, al tiempo que la competencia castellano-portuguesa por el dominio de las rutas africanas del oro, los esclavos y las especias acentúa la rivalidad entre ambas coronas. Frenada en Africa, salvo Canarias, por los tratados de su reina, Castilla se lanzará a la *aventura atlántica* propuesta por Colón con los conocimientos técnicos necesarios, los hombres precisos y el afán de mejores glorias.

> ... Venient annis
> saecula seris quibus Oceanus
> vincula rerum laxet et ingens
> pateat tellus Tethysque novos
> detegat orbes nec sit terris
> ultima Thule.
>
> Con el paso perezoso de los años,
> vendrán unos siglos, en los que el
> Océano abrirá las barreras del mundo,
> se descubrirá una tierra inmensa, Tetis
> revelará nuevos mundos y no será
> entonces Tule la última de las tierras.
>
> SÉNECA, *Medea*

El descubrimiento de América en 1492 señala un nuevo rumbo a la historia peninsular. Europeo y mediterráneo, cruce de pueblos y culturas del norte y el sur, el suelo ibérico se trasformará en puente de la vieja Europa con un mundo insólito, rico en la variedad de sus tierras, productos y razas. De momento para la Castilla de los Reyes Católicos sólo significó una esperanza y un estímulo a su expansión. Los tropezones con Portugal respecto de los derechos ultramarinos se eliminan en los acuerdos de Tordesillas, con la divisoria de los territorios a descubrir por ambas potencias. Castilla es la gran beneficiada, al hacer valer en su favor las bulas concedidas por un Papa tan parcial como el valenciano Alejandro VI, que en 1492 había reconocido la unión de las coronas con el nombramiento de un único nuncio y que cuatro años más tarde obsequia a sus reyes con el título de Católicos.

Concluida la guerra de Granada, el Mediterráneo atrae la atención hispana y mete a Castilla en Europa cuando todo hacía pensar en su desembarco norteafricano o americano. Por el tratado de Barcelona (1492) Fernando *deja hacer* a Carlos VIII de Francia en el norte de Italia a cambio de la devolución del Rosellón y la Cerdaña. Pero al conquistar Nápoles, el francés rompe el equilibrio perseguido por Cataluña desde la baja Edad Media y provoca la alianza de viejos enemigos —Aragón, Papado, Venecia, Imperio— en su contra. Expulsado de Italia, los nuevos intentos de su sucesor, Luis XII, por ocupar la península transalpina llevan a dividir con Fernando el reino napolitano (tratado de Granada, 1500). No es más que una situación transitoria, ya que las victorias del Gran Capitán en Cerignola y Garellano (1503) entregan Nápoles entero a Aragón.

Los intereses castellanos descansarán más en la diplomacia que en las armas. La unión peninsular y la neutralidad de Navarra y Portugal se confían a los matrimonios de príncipes castellanos con los herederos de las monarquías vecinas. Fracasados en el caso navarro, la corona se esfuerza, a partir de 1493, en emparentar con las más poderosas monarquías europeas: bodas de los infantes Juan y Juana con los hijos del emperador Maximiliano y de Catalina con Arturo de Inglaterra y luego con su hermano Enrique VIII. Se compaginaban así los intereses comerciales castellanos con los geoestratégicos catalanes, tendentes al aislamiento de Francia. Consecuencia no pretendida de esta enrevesada política matrimonial, la corona vendría a parar a la cabeza de un Habsburgo, Carlos I.

Isabel muere en 1504; ante la enajenación de su heredera Juana deja como regente de Castilla a su esposo Fernando. Ese mismo año, convoca Cortes en Toro para atraerse a la nobleza castellana, pero enojada ésta por su apartamiento del poder se alía con Felipe el Hermoso contra su suegro. Nada más peligroso para el Católico que la francofilia del príncipe flamenco, atizada por sus tratados con Francia e Inglaterra. Las circunstancias adversas no amilanan al aragonés, que responde maquiavélicamente con una alianza defensivo-ofensiva con el monarca galo, ratificada por su matrimonio con Germana de Foix.

La llegada de Felipe a Castilla y su tentativa de incapacitar a Juana aumentan las tensiones; las Cortes, pertinaces, sólo reconocen el nombramiento de la reina y del Católico, como gobernador. A la muerte del rey consorte, Fernando se alza de nuevo con la regencia (1507-1516) y deseoso de acrecentar su prestigio en Castilla no toma represalias contra la nobleza felipista sino que atiende a los deseos testamentarios de Isabel e interviene en el norte de Africa —avanzadilla defensiva de la península, como tantas otras veces en el pasado— conquistando Orán, Bujía, Trípoli...

A la vez, Fernando consolida en Italia el dominio napolitano frente a Francia —victoria de Novara y paz de 1513— y aprovecha las renacidas querellas de agramonteses y beamonteses para lanzar la ofensiva final sobre Navarra, que es ocupada por los tercios del duque de Alba acantonados en Salvatierra. En las Cortes de Burgos de 1515, el viejo reino es agregado a Castilla, donde la monarquía dispone de mayor margen de maniobra. Un año después muere Fernando y queda su hija como heredera y su nieto Carlos como gobernador general de los estados aragoneses; en espera de su viaje a la península, el arzobispo de Zaragoza y el cardenal Cisneros ocuparían su lugar.

Mangas verdes y sambenitos

Enfrascados en tan ardua política exterior, los Reyes Católicos renuevan las estructuras políticas peninsulares. La unión de los reinos hispánicos en 1479 nace acosada por enormes tensiones, ya que, en principio, se trataba de una mera conjunción dinástica: Castilla y Aragón sólo quedarían vinculados en el futuro con el nacimiento de un heredero de la pareja. Sin embargo, la precaria *unidad* dio paso a un entramado de intereses comunes que acabarían reforzándola, ayudada por la convergencia de aspiraciones de los notables de ambos reinos, comprometidos gustosamente en la política regia. Además, la paz de los campos y ciudades y el renacimiento económico y cultural paralelo pregonaban ya los buenos tiempos de la etapa imperial.

Hacia la restauración del poder real y la paz del país camina la Hermandad General —unión de las villas para el establecimiento de un cuerpo armado— sancionada por las Cortes de Madrigal en 1476. Dirigida a la represión del bandidaje, la Santa Hermandad procedió en seguida a la demolición de numerosas casas torres, auténticas guaridas de malhechores. El programa será muy efectivo en las Provincias Vascongadas, donde los delegados regios apaciguan las luchas interlinajes para alborozo de los comerciantes castellanos y norteños. Verdad es que la guerra granadina, y luego la italiana, jugó a su favor al proporcionar fuentes alternativas de ingresos a la belicosa nobleza vasca. Junto a la Hermandad, las Cortes de Toledo reorganizan el sistema judicial concentrando en las chancillerías de Valladolid y Granada los tribunales de última instancia y refuerzan la figura del corregidor como delegado de la monarquía en las ciudades. Así mismo, los reyes modernizan el Consejo Real y desbancan de él a la alta nobleza, sustituida por burócratas y letrados adictos a la corona.

La alianza con las ciudades y el control del aparato burocrático permiten el desplazamiento de los nobles, a los que no se les discute su preeminencia social ni se les niegan ciertos cargos honoríficos en la milicia, la diplomacia y la Iglesia. Saneada la hacienda, con la recuperación de los bienes usurpados a la corona y el autonombramiento del monarca como maestre de las Ordenes Militares, la alta nobleza dependerá cada vez más de las dádivas del trono y sobre todo de la universalización del mayorazgo (1505).

En este contexto de imposición de su voluntad, la monarquía católica renueva el valor de la religión como fermento de la unión política. El credo único, heredero también del fin de la guerra granadina y de las tensiones antisemitas de los siglos XIV y XV, acentúa los rigores contra la minoría hebraica castellana, la más numerosa después de los asaltos a las juderías aragonesas. A tal fin, en 1478 se establece el moderno Tribunal de la Inquisición, encargado de la persecución y castigo de los hebreos convertidos al cristianismo que conservaban en secreto sus tradiciones. A no tardar, derivaría también hacia la condena de las desviaciones heréticas y morales. Su extensa y bien organizada burocracia —Consejo de la Suprema Inquisición, inquisidores locales, fiscales, familiares— pondrá al servicio del trono un eficaz sistema de información y represión, máxime cuando su ámbito se amplíe a todos los reinos peninsulares, sin distinción de fronteras, con el dominico Torquemada como inquisidor general. Capacitada para sentenciar penas de prisión, destierro, azotes, galeras o incluso la muerte, la Inquisición no tuvo, sin embargo, la prerrogativa de hacer cumplir las condenas, debiendo entregar los reos al brazo secular. Junto a esta vía punitiva, los Reyes Católicos sorprenden a la comunidad hebraica en 1492 al decretar la expulsión de los judíos hispanos o su conversión forzosa al cristianismo. Siguiendo el ejemplo de Abraham Senior, rabino mayor de Castilla, una gran parte de la clase dirigente elegiría el bautismo como tabla de salvación, aunque otros muchos tomarían la senda del destierro. La salida de Sefarad de un notable grupo humano —cerca de ciento cincuenta mil castellanoaragoneses— desangrará durante algún tiempo la demografía y los recursos de las ciudades. Los judíos españoles encontrarían acogida en las urbes musulmanas del norte de Africa, el Imperio otomano, Portugal e Italia, nuevas sedes de las comunidades sefarditas que han conservado vivo el castellano de la época.

Impuesta la unidad religiosa, la monarquía no vacila en confrontarse con la Iglesia, acaparando los derechos de *patronato* y estableciendo límites al privilegio de asilo en los templos. También alentará la corona los primeros avances en la reforma de las costumbres y la educación de los clérigos, que tendrán continuador en el regente Cisneros y su universidad de Alcalá, encargada de la publicación de la *Biblia Políglota*, la obra más representativa del Renacimiento español.

Los pilares del Imperio

Si bien el reinado de los Reyes Católicos coincide con una recuperación demográfica en toda Europa occidental, en la península el florecimiento castellano fue enturbiado por el descenso catalán. En el Principado, las secuelas de la agitación social sufrida perviven hasta las primeras décadas del XVI. Iniciado el despegue desde mediados del siglo anterior, la vitalidad castellana se prolonga a lo largo de una centuria (1585) mientras la Confederación, más retrasada, prosigue a ritmo lento su crecimiento, detenido en el decenio de 1620. La repoblación de territorios en Castilla la Nueva y Andalucía, los hombres encaminados a América o el traslado de numerosas familias castellanas y gallegas a Granada indican la buena salud de la demografía castellana. Malas cosechas, epidemias y la sangría provocada por la expulsión judía aguaron, no obstante, la alegría demográfica. Con Carlos I y Felipe II el empuje humano desborda las fronteras al unísono de las expediciones militares y comerciales: Castilla pasa de seis a ocho millones de habitantes entre 1530 y 1591, muy por encima del ritmo de los demás enclaves, concentrando al 80 por 100 de la población peninsular.

A pesar de este desarrollo, superior al de sus más directos competidores europeos, la monarquía es incapaz de liberarse de los factores negativos que amenazaban su crecimiento. A los tradicionales de toda sociedad de Antiguo Régimen —pestes, sequías, desorbitada mortandad infantil—, Castilla añade algunos propios. La emigración a las Indias, que afecta selectivamente a la población masculina en edad de procrear, las pérdidas militares por muerte o residencia en las posesiones europeas, el incremento de las vocaciones religiosas..., también arrebataron a la sociedad hispana una parte de su fortaleza. Solamente unas tasas de natalidad disparadas y la afluencia de comerciantes, artesanos y jornaleros europeos, instalados en los grandes centros urbanos, nivelaron la balanza.

El crecimiento castellano ocultó la heterogeneidad de los territorios adscritos a la corona. Mientras Andalucía se estabiliza, el litoral cantábrico refuerza su participación en el conjunto del reino, pese a que Galicia ha de hacer frente a las pérdidas de la guerra irmandiña (1480-1527). Con la paz, será el campo el motor de la recuperación gallega, relegando aún más a las ciudades, de las que muy pocas superan los mil habitantes. Castilla la Vieja, que a principios del siglo XVI ofrecía las mayores densidades de la península por albergar importantes ciudades —Medina del Campo, Valladolid, Olmedo, Burgos—, cede parte de su pujanza ante el progreso de Castilla la Nueva, afianzado por la capitalidad de Madrid en 1561. Si la Castilla de los Reyes Católicos y Carlos I seguía siendo, como en la baja Edad Media preponderantemente septentrional, con Felipe II se aprecia ya un viraje hacia el sur, atraída por Andalucía y América.

Aunque rural, la población castellana del siglo XVI se siente seducida por la ciudad. La emigración de los campos superpoblados a las villas desata un rápido y masivo fenómeno de urbanización, favorecedor también de las provincias sureñas. Algunos de los viejos centros sufrirán con dureza los efectos negativos del fin de siglo —Salamanca, Avila, Burgos—, pero otros alcanzarán renombre con los monarcas austríacos: Toledo (sesenta y cinco mil habitantes), Madrid, Sevilla (ciento veintiun mil, la mayor ciudad peninsular y cabeza de un riquísimo entorno urbano formado por las villas de Ecija, Marchena, Osuna, Lucena, Málaga, Córdoba, Jerez, Arcos de la Frontera...), Valencia (ochenta mil), Barcelona...

Tampoco en la Confederación aragonesa los ritmos

fueron idénticos. Cuando Castilla entra en crisis hacia 1580, Cataluña mantiene un crecimiento envidiable en su área litoral gracias a su natalidad y a la inmigración de hombres del mediodía francés. Aragón traspasa el siglo XVI favorecido por la regularidad de las cosechas, la mano de obra francesa y, sobre todo, la adscripción forzosa de los hombres al campo, que impedía la huida a las ciudades como en Castilla. En la segunda mitad del siglo, los suministros se quedan cortos y se suceden las hambrunas con una periodicidad casi decenal a partir de 1547. Valencia incrementa el número de sus habitantes hasta los trescientos veinte o cuatrocientos mil, que podía tener a finales del siglo, por el renacimiento de la capital y la alta natalidad morisca. No obstante, la excesiva dependencia de la ciudad y la concentración de trabajadores islámicos en los valles hortícolas tendrán dramáticas consecuencias cuando al despuntar el siglo XVI se colapse el comercio con los Países Bajos y poco después se expatríe a los moriscos.

Nace en las Indias honrado...

La economía peninsular de los siglos XVI y XVII fue continuadora de la tradición bajomedieval. En ese tiempo, la producción pasa por dos fases de signo opuesto: hasta los años ochenta del XVI, la economía se expande estimulada por la paz, la plena integración en los circuitos europeos y el tirón de la demanda americana. Bosques y pastos son roturados para sostener el crecimiento demográfico y la urbanización, aun a costa de agriar todavía más las relaciones entre campesinos y ganaderos en las regiones castellanas. En nada ayuda al incremento de las cosechas la puesta en explotación de tierras de escasa fertilidad, donde el arado superficial y el escaso abonado no logran superar las desventajas de una climatología adversa; de ahí las continuas catástrofes en las subsistencias y el declive pronunciado desde 1580. La incapacidad para alimentar a la población explica la importancia estratégica de algunos horizontes políticos de la monarquía: norte de Africa, sur de Italia y Báltico.

> ... Sicilia, en cuanto oculta, en cuanto ofrece,
> copa es de Baco, huerto de Pomona:
> tanto de frutas ésta la enriquece,
> cuanto aquél de racimos la corona.
> En carro que estival trillo parece,
> a sus campañas Ceres no perdona,
> de cuyas siempre fértiles espigas
> las provincias de Europa son hormigas.
>
> LUIS DE GÓNGORA, *Fábula de Polifemo y Galatea*

Atentos a la demanda de vituallas, los terratenientes consiguen elevar desorbitadamente las rentas de la tierra a la vez que se deterioran las condiciones de vida de la clase campesina. A fin de ampliar sus predios o defenderse de las malas cosechas, muchos pequeños propietarios acudieron al préstamo hipotecario, pero los agobiantes intereses y las condiciones metereológicas acabarían arruinándolos. Comerciantes, nobles y eclesiásticos acapararon así los beneficios del alza de precios agrarios, espoleados por la inflación monetaria y por la prohibición de saca de metales preciosos, que obligaba a los mercaderes extranjeros a exportar grandes cantidades de materias primas para recuperar sus inversiones.

No se trata de un fenómeno singular; la tierra entra en el siglo XVI en un proceso galopante de concentración en pocas manos. Numerosos comunales se convierten en bienes privados por venta o deudas de los ayuntamientos. Felipe II y sus sucesores enajenan buena parte de los realengos, bienes concejiles o pastos de las órdenes militares para compensar los gastos de una ruinosa política imperialista. Por último, la presión fiscal esquilmó al campesinado, cuyos solares redondearon los grandes latifundios nobiliarios. Este avance de los señoríos en Andalucía occidental, La Mancha y ambas Castillas señala un retroceso en la política social de los primeros Austrias, empeñados en limitar las jurisdicciones privadas. Sin un futuro claro, salvo la dependencia jornalera, los tercios militares extendidos por Europa o la emigración a América eran los únicos caminos a tomar por los campesinos empobrecidos.

También la ganadería se benefició de *la paz* de los Reyes Católicos, sin embargo la necesidad de alimentos rompió el equilibrio bajomedieval. La legislación intentaba frenar ahora la roturación de pastos y cañadas, cuyos raquíticos rendimientos no auguraban nada bueno. Acosada, la Mesta pierde con Felipe II su antiguo esplendor y se reduce un tercio el número de cabezas, aunque a cambio aumenta la ganadería de corto radio de acción o estabulada. Las subidas en los precios de los comestibles animaban, por sí solas, a los propietarios a roturar sus pastos, lo que unido a las epidemias, la guerra de las Comunidades o la quiebra del mercado del norte explican el desfallecimiento ganadero.

Al crecer la población y la demanda agraria, la producción manufacturera contó con un estímulo hasta entonces desconocido que, sin embargo, resultó insuficiente para poner en marcha una industria capaz de competir en precio y calidad con las importaciones extranjeras, de día en día más presentes en los mercados internos y coloniales. Los centros fabriles siguieron siendo los mismos de la baja Edad Media aunque favorecidos por el aumento de las ventas, con la consiguiente ampliación de plantillas. Como en el resto de Europa, la manufactura más extendida es la lanera, a la que acompañan de lejos la del lino y el cáñamo. Nuevos y atractivos productos tintóreos —cochinilla, añil y palo campeche— venidos de América enriquecen la tradición hispana, pero los intereses políticos anteceden a los económicos y Carlos I y Felipe II sacrifican el despegue de la industria textil en aras de la adhesión de sus súbditos flamencos, interesados en la libertad de comercio y en la lana castellana. Otro tanto ocurre con la industria sedera; la riqueza de sus terciopelos, rasos, tafetanes o damascos nada puede contra las leyes antisuntuarias de los monarcas habsburgueses a finales del siglo XVI. Mientras los telares granadinos, toledanos, conquenses, valencianos y murcianos agonizan, la seda se dirige a Italia, donde se trasforma para volver como producto de contrabando.

La industria del cuero tambien destella en el XVI, a impulsos de la importación de pieles americanas. Junto a las antiguas factorías de Toledo, Burgos, Sevilla o Zaragoza, despiertan otras más especializadas: guantes de Ciudad Real y Ocaña, cordobanes y guarniciones de Córdoba, zapatería de Toledo..., orientadas a la exportación. La metalurgia sabe sacar partido de sus damasquineros —Toledo, Eibar, Mondragón, Vergara— o rejeros —Toledo, Sevilla, Palencia— y, sobre todo, en una época de guerra constante, de sus artesanos armeros. Espadas toledanas y zaragozanas y armas blancas, corazas, arcabuces picas y ballestas vizcaínas y guipuzcoanas abastecieron con asiduidad a los tercios de Europa. En 1593 se funda la Real Fábrica de Armas de Plasencia y poco después la de Tolosa para concentrar esfuerzos en los suministros militares. La industria armera tiró de la producción siderurgia norteña, que impuso su monopolio en las ventas de lingotes, clavos y armas a las colonias hasta situarse en cabeza del sector en Europa.

Controladas, asimismo, por la corona quedaron las demás industrias bélicas, pero los apuros de la Hacienda obligaron a cederlas a la iniciativa privada. Es el caso de la pólvora —Málaga, Burgos, Cartagena— o las balas de cañón —Eugui—, ambas insuficientes para el consumo del Imperio. Todas ellas requerían grandes capitales para funcionar; de ahí su gestión precapitalista en lo económico y en el personal trabajador. Parecida configuración moderna tenía la minería, cuya propiedad acaparada por la corona se arrendaba a particulares. Famosas por su producción continuaron siendo las de hierro vizcaínas, guipuzcoanas y cántabras y algunas argentíferas de La Serena, Hornachos, Cartagena o Lorca. La única estratégica en el XVI fue la de mercurio de Almadén, una vez descubierto su uso para la amalgama de la plata, imprescindible en la explotación de los riquísimos filones mejicanos y peruanos —Zapotecas, Potosí—, centros de la minería hispana de la época moderna. La corona establece en 1559 el estanco —monopolio de producción, venta y precio— del mercurio, aunque las siempre perentorias necesidades del emperador obligaron a cederlo en arriendo a la poderosa familia de los perseverantes Fugger, sus banqueros alemanes.

El desarrollo industrial repercute en las condiciones laborales, sobre todo en los talleres textiles, que tienden a concentrar el proceso de acabado en las ciudades a la vez que relegan a sus entornos rurales las actividades preliminares, necesitadas de mano de obra en abundancia. De esta forma se abarataban costos, liberando al empresariado urbano de la restrictiva reglamentación gremial y ofreciendo a los campesinos otras fuentes de trabajo. El auge económico relajó las normas de ascenso dentro de las organizaciones gremiales, con mejora notable de las relaciones entre maestros y aprendices. En algunos centros industriales como Segovia o Córdoba, la envergadura de la producción dio paso en 1560 a las primeras fábricas en sentido moderno, en beneficio de una mayor calidad de los géneros y la competencia.

...y es en Génova enterrado

La península mantuvo su condición de centro exportador de materias primas y productos agrarios e importadora de géneros elaborados. La mayor novedad vendría con la concentración en Sevilla del comercio americano al instalarse la Casa de Contratación (1503), organismo encargado de fiscalizar las transacciones con las colonias, y el Consulado (1543). Ambas instituciones harían de la capital del Betis puerto de partida y arribada de las flotas de Indias, imán de numerosas colonias de comerciantes extranjeros y paraíso de un submundo de marginados, bandidos y aventureros, descrito por Cervantes en su novela picaresca *Rinconete y Cortadillo.* Hasta 1610, los intercambios crecen suministrando a las colonias vino, aceite, herramientas, armas, tejidos, cerámica o mercurio, a cambio de cueros, tintes, azúcar y, sobre todo, grandes remesas de oro y plata que financiarán las compras en el extranjero o las campañas militares de la monarquía. Sin embargo, el tráfico entraría en recesión entre 1610 y 1660 para recuperarse ligeramente en el reinado de Carlos II.

En el norte, Burgos y Bilbao mantienen su control de los envíos laneros a Flandes e Inglaterra y la importación de textiles, libros u objetos de arte, operaciones en las que participan otros muchos puertos: Pasajes, San Sebastián, Lequeitio, Plencia, Laredo, Santander, Coruña, Betanzos, Pontevedra, Vigo y Bayona. A partir de 1560, el comercio europeo se hunde como consecuencia de la permisividad regia en la salida de moneda y la enquistada guerra holandesa. La disminución del valor de las mercancías y la búsqueda de mercados sustitutivos acompañan la pérdida de residentes en las ciudades de la Castilla septentrional: Burgos, Villalón, Medina... El encumbramiento de Madrid como capital tendría un efecto decisivo en el comercio interior, al absorber la ciudad los excedentes agrícolas y manufactureros de Castilla la Vieja, León y La Mancha.

Barcelona siente en carne propia la expansión turca en Oriente, que corta sus líneas de aprovisionamiento de productos exóticos para la reexportación; a la par, la competencia vasca, inglesa o italiana ocupa algunos de sus mercados tradicionales. Ante la imposibilidad de comerciar con América, la ciudad debe volcarse en el interior peninsular y en las compraventas de productos marselleses y genoveses. Valencia, por su parte, experimenta un crecimiento importante en el siglo XVI, cuya huella se plasma en la rica arquitectura de la ciudad, pero, como en Alicante, el comercio estuvo siempre en manos extranjeras.

Sumadas todas las partidas, la balanza comercial fue deficitaria con el Imperio; la exportación de materias primas no conseguía equilibrar los pagos de los caros géneros europeos, por lo que el oro y la plata americanos compensarán la diferencia. Los metales coloniales enriquecieron así a los negociantes flamencos, franceses, ingleses o alemanes mientras aceleraban la subida de precios en la península. Como ya denunciaron algunos contemporáneos, la riqueza de las Indias arruinaba a la metrópoli.

Miré los muros de la patria mía...

Al acercarse el cambio de siglo, la demografía peninsular embarranca. Entre 1575 y 1600 la tendencia se invierte, acorde con el estancamiento de la Europa occidental, para hundirse a continuación. En menos de setenta y cinco años el número de hombres y mujeres disminuye en un 20 por 100 —Castilla pierde un millón de habitantes—, llamando la atención de memorialistas y literatos, que se lamentan de la desolación de los campos y ciudades.

El primer golpe a la etapa expansiva es el rebrote de las oleadas pestíferas, importadas por Santander; arrasa la península y deja, en un primer golpe, medio millón de cadáveres. La sacudida, brutal en Castilla y Andalucía, ya había tenido un antecedente en Cataluña, donde diez años antes desoló Barcelona, Tarragona y el Rosellón. Sin recuperarse todavía de ambas oleadas, la muerte vuelve en 1647 por el Mediterráneo desde Argel a Valencia y treinta años después ataca Cartagena, Murcia, Granada y la baja Andalucía. Una vieja conocida, nunca ausente del todo, campa a sus anchas durante todo el siglo y despuebla enormes territorios en Castilla y Andalucía, salvo Madrid y Sevilla.

Simultáneamente, las dificultades humanas y económicas intensifican la emigración a América. Cerca de medio millón de personas pasan a las colonias en la centuria, enroladas en los ejércitos o en la burocracia del Estado y como pioneras de la colonización. Una sangría inmensa para un reino en plena recesión, cuyos desposeídos se agolpan en Sevilla en busca de un pasaje. El éxodo americano afecta en particular a Andalucía, Extremadura y Castilla. De la misma forma, la agresiva política militar absorbió una considerable porción de efectivos. La ruina de la Hacienda y la imposibilidad de allegar recursos con que pagar a las tropas mercenarias arreciarán las levas forzosas en los pueblos de Castilla. Además, las pérdidas humanas crecen con los continuos reveses militares: en la guerra de los Treinta Años un cuarto de millón de jóvenes malogran su vida, a los que habría que añadir las víctimas de los levantamientos portugués y catalán de 1640, la represión de los motines campesinos y los desastres provocados por los ejércitos.

...si un tiempo fuertes, ya desmoronados...

Cuando aún no han cicatrizado las heridas de la peste, la población se desangra de nuevo con la expulsión de los moriscos (1609). La medida no era sino la rúbrica del fracaso en la asimilación de esta minoría por la sociedad cristiana y el reflejo del resentimiento campesino contra un grupo próspero y laborioso, pero demasiado sumiso a los señores.

> ...todo su intento es acuñar y guardar dinero acuñado, y para conseguirle trabajan y no comen; en entrando el real en su poder, como no sea sencillo, le condenan a cárcel perpetua y a oscuridad eterna...

La resistencia a la aculturación de los moriscos valencianos y granadinos se había convertido también en un problema político de primer orden, al extenderse el miedo a que fueran manipulados por Francia o el Imperio otomano en tan delicado momento internacional.

Los moriscos constituían entre el 2 y el 4 por 100 de la población peninsular, pero su presencia oscilaba mucho según las regiones, concentrándose sobre todo en Valencia y Andalucía. El reino levantino era, con mucho, el más densamente ocupado: sus ciento treinta y cinco mil moriscos representaban un tercio de la población total. En Aragón, las ricas riberas del Ebro y algunas ciudades acogían a unos sesenta mil, más de la quinta parte, siendo escasos en Cataluña; Castilla, por su parte, retuvo después de la guerra de las Alpujarras a unos ciento quince mil. Segregados en suburbios, sus elevadas tasas de natalidad parecían amenazar con la restauración, en Valencia y Aragón, del equilibrio de fuerzas entre las comunidades cristiana e islámica.

> Entre ellos no hay castidad, ni entran en religión ellos ni ellas; todos se casan, todos multiplican, porque el vivir sobriamente aumenta las causas de la generación. No los consume la guerra, ni ejercicio que demasiadamente los trabaje...
>
> MIGUEL DE CERVANTES, *El coloquio de los perros*

Ante el peligro real o imaginario, el Consejo de Estado, dirigido por el valido Lerma, acuerda expatriar, por razones de seguridad, a toda la población morisca de los reinos de la monarquía, aprovechando la paz concertada en el norte con Holanda e Inglaterra. El destierro comienza por los puertos valencianos hacia el norte de Africa y salen en tres meses más de ciento dieciséis mil personas. Concluidos con éxito estos embarques, a principios de 1610 se inicia el extrañamiento de los aragoneses, desde los Alfaques, y a mediados del mismo año, los de Andalucía y Castilla a través de los puertos de Málaga, Almuñécar y Sevilla. A los nobles levantinos se les arrancaba una excelente mano de obra, por lo que la corona les compensaría con los bienes dejados por los moriscos. En Castilla, por el contrario, sus propiedades enriquecerían a la Real Hacienda y a los logreros.

La expulsión agrava la crisis interna de la monarquía al fomentar la despoblación de los reinos y la fuga de capitales, que hace desaparecer la moneda de los mercados. La Iglesia y el Estado sufren en sus ingresos por el impago de las deudas y la caída de los impuestos, mientras la escasez de operarios contribuye al alza de precios y salarios en los oficios de tradición morisca de la seda, la huerta o el transporte. En Castilla se hunde la industria sedera de Valladolid, Talavera y Toledo, pero en conjunto pudo asimilarse el golpe. Almería, Málaga y Granada capearon peor el temporal; la repoblación de los núcleos abandonados, con familias manchegas, andaluzas, murcianas y gallegas fracasó en el área rural por la agobiante presión ejercida sobre los nuevos trabajadores. La ineficacia de los labradores cristianos en las técnicas de regadío redujo la productividad de las huertas aragonesas en torno al Ebro. Además los propietarios trataron de traspasar a sus inquilinos las cargas que pesaban sobre los antiguos, desalentando a los posibles repobladores. Ordenes religiosas y clases medias —inversores en censos hipotecarios— saldrán muy perjudicadas por la insolvencia general y la inflación desatada por la escasez de numerario. Sí se beneficiaron, no obstante, las clases populares, que compran a bajo precio las pertenencias moriscas y se aprovechan del impago de deudas y del fin de la competencia.

Más dramático es el caso de Valencia, donde la pérdida de la mano de obra morisca dejó desolado el campo y arruinados a los prestamistas. El desplome de los tributos señoriales colocó a la aristocracia al borde de la bancarrota, salvada *in extremis* por la corona con la cesión de los bienes abandonados y la rebaja de los intereses de sus deudas en un 50 por 100, trasfiriendo, de esta forma, la carga a la aturdida burguesía urbana. Valencia no se recuperaría demográficamente en un siglo, aunque su economía florezca desde 1660 gracias a la exportación vinícola y sedera a Castilla. Las medidas de Lerma contra los moriscos acentuaron la distancia del centro a la periferia y promovieron el renacer de Cataluña, que releva a Valencia en la cabeza de la Confederación. La corona estrechó su cerco a la aristocracia aragonesa y valenciana, dependientes ahora de las mercedes de la corte para sobrevivir, dejando atrás un pasado de desplantes a la monarquía.

...de la carrera de la edad cansados...

Como en el medioevo los vientos de la despoblación estimulan el alza desmesurada de precios y salarios en plena racha de malas cosechas. La enfermedad pone su impronta en el comercio; el miedo al contagio colapsa las relaciones con América y las del interior de la península. En Europa, la rebelión de los Países Bajos y las guerras centroeuropeas desorganizan el sistema ferial, ahondando el marasmo económico. La inflación se dispara, fuera de control, y el mundo empresarial se hunde. Inusitado fenómeno, fruto no ya de una mayor actividad económica o de la afluencia de metales preciosos americanos, como en el siglo XVI, sino de la progresiva depreciación del dinero, manipulado por el Estado.

La crecida de los salarios no compensa la de los productos de primera necesidad, para desesperación de la clase trabajadora que sufre el progresivo deterioro de su nivel de vida. El propio Estado es consciente del peligro —por las *excesivas cargas y contribuciones* según el arbitrista González de Cellorigo— pero nada puede arreglar debido al déficit del erario. De esta forma, el síndrome colectivo de miseria rural y despoblación, el caos financiero y el repliegue del comercio confluyen inclementes en la primera gran crisis de la España moderna.

Por su condición de cabeza de la monarquía, Castilla se lleva la peor parte. En el campo, la quiebra es hija de la despoblación y del agotamiento de las tierras marginales, explotadas desde el siglo precedente y ahora abandonadas. También la multiplicación de los mayorazgos y la vida ociosa de las clases dirigentes habían contribuido a la catástrofe al despreocuparse de nuevas inversiones, que la Hacienda, por otro lado, hacía difíciles no favoreciendo el ahorro.

De revolucionario puede calificarse, no obstante, el cambio experimentado en las costas del Cantábrico con la arribada de dos productos americanos: el maíz y la patata. A comienzos del XVII, la guerra en el norte de Europa cierra las exportaciones laneras, de capital importancia para la economía vasca, y estimula la emigración a Castilla o a América mientras languidecen las ciudades costeras, que siempre habían atraído los excedentes humanos del campo. En esa ocasión, las nuevas roturaciones, el maíz y los progresos vitivinícolas de La Rioja alavesa promoverán el retorno al agro de población urbana. En los valles litorales, húmedos y cerrados, la gramínea americana prende con fuerza desde los primeros decenios del siglo y pronto supera a la producción triguera a costa del mijo, la cebada, la avena y los manzanos. Cae la sidra en provecho del vino, cuyo mercado es abastecido por los caldos alaveses y riojanos, que desplazan a los gallegos y navarros, encarecidos por el trasporte y los derechos aduaneros. Gracias a ambas reconversiones, las zonas costeras vizcaínas y guipuzcoanas y La Rioja mantienen su demografía, a diferencia de la llanada cerealística alavesa, que sigue paso a paso el desmoronamiento castellano.

Para Galicia, la llegada del maíz y la patata es el preámbulo de una recuperación, manifiesta desde 1645, en paralelo a la de algunas comarcas castellanas como Segovia, que encarrilan sus especialidades agrarias hacia la ganadería, cosechando cereales *forrajeros* en detrimento del trigo. Los pingües beneficios obtenidos de la venta de la carne, la leche y la lana confirman el éxito de la operación, que enriqueció a numerosos comerciantes y propietarios.

...por quien caduca ya su valentía

Sin dinero para consumir, no hubo trabajo en los talleres artesanos durante la primera mitad del siglo XVII. Al desmayo general sólo resisten en Castilla unos pocos sectores por la calidad de la materia prima y el mercado cautivo. Aragón prolonga su pujanza hasta 1620, frenada con el destierro de los moriscos y la invasión de géneros franceses, pero, libre de las alteraciones monetarias y la presión fiscal castellana, se restablecerá antes.

En toda Europa, los avances técnicos aumentan y abaratan la producción, sin llegar a tener grandes repercusiones en el nivel de vida por el aumento de los impuestos. El retroceso del gremialismo catapulta al capital comercial, dueño y señor del sistema productivo, que se adapta a los cambios de gusto del público y emplea la rentable mano de obra liberada por la crisis agrícola. Los Estados patrocinan las reformas con una política mercantilista que fomenta la exportación de géneros y frena la importación mediante aranceles aduaneros. La península, por el contrario, quedó retrasada en estas innovaciones, malogrando, así, su carrera hacia la modernización. Los gremios y la política librecambista de la corona hicieron muy difícil la competencia, que arrastraría inexorablemente la pérdida de mercados y capitales.

Fue la industria urbana castellana la más castigada por el estrangulamiento. Faltos de materia prima, muy cotizada en Amsterdam y Londres, los paños segovianos pasan de dieciséis mil a poco más de tres mil a principios de siglo. En Cuenca, Toledo, Béjar y Palencia los telares desaparecen, incrementando el número de parados, lo que explica los motines toledanos y las violencias andaluzas de 1647-1652. También en Aragón la conflictividad sube de tono y los estamentos piden a las Cortes el cierre de la exportación de materias primas.

Aunque la guerra tira de la demanda armera, la industria metalúrgica entra en decadencia por el excesivo proteccionismo del siglo anterior. El monopolio de los mercados interiores y americanos no se aprovechó para modernizar las ferrerías catalanas y vascas y los productos suecos e ingleses desplazaron a los españoles de los mercados europeos; como en otros sectores, nada podían hacer las pequeñas forjas contra los altos hornos continentales. La monarquía intentó por todos los medios acortar distancias en el ámbito siderúrgico, dado su valor estratégico. Felipe II propondrá la adopción de la nueva técnica, pero la oposición vascongada frustró su proyecto. Finalmente, en tiempo de sus sucesores, los ensayos pasados se traducen en los altos hornos cántabros de La

Cavada y Liérganes (1622), dedicados a la fundición de cañones y proyectiles y, más tarde, tuberías o cacharrería. El beneficio técnico tuvo como contrapartida la deforestación de las sierras cantábricas, repobladas ahora con especies de rápido crecimiento, pinos y eucaliptos.

De los tradicionales polos navales, Sevilla verá marchitar sus atarazanas cuando, roto el comercio con el norte de Europa, falte la madera. Sólo el Cantábrico y Cataluña permanecen activos, merced a los contratos de la corona y la necesidad de reponer la armada nacional perdida en el desastre de la Invencible. El tirón termina en los años cuarenta. A la entrada de los trasportistas holandeses, ingleses y franceses en el comercio peninsular e indiano se unen los avances técnicos europeos, que afianzan la compra de buques construidos en los países ribereños del canal de la Mancha. Asimismo, la hecatombe de la *jornada de Inglaterra* abrió los ojos a los armadores hispanos ante el peligro de las requisas estatales de navíos para la guerra europea o la defensa americana, decidiéndose por el alquiler de barcos extranjeros. Los astilleros más importantes se concentran en Vizcaya —ría de Bilbao, Bermeo, Lequeitio—, donde en 1615 el Estado crea el primer arsenal real —Zorroza—, cuya actividad tuvo un efecto benéfico en otras industrias navales secundarias.

La crisis interna y los enfrentamientos bélicos colapsaron el comercio al desorganizar las rutas mercantiles. La guerra de los Países Bajos desbarató las líneas de exportación lanera; las vicisitudes de principios del siglo XVII, las del comercio ultramarino, imprescindible para la economía castellana. Carentes de la demanda colonial, los astilleros y el campo perdieron su mejor estímulo en tanto que el corte en los suministros argentíferos desequilibró la balanza de pagos y no permitió aligerar la carga impositiva de los pecheros castellanos. La economía indiana deja de depender exclusivamente de la minería, que retrocede por la escasez de mano de obra y el agotamiento de los filones más ricos; descienden los envíos de oro y plata requeridos también por la burocracia y las obras públicas de ultramar. Los capitales invertidos en la colonización agrícola y en la industria comienzan a dar sus frutos, logrando el autoabastecimiento de los territorios alejados de la metrópoli y el desarrollo del comercio intercolonial, que expulsan del mercado a los artículos peninsulares, a la vez que el contrabando ofrece otros muchos extranjeros de mejor calidad y precio. El balance no podía ser más desalentador para el comercio español, en contraste con el progreso del *criollismo* social, es decir, la reorientación política de la clase dominante colonial, mucho más apegada a los intereses americanos que a los europeos y partidaria del traslado del centro de gravedad del Imperio al Atlántico.

Privada del acicate americano, la monarquía no supo poner en marcha una política comercial consecuente. Cada reino mantuvo sus propias pautas e intereses, de espaldas al diseño de un mercado único. El sistema aduanero continuó siendo extremadamente complicado, absurda herencia del mundo medieval que frenaba cualquier propuesta de renovación mercantil. Castilla disponía de aduanas en sus límites territoriales; con Aragón, Navarra y Valencia existían los *puertos secos;* en la franja cantábrica y gallega se aplicaban los *diezmos del mar;* y en Andalucía y Murcia, los *almojarifazgos* de origen musulmán, llevados por Carlos V a las Indias. Perviven, así mismo, los gravámenes de los demás reinos: *tablas* navarras y aragonesas en las fronteras de Francia y Castilla, derechos catalanes *–dret de entrades i eixides, lleuda, bolla y segell–* y valencianos, que encarecen el comercio interior en favor del contrabando y los géneros europeos. Además la corona no pudo acabar con la política de librecambismo, iniciada en época de Felipe II, que dejaba manos libres a las cada vez más nutridas y prepotentes colonias de mercaderes extranjeros.

Un monarca, un imperio, una espada

Heredero de un Imperio en Europa, Carlos I dirige su política internacional a consolidar la primacía de la monarquía habsburguesa. Frente a él tiene dos enemigos poderosos; de un lado, la Francia de Francisco I; de otro, el peligro otomano, que en su reinado engulle Egipto, Yugoslavia y parte de Hungría y acecha a Viena, capital de sus posesiones austríacas. La irrupción del luteranismo en tierras germanas, el Báltico, Francia o Flandes, le envuelve además, sin pretenderlo, en una lucha abierta dentro del Imperio alemán.

La guerra con Francia continúa la pugna de Fernando el Católico por el dominio de Italia y el Mediterráneo occidental. A principios del XVI, la conquista de Nápoles había deslumbrado a la corte castellana con la cultura y riqueza de las ciudades renacentistas, pero en los planes de Carlos I se incluían aspectos más prosaicos: el control de la región del Milanesado le concedía la llave de las comunicaciones comerciales y militares entre el Mediterráneo y la Europa germánica o los Países Bajos, el denominado camino español. Aunque las tensiones entre Carlos y Francisco venían de antiguo, la guerra no estalla hasta 1521, justamente el mismo año en que los comuneros son derrotados y Lutero se rebela en la Dieta de Worms.

De acuerdo con la tradición, Francisco I deriva la guerra hacia la península, con su entrada en Navarra y el País Vasco —conquista de Fuenterrabía y Pamplona—, lo que apiña el reino ante el enemigo común y abre una segunda línea de fuego en Flandes. La respuesta del emperador confirma sus perspectivas, a la vez que se defiende en suelo peninsular y los Países Bajos, concentra su ofensiva en Italia para liberar el Milanesado de los franceses, reponiendo a los Sforza y tras la batalla de Bicoca expulsarlos de Génova. Activa la alianza inglesa, como hicieran sus abuelos, y pacta en Windsor con su tío Enrique VIII el aislamiento de París. Victorias y fracasos se suceden en Italia y Francia hasta que en 1525 la fortaleza de los tercios españoles se desborda en Pavía, donde cae prisionero el propio monarca francés. Pese a lo firmado en el tratado de Madrid, Francisco I reemprende la lucha, una vez libre, con la ayuda del Papa Clemente VII de Médicis y Enrique VIII de Inglaterra. Absorto en Italia, Carlos se ve impedido de prestar socorro a sus hermanos de Austria y Hungría: en Mohacs, los turcos arrebatan reino y vida a su cuñado Luis II; Fernando resiste sitiado en Viena. La concentración en un único frente de combate reporta, no obstante, sus primeros frutos: el saqueo de Roma (1527) debilita al Papado; la marina genovesa de Andrea Doria deserta del bando francés aliándose con el Imperio; los sublevados napolitanos se someten; Clemente VII corona a Carlos como emperador a cambio de aniquilar la rebelión popular florentina, que tenía en jaque a su familia... La paz de Cambray (1529) sella momentáneamente la tregua entre las potencias católicas; Francisco I renuncia a sus derechos sobre Nápoles, Milán y Génova y Carlos a los de Borgoña.

Cambray permite atender las cuestiones balcánicas y norteafricanas; la unión de los tercios españoles y alemanes levanta en 1532 el sitio vienés de Soleimán el Magnífico. Contenido el Islam en Austria, el emperador reemprende la vía mediterránea: pesan en su ánimo la histórica política intervencionista castellanoaragonesa y, sobre todo, las necesidades del Imperio. Como demostraron los enfrentamientos italianos de Fernando el Católico y Luis XII, el dominio de las rutas navales garantizaba la defensa de las posesiones italianas permitiendo el envío de refuerzos hispanos a Nápoles a través de los jalones de las Baleares, Cerdeña y Sicilia, y de allí al centro de Europa. Era preciso, por tanto, acabar con los ataques de los piratas berberiscos para convertir el Mediterráneo occidental en un mar español. Túnez es ocupado, pero desde 1541 las derrotas se suceden. De nuevo, el norte de Europa reclama atención: en 1542, Francisco I desencadena otra ofensiva en Flandes aliado al duque de Clevés y a los turcos, en el momento en que el emperador debe solucionar a la vez el levantamiento alemán de la liga de Smalcalda. La rapidez con que Carlos I invade las posesiones del duque, el apoyo de los príncipes germanos, sin distinción de credo, escandalizados por la alianza *contra natura* de Francia y los musulmanes, y el desembarco inglés en Boulogne doblegan a París, que pide la paz en Crepy (1544).

Es la ocasión de poner orden en el Imperio, donde el protestantismo había calado fuerte por las prédicas de Lutero y las ambiciones políticas y económicas de los príncipes. Las campañas castellanas, italianas y mediterráneas impidieron a Carlos frenar a tiempo el desorden. A los príncipes luteranos responde en 1538 con la liga de los católicos en Nüremberg y la reunión de la Dieta en Ratisbona. El ejército real arrasa en Mühlberg (1547) a las tropas del elector Juan Federico de Sajonia y Tiziano con su retrato introduce al vencedor en la historia de la pintura. Carlos busca, sin embargo, la convivencia; desea atraerse a los príncipes para dejar el Imperio a su hijo y ante la oposición de su hermano Fernando acuerda una alternancia de las casas española y austríaca. Las quejas de éste animan a los sublevados que con Mauricio de Sajonia y la colaboración de Enrique II de Francia se rehacen, defendiéndose a duras penas los Países Bajos. Viena saca pronto partido del conflicto: Fernando impulsa la paz al proponer el principio *cuius regio eius religio,* o lo que es lo mismo, libertad religiosa para los príncipes e intolerancia para sus súbditos, que o acatan el credo de su rey o deben emigrar. Consigue así fortalecer su figura y obtener en 1555 la abdicación de Carlos en su favor, quedando el resto de la monarquía en manos de Felipe II, con lo que surgen las dos ramas de la familia habsburguesa al frente de los destinos de Madrid y Viena. Alejado de la península por su segundo matrimonio con María Tudor, Felipe II recibe una pesada herencia, las arcas exhaustas y la guerra con Francia reverdecida.

Mientras las tropas y el dinero peninsular defienden en Europa las ansias dinásticas de Carlos, castellanos y portugueses acrecientan los dominios de sus reyes en el mundo. Desde 1515, Portugal establece los primeros contactos directos con Persia (Ormuz) y, muy pronto, con la India (Goa), Ceilán y China (Macao, Cantón). Filipinas se transforma después de la fundación de Manila (1571) en una formidable plataforma de penetración castellana en el sureste asiático y el área del Pacífico, unida en tiempos de Felipe II con América a través del galeón de Acapulco. La acción misionera de san Francisco Javier o el agustino Urdaneta consigue implantar el catolicismo en Oriente, con especial éxito en Japón, donde llegan a doscientos cincuenta mil los creyentes al final del siglo: el emperador Hideyoshi enviaría al rey de España y al Papa una embajada de buena voluntad, pero el temor a la influencia hispanoportuguesa desataría la persecución y el fin de este prometedor brote de cristianismo japonés.

En América, los viajes de exploración y conquista se multiplican del Río Grande a la Patagonia. El extremeño Núñez de Balboa descubre el Pacífico (1513) y Magallanes-Elcano dan la primera vuelta al mundo (1519). Entre tanto, Hernán Cortés sale de Cuba, asalta el continente y sojuzga el Imperio azteca con la ayuda de los pueblos sometidos a la sangrienta Tenochtitlán; Pizarro manipula las guerras civiles de la civilización inca para hacerse con las altiplanicies andinas; Pedro de Valdivia, Jiménez de Quesada, Benalcázar, Cabeza de Vaca... les siguen en Chile, Colombia, Ecuador y Tejas. Clérigos, como el obispo Zumárraga, introducen la religión y la cultura y, en la península, fray Bartolomé de las Casas defiende, con insistencia, la libertad de los súbditos indígenas. La conquista despojó a los pueblos vencidos y las enfermedades importadas de Europa los diezmaron hasta hacerles casi desaparecer, pero con las carabelas vendrían también la religión cristiana y la lengua, la organización política y administrativa castellana, las leyes de Indias, la imprenta y las universidades —Santo Domingo, México y San Marcos de Lima en el siglo XVI.

Sin el Imperio alemán, Felipe II encauza la política exterior en función de los intereses de los Estados peninsulares, centro de las posesiones de la corona, aunque no olvida tampoco a los Países Bajos. Nada más recibir el poder, las victorias de Filiberto de Saboya y la alianza de Gran Bretaña apaciguan los problemas con Francia en la tregua de Vaucelles (1556), rota muy pronto en Italia por los manejos del Papa y su sobrino Carlos Caraffa, que empujan al duque de Alba, virrey de Nápoles, a poner en marcha sus ejércitos contra Roma. El éxito de las tropas hispanoflamencas en San Quintín (1557) y de la armada hispanoinglesa en Gravelines (1558) permiten la reconciliación con Francia: paz de Cateau-Cambresis. El rey, orgulloso, manda construir El Escorial a fin de celebrar sus triunfos. Mitad monasterio, mitad palacio, símbolo de la monarquía habsburguesa y nexo de unión del pasado y el presente, como lugar de descanso eterno de los descendientes del emperador. Los muertos pesaban en la conciencia de los vivos; su herencia europea se mantendría a toda costa, aun a sabiendas de que estaba destinada a provocar la ruina de Castilla. En contra de la imagen de intolerancia religiosa, El Escorial irradiará una atmósfera de cultura cosmopolita, representada por sus colecciones de arte y rica biblioteca, donde alternan las obras literarias con las científicas, las cristianas con las islámicas, las teológicas con las astronómicas..., así como un gabinete alquímico para los experimentos de numerosos científicos españoles y extranjeros. Todo ello refrenda la sospecha del pertinaz erasmismo de sus bibliotecarios, Arias Montano y José de Sigüenza.

Libre en Europa, Felipe II emplea los primeros años en ordenar la herencia peninsular, abandonada por su padre ante las urgencias europeas. Reprime sin contemplaciones los conatos de protestantismo de Sevilla y Valladolid, gracias a la inestimable actividad del inquisidor Valdés: Felipe II evita así los errores cometidos por su antecesor en el Imperio, sofocando el peligro antes de nacer. El Mediterráneo reclama especialmente su atención y a él dedicará sus fuerzas iniciales. En 1556, el virrey de Sicilia ataca Trípoli, continuando las ofensivas en años posteriores contra Djerba, El Peñón de Vélez... Los turcos responden airosos en Oriente: ponen sitio a Malta, cuya capital resiste defendida por la orden de San Juan hasta la llegada de tropas españolas. La *Sublime Puerta* no ceja, reconquista Túnez y Chipre e incluso se sospecha su aliento en la rebelión morisca de 1568. Dos enormes potencias se encuentran en el viejo mar, ambas pretenden dominarlo como Roma y Cartago, el choque era inevitable.

A instancias del Papa, los reinos hispanos ingresan junto a Venecia en la Liga Santa para formar una gran flota —trescientas naves, cincuenta mil hombres— que al mando de don Juan de Austria y los mejores marinos de la época —Colonna, Andrea Doria, Alvaro de Bazán— ponga freno a la amenaza islámica. En 1571, la armada obtiene un resonante triunfo en Lepanto, pero la muerte del pontífice y los intereses venecianos disuelven la alianza, impidiendo sacar partido de la victoria. Tras la reconquista de Túnez, las rebeliones internas convencen a los contendientes para pactar treguas a través de la habilidad diplomática de Martín de Acuña. La paz desplaza el centro de acción del Imperio al Atlántico y relaja a la marina turca que se deshace por falta de nuevas inversiones. Por los días de la sublevación de las Alpujarras, mueren en Madrid el príncipe Carlos —pobre enfermo mental, fruto del primer enlace del rey— y la tercera esposa del soberano, Isabel de Valois, dando pie a múltiples rumores que entran por derecho propio en la *leyenda negra* española, difundida en Europa por los venenosos escritos del secretario Antonio Pérez.

Con toda su potencia económica y humana volcada en el Mediterráneo, Felipe II no puede imponerse en Flandes. Las disposiciones de los gobernadores de los condados, Margarita de Parma y el cardenal Granvela, son desobedecidas por la alta nobleza, que reclama los derechos arrebatados por el emperador. Carlos I había endeudado la hacienda flamenca con sus gastos y ahora Bruselas dependía de Madrid para equilibrar presupuestos. Aprovechando las penurias de Felipe, la aristocracia exige la destitución del cardenal y la salida de las tropas españolas; la corona, con la bolsa vacía, a la que no conviene abrir otro campo de batalla, lo acepta. Desacertada decisión, que desencadena nuevas reinvindicaciones de la nobleza flamenca hasta usurpar en 1565 el gobierno de los asuntos públicos ante la supuesta aquiescencia del rey, ocupado en la defensa de Malta.

La paz momentánea con Estambul trae consigo el reflujo; Madrid contesta desafiante a Bruselas, nombrando miembro del Consejo de Estado a un enemigo declarado de los cabecillas de la revuelta, y apoyando a la Inquisición. En una auténtica declaración de guerra, los nobles fuerzan a Margarita a suspender el Tribunal; sólo queda la posibilidad de someterlos por las armas, pero la ofensiva del sultán aconseja moderarse. Los agobios de la burguesía comercial, las hambrunas del invierno y la fuerza de los grupos calvinistas abocan en la furia iconoclasta que en 1566 arrasa las iglesias y conventos de Gante o Amberes. En la corte madrileña, los políticos se dividen. Triunfan los intransigentes: más de sesenta mil hombres al mando del temible Alba invaden Flandes, derrotan a los insurrectos e inician la represión. El Consejo de Tumultos sentencia a muerte a los condes Egmont y Hoorm, primeros mártires del levantamiento, y el duque limpia el país de la herejía e impone contribuciones especiales para el sostén de sus tropas.

Todo se viene abajo cuando el peligro turco renace y los Países Bajos pasan a un segundo plano; la ayuda francoinglesa permite una rápida recuperación de los rebeldes en las provincias del norte, donde prohiben el catolicismo, a la vez que los franceses ocupan Mons y Valenciennes. La apertura de dos frentes es una pesadilla para las finanzas de Madrid, pues Felipe debe gastar en cinco años el doble de sus ingresos. El nuevo gobernador, Luis de Requesens, ofrece una amnistía general, la supresión de los impuestos de Alba y el reconocimiento de las leyes propias del país, a cambio de la ansiada paz. Demasiado tarde, la bancarrota de 1575 paraliza la maquinaria de crédito, las tropas españolas se amotinan por falta de salario y saquean Aalst y Amberes al tiempo que Orange ocupa Holanda y Zelanda. La situación es tan catastrófica que los católicos Estados de Brabante convocan el parlamento general, exigen la inmediata retirada de los tercios y firman con los calvinistas la pacificación de

Gante. Hasta 1577 nada se puede hacer. La plata americana y la habilidad de Alejandro Farnesio en atraerse a la población católica con su Unión de Arrás hacen posible la reconquista de los condados del sur. El triunfo español está al alcance de la mano cuando muere en Alcazaquibir el rey Sebastián de Portugal y El Escorial ha de detraer recursos para asegurarse el trono lisboeta. Con todo, Farnesio recupera Maastricht y Amberes (1585), pero su empuje determina el apoyo a los rebeldes por parte de Inglaterra. Lo que comenzó siendo un simple levantamiento oligárquico contra el poder central, como ocurriera con los comuneros de Castilla, se convierte en un problema internacional, enconado por el fanatismo religioso, las estrecheces financieras de la corona y el valor estratégico de la herencia borgoñona, ratificado por el bloqueo naval angloholandés (1586-1588) del grano báltico, que desata el hambre en la península.

Las relaciones de Isabel I de Inglaterra y Felipe II se resienten a medida que progresa la guerra en Holanda y aumentan los asaltos de los bucaneros en el continente americano. La ejecución de María Estuardo, reina católica de Escocia, era una buena excusa para el enfrentamiento directo. Idea del marqués de Santa Cruz, Felipe planea en su despacho la invasión de Gran Bretaña con una enorme escuadra, a reunir en Lisboa, que trasladaría el ejército de Farnesio, a través del canal de la Mancha. Pese al secreto mantenido, el proyecto es descubierto sufriendo las naves españolas un ataque preventivo de Drake en Cádiz. La inferioridad técnica de los buques y la artillería española respecto de la inglesa, el fracaso en el embarque de Farnesio y la torpe dirección de Medina Sidonia llevan al desastre. Con un coste superior a los diez millones de ducados, la armada se deshace en el canal. No obstante, el Imperio no quedó desatendido en el mar y la flota se renovó rápidamente, con lo que las comunicaciones con América continuaron abiertas. En 1589 Drake y Norwys son repelidos en Portugal y dos años después en las Azores, aunque no puede evitarse el saqueo de Cádiz en 1596.

No satisfecho, Felipe interviene en la guerra civil de Francia en apoyo de la facción católica, proponiendo a su hija Isabel Clara Eugenia como pretendiente al trono que también reivindica el protestante Enrique de Borbón. El ejército de Farnesio llegaría hasta la misma capital, pero la unidad de los franceses en torno a Enrique, tras su abjuración del calvinismo, permite rechazar los intentos de invasión del reino aun a costa de la pérdida de Cambray, Calais y Amiens. El cansancio, la bancarrota y la mediación del Papa consiguen el cese de la guerra en 1598, el mismo año en que Enrique publica el Edicto de Nantes con el reconocimiento de la libertad de conciencia de sus súbditos.

Una vez liquidado el frente galo, Felipe busca acabar con el conflicto de los Países Bajos y nombra a su hija Isabel y al esposo de ésta, Alberto de Austria, príncipes soberanos de Flandes, aceptando así, de hecho, la secesión de las provincias flamencas. La alegría de los súbditos hispanos por liberarse de tan pesada carga se frustra al no cuajar esta tercera dinastía habsburguesa de Bruselas y revertir su herencia a la corona española tras la muerte sin herederos de los príncipes.

La ínsula Barataria

Medieval y moderna el mismo tiempo, la sociedad imperial de los siglos XVI y XVII es una sociedad en tránsito, heredera de la estricta separación de los hombres según origen y nacimiento y precursora de grupos más heterogéneos con el dinero como pauta. Profundamente injusta y desigual, las arremetidas de la crisis económica y la guerra redujeron los estratos privilegiados mientras los marginados se agolpaban ante las casas de caridad y las dependencias religiosas para sobrevivir. A despecho de la pobreza, la segunda mitad del siglo XVI asiste a la eclosión del mundo barroco con su culto al boato y a la imagen externa, lo que reforzaría las tensiones de la sociedad.

Los cambios sociales avanzan al unísono en todos los territorios de la monarquía; sin embargo, la desesperación, el temor o la huida religiosa golpearán con mayor violencia a la sociedad castellana que a la de los enclaves litorales. También hubo un corte en el tiempo: al espíritu de exaltación de los reinados de Carlos I y Felipe II sucedería la prosaica realidad de los Austrias menores. La amargura por los fracasos militares, el ocaso de la libertad de pensamiento, el hambre, la delincuencia en aumento, la hipertrofia burocrática y religiosa, la obsesiva atención a la limpieza de sangre o al honor... atenazaron a una comunidad viva cien años antes.

Lejos de acortar distancias entre linajes nobiliarios, el Imperio las agranda, al incidir en los patrimonios familiares y los lugares de residencia. La temprana vocación urbana de los grupos aristocráticos más poderosos se robustece con la capitalidad madrileña, escenario ideal de lucimientos y prebendas, mientras muchos hidalgos malviven en pueblos miserables tratando de resistir los bandazos de la fortuna. Reprimidos por la corona, la crisis agrícola del siglo XVII devaluó su posición social al erosionar sus rentas y ser cuestionados sus privilegios por los habitantes de las villas y las aldeas. La milicia o la emigración a América ofrecieron abundancia de plazas a estos hombres, incapaces de incorporarse a otras tareas productivas por el trasnochado concepto de nobleza que impedía el trabajo manual. A otros, el paso por las universidades hispanas les permitió acogerse a la honorable salida de la burocracia imperial. Por último, unos pocos, los más afortunados, ascendieron en la escala social con la obtención de un título aristocrático por sus servicios a la corona o por compra directa a ella. No obstante su descabalgamiento, el ideal nobiliario impregnará de tal forma la sociedad que numerosos burgueses y comerciantes enriquecidos destinarían una parte de sus caudales a la adquisición de patentes de hidalguía, puestas en circulación por el monarca cuando se recrudecen sus problemas financieros.

A pesar de tanta cédula de nobleza, sólo una minoría

pudo disfrutar de sus privilegios y mantener un cierto espíritu de casta, gracias a los lazos creados por interesadas políticas familiares. De entre todos los nobles, Carlos I distinguiría en 1520 a una veintena de familias con la concesión de la categoría de *Grande.* La grandeza, amén de la cercanía al rey, aportaba a sus miembros un conjunto de prerrogativas jurídicas y de protocolo, que habían de destacar su figura en una sociedad muy adicta a la *representación.* A ellos quedaron adscritos los puestos de mayor relevancia del Estado: embajadas, virreinatos, jefaturas militares y eclesiásticas, cuyo disfrute exigía a menudo desembolsos sólo asumibles por gentes de gran fortuna. Las alianzas matrimoniales y la esterilidad, consecuencia de enlaces consanguíneos, hubiesen reducido drásticamente el número de titulados y Grandes de no mediar la inflación de concesiones desatada durante el siglo XVII.

Como en el pasado, las finanzas de la alta aristocracia dependieron de la tierra, aunque pronto sus rentas quedarían superadas por otros ingresos procedentes de encomiendas, salarios administrativos, alquileres urbanos e intereses de la deuda pública. A pesar de su opulencia, la nobleza no supo administrarse, y al igual que en el resto de Europa sortearía, entre 1550 y 1640, enormes dificultades. De todas formas, su vida de lujo y derroche no hacía sino responder a las exigencias sociales del barroco; Medinaceli, Alba, Benavente o Infantado debían ser sinónimos de costosos palacios, legiones de criados, ostentosas fiestas y banquetes. Entre sus muchos dispendios habría que incluir también los destinados a la fundación y sostén de obras pías, el mecenazgo de artistas y el coleccionismo de libros y arte, que apuntalaron el renacer artístico e intelectual del Siglo de Oro. Ricos en propiedades —el duque de Benavente disponía de unos ciento sesenta mil ducados anuales por los sesenta que ganaba un jornalero vallisoletano—, la pésima administración de los patrimonios familiares confiados a mayordomos redujo su rentabilidad, agravada por la caída de la agricultura y la depreciación de la deuda pública. De no concurrir la institución del mayorazgo, que protegía los bienes de la venta pero no del endeudamiento, o la intervención de la corona, muchas de estas familias se hubieran arruinado. Es el caso del duque de Béjar o el de Benavente, cuyas propiedades pasaron a ser intervenidas por la monarquía, que se responsabilizó de su gerencia después de asignar una renta *suficiente* a sus titulares.

Los Reyes Católicos y los grandes Austrias se esmeraron en alejar a la alta nobleza del gobierno directo del país, recluyéndola en sus *estados,* con poder casi absoluto, como irónicamente relata Miguel de Cervantes en su *ínsula Barataria.* La crisis de la monarquía en el siglo XVII les permitiría regresar desde sus palacios urbanos o rurales a las entrañas mismas del Estado. Duques y condes entran a formar parte de los Consejos y deplazan a la pequeña y mediana nobleza; virreinatos, ejércitos y armadas son puestos bajo su mando, e incluso los validos —Lerma, Olivares, Haro, Oropesa, Medinaceli— se reclutan entre sus miembros. También la vida municipal cae en sus manos cuando ciudades como Valladolid, Sevilla o Toledo aprueben la obligación de ser nobles para poder acceder al gobierno.

La misa y la olla

El clero no anduvo a la zaga de la nobleza en su adaptación a los cambios del Imperio. Las reformas de Cisneros y otros precursores apenas habían ventilado la atmósfera eclesiástica, por lo que la corona se asignó la tarea de promover la integridad y pureza de la doctrina y costumbres, patrocinando la convocatoria del Concilio de Trento. Con el salvoconducto conciliar, los monarcas hispanos intervienen en la administración de los monasterios y catedrales para fomentar la reforma y, al mismo tiempo, manejar su riqueza. Si los ejércitos españoles defendían la fe católica en los campos de batalla —parecen pensar los monarcas austríacos—, era lógico que la Iglesia echase una mano.

La Iglesia disfrutó en el siglo XVII de una sexta parte de la renta nacional. Los grandes obispados —Toledo, Sevilla, Santiago y Valencia— acaparaban un tercio del dinero recaudado, despuntando la sede castellana con casi trescientos mil ducados y la gallega con cien mil, mientras las menos afortunadas nunca superaban los diez mil. En estas cantidades se incluían tanto los pagos propios de la actividad religiosa como las rentas de propiedades rurales y urbanas, las ganancias de los rebaños, los intereses de la deuda pública y los beneficios de sus préstamos hipotecarios. La disparidad de ingresos desató la poca edificante competencia por las diócesis mejor dotadas, aquellas para las que el monarca se esmeraba en elegir candidatos por su fidelidad o en recompensa a los servicios prestados. No es de extrañar que tales sedes estuviesen reservadas a miembros de la alta nobleza o a bastardos de la monarquía, llegando a conformar dinastías paralelas. El Concilio de Trento contribuyó a robustecer la autoridad episcopal frente a los canónigos, poco acostumbrados a tener cerca a su prelado, ahora con obligación de residir en la diócesis. Por otro lado, los seminarios abiertos a raíz de la asamblea —veinte en menos de cuarenta años— acortaron las distancias intelectuales entre el clero rural y urbano, al mismo tiempo que los registros parroquiales aseguraban el seguimiento de los feligreses.

El desmedido incremento de eclesiásticos, cuyo número se duplica en el siglo XVII, cayó como pesada losa sobre la economía. Curas, frailes y monjas congestionan las grandes ciudades y levantan airadas protestas de los regidores públicos y hasta religiosos. Junto a las motivaciones espirituales, herencia de una sociedad devota, el hambre y la huida del fisco y la milicia convencieron a una pléyade de cristianos a buscar refugio en los claustros.

Para su programa de *recatolización* del continente, la Contrarreforma tuvo en las órdenes religiosas el arma ideal. Los viejos monasterios benedictinos o agustinos languidecen en la península a pesar de que sus extensas propiedades les siguen asegurando un cierto predicamento en el mundo rural. Franciscanos, dominicos, carmelitas descalzos... reafirman su preponderancia, sólo contestada por los jesuitas, que en el siglo XVII monopolizan la educación de las clases altas y se adueñan del confesionario real. Como un anticipo de la nonnata *ley del candado* del siglo XX, los Habsburgo intentaron limitar la expansión monacal mediante los expedientes de limpieza de sangre en los regulares masculinos y la clausura en los femeninos.

En relación con el Papado, la casa de Austria mantuvo una actitud ambivalente de respeto y rivalidad, engangrenada siempre por las posesiones españolas en Italia y el deseo regio de recortar las injerencias de los pontífices en la *Iglesia nacional.* Adelantándose a los tiempos, el embajador español en Roma llegó a proponer al emperador la abolición del poder temporal del Papa para que pudiera entregarse exclusivamente a las actividades pastorales. El encarcelamiento de Bartolomé de Carranza, arzobispo de Toledo, acusado de tendencias luteranas por el inquisidor Valdés, a punto estuvo de provocar la ruptura entre ambas potestades. Felipe II no cedió ante Roma ni en las cuestiones doctrinales inherentes al proceso ni en las crematísticas, pues se incautó de las rentas del prelado durante los años que se prolongó la causa. A otra situación comprometida se llegó al concluir el levantamiento catalán de 1640 contra Felipe IV. Fieles al monarca, los obispos catalanes habían abandonado sus sedes y el Papa los reemplazaba a instancias de los sublevados. Ahora Felipe exige su reposición creando un serio problema jurisdiccional que se zanja con el cierre de la nunciatura de Madrid por orden del rey. Entre San Pedro y El Escorial, los obispos españoles no tendrían dudas de optar por la monarquía.

Pendientes aún del ritmo de las estaciones, las comunidades campesinas agruparon a la mayoría de la población peninsular. Su suerte mejoró en Castilla y Cataluña al ser liberados por los Reyes Católicos de numerosas servidumbres, algo que no consiguirían los labriegos aragoneses y gallegos. Las mejores cosechas y los precios del siglo XVI, más provechosos, elevaron el nivel de vida, sometido siempre a la permanente amenaza de las autoridades, los cielos y el implacable sistema tributario.

Como en la baja Edad Media, el agro hispano sigue siendo heterogéneo. Campesinos propietarios se dispersan por la España septentrional, aunque con frecuencia el tamaño de las fincas resulta inadecuado para su sustento, caso de los minifundios gallegos, viéndose obligados su moradores a trasladarse estacionalmente a otras regiones en busca de ingresos complementarios. Este grupo resiste bien la crisis del siglo XVII, sobre todo los caseros vascos, que se aprovechan de la llegada del maíz, a principios de la centuria. Incluso un reducido número supo reforzar su *status* con el alquiler de propiedades eclesiásticas y nobiliarias; son los *villanos ricos* del teatro de Lope de Vega. En Castilla la Nueva apenas sobrepasaban el 5 por 100 de la población rural, incluidos aquellos hidalgos y caballeros que, como Don Quijote, debían atender personalmente la explotación de sus predios. A los *foreros* gallegos les vino bien la escalada de los precios y los excedentes de mano de obra, de tal forma que en el siglo XVII se constituyeron en clase hegemónica y sus pazos en centro de la vida rural.

Menos afortunado, el pequeño propietario (20-30 por 100 de la población rural) fue desposeído por la nobleza, la burguesía urbana y los labradores acomodados. De su seno saldrán los bandoleros que infectan los campos y los pícaros que recorren las ciudades a la caza de limosnas. En el mejor de los casos conservaron sus tierras trabajándolas como aparceros y arrendatarios o bien se emplearon de peones y pastores al servicio de los hacendados, con sueldos de miseria. Su número fue creciendo al compás del triunfo del latifundio hasta alcanzar a un 60-70 por 100 de la población rural andaluza y a la mitad de la manchega.

El principal problema de la masa campesina radicaba en la carga que el fisco le hacía soportar. Después de pagar el diezmo eclesiástico y las primicias, la renta debida al señor, más los derechos de vasallaje en Aragón y Valencia y los impuestos del gobierno —alcabala, servicio y millones—, quedaban muy pocos recursos disponibles para su mantenimiento o la renovación de los aperos. Cualquier contrariedad obligaba a endeudarse: los réditos arruinaron al pequeño y mediano campesino en el siglo XVII.

Pese al crecimiento urbano del siglo XVI, las ciudades de la España moderna no dejaron de ser pequeñas aglomeraciones que, salvo excepciones, apenas superaron los diez mil habitantes. El despegue económico de los primeros Habsburgos enriqueció a un pequeño sustrato de la clase mercantil, heredera de los mercaderes bajomedievales, y a gentes de la nobleza, incrustadas en profesiones y estilo de vida *burgueses*. Es la clase media, que tiene, por encima, al patriciado de los grandes negociantes, funcionarios y profesionales liberales y, por debajo, a los miembros de los gremios y los pequeños comerciantes.

El sector más activo durante el Imperio fue la gran burguesía mercantil dedicada al comercio internacional. Sus actividades le concentraron en las plazas marítimas de Cataluña y Levante, en los núcleos laneros del norte de Castilla y en Sevilla, hervidero de hombres de todo el mundo especializados en la compraventa de productos americanos. Las dificultades del siglo XVII retrajeron de los negocios a esta emprendedora clase, cuyos capitales se refugian en inversiones más seguras: censos, juros de la deuda pública y tierras. En el cambio de actitud de la gran burguesía influyeron la falta de incentivos y la inflación galopante que devoraba los beneficios. Además, una buena parte de los bienes acumulados se invirtieron en aquellos negocios que no estaban reñidos con el ennoblecimiento —comercio al por mayor, explotación agrícola—, equiparándose las formas de vida del patriciado urbano y de la nobleza, con la que no tardan en emparentar. Dentro del grupo se integraron también importantes colonias de mercaderes extranjeros, tanto en la corte como en los puertos de la periferia: Sevilla, Cádiz, Málaga, Alicante, Valencia, Barcelona y Bilbao.

Cerca de un quinto de la población española del XVII podría clasificarse como pobre, vagabunda o miserable. Aunque, por motivos religiosos, la mendicidad no fue prohibida hasta fines del siglo XVII, a medida que avanzaba la centuria los poderes públicos empezaron a pensar en controlarla, con la retirada de los pobres de las calles y su encierro en las *Casas de Misericordia.* Desde la Edad Media, el socorro de los necesitados competía a las autoridades locales, sin embargo le tocó a la Iglesia velar por ellos y administrar hospitales y asilos, financiados con sus ingresos y las donaciones de los fieles. Las dos ciudades que más aguantaron la pobreza, la vagancia y, consiguientemente, la delincuencia fueron Madrid y Sevilla, como tributo a su riqueza. En su lucha contra esta plaga, el Consejo de Castilla decretó, en 1694, el envío de los vagabundos a trabajos forzados en los presidios del norte de Africa o al ejército de Centroeuropa.

Con una larga tradición en los estados aragoneses y el aliento de la demanda americana la esclavitud vive pujante la época imperial. Los principales mercados se encontraban en Andalucía, gracias al fácil abastecimiento desde el norte de Africa y el Mediterráneo, y Valencia, nutrida por las guerras contra turcos y berberiscos. No faltaron tampoco en la capital madrileña, pero aquí, como un objeto más del lujo y boato de los palacios nobiliarios. Algunos delitos se penaban con la reducción a esclavitud en las minas de Almadén o en las galeras de la armada, y eran los negros y gitanos los que mayor probabilidad tenían de terminar así. Las primeras noticias sobre la minoría gitana, confirmando su entrada en la península a mitad del siglo XV, se simultanean con el inicio de la represión oficial, alentada por las suspicacias que levantan sus costumbres y vida nómada. Ya los Reyes Católicos habían decretado su expulsión en 1499 «so pena de cien azotes y destierro la primera vez y que les corten las orejas cuando los tornen a desterrar la segunda vez». Represión prolongada con los Austrias menores: en 1619 se decreta nuevamente su salida de Castilla; en 1633, el destierro de sus trajes y costumbres; en 1692, su asentamiento en ciudades de más de mil habitantes.

Rebeliones comuneras

Contra lo que pudiera suponerse, la sociedad imperial fue tranquila en comparación con sus homólogas europeas. La radical desigualdad y la violencia interna sólo estallaron en ocasiones concretas, con revueltas de gran intensidad pero aisladas y breves, a menudo asociadas a momentos de contestación del poder monárquico. En la vida cotidiana, los delitos contra la propiedad, el bandolerismo y el contrabando diluían la tensión social.

Uno de estos episodios de violencia se desata a la proclamación de Carlos I como rey de Castilla y Aragón. Muerto Fernando, el cardenal Cisneros urge al príncipe a que se traslade a la península, ante el temor de que pudiera continuar en el extranjero y la incapacidad de su madre para gobernar. Se reproduce entonces la situación planteada a la muerte de la Reina Católica: una parte de la alta nobleza se desplaza a Flandes para congraciarse con el nuevo rey, marginando al regente empeñado en organizar la milicia y sanear la hacienda a costa de ella. Carlos desembarca en Castilla (1517) y las Cortes de Valladolid, Zaragoza y Barcelona le exigen el respeto a los usos y costumbres de cada reino y el alejamiento de sus consejeros flamencos, algo que no estaba dispuesto a conceder. Incluso, a las peticiones de rebaja de arbitrios, responde con la supresión del encabezamiento de las alcabalas y su subasta al mejor postor, con el correspondiente aumento fiscal.

A la muerte de su abuelo Maximiliano, el rey convoca nuevas Cortes en Santiago, donde pide el dinero necesario para optar a la corona imperial alemana, remate de sus posesiones europeas en Austria, el Franco-Condado, Flandes y Luxemburgo. Las protestas de los representantes urbanos suben de tono ante la idea de sufragar con sus bolsas una aventura personal nada próxima a sus intereses. Recelosas por el poder de los extranjeros, las Cortes exigen que el monarca no se ausente de la península y ponga castellanos al frente del gobierno. Castilla no estaba acostumbrada a soportar los modos autoritarios traídos de Flandes por Carlos ni el rey las cortapisas de los parlamentos hispanos. Traslada las Cortes a La Coruña, compra a los delegados ciudadanos, consigue el dinero y abandona la península camino de Alemania, dejando como gobernador a su preceptor flamenco Adriano de Utrecht, futuro Papa Adriano VI.

El rechazo a Adriano une en un mismo frente a miembros de la alta y mediana nobleza contra el monopolio extranjero de los cargos públicos; a patricios urbanos, caballeros e hidalgos contra el aumento de la presión impositiva; a campesinos contra los señores recién llegados que se reparten los bienes del realengo; al pequeño artesanado contra los ricos comerciantes... Toledo se alza en Hermandad, asalta el alcázar y expulsa al corregidor; Segovia, Zamora, Salamanca, Avila, Madrid y otras muchas ciudades la secundan, constituyendo la Junta Suprema, que enarbola la bandera del pacto entre el rey y las urbes en réplica a las teorías carolinas. Sólo Burgos permanece fiel, por las concesiones a los comerciantes laneros y su comunión de intereses con los Países Bajos.

Sin embargo, la insurrección se caldea al caer en manos de los elementos más progresistas del campesinado y pequeño artesanado, llenos de aspiraciones igualitarias, cuyo radicalismo asusta, como ya ocurriera en las sublevaciones catalanas y gallegas del siglo XV, a la nobleza. Muy pronto Adriano logra atraérsela con los nombramientos del condestable Iñigo de Velasco y el almirante Fadrique Enríquez para el consejo de regencia. El abortado plan comunero de situar a la reina Juana a la cabeza del movimiento y la indecisión en la toma de Valladolid, capital de la regencia, frustran la ventaja de las Comunidades. En Villalar (1521), las milicias ciudadanas son aplastadas por los ejércitos reales, sus líderes apresados y ajusticiados, mientras Toledo resiste un poco con el aliento de la admirable María de Padilla. Descabezadas las Comunidades, el reino se pacifica al precio de la pérdida de sus libertades y el incuestionable sometimiento al rey. Castilla será a partir de ahora la piedra angular del poder imperial, a expensas de sí misma.

Coetáneas del alzamiento castellano, las Germanías asolan el reino de Valencia. Sus causas derivan de la estructura sociopolítica heredada de la baja Edad Media: abundancia de moriscos sometidos a la nobleza terrateniente, ciudades gobernadas por la burguesía comercial de los *ciutadans honrats* y gremios alejados de las instituciones municipales. A la vista del peligro de los piratas berberiscos los gremios obtuvieron del rey Fernando el permiso de armarse y a Carlos I solicitaron también participación en el gobierno de las ciudades. Más que templar los ánimos, el envío del conde de Mélito como virrey encona el problema, que degenera en levantamiento armado por el dominio del ayuntamiento valenciano, luego contagiado a Játiva, Alcoy, Castellón, Elche y Mallorca.

En un principio, las reivindicaciones de los amotinados se ceñían al ámbito urbano —limitación de los poderes de la oligarquía, movilidad en los gremios y barreras al comercio italiano—, pero en seguida afectan a los impuestos o al saneamiento de la administración. Tal y como ocurriera en Castilla, la alianza de la aristocracia con el alto clero, la elite mercantil y los moriscos, y el refuerzo de las tropas virreinales, una vez dominadas las Comunidades, consiguen doblegar en 1522 la resistencia valenciana y al año siguiente la mallorquina.

La represión ensangrentará las huertas levantinas mucho más que las meseteñas. Quizás pesaron en la voluntad regia el carácter popular de las Germanías muy distinto del seminobiliario de las Comunidades, así como el deseo de no romper los lazos con las clases medias y el temor a que se repitieran los levantamientos sociales de la baja Edad Media. No obstante, a las ciudades castellanas se les castigó con un impuesto especial durante quince años y el rey aprovechó la coyuntura para marginar del gobierno a la alta nobleza en favor de las clases medias. Carlos buscó, por otro lado, la reconciliación sin moverse siete años de la península y casándose (1526) con una princesa portuguesa, como era el deseo de Castilla.

Estómagos violentos

Con una paz impuesta por la fuerza, el esplendor del Imperio y el bienestar económico alivian los antagonismos. El conflicto toma entonces otro norte y se solapa con las dificultades de integración de la minoría morisca, inmersa en la sociedad hispana desde tiempos de la Reconquista. Obligados por el cardenal Cisneros a elegir entre el bautismo o el destierro, los mudéjares granadinos optaron en masa por la conversión, lo que les permitiría unos decenios de tranquilidad como la disfrutada por sus correligionarios aragoneses y valencianos. La tolerancia se hace añicos en el reinado de Felipe II, cuando a las sospechas del monarca sobre la lealtad de sus súbditos musulmanes durante la guerra con el turco se unió la obsesiva uniformidad religiosa perseguida por la Inquisición. Además, la avidez recaudatoria del Estado agravaba el descontento al repercutir muy negativamente en la actividad sedera, clave de la economía morisca de Granada. Pero la chispa salta con la prohibición en el reino de la lengua y costumbres árabes, en contra de los acuerdos de la conquista. A finales de 1568 unos treinta mil hombres armados se amontonan en las Alpujarras granadinas, desde donde hostigan en una guerra de guerrillas a las tropas imperiales. Dos años después, Juan de Austria, inminente vencedor de Lepanto, somete a los amotinados, deportando a más de ochenta mil moriscos a Castilla y la baja Andalucía con objeto de desperdigarlos.

Una larga cadena de motines, fruto de la presión fiscal y la falta de alimentos en la ciudad, atenaza a los débiles Felipe IV y Carlos II. Especialmente difíciles, los últimos años del gobierno del conde-duque de Olivares amenazan la existencia misma de la Monarquía. La corona soporta en un breve lapso de tiempo innumerables tumultos antifiscales, sucesores de los que en el reinado de Felipe III habían agitado Avila, Toledo o Sevilla contra el impuesto de los millones. Por su virulencia destacan los de La Rioja, Palencia y La Mancha (1651) contra la sisa del vino, el de Andalucía (1647-1652) y, por cuanto tiene de premonición, el vizcaíno (1632).

El origen del conflicto bilbaíno arranca de la intención de Felipe IV de extender a Vizcaya el estanco de la sal, a pesar de los derechos reconocidos por el Fuero. Conminadas por las muchedumbres, las Juntas Generales negaron validez al gravamen pero no pudieron impedir la propalación del rumor de que el estanco formaba parte de un interesado pacto de las elites con la monarquía. Los menestrales bilbaínos, liderados por algunos letrados y escribanos, asaltan el ayuntamiento y se hacen con las riendas de la capital gracias al refuerzo de los campesinos y marineros que la invaden. Aguijoneados por su triunfo, saquean las casas de los notables, acusados de traidores, mientras atronaban con gritos igualitarios: *no era bien que unos comiesen gallina y ellos sardinas.* Se enajenan así a los comerciantes de la villa, temerosos de la amenaza regia de desviar el comercio lanero a Santander. La división de los amotinados permite a las fuerzas vivas del Señorío apaciguar la revuelta en espera de la llegada del ejército. Con la paz y el castigo de los culpables, Felipe IV daría marcha atrás en la imposición del monopolio; su figura, sin embargo, saldría fortalecida ante la oligarquía norteña como salvaguardia de su posición social.

Al igual que en el resto de Europa, numerosos motines de subsistencia se suceden en los años de Felipe IV. El momento álgido coincide con la contracción económica de los años cuarenta y tendrá su epicentro en el área andaluza —Lucena, Alhama de Granada, Córdoba, Sevilla—, la más castigada por la crisis. La carestía de productos básicos como el pan apretó a los artesanos y menestrales en torno a la exigencia de la rebaja de los precios y la lucha contra las autoridades locales, a las que se culpa de ellos. Simultáneamente estallarían otras revueltas en Portugal, Nápoles y Cataluña, en los que se mezclaron motivaciones sociales, fiscales y políticas en un *totum revolutum,* luego estudiado.

Si delicada es la situación social en la década de los cuarenta, lo mismo puede decirse del fin de siglo. Los desórdenes públicos acompañan la triste imagen de una monarquía moribunda representada por el patético Carlos II. Con unas ciudades inundadas de pobres y vagabundos, pícaros y prostitutas, y convertidas en focos de delincuencia; con una soldadesca ociosa o entregada a la refriega y unas clases poderosas envilecidas e intocables; con un bandolerismo que se enseñorea de extensas áreas de Madrid, Cataluña, Andalucía y Valencia... no es de extrañar el permanente temor de las autoridades locales al estallido de levantamientos, azuzados por la crisis económica, como el que en 1664 amenaza en Madrid el reposo de Felipe IV.

No obstante, los disturbios urbanos nunca trascienden su carácter localista ni cuestionan el orden establecido, limitándose a modestas peticiones de rebaja de precios, quejas contra la sobrecarga de impuestos o exigencias de cambios en la administración... Destacan, asimismo, por la ausencia de derramamiento de sangre: la violencia se ensaña en los bienes de los propietarios, a menudo destruidos en rituales públicos. Por contra, la represión de las autoridades es dura, aunque selectiva según la posición social de los reos. Entre los estallidos más representativos, los de Calahorra, Ubeda y Sitges en protesta del dominio nobiliario del gobierno municipal; el de Santiago de Compostela, por motivos fiscales; el abortado en Valencia por el monopolio francés del comercio; los de Granada y Madrid por la carestía del pan o el de Toledo ante el cierre de las industrias sederas. En todos participan gentes de baja condición junto a obreros de la industria textil y jornaleros agrícolas dirigidos, a veces, por miembros de las clases privilegiadas, el clero o los estudiantes.

El final del siglo conoce dos de los rebrotes de violencia rural más alarmantes de la Edad Moderna, justo en las zonas periféricas, ya sometidas a vaivenes parecidos en épocas anteriores: Cataluña y Valencia. La rebelión de los *barretines* catalanes (1688) nace de las malas cosechas y la guerra con Francia; unas y otras hicieron insostenible la vida del campesinado, arruinado por la falta de producción y obligado a sustentar las tropas de defensa del reino. Oídos sordos a las quejas, el virrey provoca a las masas campesinas, que se levantan en armas en la región más densamente poblada del Principado, llegando a sitiar Barcelona. Durante todo un año Cataluña está a merced de los payeses; Sabadell, Manresa, Martorell y Cardona se someten. Al comenzar la guerra francoespañola, la monarquía evita las provocaciones —no desea dar pie a la confluencia del movimiento rural con sus enemigos exteriores, como en 1640—, pero el peligro es tan inminente que la oligarquía catalana, mostrando la manifiesta discrepancia de intereses entre la Cataluña rural y Barcelona, aplaude gustosa la represión de sus paisanos por la tropas castellanas.

Apenas pacificada Cataluña, el desorden prende con fuerza en Valencia. En 1693, cientos de campesinos dejan de pagar los impuestos señoriales y se unen para presentar sus agravios ante el virrey, la audiencia y el Consejo de Aragón, que dominados por los propietarios desatienden sus argumentos. Como en los viejos tiempos de las Germanías, los huertanos forman cuadrillas que no consiguen amilanar al virrey, cuya respuesta es la organización de un poderoso ejército encaminado a aislar las peligrosas ciudades de la Marina, lo que le permite sofocar la rebelión ese mismo año. Mucho más limitadas que en Cataluña, las segundas Germanías gozaron del aliento de los curas rurales y de algunos regulares; no así del alto clero, aliado a los señores en la represión. El malestar permanecería latente, explotando en la violencia de la guerra de Sucesión.

El rey burócrata

Un Imperio con vocación universal, extendido por los cinco continentes y con una multiplicidad de culturas, lenguas, ordenamientos jurídicos e intereses económicos contrapuestos, no hubiese sido posible sin un Estado moderno. En los siglos XVI y XVII, éste descansa sobre las aparentemente contradictorias ideas de centralidad y autonomía. Era necesaria una cabeza capaz de definir las líneas maestras de la política común, agilizar la toma de decisiones compartidas y aplicar las órdenes en cada uno de los territorios dependientes de la Corona. Todo ello se plasma en una burocracia extensa y bien conjuntada. Pero, a la vez, había que conjugar el *centralismo* con la lentitud del sistema de comunicaciones y el respeto a las peculiaridades históricas de los diversos componentes de la monarquía. En este sentido, muchos de los *reinos* conservaron su propia organización institucional, dominada por las elites locales, mientras en la cúspide un virrey o gobernador general servía de enlace con la burocracia central madrileña. El engarce en la maquinaria del Imperio no impedía cierto autogobierno en los asuntos cotidianos.

Sin embargo, no fue hasta la era del burócrata Felipe II cuando se consiguió la perfecta conexión de los reinos habsburgueses. El emperador Carlos nunca había sentido urgencia por estrechar los lazos políticos entre sus Estados, que subsisten independientes como en la época bajomedieval: reino de Castilla, Aragón, Estados patrimoniales austríacos, título imperial, corte flamenca..., con instituciones propias y un monarca compartido. La cesión de los bienes autríacos a su hermano Fernando en 1521 y la corona imperial a su muerte, recordando los repartos aragoneses en el Mediterráneo, impulsan la reorganización del Estado heredado por Felipe en torno a cinco núcleos: la Península Ibérica, los Países Bajos, Italia, las colonias americanas y, desde 1580, Portugal y sus posesiones ultramarinas. Precisamente la necesidad de crear un centro alrededor del que girase este Imperio se traducirá en un robustecimiento de los nexos de unión de los reinos peninsulares de la monarquía, proceso en el que el Estado desempeña un papel protagonista. He ahí el germen de la futura España.

La génesis del sistema de gobierno de Felipe coincide además con la imposición doctrinal de la supremacía política del rey, que favorece su afán centralista. Consecuentemente, Felipe rompe con la corte itinerante de los Católicos y su padre, asentando la casa real y sus centros de gobierno en Madrid, en el corazón de su fortaleza castellana y a medio camino de Aragón, Portugal y la Sevilla americana. La elección de Madrid desplaza a Toledo, que parecía destinada por la historia a ese cometido, quizás por el excesivo poder de la mitra toledana. La estabilidad de la corte estimula el nacimiento de una burocracia eficaz en la que el rey es pieza clave y el único capacitado, en última instancia, para la toma de decisiones. Felipe II y sus sucesores seleccionan algunos de los organismos de los Reyes Católicos, dotándolos de nuevas competencias acordes con la estructura y las necesidades de un Imperio *multinacional.* Colaboradores directos del monarca en las tareas del gobierno, los secretarios alcanzaron gran influencia política en las cortes de los primeros Austrias, por su cercanía al rey, pero jamás tuvieron una función definida, limitándose, en algunos casos, a ser meras correas de transmisión entre el soberano y los Consejos —secretarios de Estado— o expertos solicitados en determinados asuntos —secretarios de despacho. Junto a estos ayudantes, Felipe II promovió la formación de organismos especializados en el gobierno de cada uno de los enclaves adscritos a su corona. Los Consejos no son, por tanto, más que la adaptación del bajomedieval Consejo Real castellano, extendido a Aragón con Fernando el Católico. Al reproducir el sistema multicéfalo de la monarquía, la burocracia de Felipe reconoce de hecho la autonomía de los territorios, adaptándose a sus rasgos diferenciales e impidiendo una centralización absoluta.

Los Consejos territoriales respondían a cuestiones puramente históricas y estaban constituidos por peritos en cada reino y miembros de sus elites dominantes elegidos por el monarca. Los más importantes eran los de Castilla, Aragón y Flandes, a los que se sumaron en 1524 el de Indias, algo después el de Italia y, tras la unión de las coronas, el de Portugal. Otros se ocupaban de los asuntos concernientes a la monarquía en su conjunto, siendo el Consejo de Estado, creación de Carlos I, el más relevante por encargarse de planificar la política general del Imperio. Igualmente comunes eran los de Guerra, Hacienda, Inquisición y Ordenes. Con su labor de filtro, los consejos permitían al rey tomar decisiones rápidas, pues sólo los asuntos de máximo interés, en forma de memoriales, llegaban a él.

Virreyes y gobernadores constituyen el segundo peldaño en la burocracia del Estado habsburgués. Miembros de la más alta nobleza del Imperio, la corona seleccionaba a los candidatos tratando de respetar los fueros locales con el nombramiento de oriundos en los reinos donde era necesario. Con todo, el número de castellanos iría en aumento en la etapa de los Felipes, mientras que la singularidad del reino flamenco se reconocería siempre con el envío de miembros de la familia real: María de Hungría, Juan de Austria, Margarita de Parma, Isabel Clara Eugenia o Alejandro Farnesio.

Desde el gobierno de Isabel y Fernando, los servidores del Estado habían sido reclutados entre los miembros de la pequeña nobleza y los letrados. Al término del siglo XVI, las treinta y cuatro universidades de la península demostraban el interés de los futuros burócratas por alcanzar la competencia jurídica necesaria. Especialmente prósperas, Alcalá de Henares, Granada, Santiago de Compostela, Sevilla y las veteranas Valladolid y Salamanca atraían a un tropel de estudiantes —seis mil quinientas matrículas anuales en ésta— cuyos azares fueron inventariados en el *Guzmán de Alfarache* de Mateo Alemán o en *El buscón* de Quevedo. De elevada condición social y procedencia urbana, cerca del 3 por 100 de los jóvenes españoles pasó por las aulas universitarias, con mayor presencia del norte y centro peninsular, debido a la concentración de hidalgos en el área y a la cercanía de las ciudades punteras.

Los alumnos de Salamanca, Alcalá y Valladolid acapararon los cargos relevantes de los Consejos reales y las audiencias, labrándose la fama de canteras de la burocracia imperial. La corona estuvo muy al tanto de su funcionamiento y fomentó las disciplinas cercanas a la administración, en perjuicio de las artes, la teología, los idiomas modernos o la historia. La preponderancia del derecho viene de antiguo, pero con los Reyes Católicos el Renacimiento logra prestigiar las humanidades en los nuevos centros de Alcalá, Sigüenza y Santiago y en la corte, donde bajo el patrocinio de Isabel y Cisneros los italianos Pedro Mártir de Anglería y Lucio Marineo Sículo se ocupan de la educación de los nobles. Sin embargo, la renovación duró poco, las llamas del auto de fe de Valladolid (1559) arrasaron el humanismo y las presiones religiosas ahogaron las investigaciones científicas.

El retroceso de las humanidades se compensó en seguida gracias al esfuerzo de los jesuitas y otras órdenes, que desde el comienzo del XVII extendían su red docente por el país, con una oferta más barata que las universidades y de menor riesgo ideológico y moral. En plena crisis económica, la universidad española languidece de espaldas a la creatividad intelectual de Europa, víctima del rigorismo de la Inquisición y la estrechez de miras de la corona, cuya arbitraria provisión de cátedras degradaba la enseñanza. Cuando en el reinado de Felipe IV los cargos administrativos salgan a subasta, la universidad perdería su razón de ser como vía de acceso a la función pública. De ahora en adelante, quienes dispusieran de recursos suficientes podrían comprar un empleo a sus hijos y confiar su educación a un colegio local. Al tiempo que el cáncer del funcionariado devora al Estado, las universidades se tornan provincianas y clericales y las clases dirigentes pierden el barniz cosmopolita del siglo XVI.

Dos graves peligros acechaban la organización estatal de Felipe II. Por un lado, el poder descansaba en demasía sobre las espaldas del rey; si éste fallaba por despreocupación —Felipe III, Felipe IV— o incapacidad —Carlos II—, el edificio institucional corría peligro. Sin embargo, el Estado supo adaptarse, desarrollando al máximo la capacidad de los Consejos, que pasan a desempeñar un papel activo en política. El Imperio empieza a sustentarse en un gran trasiego de documentación, avalancha de papel que permite conocer hoy hasta los aspectos más íntimos. Muestra de la inquietud por conservar el patrimonio documental, Felipe II ordenaría el depósito de todos los legajos en el archivo de la corona en Simancas.

Por otro lado, la abulia regia se compensó en época de Felipe III con la escalada de los validos. Especie de primer ministro, reclutado entre la alta nobleza, el valido sobrepasó el poder otorgado anteriormente a los secretarios, al tratarse de un cargo político y ejecutivo. Pese a su dominio del Estado, ninguno de ellos —Uceda, Zúñiga, conde-duque de Olivares, Luis de Haro, Medinaceli, Oropesa— alcanzó las prerrogativas del duque de Lerma (1598-1618), cuya firma sería equiparada por Felipe III a la suya propia. Al margen de la corrupción que su arbitrario ejercicio del poder generaba, el valimiento demostró ser una herramienta eficaz para el Estado en las horas más delicadas de la dinastía habsburguesa. Incluso, algunos intentaron modernizarlo, como el conde-duque bajo Felipe IV o el infante don Juan José, encaramado al poder merced a un golpe militar durante el gobierno de su hermanastro Carlos II. Su empuje, unido al fortalecimiento de la figura del secretario del rey y la propia dinámica institucional, explican que la administración española siguiera su marcha a pesar de la holganza real.

Arcabuces españoles

El ejército de los Habsburgos arranca de la Santa Hermandad y del cuerpo expedicionario enviado a Italia en 1495 por los Reyes Católicos. Ante el temor a una invasión francesa se ordenó también armar al pueblo y se movilizó a una doceava parte de los mozos entre los veinte y los cuarenta y cinco años. Con la Intendencia y el escalafón, el ejército quedó plenamente configurado, ensayándose las primeras divisiones tácticas y el acoplamiento con la armada para el traslado de efectivos a los centros de gravedad italianos. Las victorias de 1503 confirman el triunfo de las nuevas técnicas y las estrategias del Gran Capitán —guerrillas, escaramuzas, disposición de las tropas, dominio de las comunicaciones, uso de la artillería—, así como la total integración de los efectivos hispanos en un ejército multinacional.

Volcadas al exterior, apenas si quedan tropas en los reinos peninsulares después de la anexión de Navarra; sólo pequeñas guarniciones defienden los puestos fronterizos y algunas plazas importantes. El resto del territorio cae bajo la tutela de las milicias urbanas, creadas por las ordenanzas de 1496; esta desmilitarización explica la facilidad de los levantamientos populares del reinado de Carlos I. En el mar, la prevención de los ataques norteafricanos exige construir escuadras de galeras —aragonesa, siciliana y napolitana—, conjugando los navíos regios con otros particulares contratados y los aportados por las villas y hermandades en momentos de peligro. La costa andaluza, sin embargo, se confió a las grandes casas nobiliarias —Medinaceli, Medina Sidonia— propietarias del litoral.

En 1534-1539 nacen los *tercios españoles* de Italia, tropas permanentes asentadas en Lombardía, Sicilia y Nápoles como ejército de intervención; sumaban unos diez mil hombres, a los que se añadían varias compañías alemanas, italianas y los aliados genoveses. Con los tercios surge la carrera militar que, desde mediados de siglo, concede mayor importancia a la artillería y los arcabuceros, de acuerdo con los progresos de la industria bélica. No obstante la amplitud de los frentes, el ejército de los Austrias fue reducido: en la guerra de los Treinta Años no superó los ochenta mil soldados, de los que quince mil eran españoles. La dirección estratégica de la guerra correspondía al monarca pero, salvo Carlos I, que siempre acompañó a sus tropas, se tendió a delegar estas tareas en los Consejos de Estado y Guerra. En nombre del rey los virreyes y gobernadores defendieron sus provincias con las milicias locales o los tercios, y para el aprovisionamiento y pago de las soldadas se recurrió con frecuencia a los *asientos,* contratos con personas no vinculadas al Estado que se encargaban de los suministros. Imbatibles en el siglo XVI, las tropas españolas sufren duros reveses en la centuria siguiente, cayendo en picado el número de alistamientos. La falta de voluntarios y el abandono de la nobleza de sus tareas militares impondrán levas forzosas y cupos de jóvenes a los municipios castellanos, que renuevan las bajas europeas.

Las comunicaciones americanas y los intereses geoestratégicos norteuropeos fueron defendidos por la armada, confiándosele la mediterránea al Capitán General del Mar y la atlántica al Capitán General de la Mar océana. Pese a la gran victoria obtenida en Lepanto, la marina hispana no logró destruir el peligro turco, cuyos piratas mantuvieron su amenaza de las costas mediterráneas, de igual forma que navíos holandeses e ingleses ponían en jaque los envíos atlánticos. El intento de Felipe de invadir Inglaterra dio pie a la reunión de las escuadras de Portugal, Castilla, Andalucía, Vizcaya, Guipúzcoa e Italia, con un saldo de ciento treinta naves hundidas. Mayores complicaciones traería el atraso técnico y la excesiva dependencia de materias primas extranjeras —madera, alquitrán, cuerda, velamen— en el siglo XVII, que debilitarán el poderío naval hispano, ya superado por sus rivales Holanda e Inglaterra.

Poderoso caballero...

Para mantener una burocracia tan extensa, un ejército en permanente lucha y unos gastos incontrolados, los Austrias deberían haber renovado por completo las haciendas de sus Estados; al no hacerlo, hipotecaron el futuro de Castilla y de la misma monarquía imperial. Prolongación de la medieval, con sus desajustes y, sobre todo, con su tremenda carga de desigualdad contributiva, según regiones y personas, la corona se acostumbró a la dispersión de los ingresos: Castilla, Aragón, Navarra, Italia, Flandes e Indias. La mayor parte de los costos de la política europea recayó en Castilla, cuyas Cortes fueron incapaces de rechazar las peticiones del monarca.

Faltó, asimismo, una burocracia moderna apta para recaudar los ingresos, por lo cual la corona hubo de ceder en subastas el cobro de numerosos impuestos a financieros particulares o llegar a acuerdos con los representantes de los contribuyentes sobre el pago mancomunado de las cantidades fijadas a cada ciudad —nuevos encabezamientos de alcabalas desde 1534. La reforma de los Reyes Católicos centralizó en las *contadurías* los ingresos y gastos de la corona castellana y en 1523 Carlos I las pondría bajo el nuevo Consejo de Hacienda, el primer organismo destinado a la contabilidad general de la monarquía habsburguesa. Sin embargo, ni el emperador ni Felipe II crearon nada parecido a un banco central que movilizase de un punto a otro del Imperio las sumas necesarias para pagar tropas, comprar aliados o sufragar las armadas. Banqueros españoles, italianos, alemanes o portugueses dominaron alternativamente este trasiego de fondos, cobrando altas comisiones por su ayuda en situar los capitales donde Madrid precisaba.

La presión fiscal en Castilla creció en los siglos XVI y XVII más por la subida de los impuestos bajomedievales que por la creación de nuevas figuras impositivas. Aun así, algunos recién nacidos alcanzarían una gran trascendencia económica y financiera, como los *millones* —votados en Cortes en 1590 para reconstruir la marina tras el desastre de la Invencible—, los *cientos* y las aportaciones de Felipe IV-Olivares: *papel timbrado, lanzas, media annata*... En cuanto a los antiguos, Carlos I consigue que se le concedan 300 millones de maravedíes anuales por impuestos ordinarios; Felipe II explota al máximo la alcabala y el gravamen de las lanas, y Felipe IV el estanco de la sal, la sisa y un sinfín de tasas temporales sobre los géneros de primera necesidad. A todo ello se añadirán las exacciones de los Austrias a la Iglesia, con los *subsidios de galeras* (1561) y el *excusado* (1567), y los fabulosos tesoros de las Indias, quinta parte de la producción de metales preciosos.

Gracias a estas fuentes, en apariencia inagotables, Carlos I duplica los ingresos de los Reyes Católicos mientras que Felipe II cuadruplicará los de su padre. No obstante, los dispendios de la política imperial dejaron exangües las arcas, al imponerse las directrices militares a las económicas. Sin dinero, el emperador recurrirá a menudo a la emisión de deuda pública, los *juros*, como ya hicieran Isabel y Fernando durante la guerra granadina. Con el respaldo de una determinada renta de la hacienda —alcabala, almojarifazgos, tercias—, los juros canalizan el ahorro castellano y europeo hacia los intereses dinásticos, a costa de desviar de la economía productiva los capitales susceptibles de promover el desarrollo y de acostumbrar a la sociedad al *rentismo*. En momentos de apuro, el fisco se apoderaría de las remesas privadas de oro y plata procedentes de América, comprometiéndose a devolverlas o compensando a los propietarios con deuda pública especial, práctica peligrosa pues fomentaba la ocultación de los envíos.

Por último, el rey, abrumado, solicitó cuantiosos préstamos a los banqueros europeos y peninsulares, cargados de intereses y con el aval de la entrega de juros como garantía, que podían vender en caso de impago. Con frecuencia, las vías de endeudamiento se mezclan entre sí y dan origen a los *asientos*, sustancioso negocio de los banqueros alemanes y genoveses que llegan a obtener un 50 % de interés anual. Las finanzas de Carlos I enriquecieron a la familia de los Függer, que prestó una quinta parte de los asientos del reinado, incluido el crédito de los gastos de la elección imperial, con la contrapartida de la administración de los maestrazgos de las Órdenes Militares, el monopolio de la pimienta portuguesa y el mercurio de Almadén.

El endeudamiento de Carlos I lleva al Estado a un callejón sin salida; los intereses consumían los ingresos castellanos: 59,2 % en 1527, 65 % en 1542, 103 % en 1557. Con una hacienda exhausta, Felipe II inauguraba su gobierno decretando la primera suspensión de pagos de la monarquía hispánica. El rey respeta escrupulosamente las deudas e intereses devengados hasta ese mismo año, convierte el exceso de deuda a corto plazo en juros al

5 % y confirma las devoluciones a los banqueros de su padre, a los que permite vender los títulos de la deuda mientras una junta de expertos reunida en Toledo verifica las cuentas de los acreedores. Para contenerlos, Felipe destina la Casa de Contratación de Sevilla y las pingües regalías americanas como caja de amortización y emite grandes cantidades de deuda pública (1561-1575), bien aceptada por castellanos y genoveses por su convertibilidad y los atractivos intereses pagaderos en Medina del Campo.

Pobre saneamiento financiero, la guerra de los Países Bajos vuelve a arruinar al Estado. Rebajando los intereses a poco más del 5 %, el rey amplía su capacidad de endeudamiento a costa de la recesión económica y la entrega de monopolios a la banca italiana, en medio de la crítica de las Cortes. El desahogo momentáneo es un espejismo: en 1575 Felipe II ha de reconocer la imposibilidad de atender a los compromisos pero emprende una cuidadosa investigación con objeto de revisar la actuación de los banqueros. El pánico cunde entre los genoveses y hasta en Estambul se hacen sentir las medidas del rey de Castilla. Prestamistas castellanos, aliados a los Függer —Simón Ruiz, Maluenda, Salamanca—, intentan socorrer a la monarquía con urgencia de dinero para pagar a los tercios en Flandes. La imposibilidad de sortear el bloqueo de transferencias impuesto por los genoveses provoca la rebelión de los ejércitos y el saqueo de Amberes, que obliga a Madrid a admitir toda la deuda, elevando los intereses al 7 %.

A finales de siglo, Felipe II mejora sus haberes gracias a los *millones*, la subasta de bienes de la corona y tierras comunales, las incautaciones de plata americana y los donativos de villas, magnates e Iglesia. Estos ingresos tomarán el camino de Piacenza, donde la plata se cambiaba por oro, distribuyéndose a continuación por Europa. Con sus beneficios, los genoveses adquieren ahora grandes lotes de tierra y el arrendamiento de los impuestos más rentables. Desde su privilegiada atalaya, detectarán el lento declive económico del reino y prepararán su retirada, aunque la amenaza de Felipe de no pagar sus deudas les obliga a quedarse durante algún tiempo.

Por muy pesada que fuese la herencia de Carlos, no se puede comparar a la de Felipe II, cuyos ingresos en los reinos no castellanos apenas cubrían los gastos del Estado y de los ejércitos establecidos en ellos. A los pecheros de Castilla seguía correspondiendo, por tanto, sufragar las deudas acumuladas, sostener la guerra y pagar los despilfarros de la corte, empeñada en un costosísimo tren de vida y programa de construcciones —El Escorial, El Pardo, Aranjuez, Descalzas Reales...—, que consumía una décima parte del presupuesto, justo cuando caen las remesas indianas (los once millones de ducados de 1610 pasan a unos cuatro millones y medio diez años después). Al ascender al trono Felipe III, no era ningún secreto que la pertinaz guerra con Holanda llevaba a la quiebra, después de consumir más de cuarenta millones de ducados en doce años.

Sólo la paz podría remediar la hacienda: en 1598 se firma con Francia, en 1604 con Gran Bretaña, en 1607 con Holanda. El rey había desistido de imponer nuevos tributos, pero pronto agota los recursos de sus antepasados y no ve mejor medicina que acudir a prácticas fraudulentas. Mediante el *resello*, como el que en 1603 duplica el valor nominal de las monedas, y la puesta en circulación de elevadas cantidades de *vellón*, Felipe III consigue ingresos frescos para pagar las partidas extraordinarias, con el alto precio de la inflación galopante y la ruina de la economía. La paz de Flandes no mejora el erario: los recursos hipotecados hasta 1611 y el apremio de las deudas conducen otra vez a la bancarrota (1607), que empaña aún más la imagen de la monarquía.

Diez años después, al reavivarse el conflicto flamenco, la situación de la hacienda es tan preocupante que las Cortes y los *economistas* abogan por reducir los gastos de la burocracia y aumentar las ayudas de los reinos periféricos. El rey prefiere recurrir a los viejos procedimientos: más vellón, secuestro de los envíos de América y préstamos de la banca genovesa. Sin dinero y desatado el torbellino del norte, las finanzas de Felipe IV se degradan por el recelo de los banqueros, que no le proveen de fondos sino a interés usurario. El déficit continúa creciendo pese a los intentos del gobierno por limitar los gastos suntuarios y los costos de administración. Las acuñaciones de vellón inundan el país con catastróficas consecuencias: alza de precios, carestía y escasez, en un delicado momento de Castilla. Una espiral que se cierra definitivamente en 1627 con nueva bancarrota y un año después con devaluación del vellón en un 50 %. Ambas medidas desahogan por el momento la hacienda, aunque provocan la huida de los capitalistas italianos, sustituidos ahora por los judíos portugueses, en estrecha vinculación con Amsterdam, dándose así la paradoja de que capital holandés financiaba la agresiva política de los Austrias contra las provincias neerlandesas.

Como en los tiempos de su padre, la bancarrota hubiese podido servir para el reajuste financiero, pero éste volvió a sacrificarse a la política exterior, al estallar la guerra de Mantua y perderse la flota de Indias en Matanzas. La inseguridad de los envíos americanos obliga a exprimir las fuentes peninsulares mientras las incautaciones y los préstamos alivian los primeros aprietos. Hidalguías, jurisdicciones, cargos, tierras de la corona..., se venden al mejor postor; las Cortes votan impuestos excepcionales y se arbitran nuevas tasas sobre azúcar, papel, chocolate y tabaco —productos de lujo llegados de América—, pesca, vino, naipes..., al tiempo que crece la alcabala y se echa mano de las rentas del mismísimo cardenal-infante don Fernando para financiar las campañas de 1634. Fracasadas todas las intentonas, nada pudo impedir el triunfo de una economía de guerra. Promovida por las Cortes castellanas y la burguesía se empieza a pensar en la necesaria colaboración de todos los reinos peninsulares en el mantenimiento del Imperio, como ya sugiriera Felipe III a principios de su reinado.

Los aragoneses, viendo peligrar sus privilegios, muy maltrechos después de la entrada de los ejércitos reales (1591) y la ejecución del Justicia Juan de Lanuza, explotaron las dificultades financieras del monarca para comprar con un millón largo de ducados el reconocimiento de sus fueros. En Cataluña, la urgencia de dinero condiciona el envío de virreyes duros —Alburquerque y Alcalá—, que imponen la ley y el orden aun en contra de la Diputación General y exigen el pago del quinto regio y sus atrasos, suscitando el resquemor de la oligarquía barcelonesa, que los había acaparado para sí. Otro tanto ocurre en Portugal, donde su Consejo de Hacienda es intervenido en 1601 por la *Junta da Facenda* madrileña y se ocupan con castellanos las altas dignidades de la Iglesia y la burocracia.

La política de penetración culmina en el gobierno del conde-duque de Olivares. La guerra alemana obligaba a repartir las cargas que Castilla sola no podía soportar. Surge así la idea de la *Unión de Armas*, ejército permanente de 140.000 hombres, reclutado y mantenido por todos los reinos en proporción a sus habitantes y a su riqueza. La Unión choca frontalmente con los reinos de la Confederación aragonesa y con Portugal por sus privilegios forales. Además, los catalanes consideraban exagerado el cupo de soldados exigido —16.000, lo mismo que a Portugal con el doble de población—, fruto de un cálculo erróneo de su potencial, que impidió un acuerdo como en Aragón y Valencia. Para doblegar al Principado, el valido desvía la guerra contra Francia al insumiso territorio catalán, que se ve obligado por sus propios fueros a colaborar con 12.000 hombres en su defensa.

Las tropelías de los ejércitos ahondan en el resentimiento de los catalanes hacia la corte, desprestigiada tras las derrotas en Holanda, al tiempo que la crisis comercial castiga su economía. En 1640, los segadores, los campesinos más pobres, destruyen propiedades de los estamentos privilegiados y, aliados a la plebe urbana de Barcelona, asesinan al virrey Santa Coloma sin que la Generalitat consiga aplacar los ánimos. El Consejo de Aragón, asustado, pide medidas rigurosas a Olivares, que no llegan a tomarse por los desastres militares en Europa. Envalentonado, el movimiento social se radicaliza atacando a la propia clase dirigente catalana; la nobleza y la burguesía se ponen a la cabeza de la revuelta para sobrevivir; el empecinamiento madrileño en mantener las tropas en Cataluña les echa en brazos de Francia, que ocupa el Principado.

Nada tan favorable a la política exterior de Richelieu como su protectorado catalán, verdadera cuña en el interior de la península. Sin embargo, muerto el cardenal, su sucesor Mazarino prefiere gastar energías en Italia antes que en España. Felipe IV, tras la caída de Olivares, parece dispuesto a olvidar los agravios y los catalanes, hartos de los abusos franceses, se levantan contra ellos. En 1652 don Juan José de Austria llega a Barcelona al frente de las tropas castellano-aragonesas, firmándose una capitulación conciliadora que reconoce los derechos propios de Cataluña. Por su lado, Francia se siente satisfecha, la paz de los Pirineos (1659) ratificará su ocupación del Rosellón.

No es éste el único problema interno de Felipe IV: en parecidas circunstancias, y aprovechando la presencia del ejército en Cataluña, Portugal se subleva el mismo año de 1640, dirigido por el duque de Braganza. Ante la disyuntiva Portugal o Cataluña, las razones históricas, demográficas, económicas y estratégicas empujan al monarca a concentrarse en la recuperación del Principado, lo que permite a los portugueses levantar un ejército y firmar alianzas con Inglaterra y Francia. La guerra deriva en continuos ataques y correrías que no concluyen hasta la paz de 1678.

Crece igualmente el descontento en Andalucía —donde los motines urbanos de 1641 tienen su contrapunto en el levantamiento del marqués de Ayamonte y el duque de Medinasidonia contra el valido Olivares—, en Aragón con la sublevación del duque de Hijar, en Nápoles y en Sicilia, expresión todos ellos del malestar social y el temor de los reinos periféricos a hundirse en la ruina de Castilla. Su correspondencia temporal ofrece la imagen de un Estado en peligro de desintegración, pero la habilidad del rey, el control de los resortes del gobierno y la comunidad de intereses de las elites consiguieron superar el bache con la única pérdida de Portugal. Sin embargo hubo de pagarse un alto precio: resellos y devaluaciones ahogan la economía presa del marasmo económico, se subastan bienes de la corona y en 1647 y 1662 Felipe IV decreta la bancarrota. Nada invita a la esperanza, con la huida de la banca internacional, el erario pierde una de sus bazas primordiales, el crédito, en un horizonte en el que las derrotas militares presagian el ocaso del Imperio europeo.

El cáncer monetario

Paradoja histórica, es mérito del gobieno del denostado Carlos II el haber puesto orden en la economía y las finanzas hispanas. Y es que, falto de un rey capacitado, el Estado supo reemplazarlo, tomando las decisiones más oportunas. El mismo año de su acceso al trono, coincidente con una nueva bancarrota (1666), Francisco Centini, miembro de la Contaduría Mayor del reino, lleva a cabo el primer análisis serio de la hacienda pública, denuncia el desfase entre los ingresos y las expectativas fiscales —fruto de los fraudes inherentes al sistema de arrendamientos— y propone un impuesto directo sobre el vecindario acorde con sus ingresos, quimérica propuesta en la estamental sociedad española del siglo XVII. Por lo demás, los problemas estructurales de la penuria imperial son afrontados con valentía por don Juan José de Austria, que en 1680 decreta la devaluación en un 75 % de la moneda circulante, legaliza la gran cantidad de piezas falsificadas y reduce el *premio* de la plata. La repercusión sobre la economía fue brutal, con la pérdida de los ahorros de las clases rentistas y el desprestigio de la moneda castellana en el extranjero. Aun así, la entereza de la corona, que en 1686 reajusta la paridad entre los metales, estabilizó el dinero durante el final de siglo, facilitando la recuperación económica.

De poco hubiese servido acabar con el cáncer monetario sin entrar de lleno en la reforma del sistema fiscal. En 1683, la naciente Junta de Encabezamientos pone el dedo en la llaga del desorden de los ingresos y propone su unificación en un encabezamiento general, pero la caída de los tributos asignados obligó a dar marcha atrás. El trabajo pasa entonces a la recién constituida Superintendencia de Hacienda, dirigida por el activo marqués de los Vélez, que se preocupa de tres problemas fundamentales: la deuda (nuevas bancarrotas en 1678 y 1686), la falta de recursos (los ingresos apenas cubrían el 50 % del presupuesto) y la excesiva presión fiscal sufrida por los súbditos. La reforma adquiere carta de naturaleza en 1688, al congelarse los gastos de la corona, condonarse la deuda fiscal y dividirse los ingresos, lo que garantiza al gobierno unas entradas mínimas para los gastos corrientes. Estas medidas permitirán reducir la deuda de unos ciento treinta millones de reales a sólo cien millones a principios del siglo XVIII sin que fuera preciso inventar nuevos impuestos, a la vez que la paz promocionaba a los banqueros españoles en perjuicio de sus colegas extranjeros. Es el tiempo de Francisco Baez Eminente, Ventura Donís, Simón Ruis, Manuel José Cortizos, José de Aguerri, Francisco Sanz de Corts o Francesc Montserrat, muchos de origen converso y casi todos ennoblecidos —marqueses de Olivares, Villaflores, Valdeolmos, Villaverde, Tamarit— por sus servicios a la corona.

La política de renovación económica no se detuvo en el marco del Estado y el fomento de la iniciativa privada fue parte importante de su programa. A fin de espolear a los fabricantes autóctonos y sustituir importaciones, en 1679 don Juan José de Austria crea la Junta de Comercio, modelo de otras muchas —Madrid, Sevilla, Granada, Valencia y Barcelona— que tomarán su relevo cuando desaparezca ésta unos años más tarde. Todas ellas trabajaron con denuedo para favorecer las inversiones, mediante oportunas exenciones fiscales, y mejorar la producción, atrayendo técnicos y empresarios ingleses y flamencos o enviando trabajadores peninsulares al extranjero con el objeto de ampliar sus conocimientos. A ellas se debe, por tanto, el primer esfuerzo en la modernización del tejido industrial hispano, con la hostilidad de los gremios y la de los comerciantes asociados a los productores europeos, cuyo boicot a la comercialización agostará muchas de sus iniciativas.

Aun así, la industria lanera segoviana, palentina y zaragozana recobra su pulso a finales de siglo y soplan buenos vientos en las sederías cordobesas. Con el descenso de la demanda militar las industrias armeras y siderometalúrgicas se resienten, desencadenándose una guerra incruenta entre vizcaínos y guipuzcoanos por las ventas de mineral, incluida la prohibición de exportar vena de Somorrostro a las ferrerías de Guipuzcoa y la amenaza de ésta de invadir a su vecina Vizcaya. La agricultura, por el contrario, se recupera con más superficie cultivada, al compás del incremento de la población, aunque sin sortear los temibles estragos del tiempo.

El comercio despierta de su letargo desde mediados de siglo alentado por los memoriales de los arbitristas y el capital nativo, deseoso de reconquistar los mercados hispanos y desplazar a los mercaderes extranjeros, a los que se culpa del atraso de la monarquía. En 1668, el dominico fray Juan de Castro proponía a la reina la creación de una compañía privada, al estilo de las inglesas y holandesas, que monopolizara el comercio colonial y abriera al tráfico todos los puertos americanos y peninsulares. Pese al interés suscitado entre vascos y valencianos, el proyecto estaba destinado al fracaso por la influencia de Sevilla. No faltaron tampoco los barcos, los astilleros surtieron de naves al país a buen ritmo, y si bien es cierto que gran parte de la faena pasó a La Habana y otros puertos coloniales debido a su riqueza maderera y bajo costo de mano de obra, la península se especializó en la construcción de grandes navíos de alta calidad, botados a menudo en la ría bilbaína.

Decae sin remedio el polo Sevilla-Cádiz-Puerto de Santa María-Sanlúcar de Barrameda. La capital del Betis pasa de 112.000 a 60.000 habitantes a lo largo del siglo y es reemplazada por Cádiz, designada en 1680 puerto de las mercancías atlánticas mientras la Casa de Contratación continúa en su sede hasta 1717. En el sur andaluz dominan los comerciantes foráneos: menos de un 5 % de las mercadurías exportadas a las colonias tenía origen peninsular, descollando los productos franceses e ingleses y, desde 1680, flamencos y holandeses. Los registros oficiales señalan un brusco descenso de las importaciones de metales preciosos, pero todo parece indicar que las ocultaciones y el contrabando oscurecen la realidad, pues las minas del Potosí, Parral y Zacatecas reverdecían sus laureles y embajadores y espías confirman el clandestino trasiego de la plata en América, en la travesía o en la misma bahía de Cádiz. En su lucha contra el fraude, la Hacienda unificó las aduanas andaluzas en un organismo común, arrendado al poderoso banquero Baez Eminente.

De los puertos mediterráneos, Alicante se sitúa a la cabeza por el volumen de sus exportaciones de jabón, sosa o almendra, favorecidas con las bajas tasas aduaneras, sin superar nunca el 2,5 % del comercio gaditano. Finalmente, Bilbao aprovecha la coyuntura de la guerra con Francia para absorber el tráfico guipuzcoano y recuperar la hegemonía cantábrica —70 % de la lana exportada por Castilla— expulsando a los negociantes extranjeros en 1687 y frustrando, con sus obsequios a la corona, las propuestas de Laredo, Santander y Castro Urdiales, interesadas en compartir el negocio.

Cuando se pone el sol

Al acceder al trono Felipe III, Madrid mantiene sus objetivos del siglo XVI, aunque la economía obliga a buscar la paz en todos los frentes, de acuerdo con las pautas de Felipe II en Vervins (1598). La cesión de soberanía en los Países Bajos y el interés de la monarquía inglesa por conseguir ventajas comerciales permiten el acuerdo en 1604. En Flandes, los progresos holandeses, la amenaza gala al camino español y las estrecheces del erario concitan la angustia de la derrota; la recuperación de los envíos americanos y la paz con Londres permitirían, sin embargo, levantar los ánimos, al unísono de las exitosas campañas de Spínola en Frisia y Ostende. Pero no habiendo dinero suficiente para mantener la ofensiva Bruselas se inclina por la paz: en 1609, la firma de una tregua de doce años con Holanda inaugura un período de calma en Europa, del que la monarquía hispana no había disfrutado en los últimos cien años.

Cuando en 1621 la tregua está a punto de expirar y en la capital se discute su ampliación, muere Felipe III. La corona recae en un joven, Felipe IV, dominado por el arrollador Gaspar de Guzmán, conde-duque de Olivares, que administrará más de veinte años su imperio, tambaleante pero aún poderoso. Conservador en política exterior, Olivares deja a un lado las campañas imperialistas y agresivas para concentrarse en la defensa de los bienes heredados del siglo anterior, en una época en la que el poder de las potencias emergentes —Francia, Gran Bretaña, Holanda, Suecia— hacía imposible la hegemonía peninsular. Mientras intenta reformar y sanear la administración, como paso previo al despegue del prestigio hispano, lucha a muerte en el norte por conservar las posesiones europeas.

Los Países Bajos y Alemania son las áreas de su batalla por la supervivencia y es en ésta donde antes estalla el conflicto con el comienzo de la guerra de los Treinta Años (1618). La corte sopesa la situación antes de intervenir, pues ni desea involucrarse en una guerra de desgaste ni puede aislarse de la suerte de su familia austríaca, única aliada segura en esos momentos. Envía dinero y hombres al emperador, que colaboran en la derrota de la rebelión bohemia y, a la vez, invade algunos lugares estratégicos —Valtelina y Bajo Palatinado, a medio camino entre Milán y Flandes, entre los Habsburgos españoles y los austríacos. En el Consejo de Estado se duda en prestar más ayuda al emperador; el dinero es necesario para prevenir la guerra en Flandes, al borde del final de la tregua. Bruselas confirma su deseo de renovarla, pero en

Madrid y Holanda los partidarios de la guerra, Olivares y Mauricio de Nassau, se imponen.

Madrid es consciente de que la tregua resultaba ruinosa al Imperio. Los barcos y comerciantes holandeses dominaban la navegación comercial entre la península y el norte de Europa, controlando el trigo báltico, el cobre sueco y los repuestos navales: con la dependencia mercantil, la plata española financiaba al enemigo. La constitución de la Compañía Holandesa de las Indias Orientales desplazaba también a los mercaderes portugueses del comercio de las especias y amenazaba su posición en el trasiego del azúcar brasileño, lo que soliviantaba a la burguesía lisboeta y sevillana por los asaltos de los contrabandistas holandeses en América. Además, el dinero acumulado servía para mantener un poderoso ejército mercenario y obstaculizar la diplomacia habsburguesa en Europa central y el Mediterráneo.

El valido Olivares prefiere seguir una estrategia defensiva en Flandes, tan sólo rota por el avance sobre Breda que inspiró al genio de Velázquez, e intenta bloquear la economía holandesa con el embargo de sus productos, la expulsión de sus barcos y mercaderes de los puertos del reino y la actividad de las escuadras navales en Flandes y Gibraltar entorpeciendo a los mercantes neerlandeses. Holanda contraataca en el mundo colonial con asaltos a las posesiones portuguesas, mucho más vulnerables que las resistentes ciudades y territorios hispanos. En 1624, una fuerza expedicionaria conquista Bahía, cabeza de puente de su acoso a la América española y a la plata financiadora de la guerra en Europa, hasta su reconquista un año después por la acometida hispanolusa.

En la República holandesa, el bloqueo económico provoca un alza inusitada de los precios alimenticios y, sobre todo, de la madera, en beneficio directo de sus más cercanos competidores. Languidece así la judería de Amsterdam, a la par que la falta de mercados impide la trasformación de la industria textil, desplazada en Europa por la pañería anglosajona. También salieron muy perjudicados los transportistas, que vieron cerrarse el comercio exportador lanero desde Bilbao y San Sebastián y la importación de los tintes americanos, cuyo precio se dispara en las bolsas holandesas. Sin embargo, las medidas económicas no debilitaron lo suficiente a las Provincias Unidas como para hacerles negociar una paz *honrosa* desde la perspectiva madrileña.

Siempre al acecho, el cardenal Richelieu invade en 1625 la Valtelina y, aliado a Venecia y Saboya, bloquea Génova, en un primer ensayo de clausura del camino español, pero aún no ha llegado su hora y Madrid impone en el tratado de Monzón el antiguo *statu quo*. En Alemania, el emperador reclama la ayuda de Felipe IV, que auspicia una liga entre Madrid, Viena y los príncipes católicos, a fin de acabar con los enemigos, fueran éstos alemanes u holandeses, y establecer una flota de control en el Báltico. Ambos objetivos fracasan por las suspicacias de Baviera y la intervención de Gustavo Adolfo de Suecia en la guerra de los Treinta Años, alarmado por el peligro habsburgués en el Báltico y los triunfos católicos en Alemania.

Francia aprovecha el desconcierto con operaciones en Mantua, los holandeses capturan la flota de Nueva España (1628), Mauricio de Nassau y Hendrik avanzan en Flandes y Gustavo Adolfo invade el Bajo Palatinado. Sólo Olivares parece mantener la cabeza fría; en Bruselas el temor fuerza a Isabel Clara Eugenia a intentar negociar con Holanda, cuyas desmesuradas exigencias —abandono español de los Países Bajos, devolución de Breda, concesiones comerciales, reconocimiento de las conquistas en Asia y América— impiden el acuerdo, como ya había previsto el valido. En Alemania la tenaza francosueca obliga a los príncipes católicos a firmar un tratado de ayuda mutua (1632), mientras con un notable esfuerzo el conde-duque consigue levantar un ejército al mando del cardenal-infante don Fernando. Su misión sería recuperar los pasos entre Alemania y los Países Bajos (Venlo y Maastricht) y detener los avances del monarca sueco. Tras derrotar a Gustavo Adolfo en Nordlingen (1634), los tercios se dirigen a Flandes, donde repelen la agresión francesa que da paso a la entrada de París en la guerra de los Treinta Años.

No obstante las victorias iniciales, Nordlingen marca el punto de inflexión de la política exterior española. Richelieu considera llegado el momento de asestar el golpe de gracia a los Habsburgos después de un decenio de cerco y firma un pacto ofensivo-defensivo con los principales enemigos de éstos: Holanda, Suecia, Saboya y Bernardo de Sajonia-Weimar, cabeza de los protestantes alemanes. En Madrid, el conde-duque planea un triple asalto a Francia, con las tropas vasconavarras hacia San Juan de Luz, las catalanas desde el Rosellón y las flamencas contra París. Fracasa en todos los frentes: el emperador se niega a secundar a sus parientes madrileños, los ejércitos franceses liberan de peligros su capital y por el tratado de Milán (1637) España debe renunciar al tránsito por la Valtelina, al tiempo que la ocupación gala de Alsacia y la capitulación ante Bernardo de Sajonia rompe el camino español, tan arduamente defendido durante siglo y medio. Las posesiones de España en Italia y Flandes quedan aisladas entre sí.

Mientras los tercios atacan preventivamente París en una maniobra de distracción, Olivares concentra sus esfuerzos en las Provincias Unidas, tratando de forzar la tregua. El ardid, una vez más, resulta inútil, ese mismo año se pierden Schenkenschans y Breda: el dispendio de quince millones de ducados no rinde beneficio alguno antes de que queden cerradas las vías de refuerzo desde Italia y España. Es el fin de la etapa ofensiva terrestre; la corona lucha por conseguir ventajas en el mar, con resultado negativo en sus expediciones a Pernambuco y Las Dunas. Las derrotas se suceden imparables. España no podía estrujar más su maquinaria, la monarquía peligra castigada por la crisis económica y las sublevaciones de Cataluña, Portugal y Nápoles. Por Barcelona y Lisboa, el cardenal Richelieu introduce sendas cuñas en la península, como un año antes lo hiciera en Flandes al ocupar la región de Arrás. Los portugueses invaden Galicia y luego derrotan a los españoles en Extremadura. El desmoronamiento interno tiene su reflejo en el exterior al ser humillados los tercios en Rocroi (1643) por los ejércitos franceses de la mano de Condé, que luego trabajaría para el rey de España. Con esta batalla, Francia confirma su rango de primera potencia terrestre en Europa en tanto que España mendiga la paz.

Con Holanda, la secesión portuguesa y brasileña abría vías de solución al conflicto, pues la Compañía de las Indias Occidentales podía conservar sus adquisiciones sin afectar ya a los intereses españoles. Ambiciosos, los holandeses intentan explotar el marasmo ocupando una porción de Chile y el sur de Flandes. Sin embargo, las defensas estáticas ensayadas por las colonias impiden cualquier conquista en América; los embargos y la expulsión de sus comerciantes siguen dañando el comercio de Holanda y la posibilidad de un Flandes francés asusta más que el gobierno madrileño. A partir de 1645, Holanda, la provincia más rica de la República, se niega a sufragar los gastos de la guerra y fuerza la paz en Münster (1648), que devuelve a Amsterdam su privilegiado puesto en el comercio entre España, Italia y Flandes. La monarquía católica sale muy debilitada, aunque conserva un gran imperio, para el que Holanda constituye un contrapeso ideal frente a las peligrosas Francia e Inglaterra.

Aún no llega la paz definitiva a España, pues Luis XIV ambiciona algunas de sus posesiones en Europa y no cede en su empeño hasta conseguirlas. También Gran Bretaña acude presta al reparto, invadiendo Jamaica (1655). Las revueltas de la Fronda dieron un respiro a Madrid, pero las bancarrotas impidieron allegar recursos con que continuar la guerra. En Flandes, don Juan José de Austria, hermano bastardo de Carlos II, obtiene la última victoria; la formación de la Liga del Rhin, sin embargo, aísla de nuevo los Países Bajos. En 1658, los ejércitos españoles vuelven a ser derrotados en Las Dunas y un año después, por el Tratado de los Pirineos, Madrid entrega a Luis XIV el Rosellón, Artois, Luxemburgo y Lieja, acordándose también el matrimonio del monarca francés con María Teresa, hija de Felipe IV.

Ni siquiera este enlace aplaca el anhelo de París, que aprovecha la muerte de Felipe IV para ocupar el Franco-Condado con la excusa del cobro de la dote de la princesa española, devuelto en 1668 por la paz de Aquisgrán. La amenaza francesa obliga a la regente Mariana de Austria a firmar una alianza defensiva con Holanda y el Imperio. En la guerra, la flota hispano-holandesa es destrozada en Mesina por los franceses al tiempo que asimismo, invaden Cataluña ahora y nuevamente en 1690 tras la gran alianza contra Francia de los reinos europeos. Incluso Luis XIV hubiese podido tomar Barcelona, de no alterar sus planes la conquista de Renania. Al retirarse las tropas francesas, las españolas someten la rebelión barretina y castigan la negativa catalana a sufragar los gastos del ejército. En un nuevo avance, la armada gala despliega una serie de salvajes bombardeos contra las ciudades de la costa mediterránea, que unen a las clases dirigentes catalanas en su aversión a Francia y su alianza con Madrid, y caen, una a una, Rosas, Palamós, Gerona y Barcelona (1694). Todas ellas serían devueltas por la paz de Rijswijk y la generosidad de Luis XIV, muy atento a las posibilidades de su nieto de heredar la disputada corona de Carlos II.

Audacia clásica

A finales del siglo XV, la pujanza económica y la paz interna inaugurada por los Reyes Católicos repercuten muy favorablemente en el desarrollo de las artes y las letras. Monarcas, magnates y eclesiásticos competirán por exhibir su riqueza cultural, a imitación de los mecenas que alumbraban Italia con el brillo de las obras renacentistas. Este despliegue de la cultura tendrá en la arquitectura una de sus expresiones genuinas, aun cuando la mayoría de las grandes catedrales ya habían sido construidas en épocas precedentes.

La arquitectura de Isabel y Fernando se caracterizó por la abundancia de elementos decorativos nuevos

—águilas, blasones, conchas, columnas, nichos—, por más que en sus plantas y alzados fuera todavía deudora del gótico flamígero, dando origen al estilo *isabelino*, y poco después al *plateresco*. San Juan de los Reyes de Toledo, la catedral nueva de Salamanca (1513), acompañadas por las de Granada y Málaga o la capilla del Condestable de la de Burgos (Simón de Colonia, 1466) son hermosos ejemplos de este arte. El plateresco ahonda en la tradición del Renacimiento italiano y en la rica orfebrería toledana, con ejemplares tan destacados como el hospital de la Santa Cruz de Toledo (Enrique Egar, 1504) o la fachada de la universidad de Salamanca, auténtico retablo en piedra. De Italia trajo Lorenzo Vázquez el primer soplo renacentista que luego plasmaría en los palacios de los duques de Medinaceli y del Infantado (Guadalajara), en el colegio de Santa Cruz (Valladolid) o en la casa de las Conchas de Salamanca.

En contraste con las inversiones suntuarias de la aristocracia, la corte itinerante de Isabel y Fernando no dispuso de un palacio real; al servicio de la idea de imperio, Carlos I encargaría el suyo en la Alhambra. De formación romana, el arquitecto Pedro de Machuca levantó un edificio renacentista —planta cuadrada, patio central circular, dos pisos de columnas— que recordaba al palacio Farnesio. En el exterior, la limpieza de líneas, la simetría de vanos, el zócalo almohadillado... quedaban rotos por los frisos de escenas militares con panegíricos de las hazañas del rey, según el ejemplo de los relieves de la Roma imperial, a mayor gloria del nuevo cesarismo habsburgués. El edificio granadino constituye el centro de un extenso programa destinado a pregonar la imagen de la monarquía, en el que también colaborarían Tiziano con sus retratos de la familia imperial —*Carlos V en Mülhberg*, *Felipe II*— y los Leoni, fieles propagandistas del poder de los Austrias en vida —*Carlos V hollando al Furor*, busto de Felipe II— y de su dominio ante la muerte —estatua orante de Juana de Austria en las Descalzas Reales y grupos escultóricos del mausoleo real en El Escorial (1590-1600).

No sería el palacio de la Alhambra la única gran obra de Carlos I, cuyo interés también se manifestó en la reconstrucción del Alcázar de Toledo, dirigida por Alonso de Covarrubias. Con su planta rectangular, patio interior y torres en los ángulos, la fortaleza persevera en la rica tradición plateresca, que tendría magníficos continuadores como Castello y Villalpando. Si Machuca concentra su labor en Granada y Covarrubias en Toledo, otros arquitectos expanden la influencia italiana por el resto de la península, como Rodrigo Gil de Hontañón (catedrales de Segovia, Plasencia y Astorga, palacios de Monterrey y los Guzmanes y la universidad de Alcalá).

Todas estas construcciones quedarían eclipsadas, sin embargo, por la colosal mole de San Lorenzo del Escorial (1563-1584), irguiéndose sobre la sierra del Guadarrama. Como su padre, Felipe II eligió para levantar el símbolo de su reinado a otro recién llegado de Italia, Juan Bautista de Toledo, que diseña la planta rectangular del monasterio, rematada con sus peculiares torres, y distruibuye el conjunto en torno a la iglesia-panteón. La muerte de Toledo obligó a traspasar la dirección de la obra a Juan de Herrera, que proyectaría sobre ella la imagen de extrema severidad propia de la corte de Felipe II, austeridad que se extiende al conjunto de las edificaciones del reinado, en el que Herrera mantiene una dictadura del gusto, a través de los encargos oficiales: Alcázar de Toledo, palacio de Aranjuez, lonja de Sevilla, catedral de Valladolid. Encauza así la arquitectura peninsular dentro de las adustas reglas escurialenses, repetidas a lo largo del siglo XVII en obras como la Plaza Mayor y el ayuntamiento madrileño o las Descalzas Reales.

Mucho más continuista, la arquitectura aragonesa prolonga las formas platerescas, mientras los influjos italianos introducen en Valencia el estilo clasicista de las ciudades mercantiles, con manifestaciones notables en el colegio del Patriarca y la Diputación. Cataluña, por su parte, sería reacia a los nuevos modelos, manteniendo su rica arquitectura gótica en edificios como el de la Generalitat barcelonesa.

El triunfo del barroco en el siglo XVII rompe con los modelos anteriores al huir de la lógica clásica y de la sobriedad impuesta por Herrera. Con todo, la arquitectura no abandona, en un primer momento, la herencia del siglo XVI, sino que tiende a recargar los exteriores para modificar más tarde el trazado de las plantas. Las mejores obras del barroco español salpicaron la España periférica, fruto de su mejor situación económica respecto de Castilla, con ejemplos sobresalientes en la fachada de la catedral de Granada del polifacético Alonso Cano (1667), la torre hexagonal de Santa Catalina o el presbiterio de la catedral de Valencia, la portada de la iglesia de Caldas de Montbuy o la iglesia de Belén en Barcelona. El ascendiente de Borromini repercute en la ruptura del plano de las fachadas, que parecen danzar en una alternancia de superficies cóncavas y convexas, muy lograda en las catedrales de Murcia, Valencia, Pilar de Zaragoza y el santuario de Loyola del italiano Carlo Fontana. La obra maestra de la arquitectura barroca se llevaría a cabo en fecha tardía: en 1738 el arquitecto gallego Casas Novoa emprende la trasformación de la fachada de la catedral de Santiago, culminada con el recargado retablo de granito que es el Obradoiro. Aparece aquí la herencia del desbordante decorativismo puesto de moda por los Churriguera en sus obras salmantinas (colegio de Calatrava, retablo de San Esteban y la Plaza Mayor). Próximos a su estética, Pedro de Rivera, Narciso Tomé y Francisco Hurtado firmaron proyectos como los del cuartel del conde-duque en Madrid, el Trasparente de la catedral de Toledo y la almibarada sacristía de la Cartuja granadina.

También la escultura registra un avance notable en el siglo XVI, con los encargos a artistas europeos, como el francés Vigarny —trascoro de la catedral de Burgos, altar de la capilla mayor de la de Toledo—, los flamencos Beaugrant instalados en las Provincias Vascongadas y La Rioja, Domenico Fancelli —túmulo del príncipe don Juan en Avila, sepulcro de los Reyes Católicos en Granada —o los Leoni. La nómina de escultores españoles de calidad es interminable; Diego de Siloé, Juan de Valmaseda, Damián Forment, Juan de Malinas, Gaspar de Becerreá destacan entre los tallistas; Vasco de Zarza y Bartolomé Ordóñez en el mármol. Sobre todos ellos descuellan Alonso de Berruguete —sillería de la catedral de Toledo, retablo de la Capilla Real de Granada— y Juan de Juni, precursor de la rica escultura española del XVII, por el estilo monumental, intenso patetismo y minuciosidad en el tratamiento de los ropajes de sus figuras.

Son justamente los maestros del siglo XVI, junto a los postulados de la Contrarreforma, la ampulosidad de la liturgia y el sentimiento religioso los que hacen triunfar la imaginería policromada. Desoyendo los acordes del Renacimiento, la escultura se sumerge en el dramatismo de las formas, muy propio del gusto barroco, con su atormentada imagen de la muerte y la permanente contradicción entre la miseria y el boato, el heroísmo y la decadencia. Los *martirios* y los más *sangrantes* episodios de la vida de Jesús o los santos se multiplican para provocar la emoción de los fieles, acordes con una experiencia religiosa individual inaugurada por Ignacio de Loyola con sus *Ejercicios.* Valladolid y Sevilla acogerán los dos grandes focos de esta corriente, por ser ciudades de gran potencial creativo y, quizás, también por la necesidad de pastorear el rebaño después de los peligrosos focos de *alumbrados* reducidos a cenizas en vida de Felipe II. Instalado en Valladolid, Gregorio Fernández popularizará una imaginería patética alejada del amable andalucismo de Martínez Montañés y Alonso Cano.

Aspecto secundario, aunque no menos característico del sentimiento religioso contrarreformista, fue la exacerbación del culto a las reliquias de los santos, que se acumulan en catedrales y monasterios —Guadalupe, Roncesvalles, Medina del Campo, Gerona— o llegan a ser objeto de curiosas transacciones como la propuesta a Felipe II de entregar algunas de El Escorial para comprar partidarios de su causa en Lisboa, tras la muerte del rey Sebastián. El monarca castellano y sus familiares mostraron gran devoción hacia estos despojos, acaparados por toda Europa y dignificados con el trabajo de los mejores orfebres, bajo la batuta de Juan de Arfe, heredero de una brillante tradición familiar en la labra de metales preciosos. Aun cuando muchas veces el mismo *rey católico* dudase de la autenticidad de las piezas, los aparatosos relicarios atestaron el monasterio escurialense, los conventos de la Encarnación y las Descalzas Reales de Madrid. Hasta su extinción, el erasmismo español había criticado el trasiego de restos y su culto idolátrico:

> Pues de palo de la cruz digoos de verdad que si todo lo que dicen que hay della en la cristiandad se juntase, bastaría para carga una carreta.
>
> Alfonso de Valdés

Los reyes mecenas

Junto a los tradicionales compradores de arte, Iglesia y nobleza, el siglo XVI aporta como novedad el despliegue del coleccionismo y del mecenazgo de los Habsburgos españoles, cuyas compras pictóricas financiarían la renovación artística española y europea. Ya los Reyes Católicos habían formado una inicial galería de pintura, muy condicionada por la piedad de Isabel, que acorde con los gustos de la Castilla bajomedieval prefería las tablas flamencas —Bouts, Van der Weyden, Juan de Flandes— a los innovadores italianos como Botticelli o Perugino. A Pedro de Berruguete no se le puede quitar el mérito de haber sido el primero en contagiar los pinceles españoles del aire del Renacimiento, superando el anterior realismo hispanoflamenco. La personalidad de Toledo y Sevilla, las dos ciudades más ricas de la primera mitad del siglo XVI, también se reflejaría en el dinamismo de sus escuelas pictóricas, animadas por la competencia de maestros extranjeros. En la ciudad del Betis, Alejo Fernández funde las tendencias artísticas norteñas y mediterráneas, alimentando una tradición que se renueva con las inclinaciones manieristas del flamenco Pedro de Campaña, mientras en Toledo Francisco de Comontes y Juan Correa del Vivar acaparan los encargos de la Iglesia.

Con Carlos I la monarquía da un salto adelante en sus compras, se aparta de la iconografía religiosa y utiliza la pintura como propaganda de su política exterior. El liderazgo artístico se lo reparten todavía los autores europeos, a medio camino entre Flandes y Venecia, con Tiziano de favorito, a quien se compran obras de la calidad de *Venus* y *Cupido organista* y el *Ecce Homo*. Para sustituirlo como retratista oficial, Felipe II echará mano de Antonio Moro, Alonso Sánchez Coello y Juan Pantoja de la Cruz. La llegada a Madrid de la colección de María de Hungría (1556), gobernadora de los Países Bajos, permitirá, asimismo, conocer las obras de Van Eyck o Miguel de Coxcie, que enseguida influyen en la sensibilidad de la corte.

Buen conocedor del quehacer intelectual y artístico europeo, gracias a sus viajes por Italia, Flandes, Inglaterra y Alemania, Felipe II hará de El Escorial una de las mejores pinacotecas de la época. Encarga a Tiziano el *Martirio de san Lorenzo* y a Coxcie el *David y Goliat* y compra cuanta tabla del Bosco sale al mercado: *El carro de heno, Los siete pecados capitales*. La querencia que siente hacia el pintor no es sino el reflejo de su gusto por los flamencos —Van der Weyden, Patinir, Vicente de Malinas—, tan cercanos a su sensibilidad contrarreformista. No faltaron tampoco en el monasterio los lienzos italianos de Veronés, Tintoretto o Rafael, y ya en el alcázar madrileño, Correggio y Vasari. El influjo de la pintura italiana no se puede ocultar en las obras de las dos mayores figuras del arte español del momento. El manierismo luce de lleno en los óleos del extremeño Luis de Morales, con sus efectos luminosos, rico cromatismo y honda religiosidad y, sobre todo, en los del Greco, atraído a la península por el imán de la prodigalidad regia. Afincado en Toledo, donde los contratos le sobran gracias a su amistad con los canónigos de la catedral, pudo desarrollar a sus anchas un concepto personalísimo de la imagen pictórica, muy apreciada por sus coetáneos aunque no tanto por Felipe II, partidario del magisterio de Tiziano. Sus alargadas figuras, de intenso colorido, y la expresividad mística de sus santos conmoverían a unas gentes preparadas desde el Concilio de Trento a semejantes efluvios. Pese al elevado precio de sus lienzos, el Greco abarrotaría las iglesias y residencias de Toledo con obras maestras como *El expolio* o *El entierro del conde de Orgaz*.

> ¡Oh purgatorio del color, castigo,
> desbocado castigo de la línea,
> descoyuntado laberinto, etérea
> cueva de misteriosos bellos feos,
> de horribles hermosísimos, penando
> sobre una eternidad simpre asombrada!
>
> RAFAEL ALBERTI, *A la pintura*

La afición por las antigüedades invade los jardines y estancias, según la moda italiana, y fomenta el coleccionismo del duque de Alcalá en su sevillana Casa de Pilatos o el del conde de Benavente. No son éstos los únicos; en Sevilla, el duque de Medina-Sidonia y el marqués de Zahara crean espléndidas pinacotecas al tiempo que Hernando Colón, Gonzalo Argote de Molina y el duque de Alcalá se preocupan por los libros. En Madrid forman buenas colecciones Pedro de Salazar Mendoza, el conde de Alba de Liste, Antonio Pérez o el marqués de Pozas. Y con ellos, multitud de iglesias, monasterios, cofradías y hospitales impulsan la creatividad nativa que florecerá en la gran escuela española del XVII.

El cambio de siglo trae una mudanza sin precedentes en el mundo del arte: la pintura descuella sobre el resto de las artes, la monarquía y la nobleza compiten en el mecenazgo y la compra de obras —el marqués de Leganés llegaría a atesorar 1.300 cuadros—, y se levantan edificios especialmente diseñados para exhibirlas proclamando el valor social del coleccionismo. Es el momento en el que el barroco desplaza la estética anterior. Al igual que en los reinados de Carlos I y Felipe II, la trasformación no podría entenderse sin una monarquía multiestatal, de territorios diseminados pero ligados entre sí en el quehacer artístico. Si en Valladolid Felipe III decora su residencia con los viejos maestros, seleccionados por el duque de Lerma —Tiziano, Veronés, Bassano, Sánchez Coello, Pantoja de la Cruz, el Bosco—, la corte de Bruselas y la rica Amberes financian el despegue del arte barroco flamenco liderado por Rubens, Van Dyck, Jordaens, Abraham Brueghel, Snyders y Teniers.

Será Rubens quien, no sin mérito, ponga en relación todas las escuelas; durante su estancia en Valladolid (1603) como embajador del duque de Mantua introducirá en España las primeras obras de gusto plenamente barroco. Su retrato del duque de Lerma inaugura entre los gobernantes la moda de posar a caballo, símbolo del Estado, cuyas *riendas* se sujetan con mano firme; modelo que alcanzaría su mayor nivel propagandístico en la paleta de Velázquez al servicio de Felipe IV y el conde-duque de Olivares. Talento artístico y servicio diplomático se conjugan en la vida de Rubens hasta llegar a ser el pintor predilecto de la corte española y flamenca.

Con el barroco, los santos salen de los templos para acompañar la vida cotidiana de los católicos españoles, asociándose al gusto por el paisaje en los óleos de Claudio de Lorena, rebosantes de piedad bucólica, a la vez que la mitología prende en el arte, a impulso de la tradición grecolatina. Las adquisiciones de la nobleza y los encargos de la Iglesia harán de Madrid, Valladolid y Sevilla centros internacionales de la pintura europea, no tanto por la alta calidad de las escuelas sino por el fervor coleccionista que provoca el interés de las tertulias, los escritos de la época y la decoración de las casas.

A la pintura italiana y flamenca acompaña ahora una producción local en serie, dispuesta a satisfacer la gran demanda, ya prefigurada en el XVI por Juan de Juanes, Luis de Morales o el Greco con sus obsesivas repeticiones —san Franciscos, Anunciaciones, apostolados— de iconografía religiosa. Surgen pintores especializados en paisajes (Ribera, Murillo), retratos (Sánchez Coello, Pantoja de la Cruz), bodegones (Collantes, Sebastián Martínez), floreros (Arellano), escenas bélicas (Juan de Toledo, los Herrera)..., cuyas obras rebosan las viviendas por su baratura y arrinconan a pintores antiguos del estilo del Bosco. Fruto del ardor creativo, se abre para España un auténtico siglo de oro de la pintura que pronto irradia a Europa con la maestría de artistas como el valenciano José de Ribera, *el Españoleto*, dueño de la técnica del claroscuro tras asimilar las enseñanzas de Caravaggio. Representante del realismo barroco con su inquieta mirada de la vida de los bajos fondos, es posible rastrear en Ribera idénticos mensajes a los de la novela picaresca así como la exaltación de la religiosidad conventual, puesta de ejemplo en el concilio de Trento. Lo mismo ocurre con su predecesor Francisco de Ribalta en sus motivos místicos o el gran pintor de frailes Francisco de Zurbarán, en cuyos cuadros la unción divina eclipsa el retrato de los personajes en un mar de rasos turquesas, rojos terciopelos y blancos.

> Rudo amante del lienzo, recia llama
> que blanquecinamente tabletea,
> telar del hilo de la flor en rama,
> pincel que teje, aguja que tornea.
> Nunca la línea revistió más peso
> ni el alma paño vivo en carne y hueso...
>
> RAFAEL ALBERTI, *op. cit.*

Merecen también un lugar destacado las hermosísimas representaciones de la Virgen de Alonso Cano y los óleos de Murillo, pintor de la vida popular, la familia y las preciosistas estampas religiosas, entre las que pronto alcanzan fama sus Inmaculadas, modelo iconográfico de la catequesis mariana de la Contrarreforma. Otros muchos pintores ilustres completan la nómina del arte español en este gran siglo: J. J. de Espinosa en Valencia; en Sevilla, Francisco de Herrera el Mozo y Juan de Valdés Leal, de macabro sentido teatral en *Finis gloriae mundi* o *In ictu oculi* del Hospital de la Caridad, y en Madrid Antonio de Pereda, Mateo Cerezo, José Antolínez, fray Juan Andrés Rizzi y los grandes retratistas de la corte, Juan de Carreño Miranda y Claudio Coello, autor de un singular retrato sicológico en su *Adoración de la Sagrada Forma.*

No obstante, si algo puede definir el esplendor del siglo XVII es, sin lugar a dudas, el trío Felipe IV-Rubens-Velázquez, en torno al que se teje el panorama creativo de la primera mitad de la centuria. Con el rey y el conde-duque de Olivares, la pinacoteca habsburguesa crece sin freno, como correspondía a la función política y representativa encomendada al arte por el valido, empeñado en situar al monarca en el centro de una corte magnífica y a la cabeza del mecenazgo cultural. En sus primeros encargos, Felipe dejó clara su inclinación por la pintura de Rubens, aunque sin despreciar a otros autores contemporáneos: Carducho, Ribera y Velázquez, entre los españoles, Oracio Gentileschi, Guido Reni, Van Dyck, Snyders y Durero, entre los extranjeros. Más tarde comprará en las almonedas públicas celebradas en Europa, especialmente la realizada por Cronwell tras el ajusticimiento de Carlos I de Gran Bretaña —de la que se trajo un espléndido lote de Tintoretto, Rafael, Mantegna, Andrea del Sarto, Durero, Gentileschi—, la llevada a cabo a la muerte de Rubens o la del cardenal Ludovisi.

La construcción del palacio del Buen Retiro, teatro para representar el poder y la magnificencia de la corte española cuando su estrella declinaba en Europa, obligó a contratar a los mejores pintores ante la imposibilidad de encontrar obras antiguas de mérito. Una vez concluido, Felipe IV emprende la reforma del alcázar madrileño, que serviría para catapultar al sevillano Diego de Velázquez, gran artista y mejor cortesano, como su antecesor Rubens. Formado en los talleres de Herrera el Viejo y Francisco de Pacheco, su dominio del dibujo quedó subordinado en seguida al colorido, libre de las tendencias de Caravaggio, y al naturalismo. A la muerte de Felipe III se traslada a Madrid, donde consigue, gracias a la protección de su paisano el conde-duque de

Olivares, los empleos de pintor del rey y aposentador mayor, base de la independencia económica necesaria para su libertad creadora. En 1630 viaja a Italia; allí compra cuadros, esculturas y antigüedades por encargo de Felipe IV y se empapa de pintura italiana. Sin embargo, no será hasta su segundo viaje a Italia cuando Velázquez pinte alguna de sus mejores obras: retratos de *Inocencio X* y *Juan de Pareja,* la *Venus del espejo* y los dos paisajes de la *Villa Medicis,* primeras telas al natural de técnica preimpresionista. Tal cúmulo de experiencias fructificaría, algunos años después, en *Las Meninas, Las hilanderas* y los retratos de los infantes.

> Por ti el gran Velázquez ha podido
> diestro cuanto ingenioso,
> ansí animar lo hermoso,
> ansí dar a lo mórbido sentido
> con las manchas distantes,
> que son verdad en él, no semejantes...
>
> FRANCISCO DE QUEVEDO, *Al pincel*

El pensar recio

Como las bellas artes, el pensamiento español del siglo XVI fue muy receptivo a las creaciones de la intelectualidad italiana y alemana. Del Renacimiento llegaría la cultura clásica y una nueva concepción antropocéntrica que inicia una era de optimismo, justo cuando el poderío militar y económico de la monarquía española alcanza su cima en Europa y la conquista de América abre otro mundo a la sensibilidad castellana. Se importa ahora el concepto del intelectual humanista, consciente de su lugar en la sociedad y deseoso de influir en ella. Durante el reinado de Carlos V, la *intelectualidad* legitima, en principio, los sueños imperiales al identificar equivocadamente su política con la búsqueda del *imperio humanista* descrito por Erasmo. Pronto se desengañan: ante las tendencias centralizadoras y la manipulación del poder, sólo quedaba el camino de la sumisión o el ensimismamiento.

Las contradicciones se agudizan en Castilla, debido al carácter semifeudal de su sociedad y al cerrojazo ideológico dado por la Inquisición, que en 1502 impone la primera censura de libros. No obstante, el bloqueo intelectual no alcanza su plenitud hasta el reinado de Felipe II, muy sensibilizado por los problemas de su padre con la Alemania luterana. En la España de Cisneros, el Renacimiento toma la nueva universidad de Alcalá, empeñada en atraer a Erasmo de Rotterdam a su claustro. Los humanistas castellanos hacen traducir el *Elogio de la locura*, dejándose cautivar por su racionalismo tolerante y por sus ideas de secularización cristiana. Emparentadas con las ansias de reforma de la Iglesia manifestadas en la corte de los Reyes Católicos, las teorías del holandés serán bien recibidas por la monarquía, sobre todo cuando las diatribas contra el poder terrenal de la Iglesia sirvan para justificar los ataques del emperador a los Estados pontificios. El saqueo de Roma (1527) es paralelo a las obras de Alfonso Valdés y a la aprobación de las doctrinas erasmistas por los teólogos de Valladolid.

El erasmismo significaba una revisión a fondo del universo religioso, defendiendo un cristianismo austero desprovisto de la ganga ceremonial, lo que le acercaba *peligrosamente* a las formulaciones de Lutero. Aun así, cuajó en Castilla a través de un nutrido grupo de intelectuales y humanistas muy próximos a la corte, como los hermanos Valdés, Luis Vives, los arzobispos Fonseca y Carranza, el inquisidor general Manrique, Torres Naharro, Gil Vicente o Villalón. Los *Diálogos de la doctrina cristiana* de Juan Valdés y el *Diálogo de las cosas ocurridas en Roma* de su hermano Alfonso constituyen dos buenos ejemplos de la beligerancia del erasmismo español contra el Papado y la superchería eclesiástica. Doctrinas tan disolventes para la cúpula eclesiástica llevarían al nuncio papal a exigir al inquisidor la prohibición de esos escritos, que sortean las trampas de la reacción y la Iglesia, gracias a las altas instancias proerasmistas y al interés de la corte por maquillar su política internacional. De igual forma el sentido crítico inunda el teatro del siglo XVI, enlazando la ironía de las *danzas de la muerte* con elementos cortesanos y lírico-populares, en las obras de Gil Vicente —inspirador de Lucas Fernández, Juan de la Encina— y Bartolomé de Torres Naharro, violento en sus aceradas visiones de la Iglesia («el oro siempre su Dios; la plata, Santa María») y primer teórico del fenómeno teatral.

A medida que las armas se apoderan del continente americano y se precisa justificar la conquista, el humanismo de raigambre erasmista demuestra su vitalidad en la configuración crítica del pensamiento político. Con escándalo de los colonos españoles de las Antillas, el dominico Antonio de Montesinos había defendido en fecha temprana (1511) que los indios poseían un alma racional y nadie tenía derecho a reducirlos a servidumbre, lo que le acarrearía ser denunciado ante el rey. De las consultas del emperador a teólogos y juristas saldrían en 1513 las *leyes de Burgos*, que humanizaban el trabajo de los nativos aunque no llegarían a tiempo de impedir su extinción. A partir de aquí, la lucha por la *justicia en América* recorre todo el siglo XVI, tanto en la corte como en el más sosegado ambiente de las cátedras universitarias, con los dominicos de portavoces de los nuevos súbditos de la corona. Por su habilidad propagandística y polemista sobresale Bartolomé de las Casas, autor de una *Brevísima relación de la destrucción de las Indias*, bajo cuyo impulso se promulgarían leyes protectoras admirables, no siempre cumplidas en las colonias. Para el obispo de Chiapas, los indios debían considerarse seres racionales y libres, miembros de pleno derecho de la Humanidad —doctrina oficial de la Iglesia desde 1537— y vasallos del rey de Castilla, equiparables a los peninsulares. La colonización, por tanto, sólo se justificaba en el trabajo misionero emprendido por mandato vaticano y a éste debía subordinarse.

Opuesto a la doctrina de las Casas, el capellán del emperador Juan Ginés de Sepúlveda se revela como el creador intelectual del imperialismo europeo, al legitimar el derecho de conquista en el compromiso de los más *racionales* de civilizar, aun mediante el empleo de la fuerza, a los *ignorantes*, incluida, claro está, la misión papal de cristianizar. Al margen de las violentas controversias entre ambos, Francisco de Vitoria establecería en 1539 las bases del moderno derecho internacional por su reconocimiento de la libertad de las naciones para relacionarse y comerciar pacíficamente. La conquista sólo se justificaría cuando esta libertad estuviera en peligro, los indígenas pidieran la protección de un monarca extranjero o fuera necesario reprender a los transgresores de la ley natural.

Más allá de los razonamientos legales, el continente americano excitaría la curiosidad de los lectores y eruditos hispanos y la creatividad de muchos de los viajeros al Nuevo Mundo. Sus impresiones y vivencias quedarían reflejadas en una larga serie de crónicas de ágil y deslumbrante prosa, iniciadas por el mismo Colón en sus cartas a los Reyes Católicos y, tras él, Hernán Cortés, Bernal Díaz del Castillo, Alvar Núñez de Vaca, los historiadores Pedro Mártir de Anglería, Francisco López de Gomara y Gonzalo Fernández de Oviedo o fray Bernardino de Sahagún, precursor de los estudios antropológicos.

Elogio de la lengua

El mismo año en que cae Granada y se abre el camino de América el humanista Antonio de Nebrija publica su *Gramática castellana*, cuyo sentido normativo responde a las exigencias de la burocracia en el alborear del Estado. Con una vocación más popular, el erasmista Juan Valdés publica el *Diálogo de la lengua*, en el que aconseja escribir como se habla para evitar caer en un lenguaje de minorías. Otro muchos estudiosos aportan nuevas sugerencias; tal es el caso del dramaturgo Juan de la Encina, Bernardo de Aldete —descubridor del binomio hegemonía política/lengua dominante—, Martín de Viciana —defensor de las lenguas regionales— o Mateo Alemán —autor de una ortografía castellana.

Un imperio como el de Carlos I y Felipe II reclamó pronto una historia hagiográfica, de la que se encargaron Pedro de Mexía, Alonso de Santa Cruz, Luis de Avila, Juan Ginés de Sepúlveda o Pedro de Medina (*Libro de las grandezas y cosas memorables de España*). En los años de Felipe II, se acreditan las obras de Juan de Mariana (*Historia general de España*), Jerónimo de Zurita (*Anales del reino de Aragón*) y Esteban de Garibay (*Compendio Historial*), así como numerosas historias manipuladoras, que, lejos de esclarecer el pasado del reino y sus ciudades, pretendían ensalzarlo mintiendo. Con el cambio de siglo, la moda arqueologista impulsa una depuración de los estudios históricos en el trabajo de Ambrosio de Morales (*Antigüedades de las ciudades de España*), Antonio Agustín, Rodrigo Caro o el marqués de Mondéjar, que en sus *Disertaciones contra las ficciones modernas* (1671) critica las mitificaciones al estilo de Mariana.

Plenamente renacentista, la mejor poesía de la era carolina se vierte en sonetos de tema amoroso, como corresponde a un mundo donde priman la exquisitez, el patetismo, la musicalidad y la idealización bucólica, que alcanzarían su cima más alta en los escritos de Garcilaso de la Vega. Sus poemas calarían hondo en el refinado círculo de la corte, cuyo entusiasmo derivaría en una multitud de imitadores: Hernando de Acuña, Fernando de Herrera, Diego Hurtado de Mendoza... La poesía tradicional se refugia en composiciones menos artificiosas de la mano de Cristóbal de Castillejo, defensor del verso romance y las estrofas tradicionales españolas (*Contra los que dejan los metros castellanos y siguen los italianos*):

> Musas italianas y latinas,
> gentes en estas partes tan extrañas,
> ¿cómo habéis venido a nuestra España
> tan nuevas y hermosas clavellinas?

Fiel a su origen elitista, la poesía al modo italiano señaló un camino estético de huida de las pesadumbres de la sociedad imperial en paralelo al propuesto por las novelas de caballerías, pastoril y exótica. Más de cincuenta obras publicadas en el siglo XVI, incluyendo el *Tirant lo Blanch* catalán (1490) y el *Amadís de Gaula* (1508), epopeya de la fidelidad amorosa y las virtudes cabarellescas cuando éstas habían perdido su razón de ser, avalan el éxito de estas narraciones. La novela de caballerías impregnó de un sentido heroico la cosmovisión de los conquistadores españoles —lo que explica muchas de las *hazañas* americanas— y ofreció el modelo para la redacción de las crónicas de sus conquistas. Nacida bajo el influjo de Virgilio, la novela pastoril recreó el amor en el marco de unos paisajes rurales que nada tenían que ver con el desamparado mundo campesino de los Austrias. Como mejores representantes del género, la historia recuerda a Jorge de Montemayor, Cervantes en su *Galatea* y la *Arcadia* de Lope de Vega. La literatura de evasión provocaría las suspicacias de los inquisidores y la hostilidad de la Iglesia, poco comprensiva ante semejantes desahogos de la imaginación, censurando, por ejemplo, la *Diana* de Montemayor.

Una minoría de escritores del XVI se apartó, sin embargo, del modelo de huida propuesto, con una serie de obras de acendrado realismo. *El retrato de la lozana andaluza* de Francisco Delicado, durísimo inventario de las inmoralidades de la Roma papal siguiendo la vida de una prostituta y alcahueta española, alumna aventajada de la *Celestina*, señaló el rumbo. Luego vendrían las novelas y cuentos de Pedro de Mexía, Luis Zapata, Antonio de Torquemada, Juan Rufo, Juan de Timoneda y Melchor de Santa Cruz, antecedentes directos de Cervantes y sus *Novelas ejemplares*, para culminar en 1554 con la edición simultánea en Burgos, Alcalá y Amberes de la *Vida de Lazarillo de Tormes y de sus fortunas y adversidades.*

Las páginas del *Lazarillo* destilan por cada uno de sus poros el más genuino pensamiento erasmista y humanista del XVI español: revisión de los valores sociales dominantes, irónico retrato del clero, defensa de la dignidad humana por encima de los orígenes y pugna del individuo con el mundo exterior al que hay que adaptarse para sobrevivir. Bajo su mirada descarnada y *materialista*, las correrías de Lázaro desmitifican paso a paso la aparente imagen del Imperio, sacando a flote todas las lacras de la sociedad española: obsesión por la limpieza de sangre y la nobleza, militarismo ruinoso, ridículo concepto del honor, religiosidad fingida. La novela picaresca del siglo XVII no podía tener mejor precursor.

Al exacerbarse los problemas religiosos en Europa, el reflujo llega rápidamente a España y desata la agresividad de la Inquisición contra la libertad de pensamiento. Con la coronación de Carlos I por el papa en Bolonia se manifiestan los primeros síntomas de atrofia: ese mismo año cae el inquisidor Manrique, valedor de los erasmistas, y son condenados los *Diálogos* de Juan Valdés. La intelectualidad crítica de España era sacrificada en aras de la alianza con Roma, vital para hacer frente en un futuro a los príncipes luteranos. No se trata de un fenómeno aislado: en el continente las fuerzas de la Contrarreforma se robustecen con la fundación de la Compañía de Jesús (1540) y el Concilio de Trento; en la península Carlos I intenta evitar el contagio ideológico aplicando el *Indice de libros prohibidos* que su hijo Felipe ampliaría al vetar la importación de obras del extranjero y la salida de estudiantes a las universidades europeas. La brutal represión de 1558-1559, con sus cuatro autos de fe en Sevilla y Valladolid, exterminaría de raíz el erasmismo hispánico, salpicando incluso al arzobispo Carranza. Su sermón vallisoletano con alusiones a los apresados por la Inquisición, las censuras teológicas de Melchor Cano a los *Comentarios sobre el catechismo christiano* —no aceptadas en última instancia por el Concilio— y la inquina del inquisidor Valdés motivarían su encarcelamiento y el deterioro de las relaciones entre Madrid y Roma.

La literatura restringió su campo al percibir el nuevo clima policial. Desaparecido casi por completo el realismo en la novela y escaseando el teatro, los escritos místicos y ascéticos adquieren un predominio avasallador, aunque no por ello remiten las agresiones de los guardianes de la fe. Con un erasmismo en horas bajas, ni las obras de fray Luis de Granada —*Guía de pecadores, Introducción del símbolo de la fe*— ni las de fray Luis de León —traducción del *Cantar de los cantares, De los nombres de Cristo*— tuvieron fácil acomodo en la España postridentina. La *Guía* sería incluida en el *Indice* y fray Luis de León soportaría cinco años cárcel, acusado de exceso de erotismo en su traducción bíblica; peor fortuna si cabe tuvo su poesía, que permanecería inédita cuarenta años después de su muerte.

Mientras fray Luis exhorta a la renuncia del mundo, abrazando el ideal contrarreformista que domina la España de Felipe II, los escritos de Teresa de Cepeda y Juan de Yepes se proponen expresar el gozo del alma en contacto directo con la divinidad. Misión delicada, los arrebatos místicos de santa Teresa en *Camino de perfección* o *Las moradas* excitarían las sospechas de la Inquisición, que creyó detectar en ellos claros síntomas de iluminismo. Por más que la propia santa definiera su actividad fundadora como una lucha abierta contra el luteranismo y reconociese la necesidad de la oración vocal, sólo la simpatía del rey protegería su causa. Compañero de Teresa de Jesús en su labor de reforma, san Juan de la Cruz es el escritor místico de mayor lirismo de Occidente. Su poesía —*Cántico espiritual, Noche oscura, Llama de amor viva*— intenta *explicar* mediante el verso, con sus sobreentendidos, emociones y metáforas, lo irracional de la experiencia mística, recurriendo a imágenes de raigambre popular, a Garcilaso y a creaciones renacentistas cortesanas.

> Como con pies atados y amordazada boca
> y mano encarcelada y ojo ciego,
> violador, asesino, ladrón de camino real,
> así está Juan, sin nada o nadie,
> nunca,
> purificado por amor
> a nadie,
> a nada,
> nunca,
> crucificado, muerto, tenebroso

y en la tiniebla.
Así.

CARLOS BOUSOÑO, *Juan de la Cruz*

En este ambiente tan plegado a la religión, la teología tendría, asimismo, notable desarrollo gracias a Francisco de Vitoria, Melchor Cano o Pedro de Soto. Por otro lado, el debate ideológico con el protestantismo exigió una depuración crítica de las Escrituras, lo que impulsaría a Felipe II a patrocinar una nueva *Biblia Políglota* (Amberes) a cargo de Arias Montano, que mejorase la de Cisneros, génesis de una hornada de comentaristas del libro sagrado. Un empuje sin igual recibe el pensamiento teológico en 1588, cuando Luis de Molina publica su *Concordia*, primer intento peninsular de hacer compatibles la libertad humana y la predestinación divina. Acogido por la Compañía de Jesús como propio, el *molinismo* fue origen de graves encontronazos con la Orden de Predicadores hasta el juicio definitivo de 1607, que lo liberó de acusaciones de herejía. Muy distinto sería el ocaso, ya en el siglo XVII, del *quietismo*, corriente ascética inaugurada por la *Guía espiritual* de Miguel de Molinos. Frente a la mística tradicional, diseñó un camino interior de unión con Dios a través del anonadamiento propio y la pasividad absoluta. Su rápida propagación entre las clases privilegiadas, sobre todo en Francia, provocaría la animosidad de los jesuitas y de Luis XIV, que consideraba a los quietistas partidarios de la casa de Austria. Con tales enemigos Molinos no pudo defenderse y terminó sus días en las cárceles de la Inquisición romana.

Hasta el teatro llegó la ansiedad religiosa y las comedias desarrollaron con machaconería asuntos bíblicos y alegóricos, por más que empezaran a intercalarse algunas pinceladas costumbristas. Retratada España como fortaleza de la fe, los comediógrafos se despachan a gusto contra los judíos y otras minorías, que la ponían en peligro para ensalzar luego a la Inquisición, su gran defensora. Muy probablemente el gran número de piezas dramáticas introducidas en el Indice de 1559 asustó a los creadores, cuya fecundidad no volvería a recuperarse hasta la adaptación ideológica a la nueva realidad social de Lope de Vega. Su teatro popular y castizo barrería los fríos y dogmáticos textos de Hernán Pérez de Oliva, Cristóbal de Virvés o Lupercio Leonardo de Argensola, siguiendo la estela del valenciano Juan de Timoneda y los sevillanos Lope de Rueda y Juan de la Cueva.

En medio de tanta creatividad *sublime*, un único escritor sobresale como poeta laico, Fernando de Herrera, que fija la poesía del Imperio en cánones precisos y escuetos de raíz clásica. Sin embargo, una gran parte de su obra sería pasto del énfasis declamatorio y la hipérbole, a mayor gloria del imperialismo de Felipe II. En este sentido, algunos de sus poemas —*Canción al señor don Juan de Austria, vencedor de los moriscos en las Alpujarras, Canción por la victoria de Lepanto*— sólo pueden ser comparados en cuanto a servilismo al *Soneto a Carlos I* de Fernando de Acuña, la *Austriada* de Juan Rufo o el poema heroico *Carlo famoso* de Luis Zapata.

En paralelo al proceso de fortalecimiento del poder monárquico, el pensamiento español ofrecería en los trabajos del jesuita Juan de Mariana una de las aportaciones más singulares a la historia de las ideas políticas de todos los tiempos. Su *De rege* (1599) defenderá la existencia de leyes emanadas del pueblo, cuya modificación sólo era posible con el consentimiento de la comunidad si la monarquía no deseaba degenerar en tiranía, contra la que el pueblo tenía derecho a defenderse mediante la revuelta popular e incluso el tiranicidio. El derecho a la resistencia y la doctrina de Vitoria sobre la obligación del rey de cumplir las leyes para dar ejemplo serían muy mal recibidas en un siglo de contundente afirmación monárquica. Mientras la Inquisición española condenaba el *De rege* de Mariana, se quemaban públicamente ejemplares en París.

El oro de las letras

El tránsito del XVI al XVII, con los campos despoblados, la economía enferma y los ejércitos a la defensiva, resultaría dramático, mucho más en una sociedad imbuida del sentimiento mesiánico de pueblo elegido por Dios. A la larga la producción literaria e ideológica española quedaría marcada por esa atmósfera que se funde con el espíritu barroco y sus contradictorios anhelos de apego y rechazo del mundo. En última instancia, los problemas imperiales tuvieron su válvula de escape en el despliegue de los míticos valores tradicionales —honor, nobleza, limpieza de sangre— y en el irracionalismo de la España postridentina, al tiempo que el atraso económico, tecnológico y organizativo devoraba la monarquía.

En el caldo de cultivo de la decadencia española florecerían los arbitristas, hombres de Estado a veces, simples embaucadores otras, y siempre preocupados por las cuestiones político-económicas, a las que propondrían mil y un remedios. Aunque el período de máxima actividad memorialística se circunscribe a los reinados de Felipe III y Felipe IV, su origen puede rastrearse en el memorándum de Rodrigo Luján a Cisneros o el de Luis Ortiz a Felipe II a favor del mercantilismo como fuente del desarrollo económico. Los escritos de Cellorigo, Moncada o Navarrete reflejan perfectamente el sentimiento de declive, enseñoreado de la conciencia de Castilla tras la muerte de Felipe II, en un fenómeno de introspección colectiva que, si bien permitía un análisis lúcido de la realidad, impedía ver más allá de los estrechos límites del reino.

Ante la crisis generalizada, un grupo de pensadores volvió sus ojos al universo religioso de la España contrarreformista: Dios había permitido los fracasos —desastre de la Invencible, alumbrados, herejías— como castigo a la inmoralidad, hipocresía y lujo de Castilla. El jesuita Pedro de Rivadeneyra en su *Tratado de la tribulación* ofrecía la clave: sólo la regeneración moral aplacaría la ira divina y haría posible el despertar de España. Pronto se impone, no obstante, un pensamiento organicista que estudia la decadencia en el contexto de un proceso natural —semejante al de cualquier ser vivo— y cíclico que ya había afectado a los grandes imperios de la antigüedad.

Por tanto, urgía analizar los síntomas, encontrar las causas de la enfermedad y tomar medidas para retardar el derrumbamiento. Repetido en los Consejos madrileños y en los textos, el lema primordial es el de la *conservación de la monarquía*, mientras políticos e intelectuales se afanan por descubrir sus más grandes amenazas: la despoblación, el boato, la dependencia comercial, las catástrofes monetarias y fiscales.

Sorprendente, cuando menos para el historiador, los arbitristas elevaron el reinado de los Reyes Católicos a la categoría de edad dorada, una época ejemplar corrompida por las Indias y el Imperio. De su vida sobria, trabajo y religiosidad, previamente idealizados, se extraería el modelo de la regeneración hispana. Esta imagen del pasado explica el fervor puesto en algunas medidas antieconómicas —expulsión de los moriscos, leyes antisuntuarias— destinadas a restaurar el país o frenar la pérdida del prestigio español en Europa —ruptura de la tregua con Holanda—, lo que demuestra la hondura del sentimiento de asistir al crespúsculo del Imperio.

Con el naciente siglo, Martín González de Cellorigo entrega a la imprenta *De la política necesaria y útil restauración a la política de España*, repertorio de los males que aquejan a la economía peninsular: carencia de una burguesía dirigente, inflación incontrolada, esterilidad agraria por escasez de mano de obra, vagancia y desprecio al trabajo. En la misma sintonía, Pedro de Valencia y Pedro Simón Abril critican la depauperación campesina por el agobiante fisco y el derroche de los rentistas, y Lope de Deza, el descenso de la población. Sus preocupaciones germinaron en la corte y las universidades, cuajando en el reinado de Felipe IV en un arbitrismo cada vez más científico que, de acuerdo con las experiencias extranjeras, apostaba por la innovación, algo muy difícil en un mundo inclinado a pensar que todo cambio lo era a peor. Aun así, muchas de sus proposiciones no pasaron inadvertidas al Estado, sobre todo a partir de 1621, cuando el conde-duque de Olivares admita oficialmente la decadencia española y emprenda su programa de reformas.

Es la ocasión de los tres mayores *profetas* del siglo: Sancho de Moncada, Miguel Caja de Leruela y Francisco Martínez de la Mata. En su *Restauración política de España*, Moncada reclama la industrialización del país como única vía de engrandecimiento y medio de conservar los metales preciosos americanos. Entre las causas de la debilidad imperial incluye la excesiva amplitud de la monarquía, la aridez del suelo y la mentalidad nobiliaria. De la industria a la ganadería, Leruela —*Restauración de la abundancia de España*— defiende la Mesta como fuente de riqueza del reino, mientras Martínez de la Mata —*Memoria en razón de la despoblación y pobreza de España*— adopta una postura poblacionista, censurando también la ruina de las manufacturas y la falta de empresariado.

Visiones realistas que inundan, de igual forma, las páginas de Quevedo, Pellicer y Diego Saavedra Fajardo, con sus *Ideas de un príncipe político cristiano*, el politólogo más representativo de la primera mitad del siglo. Cuando la monarquía estalla en mil pedazos, Saavedra se entretiene todavía en la tesis del buen príncipe al servicio de su pueblo, aconsejándole que gobierne con sabiduría, cercano siempre a sus súbditos y con un equilibrio entre su vida pública y privada. Nada más alejado de las propuestas del jesuita Baltasar Gracián en la segunda mitad del mismo siglo —*El criticón, El héroe, El político don Fernando el Católico*— dentro de la más pura ideología y estilo del barroco. En una sociedad dominada por el contraste apariencia-realidad y los anhelos de poder y fama, Gracián defiende el arte del engaño como atributo del soberano para alcanzar la gloria o perpetuarse en ella.

A medio camino entre Felipe II y Felipe III, conocedor de la gloria del Imperio y los achaques de la decadencia, se erigen la vida y la obra —*La Galatea, Don Quijote,* las *Novelas ejemplares, Persiles y Segismunda*— de Miguel de Cervantes. Frente al irracionalismo barroco, aún resuenan en los escritos cervantinos los últimos latidos del humanismo renacentista, ocultos, eso sí, bajo los velos de la Contrarreforma. He aquí una de las causas del relativo fracaso de su teatro, en competencia con el mitómano y popular de Lope. Irónicamente sutil, Cervantes expresa mejor que nadie la angustiosa percepción de la crisis de España y ese repliegue interno hacia los valores deshumanizadores del pasado, que él achacaría en *el Quijote* a la acción de duques, curas y bachilleres o, lo que es lo mismo, la nobleza, la Iglesia y sus servidores leguleyos. Al caminar por las tierras españolas, el caballero de la Mancha descubre el doloroso conflicto entre la realidad y la bambolla en el turbio ambiente de la decadencia y Alonso de Quijano la lucha afirmativa del individuo contra una sociedad hostil, opresiva y alienante. Acometiendo al *molino de viento-gigante del Imperio*, vacío de contenido humanista, emerge el héroe cervantino que crea su propio mundo-refugio, alejado del real por agresivo, cerril y corrupto. Nace así la profunda humanidad de don Quijote.

Meditación antagónica a la de *Guzmán de Alfarache* (Mateo Alemán, 1599), tan cercana en el tiempo, novela central de la picaresca española —*La pícara Justina, El diablo cojuelo, La vida del Buscón*— y precursora de la teoría barroca del desengaño. Como sus hijas, el *Guzmán* es la autobiografía de un trotamundos desheredado de la fortuna; un antihéroe, opuesto a los nobles protagonistas de la novelas de caballerías, y un pícaro que exhibe las miserias que le rodean y desentraña la falacia humana, en un amargo memorial de la España de Felipe. Con su condena de la sociedad y sus apariencias, el alegato de Mateo Alemán se enraíza en el ambiente religioso de la Contrarreforma, que también rechazaba el mundo y contemplaba la vida desde la muerte, adquiriendo de este modo un carácter didáctico. Por otro lado, las continuas referencias a los estigmas del nacimiento, que parecen arrastrar al protagonista a hundirse en la inmoralidad, prestan al autor el recurso para afrontar el debate entre predestinación y libre albedrío. Al explicar la salvación a través de la *salida del siglo* y negar toda posibilidad de reformar el mundo, la novela afirma la ortodoxia católica pero también el inmovilismo social.

Imposición del yo individual, huida del mundo... Lope de Vega elegiría una tercera vía ante la crisis. Autor de una vasta producción —con más de 470 comedias puede considerársele el creador del teatro en castellano— y de una nueva teoría dramática —*Arte nuevo de hacer comedias*—, su relación dialéctica con los gustos del público le convertirían en el más acérrimo defensor de la ideología tradicional y los valores casticistas. En efecto, la creciente comercialización del teatro sometió al artista a las demandas del *vulgo* y, a la vez, le ofreció la plataforma del endoctrinamiento popular. Mesianismo, hidalguía, misión purificadora de la Inquisición —cuyos autos de fe se impregnan de un hálito teatral, con sus hogueras recordando el fuego del infierno—, pétreo sentido del honor, defensa de la sociedad campesina y teocrática, suspicacia ante las actividades intelectuales y económicas, superioridad de la razón de Estado... son sus mensajes. Se entrega así a la plebe una imagen idealizada, sin contradicciones, alejada de la asfixiante realidad del momento.

El teatro de Lope tiene una larga lista de continuadores: Guillén de Castro, Antonio Mira de Amescua, Luis Vélez de Guevara, los entremesistas Luis Quiñones de Benavente y Juan Pérez de Montalbán. Y, sobre todos ellos, Juan Ruiz de Alarcón y Tirso de Molina, maestros en el análisis sicológico de los personajes y con un fuerte resabio antiaristocrático en el autor de *El burlador de Sevilla*, donde se alumbra el mito de don Juan. Hombre de su tiempo, Tirso toma partido en las querellas molinistas y en *El condenado por desconfiado* enfrentará teológicamente la arrogancia humana a la gracia divina, en un canto al libre albedrío.

Mientras el teatro de Lope apuesta por los valores del pasado, el barroco ofrece una nueva visión del mundo, que se solapa con la imagen colectiva, propiamente hispana, de la decadencia, hasta cristalizar en un violento pesimismo respecto de la naturaleza humana. «La vida es sueño; el hombre, un ser despreciable», podría considerarse su lema en consonancia con el catolicismo de la

Contrarreforma. En literatura, como en las artes plásticas, triunfan los contrastes y claroscuros, la insistencia en lo repulsivo o corruptible, la sensibilidad desmesurada —Rubens, Velázquez—, la grandilocuencia de la metáfora y el sincretismo.

Refugiarse en el arte para huir de la desventurada vida española es lo que hizo Luis de Góngora, poeta de obra erudita y difícil, en permanente búsqueda de la belleza capaz de trascender el tiempo. Toda ella —*Polifemo, Soledades*— dominada por el hipérbaton, el latinismo y las referencias clásicas, que siguiendo el camino trazado por Garcilaso buscaba agradar a la minoría culta. Diferenciada en cuanto a formas y contenidos, la poesía de Francisco de Quevedo, escritor agresivo y satírico, reflejaría también los antagonismos del barroco. Sin duda el escritor más inteligente del siglo, Quevedo aparece a menudo enturbiado por su agresivo sectarismo —antisemita, antifeminista, patriotero, reaccionario en política—, que al momento se olvida ante la belleza de su prosa, la hondura de sus meditaciones sobre la vida, la muerte o el amor, la agilidad de esa crónica social del XVII que es la historia del *Buscón* o la crítica implacable de los vicios de las clases dominantes y los problemas del Imperio. Pese a la crisis económica, la nómina de poetas crece abundante gracias al mecenazgo de reyes y aristócratas: Vicente Espinel, Luis Carrillo de Sotomayor, Juan de Jáuregui, Francisco de Medrano y la mejicana sor Juana Inés de la Cruz.

Al servicio de la lógica barroca, Calderón de la Barca continuaría la labor de Lope de Vega ordenando e intensificando los componentes dramáticos heredados. No obstante, los protagonistas cambian; no son ya los sencillos campesinos de Lope sino héroes razonadores, zambullidos en los complejos de una época en la que la literatura presta su ropaje para pregonar el estoicismo filosófico, el rechazo de la vida y la necesidad de la ayuda de Dios en la lucha contra el *pecado original.* Junto a comedias de capa y espada —*La dama duende, Casa con dos puertas*—, dramas de honor —*El médico de su honra, El alcalde de Zalamea*— y religiosos —*La devoción de la Cruz*—, Calderón es conocido, sobre todo, por los autos sacramentales, representaciones dominadas por alegorías y motivos teológicos cuyos títulos explican mejor que nada el pensamiento subyacente —*El gran teatro del mundo, A Dios por razón de Estado* y *La vida es sueño.* Su forma de escribir crearía escuela: Francisco de Rojas Zorrilla, Agustín Moreto... Con ellos se cerraba el gran Siglo de Oro de las letras hispanas.

Capítulo XII

El siglo de los proyectos

El precio a la dinastía

Después de dos estériles bodas e incapaz de engendrar un heredero, el último monarca de la dinastía habsburguesa testaba en 1700 a favor de Felipe de Anjou, nieto de Luis XIV de Francia: con él la casa de Borbón llegaba al trono de España. Además de preservar los derechos familiares desprendidos del matrimonio de Luis y María Teresa de Austria, la corona daba así satisfacción a los partidarios profranceses de la corte que, encabezados por el cardenal Portocarrero, revolvían las aguas con sus manejos para atraerse a la pequeña nobleza castellana y a los reinos menos afectados por la competencia gala. A la vez, Carlos II calculaba el peligro de descomposición que aleteaba sobre la monarquía tras la alianza de 1699 entre Francia, Holanda, Gran Bretaña y Austria con miras al reparto de las posesiones hispanas. En gran medida, elegir a Felipe de Anjou garantizaba la unidad de la corona y calmaba a las potencias europeas, aunque, eso sí, después de renunciar el candidato a unir las coronas española y francesa y a enajenar cualquier parte del Imperio en favor de terceros.

Muerto Carlos, Felipe V entra en Madrid en 1701, donde es proclamado rey. Fiel a las costumbres, el nuevo monarca inicia su gobierno reconociendo los distintos fueros y concediendo numerosos privilegios, como la reforma de impuestos, la libertad para crear una compañía marítima y el acceso directo de dos barcos a las Indias en beneficio de los catalanes. No obstante, el entramado internacional impedirá muy pronto una transición pacífica. Al recelo de Gran Bretaña y Austria, suspicaces ante la posible mediatización de las posesiones europeas y el monopolio de las Indias por París, se añadían la codicia inglesa y holandesa por hacerse con el comercio americano y el anhelo portugués de aniquilar la prepotencia castellana en la península. La toma de las plazas flamencas españolas a manos galas, bajo la excusa de su defensa, y el control ejercido sobre la corte madrileña por Jean Orry y la princesa de los Ursinos, precipitan la firma de la Gran Alianza (1701). Austria, Holanda e Inglaterra se alineaban con Carlos de Habsburgo, hijo del emperador, desbancado por el testamento madrileño.

Con el jaque de Luis XIV, la guerra se extiende por Europa y América: lucha de austriacos y franceses en Italia, desembarco inglés en Flandes, saqueo de Cádiz y el Puerto de Santa María, incidentes en la frontera portuguesa, provocaciones de la escuadra aliada en el Mediterráneo intentando sublevar los reinos orientales, conquista de Gibraltar (1704) y destrucción de la flota de Indias en Vigo, que hace más dependiente a España de la armada francesa. La trama se enreda con la llegada del archiduque a la península, el levantamiento de Valencia y la capitulación de Barcelona ante el paisanaje sublevado. Empujada por la tradicional enemistad entre catalanes y franceses, a cuenta de la competencia comercial, y todavía vivos los recuerdos de 1640, en 1705 la corona de Aragón pasa al partido austriaco, declarándose la guerra civil. En contraste con el descalabro castellano, el Principado había vivido tiempos de bonanza bajo Carlos II, lo que le hizo confiar en que la victoria de Austria convertiría Barcelona en la cabeza económica de España. Los valencianos, a su vez, se enzarzan en una contienda que camufla el sentir contra el régimen señorial, acrecentado tras el aplastamiento de las segundas Germanías en 1693, y el pueblo no vacila en coger las armas para liberarse de los tributos de una nobleza progala.

La sociedad española queda dividida. En Castilla, los Arcos, Medinaceli, Lemos, Haro y Béjar, resentidos con la pérdida de influencia del reinado anterior, se declaran hostiles a Felipe, mientras el resto de la población sostiene la causa borbónica. En Aragón, la aristocracia abraza pronto la opción francesa, temerosa del populacho austracista. El clero, por su parte, también sufre la escisión, con los borbónicos jesuitas a un lado y los mendicantes a otro, utilizando altares y púlpitos como lanzaderas de propaganda.

En el plano militar, la posición de Felipe se complica entre 1706 y 1710, pese a la victoria de Almansa y la reconquista de Valencia. La abolición de los fueros valencianos galvanizó la resistencia catalanoaragonesa, al tiempo que los agobios de Luis XIV en Europa le obligaban a abandonar a su nieto, justo cuando las epidemias, las levas y las hambrunas activaban los motines interiores.

> No conquista Castilla al portugués
> y el catalán se está siempre tenaz
> por irle en ello a Francia su interés.
> Castilla por Felipe pertinaz
> y Francia lo hace todo al revés,
> haciéndole más guerra con su paz.
>
> José Antonio Butrón

Las batallas de Brihuega y Villaviciosa, en 1710, hacen cambiar de rumbo; los castellanos, éxito en mano, ven recompensados sus esfuerzos. La muerte del emperador austriaco resucita el peligro de que el archiduque recomponga el escenario de Carlos I, lo que impele a las monarquías europeas a buscar la paz. Ocupadas Aragón y

Cataluña, sólo Barcelona resiste hasta 1714 defendida por las clases populares.

El tratado de Utrecht (1713) confirma a Felipe V en su trono, a cambio de ceder al emperador Flandes, Milán y Cerdeña y a Saboya los dominios sicilianos. España dice adiós a sus posesiones en Europa. Atenta al discurrir de la guerra, Gran Bretaña saca jugoso partido de los acuerdos al lograr el desmantelamiento de la peligrosa base naval de Dunquerque, los suelos de Gibraltar, Menorca y Terranova y ventajas comerciales en América —asiento de negros, navío de permiso anual— que en seguida desatarían nuevas fricciones.

La recuperación económica de España se retrasa, metida como está en continuas guerras a las que Felipe V se lanza empujado por el clima internacional. El nacimiento de poderosas potencias en el centro y Este de Europa y el lastre americano, último atributo de prestigio, ponen al Borbón en una tesitura belicosa que agotará las arcas. La segunda reina consorte, Isabel de Farnesio, precipitará la situación. Arropada por los consejeros de la corte que nunca aceptaron la cesión de los territorios italianos, por razones históricas y estratégicas, la Farnesio conducirá la política exterior del país hacia la consecución de tronos —Parma, Toscana, Nápoles— para sus hijos, descuidando el Atlántico.

Con un ejército y una marina débiles, la corona titubea a la caza de alianzas y coaliciones. Para poder desafiar los peligros, Francia se presenta como aliada natural, aun a riesgo de convertirse en satélite de Versalles, ante el enemigo común, Gran Bretaña, acechante en el istmo de Panamá, Cartagena de Indias, La Habana y Buenos Aires y en cuyas manos continuaban Menorca y Gibraltar.

El primer aldabonazo en el Mediteráneo lo da Patiño, al desembarcar en Cerdeña e intentarlo en Sicilia. Conmocionada, Europa responde con la Cuádruple Alianza entre galos, británicos, austriacos y saboyanos, haciendo abortar la empresa con grandes pérdidas para España: la destrucción de la armada y el ataque inglés contra Vigo.

Con la renuncia de Felipe V a la corona y su vuelta inmediata, después de la súbita muerte del sucesor Luis I, las tensiones se relajan. Los roces con Portugal son limados con la boda del futuro Fernando VI y Bárbara de Braganza; el tratado de Sevilla de 1729 con Francia y Gran Bretaña rompe los pactos suscritos por Isabel con Austria a costa del enfermo erario español, logrando Parma y Toscana para el infante Carlos a cambio de privilegios comerciales. En América, Patiño impulsa una política inflexible contra los ingleses, con guardacostas para atajar el contrabando y un gran control sobre la compañía de los Mares del Sur, hasta obtener su mediación ante el emperador austriaco en los asuntos italianos, al tiempo que se refuerza el comercio colonial y se restaura la marina.

Londres mira de reojo. Olvidados los acuerdos, deja hacer a Austria en la guerra de sucesión polaca. España, presurosa, amiga sus intereses a los de Francia en el Primer Pacto de Familia, ocupando Nápoles y Sicilia, donde el emperador reconoce rey a Carlos a cambio de Parma. La contienda en Polonia no impide, sin embargo, la penetración inglesa en América. El acoso de los guardacostas, el deseo español de pregonar su soberanía y el monopolio comercial degeneran en conflicto armado (1739-1748). Las querellas coloniales y la guerra de sucesión austriaca lanzan a los países a nuevos tratados —Segundo Pacto de Familia— y a nuevos movimientos —Parma pasa a manos del segundo hijo de la Farnesio. Arrecian las críticas:

> Gran rey debería ser
> de nuestra España en la historia
> si borrase la memoria
> lo que sufrió a su mujer;
> mas todo lo echó a perder
> esta intrigante ambiciosa,
> pues su astucia cavilosa
> por el interés malvado
> puso al reino en un estado
> de indigencia lastimosa.
>
> *Décimas que salieron a luz cuando murió Felipe V*

Melchor de Macanaz cuestiona por perjudicial la alianza francesa y las aventuras italianas defendiendo la neutralidad y la paz con Inglaterra, única vía de acotar su expansión en América, y la opinión pública verá con malos ojos la entrega a Carlos del reino siciliano que tantos dispendios había ocasionado a la corona española.

Las raíces de la nueva planta

Cuarenta años de conflictos no podían pasar inadvertidos. A remolque de las corrientes de pensamiento que llegaban de la Francia del Rey Sol, la guerra de Sucesión agilizó el proceso de centralización estatal y contribuyó al reforzamiento de la corona. Así, tras la reconquista de Valencia, Felipe V publica los *Decretos de Nueva Planta* (1707), eliminando los fueros valencianos y forzando al delegado regio Melchor de Macanaz a iniciar reformas en las finanzas y la administración. Se crea entonces la Audiencia, destinada a aplicar el derecho público y civil castellano, a la vez que los impuestos de Castilla desplazan a los tradicionales con las protestas del Consejo de Aragón, disuelto ese mismo año.

El modelo se expande. En 1711 Aragón pierde el derecho público y queda dividido en distritos con un gobierno militar y municipal de estilo castellano; además, la corona se arroga el privilegio de nombrar regidores para las ciudades. En 1716 le llega el turno a Cataluña; más moderados, los decretos catalanes conservaron el derecho civil y las costumbres locales; aunque el gobierno recaía ahora en un capitán general, se confiaba la justicia a la Audiencia y las finanzas a un intendente. Con ello, la legislación castellana desplazaba a la autóctona y el idioma catalán desaparecía de la burocracia.

No fueron estos cambios, sin embargo, los que suscitaron mayor rechazo, sino el empeño en imponer el servicio militar obligatorio —el gobierno desistirá de trasladar el sistema castellano de levas— y la reforma fiscal, que manteniendo los viejos impuestos locales agregaba uno nuevo: el *catastro* en Cataluña y el *equivalente* en Valencia sobre los haberes rurales y urbanos y las rentas personales.

> Amotinaste al pueblo sospechoso
> por hacerte ministro temeroso,
> queriendo que pagase (crecida tasa)
> un doblón por familia o cada casa.
>
> *Papeles del Duende Crítico,* 1736

Mediante el catastro, la hacienda madrileña pretendía buscar una mayor eficacia y *justicia social.* A pesar de las lógicas resistencias por motivos económico-sociales, el impuesto terminaría por aceptarse al establecer una cantidad fija a entregar a la corona (900.000 libras anuales en Cataluña contra las 37.000 recaudadas por el viejo modelo), lo que permitió al Principado un constante superávit de acuerdo con el aumento de su riqueza. Los Decretos de Nueva Planta, pues, ayudaron a la unidad estatal e introdujeron en los reinos orientales dos cuñas: por una parte, la supremacía del rey sobre la ley, por otra, la libertad del trono para recaudar impuestos.

Bastante más compleja resultó la remodelación de la burocracia central, aquejada de una hipertrofia grave que en nada favorecía los anhelos modernizadores del Borbón. La lucha contra la alta nobleza, abanderada del Estado desde los Austrias menores, aconsejó a Felipe V dejar de lado el sistema de Consejos, continuando la vía emprendida por Carlos II con las Juntas y Secretarías. Especie de ministros, dotados de sus correspondientes departamentos, los secretarios trataban directamente con los funcionarios regionales sin dar cuenta más que al monarca, anulado ya el sistema de Consejos. Sólo subsistirá el de Castilla, revestido de funciones propias de un ministerio de interior para todo el reino.

El primer amago renovador vendría en 1713-1714, cuando el gobierno de Orry obligue a los Consejos austracistas a ceder todas sus prerrogativas a los nuevos secretarios de Guerra, Marina e Indias, Estado y Justicia (ampliados en 1721 con el de Hacienda), a cuyo mando se situarían algunos de los personajes más capacitados del país: José de Patiño, el marqués de Castelar, José de Grimaldo, el marqués de la Paz o Zenón de Soldevilla. Aunque los cargos eran individuales, la necesaria colaboración entre unos y otros fomentó durante la primera mitad del siglo XVIII la unión de varias secretarías en una única persona, caso de Campillo, que copó tres, y Patiño o Ensenada, a la cabeza de cuatro.

La pérdida de poder de los consejeros aumentó notablemente el margen de maniobra de los *intendentes*, funcionarios delegados en las provincias y corregidores en las capitales. Primer peldaño en muchas carreras, debieron enfrentarse a las zancadillas del aparato burocrático y judicial, demasiado apegado a las corruptelas del sistema habsburgués, y a las suspicacias del Consejo de Castilla, reducto de reaccionarios. Aliado a la burguesía mercantil y a la nobleza, éste logrará la abolición temporal del cargo, en un momento en el que se cuestionaba la legalidad de la vuelta al trono de Felipe V.

También en el campo militar se convulsionan las estructuras. Los capitanes generales planifican la defensa y administran los recursos en las provincias más importantes. Los cambios introducidos en el Estado permitieron una mayor gobernabilidad de la monarquía, pero el poder político siguió sujeto a la voluntad real, zarandeada a menudo por los desequilibrios mentales de Felipe V y la apatía de Fernando VI. Las Cortes, unificadas para toda la corona y formadas por dos representantes de las 36 primeras ciudades, sólo se reunieron tres veces en todo el siglo. Únicamente el tesón y la disciplina del cardenal Alberoni (1715-1719), José de Grimaldo (1719-1726), José de Patiño (1726-1736) o el marqués de la Ensenada (1743-1754) explican que la maquinaria se mantuviera en funcionamiento hasta la llegada de Carlos III.

Al rey tenemos demente,
una reina con temor,

un infante cazador,
y los tres no saben niente;
un Consejo irresolvente,
con los ministros de Estado,
cada cual más apocado;
unos Grandes sin grandeza:
¡pobre reino sin cabeza,
que te verás acabado!

Barcos y doblones

Con la mirada puesta en la recuperación del prestigio internacional, la reforma militar ocupa un lugar protagonista en las preocupaciones de Felipe V (1700-1746) y Fernando VI (1746-1759). Convencidos de la imposibilidad de una total *independencia*, los distintos gabinetes tejen continuos acuerdos y alianzas, siempre con la pesadumbre de no alcanzar a competir con la maquinaria bélica francesa. Fruto de la guerra, el rey propone en 1704 la creación de un ejército nacional permanente, basado en el reclutamiento forzoso de un soldado, entre los dieciocho y los treinta años, de cada cien vecinos, organizados según el modelo francés de regimientos. La vieja aristocracia sacó partido de la situación y copó los mayores escalafones, obteniendo privilegios como el *fuero militar*. El proyecto intentó imponerse en toda la península en 1716, con la consiguiente protesta aragonesa. Mantenidas las peculiaridades de las Provincias Vascongadas y Navarra —servicio militar sólo en defensa de costas y fronteras— y oídos los reproches de Aragón, la clase castrense siguió siendo eminentemente castellana —sobre todo andaluza y gallega—; las cuotas asignadas a los territorios aforados y los reinos orientales serían cubiertas por las elites locales con el alistamiento de pobres y mendigos.

Integrados los capitanes generales en la estructura de gobierno, el ejército asume la obligación de asegurar el orden público, de ahí que con Patiño la caballería adquiera un gran desarrollo —14.000 hombres para 59.000

infantes— al garantizar el rápido traslado de tropas dentro de la península. A raíz de la guerra de Sucesión, España pasa a depender de navíos franceses para asegurar las comunicaciones de América, con el consiguiente coste económico y comercial. En un imperio oceánico, la debilidad naval era, al tiempo que paradójica, una catástrofe. Alentado por los arbitristas y las experiencias del mercantilismo francés, Patiño se vuelca en recobrar su potencial a partir de 1728, seguro de que el rango español dependía estrechamente del comercio americano. El desarrollo de la industria naval y una política de ayuda a la exportación se conjugan, entonces, con el cuidado del ejército y la campaña dinástica en Italia. La recuperación, por ello, tardará en dar sus frutos.

A impulso del gobierno de Orry, las armadas de los diferentes reinos peninsulares se fusionan para dar origen a la Armada Real. Buscando una mayor profesionalidad y una administración única de cuanto se relacionase con el mar, en 1717 José de Patiño es nombrado intendente general de marina y presidente de la Casa de Contratación sevillana. Desde su intendencia y luego desde su gobierno, Patiño activará los astilleros tanto de la península —Cádiz, El Ferrol, Guarnizo, Pasajes— como de las colonias —La Habana, Guayaquil, Manila—, privados pero dependientes de los contratos del Estado; creará los arsenales de El Ferrol y las bases de Cartagena y Cádiz y reforzará la infraestructura industrial adecuada para la construcción: madera en los Pirineos, brea y alquitrán en Aragón y Cataluña, cordaje en Galicia, velas y aparejos en Sada y Cádiz, fundiciones en Pamplona y Bilbao y armas en el País Vasco. De igual modo, atrae tecnología y marinos británicos, impulsa la ingeniería naval a través de las obras de Antonio de Gaztañeta y funda la Academia de Guardamarinas.

La política del secretario de Estado, que defiende la compra de navíos a Holanda o Génova en tanto la producción nacional no fuera capaz de proveerlos, reviste un sentido estratégico en el que prevalecen los intereses públicos sobre los dinásticos. En un difícil momento en que la monarquía dudaba entre el Mediterráneo y el Atlántico, los gobiernos de Patiño, Grimaldo o los marqueses de la Paz y Castelar supieron compaginar el renacimiento naviero con las guerras italianas. Es el primer intento serio de *reformismo borbónico*, modelo para Campillo y Ensenada, que permitió, pese a los vaivenes transalpinos, construir cuarenta barcos en menos de diez años.

Con la neutralidad ensayada por Fernando VI y el marqués de la Ensenada, el Estado detrajo los ingresos suficientes para reconstruir la flota. En 1748 se inicia la fabricación de seis barcos anuales en la península y tres en La Habana, a fin de compensar el desfase respecto a la temida Inglaterra, parapetada en más de cien navíos de guerra. Los gastos militares y de fortificación colonial no impiden renovar los astilleros de Cádiz, Cartagena y El Ferrol, éste con 6.000 obreros, donde se instalarían los arsenales reales, y ampliar el de La Habana, abastecido con madera del golfo de Méjico. Trabajando a buen ritmo, en 1775 se logran ya los ciento veintidós barcos y cerca de los doscientos a fin de siglo, todo ello respaldado por el floreciente espionaje industrial del ingeniero Jorge Juan a las factorías inglesas (*Tratado de artesanía naval*) y de Antonio de Ulloa a Francia. Intranquila por el rearme hispano, Inglaterra manipula los problemas internos con ánimo de desestabilizar el gobierno de Ensenada y frenar su ascendente carrera; así fomenta las disensiones respecto a la política a seguir en Paraguay y enciende la oposición de los notables a la reforma fiscal.

Después del galopante déficit del XVII, las guerras obligan a ordenar las finanzas del Estado y recuperar los ingresos. No existen, sin embargo, cambios sustanciales ni en la estructura impositiva ni en la social, con lo que la presión contributiva siguió desangrando Castilla. Sólo los ingresos americanos mejoraron con una tendencia alcista entre 1735 y 1750.

Para pagar las tropas y comprar la alianza francesa, Orry y los ministros españoles recurrieron a las mismas medidas que Felipe III y Felipe IV: rebaja de los intereses de la deuda, donativos personales, incautación de la plata de las iglesias, préstamos eclesiásticos, venta de baldíos..., aunque sin las temibles alteraciones monetarias. La paz libera de dispendios militares en los Países Bajos e Italia y los catastros aragoneses amplían los ingresos del erario. Flor de un día, la hacienda se desmorona de nuevo debido a las guerras de la Farnesio, la ruinosa gestión de Patiño y los derroches de una corte ridículamente versallesca. Hasta 1730 los gastos se contienen a duras penas, mientras arrecian las quejas contra una monarquía dilapidadora, pero el declive es imparable y nada salva de la bancarrota; ni siquiera reducir el valor de la deuda, vender el patrimonio real en Valencia o suspender el pago de salarios. La reforma de Iturralde fracasa y en 1739 ocurre lo inevitable, la primera suspensión de pagos de la monarquía borbónica, un duro revés para su crédito internacional. Apurada por los gastos y las deudas, la Secretaría de Hacienda piensa en la conveniencia de un impuesto extraordinario del 10 % sobre las rentas, a prorratear entre las ciudades del reino, como ya pagaban los aragoneses.

Una herencia tan onerosa sumerge al principal ministro de Fernando VI, Zenón de Somodevilla, marqués de la Ensenada, en la reforma del aparato del Estado y, sobre todo, de la estructura fiscal. Puestos en la picota el sistema de impuestos y su contenido antisocial, así como los excesos de la corte, la burocracia y la guerra, abordará en 1750 la confección de un censo, a imitación del catastro catalán, de todos los hogares castellanos y sus ingresos agrícolas y comerciales, a los que pretende gravar con una contribución única. Era la primera vez en la historia de España que los grupos privilegiados se convertían en contribuyentes. Ante la amenaza, los Grandes, el duque de Alba a la cabeza, se revuelven conspirando con el embajador inglés hasta provocar la caída del ministro. Tampoco la burguesía veía feliz tanto cambio, en especial la abolición de los arrendadores de impuestos. Para evitar la dependencia de la banca internacional, Ensenada propone la creación de un banco especializado en transferir fondos públicos y privados al extranjero, el *Giro real*, al tiempo que saneaba el erario americano y entraba a saco en las rentas de la Iglesia con el Concordato en la mano.

El clero bajo cetro

Víctima política de una educación represora que encauzó hacia el confesionario los remordimientos de su sexualidad desbordada, Felipe V tuvo, sin embargo, muy pocos escrúpulos en someter a la Iglesia a las directrices de afirmación del Estado borbónico. La corona, digna sucesora de Carlos I, Felipe II y Felipe IV, no podía permanecer pasiva ante los movimientos de una institución sospechosamente apegada a una potencia extranjera, los Estados Pontificios. Si ya Roma había sido un obstáculo considerable a los planes italianos de la monarquía, Clemente XI sería la gota que colmara la medida, al tomar partido a favor del archiduque Carlos en la guerra de Sucesión. Tampoco las ambiciones de Isabel de Farnesio ayudaban, precisamente, a restaurar la confianza, una vez firmada la paz: el recuerdo de saqueos pasados daba la razón al pontífice en su deseo de no tener demasiado cerca a los españoles.

En previsión de conflictos, Felipe reclama la autoridad sobre todas las instituciones eclesiásticas españolas, incluyendo el nombramiento de cargos y cobro de rentas en las sedes vacantes. Sustentado ideológicamente por los escritos de Melchor de Macanaz y las tropas del príncipe Carlos, incordiantes en las fronteras de los Estados Pontificios, el *regalismo* —supremacía del poder real sobre la Iglesia— terminó por imponerse en la firma del primer Concordato con la Santa Sede en 1737. Sin atender al clero peninsular, Clemente XII reconoce algunas de las peticiones madrileñas: la tributación de las propiedades de la Iglesia, el control del número de religiosos, tan necesario desde finales del siglo XVII, o el nombramiento del infante Luis de Borbón como administrador de las riquísimas diócesis de Toledo y Sevilla. Pero no la más importante, la extensión a todas las dignidades eclesiásticas del derecho a elegir obispos, que suscitaría los ataques del confesor real Rávago a la concordia, calificada de «asesinato de la nación española».

La marea del regalismo sube en los años de Fernando VI, cuando el marqués de la Ensenada asocia el aumento de las prerrogativas del Estado sobre la Iglesia a su programa reformista. Comprados los cardenales con enormes sumas de dinero o *compensaciones* y presionando con los ingresos que Roma obtenía en España, la corona exigirá el Patronato Real Universal y el reconocimiento de su primacía respecto de la jurisdicción papal. Ambos quedan plasmados en el segundo Concordato (1753), verdadero cheque en blanco del ilustrado Benedicto XIV a los monarcas españoles. A partir de ahí, las únicas materias de exclusiva competencia de la Iglesia serían los dogmas, los sacramentos y el culto, y aun no faltaron regalistas exaltados del estilo de Campomanes que reclamaron la intervención civil en las definiciones dogmáticas.

Con semejantes poderes, Fernando VI coloca el episcopado bajo su confesor, especie de ministro para asuntos religiosos, y toma el timón en un tentador camino hacia la Iglesia nacional. El monopolio jesuítico del descargo de la conciencia regia (1700-1755) y el descarado regalismo del confesor Rávago fomentan los resentimientos del clero secular y el resto de las órdenes contra la Compañía, que degeneran en alborotos a propósito del frustrado intento de beatificación del obispo Juan de Palafox, enemigo de los ignacianos. Apoyados por Ensenada, los jesuitas se oponen a los tratados con Portugal (1750) en un vano esfuerzo por defender sus originales *reducciones* del Paraguay, con lo que se crean más enemigos y censores. La caída del ministro y el confesor, dejaba a los de Loyola en una frágil posición, de la que sus enemigos no tardarían en sacar provecho.

Las cosas no son eternas,
todas se van acabando,
Rávago se está quejando,
fracturadas las dos piernas.
Choque de causas internas
hizo rodar esta bola:
padres, hijos de Loyola,
tristísima Compañía,
sin norte, sin luz ni guía,
¡cómo así has quedado sola!

La monarquía positiva

Apuntada en el reinado de Carlos II, la recuperación demográfica es un hecho en el siglo XVIII. Con un crecimiento sostenido, alterado por frecuentes sobresaltos, la población aumenta cerca del 40 %; de unos siete millones y medio de habitantes, al concluir la guerra de Sucesión, según el vecindario de Campoflorido, se pasa a los más de diez y medio en 1797. El 84 % de la población vivía en el reino de Castilla, la reserva humana de España, nutrida de la fecundidad de Andalucía (25 por 100) y Galicia (20 por 100), con un progresivo protagonismo de las regiones periféricas y litorales frente a las interiores que decaen hasta los 16 hab/km de León y los 8 hab/km de Extremadura. Entre 1717 y 1787, Cataluña y Valencia duplican sus hombres.

Sin embargo, el reparto no es homogéneo. En Galicia las comarcas costeras —Santiago, Tuy, Coruña, Betanzos, Mondoñedo— multiplican por dos sus habitantes en apenas cincuenta años; en Cataluña, la región barcelonesa, el Maresme y el campo de Tarragona progresan intensamente hasta la crisis finisecular, favoreciendo la mano de obra barata el despegue industrializador; el hundimiento de Sevilla, al perder el monopolio indiano, por contra, no se compensa con el auge de los territorios orientales de Andalucía. Acosados por el hambre, efecto de la altísima densidad —100 hab/km—, legiones de gallegos (350.000 en la segunda mitad del siglo) y vascos abandonan sus hogares, camino de América, Castilla o Andalucía.

Poco dura la alegría; a partir de 1760 las epidemias de tifus, cólera y viruela agostan la esperanza de prosperidad en España, mientras las crisis de subsistencias desplazan del horizonte toda preocupación ajena al sustento cotidiano. Pobres, mendigos y vagabundos plagan las ciudades, pendientes de la *sopa boba* de los conventos —unos treinta mil en Madrid— y ponen en jaque a la corona, que resabiada con los motines de 1766 idea una política de repoblación y fomento agrícola e industrial. Incluso la feraz Galicia pierde una séptima parte de sus habitantes, dándose la mano con Guipúzcoa, castigada por la guerra de la Convención. Sólo los reinos levantinos mantienen el trepidante ritmo, antesala de la abundancia del XIX.

Tras los apuros del siglo XVII, la economía española se regenera entre bostezo y bostezo. Los desequilibrios regionales continuaron enormes y el país quedó a remolque de sus competidores europeos. Al crecer la población, el consumo de cereales, vino, aceite, carne o textiles se disparó. Sin embargo, en vez de servir de acicate a la modernización del agro, el alza de los precios sólo benefició a los grupos terratenientes, bloqueando el desarrollo global. Con la demanda interna cautiva, los propietarios no tuvieron necesidad de reinvertir sus capitales en la mejora de la tierra, en tanto que las clases populares, obligadas a destinar mayores ingresos al sustento, apenas contaron con capacidad adquisitiva para consumir las ofertas de la industria. Unicamente la periferia —Cataluña, País Vasco, Valencia, Galicia— insinuó cierto dinamismo en el comercio agropecuario y en el manufacturero, dominando muy pronto vascos y catalanes el renacer industrial y mercantil iniciado al socaire de Carlos II.

Felipe V y sus sucesores convertirán el Estado en un poderoso instrumento de innovación económica, a costa muchas veces de suplantar a la iniciativa privada, desorden crónico que persistirá hasta el siglo XX. Importados de Francia los principios mercantilistas, la promoción de la industria y el comercio eclipsa problemas que afectaban a la salud de España: debilidad del Estado, demanda baja, carencia de un mercado unificado, patrimonio territorial mal repartido y escaso acopio de capital inversor.

Con el respaldo de los intelectuales cortesanos, un ambicioso conjunto de proyectos de *reforma* agrícola, comercial y viaria aprovecha el moderado crecimiento de 1700 a 1740 para salir a la luz. El motín de Esquilache revelaría los límites de esta política, que impulsando la economía trataba de salvaguardar el viejo orden social. Hasta 1790, el absolutismo regio garantiza la estabilidad, pero la crisis y la bancarrota de la hacienda pondrían en evidencia al Antiguo Régimen según se acerca el nuevo siglo.

La revisión del marco político por los polémicos decretos de Nueva Planta, incluido el fin de las aduanas interiores y su traslado a las fronteras territoriales —exceptuado el País Vasco, cuya *machinada* de 1717 lo impidió—, fue un estimulante paso hacia el *mercado nacional*. El decreto de 1757, al declarar la libre circulación de mercancías por España, salvo ciertos cereales por problemas de abastecimiento, reafirma la tendencia. Aunque sin desaparecer los impuestos sobre los géneros de consumo ni los monopolios contra los compradores, que tanto daño causaban a la industria del país, Felipe V apuesta, decidido, por las medidas proteccionistas. Destacan, sobre todo, las aplicadas en los textiles, que en 1718 prohiben importar sedas y algodones asiáticos y, más tarde, algodones y linos, contribuyendo al fortalecimiento de las artesanías catalanas y gallegas.

En abierta competencia con los productos extranjeros, los ministros borbónicos abrazan gustosos las directrices autárquicas y frenan la salida de metales preciosos en busca del equilibrio de la balanza de pagos. Es el amanecer de la industria de lujo, destinada a suplantar las mercadurías francesas, alemanas o inglesas y a copar los caprichos americanos: la fábrica de tapices de Santa Bárbara, la de cristal de San Ildefonso y la de porcelana del Buen Retiro recuerdan este momento. Junto a ellas, las telas de Guadalajara, San Fernando y Brihuega, las hilaturas leonesas y las sedas de Talavera; los astilleros norteños y sus industrias auxiliares —altos hornos de Liérganes y La Cavada, fundiciones de Eugui, armerías guipuzcoanas—, controladas por las inversiones de la armada y el ejército, y la fábrica promovida por el monopolio fiscal del tabaco en Sevilla. Eximidas de impuestos para alentar su producción, el Estado además les reservó las mejores materias primas y les atrajo mano de obra y técnica extranjeras.

Como hiciera en Nápoles, Carlos III renovó el patrocinio de la corona sobre las *Reales Fábricas*. Gracias a él, se amplían las de Guadalajara, que con sus 21.000 empleados albergan una de las mayores concentraciones obreras de España; crecen las de Talavera y se fundan las de Avila. Sin embargo, el balance general resultó, cuando menos, contradictorio. A fuerza de *privilegios*, los funcionarios que las dirigían no se adaptaron a la libre concurrencia, acumulándose las pérdidas para desaliento del erario y desazón del empresariado, privado de invertir. La pésima administración salta a la vista si se comparan sus resultados con los beneficios obtenidos al ser privatizadas (sederías de Talavera) o compartidas (Segovia).

El proteccionismo estatal concentró sus desvelos en las regiones más golpeadas por la crisis del siglo XVII, Castilla y Andalucía, cercanas a los centros consumidores, al tiempo que la iniciativa privada sacaba provecho de las ventajas del litoral, arraigando en las Provincias Vascas, Cataluña, Valencia y Galicia. Apenas prendió en la península el modelo fabril, salvo en las empresas públicas o en aquellas que exigían abundante mano de obra, como las textiles catalanas o los astilleros cantábricos. En Castilla (Segovia, Palencia, Toledo, Béjar) y Extremadura la industria pañera mantenía su prestigio, en tanto que la seda valenciana renacía, con más de cuatro mil telares a finales de siglo, estimulada por la débil competencia gala. La sedería levantina, no obstante, es sacudida por el difícil abastecimiento de materia prima de calidad y el asfixiante sistema gremial, que le harían perder fuerza en la lucha con los tafetanes de Lyon. La ineptitud tecnológica y económica de las ferrerías continúa sin respuesta y sólo al proteccionismo arancelario puede atribuirse la mejoría del mercado; en el País Vasco, muchas de ellas terminan convertidas en molinos, ante la demanda harinera de las clases campesinas y las posibilidades de su exportación a las colonias.

Al advenimiento de Carlos III, la política económica se aleja del proteccionismo para liberalizar las actividades productivas como medio de promover el bienestar del país. La industria privada alza el vuelo. En Galicia, Antonio R. Ibáñez levanta el complejo de Sargadelos, especializado en la manufactura del hierro y luego en armas y cerámica, pero la hostilidad de la nobleza y el clero harían fracasar el experimento con la subversión del campesinado. En Andalucía algunas iniciativas modernas —Real Compañía de San Fernando de Sevilla, fábrica de hojalata de Ronda, establecimiento de cueros de Nathan Wetherell— no llegan a cuajar por la falta de incentivos al inversor, que se refugia en el campo para desgracia de la región.

El contrapunto es Cataluña, cuya abundancia de capitales, acumulados por el comercio y la bonanza del agro, se combina con su estratégica posición marítima, trampolín al Mediterráneo y al Atlántico. El aumento de población proporciona mano de obra barata y habituada al trabajo textil, en tanto que la huida de la industria al campo la liberaba de los rígidos corsés de los gremios. Favorecida por el fin de la frontera interior y el proteccionismo de los Borbones, no es de extrañar que entre 1730 y 1760 la zona viviera una euforia de precios, capaz de seducir a los inversores en telas, cueros, papel o quincallas. El desembarco de las ganancias agrícolas en la artesanía trasforma el sector, que abandona la lana por el algodón —las renombradas *indianas* catalanas—, mientras industriales y comerciantes maniobran para asegurarse los mercados y las materias primas coloniales. El empeño de Carlos III por liberalizar las importaciones textiles tendría enfrente la airada reacción de los fabricantes catalanes que, como volverían a hacer en el siglo XIX, presionaron hasta lograr el cierre comercial a los algodones estampados, las muselinas y los terciopelos de Europa.

A partir de 1780, los primeros pasos del sector hilandero vienen acompañados por la mecanización, según las técnicas inglesas, que llega a emplear unos cien mil operarios en Cataluña. Cuando la guerra de 1796 colapse los mercados americanos y los paños ingleses amenacen con saturar las ferias coloniales, los empresarios catalanes intentarán rebajar costes mediante la concentración de los procesos textiles (hilado, tejido, estampado) y el traslado de la maquinaria al interior del Principado, donde los salarios eran más bajos. Ahuyentados de los circuitos internacionales, sus *viajantes* saldrían a la caza del consumidor peninsular.

El campo de los Borbones

De nada sirvió el trabajo del Estado y las Sociedades Económicas por renovar el mundo agropecuario en el XVIII: ni las técnicas ni los rendimientos progresaron. Como en siglos anteriores, el incremento de la producción pasó por ampliar las tierras cultivadas a expensas de bosques, pastos, pantanos y albuferas —Galicia, País Vasco, Cataluña y Levante— y por una ligera mejora de los regadíos. La tríada mediterránea acapara el trabajo campesino, aunque se extienden el maíz, la patata, la remolacha o la alubia. Es el tiempo del viñedo en Cataluña, Rioja, País Vasco, Duero..., y del naranjo en Valencia; retroceden, en cambio, el lino gallego, el cáñamo y algodón andaluces y la caña de azúcar en Granada y Málaga, fruto de la especialización de las áreas litorales en la agricultura exportadora.

Acorde con las pautas propias de una sociedad agraria, el auge demográfico permaneció ligado al crecimiento del campo. Hasta 1735 las cosechas corrieron en paralelo a la población, posibilitando su despegue la estabilidad de los precios y el bienestar de la industria y el comercio. Sin embargo, la situación empeora a partir de entonces, la presión humana agudiza la caída de los salarios y la subida en los artículos de primera necesidad, que socavan los cimientos sociales en las intermitentes crisis de subsistencias. La sequía de 1753 abre la puerta del desorden: cae la producción, la pugna por la tierra provoca el alza de las rentas, los precios disparados arrastran a las clases populares al amotinamiento. Ante tan agobiante panorama, los intelectuales cortesanos sugieren las primeras medidas serias de *reforma agraria*, fracasada, en parte, por la tradición, pero también por los intereses de los propietarios, beligerantes contra cualquier cambio en el reparto de la tierra y sus beneficios.

El gran problema del campo español en el siglo XVIII radica en el exceso de propiedad acumulada por la nobleza y las *manos muertas*, cada vez más criticadas como culpables de la esclerosis del agro al impedir con su incuria cualquier inversión o mejora. Para colmo de males, los latifundios avanzan, con las ventas de comunales y propios por Felipe V y el acoso de los Grandes de España y los funcionarios públicos a esas tierras. No se redujeron tampoco las tremendas diferencias regionales, con sus graves distorsiones de precios y desabastecimientos, al faltar el estímulo del mercado único.

En Galicia, la buena salud demográfica y las limitaciones del espacio cultivable ampliaron hasta la ineficacia el minifundismo tradicional: la mayoría de los agricultores propietarios apenas superaba el tercio de hectárea en 1753. El continuo abonado con tojal, estiércol y algas marinas, que permitían eliminar el barbecho, y el cultivo de maíz, la alubia, la patata o el pinar intensificaron los rendimientos, pero una natalidad desbordada impidió el alivio de las condiciones de vida. He aquí uno de los pilares del gran drama rural de la Galicia del XIX, obligada a expulsar a muchos de sus hijos hacia el resto de España o América y a compaginar las tareas del campo con las ganaderas y marítimas para sobrevivir.

Faltando la tierra, los bienes eclesiásticos monopolizados por la *clase forera* adquirieron un valor desorbitado; los arrendatarios sabrán sacarles partido al adecuar las rentas de los subarriendos a las circustancias, en menoscabo de la empobrecida masa campesina. Los estallidos de violencia social, significativos en 1724, convencieron a la corona de la necesidad de suavizar las fricciones, aunque, por la Pragmática de 1763, los foreros perpetuaron los contratos en perjuicio de las instituciones religiosas. La medida beneficia a la pequeña nobleza y burguesía agraria gallegas, que redondean sus bienes con la rapiña de comunales y se disponen a alcanzar la plena propiedad en la desamortización del XIX. De su seno saldrían los *caciques*, dueños de la política gallega hasta el presente siglo. Tampoco en el País Vasco la centuria resultó favorable: el frágil equilibrio agrario vigente en el caserío se vio amenazado por la fecundidad de sus moradores y el progresivo endeudamiento que redujo a la condición de arrendatarios a buen número de *caseros*.

La fortuna no sonríe a Castilla, silo peninsular por excelencia, cuyo campesinado ya había sufrido su *proletarización* en el XVII; ahora las dificultades de comercializar el grano, las alteraciones de los precios y las elevadas rentas provocan la regresión de amplias zonas a una economía de subsistencia y a la ganadería. Los intentos por ensanchar las cosechas estaban condenados de antemano. Extender los campos de labor topaba siempre con la baja calidad de muchas de las tierras libres, que pronto eran abandonadas por su escaso rendimiento, y con la servidumbre de preservar las áreas de pastoreo. La roturación a gran escala sólo tendría éxito durante la segunda mitad del siglo en Extremadura y Sierra Morena, dirigida por los comisionados de Carlos III. No fue posible, asimismo, acabar con las rotaciones y los barbechos; el ingente volumen de abono requerido hubiera exigido una *revolución* ganadera previa, y el clima tan extremo, un incremento del regadío.

Ni las nuevas plantas —textiles, olivo, frutales— ni la especialización aportaron savia renovada a los campos castellanos. El fracaso de ensayos como el promovido en los alrededores de Valladolid por el catalán Juan Pablo Canals —cultivo de granja destinada a la industria textil barcelonesa— o la evolución del olivo y la vid, muestran el hándicap que para el agro meseteño suponía su retraso industrial, el coste de los transportes y la inexistencia de un mercado ágil. Pese a sus excelentes rendimientos, el viñedo no contó con una demanda sostenida, como la que significaban las compras de Barcelona o las exportaciones a las colonias para las cepas catalanas, y sucumbió en el marasmo urbano de Castilla.

Por otro lado, la estructura de la propiedad no era en la Meseta la más idónea para el desarrollo. Los ingresos, acaparados sin escrúpulo por la nobleza y la Iglesia, tomaron el camino de la suntuosidad y el crédito y no el de la inversión. Sólo las provincias manchegas, alentadas por el consumo de Madrid, y el norte de Burgos-Palencia, en relación con la puerta cantábrica de América, se mantienen con cierta prosperidad. Más al sur, Extremadura dormita en la pobreza, hundida por los absentistas y la Mesta. Con la mirada puesta en la cotización de la lana en Inglaterra, la ganadería desplaza a la agricultura y descalabra la despensa regional, que padecerá, desde 1760, el rigor de la escasez de granos. Es entonces cuando se disparan las alarmas y el suelo extremeño se convierte en el campo abonado de la reforma agraria de los ilustrados.

Andalucía degenera en el más grave problema socioeconómico de España. Según el catastro, constituía la mayor extensión de tierra cultivada y la más rentable de la península, con campiñas tan ubérrimas como las de Córdoba, Osuna o Sevilla. Más de la cuarta parte de la renta agraria de Castilla procedía del campo andaluz. Sin embargo, el desigual reparto de la propiedad —el 0,2 % de la población retenía el 44 % del producto de la región— representaba una pesada carga. Una enorme masa de desarrapados malvive en condiciones lastimosas, pendiente del trabajo ofrecido en los latifundios de los Medinaceli, Osuna o Arcos. El cereal continuó siendo el rey de los cortijos andaluces (85%), seguido de lejos por el olivo (10%) y el viñedo (3,3%); la caña de azúcar, sin embargo, no logró resistir la competencia de la cubana y mejicana. Estancada y sin salidas, la agricultura andaluza consiguió, pese a todo, beneficiarse del moderado ascenso de los precios entre 1760 y 1810, y las huertas granadinas y las costas de Málaga disfrutaron de una renovación de cuño capitalista, a la que no fue ajena la corona. El disfrute de los abastecimientos a la marina malagueña, concedidos en monopolio por Fernando VI y Carlos III, propulsaron el lino y cáñamo por las tierras de Guadix, Baza y la vega de Granada.

Mucho mejor capea el temporal la región mediterránea. Valencia se transforma. Con una población duplicada en menos de un siglo, la agricultura asumió el reto de alimentar más bocas. El área cultivada crece al drenarse los pantanos litorales, donde germina el arroz, y los regadíos alicantinos y murcianos orientan sus actividades hacia los mercados urbanos. En el sur del reino, 10.000 hectáreas son ganadas para la labranza, aunque la escasez de abonos efectivos impide rendimientos espectaculares, lo que empuja a los propietarios a cambiar el cereal por una agricultura mercantil. La morera, base de la seda, se expande desde 1740 a 1780, al compás de la industria local, por Requena, el camino de Valencia a Játiva, la costa de la capital a Sagunto, Gandía o la Plana de Castellón. El cáñamo conquista Castellón merced al consumo de la Armada Real, la barrilla —exportada en perjuicio de la industria jabonera— los campos de Elche; y el arroz, la ribera baja del Júcar, Cullera, Sueca, Játiva y Alcira, sin tener en cuenta los graves problemas de salubridad. También aquí los grandes terratenientes redondean sus fincas con las ventas de Felipe V y Carlos IV, pero muy pronto las clases medias y la burguesía urbana dirigen sus capitales a la tierra, al amparo de los beneficios del comercio agrario.

Cataluña se coloca a la cabeza de la carrera. Su agricultura, favorecida por los contratos de arrendamiento a largo plazo que animan a los *payeses* a invertir en la mejora de sus predios, se alza con fuerza sobre las del resto de España, en un ambiente de bonanza económica. Surcan los arados el interior catalán, se modernizan el regadío y las técnicas, se divulga el uso de fertilizantes y triunfa la alternancia de cultivos y la especialización. El arraigo del viñedo en Mataró, Tarragona y Penedés, con su industria rural de vinos y aguardientes, permite acumular sustanciosos capitales. A él le seguirán el arroz de Tortosa y Ampurdán, el alcornoque, la barrilla, el cáñamo y el almendro, que inundan el delta del Ebro, las cuencas de los ríos y los espacios limítrofes con Aragón, gracias a los préstamos de los burgueses de la Ciudad Condal, afirmada en su posición de mercado consumidor y cabeza del reino. Con los cereales de Norteamérica, Sicilia y Africa se compensa el déficit de granos, aunque no desaparece el fantasma de las crisis de subsistencias, mientras la nobleza media y la burguesía urbana se enriquecen con la nueva manera de entender el campo.

Los perdedores

Fue la actividad agrícola la preocupación mayor de la monarquía en el XVIII: había demasiados estómagos que alimentar y el retraso industrial no permitía ocupar todos los brazos disponibles. Con este panorama, el regadío constituye la tarea más importante desarrollada por los hombres de la Ilustración en el campo. En un país dominado por los climas extremos y las sequías, los canales de riego son el medio *hispánico* de revolución agrícola, tras fracasar la Pragmática de 1765, que liberalizando el comercio de granos pretendía promover la reforma.

Fernando VI, en su *Ordenanza de Intendentes Corregidores,* había pedido informes sobre los terrenos y ríos susceptibles de arreglo. Carlos III, por su parte, en el *Expediente de la ley agraria* recabará, con la ayuda de municipios, Sociedades Económicas, y la Junta General de Comercio los datos suficientes para confeccionar la primera radiografía de la agricultura española, culminada en el *Informe sobre la ley agraria* de Jovellanos. Empujados desde el trono, se construyen en el Ebro el Canal Imperial de Aragón y el de Tauste, las presas y acequias de Mezalocha, Rincón del Soto y Mejana de Tudela, que amplían la superficie cultivada —más de 30.000 Ha. gracias al Imperial—, riegan los cereales y viñedos riojanos, el olivo de Tudela a Zaragoza, los frutales de Huesca a Daroca y de Logroño a Lérida, e implantan el maíz, la patata, la remolacha y la alfalfa.

También en Cataluña, de mayor tradición hidráulica, la demanda de alimentos de las grandes urbes hizo más atractivas las tierras de regadío. Las presas del Llobregat, la red de acequias de Barcelona, Mataró, Rubí, Moncada y Martorell y el canal de Manresa no exigieron nuevas inversiones públicas, siendo complementadas con las canalizaciones en el Vallés y el Maresme y las obras en el Ter. Como en Valencia, el abordaje a los deltas de los ríos y la desecación de amplias zonas pantanosas —bajo Ampurdán— ofrecieron suelos agrícolas al Principado.

En el reino levantino, el XVIII exigió una actividad inusitada del regadío, al son de la agricultura comercial, pero las labores fueron escasas debido a los adelantos de los Habsburgo. Los embalses de Mogente y Tibi, la prolongación de la acequia real del Júcar y la de Castellón componen el elenco de construcciones recientes. Lo mismo ocurre en Andalucía y Murcia, donde los esfuerzos se multiplican ante el riesgo de catástrofes naturales —el siglo irrumpe con dos demoledoras avenidas— y las sequías persistentes que asolan la región en el último cuarto de la centuria. Nuevas acequias desde el alto Segura a Monteagudo, los pantanos de Puentes y Valdeinfierno, con el arquitecto Juan de Villanueva, y el canal de Murcia amplían la huerta en más de 11.000 Ha., por Huéscar, Campo de Lorca, Totana y Murcia.

En el Tajo, los proyectos del canal del Henares o del Guadarrama nunca pasaron del papel, mientras que el del Manzanares o la acequia del Jarama apenas aliviaron unos pocos predios. De espaldas a la realidad española, la corona haría de La Granja de San Ildefonso y Aranjuez dos vergeles en el corazón de Castilla, derrochando agua y dinero en estanques, fuentes y jardines. Sin romper el tradicional monocultivo cerealista, los recursos hidráulicos del Duero permanecieron infrautilizados. El utópico y ambicioso canal de Castilla, que soñaba con mejorar las comunicaciones peninsulares entre el interior y la costa, hubo de reducir su envergadura ante los problemas técnicos y financieros. En el País Vasco, las empresas hidráulicas ni siquiera se preocuparon de modernizar la agricultura, pues los numerosos embalses y acequias construidos nacieron al resguardo de la industria molinera y siderúrgica y del diseño del ingeniero Pedro Bernardo Villarreal de Bérriz.

Al igual que en Europa, esfuerzos públicos y privados trabajaron al unísono, atentos a los beneficios del agua. El canal de Murcia, Manzanares o el Imperial de Aragón atrajeron capitales con el señuelo de una alta rentabilidad, pero la quiebra de muchas de estas compañías obligó al Estado a aceptar las deudas contraídas agravando aún más la fatiga del erario.

Aunque sin pasar, casi siempre, del plano teórico, los intelectuales del XVIII abordaron los problemas que entorpecían el resurgir agrícola y propusieron distintas soluciones. Tocados del *espíritu liberal,* criticaron abiertamente la amplitud de baldíos y comunales y aconsejaron su venta o traspaso a quien pudiera roturarlos. El asalto a los bienes concejiles encontró de este modo un sólido argumento: la apropiación individual de la tierra pública quedaba enmascarada bajo la supuesta necesidad social de equilibrar la balanza agraria, ofrecer trabajo o pagar las deudas. La realidad, sin embargo, presentaría otras aristas; los pobres perdían los recursos básicos ofrecidos por los comunales y quedaban a merced de las frecuentes crisis de subsistencias.

Olavide, Campomanes y Floridablanca, ilustrados carolinos, también hallaron motivos de queja. Con ellos, las Sociedades Económicas ponen el dedo en la llaga al criticar el pesado lastre de la propiedad nobiliaria y eclesiástica y los privilegios de la Mesta. Pero ninguna meditación tan novedosa como la del *Tratado de la regalía de la amortización* de Campomanes, que en 1765 se hacía un hueco en la historia del reformismo agrario al vincular el progreso del país con la llegada del campesinado a la propiedad de la tierra y la desamortización de los bienes eclesiásticos. Mucho antes de que el clero viera en peligro sus pertenencias, el hambre y los motines populares empujaron a los cortesanos de Carlos III a buscar salidas al atraso del campo. Con la firma de Floridablanca, portavoz de las ideas de Campomanes, se distribuyen comunales entre los campesinos extremeños, en un innovador programa que hubiera obligado a los terratenientes a arrendar, a bajo precio, una parte de sus dehesas. El reparto de tierras no ocultaba la intención política de la propuesta: crear una clase campesina adicta, independiente de cualquier otra actividad y alejada de la virulencia social.

El programa de Floridablanca tuvo éxito en Badajoz, extendiéndose luego a Andalucía y La Mancha. Gracias a su entusiasta empuje, cientos de jornaleros y pequeños propietarios agrícolas obtuvieron tierras y ayudas económicas del Estado para la compra de aperos, cercados y viviendas. A fin de racionalizar el esfuerzo campesino, mientras las fincas cercanas a los pueblos entraban en el lote de reparto, las más alejadas se vendían en subasta a quienes se comprometían a ponerlas en explotación. El capital conseguido se destinó a obras públicas y beneficencia.

La reforma aceleraba el retroceso de la Mesta, hostigada por las subidas de precios de los alimentos —rotura de pastos desde 1760—, brindaba un buen balance al erario y abría el camino a la modernización de la estructura agraria del resto de España. Como en el pasado, las maquinaciones de los privilegiados abortarían tal posibilidad: las oligarquías locales aprovecharon que el Estado dejaba en sus manos la dirección del proyecto para acaparar los mejores terrenos.

Gran artífice del cambio será Pablo de Olavide, infatigable intendente de Andalucía, obsesionado por el crecimiento del sur español, al que trató de liberar de la barrera del despoblado de Sierra Morena. La colonización de estas tierras constituye una de las empresas de mayor envergadura de la política agraria del XVIII, consecuencia directa del bloqueo de la reforma extremeña y de la coyuntura internacional que retrasó los asentamientos de California y el norte de Méjico. Como refuerzo demográfico de las vías de enlace entre Castilla y Andalucía, a través de La Mancha, Jaén y Sevilla, seis mil colonos bávaros, flamencos y españoles fueron instalados en una treintena de pueblos y aldeas en torno a tres nuevas capitales: La Carolina, La Carlota y La Luisiana. Exento por diez años del pago de impuestos, rentas y diezmo, cada campesino recibió cincuenta fanegas de tierra al tiempo que el Estado combatía la gran propiedad declarándose patrono de las iglesias y prohibiendo toda cesión de bienes a las *manos muertas.*

El triunfo de Olavide silencia las penalidades de los inmigrantes, poco habituados a los rigores del clima andaluz, y el mal humor de los capuchinos alemanes que les acompañaron. En 1775, cuando las poblaciones habían demostrado ya su eficacia, el intendente sería acusado ante el tribunal de la Inquisición de impiedad y supuesta herejía. Después de soportar dos años las cárceles del Santo Oficio, el proceso contra Olavide, que indigna a media Europa, concluiría con su condena a ocho años de retiro en un convento. Sin llegar a cumplirla, lograba refugiarse en Francia, mientras su obra y la de toda la Ilustración agraria quedaban definitivamente aisladas y el campesinado sureño desamparado.

Alejándose de los ideales *socializantes* de Campomanes y Olavide, Jovellanos sacraliza en su *Informe sobre la ley agraria* el valor de la propiedad privada y los intereses individuales, muestra de un cambio en la mentalidad del siglo. Aunque ataca los comunales, los privilegios ganaderos y los mayorazgos, el pensador asturiano hace del libre juego de la oferta y la demanda el único árbitro en el acceso a la propiedad de la tierra. A medio camino entre las luces reformistas del XVIII y el liberalismo del XIX, el

Informe se inclina por la venta en pública subasta de los bienes agrarios comunales en favor, claro está, de la burguesía local y la nobleza. Teoría que alcanza su plenitud en el siglo XIX, pero que da sus balbuceos cuando los apuros de la hacienda de Carlos IV promueven la enajenación de haberes municipales, de los expulsados jesuitas y de los organismos eclesiásticos de beneficencia. Se trata de la primera venta en beneficio del Estado de propiedades de la Iglesia, compensada por una renta anual, que continúa, en 1807, al arrancar al Papa la concesión de una séptima parte de las tierras del clero secular y regular. Paradojas de la historia, al Antiguo Régimen corresponde inaugurar la era de las desamortizaciones; el arma de los liberales del XIX en su lucha por un nuevo orden servía a Carlos IV para intentar defender la sociedad tradicional.

Las buenas compañías

Ya en el XVII los arbitristas habían puesto sobre aviso de los males que aquejaban a la monarquía. El desgaste del comercio colonial y la dependencia de la industria y marina a intereses europeos no auguraban un futuro halagüeño. Carlos II y sus ministros intentaron aplicar cataplasmas, pero la enfermedad continuó su curso. Como en el siglo precedente, la balanza de pagos arrojaba a comienzos del XVIII un déficit caótico, sin que las medidas legales atajasen la sangría: «no se impide con Pragmáticas y leyes penales» la saca de oro y plata, advertía Ustáriz.

En el sentir de los economistas, el desequilibrio no derivaba sólo de la ausencia de industrias nacionales dispuestas a competir por los mercados; múltiples barreras frenaban cualquier tentativa de sanear el sector mercantil. Una desastrosa gestión arancelaria, injustos y regresivos impuestos indirectos, carencia de caminos e inseguridad marítima, distintos patrones monetarios —la moneda única (1710-1715) tardaría más de ciento cincuenta años en consolidarse— y el intervencionismo agobiante del Estado formaban el rosario de quejas más escuchadas. En su meditación sobre el desarrollo económico, Gerónimo de Ustáriz coloca el comercio en lugar preponderante: sin el control de la demanda, la renovación industrial no sería posible. Defensor a ultranza de la libre competencia y de una filosofía del negocio desprovista de razonamientos políticos o morales, mantuvo su fe en el andamio estatal como promotor del progreso, encomendándole la tarea de desbrozar los obstáculos que impedían la reforma. Solamente un mercado nacional que abarcase todo el reino —de momento excluía las Provincias Vascas y Navarra— podía protagonizar el ansiado renacimiento. Para defender las manufacturas españolas, el gobierno debía imponer fuertes gravámenes a las importaciones y liberalizar las compraventas en el interior. Al mismo tiempo, convenía invertir en infraestructuras, abaratar los transportes y fortalecer la armada como medio de proteger la marina mercante de los ataques piratas. En la mejor tradición mercantilista, el burócrata navarro cree incluso necesario prohibir la importación de los artículos de lujo que competían con las manufacturas levantinas y pedir al Papado una merma en los días de vigilia, por cuanto las compras de salazones y pescados ocasionaban la pérdida de divisas.

Los escritos del economista norteño gozan de gran difusión desde mediados de siglo y muchas de sus aportaciones se llevan a escena con Fernando VI y Carlos III. En 1761, el marqués de Esquilache decreta el primer plan de carreteras que enlaza la capital con Andalucía, Cataluña, Valencia y Galicia. Los caminos proyectados trababan fuertemente las diversas regiones de la monarquía en su itinerario hacia el mercado unificado, pero el sueño de los ilustrados se frustró por su elevado coste y los levantamientos populares madrileños. «Comunicaciones y luces», reclamaría Jovellanos para el desarrollo español; Arriquíbar, nuevas calzadas que abaratasen el transporte. De tan buenos propósitos, las carreteras del Guadarrama, Reinosa y Orduña —fruto estas dos del antagonismo de Bilbao y Santander por la exportación castellana— son los únicos resultados; a la interesada generosidad de la corona en la vía cántabra respondía el burgués bilbaíno pagando el enlace de Vizcaya con la Meseta.

Cataluña es la gran beneficiada del comercio peninsular, ya que, conquistados los mercados con sus productos agrícolas y textiles, eclipsa toda competencia. Con una sólida industria y una marina a punto, los reveses de la guerra de 1796 no impiden su integración —telas por trigo— en la economía española, al igual que cuarenta años antes había estrechado lazos con Cádiz en el disfrute del mercado colonial. Gracias a él, España equilibra su balanza con Europa, aunque el monopolio castellano se viese cuestionado por las intromisiones de Gran Bretaña, Francia y Holanda en el triángulo Sevilla-Caribe Pacífico y por el comercio de las colonias entre sí.

La guerra de Sucesión deja en manos francesas la mayor parte de las transacciones mercantiles e Inglaterra arranca en el tratado de Utrecht el permiso de comerciar a través de la Compañía de los Mares del Sur. Con la paz se renuevan, sin embargo, los esfuerzos por restaurar el orden americano; las escuadras del Caribe y los barcos guardacostas azotan el contrabandismo en el Atlántico; los funcionarios fiscalizan los movimientos de los mercaderes europeos y el traslado de la Casa de Contratación de Sevilla a Cádiz busca romper con las viejas corruptelas del mundo comercial hispalense. El tradicional sistema de flotas entra en barrena durante la guerra de Jenkins (1739-1748), que obliga a España a optar por navíos rápidos y aislados para plantar cara al enemigo anglosajón.

A imitación de Holanda, Francia y Gran Bretaña, la corona patrocina la fundacion de compañías comerciales, otorgándoles numerosos privilegios, para escándalo de los seguidores de Ustáriz. Tras los pasos de la Real Compañía Guipuzcoana de Caracas (1728), verían la luz las de Toledo, Granada, San Fernando de Sevilla, Extremadura, Barcelona —autorizada en 1755 a comerciar con Santo Domingo, Puerto Rico y Margarita— y La Habana. Iniciativa de un grupo de notables vascos, orquestados por el conde de Peñaflorida, la Guipuzcoana incluía entre sus accionistas a la corona, interesada en contribuir a la prosperidad del norte. Sus buenas relaciones con el gobierno le garantizan el monopolio del comercio del cacao y los *coloniales* de Venezuela, donde introduce el tabaco, el índigo y el algodón una vez expulsados los holandeses. Se trata, por tanto, de la primera muestra de la política de liberalización del comercio americano al margen del polo Sevilla-Cádiz. A mediados de siglo su estrella empezaría a difuminarse; la piratería, el contrabando, la competencia extranjera y la revuelta de los criollos caraqueños, descontentos por los bajos precios de las materias primas, van ahogando las ilusiones de la empresa guipuzcoana y pidiendo a gritos, con las demás compañías privilegiadas, una reforma del mundo comercial.

Los aires renovadores cristalizan en el trabajo teórico de José de Campillo, que propone una mejor explotación de los recursos y mercados americanos y la apertura del tráfico marítimo entre las colonias y la metrópoli a todas las iniciativas peninsulares, en detrimento de la exclusividad de Cádiz. Será en el reinado de Carlos III cuando el gobierno lo autorice por un decreto que establecía la libre comunicación de las islas del Caribe con ocho puertos españoles —excluidos los vascos por su especial régimen tributario—, para más tarde ampliar la licencia a todas las colonias. Fuera del proyecto quedaban Venezuela, otorgada a la Guipuzcoana, y Méjico, ante el temor de que su poderosa artesanía arrumbara a los reivindicativos catalanes, cuyas protestas llegaron a reclamar el desmantelamiento de los talleres de sus competidores de la colonia.

Libre comercio y proteccionismo engrosan las exportaciones españolas, sobre todo gaditanas y barcelonesas, al tiempo que Galicia no alcanza a seguir el ritmo: el circuito La Coruña-La Habana-Montevideo, por el que circulaba la mitad del lino gallego, se hundió. A la burguesía coruñesa no le quedará más salida que convertirse en intermediaria de los géneros europeos y tras la guerra de 1796 dirigir su capital al campo. La acción coordinada de flotas, navíos de registro y compañías de comercio y la posterior libertad reanimaron los intercambios. De 1748 a 1778 la balanza comercial resulta muy propicia a España, Méjico y Cuba al compás de las ventas: el conflicto de final de siglo con Inglaterra hizo cambiar, no obstante, el viento a favor. La destrucción de la armada en el cabo de San Vicente y el bloqueo de Cádiz por la marina inglesa obligan a Madrid a permitir el abastecimiento de América por los países neutrales, a pesar del ajetreo de las burguesías barcelonesa y gaditana. Cuba se arrima a Estados Unidos. Trafalgar (1805), por fin, acaba con toda posibilidad de mantener abiertos los caminos atlánticos y la guerra de Independencia fulmina el control metropolitano.

La bisagra de Esquilache

Doblada la primera mitad del XVIII, una corriente de pensamiento político, heredero de la Ilustración, recorre la espina dorsal de Europa. El *despotismo ilustrado* penetra en los sectores sociales cercanos a los gabinetes y monarcas, soñando con llevar a buen puerto las reformas que habían de transformar el mundo. Una nueva era se alza sobre los cimientos de la utilidad, prosperidad y felicidad, inalcanzables para quienes no tuvieran un gobierno adecuado y una educación moderna.

Ahogada en el inmovilismo y atenazada por el atraso económico, España hubiera debido ser la primera candidata al cambio. Por ello, una oleada de expectación acompaña la llegada al trono de Carlos III, después de largos años de debilidad de la institución regia. Las clases más cultas y activas confiaban en que el monarca liberase al reino de la ignorancia, haciendo de ariete contra los obstáculos levantados a la *modernidad.* Las fuerzas *conservadoras,* por su lado, no habían bajado la guardia, atentas a los tiempos que se avecinaban. Así, la Inquisición ataca sin piedad la reforma y amordaza a sus gestores con los propagandísticos procesos de Macanaz, Olavide, Normante, Cabarrús o Jovellanos. Cuando los viejos medios de control ideológico y político no bastan, queda un último recurso: la subversión de las masas populares.

Seguros de que la reforma podía ir adelante si tenía el apoyo del monarca, los ilustrados le harán entrever los beneficios esperados de la mudanza del país: la reforma agraria traería consigo la estabilidad social, más riqueza y mayores impuestos; el regalismo la desaparición de un peligroso competidor. Como un adelanto del *cirujano de hierro*, Pérez Valiente, Mayans, Forner, Floridablanca y Campomanes ven en la corona la mejor palanca para remover las leyes y privilegios que estorbaban el desarrollo. Nunca se imaginaron, sin embargo, que el absolutismo por ellos defendido acabase siendo una rémora del progreso.

El trabajo de la minoría intelectual es entonces enorme, la propaganda pregona las ventajas del cambio y disuelve los valores del orden tradicional; el pensamiento político convence a las gentes de que es posible renovarse, barriendo las sombras del pasado. A la vez, tras el regalismo se oculta con habilidad una labor de zapa anticlerical. Por encima, el programa de adecuación administrativa anuncia los albores del Estado nacional.

La búsqueda de la *uniformidad* arrastra a la *homogeneidad nacional* en una época en la que se divulgan vocablos como *patriotismo* y *nacionalismo*. En el plano jurídico los ilustrados defienden un cuerpo uniforme de leyes; en el administrativo, León de Arroyal, Floridablanca, Gándara o Foronda proponen una nueva división territorial basada en las provincias. Mientras el castellano se expande por todo el país como lengua de la administración, la voluntad uniformadora de la monarquía se manifiesta en el impuesto único, la enseñanza general con un plan de estudios común y los intentos de liquidar las exenciones militares. Con todo ello, el despotismo ilustrado deriva hacia un intenso intervencionismo.

En 1760, Carlos III, un monarca más preocupado por la caza que por las tareas de gobierno, inicia con la ayuda de sus colaboradores muchos de los cambios reclamados por la intelectualidad cortesana. Es cierto que las iniciativas del Estado se suceden a buen ritmo, sin embargo, su reinado no puede calificarse de rupturista: la monarquía consideraba la reforma el instrumento para apuntalar su hegemonía, sin la cual resultaba inviable la política exterior, empeñada en hacer de España una potencia de primer orden. A la larga, la guerra arruinaría el camino emprendido. Sostener la actividad bélica en el extranjero exigía la paz interna y ésta sólo era posible si se renunciaba a modificar el marco social heredado, reconociendo los privilegios eclesiásticos y nobiliarios y abandonando la reforma fiscal de Ensenada.

Una personalidad singular, el marqués de Esquilache, conduce los primeros años del reinado carolino, tras oscurecer al anterior ministro principal Ricardo Wall. Odiado por su condición de extranjero, este italiano habría de ser el máximo impulsor del programa ideado por Campomanes, fiscal del Consejo de Castilla, tendente a restablecer el bienestar del reino con la recuperación de los señoríos por la corona, la libertad del comercio cerealístico o los primeros estudios de desamortización de los bienes de la Iglesia. Las medidas alarman a los grupos privilegiados, dispuestos a sacar partido de la xenofobia popular, alimentada por la abundancia de ministros napolitanos, y de los desórdenes que la guerra de los Siete Años producía con sus secuelas de alza de precios e impuestos. Un decreto de 1766, dirigido a mejorar la imagen de Madrid y de sus moradores, degenera en tumultos con el enfrentamiento de la guardia real y el populacho y la claudicación del monarca ante las masas: Esquilache debe abandonar España. Hábilmente manipulado por la nobleza y la Iglesia, alarmadas por los extremismos de Campomanes y las pérdidas sufridas en el Concordato, el levantamiento popular se erigía en baluarte contra la gestión ilustrada y en el primer aviso de la dificultad del recorrido reformista.

Un nuevo equipo reclutado entre la nobleza y los universitarios incondicionales del absolutismo —Roda,

Floridablanca, Aranda, Galvez— se encarga de imponer la paz. Acantonados los ejércitos alrededor de Madrid, se detiene a vagabundos y sospechosos, se cierran asilos y una comisión investigadora trata de descubrir a los instigadores del motín. Carlos III obliga a los estamentos privilegiados a reconocer la soberanía regia desautorizando las protestas y las concesiones arrancadas por la fuerza. Reforma los ayuntamientos con la elección democrática de dos funcionarios destinados al abastecimiento y, sobre todo, encuentra una formidable excusa en su deseo de ampliar los derechos regalistas sobre la Iglesia.

Al criticar el excesivo número de eclesiáticos, Campomanes había cargado las tintas contra la inmunidad del clero, un privilegio injustificado e incompatible con la suprema autoridad del Estado, y el oscurantismo de las prácticas religiosas del Siglo de las Luces. La política eclesiástica conlleva la supresión de los autos sacramentales, danzas y plegarias públicas, en tanto que el deseo de nacionalizar aún más la Iglesia española justifica, a partir de 1762, el *regium exequatur* o permiso real para publicar los documentos papales en España. Una actitud intervencionista que persevera en el tiempo de Carlos IV con el sometimiento del clero al rey y a sus ministros de Gracia y Justicia —Jovellanos, Urquijo—, el traslado de los litigios matrimoniales a los obispos en la península y la arremetida de 1798 contra los bienes de la Iglesia, en paralelo a los ataques del canónigo Juan Antonio Llorente a las órdenes religiosas, la Inquisición y el Papado.

Sin lugar a dudas, la expulsión de la Compañía de Jesús señala el momento álgido de esta tendencia. Las pesquisas del motín de Esquilache descargaron sobre los jesuitas la responsabilidad de los alborotos y estrecharon la suspicacia de los gobiernos ilustrados —exceso de riqueza, dominio de la educación, defensa de las reducciones del Paraguay— y la del rey, que consideraban su dependencia de Roma como una infidelidad al Estado. Con el aplauso del clero y el precedente de su destierro de Portugal y Francia, los hijos de Loyola abandonan en 1767 la península y las colonias. Era una buena advertencia para quien, en adelante, intentase soliviantar las masas a expensas del gobierno. En sintonía con otros monarcas, Carlos III presiona a Clemente XIV hasta obtener en 1773 la supresión de la orden, gracias al trabajo del embajador José de Moñino y de los superiores generales de los agustinos y los dominicos.

La crisis social de 1766 había demostrado que la resistencia al cambio era demasiado intensa; la caída de Esquilache precedería a un obligado giro en la política interna. El nuevo hombre fuerte, el conde de Aranda, buscará un compromiso entre el inmovilismo de la nobleza y los deseos del monarca, pero muy pronto los encontronazos ideológicos, el clientelismo y la lucha de corrientes de opinión en la corte —aragonesistas y golillas— provocan su retiro a la embajada de París. Su oponente, Grimaldi, apenas es un paréntesis en las peleas de reformistas y privilegiados, y en 1775 el partido aragonés no tiene empacho en manipular al príncipe de Asturias —futuro Carlos IV— y aprovechar la derrota del general O'Reilly en Argel para pedir su recambio.

A la cabeza de un gobierno moderado, con el rey ocupado en sus caprichos cinegéticos, Floridablanca inicia el refuerzo de la potencia naval y militar del país, la modernización de la hacienda y una agitada política exterior, acompañado por un fiel grupo de colaboradores, tales como el conde de Campoalegre, José Gálvez, José Valdés, Lerena y Porlier. Imbuido de las doctrinas del absolutismo, el reinado de Carlos III persigue implacable apuntalar el poder de la monarquía y progresar en la centralización administrativa. Las críticas de los diputados de la antigua Confederación aragonesa, en las Cortes de 1760, sobre el supuesto fracaso de los decretos de Nueva Planta, ni siquiera son tenidas en cuenta. Madrid podía parapetarse en el interés de los grupos económicos catalanes para llevar adelante su esfuerzo integrador y hacer oídos sordos de las protestas. De igual forma, tampoco las Provincias Vascas planteaban problemas a pesar de la repugnancia de los Borbones a cuanto sonara a foralismo; la falta de cohesión social permitía a la corona intervenir según sus propias expectativas, ajena a rumores y sospechas. La «foralidad» contenía en sí el germen de su propia disolución: con los fueros en la mano, el gobierno podía amenazar a la burguesía bilbaina con desviar el comercio lanero castellano hacia Santander —lo que estuvo a punto de ocurrir en más de una ocasión— e impedirle el acceso a los puertos americanos.

En Madrid la reforma vuelve a entrar de lleno en la burocracia. El Consejo de Castilla queda encargado de sacar adelante los proyectos más delicados. Floridablanca disuelve el Consejo de Estado, refugio de las fuerzas tradicionalistas, y traspasa sus funciones a la reunión semanal de las Juntas de Gobierno, antecedente directo del Consejo de Ministros. En las provincias, los intendentes recuperan su papel como promotores del cambio en la agricultura e industria, en tanto decae la figura del corregidor.

A la vista de la eficacia de las tropas prusianas de Federico el Grande, el rey importa su modelo a España. Infantería, caballería y cuerpo de ingenieros forman las divisiones de la nueva milicia, cuya oficialidad debe prepararse en las recién fundadas academias de Avila y Segovia, donde se adoptan las tácticas alemanas y se impulsa la artillería. La promulgación en 1768 de las Ordenanzas militares completa la faena, creando un reglamento, vigente hasta 1978. Fruto del lento proceso de *nacionalización* de la monarquía, algunos de los símbolos nacidos ahora para designarla terminan por convertirse en emblemas del país, como la bandera (1785) y el himno (1770).

Con todo, la reforma militar no solucionó la debilidad de los abastecimientos ni el frágil apoyo logístico, causa de los reveses en el norte de Africa, Gibraltar y América, ni tampoco las dificultades del reclutamiento de tropas o el exceso de oficialidad; en 1796 existían todavía 132 generales. La normativa de los años setenta pretendía obligar a todas las provincias a alistar un mínimo de jóvenes y extender los sorteos a las Vascongadas, Navarra y Cataluña, pero los tumultos y las resistencias pasivas volvieron a desviar la presión sobre las regiones rurales y pobres de Castilla, León, Asturias, Galicia y Andalucía.

Algo mejor es la situación de la armada. El empuje de Ensenada no había resultado baldío y el reino se vanagloriaba de tener la segunda flota europea, aunque su organización dejará que desear. Lejos de los arquetipos ingleses de tiempos de su hermanastro, Carlos III activará la construcción de grandes navíos al estilo francés, adaptándolos a una mayor velocidad. El Ferrol, Guarnizo, Cartagena y La Habana no pararían de suministrar repuestos a la flota, bajo el control del recién creado cuerpo de ingenieros navales.

Sin detenerse en la península, el programa carolino cruza el Atlántico. Durante más de cien años, la lejanía de la metrópoli y la pérdida de liderazgo de la monarquía habían sido muy fructíferas para las elites criollas. En paralelo a su ascenso económico, la burguesía y la pequeña nobleza coloniales se incrustan en la administración del Estado, merced a su compadreo con los burócratas venidos de Madrid y a sus pocos escrúpulos en la compra de cargos. El grado de autonomía conseguido sobrepasaba, así, los límites que un *déspota ilustrado* podía tolerar, tanto más cuanto precisaba de la riqueza americana para su ansiado protagonismo internacional.

Carlos III nombra a José Gálvez ministro de Indias con la tarea de recuperar el control efectivo del gobierno colonial, aun a costa de desplazar a los grupos autóctonos de sus órganos políticos y eclesiásticos e imponer la uniformidad de la ley. Para entonces, el vuelo reformador ya había dado sus primeros frutos: la llegada de los intendentes y la hispanización de las jefaturas permitieron una burocracia más racional y efectiva, y el fin de los frecuentes solapamientos de las acciones públicas y los negocios privados.

Aparecen nuevas divisiones administrativas e intendencias —Caracas, Río de la Plata, Perú, México—, se castiga la corrupción funcionarial, el regalismo somete a la Iglesia y el ejército se reorganiza con oficialidad criolla y milicias locales. La hacienda real goza pronto de nuevos ingresos; gravámenes, monopolios y la rica minería azteca multiplican las entradas del arca peninsular. El cobro directo acaba además con múltiples desfalcos y exenciones, en un período en el que, fracasada la tentativa ilustrada, los envíos americanos constituyen la única fuente saneada del erario. Al igual que en España, el coste social de la renovación resulta enorme. La dura resistencia al aumento de impuestos y al recorte de la presencia indígena en la esfera gubernamental estalla en los motines contra Gálvez en Méjico o en el levantamiento de los comuneros venezolanos, preámbulo de los de Tupac Amaru en las sierras andinas. Pero, sobre todo, estimula el malestar de los criollos y los recelos de la Iglesia, anunciando la fiebre independentista del XIX.

Utopía en Paraguay

El reinado de Fernando VI fue un buen ejemplo del precario panorama internacional de la monarquía española y de su imposible neutralidad: aun alejada de conflictos exteriores, sus enemigos seguían presionando sobre todo en América. Sólo la voluntad de equilibrio en la corte, dividida entre los profranceses de Ensenada y los proingleses de Carvajal, y las inversiones en la armada pueden explicar tantos años de guerra fría.

Las tensiones con Gran Bretaña crecen al acosar la flota española a los contrabandistas ingleses e impedir la prolongación de la colonia portuguesa de Sacramento hacia el Río de la Plata. La paz de 1750 trató de limitar las ambiciones lusas intercambiándola por una amplia zona fronteriza con el Brasil. No había previsto Madrid, sin embargo, el rechazo de los funcionarios coloniales ni el de la Compañía de Jesús, que había creado en la zona un próspero núcleo de poblaciones indígenas; desde Nápoles el futuro Carlos III da al traste con la permuta y un nuevo tratado —El Pardo, 1761— permite la vuelta de los indígenas cuando ya habían desaparecido sus mentores.

La hostilidad hispano-inglesa por el mundo americano

no es la única, pues, antes de desaparecer Fernando VI, Francia e Inglaterra se lanzan a la guerra para dilucidar el dominio de Norteamérica y el ámbito asiático. Tentada sin éxito por los embajadores franceses, la monarquía española se abraza a una neutralidad suicida. La coronación de Carlos III da un giro inesperado a la política exterior: a Madrid no le convenía que Inglaterra monopolizase el Canadá sin el contrapeso de Versalles. La firma del tercer Pacto de Familia (1761) arrastraba al país a la guerra de los Siete Años, en el momento más inoportuno, sin un ejército suficiente y subestimando el potencial anglosajón. Como resultado, una cadena de descalabros que harán perder La Habana y Manila.

Aunque se ocupa la colonia de Sacramento, la paz de París (1763) obliga a devolver el territorio al vecino luso, mientras Gran Bretaña obtiene Florida y las tierras del Misisipi a cambio de las capitales isleñas y el permiso de tala en Honduras. Peor parada sale Francia; además de ceder sus colonias canadienses hubo de compensar a España con la Luisiana. Las dos ramas borbónicas no pueden hacer otra cosa que resignarse y esperar la revancha, hasta que la rebelión en Norteamérica ofrezca en 1775 la posibilidad de devolver el golpe.

Con el refuerzo de tropas peninsulares, las milicias criollas toman la isla de Santa Catalina y arrebatan Sacramento a Portugal. Carlos III se muestra, sin embargo, remiso a ayudar a las claras a los rebeldes de Washington por el miedo al contagio en las posesiones españolas. Aun así les envía clandestinamente armas y dinero y se aprovecha del mal momento de los ingleses para echarlos del golfo de México, las orillas del Misisipi y América Central. La victoria de Bernardo de Gálvez en Pensácola anima al monarca a batallar, en alianza con Francia, para tratar de recuperar Gibraltar y Menorca, devuelta en la paz de Versalles, junto con Florida, a cambio de las Bahamas; no el peñón, que quedaría en manos británicas. Una ola de euforia empuja al ejército a buscar otras aventuras en el norte de Africa, que llevan al fracaso en Argel y al abandono de Orán más tarde, en un largo adiós a la vieja política mediterránea.

La guerra de Independencia de los Estados Unidos pone a España y Francia en un plano inclinado de imprevisible término. Los gastos del erario desequilibran los presupuestos y el desorden exterior impide explotar las ventajas del libre comercio, todo ello en unos años de malas cosechas, inflación y pérdida de nivel de vida. De nuevo la hacienda pública volvía a ser el problema más acuciante al exhibir en su crudeza el estancamiento de los ingresos ordinarios y la incapacidad del Estado de procurarse fuentes de financiación. Con los primeros síntomas deficitarios de 1760, el impuesto único de Ensenada pareció la mejor medicina, pero otra vez los muchos intereses de los grupos privilegiados frustrarían el intento. Rotas las hostilidades en Norteamérica, la corona está perdida al tener que cerrar preventivamente el circuito colonial, proveedor de una cuarta parte de sus entradas.

Para salir de la penuria la Hacienda atiende la sugerencia del banquero Francisco Cabarrús y lanza al mercado la primera emisión de papel moneda, vales del tesoro al 4 % de renta anual. Como en la Francia prerrevolucionaria, los *vales reales* son el medio de financiación más socorrido de la monarquía hispana, con frecuentes oscilaciones en su cambio por la coyuntura internacional y los envíos americanos. De garantizar su estabilidad habría de encargarse el propio Cabarrús después de fundar en 1782 el primer banco nacional de España, el de San Carlos, facultado para recuperar los vales según llegasen las remesas de plata mejicana. Merced a su trabajo la cotización se enderezaría a lo largo de la posguerra hasta caer con estrépito en los años de Carlos IV, debido a las continuas contiendas y a la falta de reformas. Fracasado el Banco de San Carlos, la corona confía en 1798 a la Caja de Amortización el reintegro del dinero prestado, echando mano de las ganancias obtenidas en la venta de los bienes eclesiásticos. La medida no consigue, sin embargo, restituir la confianza de los acreedores; un decreto de 1818 retira a los vales reales su capacidad de instrumento de pago y los equipara al resto de la deuda pública.

Burguesía y burguesías

Un observador ligero de la sociedad del XVIII podía pensar que nada había cambiado en la estructura estamental heredada de los Austrias. Sin embargo, el desarrollo económico y el nuevo valor otorgado a la riqueza estaban allanando el camino de la sociedad de clases. Los vaivenes de la propiedad, la aceleración de la movilidad social y el despuntar de diferentes mentalidades alumbran una sociedad donde conviven formas del pasado con otras del futuro en un equilibrio inestable, premonitorio de próximos conflictos.

En lo alto de la escala social, la nobleza se hace aún más heterogénea, ahondando en el abismo que separaba a los hidalgos norteños de la opulenta aristocracia madrileña o andaluza. Triunfantes los criterios crematísticos, nada unía a ambos grupos, una vez suprimidos los brazos en las Cortes de Castilla y Aragón. Aunque ni los Borbones ni sus aliados intelectuales pensaran nunca en liquidar la clase nobiliaria, sí estuvieron de acuerdo en la necesidad de controlar su poder y ponerlo al servicio del reino. Felipe V será el primero en programar el sometimiento de los notables tras la etapa de exagerado intervencionismo en los asuntos del Estado, representada por el débil Carlos II. Disgustados con la postura, algunos de los Grandes, como el almirante de Castilla o los condes de Cifuentes, Santa Cruz, Haro, Oropesa y Lemos, eligen el partido del pretendiente austriaco en defensa de un gobierno aristocrático. Otros, encabezados por Medinaceli o Infantado, sostienen una actitud tibia ante Felipe. A todos, la corona les pasará factura con la liquidación de los Consejos y las Cortes y Diputaciones aragonesas, sus fortalezas nobiliarias, que sólo dejan en el horizonte el servicio cortesano.

Sin consumar el asedio, el gobierno investiga los bienes del Estado, enajenados años atrás, confiando a la Junta de Incorporación la tarea de recobrar para el erario algunas rentas percibidas abusivamente por los nobles. Se disparan las alarmas, pero la sangre no llega al río y la monarquía ha de contentarse con el amago, repetido luego en el catastro de Ensenada. Por mucho que la equidad tributaria todavía fuera una quimera, al menos la inmunidad fiscal de los magnates empezaba a tambalearse.

Con todo, los Borbones abrieron nuevas posibilidades a los estratos menos afortunados de la nobleza. El Estado y su burocracia ofrecieron buenas carreras y títulos a sus fieles servidores; el ejército real, por su parte, con la reserva de la oficialidad a la pequeña nobleza regalaba una honorable salida profesional. Incrustados los hidalgos en sus filas, a la larga traería oscuras consecuencias, ya que la milicia habría de verse conducida hacia posiciones cada vez más conservadoras. Como cantera de la alta administración, el Seminario de Nobles, en manos de los jesuitas, recibía el encargo de preparar el futuro profesional de los jóvenes aristócratas.

La política reformista de Carlos III repercutirá de manera especial en el elenco nobiliario. Jovellanos y Cadalso, entre otros, asaetean con mordacidad a los hidalgos pobres cuyas ínfulas corren paralelas a su mengua en Asturias, León y las montañas cantábricas. Los 722.000 nobles castellanos de 1768 quedan mermados a 402.000, treinta años más tarde, mientras el desprestigio de la hidalguía hace manifiesta la sinonimia nobleza-alta aristocracia, en un clima de austeridad de nuevos títulos. Algunos de éstos fueron para los pioneros de las industrias, síntoma elocuente de los nuevos vientos contrarios a la nobleza.

Con un panorama tan poco favorable, sólo los grandes de la nobleza consiguen obtener ventajas. Los *caballeros*, de vocación urbana, empiezan a mezclarse con las oligarquías municipales, repletas de plebeyos enriquecidos; nace el grupo de los *poderosos* en tanto que la extensión de los mayorazgos adelanta el ennoblecimiento de las burguesías locales. La alta nobleza refuerza su prestigio y exclusividad —en 1797 sólo existián 1.323 títulos concentrados preferentemente en Madrid, Extremadura y Sevilla— al tiempo que se rodeaban de un lujo deslumbrador los Medinaceli, Alba, Infantado y Osuna.

El siglo trae un sofocante endeudamiento que comienza a ahogar a las viejas familias, muchas de ellas sometidas al aldaboneo de sus acreedores. Mejores perspectivas tienen, por contra, los recién llegados, gracias a sus raíces burguesas y a su menor gasto suntuario. Unos y otros, sin embargo, se aliviarán con los salarios de la administración y una mejor gerencia de su patrimonio, camino idóneo para aprovecharse del alza de los precios y las rentas agrícolas. Especialmente agresivos, los señoríos aragoneses y valencianos sobrevivieron a las revueltas de principios de siglo, en provecho de la aristocracia madrileña de origen levantino: duques de Gandía y Segorbe, conde de Oliva y marqués de Elche. Hasta se permiten exigir una tabla de derechos obsoletos en una reacción feudalizante que estallaría en motines campesinos paralelos a los de subsistencia de 1766.

La posición social compartida y la riqueza inmobiliaria harían que la alta nobleza gozara de una verdadera conciencia de clase, reforzada por su actitud defensiva ante el reformismo, más crítica a medida que se acerca el final del siglo. Cada vez que sus intereses fueran amenazados, los ataques a la Ilustración redoblarían inmisericordes; era el cuerpo a cuerpo de los cofrades del pasado y los profetas de la ideología colada desde la Revolución francesa.

No obstante, una porción nobiliaria participó de manera activa en el flujo de las Luces, en estrecha complicidad con la reforma carolina y la creación intelectual del siglo. Hidalgos eran Campomanes, Floridablanca, Jovellanos, y nadie encarna mejor el espíritu de las Sociedades Económicas que el conde de Peñaflorida. Otros, como el conde de Aranda con su cerámica de Alcora o el duque de Béjar y el marqués del Viso con tejidos, colaboran en el movimiento industrializador, aunque es la pequeña nobleza norteña la que se coloca en la vanguardia de este aburguesamiento, bien representado por el navarro Goyeneche en Madrid, el cántabro Fernández Isla o el asturiano Ibáñez en Sargadelos.

El declive de la *clase media* nobiliaria durante el XVIII

sería rápidamente compensado por el ascenso de un sector de comerciantes y artesanos, que aprovechan la bonanza económica para enriquecerse y dar el gran salto social. Menos difusa, la *burguesía* peninsular echa sus raíces en las ciudades comerciales del litoral —Barcelona, Valencia, Alicante, Cádiz, Sevilla, Málaga, Bilbao, San Sebastián, Santander, Coruña— y en la capital madrileña. Se trata, por lo general, de un grupo dedicado al comercio, con escasas incursiones en la industria, si se descartan los sederos valencianos o los textiles catalanes, unidos desde 1772 en el poderoso consorcio de la Compañía de Hilados de Algodón.

Dentro de la clase mercantil, el paso del tiempo y los resabios de una mentalidad estamental habían apartado a los comerciantes dedicados al «por mayor» —mercaderes de Lonja— de los pequeños tenderos. El rígido concepto del honor nunca había ofrecido resistencia al ejercicio del comercio a gran escala, e incluso la nobleza tuvo plena libertad de dedicarse a él, sin que fuese considerado un obstáculo en la carrera de ascensos; por contra, el «de vara» era visto como un oficio incompatible con la condición nobiliar. Esta discriminación alcanzaría en el siglo XVIII rango institucional, vertebrado en consulados de comercio para los grandes y gremios para los vendedores modestos.

Herederos de las viejas corporaciones mercantiles, los consulados del XVIII fueron a la vez vehículo de expresión del burgués, tribunal de comercio y elemento aglutinador del grupo, en abierta competencia con las compañías privilegiadas. Disueltos por los decretos de Nueva Planta en Cataluña y Valencia, la monarquía impulsa a partir de 1758 su renovación tras la positiva experiencia de resucitar el de Barcelona. En una primera oleada Valencia, Burgos, San Sebastián y Mallorca copian el modelo y luego Coruña, Santander, Alicante, Málaga y Sevilla, prolongándose hasta la adopción en 1829 del nuevo Código de Comercio. No obstante su rígido carácter selectivo, los consulados mostraron signos de apertura al prescindir de las antiguas pruebas de sangre y abrir sus puertas a los industriales de la seda, la lana o el algodón en Barcelona y Valencia. Al acabar el siglo, las leyes liberalizan algo estos organismos, invitando a los caballeros hacendados —Barcelona, Valencia, Burgos—, a los fabricantes y financieros y a la pequeña burguesía, siempre con la evidencia previa de la posesión de riqueza.

A imitación de los cinco gremios mayores de Madrid, los *tenderos* se defienden con una cadena de asociaciones, cuyo grado de especialización proclama la fortaleza de la mesocracia mercantil de algunas ciudades españolas. En la capital, los cinco gremios debían su pujanza al arrendamiento de impuestos logrado en 1686 y a su red comercial extendida por el mundo; su tesorería sirvió de banco a los *capitalistas* de la zona y de motor de la industrialización, mediante fábricas privilegiadas de seda en Valencia y Murcia y pañeras en Guadalajara. Cuando la crítica ilustrada vea una amenaza monopolística en el imperio de los *sindicatos*, la central madrileña recordaría, por boca de Juan Antonio de los Heros, su compromiso con el progreso de España.

Desde Madrid, el patrón de gremios comerciales se exporta a Zaragoza, Valencia, Valladolid, Cuenca, Burgos, Cádiz, Toledo, Málaga..., no sin la resistencia de los artesanos. Con algunos tintes de Antiguo Régimen, los gremios de comerciantes se hacen un hueco en la sociedad de las Luces; sometidos a la Junta General de Comercio y Moneda o a las Juntas particulares, son ejemplo del sesgo centralizador del poder, que impone los libros mercantiles y el castellano como idioma en la documentación comercial.

En una ojeada a los núcleos burgueses más definidos, sorprende la debilidad de los mercaderes valencianos, comparados con los *ciudadanos honrados*, y el predominio del pequeño artesanado gremial en el ámbito de las manufacturas. Las transacciones del comercio exterior quedaron a merced de unos pocos italianos y franceses, que se fundirán con las oligarquías locales de Valencia, Alicante o Sagunto. Su carácter redistribuidor de los productos americanos y exportador de mercancías agrícolas les pondría en relación con los mayoristas gaditanos y madrileños en cuyos mercados establecerían delegados. Con el aumento de la demanda local los grupos valencianos sacaron fuerzas para enfrentarse a los viejos negociantes europeos pero sin llegar a desplazarlos.

La languidez del cuerpo de *mercaderes de vara* desentona ante la fortaleza del gremio de sederos, que eclipsa al artesanado con el apoyo recibido desde el proteccionismo de Carlos II. Acapara la seda el interés de la burguesía comercial, pero a la larga se convierte en un estorbo para el nacimiento de un empresariado textil moderno, semejante al de la industria algodonera inglesa o catalana. Aunque en ocasiones la producción traspasara los límites del control gremial —caso de la fábrica impulsada por los gremios madrileños o la pañera de Alcoy—, el recambio topaba con la orientación agraria y exportadora del capital y la falta de una ideología de talante industrializador. El vigor de los fabricantes se pondrá de manifiesto en 1762, cuando al constituirse los cuerpos de comercio valencianos, los artesanos sederos acceden a la Junta, en tanto que los mercaderes de vara son relegados a sus gremios.

Desde la primera mitad del siglo, la burguesía mercantil barcelonesa está a la cabeza del desarrollo económico de Cataluña con los Clotas, Gíbert, Gloria o Milans, cuyos capitales provienen del comercio mediterráneo y atlántico. Antes de que la libertad de acceso a América abriera el camino ultramarino, los intermediarios catalanes, establecidos en Cádiz, Gibraltar, Málaga, Coruña, Santander e incluso en la capital holandesa, hicieron posible la fluidez de los negocios. Esta inicial generación burguesa tendería sus tentáculos a las demás actividades económicas relacionadas con su trabajo: financia los astilleros de *ribera* de Mataró, Arenys, Canet, Barcelona y Sitges, arrienda los derechos señoriales y las rentas agrícolas del Principado, expande la industria pesquera hasta las aguas gallegas y desarrolla manufacturas textiles, de la piel y el papel. Sin embargo, a medida que avanza el siglo, es perceptible la huida del capital mercantil hacia bienes seguros como la tierra; pese a que las inversiones realizadas tuvieran un componente económico claro, las compras denotan todavía los valores propios de la sociedad estamental. Muchos de estos capitanes del comercio obtendrían ahora patentes de ciudadanos honrados así como títulos de nobleza, con el consiguiente abandono de las actividades industriales.

El expansionismo del capital no se puede entender sin aludir a dos instituciones típicamente catalanas, la *barca* y la *botiga*. Gracias a la primera, multitud de pequeños inversores unieron sus esfuerzos para la puesta en marcha de un negocio común, ofreciendo además a los capitalistas la ventaja de proteger sus bienes al dispersarlos en iniciativas diversas. La tienda o *botiga* garantizó el abastecimiento de la demanda interna y el compromiso de la burguesía más modesta con el movimiento industrializador. A través de su red de corresponsales y factores, los textiles catalanes alcanzarán los más remotos núcleos de la geografía peninsular.

Con las fábricas de indianas de los años treinta, los industriales toman el relevo en la dirección de la economía del Principado. Nacen los mandos intermedios, que, a partir de 1760, protagonizarán el nuevo impulso fabril junto con ricos comerciantes o artesanos acomodados. El enriquecimiento de la burguesía es de tal magnitud que, a finales del siglo, la nobleza sintió en peligro su liderazgo social, cuando ya se había levantado una centena de fábricas en la capital y cien mil obreros poblaban la región.

La quiebra de 1787, agraria e industrial a un tiempo, y la inestabilidad bélica asustan a la vieja clase mercantil, que busca un retiro dorado y no participa en la reconstrucción industrial tras la guerra de la Independencia. Para entonces el empresariado se recluta entre los técnicos especializados —Mir, Illa, Erasmo de Gónima—, cuyo empuje consigue restablecer la actividad después de los desastres de la invasión napoléonica, culpables del retroceso de Cataluña en el camino andado.

Menos plural que la burguesía catalana o valenciana,

la andaluza apenas moderniza una sociedad dominada por el agrarismo y los latifundios. Extenuado el comercio ultramarino, autor del protagonismo sevillano en los negocios españoles, quedaba cerrada una de las vías del progreso burgués. Tampoco las fábricas modernas de iniciativa privada habían tenido el éxito esperado a causa de la mala gestión y la falta de mercados, con lo que el empuje de la minoría inquieta no arregló el desajuste de un sector dominado por la empresa pública. El desplazamiento del tráfico colonial a Cádiz apenas si incrementó la participación de los comerciantes andaluces, meros comisionistas de los productos extranjeros, perdidos en un abigarrado mundo de corresponsales europeos y españoles —vascos y catalanes— que dominan el grueso de las operaciones. Hacia el extranjero u otras regiones del país viajan las ganancias generadas en Andalucía, a la par que la burguesía gaditana, sin negocios rentables donde invertir, compra tierras, joyas y censos.

En situación parecida se halla la burguesía canaria, sometida a la minoritaria pero influyente clase mercantil internacional. A pesar de las explosiones de anglofobia de finales del XVII, la relación entre grupos advenedizos y terratenientes autóctonos fue fecunda: los propietarios cambiaban sus vinos por manufacturas que luego envían clandestinamente a las Indias con pingües beneficios. Con el tiempo, la falta de competitividad de la agricultura convirtió en pesadilla la búsqueda de cultivos alternativos, lo que redoblaría la presión del capital sobre el campesinado y el despojo de los bienes concejiles y de realengo.

Dependientes de los rentistas agrarios, los burgueses gallegos tuvieron escasa capacidad de maniobra, viéndose superados a menudo por las inversiones del exterior. Es el caso de las factorías pesqueras de las rías de Vigo o Arosa, donde la arribada de catalanes en la primera mitad del siglo arrinconó la tradicional organización gremial de la pesca, tras imponerse, no sin tensiones, a los dirigentes de las *cofradías de mareantes*. Sus capitales raramente fructificarían en las costas gallegas al tomar el camino de su tierra de origen. También en el plano siderúrgico un foráneo, el asturiano Ibáñez, es el que se adelanta y logra encauzar el dinero regional hacia la construcción de los primeros altos hornos. Como líderes, los más dinámicos fueron los artesanos del lino, favorecidos después de 1750 por las importaciones de materia prima del Báltico, vía Bilbao. Pese al aumento de telares, no se consiguió dar el salto al modelo fabril, habiéndose de contentar los importadores de Santiago y las villas del litoral con las ganancias obtenidas en el trasiego del lino y los productos elaborados. En verdad les faltó vocación industrial y les sobró resistencia de la nobleza y rechazo de los campesinos a ser reducidos a meros operarios; no es de extrañar, pues, que desde 1830 los algodones europeos y catalanes arruinaran esta industria rural. Hasta la propia burguesía coruñesa tuvo que aceptar un papel secundario, perdida en tareas de distribución de productos ajenos por el interior peninsular o el Río de la Plata, siempre con el horizonte de la tierra como refugio en tiempos de adversidad.

El cierre de Terranova y los caladeros atlánticos proporcionó a la burguesía vasca negocios alternativos a las viejas exportaciones de hierro y lana. Las compras de salazón en Francia, Gran Bretaña y Norteamérica y el comercio de los coloniales venezolanos atrajeron a numerosos agentes extranjeros al norte de España y enriquecieron, entre otros, a los Gardoqui. Estrechamente vinculados con Sevilla desde el XVI, los negociantes vizcaínos trasladan ahora su centro de gravedad a Cádiz, donde el 20 % de los comerciantes registrados procedían de Navarra y las Vascongadas. Al habilitarse los puertos de Coruña y Santander para el tráfico americano, la burguesía vizcaína extiende a ellos sus redes. En la capital cántabra, la mitad de la flota pertenece a armadores vascos y menudean los barcos que cargan en la ría del Nervión para ser enviados luego a cumplir requisitos legales a la bahía santanderina antes de viajar a América. Con el temor provocado por las incursiones francesas, muchos comerciantes donostiarras abandonan su ciudad y se refugian en otros enclaves del Cantábrico, mientras la burguesía media vizcaína, la más zarandeada por la crisis económica, ensaya las primeras escaramuzas contra el sistema de aduanas interiores, impuesto por el fuero. Convencido de que su mercado natural se encontraba en la península y en las Indias, el comerciante cuestionaba uno de los pilares de la organización de las Provincias exentas, aun a expensas de incrementar los roces con los pequeños propietarios del campo y el pueblo consumidor, poco amigo de la libertad comercial. Las inversiones bilbaínas en el cereal castellano constituían un aliciente más para el cambio, que beneficiaba, asimismo, a la mesocracia monopolizadora de los órganos de gobierno del Señorío.

El hambre amotinada

Según el catastro de Ensenada, a mediados del siglo XVIII el 84 % de la población española continuaba adscrita al trabajo agrario, con mayores índices aún en Castilla, Extremadura y La Mancha. El trascurrir de la centuria le sería muy duro al campesinado, lo mismo que a los artesanos y obreros, por más que éstos aprovecharan el moderado ritmo expansivo de la economía hasta el parón de los sesenta. Los censos de Carlos III y Carlos IV constatan un leve incremento del número de jornaleros, que en 1797 se acerca a la mitad de la mano de obra agrícola. Numerosas familias deben ceder sus pequeñas propiedades, sobre todo en las regiones meseteñas, a la vez que las condiciones de vida se deterioran con rapidez y crean una atmósfera favorable al estallido de la violencia. Pendiente del desenlace, el Estado de Carlos III multiplica sus cautelas en una estrategia de liberalización de salarios y reformas, cuyo fracaso avivará el malestar de los *sin tierra.*

Ni siquiera en las regiones mediterráneas el desarrollo del campo consiguió llevar bienestar al agricultor. Al contrario, en el reino de Valencia los campesinos modestos hubieron de sufrir la expropiación de sus huertas, a manos del capital comercial y las exacciones nobiliarias. No obstante, una minoría de labradores fuertes, germen de la burguesía agraria, logró aprovecharse del empuje roturador y de la necesidad de la Iglesia y los terratenientes de confiarles sus tierras. De esta forma, la vieja clase dirigente se aseguraba una parte del negocio del suelo sin arriesgar capital alguno, mientras el rico campesinado reparcelaba las fincas cedidas, subarrendándolas a corto plazo a los desposeídos o explotándolas mediante jornaleros. Incluso ante el peligro de disgregación de las propiedades familiares, la huerta valenciana supo defenderse con mecanismos hereditarios que tendían a preservar la integridad del patrimonio. Sin llegar a los extremos castellano o andaluz, la división social del campo levantino desmiente, por tanto, la tópica imagen de comunidad rural homogénea de pequeños agricultores semipropietarios y deja al descubierto la desigualdad del reparto de los beneficios de la tierra. A la mayoría sólo le quedaba el camino de la proletarización, el bandidaje o el extenuante trabajo que respondiera de las desproporcionadas rentas exigidas.

Cada vez más ausentes de la región, los grandes señores catalanes también delegaron el cuidado de su hacienda a campesinos acomodados, comerciantes o artesanos, con lo cual una parte de las rentas señoriales financiaría la industrialización de Cataluña. Si bien la *masía* se convierte en el arquetipo agrario, a lo largo del siglo XVIII proliferan las pequeñas propiedades desgajadas de aquélla o ganadas a los bosques y pantanos. La popularización del *hereu*, el heredero único, facilitó al máximo, como en el País Vasco, el mantenimiento de las propiedades intactas y los niveles de vida de la clase media agraria. Quienes podían acceder al arriendo de una masía debían plegarse a contratos a muy corto plazo y con unas condiciones onerosísimas, que incluían hasta el pago de las contribuciones fiscales. Al arrimo de la presión demográfica, los hacendados segregan de los contratos las tierras boscosas o incultas para arrendarlas en parcelas de menos de una hectárea a los trabajadores agrícolas y menestrales. La escasa entidad de la tierra cedida impedía a los jornaleros emanciparse de la labor asalariada obligados como estaban a compaginar la atención de su finca con el servicio en las masías cercanas.

En contraste con la promoción de una minoría de emprendedores, el resto de los viejos maestros acompaña en su declive al sistema tradicional de trabajo, aunque el escaso desarrollo de la industria española permita, todavía, el funcionamiento de un buen número de talleres textiles y de la construcción en las ciudades del interior. No obstante, su nivel de vida cayó con estrépito en Madrid, Barcelona o Valencia, donde la ruptura de los vínculos gremiales y la intromisión del capital comercial facilitaron la huida de los más afortunados. Las fábricas reales, astilleros y empresas catalanas acapararon abundante mano de obra contratada, siempre en el punto de mira del gobierno por su espíritu reivindicativo, que el deterioro de los salarios fomentaba.

Legiones de pobres y vagabundos inundan las ciudades en el último cuarto de la centuria: son hijos de la quiebra social y de la enfermedad crónica del agro. Lanzados desde Valencia, Extremadura y Andalucía, más de 140.000 hombres se agolpan a las puertas de las casas de beneficencia madrileñas. En una sociedad que pregonaba el *pleno empleo* como fundamento de una economía sana, pronto se alzarían voces contra esta plaga, identificada la pobreza con la vagancia.

> Mi sobrante a los pobres distribuyo,
> y a su alivio y socorro contribuyo
> de un modo tan prudente y acertado
> que sea sin ofensa del Estado,
> ayudando, en lugar del perezoso,
> al útil, aplicado y oficioso.
>
> FRANCISCO GREGORIO DE SALAS, *Poesías*

La *caridad cristiana* del XVII se transforma lentamente en actitud represiva contra los marginados, a los que sin esperar su rehabilitación se les confina en el ejército o el hospicio. Metidos en el mismo saco, los gitanos son objeto de igual trato: el gobierno de Ensenada llega a encerrar a doce mil en las cárceles. Las medidas se endurecen durante las crisis agrarias de 1785 y 1803-1805, cuando el Estado, temeroso de las explosiones sociales, se entregó a la captura masiva de pobres de las ciudades, que fueron a parar al asilo o expulsados a sus lugares de origen.

Sin introducir reforma alguna en la estructura social, el gobierno había optado, a finales del XVII, por medidas de fuerza para contener las violencias desatadas en el área levantina. El comienzo de la guerra de Sucesión y la fractura del reino entre partidarios de Francia y Austria atizarán el disgusto del campesinado valenciano, que vuelve a sublevarse contra sus señores en apoyo del archiduque. Algunos de los dirigentes de la anterior rebelión difunden ahora un programa *ruralista* encaminado a poner fin al dominio político de la nobleza y a las contribuciones y servicios señoriales a la vez que se reclama un reparto de tierras entre los necesitados. Los ejércitos de campesinos armados aterran a las clases acomodadas, que se hipotecan al colaborar con las tropas borbónicas en la contención de la revuelta. Sin embargo, la huerta no queda pacificada sino sometida; cuando, en abierta competencia con la burguesía mercantil, la nobleza levantina trate de sacar partido de la postración, la violencia prenderá de nuevo.

Como en Valencia, la beligerancia del modelo señorial provoca abundantes conflictos en el campo gallego. Alentados por sus párrocos, los campesinos de Espinoso se niegan en 1721 a pagar las rentas a los condes de Lemos y Monterrey y al monasterio de Celanova, obligando a intervenir al ejército; poco después, los hidalgos y labradores de Valdeorras hacen lo propio con los trinitarios. La conflictividad se dispara al pretender recobrar los conventos las fincas cedidas mediante contratos forales, pero la monarquía consigue desactivar el peligro al imponer el derecho de los inquilinos.

Desde el arranque del siglo, el diseño del Estado unitario sembraba el descontento por la península. En Cataluña y Valencia las impopulares levas militares exigidas por la corona se traducían en intermitentes algaradas, aunque sin llegar a los extremos del País Vasco, donde las maniobras de la administración madrileña para el traslado de las aduanas a la costa degeneran en violencia. Los decretos de 1717, si bien atentaban contra la libertad de comercio, no fueron más que una excusa de los notables vizcaínos para su *guerra particular* dirigida a recuperar posiciones en el Señorío, aceptando cuantas providencias de la monarquía obstaculizaban los negocios de los comerciantes. La burguesía bilbaína, por su parte, enriquecida con el comercio europeo, hacía tiempo que deseaba desplazar de los órganos de gobierno a los hidalgos solariegos.

Al entorpecer el negocio del contrabando, la ley asestaba un duro golpe a los pequeños comerciantes y a los consumidores, que habrían de pagar más por algunas mercancías. Hasta los exportadores laneros tenían motivos de inquietud, ya que Felipe V amenazaba con el traslado del comercio a Santander en caso de no acceder a su propuesta. En el verano de 1718, uno de los recaudadores de aduanas cae asesinado en Bilbao y los barcos fiscales son incendiados; durante tres meses el Señorío queda en manos de los insurgentes, cuyos ánimos se serenan antes de la llegada de las tropas reales. Pese a las penas impuestas a los cabecillas, el motín consigue sus objetivos: en 1720 el rey da marcha atrás y devuelve las aduanas al Ebro; un triunfo para los intereses del comercio de Bilbao.

En comparación con la efervescencia de la periferia, Castilla y Andalucía permanecen tranquilas, aun en medio de tremendas desigualdades. Los roces parecen suavizarse gracias a los repartos de tierra y a otros expedientes de la Ley Agraria. Solamente en situaciones muy extremas los jornaleros menos agraciados manifestarán su resentimiento contra los abusos de los latifundistas con el saldo de varios cortijos quemados, como ocurriera en Jerez.

Las turbulencias sociales tienen su momento álgido en 1766, asociadas a las temibles oscilaciones de precios en los productos de primera necesidad y a los desabastecimientos provocados por las malas cosechas y el decreto de liberalización del comercio de granos. Ya a inicios de la centuria, lo exiguo de la producción agrícola había contribuido al levantamiento de las masas populares de Santiago y a la inestabilidad vizcaína, pero en la década de los sesenta la situación se vuelve mucho más preocupante.

Hasta mediados de siglo, el movimiento de cereales estuvo regulado; los ayuntamientos debían aprovisionar a sus ciudadanos a un precio establecido de antemano. En 1756, la apertura del mercado, si bien no acababa con la tasa, espoleó el afán de los grandes productores y rentistas por acaparar granos para su venta en las etapas de enganche entre cosechas, cuando las ganancias eran más suculentas. La Pragmática de 1765 decretando la libertad de precios no hizo sino avivar la especulación; la mala gerencia y la venalidad de las autoridades locales harían el resto al entorpecer el funcionamiento de las alhóndigas, creadas precisamente con el objeto de evitar abusos. De esta forma, una ley que pretendía mejorar el abastecimiento pasaba a vincularse en la mente popular con la saca de granos, el alza de precios y la usura.

En la capital del reino el malestar ciudadano es manipulado contra el gobierno de Esquilache. Por mucho que los revoltosos fueran reprimidos en seguida por el ejército, la imagen de Carlos III titubeante y de la turba humillando al poder se extendería por la península en un reguero de motines. Salvo en Madrid, los sublevados se contentan con denunciar la carestía de vida, sin plantear demandas de carácter político. Aunque no faltaron tumultos en urbes como Barcelona, Cádiz, Oviedo o Bilbao, la mayoría se desarrolló en el campo. Cuenca vivió el más impetuoso estallido castellano, con grave responsabilidad del ayuntamiento en la gestación de la violencia. La ira de los campesinos y jornaleros azota Zaragoza en respuesta a la torpe política de abastecimientos y a la sangría de impuestos agravadas por la negativa de los clérigos a pagar las contribuciones fijadas por el Concordato.

La violencia prende en Guipúzcoa y en algunas comarcas vizcaínas desde el epicentro del valle del Deva. Sus destinatarios, cuantos especulaban con el grano: terratenientes, arrendadores del diezmo, clérigos y comerciantes. Gracias a la precavida actuación del ayuntamiento rebajando el precio del pan, el malestar ciudadano pudo ser contenido en San Sebastián, pero los intentos de extraer trigo en Azcoitia para exportarlo, terminan en enfrentamiento. Artesanos y labradores así como canteros que trabajaban en el santuario de Loyola paralizan los envíos y se alzan en armas. Dominan durante dos semanas la provincia y las autoridades ceden a sus demandas. Como ya venía siendo habitual, el entendimiento de la burguesía donostiarra con los notables rurales disuelve el alboroto sin que el ejército intervenga. La represión, no obstante, tropezaría con la resistencia de los jesuitas: un cargo más que añadir al repertorio de reproches que cultivaban su destierro.

En el agro levantino, la inestabilidad generalizada reaviva el desorden; los motines contra la carestía se camuflan de lucha antifeudal al culpar a los señores de la miseria. Las fricciones entre el poder municipal y el señorial complican la situación en Orihuela y Elche, donde se solapan con los atentados de los jornaleros contra quienes imponían el *capitalismo* en los campos. A la larga, la violencia campesina sería explotada por los poderosos, en su carrera hacia el monopolio de la propiedad rústica; una rivalidad que no se salda hasta la revolución burguesa del XIX. De momento, la prosperidad inaugurada por el decenio de los setenta deja las espadas en alto, pero, a finales de la centuria, el antagonismo emerge al estancarse la reforma fiscal.

La política de los primeros Borbones tampoco rectificó el mal reparto de la tierra en Murcia, causante de tantos alborotos campesinos y urbanos. En 1766, el ejército y la administración pacifican las ciudades con una rebaja de los precios del pan. No lo lograrán en Lorca, cuya oligarquía toleraba los desmanes de los amotinados contra el corregidor para torpedear sus bien encaminadas investigaciones sobre malversación de caudales públicos en el ayuntamiento.

Vuelve la violencia a adueñarse de la costa mediterránea en el último cuarto de siglo. La crisis de la Hacienda, la Revolución francesa y la guerra intensifican la presión fiscal justo cuando el desarrollo agrario se frena y el paro artesanal crece y empuja a los más humildes a la delincuencia y el bandolerismo. Valencia sufre los atropellos de los campesinos contra los comerciantes franceses y en 1801 un nuevo levantamiento de la huerta. Las malas cosechas precipitan los disturbios de Barcelona, coetáneos de los de Guadalajara, mientras la penuria condena a los jornaleros murcianos al robo en los caminos y en los silos o a sublevarse contra el monopolio de la tierra y el agua. Con el argumento de la creciente subversión, la pequeña nobleza y la burguesía, futuros beneficiarios del orden liberal, emprenden la tarea de socavar los principios del Antiguo Régimen que habría de concluir en la gran sacudida prerrevolucionaria de 1808.

Muy poco halagüeña es, asimismo, la situación en el resto de España. Orense padece en 1790 el levantamiento del campesinado en protesta por la contribución única con dos mil hombres que ocupan la capital hasta el arbitraje del obispo. En Extremadura, los jornaleros de Jerez de los Caballeros destruyen las cercas levantadas por los propietarios en defensa de sus campos, y en el País Vasco, las malas relaciones de los hidalgos rurales y la burguesía bilbaína se degradan en nuevos desórdenes, preludio de las guerras carlistas.

Los deseos de la nobleza vizcaína de acabar con la prepotencia de la Villa encuentran ahora un aliado singular en el favorito regio, Manuel Godoy, de quien esperan recibir el apoyo suficiente para coronar su ofensiva contra el comercio capitalino. Hábilmente dirigidas por Zamácola, las Juntas Generales habían hecho derivar hacia los negocios comerciales las contribuciones exigidas por la defensa de Vizcaya durante la guerra de la Convención y el donativo ofrecido a la corona en 1800. No contento con esta carga, el bloque rural obtiene del rey la licencia para construir en la ría del Nervión un nuevo puerto, que habría de liquidar el monopolio gozado por Bilbao desde su fundación. A cambio, Zamácola propone ampliar, de acuerdo con el Fuero, el servicio militar existente en Vizcaya: un paso en falso que los comerciantes no desaprovecharían al hacer correr el rumor de que ello suponía el fin de las exenciones castrenses del Señorío. Enfurecidos, los labradores de los pueblos vecinos se incautan de Bilbao con la aquiescencia de los burgueses y arremeten contra las viviendas de los diputados. La huida de Zamácola y las presiones de los alborotadores sobre las Juntas obligan a éstas a renegar de sus proyectos. Calmada la provincia al llegar el ejército real, el *Puerto de la Paz* quedaba herido de muerte en espera de que la guerra napoleónica terminara por arrumbarlo. Bilbao volvía a demostrar su poder dentro del Señorío, pero el antagonismo campo-ciudad tomaba un vuelo peligroso pues ninguno de los dos bloques poseía la fuerza precisa para aislar al otro sin la ayuda externa del Estado.

Muchos fueron, además de motines y revueltas, los problemas sociales que sacudieron España en el siglo XVIII: la tímida industrialización, con su cuota de hacinamiento obrero, multiplicó la conflictividad en forma de huelgas reivindicativas de salarios y mejoras. Astilleros, minas y núcleos siderúrgicos quitarán el sueño a los gobiernos de la corona. Los arsenales del Estado vivieron con enconada virulencia las protestas por el precio de los víveres y las condiciones de alojamiento. En 1754, los trabajadores de El Ferrol paraban la ciudad por la demora de sus sueldos; más tarde lo hacían los de Cartagena y en la crisis del 65-66 los de La Carraca de Cádiz y Guarnizo, repitiéndose sus quejas durante el resto de la centuria. También la industria textil se moviliza; los empleados de San Fernando se plantan, agraviados por las diferencias salariales, aunque son los de Guadalajara los que demuestran mayor capacidad de lucha en sus demandas colectivas.

Galicia es, a su ritmo, el mejor ejemplo de cómo las asechanzas de los privilegiados del viejo orden podían abortar los primeros pasos de renovación. Así, el frente compostelano truncó la esperanza de Campomanes de levantar una moderna fábrica de lino en Ribadeo y las diatribas de la intelectualidad gallega contra los catalanes avecindados en la costa desembocaron en la quema de factorías de salazón por marineros de Muros. Con anterioridad, los labriegos lucenses habían dado el primer aviso al asaltar y destruir parte del complejo de Sargadelos, hastiados de la pérdida de comunales y de la imposición semifeudal de carreterías obligatorias. En paralelo, la Real Fábrica de Paños de Segovia, adquirida por el empresario Ortiz de Paz, alarma a los artesanos de la ciudad con su competencia, lo que origina varios incendios provocados que terminan por arruinarla.

Soñadores y monstruos

Antes de que estalle la revolución en Francia y con ella se bloqueen los cauces de la reforma *ilustrada*, ésta ya había mostrado síntomas de agotamiento. El despotismo de Carlos III luchó con denuedo por modernizar el país, en la creencia de que la bondad del mercado unificado y el desarrollo económico sostenido romperían el nudo de la contradicción social y política del Antiguo Régimen. Sin embargo, la ausencia de una burguesía poderosa hizo que la reforma cayera en el dirigismo burocrático y no en los brazos de una clase ilusionada por ofrecer un proyecto alternativo que superase, antes de 1789, el sistema vigente. Toda tentativa de mudanza contraria a los intereses de los grupos dominantes estaba condenada al fracaso. El campo, la beneficencia o la hacienda quedan como asignaturas pendientes hasta el triunfo del liberalismo en el siglo XIX, a la par que las zancadillas a la reforma educativa y la secularización proclaman los colosales obstáculos de la apertura en España.

Esta tirantez cuaja, en vida de Carlos III, en dos corrientes de opinión antagónicas. Nace el *pensamiento reaccionario*, enemigo del cambio y de todo proyecto laico de cultura, pero también despunta el credo *liberal*, acunado por los ilustrados perseverantes que, convencidos de la imposibilidad de *reformar* el sistema político, enfilan sus pasos hacia posiciones rupturistas. El propio Carlos III sería consciente de la grieta, al denunciar en 1786 «los partidos que se han formado».

Como reverso de la Ilustración, una ola de conservadurismo recorre Europa y América, arrastrada por el deseo de la Iglesia de no perder terreno en la sociedad que se alumbraba. El mito de la conspiración universal contra la Iglesia y la monarquía cruza veloz los Pirineos denunciando a la filosofía ilustrada como causante de la conjura. Todo cuanto suena a libertad e igualdad resulta sospechoso a los ojos de los reaccionarios, cuyos anatemas hacen diana en la ciencia peninsular. La versión hispana de la reacción lleva el nombre de Fernando Ceballos, fraile jerónimo antagonista de Feijoo, embarcado en la empresa de perseguir francmasones y protestantes, a los que atribuye el objetivo de destruir España, reserva espiritual de Europa. El mesianismo expansivo de la era de los Austrias se atrinchera ahora en un reducto ideológico, revoltijo de ideas y condenas, donde nuevas devociones transmiten el mensaje tranquilizador de la especial providencia de Dios sobre España.

Incapaces de ofrecer una alternativa convincente, los reaccionarios se limitan a dar la vuelta al código de valores de la Ilustración, confiando en la labor demoledora de la censura. Contundente contra la masonería y el jansenismo, la fiebre reaccionaria critica el regalismo con la misma voz que emplea en loar el poder absoluto del monarca, de quien se espera amordace a la prensa y reprima la tolerancia. No faltaba nada para que tomara cuerpo la propuesta de una alianza del trono y el altar frente a sus enemigos comunes.

Al mismo tiempo, una minoría de intelectuales va adquiriendo conciencia de los límites del reformismo y de las barreras que debían ser salvadas. No se trata de un fenómeno nuevo. Las críticas al absolutismo regio o las diatribas contra el orden social y religioso eran moneda corriente entre los escritores del tiempo de Carlos III. Cuando la filosofía de las Luces imponga los principios de racionalidad y libertad como premisas irrenunciables, las exigencias de cambio pasarán asimismo al ámbito político, siempre con más cautela que en Francia. Ya Campomanes había advertido que el *mal* del reino radicaba en su *constitución política,* pero, anclado todavía en el despotismo ilustrado, mantendría incólume su fe en una monarquía promotora del cambio. Otros intelectuales, sin embargo, venteados por la filosofía francesa y el parlamentarismo anglosajón, comenzaron a relativizar el poder de la corona, supeditada a los derechos individuales.

La crítica al trono disfruta de cierta permisividad en los años inmediatos a la toma de la Bastilla y se hace audaz en el esfuerzo periodístico de Luis Cayuelo, con *El Censor,* portavoz de los valores revolucionarios, que aconseja a la monarquía prestar oídos a los intelectuales y despreocuparse del rechazo de los ignorantes. Por su lado, Ibáñez de la Rentería rompe con la figura del *buen déspota* para proponer un modelo de gobierno que incorpore a la monarquía las conquistas democráticas republicanas. A la sombra de Rousseau, las *Cartas político-económicas al Conde de Lerena* constituyen la más extensa solicitud de cambios antes del revolcón revolucionario. Desde un planteamiento inicial puramente economicista, León de Arroyal se desliza, sin solución de continuidad, a la arena política, al hacer del interés individual el mejor baluarte de la libertad y condenar el despotismo por muy ilustrado que fuera. En la misma línea de defensa del liberalismo político y económico, Valentín de Foronda acentúa la urgencia de preservar la propiedad y la seguridad del individuo frente a las extralimitaciones y tendencias tutelares del poder.

Hasta los intelectuales más comprometidos con el gobierno se contaminan. En sus casi simultáneos *Elogios a Carlos III,* Jovellanos y Cabarrús descubren con decepción que el impulso reformista había tocado techo, de ahí que sus propuestas ejemplifiquen como ninguna el despertar de la visión liberal propia del siglo anunciado: un desarrollo capitalista armónico en un mercado transparente donde el Estado es mero espectador; una sociedad fundada en el interés individual y plena libertad al movimiento de las Ideas. Se adivina el gobierno de base individualista y democrática, que en el caso de Cabarrús toma mayor vuelo después de los sucesos de 1789, entreverado con resabios de Antiguo Régimen.

El asalto a la caverna

En comunión con sus colegas europeos, los ilustrados españoles comprendieron que la mejora de la enseñanza era un paso previo a cualquier reforma política y confiaron al Estado el encargo de dirigir la empresa pedagógica. Guiados por la divisa «la educación hace al hombre», políticos y pensadores —Campillo, Sarmiento, Manuel de Aguirre— dirigen su mirada a las aulas, de las que esperan salga el ciudadano útil a la sociedad y al Estado. Inquietud por la enseñanza que se atisba en los intelectuales españoles cada vez que el país intenta dar un salto a la *modernidad.* Ocurre en las primeras décadas del siglo veinte, cuando Giner, Costa y Ortega recuperan la educación para el *regeneracionismo* y renace en el decenio socialista al servicio del *europeísmo.*

Si la educación hace al hombre, también los *caracteres nacionales* pueden ser modificados: un patriotismo de nuevo cuño alborea. Frente a quienes se aferran a las *viejas glorias* como esencia del alma nacional, Campomanes, Feijoo, Valentín de Foronda o Juan Antonio de los Heros defenderán la posibilidad de reformarla. Su pensamiento se resume en una frase: el genio de las naciones no existe. Convencidos de que el comportamiento de los pueblos depende de la enseñanza recibida, los hombres de las Luces apremian al gobierno a mejorar la instrucción pública, siempre proporcionada a las expectativas de cada grupo social y con acento en la minoría culta a la que importa preparar para la lucha contra los reaccionarios. Lejos de la igualdad, el *estamentalismo pedagógico* mantiene la distancia entre la masa trabajadora y la clase dirigente, reservando ciertas disciplinas a los científicos a fin de evitar la difusión de ideas perturbadoras de la estabilidad social; en la educación popular más valía error favorable que verdad perniciosa. No todos los ilustrados, sin embargo, compartían el modelo. Jovellanos hace depender las diferencias docentes del talento del individuo y no de su condición social en sintonía con Cabarrús, que convierte la enseñanza en factor de *integración nacional* al proponer un catecismo político obligatorio en las escuelas.

Al atraso español los ilustrados contraponen el progreso europeo. Lo habían hecho Gutiérrez de los Ríos o Juan de Cabriada a finales del siglo anterior pero ahora son muchos más los que denuncian la superstición y reclaman la superioridad de la ciencia. Campillo, Sarmiento, Torres Villarroel o Ibáñez de la Rentería izan la bandera del pensamiento crítico frente a la vieja cultura dogmática responsable del fracaso del reino. Como lo eran la universidad y los colegios mayores, auténticas antiguallas, a merced de atrasados planes de estudio y profesores de baja calidad. Ausente de toda tarea investigadora, Moratín describe la universidad centrada en la teología y el derecho con flagrante carencia de lenguas vivas y método científico; Forner y Manuel Aguirre echarán en falta estudios experimentales, cuyo camino lo veían cerrado por el espíritu defensivo de los teólogos, temerosos del efecto negativo de las novedades en la práctica religiosa. Asimismo, son habituales entre los ilustrados las críticas a la preponderancia del latín en las escuelas y las demandas de una mayor dedicación a la lengua nacional, la empleada mayoritariamente en toda la corona.

Dentro de este ambiente ideológico, Carlos III proyecta la reforma universitaria, sabedor de que su empeño suponía un verdadero vendaval político, al afectar a las clases gobernantes, que habían hecho de la alianza de los colegios y la burocracia la mejor trinchera contra cualquier cambio. El plan de estudios propuesto por Olavide para la universidad sevillana ayuda al monarca, que aplica también la piqueta a las de Santiago, Oviedo, Zaragoza, Granada y Valencia. Escudado en un incidente nimio en la universidad vallisoletana, el gobierno expulsa de sus cátedras a los críticos del regalismo haciéndose, al fin, con una institución dependiente y un profesorado que le jura fidelidad.

Uno de los mejores escaparates de la reforma carolina son las cátedras de economía civil, donde los estudiosos pudieron medir el alcance de los desequilibrios de la sociedad tradicional. En la de Zaragoza enseñaron Lorenzo Normante y Victoriano de Villava, defendiendo un desarrollo capitalista compatible con el absolutismo monárquico pero crítico de los privilegios de la minoría nobiliaria. Desde su óptica de economistas, sugieren un elenco de reformas, precursoras del cambio de 1808, en una labor pionera compartida en Salamanca por Ramón Salas, introductor en la universidad de las teorías igualitarias y democráticas de la Europa de las Luces.

La salida de los jesuitas deja huérfanas las aulas más representativas de la cultura, entre las que destacaba el Real Seminario de Nobles de Madrid, ocupado pronto por dominicos y agustinos. Nombrado director el ingeniero Jorge Juan, reorganiza el plan de estudios con una especial preocupación por las disciplinas científicas y por el contacto directo de las fuentes bíblicas, causa de frecuentes acusaciones de jansenismo. Conforme se acerca el fin de siglo, el seminario acentúa su orientación militar para responder a las expectativas abiertas dentro de la pequeña y mediana nobleza en el ejercicio de las armas. Otra iniciativa estimulante será el Instituto Jovellanos de Gijón, obra personal del político asturiano, abierto a todas las clases sociales y cuna de una enseñanza práctica y experimental encaminada a preparar profesionales reclamados por la navegación y la minería de la zona.

Pese al esfuerzo, los resultados no fueron brillantes, obligando al gobierno a suprimir once universidades y a recordar a las demás la necesidad de desarrollar el pensamiento científico y la investigación. La *francesada* apuntilla los renovados claustros y el instituto gijonés, al igual que la guerra de la Convención lo había hecho con el seminario de Vergara. En el fragor de la contienda, la Junta Central encuentra tiempo y ganas para elaborar las bases de una futura instrucción pública, en las que se sella el compromiso del Estado con la enseñanza. El liberalismo se abría camino también en el mundo educativo.

En plena efervescencia intelectual, las clases cultas difunden la moda de las tertulias científicas y literarias, de las que nacen instituciones tan activas en la cultura española como la Academia de Medicina de Madrid o la de Ciencias de Barcelona. El amanecer de las nuevas ideas llega en 1748 al pueblo guipuzcoano de Azcoitia y pone en pie la Sociedad Bascongada de Amigos del País, al abrigo del conde de Peñaflorida y a semejanza de los cenáculos franceses. Con buenos deseos de mejorar la región, los Narros, Altuna, Samaniego o Arriquibar debaten las formas de erradicar el analfabetismo, la preparación de técnicos y el desarrollo de la agricultura. No obstante la relevancia social de sus miembros y su exquisito respeto a la religión, los *Amigos del País* tuvieron que habérselas con la Inquisición por manejar libros extranjeros.

Tras el espaldarazo dado a la Bascongada por Carlos III, muchas otras abren sus puertas, como la Sociedad Matritense, unida siempre al poder, en un impulso fogoso pero fugaz que apenas tocará las ciudades más florecientes. Víctimas del localismo y el espíritu agrario, la mayoría de ellas arrastró una vida lánguida en medio de la desconfianza de los nobles y eclesiásticos hacia quienes estaban anticipando, con su espíritu crítico, la llegada de la sociedad liberal.

La manía de pensar

Aunque sin ser seguida al pie de la letra por las autoridades de la corona, la condena vaticana de Galileo asustó a la intelectualidad española y frenó el progreso de la astronomía. Por contra, la medicina despierta de su letargo especialmente en Valencia, primer foco del movimiento reformador de las ciencias españolas. Al mecenazgo de don Juan José de Austria se debe el renacer de las ciencias en las postrimerías del XVII, cuando las investigaciones de Matías de Llera, Jacint Andreu y el flamenco La Faille pidieron a gritos el relevo de la escolástica por la experiencia. Impulsor del nuevo sentir médico, el italiano Juanini extiende su magisterio desde la capital hasta Barcelona y Zaragoza, mientras en Valencia el anatomista Crisóstomo Martínez revoluciona el panorama con el estreno del microscopio. La retadora *Carta filosófica* de Juan de Cabriada, comprometido manifiesto en favor de la experimentación en laboratorio, levantaría en 1687 oleadas de entusiasmo y, también, asustados rechazos.

Con el cambio de siglo triunfan los métodos de observacion directa y se alivia el peso de Aristóteles, Hipócrates o Ptolomeo. En la lucha destacan el benedictino Feijoo y el médico Andrés Piquer que, desde su cátedra valenciana, codifica las reglas de la investigación con el criterio de la *duda prudente*, versión piadosa de la metódica de Descartes. Escandalizados por sus trabajos de disección de cadáveres, los predicadores obstaculizarían esta vía de conocimiento médico hasta obligar a Carlos III a intervenir dando luz verde a las controvertidas prácticas. Gracias a la importación de cerebros extranjeros, la botánica y la química concentran el esfuerzo modernizador de las ciencias naturales. El botánico Loefling, discípulo de Linneo, actualiza en Madrid a los estudiosos españoles, como reflejan las obras de Barnades, Mutis o Gómez Ortega; el abate Antonio Cavanilles renueva el sistema de clasificación de las plantas y el propio Carlos III atiende estos trabajos, incluidos después en la reforma de los estudios universitarios. La corona, además, financiará las expediciones botánicas a Perú y Chile, las investigaciones de Mutis en Colombia o la inclusión de Née en el viaje alrededor del mundo realizado por Malaspina, que permitiría el conocimiento de la flora de América del Sur, Méjico y Australia. Especial dedicación prestará Fernando VI a los jardines botánicos, creando el de Madrid, luego imitado en Valencia, Barcelona y Zaragoza.

También la química vive avances intensos, fruto de la labor del Seminario Patriótico de Vergara, donde Ignacio de Zabalo prepara el acero colado, los hermanos Elhuyar descubren el wolframio y Chabaneau consigue purificar el platino. Los trabajos de Proust en Madrid y Segovia completan un esperanzador capítulo no rematado por falta de medios pero pronto insertado en los planes de la universidad valenciana y en el afán de futuros docentes, como Jerónimo Más, desplazado a París a trabajar con Lavoisier.

Hasta los poetas se sienten contagiados de la fiebre, que hace escribir versos a Meléndez Valdés y Quintana cantando los adelantos de las ciencias. El progreso tuvo, sin embargo, sus detractores: de la crítica a los eruditos se pasó a la de la misma ciencia, tachada de inútil y vacía, cuando no considerada como causa de la perversión del hombre. Es elocuente, en esta línea, el recelo de los teólogos ante los intentos de Félix de Azara de explicar el origen de las especies animales o los estudios de Arteta de Monteseguro y Cavanilles sobre la formación de las montañas, que cuestionaban la lectura literal de las Escrituras.

La defensa de los derechos políticos y las innovaciones educativas fueron dos de los polos del proyecto modernizador de las Luces en España; el tercero, la lucha por la libertad de pensamiento, llena la historia intelectual del XVIII. A hombros de la nueva filosofía, las mentes cultas habían despertado al ansia de la futura conquista y si no caló hondo fue debido al lastre del barroco que sacrificaba la *opinión* individual al principio de autoridad. Tampoco la Europa de final de centuria estaba familiarizada aún con la omnímoda libertad de pensamiento ni con su ejercicio público pero la situación española era más negra por el poder disciplinario de la Iglesia, que obligaba a los ilustrados a compaginar las exigencias de autonomía intelectual con la aceptación de las pautas sociales impuestas. Aunque las voces reivindicativas se demoran hasta el XIX, la libertad de imprenta se cuela poco a poco en el pensamiento renovador español como instrumento indispensable en la eliminación de las barreras al progreso. El canto al libre pensamiento de Jovellanos, Forner o Moratín tiene su contrapartida, no obstante, en el recordatorio de los inconvenientes que lo rodean; sólo Foronda apostará por una libertad de imprenta sin cortapisas, firme ante los abusos del poder.

En entredicho quedaba la Inquisición, represiva y censora, con un nuevo *Indice* de libros prohibidos, a la que el regalismo borbónico había pretendido en repetidas ocasiones controlar. A dúo con la censura eclesiástica, Fernando VI puso en marcha la propia del Estado, obligatoria para cualquier escrito publicado en España. En manos de censores ignorantes, apenas llegaron, tanto una como otra, a formalizar sentencias razonadas, especializándose en la requisa indiscriminada de impresos sospechosos. La llegada de Carlos III concede un respiro, pero los motines de 1766 reavivan el temor a la imprenta por lo que se envían censores a las aduanas y se recortan los permisos de edición. El gobierno no retrocede en su contencioso con el Santo Oficio, pudiéndose apuntar algunas victorias; Campomanes y el Consejo de Castilla llegarían incluso a negar la competencia del Tribunal en cuestiones morales para reservárselas a los jueces civiles. Con todo, la política secularizadora se mantuvo muchas veces en el terreno de los propósitos al no atreverse el gobierno a entrar a fondo en la reforma de la Inquisición.

Nunca fue el cerco ideológico tan estrecho como hubieran deseado los agentes del Santo Oficio, que no previeron ni el poco celo de los inspectores de las importaciones de libros ni el contrabando alimentado por las imprentas de Venecia, Amberes o Lausana. De esta forma el enciclopedismo francés se infiltra por las ciudades comerciales costeras —Barcelona, Valencia, Bilbao y, naturalmente, Cádiz—, gracias sobre todo a sus colonias de mercaderes extranjeros. Más de veinte librerías, algunas de origen francés, pregonaban la demanda cultural de la burguesía gaditana, faro del inminente liberalismo español, y la relativa publicidad del trasiego de publicaciones prohibidas.

En la segunda mitad del siglo, muy mediatizada la Inquisición por el gobierno, los lectores de obras censuradas aumentan al proliferar las *licencias* concedidas a los intelectuales y a las sociedades económicas, lo que explica el renacimiento intelectual del país. Por otro lado, la lentitud del procedimiento inquisitorial permite a los textos expedientados deambular con impunidad, como en el caso de los ensayos de Locke, que tardarían setenta años en ser condenados, una vez abierto el proceso. Así, ni la censura oficial ni la religiosa impidieron que las obras de los filósofos europeos circulasen antes de 1789 y sirvieran de estímulo a las Luces españolas. La cerrazón era una quimera, máxime cuando los espíritus cultos recibían información precisa de las obras extranjeras por las noticias de la prensa política o cultural y los repertorios bibliográficos.

Si el Santo Oficio no ahogó la libertad de creación, pronto conseguiría amordazar el pensamiento ilustrado, que se autocensura y hace precavido, como manifiestan los escritos de Jovellanos, Iriarte o Moratín, y ese escaso 10 % de libros reprobados. Nadie podía sentirse seguro, tampoco los nobles o los políticos, aunque alguno de éstos, del relieve de Aranda, Roda o Almodóvar, había sorteado a la Inquisición con éxito. Olavide es procesado y se abre la veda de la *intelligentsia* española: el fabulista Samaniego, los poetas Tomás y Bernardo de Iriarte, el periodista Clavijo y Fajardo, Meléndez Valdés, el ministro Urquijo, el matemático Bails, los catedráticos Normante y Salas, el preceptor de los infantes José Miguel Yeregui..., hasta la condesa de Montijo sería molestada. Tanta persecución impregnó a la elite pensadora de un sentimiento de desánimo e inferioridad; si bien la Inquisición no cerró España, como dirían los represaliados, impuso a muchos la sensación de vivir un encierro.

Revolución sin barricadas

A la muerte de Carlos III, el empeoramiento de la economía y el desbarajuste de la administración descubren los límites de un reformismo fracasado mientras los ideales revolucionarios franceses reivindican su condición de alternativa al Antiguo Régimen. Ante el desafío, la monarquía de Carlos IV no acertó a actuar con diligencia, desprestigiándose aún más por la publicidad de las relaciones de la reina María Luisa y el favorito Manuel Godoy.

> Mi puesto de Almirante
> me lo dio Luisa Tonante,
> Ajipedobes la doy,
> considerad donde estoy.
> ...Tengo con ella un enredo,
> soy yo más que Mazarredo.
> ...Y siendo yo el que gobierna,
> todo va por la entrepierna.

Conforme llegan las noticias de Francia, el nerviosismo de la corona crece y acaba por cerrar las Cortes, que controladas por Floridablanca se habían reunido con el fin de reconocer al príncipe de Asturias. De nuevo el aislamiento parece vacuna contra el contagio y quedan clausurados todos los canales de comunicación intelectual, a la vez que el gobierno, aconsejado por su embajador en París, llama a la Inquisición y el ejército para garantizar el bloqueo. El Tribunal ataca sin freno: Cabarrús es detenido, Jovellanos desterrado, Campomanes desposeído de su cargo en el Consejo.

Con el reproche de anticristianos, los libros franceses son perseguidos sañudamente a raíz del Edicto de 1789, lo que origina mayor interés en el público, convirtiendo Cádiz en *La Meca* de la propaganda subversiva. Suben los girondinos al poder y los panfletos revolucionarios penetran en España con la complicidad del gobierno galo, que jalea a Condorcet y al abate Marchena. Imposible de sujetar, la avalancha se incrementa a partir de la paz de Basilea, cuando una verdadera galomanía enciende a los aristócratas y burgueses españoles. Por ello, en la hora de 1808, presentida la libertad de prensa, numerosos artículos y folletos propondrían a las futuras Cortes constituyentes un programa de regeneración del país desde las mismas posiciones que los franceses en 1789.

La actitud vacilante de Floridablanca ante los sucesos de Francia y su incapacidad de neutralizar la propaganda revolucionaria le apean del gobierno en beneficio de su poco amigo el conde de Aranda, a quien el rey confía la difícil papeleta de salvar la vida de su primo Luis XVI. Hacia el exterior, Aranda alardea de prudencia y se procura una relación relajada con París; en el interior suaviza las leyes de prensa. Su indulgencia con los revolucionarios irrita a los monárquicos, sin conseguir evitar la guillotina del rey galo: la desconfianza de Carlos IV se traduce en el relevo del conde por el favorito Manuel Godoy.

Muerto Luis XVI, Madrid se consideraba libre, por primera vez en noventa años, para romper sus ataduras con Francia, y aliada a Gran Bretaña y Austria declararle la guerra. En la primavera de 1793 el ejército español, al unísono con las demás potencias europeas, avanza sobre el Rosellón; la alianza coyuntural no disminuye, sin embargo, los recelos hacia Inglaterra, empeñada en que la marina española participase activamente en el bloqueo naval de Francia. Los mandos de la flota sospechaban que Londres forzaba un enfrentamiento desfavorable contra la armada vecina, cuyas pérdidas le asegurarían el dominio de los mares del mundo. Precavida, la marina se mantiene al margen de estos retos y puede conservar intactas las comunicaciones con América.

En tierra se cumplieron, no obstante, los negros presagios de los estrategas del siglo XVIII, abonados por la pésima preparación, el desastroso abastecimiento y la baja moral de la tropa frente a los enardecidos *sans culottes*. Durante 1794 los ejércitos revolucionarios ocupan gran parte de Cataluña, sin que Madrid se decidiera a incrementar los contingentes militares hasta la formación de comités de defensa en Barcelona y la puesta en pie de un ejército de veinte mil hombres. A la vez, San Sebastián capitulaba y la Diputación guipuzcoana abusaba de sus poderes forales negociando la paz. Pese al temor de la corte a una posible traición del *populacho* o al reverdecer de las ansias secesionistas catalanas, el peligro de defección en ambas regiones fue nulo: jugaban a favor de la corona la vieja animosidad antifrancesa, el patriotismo de los púlpitos y el sentimiento tradicionalista herido por el atropello anticlerical. Presionado por los avances en Navarra y Alava, Godoy busca acabar la guerra al margen de sus aliados con el deseo de limitar las pérdidas; por el tratado de Basilea recuperaba España su integridad territorial, a cambio de ceder a París la colonia de Santo Domingo. La neutralidad durará muy poco, y el pacto de San Ildefonso devuelve a Carlos IV la amistad francesa para luchar contra Gran Bretaña: el miedo y los intereses coloniales se superponían al regicidio. Dos meses más tarde los ingleses castigaban la deserción diezmando la flota española en San Vicente y Cádiz.

Entretanto, el favorito pisa el acelerador reformista sin conseguir camuflar su desprestigio. Reduce los monopolios gremiales, apoya la ley agraria, suprime algunos impuestos, liberaliza los precios de las manufacturas e incluso en 1797 atrae a su gobierno a lo más granado de la Ilustración: Cabarrús, Jovellanos, Francisco Saavedra y Mariano Luis de Urquijo. Gran parte de su labor quedaría oscurecida por su exagerado regalismo, en el que subyace el deseo de autonomía ante un Papa mediatizado por Napoleón. Se agudiza de esta manera la lucha dentro de la Iglesia entre una minoría *liberal*, representada por los antiguos alumnos de la universidad salmantina y el Instituto San Isidro de Madrid, y los reaccionarios, reforzados por la vuelta de los ex jesuitas exiliados.

No es más que un episodio de la tremenda fractura ideológica que la revolución y las guerras napoleónicas producían en la sociedad española. Las secuelas de la guerra de la Convención activan las corrientes antiilustradas del pensamiento hispano, que encuentran un enemigo en el que descargar su furia. Símbolo de los males denunciados, la revolución es ahora el *anatema* y los reaccionarios sabrán oponerle la *paz* del absolutismo. Tras la estela de sus predecesores numerosos hombres de Iglesia militan en esta lucha, pero, lo que es más llamativo, algunos miembros de la Ilustración pliegan ahora velas asustados por la marcha de los acontecimientos. El *lúcido* Olavide canta la palinodia en *El evangelio en triunfo* con un himno a los valores tradicionales y al beatífico absolutismo a la par que Jovellanos responsabiliza de las convulsiones de fin de siglo a *las tenebrosas maniobras de los impíos*, con un lenguaje más propio de los sermones de Diego de Cádiz.

Ante la debilidad regia, el intervencionismo de Napoleón en la política interna española se incrementa de manera escandalosa hasta lograr la caída de Godoy y su sustituto Urquijo. Faltos de recambio, los reyes volverán a llamar al extremeño, que dirige la invasión de Portugal, a mayor gloria de Francia. Luego de la paz de Amiens, la política exterior de Carlos IV no es sino puro servilismo hacia el emperador, al que se concede autorización para acantonar tropas en la península y se le obsequia con plata americana. Napoleón intentará mantener la ficción de la neutralidad española con idea de evitar nuevos frentes de combate, pero la captura de la flota del Río de la Plata provoca una nueva guerra formal con Inglaterra, saldada en el estrepitoso capítulo de Trafalgar.

Los desastres bélicos, el ostracismo de los Grandes y el temor del clero a las medidas desamortizadoras unen a toda la oposición en torno al futuro Fernando VII. Una buena excusa para la conjura de los descontentos fue el tratado de Fontainebleau (1807), por el que Godoy pretendía involucrar al reino en otra aventura contra Portugal a cambio de un principado en el Algarve. Destapada la intentona, el Consejo de Castilla se niega a procesar al príncipe y sus correligionarios, rebelándose contra el gobierno en un momento delicado de epidemias por Andalucía y Levante. Las crisis de subsistencias aleteando de nuevo, la buena marcha demográfica cortada en seco, la parálisis de la industria en Cataluña, el desbarate sedero en Valencia, los motines... un panorama revuelto, sostenido a duras penas por una inflación galopante y una imparable bancarrota. Quince años de aventuras bélicas pasaban factura a una hacienda vapuleada y con pocas esperanzas de mejora tras el bloqueo de la reforma.

Atento a la ocupación clandestina de España por las tropas francesas, bajo el ardid de la nueva campaña portuguesa, Godoy traslada la corte a Aranjuez a la espera de encontrar un refugio para ella en Andalucía o América. El proyecto se frustra por una algarada en los Reales Sitios y, destituido el ministro, el monarca abdica en su hijo. Unos días después el general Murat entra en Madrid y Fernando es proclamado rey. Harto de sostener un ilusorio gobierno independiente, Napoleón decide aprovechar el desbarajuste político para presionar a la corona y obligarle a arreglar sus diferencias en Bayona. Con los reyes en Francia, el emperador pone punto final a la ficción y fuerza a Fernando a traspasar el trono a José Bonaparte. Los herederos de la Revolución francesa obtenían el cetro madrileño y enterraban el Antiguo Régimen sin disparar un solo tiro ni sublevar a las masas.

El criticón de palacio

Después del frenesí creador del barroco, las letras españolas aguantan un largo invierno en el que la inspiración se reviste de pensamiento político y teoría económica. La poesía acepta su papel de menestral de la reforma pública y pierde la intimidad y belleza de los siglos anteriores. Por ello, las fábulas didácticas de Iriarte y Samaniego, el verso *burgués* de Meléndez Valdés y Quintana o la novela satírica del padre Isla tienen bien merecido olvido. Tampoco el teatro reclama recuerdo alguno, asfixiado por el empeño pedagógico, columna vertebral de la obra de Moratín, con su aguijón clavado en la mediocridad e ignorancia de la pequeña burguesía. Todos ellos ofrecen, sin embargo, la cara intelectual de una sociedad poco culta, más volcada en la jota y el toreo que en el discurso ilustrado; son la conciencia crítica de aquella España zafia del desaliento de José María Blanco White.

El asombro revolucionario, en Inglaterra o Francia, el prodigio de cambio que prometen las libertades burguesas, el mundo de los negocios y la industria requieren la ayuda de los historiadores para proporcionar justificación y argumentos a la clase frente al estamento y arrumbar el providencialismo de la divina aristocracia. A tal fin, la historia delimita con claridad el papel del hombre en su obra, reeditando el antropocentrismo clásico y situando la religión en su lugar adecuado pero marginal. Es la humanidad —y no Dios ni la aristocracia— con su ingenio y trabajo la que se convierte en sujeto definitivo de la historia. De esa historia que, habiendo entrado en su fase más progresiva de la mano de la burguesía, es presentada como un todo en sí misma y como la realización perfecta y libre del tercer estado. Por un momento la historia se atreve a pensar y se viste de filosofía, pero no resiste en su empeño al ser regada por las corrientes románticas.

Frente a la historiografía barroca, la nueva historia exige una purificación de las fuentes. Mayans hace de la *crítica* una actividad intelectual desde su cátedra de Valencia e incluye entre las leyendas la venida del apóstol Santiago a España. En la misma trinchera combaten Feijoo, que reclama imparcialidad al oficio de historiador, y Cadalso, cuya descarnada mirada sobre el país enlaza con esta moderna percepción de la historia. La militante actitud del autor de *Cartas marruecas* en pro de la España renovada le defendió de cualquier tentación casticista y del patriotismo excluyente que engullía a los pensadores reaccionarios. Pocos motivos de vanagloria encontró Cadalso en la historia peninsular, llena de desprecio hacia la industria y el comercio y a merced de los impulsos fanáticos de la religión. De esa crónica podía rescatarse, sin embargo, el protagonismo de la lengua en la afirmación de los pueblos y la fuerza de los héroes hispanos, como símbolo aglutinante de la comunidad. Los nostálgicos prefieren leer a Forner que, siguiendo la moda de las apologías, dedica la suya a España, reencontrada en la política de Fernando el Católico y Cisneros, en la literatura del XVI y en los médicos y poetas del medioevo árabe.

A la búsqueda del «modo de ser» nacional, la historia abandona su carácter general para ceñirse al estrecho ámbito del reino mientras al intelectual se le obliga a recuperar la huella del pasado como tarea urgente de la reforma. Era vano denunciar los males del país o promover su enmienda sin conocer antes las causas que los habían generado, pensaba la Ilustración. De esta forma, la historia rendía un servicio inigualable a la idea de España. La misma monarquía mostraría, asimismo, su beligerancia por medio de las Academias de la Lengua y la Historia, cuyos trabajos de fijación del castellano y del pasado del reino constituían el mejor soporte de la empresa nacionalizadora.

Con los Borbones en el trono español, el gusto europeo se apodera del arte. Felipe V cambia los epígonos del barroco hispano por los maestros italianos y franceses, convirtiendo la corte madrileña en el laboratorio artístico de la península. La dictadura estética impuesta a los edificios públicos y el magisterio de la Academia de Bellas Artes de San Fernando encauzarían definitivamente las pautas creativas dentro de los nuevos flujos. A imitación de Versalles, el palacio de San Ildefonso en Segovia apuntala el cambio mientras que el Palacio Real de Madrid, sobre el solar del viejo alcázar de los Felipes, se queda a medio camino entre la sensibilidad francesa y el clasicismo del barroco evolucionado. La remodelación del palacio y los jardines de Aranjuez así como el de Riofrío y las Salesas Reales llevan idéntico sello.

El culto a la razón y la curiosidad por la historia embriagan el panorama artístico de mediados de siglo. Descubierta la arquitectura clásica, los volúmenes buscan la nitidez de líneas, de la que se convierte en maestro Ventura Rodríguez con sus trabajos en el Pilar de Zaragoza y su fachada de la catedral de Pamplona. En el reinado de Carlos III, el estilo neoclásico pasa a ser el gran emblema de la renovación *nacional*, de la mano de Francisco Sabatini, a quien debe Madrid su Puerta de Alcalá, y de Juan de Villanueva, el más importante de los arquitectos españoles de fin de siglo, responsable de la nueva imagen de la Villa, enriquecida ahora con los monumentos del paseo del Prado, incluido el edificio del gran museo.

A la corte llegan artistas europeos llamados por los Borbones, pero los talleres tradicionales siguen alimentando el gusto popular por la imaginería religiosa, en la que se recrea el murciano Francisco de Salzillo, autor de los mejores pasos procesionales de la centuria y de novedosos *belenes*, al estilo napolitano. La sequía pictórica del XVIII se amortigua con retratistas franceses y alemanes y fresquistas italianos, que, como Tiépolo, decoran el Palacio Real madrileño. Mengs prolonga su maestría en la obra de Vicente López, cuya longeva carrera le convertiría en el retratista oficial de la primera mitad del XIX. Distendido cronista de la vida madrileña y virtuoso del paisaje, Luis Paret y Alcázar quedó oscurecido por el genio creador de su contemporáneo Goya.

Ante el tradicionalismo de sus colegas, Francisco de Goya rompe una lanza por la renovación de la pintura, aunque, por desgracia, su obra no tendría continuadores de calidad. Formado en Zaragoza y Roma con cánones neoclásicos, este maño universal, audaz y casi autodidacta, se adelanta a su tiempo con planteamientos estéticos y técnicos precursores de corrientes más modernas. De vuelta de su viaje por Italia, Goya se instala en Zaragoza, donde pronto entra en los círculos ilustrados de la Sociedad de Amigos del País, influencia patente en muchos de sus lienzos. Una vez en Madrid, desnudo de academicismos, irrumpe en la Fábrica de Tapices con *cartones* que hacían de la multitud el personaje único dentro del más puro pensamiento de las Luces.

1793 será el año del giro, tras la enfermedad que le encerraría en la sordera, enlazando la desazón del genio con la crisis del país. Imágenes dramáticas y fantasiosas, gentes fanatizadas, personajes enloquecidos o embrujados... Es la etapa de los *Caprichos* y la *Familia de Carlos IV*, ironía de la condición humana y aldaboneo contra el Antiguo Régimen. Mientras el país entero pierde su norte en vísperas de la guerra de la Independencia, Goya permanece en su mundo de artista y, al igual que otros ilustrados, confía en los Bonaparte. El desengaño, sin embargo, se cuela en los aguafuertes que denuncian los desastres de la guerra y en los cuadros encargados por el Consejo de Regencia con el propósito de ensalzar las hazañas de los madrileños. *El dos de mayo* y *Los fusilamientos de la Moncloa* entraban, así, en la gloria del arte como un himno al patriotismo de la *nación* española. Para retratar el asfixiante mundo de la represión de Fernando VII, Goya alumbra los *Disparates* y las pinturas negras, metáfora plástica de la España desgarrada que le llevaría a la muerte en el destierro.

Capítulo XIII

El rapto de España

El imperio de la discordia

Si el XVIII fue el siglo de la Ilustración, el XIX podría definirse como la centuria del desarrollo económico y social de las naciones del Occidente europeo. En España, sin embargo, el balance resulta menos alentador, ensombrecido por las guerras civiles y el ocaso del imperio ultramarino. Cien largos años vieron enfrentarse, con las armas en la mano, a los españoles arrancando de la guerra de la Independencia —un conflicto internacional de complejas consecuencias locales—, pasando por las luchas de emancipación de las colonias y las peleas carlistas, y culminando con la de Cuba, un asunto interno magnificado por el intervencionismo de los Estados Unidos.

A punto de terminar 1807, quebrada ya toda posible ayuda por parte de la débil monarquía de Carlos IV, Napoleón había decidido convertir la península en un estado satélite de París. La abdicación de Fernando VII y el dominio militar ejercido en el norte del reino por el general Murat reflejaban claramente la farsa de la *independencia* española, en la que el Estado borbónico quedaba a contrapié, atado por la salida del monarca y sus órdenes de mantener la política de colaboración con los franceses. Ante la indecisión de las autoridades es el *pueblo* el que toma a su cargo la lucha contra el invasor, hábilmente conducido por notables locales que se integran en el movimiento con el deseo de refrenar las medidas «revolucionarias» de José Bonaparte y su camarilla de *afrancesados*. Juntos y revueltos, los exhortos a la «nación soberana», como forma de deslegitimar el cambio dinástico, y la lucha por la «independencia nacional» se funden con los temores de las clases propietarias a las masas armadas. Tras el levantamiento popular madrileño, el 2 de mayo de 1808, en seguida fecha *fuerte* del patriotismo español, el malestar interno degenera en guerra contra el ejército galo y sus adláteres hispanos, avivada por la descarga emocional producida en el resto de la península, una vez se conoce la dureza de la represión oficiada por las tropas imperiales. La entrega de los anónimos héroes madrileños extiende los motines en ambas Castillas, Asturias, Extremadura y Andalucía, que los Bonaparte intentan neutralizar con requiebros a los burócratas y a los asustados propietarios a la par que impulsan proyectos reformistas de la Ilustración con la animosidad de la Iglesia y la aristocracia. Los afrancesados serían, muy a menudo, las víctimas propiciatorias de la larvada guerra civil que se solapa al movimiento patriótico de la Independencia.

La sublevación de las ciudades del Ebro, Castilla y Andalucía supone un revés en la estrategia de conquista pacífica trazada por Napoleón y un grave riesgo, pues aísla los cuerpos expedicionarios galos de Portugal, Barcelona, Madrid y Vitoria. Conocedor del peligro, el emperador exige a sus generales el fin de los focos de resistencia, pero los resultados no les acompañan. La victoria de Bessiers en Medina de Rioseco no apaga la rebeldía de Zaragoza, cuyo ejemplo contagia a Logroño; en Cataluña, los soldados franceses son frenados dos veces en el

Bruch, mientras la amotinada Gerona rompe las vías de abastecimiento con Francia, y en Andalucía, se estrellan contra la superioridad numérica de las milicias del general Castaños. El triunfo de los *patriotas* en Bailén, que obliga a evacuar Madrid, les hizo soñar con el rechazo definitivo del enemigo, comprometiendo, así mismo, a Gran Bretaña en la cuestión española; un nuevo frente en su guerra continental contra París. Sin embargo, la intervención directa del emperador con un ejército de doscientos cincuenta mil hombres acostumbrados a vivir sobre el país y desplazarse rápidamente tritura las esperanzas españolas, en tanto sus generales van demostrando su implacable contundencia —Talavera, Medellín, Ciudad Real— en la ocupación «manu militari» del reino. Es más, después de la tremenda derrota de Ocaña en 1809, la Junta Central encargada del gobierno de la España liberada abandona precipitadamente la Meseta para buscar refugio en Sevilla y, luego, en Cádiz. Desde aquí asiste indefensa a la capitulación de Andalucía y Valencia, sólo Murcia y Huelva permanecerán independientes.

Sin desanimarse y faltos de medios, el esfuerzo de los españoles se vuelca en la lucha de guerrillas como forma de desgaste y entretenimiento de la maquinaria militar napoleónica, teóricamente debilitada por las dificultades de la ocupación total y efectiva de un territorio hostil. Si los franceses dominaron las ciudades, el campo fue, por el contrario, patrimonio de las partidas de Mina o El Empecinado. El propio emperador reconocerá la inestabilidad, obra de los guerrilleros, al poner bajo gobierno militar las provincias del Ebro, un paso hacia la creación de una moderna *marca hispánica,* desatendiendo los consejos de la corte madrileña de guardar las apariencias.

La guerra española tiene también notables repercusiones en las campañas continentales de Napoleón: lo que pareció ser un paseo militar se había transformado en un atolladero que obligaba a mantener un contingente de tropas elevado, cada vez más necesario en el frente ruso. Además, la retirada de efectivos podía conducir al desastre, como efectivamente ocurrió en julio de 1812 cuando

Wellington, jefe del ejército anglohispano, derrota a los franceses en Arapiles, los expulsa de Andalucía y amenaza Madrid; José Bonaparte debe retirarse. En la huida, las tropas aliadas vuelven a desquitarse en Vitoria y San Marcial, al tiempo que Napoleón concentra sus efectivos para proteger la frontera hasta negociar con Fernando VII una salida. A cambio de su neutralidad en la fase final de la guerra europea, *el Deseado* recuperaba su corona a comienzos de 1814 y París protegía su flanco sur, sin tener en cuenta los intereses de los verdaderos protagonistas de la liberación ni los de los fieles bonapartistas españoles que habían seguido al monarca al exilio.

Pero no solamente la península sufriría los devastadores efectos de la confrontación. Al venirse abajo el andamiaje administrativo e ideológico de la metrópoli, España asistía indefensa a la escalada de los anhelos secesionistas de los territorios ultramarinos, azuzados por Gran Bretaña, y resentidos por el discriminatorio trato concedido a los criollos en el acceso a los cargos coloniales. Si en 1806 los criollos argentinos defendieron esforzadamente Buenos Aires de la invasión inglesa, en la guerra napoleónica harán lo propio con sus intereses y derechos ante la corte madrileña. Ninguna oportunidad mejor, en este sentido, que la abdicación de Fernando y su reemplazo por el gobierno títere de París; al igual que en la península, los ciudadanos americanos rechazaron el cambio y se organizaron en Juntas con la excusa de preservar la autoridad del monarca, aunque no pasaría mucho tiempo antes de que depusieran a los gobernantes *peninsulares* y reivindicaran la libertad política y comercial.

Nada podrían hacer los gobiernos madrileños contra la actitud independentista de la burguesía criolla sudamericana antes de 1814, ni tampoco las Cortes de Cádiz, empeñadas en salvaguardar la integridad de la monarquía, aventurarían conciliación alguna. Sólo la fuerza se consolidaba como alternativa para alcanzar los objetivos deseados, detectándose los focos más virulentos en los virreinatos del Río de la Plata y Nueva Granada. Sin el concurso hispano, la pugna por la emancipación degeneró pronto en conflicto civil entre los partidarios de la independencia y los *fidelistas* o entre la burguesía nacionalista y las empobrecidas capas mestizas e indias, manipuladas, a menudo, por uno u otro bando. En el caso de Venezuela, el salvaje levantamiento de Boves con propuestas de aniquilación de los criollos caló tan hondo en los desheredados que obligó a Bolívar a huir de aquellas tierras después de haber conseguido su virtual independencia de España.

Concluida la guerra hispanofrancesa, el gobierno de Fernando VII, lejos de buscar una componenda amistosa, responde a los independentistas con un ejército de diez mil hombres, que logra pacificar Venezuela y Nueva Granada; sin embargo Argentina conservaría intacta su libertad, declarando su independencia formal en 1816. La intransigencia de la metrópoli ante cualquier fórmula de autonomía impide la paz al soliviantar a los dirigentes americanos y lanzarlos a la guerra civil en las colonias justo cuando la limitación de recursos del Estado y la enorme mortandad de los expedicionarios españoles reclamaban mayor tacto. Buenos conocedores de las dificultades hispanas, los caudillos de la insurreción lanzan con fuerza su envite: 1819 señala el cambio en la balanza, favorable ahora a los rebeldes de Venezuela, en tanto San Martín extiende desde Argentina sus tropas a Chile y amenaza Perú, bastión del partido españolista.

Los avances de los *libertadores* no consiguen doblegar la terquedad del rey, que prepara el castigo concentrando tropas en Andalucía prestas a cruzar el Atlántico. Su sublevación en 1820 a favor de la constitución gaditana y la torpe política americanista de la España del Trienio permitirán a San Martín y Bolívar emancipar Nueva Granada, Venezuela y, después de la victoria de Sucre en Ayacucho, Perú. Las posibilidades de que España recuperase estos países eran prácticamente nulas, salvo que contase con la ayuda de las potencias absolutistas de la Santa Alianza, una ilusión que se esfuma cuando Gran

Bretaña y Estados Unidos —amparado en la doctrina Monroe de 1823— reconozcan las nuevas repúblicas.

El debilitamiento de la metrópoli y el temor al liberalismo envenenan incluso las relaciones en México, donde las clases terratenientes, comerciantes y eclesiásticas se mantuvieron fieles por el miedo a la revolución social. No obstante, los amagos de reforma agraria y eclesiástica de los *exaltados* echaron a los notables y la Iglesia en brazos del movimiento independentista, liderado por el caudillo Iturbide, quien en 1822 se proclama emperador del nuevo estado. Con la pérdida de México, el imperio hispanoamericano desaparecía por completo de las tierras continentales, España retendría únicamente Cuba, Puerto Rico y Filipinas tras una década de conflictos.

España no aprendió la lección de su desastrosa experiencia americana. En sus último reductos caribeños, el miedo a las sublevaciones de los esclavos negros —más del 60 % de la población en 1840— refuerza el entendimiento de la burguesía española con la oligarquía azucarera, que aplaude la política de mano dura de Madrid y se parapeta en ella contra las pretensiones anglosajonas de acabar con el tráfico de mercancía humana. Después de una primera intentona separatista en la década de los cincuenta, reprimida con violencia, el desarrollo económico basado en la exportación de azúcar, tabaco y café a los Estados Unidos calmó los ánimos. No obstante, como ya había ocurrido en América del Sur, la prosperidad de la elite criolla fomentará su distanciamiento de las clases medias y mercantiles hispanocubanas asentadas en las ciudades.

El interés de los terratenientes se concentraba ahora en los Estados Unidos, sin que España se esforzara en atraerlos con las leyes especiales previstas por la Constitución de 1837, que hablaba de autonomía local, rebaja de aranceles, o de derechos de los criollos a igualarse con los españoles en la administración. Muy al contrario, el final del reinado de Isabel II complica el panorama con una nueva ley arancelaria, mucho más gravosa para los súbditos antillanos, y con la abolición de la esclavitud

(1866), enormemente perjudicial para la aristocracia del azúcar. En esta tesitura, es comprensible la simpatía de los burgueses por la revolución española, como el interés de Serrano o Dulce en el cambio de política antillana. La Gloriosa, sin embargo, frustró las esperanzas de los optimistas encendiendo el fuego de la guerra civil. Frente a Céspedes y su «república cubana», independiente y democrática, los unionistas, salidos de las ricas familias comerciantes de La Habana, contrarias a cualquier autonomía local o comercial, financian un ejército de *voluntarios* con objeto de aplastar la revuelta. La división de pareceres se extiende también a la península: mientras Prim era partidario de acabar con la guerra, desentendiéndose incluso de la isla, los intereses económicos catalanes y la opinión generalizada exigían restablecer la paz. El envío de un ejército rematará con éxito el conflicto —Paz de Zanjón, 1878— tras diez años de una salvaje guerra de guerrillas. La paz no significa un arreglo, sino una imposición, y Madrid malgasta la oportunidad de devolver al redil a los criollos ricos que pusieron en peligro sus haciendas al responder negativamente al llamamiento del Partido Autonomista, defensor de un estatuto moderado. Pudo más la cerril oposición del gobierno y los unionistas del Caribe a abandonar los privilegios en la administración o a permitir el librecambio, tan contrario a la política proteccionista del momento.

Sin perspectiva de acuerdo, la guerra estalla, nuevamente, en 1895, barriendo las opciones autonomistas, que nada habían conseguido, las ideas secesionistas abanderadas por José Martí. La lucha de guerrillas, alimentada por las masas indigentes víctimas de la depresión económica, reconquista el campo urbano y hostiga al ejército, acosado, así mismo, por las enfermedades tropicales. Cánovas nombra al general Martínez Campos, defensor de la negociación, jefe de las tropas españolas, pero incapaz de frenar a los extremistas de ambos bandos debe ceder el mando al duro Weyler, que en 1896 normaliza la vida isleña. Desde esos días Estados Unidos acentúa sus presiones a España, invitándole a transigir con las peticiones de autonomía de las islas. Aun con la opinión pública en contra, Sagasta se muestra dispuesto al acuerdo, pero las algaradas de los unionistas en La Habana abortan el proyecto y mueven a los Estados Unidos a envíar el *Maine* para proteger a sus ciudadanos. La explosión fortuita del barco y las interesadas campañas de la prensa arrastran al presidente norteamericano Mac Kinley a exigir a España la independencia de las islas y, ante su negativa, a declararle la guerra. El desastre se abate sobre España, su escuadra es destruida en Filipinas y en la bahía de Santiago de Cuba y, desarbolada la armada, Madrid debe trasferir sus posesiones a la emergente potencia americana.

La pérdida de las últimas colonias se reviste de tragedia nacional, al ser consecuencia de la derrota ante un poder extranjero y no de una guerra entre españoles, como en la década de los veinte. Tampoco para Cuba y Filipinas se auguraban tiempos buenos. La república libre y democrática soñada por Martí en la perla del Caribe no pasó de proyecto revolucionario y lo que perduró fue el dominio asfixiante de la oligarquía latifundista y el descarado intervencionismo de Washington; en el archipiélago filipino, mientras tanto, los gobernadores americanos trabajaron con ahínco por destruir cualquier rastro de presencia hispana.

Las guerras americanas de los años veinte, a la vez movimientos de emancipación, enfrentamientos sociales y rivalidad entre el liberalismo y la reacción, tienen su paralelo peninsular en las *guerras carlistas.* En 1833, las facciones favorables al absolutismo —los apostólicos— se sublevan contra la regencia de María Cristina de Borbón, proclamando rey al infante don Carlos, a quien confían la defensa de la sociedad tradicional. Daba comienzo una sangrienta guerra civil que habría de tener su principal teatro de operaciones en el País Vasco, aunque los combates se extendieron también a los enclaves montañosos de Cataluña, Aragón y Valencia. En el caso vasco, el carlismo recibió desde un principio la adhesión de las masas campesinas y los notables rurales, estimulados por los sermones de cruzada del bajo clero y el resentimiento del campo hacia la ciudad, responsable de los obsesivos intentos de conquista de las capitales vascongadas: pese al control carlista del ámbito rural, Bilbao, San Sebastián, Vitoria y Pamplona permanecerán fieles al liberalismo. Con el reconocimiento, tardío e interesado, de los fueros vascos por D. Carlos, el carlismo estrechó su maridaje con la población campesina norteña, sacando partido del malestar provocado por la piqueta uniformizadora del liberalismo. Sin embargo, no consiguió convencer a las clases ilustradas, hostiles al integrismo del pretendiente, ni a la burguesía y el proletariado urbano, que se alistan en las milicias locales, defensoras del trono de Isabel II.

Rusia, Austria y Prusia dieron su apoyo a D. Carlos, al que enviaron algún dinero y armas. Como consecuencia de la alianza de las potencias liberales de Occidente, el gobierno de María Cristina pudo contar con el favor de Inglaterra, Francia y Portugal. Al igual que en 1936, España fue durante la carlistada un hervidero de idealistas, de buscadores de gloria militar y aventura, de periodistas, que acudían a la línea de combate porque estaban convencidos de que allí se decidía el futuro de la civilización europea.

No obstante el apoyo popular al pretendiente, si los liberales hubieran logrado envíar un ejército bien pertrechado al norte en los primeros días del alzamiento, el carlismo se hubiera liquidado antes de conseguir montar su organización civil y militar. El general Tomás de Zumalacárregui, gran estratega y líder carismático, dispuso, por contra, de un tiempo precioso para adiestrar un ejército de veinticinco mil hombres y numerosas partidas de guerrilleros con un envidiable conocimiento del terreno. Tras los primeros reveses liberales, que muestran la incapacidad de frenar la insurrección en las Vascongadas, y después de que Cabrera fusione las bandas catalanas y aragonesas, D. Carlos entra en España y se pone al frente de sus fieles.

Triunfos y fracasos se suceden en 1835 de forma equilibrada: los liberales de Espoz y Mina vencen en Los Arcos y Echarri-Aranaz y los carlistas en las acciones de Gorbea, Orduña o Elizondo. Pero los temerarios esfuerzos de las tropas cristinas, al mando del general Valdés, por batir a Zumalacárregui se rematan con un grave descalabro que permite a D. Carlos ocupar Villafranca, Tolosa, Eibar, Durango y Ochandiano. Salvo las capitales y el sur de Navarra, Carlos V pudo sentirse monarca en un territorio que se extendía del Ebro al Cantábrico, con su propia corte, administración y leyes, aunque el estado mayor carlista no alimentó nunca ansias secesionistas respecto a España. Su objetivo era Madrid. La fortuna inicial se dilapida por la obsesión del pretendiente y sus consejeros de tomar Bilbao en contra de los planes de Zumalacárregui de lanzarse sobre Vitoria, camino de La Rioja y la capital del reino. Al final prevalecen los consejeros y el ejército carlista se entretiene en sitiar Bilbao, socorrida por la marina inglesa, donde perderá a Zumalacárregui. Con él se enterraba la única posibilidad carlista de llevar a D. Carlos a Madrid. La liberación de la capital vizcaína se convierte en una cuestión nacional para los liberales, que envían al general Espartero a salvar la villa obligando a los sitiadores a levantar el cerco.

De nuevo es la falta de abastecimientos de la tropa liberal la que impide completar con éxito la campaña, al permitir al general Eguía reorganizarse, aunque la presión de la intendencia carlista sobre su exiguo territorio vasconavarro incrementa la impopularidad del pretendiente. Los tradicionalistas hubieron de cambiar su estrategia, embarcándose en una serie de incursiones de castigo en territorio enemigo con la pretensión de sublevar a los campesinos sureños y castellanos. Destaca entre ellas la Expedición Real de 1837, que aterroriza Cataluña y Valencia, y se presenta a las puertas de Madrid, sin resultado positivo alguno. Y en medio, Bilbao sufre su segundo sitio y San Sebastián debe resistir nuevas acometidas. Heroicamente defendida por sus vecinos, la villa del Nervión aguarda impaciente la llegada de Espartero, que derrota a los sitiadores en Luchana y pone a resguardo la ciudad; los carlistas se cobran la revancha en Oriamendi, donde la legión británica, colaboradora de los liberales, pierde hasta el himno preparado para conmemorar el triunfo previsto y que los carlistas harían suyo. Los cristinos les responden con un ejército de cien mil hombres, sin que la España carlista pueda replicar.

Con el cansancio de la contienda, se acrecientan las voces que aconsejan a la regente garantizar los fueros vascos para privar así a D. Carlos de su bandera. Agentes liberales siembran confusión en el campo carlista con el programa de *Paz y Fueros,* cuyo objetivo era la separación de la causa del pretendiente de los intereses del campo vasco, vinculados al mantenimiento del régimen foral. Entre los vizcaínos crece el desaliento ante la sangría de la guerra y los guipuzcoanos muestran su negligencia en la ejecución de las órdenes de D. Carlos. La crisis interna del carlismo con enfrentamientos entre castellanos y navarros, la desmoralización de la tropa, la fatiga de los civiles, todo allanaba el camino del término de la guerra, que se hace inminente cuando Maroto, jefe supremo del ejército carlista, fusila a los generales recalcitrantes al acuerdo de paz. Por fin, el 31 de agosto de 1839, Espartero y Maroto suscriben el Convenio de Vergara, que prepara el final de la guerra: el duque de la Victoria se comprometía a interceder en Madrid por los fueros y los *pactistas* reconocían a Isabel como reina, en tanto se salvaguardaban las pagas y ascensos a los oficiales del bando perdedor. La pacificación del País Vasco permite a los liberales concluir la guerra en 1840 con el sometimiento del frente mediterráneo y la huida de España de D. Carlos y Cabrera.

Jamás se recuperaría el carlismo de su derrota. Sin embargo, no permanecería callado, jugando la carta del desconcierto político durante el reinado de Isabel II. Su presión desestabilizadora se intensificó entre 1846-1849, período en el que las partidas guerrilleras catalanas confraternizan con los progresistas y republicanos contra los gobiernos moderados y se sublevan en apoyo del conde de Montemolín, el mismo personaje que, unos años más tarde, desembarca en San Carlos de la Rápita con la quimérica esperanza de provocar un pronunciamiento militar a su favor.

No obstante, el hundimiento de la monarquía de Isabel II en 1868 brindaba al nuevo pretendiente Carlos VII su gran oportunidad. La Gloriosa, con su carga social y anticlerical, permitía a los carlistas alzarse como alternativa al trono vacío y monopolizadores de la defensa de España, del orden y la religión. Después de algunas intentonas fallidas, la guerra vuelve a desatarse en abril de 1872, casi al unísono de la cubana, pero en Arrigorriaga, Oñate y Mañaria las tropas del general Serrano pacificarían con facilidad las provincias norteñas. Por poco tiempo, la proclamación de la República excita la beligerancia de la Iglesia, que utiliza de brazo armado al carlismo en su batalla contra la modernidad. Exultantes tras la victoria de Dorregaray en Montejurra y la ocupación de Estella y Tolosa, los jerifaltes tradicionalistas caen nuevamente en la trampa de Bilbao, aislada ahora con la toma de Portugalete y el cierre de la ría, aunque la villa resiste numantinamente hasta que el general Concha barra las trincheras carlistas en Somorrostro.

Restaurada la monarquía borbónica, Alfonso XII y Cánovas hacen de la paz en el norte objetivo preferente del régimen, concentrando todas sus tropas en el País Vasco, una vez sometidas las efervescencias cantonalistas. Los llamamientos de Alfonso en Peralta resultan vanos y si bien se recupera Pamplona, las tropas gubernamentales sufren una nueva humillación en Lácar, última victoria carlista. Disensiones en el bando legitimista y el implacable empuje de Martínez Campos y Quesada en Estella y Montejurra propician la victoria final. Carlos VII cruzaba la frontera francesa y Alfonso XII volvía triunfador a Madrid con la nación pacificada.

Constituciones en precario

Con la abdicación de Fernando VII en 1808, el edificio del Antiguo Régimen se derrumba, por lo que José

Bonaparte trata infructuosamente de ofrecer un recambio; de su país importa el modelo liberal, cuyo desarrollo en el Estatuto de Bayona garantiza al monarca buena parte de sus antiguas prerrogativas. Vano intento; a los afrancesados, el resto de la nación opondrá un proceso constituyente alargado con altibajos en todo el siglo XIX. De esta forma, la pugna tenaz por dotar a España de una ley fundamental que regulase los derechos ciudadanos y la forma de gobierno caminará pareja a los esfuerzos del país por encontrar la estabilidad política y el progreso económico. Seis constituciones, varias reformas y algunos proyectos frustrados dan fe de las dificultades y de la escasa representatividad de las fuerzas políticas que las elaboraron, de espaldas por completo a la sociedad.

El fracaso del constitucionalismo retrata la debilidad de la burguesía española, incapaz de dirigir de manera consecuente el cambio, y acusa el lastre del núcleo conservador dispuesto a coger las armas contra cualquier alternativa liberal. Todo ello dentro de un Estado frágil, con ataduras a viejos particularismos legales, e indefenso ante los golpes de mano de los partidos. En este panorama, el ejército se hace adicto a pronunciamientos y asonadas a la par que las leyes reproducen a la letra el programa del grupo en el poder, lo que les priva de la legitimidad precisa para no ser revocadas con el cambio de régimen.

Desmoronado el modelo institucional del XVIII, las Juntas populares ocupan de forma espontánea el poder, que la ausencia del rey había dejado desierto. En ellas trabajan los representantes del Antiguo Régimen opuestos a Bonaparte al unísono con los herederos del pensamiento liberal de la Ilustración, deseosos de dar un giro enérgico a la política del país. Integradas las distintas instancias regionales, la Junta Central convoca en 1810 las Cortes Generales del reino en Cádiz, libre de las bayonetas francesas y protegida por la escuadra anglosajona. Después de cien años en los que los Borbones habían hecho olvidar el papel del parlamento, la iniciativa llana recupera la asamblea como único instrumento de legitimidad.

Lo que en principio parecía una reunión estamental a la vieja usanza para reorganizar la vida pública en tiempo de guerra progresa, rápido, hacia una revolución liberal de guante blanco. La rica burguesía gaditana, contagiada del pensamiento europeo, camina a su ritmo en una asamblea privada de las clases populares y con escasa presencia de la nobleza y el clero absolutistas. Como en el XVIII, la reforma pretendía abrirse camino desde arriba, sin esperar el concurso de la gran población ignorante.

Al compás de la idea ilustrada, las leyes de la cámara desmontan la arquitectura del Antiguo Régimen. Se aprueba la libertad de expresión, la Inquisición es abolida, se suprimen los diezmos para reconocer el monopolio fiscal del Estado, desaparecen los señoríos jurisdiccionales y los mayorazgos, al tiempo que el fin de los gremios airea la plena libertad de trabajo. Hasta el más mínimo detalle es regulado por la Constitución de 1812, cuyo diseño de Estado unitario imponía los derechos de los *españoles* por encima de los históricos de cada *reino*. La igualdad de los ciudadanos reclamaba una burocracia centralizada, una fiscalidad común, un ejército nacional y un mercado liberado de la rémora de aduanas interiores. Sobre estos cimientos, la burguesía construirá, a través de los resortes de la administración, la *nación española*, cuya idea venía siendo perfilada desde el siglo anterior.

En consonancia con el decreto de convocatoria de las constituyentes, la Constitución gaditana declara la soberanía nacional en detrimento del rey, al que se le arrebataba la función legisladora, atribuida ahora a las Cortes. La representación se articulaba en un parlamento unicameral, al que se accedía después de un complicado sistema de compromisarios que exigía una renta para ser elegido. Símbolo del liberalismo radical, *la Pepa* aparece, no obstante, tamizada por la religión y la nobleza, cuya influencia se refleja en la definición de un Estado confesional y en el reconocimiento de las propiedades de los privilegiados, aspectos claves en la evolución política del XIX.

Si el absolutismo preside el reinado de Fernando VII,

salvo el paréntesis 1820-1823, las circunstancias políticas cambian a su muerte cuando el trono se tambalea ante el acoso de los cortesanos más conservadores tutelados por el infante D. Carlos. Para defender la corona de su hija Isabel II, la regente María Cristina pacta con el liberalismo moderado, también partidario de alcanzar un compromiso con la monarquía que garantizase su porvenir. El instrumento de la transacción será el Estatuto Real de 1834, una ley que sin ser constitución plena ofrecía un marco relajado al poder regio y a los políticos una plataforma de demanda de los derechos individuales y sociales. Pese a que el Estatuto privaba a la reina del mando exclusivo, su falta de reconocimiento de la soberanía popular le atrajo las antipatías de los progresistas, que siempre lo contrapondrían a la biblia gaditana.

Ideológicamente el Estatuto recoge el programa del moderantismo español del XIX, creación conservadora de los liberales en su empeño por conjugar la *paz* del Antiguo Régimen con algunos de los nuevos derechos, mediante el acuerdo de la vieja clase privilegiada y la burguesía menos comprometida en el cambio. En el campo político instauraba unas Cortes bicamerales compuestas por la Cámara de Próceres, palestra del alto clero, los Grandes, los propietarios y los intelectuales nombrados por el rey, y la de Procuradores, elegida por sufragio censitario en beneficio de un restringidísimo sector de la sociedad nacional, un 0,15 por 100 de la población. Entre los atributos regios sobresalía el derecho de iniciativa legal, que congelaba la actividad parlamentaria y aumentaba la desconfianza de los progresistas hacia el régimen a la espera del triunfo de la conspiración.

La acción revolucionaria engendrará otra vez un haz de Juntas locales y territoriales, reforzadas por las milicias nacionales, herederas de las organizadas en 1812 para defender la Constitución y el orden público, que habían servido de aglutinante de las burguesías periféricas. En 1836 un levantamiento cobra fuerza en Zaragoza, Barcelona y Madrid, y se extiende a Cataluña, Aragón, Valencia y Andalucía como rechazo del Estatuto y exigencia de libertad de imprenta y reformas sociales, en un ambiente de violencia contra las órdenes religiosas, acusadas de participar en la represión fernandina.

Muchas de las peticiones serán escuchadas por el gobierno de Mendizábal, incapaz, sin embargo, de introducir cambio alguno en el sistema político antes de caer en desgracia de la corona, autora de su relevo por el moderado Istúriz. Se inaugura de esta manera una práctica habitual en la España contemporánea, que no haría sino desprestigiar a la monarquía al rebajarla al terreno de la lucha partidista. El clima se vuelve subversivo en pos de la vieja gloria gaditana, y la sublevación de las milicias en Andalucía, Zaragoza, Extremadura y Valencia y del ejército en La Granja, obligarán a la reina gobernadora a capitular y recuperar el texto de 1812.

Prevista como una mera reforma de la ley gaditana, la Constitución de 1837 atenuó la radicalidad original con un torrente de concesiones a la corona y al moderantismo, a los que se quería atraer al redil progresista. Conservó, eso sí, el principio de soberanía nacional y puso énfasis en algunos derechos individuales, el de imprenta por ejemplo, pero tuvo que transigir con el bicameralismo y el robustecimiento de la corona, a la que se concede el derecho de veto y la disolución de Cortes sin cortapisas. La ley electoral redujo la tasa para poder ejercer el derecho de voto, aunque el número de electores apenas alcanzaría el 2 % de la población; a cambio acentuó el interés de los partidos por controlar los ayuntamientos, encargados de los censos y el escrutinio. No fue más allá la burguesía progresista, pues prefirió revolucionar la organización socieconómica con la desamortización a introducir cambios radicales en el edificio político que hubieran aumentado el número de descontentos.

Con tales prerrogativas, Isabel II interviene a su antojo en el nombramiento de una larga lista de ministerios, con lo que mantiene en el ostracismo a los líderes progresistas, salvo en los períodos de 1840-1843 y 1854-1856, cuando las reinas confían a Espartero el encargo de frenar las Juntas revolucionarias. A la política regia, las Cortes no pudieron oponer más que su derecho a la enmienda o el voto de censura contra los ministros, pero, al faltar una ley estricta sobre la duración de las sesiones del legislativo, los gobiernos suspendieron la vida parlamentaria para librarse de cualquier fiscalización.

Lejos de atraer a los moderados al régimen, la Carta de 1837 empujó a muchos a la clandestinidad hasta que las elecciones de ese mismo año les devolvieron el gobierno. Sus amagos de restringir la libertad de prensa y controlar los ayuntamientos con la complicidad de la regente promoverán una nueva marejada insurreccional, que catapulta a Espartero y destierra a María Cristina. La respuesta será también la conspiración; Narváez subleva Zaragoza, Madrid y las capitales vascas; Barcelona estalla en protesta por el tratado librecambista con Inglaterra; en 1843 todo el país se levanta contra la gestión autoritaria del duque de la Victoria, confraternizando moderados y progresistas críticos. El conflicto cesa con la caída del general y la adelantada mayoría de edad de Isabel; el moderado González Bravo se desembaraza entonces de los progresistas que habían colaborado en el complot contra Espartero.

Carentes de una base real, los textos de 1837 son arrinconados por la supuesta reforma de 1845, que acentúa los rasgos moderados al abandonar la soberanía nacional por otra *compartida entre el trono y la nación.* Un significativo cambio de agujas en el sistema político vigente, reflejo del pacto de la corona con las elites conservadoras: la primera obtiene un soporte para el ejercicio del poder, la oligarquía un instrumento frente a los desmanes de los exaltados y reaccionarios. A la cita acude también la Iglesia, que conquista el confesionalismo del Estado, en premio a su defensa de los valores sociales de la burguesía. La nueva ley electoral rebaja el número de votantes y elimina toda posibilidad de vuelta de los progresistas; se purga la administración y se disuelven las milicias al tiempo que son prohibidas las manifestaciones y se responsabiliza del orden público a las autoridades militares.

Por la ley de ayuntamientos Isabel II se arroga el derecho a nombrar los alcaldes de las capitales de provincia y los delegados gubernamentales a los de las poblaciones de más de quinientos vecinos. A partir de 1849 la figura del gobernador civil refuerza el control sobre las instituciones locales a la vez que se le confía el cuidado del orden público. Desde que llegan a España las noticias de las revoluciones europeas el orden público polariza el programa moderado, que se antepone en 1847 a los derechos constitucionales al resignarlos el parlamento con ocasión de disturbios; poco después, la Guardia Civil, creada para mantener la paz rural, obtendrá el fuero militar, levadura que no hará sino fermentar la masa del militarismo.

La tenaza de Narváez decepcionará a los que habían apoyado el movimiento de 1843 con la ilusión de alcanzar una convivencia pacífica de los partidos liberales. Al igual que con Espartero, los ensayos de forzar el cambio por la fuerza —algaradas carlistas, intentona progresista gallega— no asustaron en demasía al gobierno, mucho más preocupado por sus propias disensiones. También los progresistas sufren desavenencias, la unidad de esparteristas y detractores del general se hace a costa de la separación de los demócratas, que se niegan a aceptar compromiso alguno con la corona dejando abierta la revolución como única vía de acceso al poder. El golpe de Luis Napoléon, respuesta de la burguesía francesa conservadora a los furores del 48, tiene su paralelismo en España en la derechización de Bravo Murillo, cuyo empeño en fortalecer el gobierno se plasma en un proyecto constitucional que retrocede a niveles tan autoritarios y poco liberales como los del Estatuto. Hasta los moderados percibieron el peligro y, en una acción concertada, todos los partidos patrocinarían la retirada del ministro. Ante el trance de un conflicto armado y sintiendo tambalearse su corona por el levantamiento de las ciudades y el ejército —Vicálvaro, 1854—, Isabel II confía el gabinete al sexagenario Espartero, que compra con cargos a los miembros de las Juntas y restablece las leyes más aperturistas.

Nunca vería la luz la Constitución de 1856, la más genuinamente progresista y la que ofrecía, por vez primera, una alternativa a la práctica política de la centuria, responsable de pronunciamientos y falta de acuerdos. Reconocía la soberanía nacional y los derechos individuales, ponía freno a los excesos de la jurisdicción militar, cercenaba el poder de la corona al crear un senado electivo, establecía un período mínimo de sesiones parlamentarias al año e incluía acciones legales contra los funcionarios acusados de fraude electoral.

De nuevo, la coyuntura internacional interfiere: la guerra de Crimea eleva los precios y las clases populares se levantan, en tanto que los trabajadores fabriles exigen en Cataluña la negociación colectiva de salarios y jornadas laboralcs. Consciente del peligro, Espartero limita al máximo los debates parlamentarios; la burguesía asustada exige mayores garantías para sus propiedades, un buen argumento que anima a Isabel a desprenderse de los siempre incómodos progresistas y a ceder el poder a O'Donnell en 1856. La ruptura entre la reina y el ministro, a propósito de las medidas desamortizadoras, no se hace esperar, y escasos meses después es Narváez quien regresa al Consejo para restaurar en su integridad el régimen de 1845.

A lo largo del período 1856-1868, el poder corre hacia posiciones cada vez más conservadoras que aumentan el retraimiento de los progresistas de la vida política y los empujan a la conspiración contra el trono. En 1865, la ley O'Donnell intenta atraerlos, pero el reclamo llega tarde, cuando ya ha prendido la propuesta del general Prim de pactar con los demócratas. El acuerdo alcanzado en Ostende diseñó la estrategia para derribar a la reina y convocar una asamblea constituyente elegida por sufragio universal, en un programa que también suscribirán los unionistas, airados por la política antiparlamentaria de Narváez, y una gran parte del ejército, molesto por el destierro de varios generales. La incorporación de los militares confiere al movimiento una dualidad ideológica que se manifestará en los vaivenes de la etapa revolucionaria, entre el monarquismo moderado de los altos oficiales y el democratismo de las Juntas, expresión de los intereses de la pequeña burguesía, los artesanos y el proletariado. En 1868 el ejército se subleva en Cádiz y derrota a las fuerzas isabelinas en Alcolea; sin nadie en quien apoyarse la reina huye a Francia desde San Sebastián.

Como en 1808, las Juntas ocupan el poder abandonado y asumen la soberanía de la nación en abierta competencia con el gobierno provisional apuntalado por progresistas y unionistas. La guerra civil parece inminente al apoyar el ejército al gobierno y responder las Juntas armando a las clases populares. Sólo la elección democrática de una nueva Junta en Madrid conseguiría apaciguar los ánimos, aunque a costa de confiar el timón al general Serrano. El levantamiento popular pierde su oportunidad, el poder pasa a manos de los elementos más templados, al par que las divergencias políticas de los vencedores quedan aplazadas hasta la redacción de una nueva Carta Magna. Se inicia de esta forma un sexenio de inestabilidad política que si bien constituye un avance en el sistema democrático no cuestionará nunca los fundamentos socioeconómicos. Con medidas liberalizadoras el gobierno intenta atraerse a los insatisfechos, amplía los límites de la libertad de expresión y reunión y concede el sufragio a todos los varones mayores de edad. En las elecciones municipales los grupos republicanos conquistan el poder en veinte capitales de provincia, desconcertando al propio gobierno provisional, que en los comicios generales hace propaganda a favor de la monarquía. Una coalición de unionistas, progresistas y demócratas se alzó con la mayoría absoluta, necesaria para redactar con las manos libres el nuevo texto constitucional.

La Carta Magna de 1869, imbuida de ideología liberal-democrática, perfila un régimen de libertades muy audaz si se lo compara con la programación política de la época. Se entroniza, de nuevo la soberanía nacional y, a su amparo, los derechos individuales alcanzan aspectos novedosos en terrenos de la libertad de residencia, enseñanza, culto o inviolabilidad del correo. La monarquía se mantiene como forma de gobierno, correspondiendo al rey el poder ejecutivo y la facultad de disolver las Cortes: una concesión notable, tendente a hacer más atractiva la corona a los posibles pretendientes. Promulgado el texto, los dos hombres fuertes, los generales Serrano y Prim afrontan los dos mayores problemas que tiene el régimen: de un lado, la urgencia de moderar el intervencionismo del ejército en la vida pública; de otro, el encontrar un sustituto a Isabel que fuese católico y aceptase las reglas del juego democrático. En 1868, una nueva ley devuelve a la jurisdicción ordinaria los delitos relacionados con la seguridad interna del Estado, salvo los ataques a los miembros del Ejército o la Guardia Civil, mientras se organizan a los vecinos en *somatenes* para el mantenimiento de la paz social. En cuanto a la determinación del nuevo rey, después de numerosos vaivenes, uno de los cuales sirvió de excusa de la guerra entre Francia y Prusia, el gobierno se decidirá por el duque de Aosta, Amadeo de Saboya.

Casi al unísono de la llegada de Amadeo a Madrid, el general Prim cae asesinado en un acto terrorista, frustrándose la esperanza de una práctica política de alternancia de partidos. El rey encarga su primer gobierno a Serrano, que prepara las elecciones según una ley electoral remozada que le permite obtener la mayoría absoluta. Es el estreno de una forma de hacer política que perdurará hasta la Segunda República: el gobierno no nace del resultado de unas elecciones sino de la voluntad real que llama al poder al político de turno para preparar la consulta, siempre ganada, naturalmente. No obstante, en el caso de Serrano de nada habría de servirle la victoria; unos meses después el gobierno cae por las intrigas de su sucesor, Ruiz Zorrilla, provocando la ruptura definitiva de progresistas y demócratas. A partir de entonces, los ministerios se sucederán alocadamente minando la moral de Amadeo, que renuncia a la corona en 1873.

Con el trono vacío, los extremistas de las Cortes no esperan más y proclaman la República. Una alianza de republicanos y radicales lleva a Figueras al poder, quien rechaza un intento de golpe cívico-militar liderado por personalidades del progresismo; con todo, ese mismo año debe ceder el gobierno a Pi y Margall y éste a Salmerón, cuyo mandato impulsará el recambio constitucional. En el texto de 1873, el gobierno apuesta por una tajante separación Iglesia-Estado y la subdivisión del país en términos federales: trece estados peninsulares, dos insulares y dos americanos, dotados de amplia autonomía política, convivirían en el seno de la nación española. Sin embargo, antes de que la Constitución viera la luz, el país se desgarra con el estallido del movimiento cantonalista —Alcoy, Cartagena— y los conflictos sociales. La burguesía conservadora carga interesadamente las tintas en su retrato de la descomposición de España abandonando a la República, y Salmerón sólo puede llamar en su auxilio al ejército, que liquida los cantones andaluces y levantinos, pero aun así ha de traspasar los poderes a Castelar. A finales de 1873 las maniobras de los partidos burgueses por impedir la vuelta de los federales se estrellan contra el Congreso: desprovista de mejores argumentos, la burguesía recurre al general Pavía, que disuelve, militarmente, las Cortes.

Derrotada la República, el general Serrano se erige, sin legitimidad alguna, en presidente del Consejo, suspende las garantías constitucionales y proclama el estado de sitio. La derrota de los republicanos convence a los políticos burgueses de la necesidad de recuperar la corona, en la persona de Alfonso, hijo de Isabel II: el manifiesto de Sandhurst, donde el joven príncipe anunciaba su intención de gobernar constitucionalmente, y el trabajo de Cánovas reunieron en torno suyo las expectativas monárquicas. Por fin, el pronunciamiento del general Martínez Campos en Sagunto aceleraría la vuelta de los Borbones españoles.

La restaurada monarquía no podía gobernar con ninguna de las constituciones precedentes, de tal forma que Cánovas vio en la redacción de una nueva la oportunidad de atraerse a la masa social *bien pensante,* alejar a los militares del quehacer político y sustituir el excluyente monopartidismo isabelino por un turno pacífico de los conservadores y los liberales. Se trataba, en definitiva, de eliminar cualquier tentación revolucionaria que pudiera poner en peligro las conquistas de la burguesía. El modelo impregnará la Constitución de 1876, que recoge la idea de la soberanía compartida entre la corona y las Cortes, lo que permite al rey asumir todos los poderes otorgados en 1845 más el mando supremo del ejército.

La tertulia política

Sobre el escenario de un constitucionalismo vulnerable, los partidos, la prensa y el ejército serán los verdaderos protagonistas del drama de la renovación de España. Tan vinculadas, desde su origen, al funcionamiento del régimen representativo, las agrupaciones políticas no tendrán existencia legal hasta la ley de asociaciones de 1887. Sin embargo, la *praxis* de la vida pública les irá señalando el camino, allanado con la experiencia adquirida en Gran Bretaña y Francia por los exiliados españoles al conocer distintas formas de asociacionismo político. Pronto la avalancha de elecciones exigirá una infraestructura apta para la selección de los candidatos idóneos y la puesta en marcha de las actividades propias de la consulta. Antes de la Restauración el régimen deberá abordar veintiocho elecciones generales y otras tantas municipales y provinciales, cuyos preparativos darían trabajo a los *comités electorales* constituidos como antecedente inmediato de los partidos políticos.

Logrado el dominio de la cámara, la unidad de voto de los diputados de una misma tendencia resultaba fundamental si se deseaba mantener la acción del gobierno y capear las mociones de censura. En las Cortes del Estatuto las votaciones de los diputados gubernamentales ya habían apuntado esta manifestación de incipiente disciplina de partido, pero hasta la era canovista no se consolidaría la tendencia al asociacionismo. Poco a poco se va pasando de la tertulia fernandina en torno a algún general o polemista brillante a la estructura isabelina, dispuesta al ejercicio del poder gracias a una red de dependencias que compensaba su escaso arraigo popular.

El liberalismo, triunfante a comienzos del reinado de Isabel II, se escinde en dos ramas antagónicas de moderados y progresistas que responden a la fractura interna de la burguesía. Terratenientes, grandes comerciantes e intelectuales se abrazan al moderantismo, donde confluyen con los rescoldos de la vieja nobleza, el alto clero y los mandos castrenses; el pequeño burgués, por contra, bascula hacia el progresismo en su versión radical igualitaria y exaltadora de las clases medias. Empeñados en apuntillar el Antiguo Régimen, unos y otros compartirán intereses comunes en los primeros años de la regencia de María Cristina para converger de nuevo a finales de siglo, cuando las bases del partido progresista se orienten al conservadurismo burgués en respuesta a las ideologías democráticas, republicanas y socialistas, afines a la masa trabajadora.

Extremadamente heterogéneo, el moderantismo supo conservar el poder tanto como duró el reinado de Isabel II, consagrando la visión socioeconómica de la burguesía latifundista tras el escaparate de los intereses de las clases medias dibujado por Donoso Cortés y Alcalá Galiano. Defensor a ultranza de la propiedad, garantía del orden, el moderantismo descubre en el sufragio censitario el arma ideal para retrasar la llegada del pueblo a la escena política, mientras expande su concepto *darwinista* de la sociedad, que equipara la pobreza a la ineptitud, la ociosidad y el vicio.

Con un origen social también diverso, pero sin el lastre de los terratenientes o el alto clero, el partido progresista se proclama heredero de los grupos más exaltados de 1820 y defensor sin componendas de la soberanía nacional. Con unos municipios poderosos y unas diputaciones reforzadas, el progresismo pensaba llevar adelante su idea de España, firme en la defensa de la reforma agraria y el fin de la influencia eclesial. Sin embargo, apartados del gobierno, su actividad se vio constreñida a la crítica desde la prensa o la oposición parlamentaria, en tanto creaba una estructura de partido al margen del Estado que participaría en el derribo de Isabel II.

Los progresistas sufren en 1849 un desgajamiento por su izquierda, semilla del partido demócrata, cuyo primer manifiesto reivindica la libertad de conciencia y asociación, la beligerancia del Estado en la sociedad y la economía en contra del sacrosanto *laissez faire* del liberalismo ortodoxo. El movimiento oscilará entre su doble sensibilidad *burguesa* y *revolucionaria,* patente en las polémicas de Pi Margall y Castelar, para terminar por aliarse al progresismo y trabajar desde el régimen por el pleno ejercicio de la soberanía popular frente a la monarquía isabelina.

En un par de décadas el extremo más radical de los demócratas adopta la tendencia republicana y en 1869 una cuarta parte de la cámara queda en sus manos, creándose al unísono una estructura partidista de corte federal. Las tensiones entre el gobierno de Sagasta y los nuevos actores de la vida política desembocan en los levantamientos de Barcelona, Sevilla y Valencia y en la escisión de los *unitarios,* detractores de un modelo que sospechaban ponía en peligro la unidad de España.

De los acontecimientos de 1854 nace la Unión Liberal, partido ecléctico alrededor de O'Donnell, alejado a un tiempo de los excesos revolucionarios y del conservadurismo cortesano. Aunque exponente de la transigencia política, el grupo arrastrará el sambenito de no ser más que una criatura del poder y la ambición de cargos de una pléyade de *politicastros,* adictos a O'Donnell, a cuya muerte apenas sobrevivirá.

Al margen de los partidos dinásticos y enfrentados militarmente al régimen se atrincheraban los seguidores del absolutismo, que con el pretendiente carlista a la cabeza desplegarán la oposición popular más reaccionaria a los avances liberales. Envueltos en la nostalgia del viejo orden, los carlistas programan una cruzada religiosa contra la *canalla liberal* y *masónica,* para luego erigirse en valedores de los fueros y del régimen señorial de propiedad de la tierra, lo que les permitió atraerse la simpatía de la Iglesia, la nobleza y los campesinos perjudicados por las ventas desamortizadoras. Sus continuos fracasos en los campos de batalla, demostración palpable de los cambios habidos en España —crecimiento de la industria, urbanización, desarrollo del capitalismo—, les llevarán finalmente al terreno político, pero su clientela disminuirá conforme se aproxima el siglo XX hasta tal punto que sólo en las provincias norteñas este resabio conservador y ultramontano encontraría el abono necesario para su supervivencia.

En el río revuelto de 1868 el movimiento acogerá a todos aquellos que veían en el credo religioso la mejor réplica a la revolución social, como los *neocatólicos*, exponentes de la resistencia conservadora a los desórdenes y el extremismo del *sexenio*. El conglomerado carlista, hecho de altares, fueros, antiliberalismo y horror al naciente obrerismo, parecía más un ideario destinado a propietarios católicos que a campesinos marginados; una doctrina que tendría su nueva oportunidad cuando la Iglesia se sienta acosada por el anticlericalismo de la Segunda República.

El peso de la letra

Mucho más que un *cuarto poder*, la prensa española es durante el siglo XIX una vía de acción política al servicio de los partidos: sus proclamas, editoriales y polémicas llegarán a oscurecer, incluso, las mismas sesiones del parlamento. En manos de los grupos separados del gobierno se transforma en la mejor arma de oposición a los diferentes ministerios, en tanto que el Estado encuentra en ella el medio ideal para justificar sus acciones, amparado en la falacia de la *opinión pública*.

El trienio liberal facilita la irrupción del periodismo en las grandes ciudades, como si quisiera compensar el desierto informativo del que se había beneficiado, paradójicamente, el golpe de Riego. Con la vuelta a la Constitución gaditana y al abrigo de una benevolente libertad de prensa surgen multitud de sociedades patrióticas, esbozo de los futuros partidos políticos, que promueven los primeros periódicos en defensa del orden constitucional. De entre todas, destacan pronto las madrileñas de Lorencini, plagada de oficiales del ejército; la artesana del café de San Sebastián o la más acomodada de «La Fontana de Oro», privilegiado púlpito de Antonio Alcalá Galiano. Es el tiempo de *El Espectador,* destacado militante monárquico y anticlerical, al que sigue toda una avalancha; en Madrid, ciento veinte periódicos ven la luz junto a panfletos de enorme agresividad y vida efímera, propia de la escasez de recursos de la mayoría de las empresas y del alto grado de analfabetismo de la población, que en 1860 todavía afectaba al 85 por 100 de los adultos masculinos.

Sociedades y cafés, mediante sus gabinetes de lectura, complementan la venta callejera y las suscripciones, en un amplio esfuerzo de la prensa por introducirse en la vida pública. Con la incorporación de intelectuales y políticos, el periodismo liberal reproduce la discordia de los partidos: *El Universal Observador* y *El Censor* de Miñano y Lista en la cuerda moderada, *El Conservador* para los exaltados y *El Zurriago,* satírico, que no dejó títere con cabeza. Sus diez mil ejemplares dispararon el nerviosismo del gobierno, cuya mordaza a las redacciones encendería los ánimos de la oposición en las Cortes y de las turbas en la calle; las casas de los ministros Martínez de la Rosa y conde de Toreno pagarían las consecuencias.

Exiliados los liberales al restablecerse el absolutismo, Londres se proyecta como centro de la vida intelectual hispana con la edición de siete periódicos en castellano de elocuentes cabeceras, *El Español Constitucional, Ocios de los españoles emigrados* o el *Variedades* de Blanco White. En el decenio absolutista el romanticismo arraiga entre los periodistas españoles que se refugian en la literatura, el teatro o la información financiera y en los artículos costumbristas donde destacan Larra y Mesonero Romanos.

Después de 1828, la tímida apertura del régimen favorece la reaparición de una prensa más comprometida, en la que militan Evaristo San Miguel, Antonio Alcalá Galiano y Mariano de Larra, las mejores plumas de la época. Fuera de España, Fernando VII sostiene *La Gaceta de Bayona,* de Alberto Lista, en un intento de atraer a la opinión extranjera y a los liberales al bando de su hija Isabel. La muerte del monarca y la alianza de la regente con los moderados impulsará el renacer de la prensa escrita, aunque ni Cea ni Martínez de la Rosa concederán ninguna facilidad adicional, obsesionados por el control para *impedir abusos.* El régimen del Estatuto se inaugura, así, con una prensa adicta que desplaza al parlamento cualquier crítica y que empuja al periodista a aguzar el ingenio con objeto de esquivar al censor y a los editores agobiados por las suspensiones gubernativas.

Con el inestable gobierno de Martínez de la Rosa rebullen los viejos diarios y asoman otros, adscritos ya a los partidos. *El Eco de Comercio* y *La Abeja* sostienen a los progresistas en competencia con *El Español* de Andrés Borrego, primera gran empresa periodística con un capital de cuatro millones de reales. Es también el tiempo de revistas ilustradas como *El Artista* de Federico Madrazo, en cuyas páginas colaboró el poeta Espronceda, o el *Semanario Pintoresco* de Mesonero, que eluden toda referencia política para atraerse a las clases medias y aumentar sus suscriptores.

Al desatarse la fiebre anticlerical en 1834, los diarios progresistas arrecian en sus críticas a la Iglesia mientras los moderados hacen de los medios de comunicación la plataforma de su lucha contra las leyes desamortizadoras. Al ritmo veloz de los cambios políticos, nace y muere la prensa. Las campañas socializantes de algunos diarios barceloneses tienen por respuesta la restrictiva ley de prensa de 1837, que confirmó su ineficacia al no lograr evitar las maniobras de los periódicos, causantes de la caída del gobierno moderado surgido de las elecciones de 1841. Según se amplía el arco iris político aparecen los primeros impresos de carácter republicano —*La Re-*

volución y *El Huracán*— y, después del abrazo de Vergara, los carlistas *El Católico* o *La Cruz*.

Acosado por los moderados y las corrientes radicales que confluirán en el partido demócrata, Espartero no hallaría ni tan siquiera apoyo en las publicaciones progresistas. Pese a su respeto a la libertad de prensa, la intentona de rebelión en 1841 y las campañas hostiles al tratado comercial con Inglaterra le convencerán de la urgencia de frenar las críticas, lo que se traduce en la prohibición del reparto por correo de todo periódico no ministerial. La nueva normativa de 1842 unirá al sector contra el gobierno en la primera coalición periodística, anticipándose así a la de los partidos liberales que pondría término a la regencia tras la represión de los alborotos barceloneses, hábilmente magnificada en las rotativas. La prensa salía triunfante de su pulso con el Estado.

No se hará esperar la respuesta del poder, que cauteloso lanza la ley González Bravo, los tribunales especiales de Narváez y un gran aumento de las fianzas a los editores desde el despacho de Bravo Murillo en 1852. La prolífica corriente de publicaciones, no obstante, continúa, al servicio de la politizada opinión pública, de lo que son ejemplo *El Español-El Universal*, con doce mil suscriptores en 1846, y *Las Novedades*, con dieciséis mil apenas unos años después. Los moderados, más favorecidos por el sistema, en 1850 acaparan el 44 % de los ejemplares distribuidos frente al 30 % de los progresistas y el 25 % de los absolutistas.

A partir de mediados de siglo el periodismo vuelve la vista hacia el campo de la información y lentamente abandona el compromiso político. Los diarios dejan de ser *misales de los partidos* para transformarse en verdaderas empresas atentas a la mayor rentabilidad; sólo las gacetillas obreras de tendencia socialista y anarquista conservarían su faceta militante. A pesar de ello, exacerbada en 1853 por los escándalos de las concesiones ferroviarias y el intento de Sartorius de acallar las críticas cerrando periódicos, toda la prensa se unirá en una segunda coalición contra el poder.

Espartero y O'Donnell cohabitan en un nuevo gobierno que beneficia a los diarios progresistas y demócratas, ahora enriquecidos con las letras de Cánovas, Castelar, Pi y Margall y Sagasta. Gracias a la indulgencia gubernamental entran en escena gacetas de talante socialista como *El Eco de la Clase Obrera,* órgano de los proletarios catalanes, editado en Madrid en un intento de influir sobre las Cortes constituyentes. Y mientras éstos medran, los moderados se hunden al perder el favor del poder, reemplazados rápidamente por la adicta Unión Liberal y los envalentonados absolutistas.

En medio de la agitación de 1868, la libertad de prensa sabe explotar el abaratamiento del papel para alimentar un número abundante de publicaciones con aumento progresivo de tiradas. La efervescencia política no frena, sin embargo, el ascenso de noticieros como *La Correspondencia de España,* que supera los cincuenta mil ejemplares, o las empresas de Eduardo Gasset. En paralelo, la prensa carlista se beneficia del trasvase de moderados y neocatólicos a las filas de Carlos VII, llegando a ocupar el primer puesto de difusión, seguida muy de cerca por la republicana, cuya labor agitadora se corona con el triunfo de 1873. Otro futuro protagonista de la vida pública, el proletariado, pone ahora en marcha sus medios de propaganda, teñidos de anarquismo hasta que la predicación de Lafargue en 1871 introduzca las consignas marxistas. Sus enseñanzas prenderían en el semanario *La Emancipación,* donde escribía Pablo Iglesias; el socialismo disponía de un periódico antes de hacerse con un partido.

Ministerios y cuarteles

Entre 1814 y 1874 el ejército irrumpe con fuerza en la vida política: los generales se imponen como jefes *naturales* de los partidos y exhiben su capacidad para subvertir las decisiones del gobierno o la corona a través de constantes *pronunciamientos.* No es más que una muestra de las deficiencias del sistema, marcado por la incultura política y la debilidad del poder civil. Erigidos en guardianes del liberalismo, los mandos intermedios del ejército desencadenan un rosario de intentonas golpistas que tienen en jaque al absolutismo de Fernando VII, animados por el recuerdo de la constitución gaditana y con líderes insertados en las sociedades patrióticas o la masonería. Espoz y Mina, Porlier, Lacy, Milans del Bosch y Van Halen fracasan en su empeño y hay que esperar a 1820 para que se inicie la cadena de levantamientos triunfantes, prolongada hasta la *sanjurjada* de 1932. De esta forma, el éxito de Riego dejaba clara la posibilidad de dar un giro al régimen con la alianza de los mandos castrenses y la colaboración de la prensa.

Muerto Fernando, la regente María Cristina busca el apoyo del sector burgués de la Corte para defender su herencia del acoso de D. Carlos, cuyo prestigio entre la oficialidad amenazaba al nuevo poder. Al trono de Isabel II le es capital atraerse a los oficiales; no se trata ya de los violentos y demagogos del Trienio o la reacción realista, sino de profesionales moderados, muy afines a las expectativas de la burguesía liberal. Bajo la batuta de los generales la familia militar convence a la regente de la utilidad de entregar el gobierno a Martínez de la Rosa y posteriormente a Mendizábal, cuando los desastres de la guerra carlista conmocionan la opinión pública.

Una sociedad marcada por más de treinta años de guerra se acostumbró con demasiada facilidad a solucionar sus problemas por la vía de los fusiles y a hacer de los *héroes* de las campañas del norte el recambio oportuno de la política del país. El recurso a la dirección militar demostraba la flaqueza de los grupos civiles y del propio sistema de partidos así como la incompetencia de la burguesía para llevar adelante, por sí sola, su propia revolución. No se puede hablar de *militarismo,* ya que el ejército actúa como mero brazo ejecutor de la conspiración política; sin embargo, el desprestigio del poder civil haría de él la única institución verdaderamente sólida dentro del Estado liberal.

Dos graves cuestiones ligadas entre sí sacuden el ámbito castrense en la centuria: de un lado definir sus nuevos objetivos, de otro proceder al recorte del número de sus miembros, inflado por la guerra de Independencia, la emancipación de las colonias americanas y los conflictos carlistas. Desde Cádiz, quedó a cargo del ejército la defensa del suelo patrio y el orden constitucional, pero, desconfiando de su fidelidad, los mismos legisladores encomendaron a las *milicias nacionales* velar contra cualquier intento de involución, a la vez que, afirmando el principio de igualdad, anulaban las pruebas de hidalguía para ingresar en la carrera militar. La reacción de 1814 cortó de raíz los primeros brotes de modernización de un ejército de doscientos mil soldados y dieciséis mil oficiales, en el que conviven los profesionales al estilo borbónico con los paisanos ascendidos de la guerrilla y los generales absolutistas con la oficialidad rabiosamente liberal.

Cien mil hombres organizados en tres grandes brazos —las armas generales, los cuerpos especiales y los auxiliares— componen el nuevo ejército isabelino; junto a ellos, carabineros y guardias civiles se ocupaban del orden público y del contrabando. Más del 40 % de sus miembros procedían de familias castrenses, lo que fomentaba el corporativismo de una institución impregnada del espíritu de casta aportado por la nobleza, mientras que el resto llegaba desde las clases medias y bajas, ansiosas de encontrar un medio rápido de ascenso social y deslumbradas por el ennoblecimiento de Espartero, Prim u otros militares plebeyos. Su situación económica, sin embargo, no era en absoluto relajada, sujetos, como los demás funcionarios, a los aprietos del Estado: sólo los altos mandos disfrutaron de liquidez al equipararse los ingresos de los capitanes generales con los de los ministros.

Ocupado en guerras civiles y actividades políticas, el ejército no participó en asuntos internacionales, salvo en el gobierno largo de O'Donnell (1858-1863). El primer ministro intentaba desviar la atención pública de los asuntos internos, embarcando a las tropas españolas en costosas aventuras exteriores subordinadas a los intereses imperialistas de Napoleón III en Indochina y Méjico. Ninguna tan quijotesca como la expedición contra Tetuán, que si bien reverdeció los aires de cruzada y constituyó una gran apoteosis nacionalista y el mejor trampolín de las ambiciones de O'Donnell y Prim, no proporcionó ventaja territorial alguna por la negativa inglesa a dejar ambas márgenes del Estrecho en manos españolas.

La Virgen comandante

Al tomar los ejércitos napoleónicos las riendas de España en 1808, la Iglesia no dio la espalda al Antiguo Régimen, antes bien, se alzó en su defensa. Sin desmayo los púlpitos glorificaron la figura del rey ausente y en pueblos y ciudades los clérigos sublevaron las masas contra los franceses y las *perniciosas* ideas liberales que importaban. De este modo, la cobertura ideológica suministrada por la Iglesia transformó cómodamente el levantamiento en una cruzada de defensa de la *catolicidad* española. La nacionalización de la divinidad, de la que existían precedentes en el pasado, se enriquecía ahora con las secuelas teológicas de la guerra de la Independencia; a su luz, la ruptura entre el sentimiento católico y la progresiva conciencia nacional aparecía como un monumental disparate.

La Iglesia española no sólo se consideró víctima del régimen francés de los Bonaparte, sino también del de los liberales gaditanos; por ello la bandera del absolutismo ondeará en sus manos hasta que el triunfo de la burguesía le obligue a descolgarse del Antiguo Régimen. Pese a reconocer la confesionalidad del Estado, los doceañistas no desaprovecharon su oportunidad para orientar la reforma eclesiástica siguiendo la estela regalista de la monarquía hispana. Pocas de sus iniciativas sobreviven al régimen gaditano, pero sirven para señalar el camino a recorrer por el liberalismo respecto a la Iglesia durante todo el siglo. Tras la anulación del *voto de Santiago* muchos reclaman la de los diezmos; la venta, en favor del gobierno, de los conventos arrasados por la guerra hace pensar a otros tantos en la conveniencia de la política desamortizadora. La abolición del Santo Oficio ponía término al control eclesiástico de la actividad intelectual, al par que la disolución de las órdenes religiosas decretada por las autoridades francesas ofrecía un modelo a la exclaustración.

Recuperado el trono, Fernando VII restableció la Inquisición, admitió a los jesuitas y derogó las disposiciones de Cádiz contra el clero. Bajo la mirada protectora del rey absoluto, la Iglesia iniciaba una peculiar cruzada «contra una época de desorden y crímenes» y se embarcaba en multitudinarias *misiones populares* contra la «disolución de las costumbres». Numerosos eclesiásticos se convirtieron en delatores de los liberales mientras que el restaurado Santo Oficio echaba sobre los hombros complacientes de la clerecía la tarea de perseguir a la prensa. La Iglesia fernandina arroja, no obstante, un balance aún más negativo que la de comienzos de siglo; la alianza entre el trono y el altar no cosechó los frutos esperados, disminuyeron las rentas eclesiásticas y los efectivos humanos sufrieron un bajón espectacular con el desbarajuste de la guerra.

El meollo de la Iglesia del primer tercio del XIX está en su falta de libertad, que hace coincidentes a absolutistas y liberales. O ahogarse dentro del feroz regalismo, desadaptado en la nueva sociedad, o verse desprovista de sus ingresos y reducido el estamento clerical, a manos liberales: la opción era siempre desfavorable. A la muerte de Fernando VII, la guerra carlista ponía a la Iglesia española en la encrucijada de elegir. Los eclesiásticos más conservadores saldarían el dilema a favor del carlismo, sobre todo en el País Vasco, Aragón, Cataluña o Valencia, donde el movimiento era popular; el resto caería en el regazo del liberalismo moderado, una vez reconocida Isabel por el Papa. La Iglesia, en su conjunto, pagaría las consecuencias de la división cuando las dificultades en los frentes de batalla y las penurias económicas derivadas del conflicto alumbren un violento anticlericalismo, que arremete con los frailes, acusados de envenenar las aguas e instigar a los *cavernícolas*. En 1834, los incendiarios discursos del parlamento ceden el paso a las teas populares, que se ensañan con los conventos de la capital antes de extenderse a Aragón, Cataluña y Murcia. Sólo en Madrid ochenta religiosos pierden la vida y en Barcelona veintiséis edificios eclesiásticos son pasto de las llamas en medio de la pasividad del gobierno.

Para aplacar a las masas descontentas, Mendizábal acelera la política antieclesiástica: disuelve la Compañía de Jesús y las comunidades con menos de doce profesos; un año después, ordena la exclaustración de los religiosos, cuyos bienes se ofrecen en venta. Los mil novecientos conventos que habían logrado sortear las dificultades del siglo cerraban sus puertas mientras veinticuatro mil eclesiásticos pasaban a engrosar la categoría de *exclaustrados*. Don Carlos, por su lado, seguía una política completamente distinta en los territorios sometidos a su control: declaró nulas todas las innovaciones liberales y recogió a los clérigos expulsados de sus casas o perseguidos. En contraste con la alegre María Cristina, rodeada de divertidos cortesanos, el pretendiente era retratado por los suyos como hombre de costumbres ordenadas y meticuloso en sus devociones, con una corte austera y un ejército encomendado al mando supremo de la Virgen Dolorosa.

La negativa del campesinado a pagar los diezmos durante la guerra y el arraigo de la propaganda anticlerical reducen la recaudación de 1838 a un tercio de las habituales en la centuria anterior. Ya en 1820 las Cortes habían tratado de abolir la fiscalidad eclesiástica, pero las presiones de los patronos laicos lo desaconsejaron, habiéndose de contentar los legisladores con reducirla a la mitad. La política antidiezmal daría un paso adelante a impulsos de Mendizábal y con la resistencia de los obispos que veían peligrar su independencia económica, asegurada hasta ese momento por los diezmos y las rentas de sus propiedades inmobiliarias; de nuevo, los cambios gubernamentales impedirían la abolición legal, reconocida, al fin, por Espartero en 1841.

También los liberales traslucen sus divergencias en el trato con la Iglesia, pues si los progresistas abogan por la sumisión, el moderantismo prefiere el acuerdo. Este se alcanza con la subida al poder de Narváez, que suspende las ventas de propiedades eclesiásticas, encauza la unidad religiosa de España por medio de la Constitución de 1845 y repone en sus sedes a los obispos exiliados. Finalmente, la firma de un nuevo Concordato entre el gobierno español y la Santa Sede en 1851 abría el cauce de unas relaciones pacíficas del liberalismo con la Iglesia. Bravo Murillo recuperaba para la corona el *derecho de presentación* de obispos y dignidades al tiempo que se comprometía a garantizar a la Iglesia un ámbito público de privilegio; Roma olvidaba las propiedades enajenadas por Mendizábal y se contentaba con las indemnizaciones propuestas en las partidas de culto y clero. Al calor del moderantismo, la jerarquía española se apeaba del Antiguo Régimen, participando sin reservas en la exaltación patriótica suscitada por el nacimiento del futuro Alfonso XII o la guerra de Africa. La buena sintonía, no obstante, se deteriora en los años finales de Isabel II, a pesar de la amistad de san Antonio María Claret con la reina y de la influencia cortesana de sor Patrocinio: las tajantes condenas pontificias del liberalismo y el reconocimiento por O'Donnell de la naciente Italia resucitan el viejo fantasma de la maldad *intrínseca* de la revolución.

Con la Gloriosa la marea anticlerical vuelve a arreciar a impulsos de las Juntas revolucionarias y el gobierno provisional; la Iglesia pagaba ahora su alianza con la monarquía de Isabel, cuya salida del país le había dejado indefensa. La Constitución de 1869 proclama la libertad religiosa en plena efervescencia católica a la par que el carlismo engrosa de nuevo sus filas con los agraviados por el liberalismo radical.

Haciendo España

Empeñado en regularizar la vida española, el liberalismo desborda en seguida el ámbito de los derechos individuales para sumergirse de lleno en la administración y la estructura territorial de España; dos espacios donde, avanzado el XIX, todavía permanecen enquistadas prácticas retardatarias hijas del Antiguo Régimen. Tras la Constitución de Cádiz, nacida al amparo de la *nación española,* resultaba difícil sostener la *diversidad* peninsular, de tal forma que los gobiernos liberales pondrían su esfuerzo en eliminar los regímenes especiales, supervivientes de la política uniformizadora de la centuria anterior. La supresión de los señoríos abría la primera puerta, al acabar con jurisdicciones y territorios formalmente exentos de la administración estatal, en tanto que la abolición de los estamentos restaba legitimidad a los privilegios por razones geográficas de una minoría. Si, en efecto, había igualdad, los *españoles* deberían depender de unos mismos órganos de gobierno y seguir las mismas leyes, empeño unificador ya apuntado en 1812 con la obligatoriedad del servicio militar y la creación de una burocracia única al estilo francés. La unidad de fueros adelanta con el Código Penal y el de Comercio, aunque hasta 1889 el Código Civil no culmina la tarea emprendida. Mediante el Tribunal Supremo y las Audiencias Judiciales —quince para toda España— el mundo de la administración de justicia se renueva absorbiendo las antiguas Chancillerías de Valladolid y Granada, el Tribunal de Corte madrileño y la Cámara de Comptos de Pamplona, la cual extiende sus competencias a las Provincias Vascas a costa del antiguo Juez Mayor de Vizcaya vallisoletano.

En 1833 el ministro Javier de Burgos echa sobre sus hombros la empresa de reorganizar el territorio, tal y como habían adelantado Bonaparte o el Trienio. A tal fin sus cuarenta y nueve provincias recordarían las antiguas demarcaciones de los reinos históricos y favorecerían la comunicación entre las capitales y el territorio de ellas dependientes. El modelo pudo ser francés, pero los resultados no fueron los mismos a uno y otro lado de los Pirineos. Como en 1808, no triunfan tampoco ahora las tesis jacobinas que desean hacer tabla rasa de los antiguos reinos y las viejas *fronteras* continuarán presentes en la mentalidad popular, superpuestas al *limes* del liberalismo hasta el siglo XX, en que la aventura autonómica rehaga el rompecabezas peninsular. En Francia la revolución liberal y el sistema departamental napoleónico barrieron reinos, fronteras y lenguas, merced al terror revolucionario que decapita buena parte de las *peculiaridades,* imponiendo la superestructura de la nación, y al rápido desarrollo de un modelo nacionalista de enseñanza. En España las concesiones a la Historia mantendrán latente bajo la supuesta unidad nacional la fiebre *regionalista,* larvada también en la supervivencia de las lenguas no castellanas, que protagonizará a finales del siglo XIX la escalada de los nacionalismos periféricos.

En la provincia se ve el soporte ideal para organizar la administración civil y militar, con las diputaciones a la cabeza, los partidos judiciales y nuevos ayuntamientos en una naciente pirámide de poder que fiscaliza cada rincón de España. Como actor principal, el jefe superior de la provincia, luego gobernador civil, marioneta del partido de turno y germen de la maquinaria caciquil, más preocupado por el orden público que por el fomento de su territorio. Y si este personaje es reflejo del prefecto galo, también será copia francesa la estructura *nacional* en lo concerniente a la asistencia y a las obras públicas, compromisos que el Estado asume llenando el hueco de la Iglesia y de otras instituciones del régimen recién apuntillado.

Cádiz había reorganizado la administración estatal en siete ministerios —Estado, Gobernación, Ultramar, Gracia y Justicia, Hacienda, Marina y Guerra— que perdurarán en el siglo, y a los que se añadirá el de Fomento, desdoblado en Comercio, Instrucción y Obras Públicas. En el reinado de Isabel II, Andalucía y Extremadura, cunas de la burguesía latifundista, proporcionarán la mayor tropa de ministros, mientras se perfila el divorcio catalán que, en el XIX, sólo aporta el 2,5 por 100 de los miembros del gabinete. Sobre los departamentos existentes Fernando VII crea en 1823 el Consejo de Ministros, órgano consultivo del monarca, en quien descansa el poder ejecutivo, hasta que vaya a parar a manos del jefe de gabinete o primer ministro con el régimen del Estatuto.

Semejante aparato precisa de multitud de funcionarios, *servidores* del Estado, que ya a mediados de siglo alcanza los cien mil, más o menos barnizados en alguna facultad de derecho e introducidos en el circuito burocrático por medio de recomendaciones y clientelas. Liberales de nuevo cuño alternan sus quehaceres oficiales con empleos periodísticos o universitarios arrancando a las arcas la mitad del presupuesto nacional. Su poca profesionalidad y su nombramiento arbitrario hicieron fácil su cese a cada cambio de gobierno para dejar sitio a otra hornada de recomendados; son los *cesantes* de las novelas de Galdós y la literatura costumbrista. Como novedad radical del Estado decimonónico, el clero apenas aparece en este coso, una vez que ha sido expulsado del aparato burocrático tras mil años de simbiosis con el poder civil.

El nuevo edificio español exigía la asimilación de los territorios aforados de Navarra y las Provincias Vascas; desde 1814 la *cuestión foral* se convertía en una cuestión de Estado y en un reflejo regional de la quiebra del Antiguo Régimen. En realidad, el supuesto *enfrentamiento* entre el Estado liberal y las *provincias exentas* encubría el miedo de las oligarquías rurales a perder su poder tradicional, mucho antes de que el problema de las relaciones centro-periferia se engangrenase en términos *nacionalistas*. Al no reconocer ninguna instancia intermedia entre el Estado y el ciudadano, Cádiz dejaba el modelo foral fuera del ordenamiento jurídico, con lo que cumplía los anhelos de la burguesía vasca, deseosa de conseguir, a través de la unidad nacional, la integración de su economía en la *española* y de desligarse de la anquilosada nobleza local. Contra ésta parecía alzarse la legislación de 1813 al prever la elección de ayuntamientos y Juntas mediante el sufragio universal, pero sus manejos consiguen esquivar la andanada. Con el restablecimiento de Fernando VII el viejo modelo tampoco se mantiene incólume: la Junta de Reforma de Abusos refrena el contrabando, aun a costa de la libertad aduanera, y se exige una contribución de mozos para el servicio militar. El Trienio agrava las malquerencias entre *foralistas* y *unionistas* al extinguir las Juntas y recomponer las Diputaciones según una norma contraria a los intereses de los caciques, que se oponen acuñando el mito del pacto entre el Señorío y la Corona, asombroso en una sociedad tan distante del contractualismo rousoniano.

Es durante el régimen del Estatuto cuando los burgueses vascos se dividen entre quienes aceptan un cierto *foralismo* y los liberales puros que piden su extinción, mientras la Iglesia, el campesinado y los señores de la tierra se agarran al carlismo, gracias a la habilidad del pretendiente para manejar desde 1835 la pervivencia de las peculiaridades forales como imán del mundo rural. El abrazo de Vergara, no obstante, arriesgará un pacto que a nadie habrá de contentar, pues Espartero, que se compromete a defender el modelo foral «sin perjuicio de la unidad constitucional», inaugura un período de mutuas cesiones y encontronazos. La Diputación navarra, dominada por los liberales, acepta la *Ley Paccionada* de 1841 para convertir el viejo reino en provincia española, con lo que pierde sus exenciones militares y fiscales a cambio de conservar el derecho civil y penal y un autogobierno administrativo agradable a la oligarquía. En Vizcaya, Alava y Guipúzcoa, la fortaleza del fuerismo impide un avance serio y Espartero debe usar la fuerza para recompensar a sus camaradas donostiarras por su colaboración en el fracaso de la intentona norteña de Narváez: un decreto de 1841 suprime las Juntas y Diputaciones, deroga el pase foral, traslada las aduanas a la costa y homologa la administración judicial y municipal.

Medidas de ida y vuelta, los moderados restituyen en 1844 gran parte de los privilegios forales, peaje que pagan a la burguesía fuerista en previsión de que cumpliera su permanente amenaza de pasarse al carlismo. Las cesiones de Narváez diseñan un entramado en el que las Diputaciones y las Juntas se revisten de atribuciones privativas del trono en el Antiguo Régimen, a la vez que los ayuntamientos adquieren mayor autonomía, arrancada al centralismo madrileño. La adaptación del fuero a los principios constitucionales no permite, sin embargo, el restablecimiento del pase foral ni la vuelta de las aduanas al Ebro. En 1876 la segunda carlistada ofrece a Cánovas la excusa ideal para asestar el golpe de gracia a los fueros y avanzar en la definitiva unidad nacional. No obstante, la burguesía vizcaína supo explotar el interés negociador del gobierno y logró conciliar la derogación del régimen foral con el mantenimiento, bajo cobertura distinta, de ventajosas prerrogativas de orden fiscal. Como muestra de la política canovista de conciliación y como reconocimiento del particularismo histórico vasco, Alfonso XII firmaba un decreto estableciendo el régimen de *conciertos económicos* que confería una especial autonomía a las Provincias Vascongadas para administrar los recursos e imponer las cargas. La negociación de los conciertos —el regateo con el Estado sobre la cantidad a pagar por cada una de ellas— siempre trajo consigo un torbellino de emociones autonomistas que, prendidas luego en el fuego del nacionalismo vasco, acabarían irremediablemente en memorial de agravios. De todo ello sacaría partido la burguesía vizcaína con su monopolio de las diputaciones al derivar la presión fiscal a las masas consumidoras y dispensar a sus industrias e inmuebles del pago de impuestos.

La libreta nacional

Guerras, enfrentamientos políticos internos y el miedo de los dirigentes a enajenarse a los propietarios impidieron al Estado español encontrar una fuente de financiación saneada, capaz de sufragar la costosa maquinaria burocrática. Como herencia envenenada del Antiguo Régimen, los problemas hacendísticos golpean los gobiernos del XIX, sin que la revolución liberal, demasiado débil, consiga enderezar el rumbo.

Al comenzar el siglo, el balance fiscal de la monarquía

era catastrófico: la deuda crecía imparable y los ingresos ni tan siquiera podían sostener el pago de los intereses. La guerra contra los franceses y la independencia de la España americana empeoraron el panorama, tanto por las cantidades de dinero consumidas, como por el cierre de una de las más jugosas vías de aprovisionamiento de la hacienda real justo cuando la ruptura con la Iglesia asignaba al Estado nuevos y muy costosos servicios.

Tras la revolución de Cádiz, todos los españoles habían quedado obligados a participar en el sostenimiento del Estado, desapareciendo las categorías estamentales exentas y los complicados mecanismos recaudatorios, vivos desde tiempos de los Austrias. Con ánimo de facilitar la contabilidad gubernamental, por vez primera en Europa, el parlamento elabora en 1814 el presupuesto nacional, en el que se hacía un repaso anticipado de los ingresos y gastos del Estado. Al reservarse el control de las finanzas públicas, las Cortes ponían fin a la liberalidad de los monarcas absolutistas mientras diseñaban un conjunto de impuestos directos: las *contribuciones extraordinarias de guerra* y la *contribución directa,* basadas en el modelo de cupos provinciales adecuados a la riqueza de cada territorio. Considerando los diputados al Estado el único poder legítimo para exigir impuestos a los ciudadanos, la Iglesia perdía ahora su tradicional función recaudadora.

Nada de esto sobrevive al sueño restaurador. El absolutismo de Fernando VII aborta los nuevos aires hasta comprobar que en menos de dos años la deuda del tesoro se incrementa en un 10 %. Es la oportunidad que aprovecha el ministro Garay para recuperar la contribución general gaditana y los viejos derechos sobre el consumo, pese a lo cual el déficit sigue creciendo. Con Canga Argüelles al timón de la hacienda liberal en 1820, el agujero supera la cuarta parte del presupuesto y la suspensión de pagos no se puede evitar. En sus propuestas de mejora del capítulo de ingresos, el intelectual asturiano se adelantaba a las reformas de Mon y Bravo Murillo y anticipaba las cuatro grandes partidas que configuran el sistema impositivo del XIX: un impuesto directo sobre las fincas rústicas y urbanas, otro que afecta a la industria y comercio, las tasas de los géneros de consumo y los estancos y monopolios estatales, sal, tabaco, papel sellado, mercurio y lotería.

Al confiar a los ayuntamientos y diputaciones el reparto de las cuotas para cubrir los cupos provinciales establecidos por el Estado, el fraude se generalizará de tal forma que el mismo Bravo Murillo terminaría por volver a los viejos *encabezamientos* que le aseguraban unas cantidades mínimas. No era la primera claudicación, Mon ya había roto el principio igualitario establecido por el liberalismo al reconocer la discrepancia impositiva de Navarra y las Provincias Vascas. Con todas estas dificultades, el presupuesto no pudo equilibrarse nunca, obligando al Estado a recurrir constantemente a la emisión de deuda pública interna o a los empréstitos exteriores. Por su respeto a la propiedad privada, los políticos gaditanos admitieron la validez de las deudas del Antiguo Régimen, de igual manera que el Trienio soportó el legado de Fernando VII, lo que favorece la colocación del papel español en los mercados financieros francés y holandés hasta 1823, en que las bolsas europeas, lideradas por Londres, boicotean las operaciones hispanas, resultando pagana la deuda interior. De ahí arranca el más grave problema del erario del XIX: la escasa credibilidad del Estado español respecto al pago de su deuda le cerrará los canales de financiación y elevará los intereses de tal modo que el Tesoro no podrá recuperarse.

Muerto Fernando VII, el erario se estrella contra los frentes de batalla que consumen los exiguos ingresos obtenidos. Martínez de la Rosa y el conde de Toreno mendigan por Europa un nuevo crédito, plegados a las presiones de los banqueros que exigen el reconocimiento de las deudas del Trienio, pero la situación es tan delicada que la Regencia suspende pagos en 1836, lo que le aparta de los circuitos bursátiles. Mientras, y para poder sostener la guerra, se piden anticipos a los capitalistas madrileños y se garantizan las compras a los proveedores con la emisión de los *billetes del tesoro,* papel moneda de libre circulación. Todo es inútil y sólo se empieza a ver la salida del callejón cuando Mendizábal aventura un conjunto de medidas. En su plan de saneamiento, el político gaditano combina la reducción de la deuda interna, entre un 34-50 por 100, y la venta en pública subasta de los bienes desamortizados de la Iglesia, a cuyo pago podía destinarse aquélla. La Hacienda tiene un respiro al desprenderse de cuatro mil millones de reales de deudas y de sus respectivos intereses, al tiempo que busca fuentes de ingresos alternativas con una contribución especial de guerra: no se consigue el equilibrio presupuestario pero, al menos, se sujeta la deuda durante unos años en dos mil millones.

Sin embargo, el moderantismo campa a sus anchas e invierte en la construcción nacional más de lo permitido, despachando enormes sumas de dinero por los desagües de la burocracia y los cuarteles. Con el pago de intereses prácticamente suspendido desde 1836 y la presión de la banca inglesa como freno a nuevos créditos, se decreta en 1848-1849 una mal disimulada bancarrota que reducía toda la deuda al 60 % de su nominal, entendida en Londres como un timo, suficiente para cerrar el paso a los valores españoles.

El Tesoro respira con las desamortizaciones progresistas de Madoz, pero el resuello dura poco al tomar el relevo los unionistas, embarcados en costosas expediciones militares e inversiones públicas. París, adelantándose a los acontecimientos, suspende en 1861 la cotización de los bonos isabelinos. Los años finales del reinado son dramáticos, Isabel II aprovecha los apuros del erario para proponer la venta del patrimonio de la corona y reunir fondos, eso sí, a cambio de un 25 % de los ingresos. Las críticas de la prensa al *rasgo* regio, que privatizaba unos bienes correspondientes a la nación, desprestigiarían a la maltrecha monarquía y favorecerían el pacto antidinástico de los partidos. Tampoco la revolución mejoró las cuentas: la reforma Figuerola, de contenido democrático, al suprimir los consumos y establecer un impuesto personal sobre la riqueza recortó las entradas ya de por sí bajas, una vez terminados los ingresos de las desamortizaciones. Algún dinero se recauda con los nuevos aranceles que gravan las mercancías importadas, pero el presupuesto se consume en el pago de intereses: el 46 % de la recaudación se dedica en 1868 a cumplir los compromisos crediticios. Descalificado para pedir más dinero, el Estado debe ceder algunos de sus activos en garantía, de esta forma la banca Rothschild de París se hace con la hipoteca de las minas de Almadén y el negocio del mercurio, y el Banco de España compra por ciento veinticinco millones de reales el monopolio de emisión de billetes.

En su esfuerzo por recuperar la confianza de los mercados financieros el ministro Camacho impone en 1881 un nuevo arreglo de la deuda, con una rebaja de su montante, pero en compensación garantiza el pago de las rentas en francos y libras en París y Londres. Esta medida estabilizará las cotizaciones hasta 1890, cuando las salidas de metales preciosos agoten las reservas nacionales y aceleren la depreciación de la peseta.

La nación amaestrada

Muy propio del liberalismo y en conformidad con las corrientes ilustradas de Europa, la Constitución de Cádiz renueva las miras educativas y las dirige a las necesidades culturales del *ciudadano* y al nacimiento del hombre *español,* bajo la tutela exclusiva del Estado; así, el proyecto educativo correría en paralelo a la revolución liberal y sufriría sus mismas vacilaciones.

Si la Carta de 1812 hacía ciudadanos a todos los súbditos al reconocer su derecho a la igualdad y a la participación política, quedaba claro también el compromiso de los poderes públicos de proporcionarles los conocimientos para ejercer esas prerrogativas. La revolución liberal exigía, por tanto, una red de escuelas repartida por la geografía peninsular capaz de formar a los varones, futuros votantes. Como en otros ámbitos de la vida española, la carencia de recursos y los tambaleos políticos abortaron el plan; en 1822 sólo el 17 % de los niños estaba escolarizado y el Estado a duras penas lograba pagar los salarios de los maestros. Empeñados en secularizar la enseñanza, los liberales expulsarían a la Iglesia del mundo docente en el primer cuarto de siglo, por mucho que Fernando VII permitiese la vuelta de algunas congregaciones a las aulas o encomendase, tras 1823, a los curas rurales la instrucción de la infancia en sus parroquias.

Durante la Regencia la educación incorpora los postulados del moderantismo, aunque las riendas las lleva el progresista duque de Rivas, que reparte las cargas entre las diversas instancias oficiales. Hasta el siglo XX, los ayuntamientos sostendrán las escuelas; las diputaciones, los institutos, y el gobierno, la universidad. La enseñanza secundaria se dirige a las clases medias, sobre todo a raíz de la ley Pidal de 1845, que le confiere contenidos a medio camino entre la antigua universidad y los estudios de los liceos franceses. Dentro de sus ambiciosos planes uniformadores y centralizadores, los moderados fortalecerán la estructura piramidal de la organización educativa, en cuya cúspide la Universidad Central madrileña sería la única facultada para otorgar títulos, mientras los profesores se integran en el funcionariado a través del sistema de oposiciones. El modelo llega a su cima con la reforma Moyano de 1857, que garantiza la educación primaria obligatoria hasta los nueve años y concede al Estado la elección de los programas y libros. De nuevo, la penuria impide avanzar, y si en Francia la reforma educativa fue fundamental en el desarrollo de la unidad nacional al extinguir los particularismos y las lenguas regionales, en España la deficiente escolarización truncó esa posibilidad, permitiendo la supervivencia de los idiomas locales.

Con los ojos bien abiertos, los políticos vigilan la universidad, ante el temor de que se convierta en nido de ideologías *perniciosas.* A través de una estructura formada por rectores, decanos, claustros y cátedras, el Estado refuerza su control sobre la creación intelectual, a la par que se procede a un reparto más racional de los centros por el territorio nacional y se adaptan los planes de estudio a las necesidades del momento, en favor de las ingenierías, la medicina y el derecho. La agobiante falta de dinero haría, sin embargo, mella en el progreso universitario: el 80 por 100 de los presupuestos se consumirán en los gastos salariales, impidiendo la puesta en pie de cualquier infraestructura de investigación. En los primeros días de la Restauración, la reforma del ministro Orovio multiplica los lazos de dependencia de los claustros respecto al gobierno y elimina la libertad de cátedra implantada por el republicanismo, un ataque a las conquistas liberales que provoca la dimisión de las más altas figuras de la Universidad Central.

Hasta entonces, las leyes educativas de la primera mitad del siglo XIX habían encontrado siempre la tenaz oposición de la Iglesia, deseosa de hacer de la enseñanza el arma de su influencia social. El *pactismo* de los gobiernos moderados favorecerá la lenta penetración de las órdenes religiosas en la educación primaria y secundaria. Si la ley de 1845 consagraba el principio secularizador, poco después el gobierno concedía a los obispos el derecho a inspeccionar la educación impartida en los centros públicos, privilegio incorporado al Concordato, y luego reconocía el valor oficial de los estudios realizados en los seminarios. No obstante, sería la ley Moyano la que abriría las puertas de la enseñanza a la Iglesia al ampliar su vigilancia a las aulas universitarias y dispensar de titulación a los profesores de sus centros.

La tierra no revive

Si el liberalismo pretendía remover las estructuras del Antiguo Régimen, no tenía más remedio que enfrentarse al eterno problema del campo. A lo largo de medio siglo, la burguesía lucha por derribar, uno a uno, los obstáculos *legales* que impiden el libre desenvolvimiento de las fuerzas *creadoras* del mercado; sin embargo, su revolución *jurídica* más que desplazar a las antiguas clases poseedoras terminaría por reforzarlas. En su derribo del Antiguo Régimen agrario, la minoría liberal liquida las exacciones de origen feudal pero a cambio reconoce a los antiguos señores sus derechos sobre la tierra y les compensa por la pérdida de sus ingresos no territoriales. De esta manera, la supuesta revolución se rubrica con el pacto entre la aristocracia, que soluciona sus problemas de liquidez sin sentirse cuestionada en su posición social, y la burguesía, más preocupada por asegurar los beneficios obtenidos tras la desamortización y explotar el agro que por subirse al tren de la industria. A este arreglo debe su orientación agraria el modelo económico del XIX, volcado en el campo, que ofrecía beneficios y seguridad.

En Cádiz, la tierra es definida como un bien privado al que se podría acceder sin cortapisa alguna; esta declaración se oponía frontalmente a las fincas de manos muertas, las propiedades de titularidad colectiva o los privilegios ganaderos. El primer obstáculo a salvar era el régimen señorial, que a finales del XVIII afectaba a más del 50 % de la población española. En 1811 las Cortes habían incorporado los señoríos jurisdiccionales al Estado pero el gobierno les permitió seguir cobrando las rentas como propietarios. Con deseos de atraerse a la nobleza, el moderantismo incluso reconocería títulos harto dudosos. Si hasta 1820 los ayuntamientos defienden sus predios y apoyan los intereses de las clases populares, conforme avanza la desmortización se vuelven hacia las oligarquías, oportunidad que aprovecha la aristocracia andaluza para arrancar al Tribunal Supremo los títulos de propiedad cuestionados. En este clima y a falta de mano en la constitución de los ayuntamientos, la nobleza se enreda en artimañas que le llevan a bloquear las candidaturas progresistas y a manipular las decisiones de los consistorios, anuncio del *caciquismo* de la segunda mitad de la centuria, cuando los propietarios manejen desde Madrid los hilos del guiñol municipal. Consecuencias bien distintas tendría la desaparición de los señoríos en

Cataluña y Valencia; aquí los viejos enfiteutas consiguen la plena propiedad de sus fincas desplazando a los señores, con lo que nace un pequeño y mediano campesinado propietario, que estabiliza la sociedad rural.

Al compás del ocaso del régimen señorial las economías nobiliarias deben soportar la caída de los precios agrícolas, la decadencia ganadera y la devaluación de los diezmos así como el lastre administrativo de unas rentas dispersas. La pérdida de alcabalas, tercias y diezmos laicos —el filón de la aristocracia— suponía condenar a la ruina a la mayoría de las casas ducales. Sin embargo, también en este caso el Estado atendería las peticiones de los Grandes: alcabalas y juros se intercambian por rentas extraídas del presupuesto gencral o por deuda amortizable y los incobrables diezmos, tan jugosos en Cataluña, Valencia, Vizcaya y Sevilla, por compensaciones a costa del erario. La aristocracia saneó entonces sus cuentas entregando los títulos de la deuda a sus acreedores o bien destinándolos a la compra de bienes desamortizados. Liberada por la Hacienda de su endémica ausencia de liquidez, se hizo así con un rico patrimonio que, sin las trabas de los abolidos mayorazgos, pudo redondearse con compraventas ajustadas a criterios de productividad. Surgen, de esta forma, los modernos latifundios andaluces y extremeños, gracias a los cuales la aristocracia conservó su categoría social: el duque de Medinaceli, por ejemplo, mantendría su condición de mayor propietario del país en 1932 y el conjunto de los Grandes reuniría casi seiscientas mil hectáreas.

Nada de esto ocurrió con la Iglesia y los ayuntamientos cuando llegó el momento de privatizar las tierras de titularidad colectiva. No se trataba únicamente de llevar a la práctica el credo liberal, también urgía buscar un respiro a unas arcas arruinadas y engordar las clientelas isabelinas para combatir el carlismo. Las órdenes religiosas son las primeras en sufrir los rigores de la *desamortización,* las mismas que ya habían conocido la furia vendedora en los años de José Bonaparte y el Trienio. Desatada la guerra civil, el ministro Mendizábal programa la venta de bienes eclesiásticos tanto de regulares como de seculares, convencido de que sólo una desamortización a fondo regalaría al Estado fuertes cantidades y ofrecería al campo inversiones imposibles de acometer por la Iglesia. Sacar a la venta sus propiedades exigió articular un sistema ágil que garantizase el mejor precio del mercado, aunque los dos millones de lotes ofrecidos presionaban a la baja. Para facilitar las compras, Mendizábal dividió las fincas más grandes, pero las oligarquías locales lograron recomponerlas con la complicidad de las comisiones municipales, encargadas del reparto, y el empleo de testaferros. A pesar de las facilidades ofrecidas, como fueron el pago en plazos y en papel de deuda pública, las ventas no se acelerarían hasta 1839, para alcanzar su máximo en el trienio 1842-1844, espoleadas por la nueva desamortización de Espartero. Aunque los moderados calman las aguas y el Concordato devuelve las fincas no enajenadas, la *secularización* del suelo alcanzará gran envergadura en el valle del Duero, Madrid, Valencia y las tierras del Guadalquivir, aquellas donde la Iglesia disponía históricamente de mayores riquezas, a las que se unirán La Mancha y Extremadura en la segunda mitad del siglo, al disolverse las Ordenes Militares.

En paralelo a la desamortización eclesiástica, los gobiernos isabelinos arremeten contra la propiedad municipal, que ya en el XVIII había centrado la atención de los ilustrados. Para premiar la lucha contra el invasor, las Cortes de Cádiz habían decidido repartirla entre los vecinos, pero los notables locales interpretaron los decretos en beneficio propio al cobrarse en tierra comunal las deudas de los ayuntamientos. Ni estos repartos ni los del Trienio afectaron excesivamente a las fincas públicas, de tal forma que, cuando a partir de 1833 las entregas gratuitas dieron paso a la venta, la mayoría del patrimonio permanecía intacto. La desamortización general de Madoz de 1855 remataría todas estas tierras junto a las de la Iglesia y la corona salvadas de anteriores subastas. Otra vez incumbe a los progresistas avanzar en la privatización de la tierra, cuyos recursos obtenidos son destinados al pago de la deuda, a obras públicas y a incentivar el desarrollo ferroviario. A diferencia de Mendizábal, el navarro Madoz sí tuvo en cuenta a los anteriores propietarios, a los que se compensaba con deuda pública; con todo, la Iglesia y los ayuntamientos se sentirían víctimas de un atropello, denunciado en el Congreso de los diputados por Claudio Moyano y en la prensa por Andrés Borrego.

A despecho de quienes todavía hoy hablan de «ocasión perdida» en el arreglo del problema agrario, ignorando el verdadero sentido de la revolución liberal, la desamortización logró cubrir casi todos sus objetivos. Cerca del 25 % del suelo entró a formar parte del mercado de la tierra, abaratándola sin malvenderla, puesto que el sistema de tasaciones y subasta doble multiplicó por dos los precios peritados. No se consiguió, sin embargo, enterrar la deuda, que en tiempos de Mendizábal suponía cuatro veces el valor de los bienes enajenados, pero al menos se redujo a límites soportables y con Madoz los beneficios sustentaron obras públicas urgentes. Además, la venta devolvió a los ahorradores privados los capitales consumidos por la monarquía en los últimos cincuenta años, por lo que, lejos de privar de dinero a la economía española, favoreció el desarrollo productivo. Mucho más negativo para el mercado iba a ser el déficit estatal a partir de mediados de siglo, pues los altos intereses ofrecidos por la hacienda desanimarán cualquier inversión en la industria.

Con el despojo de la Iglesia y los ayuntamientos en favor de los nuevos compradores, el Estado renovó el censo de propietarios, a pesar de que las ventas no hicieron sino reafirmar las características de cada zona, esto es, dispersión en Castilla y latifundismo en Andalucía, Extremadura y La Mancha. En estas regiones, los solares liberados por la desamortización civil —la eclesiástica sólo supuso un mero cambio nominativo— pasaron a constituir nuevos latifundios en poder de la nobleza y la burguesía, que construyen unidades de explotación de acuerdo al número de herederos. La tendencia concentradora se acelera en el reinado de Alfonso XIII, cuando se incorporan a las grandes propiedades las haciendas de pequeños y medianos labradores arruinados por la crisis finisecular. Después de un siglo de luchas agrarias, los terratenientes sureños ampliaban sus heredades gracias a la alianza con el gobierno y a las ganancias obtenidas en la Primera Guerra Mundial, de tal forma que una finca en Baza o Castellar de la Frontera superara el 90 % del término municipal con sus once mil seiscientas ochenta y una y diecisiete mil ciento cuarenta hectáreas, respectivamente.

Asimismo, la desamortización extendió por el agro la cultura capitalista uniformando el comportamiento económico de los grandes propietarios. Nobles o burgueses, todos terminan siendo *terratenientes*. Con una mano de obra barata, la mayoría optará por la explotación directa de sus fincas, sin faltar tampoco los absentistas, espoleados por el alza de las rentas tras 1850. Los campesinos serían los más perjudicados al perder el escudo que los comunales les ofrecían y quedar sometidos al libre juego de la oferta y la demanda en los arrendamientos y contratos de trabajo, siempre con la espada de Damocles del desahucio: la pobreza empujaría a muchos a las filas del carlismo o a la huida a las ciudades.

Desde los años veinte, el crecimiento de la población favorece al campo con abundancia de trabajadores y demanda de alimentos, sin embargo, acabadas las guerras napoleónicas, la agricultura europea cae, sumida en la sobreproducción y víctima del descalabro de los precios del trigo, el aguardiente o los aceites. Si en Gran Bretaña deciden dirigir los excedentes de mano de obra a la industria y en Francia, cuyo régimen se apoya en un campesinado medio nacido de la revolución, se opta por la autarquía, en España la onda depresiva deshabita fincas ganadas a los pastos o recientemente roturadas, a la vez que las exportaciones se detienen desmoronando la balanza de pagos. El colapso del mercado golpea incluso a producciones tan solicitadas por el comercio internacional como los aguardientes o la lana castellana. Cataluña había preferido la cantidad a la calidad, lo que empujó a los agricultores a fijarse sólo en los mostos y descuidar otros cultivos, y le llegaba la hora de pagar ese exclusivismo. Reus, por su parte, había inyectado el excedente monetario en sus factorías textiles sin sospechar la catástrofe que se le venía encima. Con las guerras quedó desbaratado el triángulo de oro —Reus, Barcelona y La Habana— hiriéndole de muerte la pérdida de las colonias, que sumerge los campos catalanes en una crisis de consecuencias imprevisibles pues deseca transitoriamente sus fuentes de ingresos. Aunque la mala racha parecía no tener fin en el ánimo de quienes la estaban viviendo, la especialización vinícola salvará la región cuando se desarrolle el mercado nacional.

El campo sueña

La revolución agraria del XIX, comprometida en garantizar la plena libertad de los poseedores, fue, sin embargo, más allá del mero reparto de títulos de propiedad de la tierra. En 1813 y 1836 la legislación liberal acaba con las prácticas de aprovechamiento comunal declarando el cierre y acotamiento de las fincas particulares, medida que remata la ganadería trashumante, en declive a causa del avance de la agricultura y el bloqueo internacional a la lana meseteña. Además a ésta le surge una fuerte competencia en Suecia, Prusia, Austria, Francia o Sajonia, donde se han instalado rebaños de merinas españolas aprovechando las guerras civiles peninsulares. La lana hispana pierde su tradicional hegemonía en los mercados europeos y, con el parón exportador, los grandes propietarios se arruinan mientras el número de cabezas transhumantes cae de los cuatro millones y medio de fines del XVIII a un millón ochocientos mil en 1865. Paralelamente a este crepúsculo, la Mesta se disuelve en 1836 para integrarse los ganaderos en el nuevo marco jurídico *liberal*.

Con tales percances la balanza de pagos agrava su desequilibrio cuando la pérdida de las colonias cancela los envíos de plata americana. La sangría de metales preciosos dispararía las tensiones deflacionistas y devaluaría aún más los ya alicaídos precios, arruinando a numerosos pequeños campesinos u obligándoles a una sobreexplotación que hiciera frente a los pagos fiscales o crediticios. Sólo los jornaleros gozan de una cierta bonanza al disminuir el costo de los alimentos y mantenerse los salarios. Ante el miedo a una completa desmonetarización del país, el gobierno decreta en 1820 el cierre de las fronteras a los trigos europeos y potencia el intercambio regional en la península, primer paso hacia el *mercado nacional,* a imitación de Francia. Quedaban así regiones especializadas, que habían de formar parte del mosaico productivo español: la cornisa cantábrica, volcada al maíz y la patata; Castilla, Aragón y Andalucía al cereal; las tierras del Guadalquivir y el Guadiana al olivo y las costas mediterráneas a la viña y los frutales.

Conjurada la crisis, la producción y los precios se recuperan, iniciando a mediados de siglo un movimiento ascendente de gran calado. Un nuevo horizonte se les abre a los productores que, animados por la perspectiva de negocio, se arriesgan a invertir sus ahorros en el proceso desamortizador: las ventas seguirán siempre la estela de la cotización del grano, el desarrollo de los medios de transporte y el empuje demográfico. A largo plazo, la agricultura se dinamiza, adaptada al consumidor español y al mercado europeo, aunque todavía con el lastre del bajo rendimiento. Aguijoneada por la liberalización de la tierra y las leyes proteccionistas, el área cultivada se extiende al socaire de las ventas de Mendizábal y Madoz, permitiendo alimentar en 1860 a quince millones de españoles, sin tener que recurrir a compras en el extranjero.

Con algunos altibajos, este impulso roturador, prolongado hasta 1930, pondrá en cultivo seis millones de hectáreas, de las que tres millones doscientas cincuenta mil se destinan al cereal. Sin embargo, al acercarse el siglo XX la supremacía del grano es disputada por los productos mediterráneos —naranjos, viñas y olivos—, debiendo pagar el bosque los platos rotos de la *revolución agraria,* al reducirse los espacios naturales y privatizarse la mayoría de los montes públicos. Muchos caen bajo la reja del arado; otros se adaptan a las exigencias del mercado cambiando su masa arbórea por otras de crecimiento rápido, y los más quedan degradados, en una quiebra ecológica brutal que aún hoy se cobra tributo.

Antes de que el ferrocarril surque el país, el 50 % de las ventas de trigo de Castilla —ciento sesenta y seis mil toneladas anuales— alcanza Cataluña a través de la ruta que conectaba las tierras de *pan llevar* del norte de la Meseta con Santander y Barcelona, en perjuicio de los tradicionales proveedores sicilianos y norteafricanos. De 1830 a 1853 los envíos de trigo y harina de la moderna industria molturadora castellana y cántabra crecen sin pausa, pero, a partir de 1864, la ruta santanderina se hunde ante la competencia del tren, que ese mismo año enlazaba Valladolid con la capital catalana. La formación del mercado español conseguiría equiparar los precios de las ciudades interiores y periféricas, con un doble movimiento de rebaja de los costeros y subida de los meseteños. De esta forma, la agricultura cerealística castellana superaba la falta de estímulos que siempre había bloqueado su modernización. El enriquecimiento de los productores castellanos explica la energía mostrada por el campo meseteño en el siglo XIX, cada vez más pendiente del mercado, y las inversiones de la burguesía agraria en la construcción de ferrocarriles y las fábricas harineras de Burgos, Palencia, Valladolid y Santander. Con todo, no desaparecieron por completo los cíclicos problemas de abastecimiento, que ahora se extienden de manera homogénea por todo el reino —1847, 1856, 1868— en respuesta a la facilidad para liquidar las reservas de grano. Una mala cosecha se traduce en catástrofe general al continuar cerradas las fronteras, es lo que ocurre a mediados de siglo después de los voluminosos envíos al Caribe.

En el apogeo de la producción agropecuaria del XIX también tendrán su influencia las exportaciones dirigidas a las Antillas y Europa, como demuestra el tráfico santanderino de trigo hacia Cuba y Puerto Rico, apoyado por las leyes coloniales de 1819, que gravaban el acceso de granos no españoles. Desde la década de los veinte, sin embargo, Cataluña lo igualará para, en unos años, desbancarlo y copar las exportaciones harineras con una floreciente industria nutrida del trigo europeo importado a bajo precio después de 1885. Arruinados por la competencia catalana, los fabricantes castellanos son presa fácil de las manipulaciones políticas contra el *catalanismo* emergente, al que asedian con su propio *memorial de agravios.*

Entre tanto, el capitalismo triunfa en Europa y pone en marcha un mercado agrícola europeo. Al igual que en España, el continente se divide en zonas especializadas mientras los precios tienden a igualarse: la Europa oriental aprovecha sus llanuras para cosechar trigo barato, los países ribereños eligen la vía ganadera y el Mediterráneo, los frutales y las hortalizas. Aceptado el reto continental, la agricultura peninsular sale victoriosa: durante casi toda la centuria las ventas se multiplican con una tasa superior a la europea. Francia y Gran Bretaña son los mejores clientes del comercio agrario del XIX, junto a las provincias antillanas y, ya en el XX, Portugal, Italia, Alemania y los Países Bajos compensan la caída de la demanda francobritánica. En cuanto a productos, los cereales apenas si toman el camino de Europa salvo en ocasiones especiales como la guerra de Crimea. Las plantas industriales —añil, cochinilla, barrilla— mantienen su prestigio hasta 1850, en que son desplazadas por los nuevos tintes de la industria química. Mayor vida comercial gozan el corcho y el aceite tras la estela del vino, auténtico líder de la exportación española, que es alcanzado en 1890 por los frutos secos, las hortalizas y las naranjas.

Junto a los cereales, la caída de los fletes mediterráneos y atlánticos expandiría las exportaciones de los aguardientes y aceites catalanoaragoneses a las Antillas y del azúcar, tabaco y café cubanos a la península. Hasta tal punto les resultarían indispensables estos intercambios a las diversas regiones y a la industria agroalimentaria que, aún en los años de malas cosechas en España como 1847 o 1856, los envíos se mantendrían estables. Algo parecido ocurre con los históricos suministros de trigo aragonés o manchego a Cataluña, que encontraron en el ávido consumo del Principado una fuente inagotable de negocio, en la primera mitad de siglo, al que también se adhieren Murcia y Andalucía.

La historia del ferrocarril aparece estrechamente vinculada a la agricultura. No surge el mercado agrario a partir del tren sino que éste se construye por la actividad y el dinero de la burguesía agraria, deseosa de abaratar el precio del transporte. Gracias, sin embargo, a la velocidad y al volumen de carga del ferrocarril pueden ser comercializados un buen número de productos perecederos —hortalizas, lácteos, carnes— que hasta entonces no habían conseguido intercambiarse. De igual forma, el tren será el responsable del reajuste de los mercados peninsulares, al sacar las remesas de trigo manchego a través de Alicante en perjuicio de Valencia que se constituye en importadora de harina murciana, mientras Andalucía entra en saldo deficitario conforme se acerca el siglo XX y Extremadura se hace un hueco como emisora de grano.

Fruto de la ampliación, entre 1800 y 1930, de la superficie cultivada, las disponibilidades de grano por persona aumentan y, superada la crisis finisecular, el trigo desbanca a los cereales panificables de baja calidad, compartiendo con la patata la dieta alimenticia. No obstante, el cereal protagonista del XIX será el maíz, que conquista la España húmeda para ponerse al servicio de la ganadería, luego desplazado por la avena que se recupera con la cabaña equina. Salvo Castilla y Valencia, las regiones españolas incrementan la cosecha de cereal en el XIX, aunque al terminar la centuria perdieran ritmo Aragón, Galicia y Cataluña. La configuración de un mercado nacional y el fácil arribo de los géneros importados permitían abandonar las mieses por otros cultivos alternativos, toda vez que Castilla la Nueva, Extremadura, Andalucía y Murcia se especializaban en la producción cerealística.

Tras cien años de cambio, el balance agropecuario sitúa en cabeza a las provincias latifundistas del sur, seguidas de Cataluña, y descubre la pérdida relativa de Castilla, León y Aragón. Por su dinamismo destacan Murcia y Extremadura, que se integran ahora en los ejes del desarrollo agrario contemporáneo.

Desde 1860 la viticultura se erige en el sector pionero de la modernización agraria, asaltando las fértiles y poco aprovechadas tierras de La Mancha, La Rioja, Cataluña y Valencia hasta llegar al período 1877-1893, auténtica edad de oro del viñedo, crecido con el impulso de las exportaciones a Francia, víctima de la filoxera. Cataluña y Valencia resultan, por su cercanía, las más favorecidas, sin que falte tampoco el efecto benéfico en los caldos manchegos y riojanos. Las ganancias aumentan de manera desorbitada —unos cuatrocientos millones de pesetas en nueve años—, llegando a sobrepasar, comparativamente, las de los empresarios vascos durante el apogeo del hematites vizcaíno. Así mismo, la demanda europea de aceite para usos industriales tira del olivo y lo multiplica por Levante y Andalucía, a la par que catalanes y aragoneses se preocupan de adaptarlo al consumo humano.

El alentador panorama de la agricultura decimonónica se ensombrece en el último cuarto de siglo al surgir un duro competidor en América, puesta en explotación másiva con el concurso de los europeos. Entre 1839 y 1899 la superficie cultivada en los Estados Unidos se multiplica por siete, conquistando para el arado las ricas praderas del oeste, y a finales de siglo Argentina, Canadá y Australia se suman a la carrera. Su grano junto con el balcánico y el ruso saturan el mercado y desploman los precios, como pasará con la lana, la carne, el aceite, el arroz, el cáñamo o la seda. La tempestad asola Gran Bretaña y los Países Bajos; es disimulada por el proteccionismo en Francia, Alemania e Italia y hunde a los productores del Este, salvo Rusia. Desde su posición de exportadores periféricos, los agricultores españoles asisten impotentes a su desahucio de los mercados europeos mientras se cierne la amenaza de americanos y rusos sobre los nacionales. El bloqueo exportador privaba a España de los ingresos necesarios para mantener su capacidad de compra e inversión y rentabilizar la labor modernizadora emprendida por la agricultura. Por ahí se esfumaban las esperanzas españolas de acortar distancias respecto a los más desarrollados, justo en el momento en el que los capitales abandonaban la Europa del sur, camino de las nuevas naciones. Como única respuesta a la crisis, la península redoblaría sus ventas de vino común y minerales.

Aunque España no corrió nunca el peligro de un colapso de su economía agraria, los cereales americanos inundaron las plazas litorales de Cataluña, Galicia y el Cantábrico, reduciendo las expectativas de las regiones trigueras peninsulares y seleccionando a las más competitivas —Castilla y León— para dejar a los catalanes la tarea de reexportadores hacia Valencia y Andalucía, en perjuicio de La Mancha. De esta manera, la crisis resquebraja el proceso integrador y condena a las tierras menos productivas al patatal o al viñedo. La voz del terrateniente se alzará entonces poderosa contra los altos costes salariales y en demanda de medidas defensivas.

También el vino se estrella contra el dinamismo del mercado europeo, especialmente francés, los envíos argelinos y la mejora de los alcoholes químicos; caen los precios y bajan las ventas españolas, italianas y portuguesas a la vez que la filoxera arrasa en pocos años trescientas mil hectáreas de viñedo. Desaparecidas en 1892 las ventajosas condiciones del tratado hispanofrancés, las exportaciones al país vecino se reducen en un 50 %. En el área jerezana, la ruina de los pequeños agricultores engrandecería las fincas de los bodegueros gaditanos —Garvey, Osborne o Byass, en un comienzo simples agentes del comercio con Inglaterra y luego ricos propietarios a cuenta de la desamortización.

El olivo tampoco saldría bien parado. A partir de los años noventa, la competencia con el petróleo y la grasa animal se hace insoportable y sólo la devaluación de la peseta salvará *in extremis* a los olivareros españoles. Al quedar desplazados de los mercados internacionales los productos de baja calidad, todo apuntaba a que Levante y Cataluña resistirían mejor la mala racha, pero el bajo Ebro no sobrevivirá al acoso del aceite italiano.

Para remontar las dificultades, la agricultura europea debe elegir entre rebajar los costes de producción mediante un cambio tecnológico que incremente los rendimientos o reforzar las medidas proteccionistas. Allí donde los terratenientes eran más poderosos, como en Italia o España, los gobiernos eligieron la opción conservadora: la subida de los aranceles. A tal fin, los cerealistas españoles de la Liga Agraria dirigen sus campañas contra un Estado demasiado *liberal*, y, con la excusa de restaurar la economía, el partido de Cánovas se sube al carro del proteccionismo, consagrado en seguida en el arancel de 1891. Una nueva revisión, cuatro años después, pone tales trabas a los géneros importados que el mercado interno se convierte en monopolio de los latifundistas, verdadera clase dirigente hasta la Segunda República. Consumidores cautivos y desarrollo autárquico enriquecen a los propietarios rurales, sin que una política fiscal adecuada pueda frenar el desequilibrio. Asimismo desaparecen los estímulos a la modernización del agro, donde, eliminada la competencia, los despreocupados propietarios no tienen más quehacer que presionar a la baja los salarios de los jornaleros, aun a riesgo de una mayor conflictividad social.

Contra las entradas del alcohol industrial se movilizan los viticultores españoles hasta conseguir el triunfo del proteccionismo en ese sector, en el que España continuaba siendo, por lo menos hasta 1914, el primer vendedor europeo. Finalmente el olivar salva el bache reciclando la industria oleícola. Desde 1880 a 1914 el aceite andaluz vive momentos de euforia, alentado por su superioridad en el mercado internacional, consolidada durante la Gran Guerra. Con el apoyo de Primo de Rivera, las plantaciones se extienden por Extremadura, La Mancha y Andalucía Oriental, aunque la máxima progresión se da en el Aljarafe con la aceituna de mesa. El gran cambio del período consiste en la mejora de los aceites andaluces que eclipsan a los olivares catalanes. Sin embargo el *crack* de 1929 truncó la esperanza agrícola del sur y, al descargar en los salarios el peso de la crisis, dio origen a la inestabilidad social que se enseñoreó del campo en los años anteriores a la guerra civil.

Muy castigada por el declive de la transhumancia, la ganadería no toca fondo hasta el comienzo del siglo XX para recuperarse luego gracias al empuje de Andalucía, Extremadura y Galicia, que especializan su cabaña en tareas agrícolas y en razas productoras de carne y leche. La pérdida de pastos y las dificultades de exportación descalabran la ganadería lanar, que ha de competir en los mercados peninsulares con la materia prima extranjera importada a bajo precio en provecho de la burguesía textil catalana. Una ligera mejoría se observa a partir de 1885, cuando las estantes castellanas se orientan a la producción de carne y leche, siempre con la desventaja del menor aprecio de los consumidores, más acostumbrados al vacuno.

El ganado vacuno soporta mejor los cambios agropecuarios adaptándose al consumo de las ciudades, en un proceso de especialización paralelo al del porcino en Galicia, alto Ebro y Castilla la Nueva. A pesar del consumo de Madrid o Barcelona, la demanda se frena por el precio de la carne, prohibitivo para las clases populares, y por la desmedida competencia del bacalao como sustituto proteínico. Obstáculos que malogran la constitución de grandes empresas ganaderas, salvo casos aislados de Andalucía y Extremadura. Las compras de ganado vivo por Inglaterra y Portugal hacen de Galicia uno de los grandes exportadores europeos, cuyas ventas alcanzan su cima en el quinquenio 1880-1884, hundiéndose con la crisis de fin de siglo, al no poder competir con la carne congelada americana. Sin posibilidad en el exterior, sólo quedaba volver al mercado español: la mejora de las comunicaciones ferroviarias reflotaría el sector, capaz de facturar unas ochenta y cinco mil cabezas anuales en la primera década del siglo XX.

Con un crecimiento imparable desde 1891, el equino domina el panorama de la ganadería española. Juega a su favor la alta tasa de crecimiento del mular, mejor situado frente a las nuevas condiciones de explotación agrícola por su rapidez de movimientos y adaptación a los trabajos de la viña y el olivo.

Financieros poco románticos

En el siglo XVIII los amagos industrializadores habían tropezado siempre con la falta de un mercado nacional unificado; Cataluña es la única región que logra dar el salto adelante merced a su iniciativa empresarial y a disponer del consumo americano para colocar sus productos. Mientras, en los demás territorios los proyectos con futuro resultaron escasos y, a menudo, el Estado se adjudicó a sí mismo la tarea de implantar la industria o impulsar su modernización. Muchos de los problemas saltan a la centuria siguiente, agravados por el rápido crecimiento de los países punteros de Europa, que se distancian de España, al demorarse ésta en su carrera industrial. Más que a los españoles de la época habría que responsabilizar del retraso a los condicionantes geográficos y la coyuntura bélica. Tres guerras desangraron el país, destruyendo caminos, ciudades y fábricas y descapitalizando la agricultura y la ganadería con la pérdida de rebaños y cosechas. Para mayor contratiempo, la independencia de las colonias privó a la nación de un mercado generoso, que hubiese podido contribuir al despegue económico tras la *paz* de 1814, y al Estado de los recursos necesarios al buen término de la reconstrucción del territorio. Un panorama negativo que se complica con los corsés políticos impuestos por Fernando VII, cuyo afán por perpetuar el Antiguo Régimen retrasó aún más el comienzo de la era industrial. Perdido el compás, España debe soportar durante el resto de la centuria una dependencia grande, respecto de los adelantados del continente, que obtendrían jugosos beneficios de su superioridad.

La pérdida de la plata americana no sólo despoja al Estado de su tradicional papel de impulsor económico sino que obliga al erario público a ponerse en manos de los capitalistas extranjeros y le impide desarrollar una política acorde con los intereses de la nación. Además, encarecerá el precio del dinero, desanimando a la mayoría del empresariado, que preferirá destinar sus ahorros a la compra de tierra, la especulación o el rentismo de la deuda pública, antes que a la inversión industrial.

Fábricas textiles, altos hornos, minas, ferrocarriles..., los símbolos de la revolución industrial, precisaban unos desembolsos que apenas las empresas de capital colectivo podían movilizar. En este terreno, la legislación de Fernando VII resultó innovadora al regular con el Código de Comercio las sociedades colectivas, comanditarias y anónimas, indispensables en el proceso industrial. La necesidad de dinero exigió, así mismo, una reordenación del sistema bancario español a fin de adecuarlo a los signos de los tiempos: las leyes de 1856 respondían a la nueva era del capital financiero. Gracias a los progresistas, España aumentaba sus bancos emisores destacando por su posterior protagonismo económico los de Bilbao y Santander, todos ellos facultados para emitir billetes por el triple del valor de su capital desembolsado, con lo que la moneda en circulación se duplicaba al cabo de ocho años. En esas fechas, el de San Fernando cambió su nombre por el más adecuado de Banco de España, cuyo monopolio de emisión de moneda le sería devuelto en 1874.

Al amparo del progresismo de 1856 surgen también las sociedades de crédito, compañías financieras especializadas en inversiones industriales y de servicios. Copia de sus homólogas europeas, las españolas nacen como prolongación de poderosas casas extranjeras en manos de los hermanos Pereire, los Rothschild o Prost-Guilou. Bien relacionadas con el poder, no se preocuparon, sin embargo, de invertir de acuerdo con las necesidades del país y terminaron por colonizar la estructura económica de España, llevando la batuta de las mayores iniciativas empresariales, sobre todo en el campo minero y ferroviario.

Si la falta de capitales había sido un gran obstáculo para la economía de la Edad Moderna, el problema del transporte tampoco puede subestimarse. El XIX es, en este sentido, tiempo de progresos, a pesar de la poca ayuda prestada por la difícil orografía del país, tan esquiva con el ferrocarril y las carreteras. Al comenzar el siglo y después de la política ilustrada, España disponía de una buena red vial en Castilla y Andalucía pero deficiente en las regiones cantábricas y mediterráneas. La guerra contra los franceses, con sus destrozos y su abandono de las tareas de mantenimiento, hará estragos en los caminos, lo que unido a la escasez de dinero de Fernando VII llevaría al retraso histórico frente a Europa.

Mediado el siglo, los gobiernos liberales asumen como labor primordial del Estado en el desarrollo económico del país la modernización de la red viaria. En 1857 las Cortes aprueban el plan de carreteras, tutelado por el ministro de Fomento, financiado por el Estado y dirigido a unir Madrid con los puertos importantes, las capitales de provincia y las fronteras: una estructura radial que se combinaba con otras secundarias hasta alcanzar, al término del reinado de Isabel II, unos diecinueve mil kilómetros de nuevas vías. Sin paralelo desde los tiempos romanos, la red mejora notablemente las comunicaciones interregionales, aunque de momento su contribución a la economía española es pequeña, al carecer de un vehículo apto para acarrear un volumen grande de mercancías.

La verdadera revolución del transporte llega a España con el ferrocarril, cuyos primeros pasos se dan en 1848, al poner en marcha la línea Barcelona-Mataró. A la vista de la penuria del erario, el Estado hubo de renunciar muy pronto a implicarse directamente en la extensión de la red ferroviaria y optó por concederla a compañías privadas. Para fomentar la construcción del tendido, el gobierno ofreció alicientes económicos y ventajas importadoras que dispararían los mecanismos de la corrupción política, popularizada en el gobierno de Bravo Murillo con las escandalosas contratas del marqués de Salamanca y el duque de Riansares, que desprestigian a los moderados y preparan la revolución progresista de 1854. Las obras, no obstante, llevarían un ritmo lánguido hasta esa fecha, cuando apenas se habían completado 456 kilómetros en toda España.

Ante el fracaso, la Ley de Ferrocarriles de 1855 liberaliza el sector, como hiciera con la banca, permitiendo a las compañías trazar la red ferroviaria según sus intereses. Con dinero procedente de la desamortización civil el Estado tienta a los inversores que, animados por las facilidades ofrecidas, emprenden la carrera ferroviaria, rematada en diez años con 5.000 kilómetros en funcionamiento y 2.000 más en obras, casi monopolizados por cuatro compañías —Madrid a Zaragoza y Alicante, Norte, Zaragoza a Pamplona y Barcelona y Sevilla a Jerez y Cádiz—, todas ellas vinculadas al capital extranjero de las sociedades de crédito.

El ferrocarril abría una puerta a la integración real del mercado español hasta el punto que puede decirse que con él nace la España contemporánea. Gracias a sus prestaciones se salvaban finalmente los obstáculos terrestres que habían *regionalizado* en el pasado la vida española, permitiendo un trasiego de ideas, viajeros y mercancías mucho más rápido e intenso. Al compás del tren, la unidad económica y la especialización agrícola e industrial avanzan a grandes zancadas, uniendo la España litoral y el interior. Con todo, el trazado dejó mucho que desear y zonas como Asturias o Vizcaya tardarían en integrarse. Al interés exclusivo de las compañías por establecerse en las áreas de mayor movimiento se añadirá el crónico empeño en la configuración radial y no reticular. El eje de máxima intensidad de vías quedaba así establecido en el ángulo NE del país, de Alicante a Irún, y los ramales de Madrid a Santander y Francia, más las líneas de salida de los productos agrícolas hacia los puertos gaditano y santanderino. Hasta finales de la centuria el tren no discurre por toda la geografía, pero mientras tanto se convertía en el mejor aliado del tráfico internacional y en poderosa palanca de colonización económica, al acercar los productos manufacturados extranjeros al gran mercado consumidor madrileño y favorecer las exportaciones mineras de gran interés para las sociedades de crédito.

Los incentivos obtenidos por las compañías, que en 1890 equivalían al 30 % del coste global, arrastraron a las sociedades a construir deprisa, sin pensar en el futuro del país. Su verdadero negocio radicaba en la actividad constructora, subvencionada por el Estado, y en los beneficios indirectos derivados del dominio de las empresas europeas suministradoras. A los particulares les quedaba el pararrayos del Estado español, aunque serán los grandes perjudicados cuando la crisis agropecuaria de fines de siglo rebaje los ingresos de las compañías. La reducción de las entradas tendría negras consecuencias para un sector dominado desde su origen por un elevado grado de endeudamiento, fruto de la tendencia de las sociedades de crédito a financiar sus obras con la emisión de obligaciones. Los tres mil millones de pesetas en que se cifraban las deudas de las empresas españolas en 1891 impidieron la necesaria mejora y ampliación de las líneas.

Salvo en Cataluña, poca repercusión habría de tener el ferrocarril en el mercado español de capitales: la mayoría de los accionistas y obligacionistas fue reclutada por las sociedades de crédito en las bolsas europeas, especialmente francesas, sin que faltaran nacionales entre los inversores parisinos. Mucho más grave para la economía española será la quiebra ferroviaria de 1866, junto con el rigor de años de malas cosechas y el frenazo de las exportaciones mineras. La crisis tiene su raíz en el propio modelo de desarrollo, ya que a medida que las principales líneas se inauguraban resultaba evidente que sobrepasaban las necesidades del tráfico español. El parón hace incumplir sus compromisos a las compañías y el castillo de naipes se derrumba cuando la Bilbao-Tudela suspende pagos y el pánico financiero se adueña de la Bolsa española.

La todavía endeble estructura bancaria se vio envuelta de lleno en un vendaval de suspensiones y quiebras. Tal vez la estrechez del mercado financiero, la ilusión de mejores resultados o la indudable bisoñez de la joven banca española le habían conducido a una peligrosa concentración de riesgos. Había entidades, como el Banco de Barcelona, que mantenía más del 43 % de sus préstamos bajo la garantía de valores del ferrocarril. Otras muchas no pudieron recuperar sus préstamos e inversiones y, siguiendo la suerte de las compañías ferroviarias, hubieron de cerrar. Un número elocuente de sociedades de crédito, repartidas por todo el territorio, desaparece para siempre del panorama financiero español: es el primer reajuste profundo de la nómina bancaria.

En 1874 la retirada del privilegio de emisión de moneda a los bancos privados abre una nueva fase en la trayectoria financiera de la banca hispana. La medida afectaba a la propia continuidad de los bancos locales emisores, que podían verse en dificultades para adaptarse al naciente orden financiero sin contar con la emisión de recursos propios. Por ello, al mismo tiempo la ley ofrecía la posibilidad de integrarse en el Banco de España a aquellos negocios en esa situación, que pasaron en no pequeño número a convertirse en sucursales del banco oficial. Entre ellos estaban los de Jerez, San Sebastián, Vitoria, Pamplona, Málaga, Sevilla. Así mismo el banco emisor creaba distintas sucursales en las principales ciudades en las que los bancos locales —Bilbao, Santander, Barcelona— habían rechazado la fusión y se disponían a seguir funcionando como bancos de préstamos y descuentos.

Desde la perspectiva financiera nacional, las entidades que logran sobrevivir al efecto de la retirada de emisión consiguen reforzar sus estructuras, ya fortalecidas por la regeneración anterior tras la quiebra ferroviaria. Estos bancos concentrarán esfuerzos y diversificarán sus opciones de negocio en torno a tres núcleos: el madrileño, el catalán y el vasco-cantábrico. Debido a las pocas entidades creadas hasta fin de siglo, todas ellas lograrían mantener perfectamente su cuota de mercado y aún aumentarla a pesar de la competencia del banco oficial. La banca catalana vive su momento de gloria en estos años de la Restauración, al compás de las formidables ganancias vinícolas y textiles, para hundirse luego, víctima de la crisis agropecuaria y la especulación bursátil. Muy diferente es el itinerario de las finanzas norteñas, enriquecidas por el éxito de las exportaciones mineras vizcaínas y el desarrollo de la industria siderometalúrgica. En este sentido, el Banco de Bilbao sabría sacar partido de las inmejorables expectativas de negocio abiertas por las transacciones internacionales y las prácticas cambiarias, a pesar de tener que hacer frente desde 1891 a la rivalidad del Banco de Comercio, promovido por Sota y Aznar.

La pérdida de Cuba y Filipinas impulsa de nuevo el sistema financiero español, fortalecido por la repatriación de capitales coloniales que aumentaron considerablemente las disponibilidades monetarias. Así, al tiempo que crecía la preocupación de las autoridades por los claros síntomas inflaccionistas de la llegada de dinero, se disparaba la euforia financiera en Madrid o Bilbao. Se desconoce el monto total de los capitales repatriados, pero de su magnitud puede dar una idea el número y la importancia de los bancos creados gracias a la inyección. En 1900 aparece en Madrid el Banco Hispano Americano, impulsado por *indianos,* y, dos años más tarde, el Banesto se hace cargo de la liquidación del francés Crédito Mobiliario. Ambos rompen con el regionalismo de la banca del XIX para abarcar ahora toda la península y extender incluso sus redes al extranjero. Los financieros vascos no permanecerían al margen de este huracán de creaciones bancarias: en 1899 ve la luz el Banco Guipuzcoano y, en los años siguientes, el de Vitoria y el de Vizcaya, junto a otras cuatro entidades de vida menos boyante, mientras el Banco de Bilbao absorbía al de Comercio.

El tropiezo de Minerva

Al igual que en el resto de Europa, pero con retraso respecto a las potencias industriales, España acomete en el siglo XIX un movimiento de modernización económica que a pesar de fracasar en Andalucía llega a calar en Cataluña, Asturias y País Vasco, donde junto a las fábricas acampa un difuso *espíritu burgués* entre el empresariado y las clases medias. Los condicionamientos históricos y políticos impusieron, no obstante, una grave dependencia de los capitales y las técnicas europeas, que no podrá superarse nunca. Este *seguidismo* degenera en el caso de la minería en un descarado colonialismo al servicio de los intereses del capital europeo, aunque en algunas zonas permite la acumulación de capital suficiente para impulsar el desarrollo industrial. Las enormes salidas de plomo, hierro y cobre equilibran —con el vino y otros productos agropecuarios— la balanza comercial española, colaborando a sufragar las costosísimas inversiones en maquinaria y obras públicas y ayudando a la compra de manufacturas y alimentos. Se evita así la total descapitalización de la economía después de cerrado el circuito americano.

Resulta aventurado calificar, sin más, de fracaso la industrialización española, sobre todo si se compara la situación española a comienzos del XIX y la existente en las primeras décadas del XX. La producción siderúrgica, mecánica y textil, si bien no consiguió hacerse un hueco en los mercados internacionales, al menos reconquistó para las fábricas españolas el mercado interior. A su luz es esclarecedor observar el constante incremento del producto industrial desde 1861 a 1913, antes de que los aires de la Gran Guerra aceleren las tasas de producción y beneficios. Además, comienza el trasvase de la población activa peninsular de los sectores primarios a la industria. Aunque la riada no culminará hasta el decenio de 1960, cuando España deje de ser «predominantemente rural», algunas regiones como Cataluña y el País Vasco entran en los estándares europeos, abandonando su antiguo régimen demográfico.

No todo fueron avances, atada por el alto coste de las materias primas y el combustible y por un mercado consumidor apático o demasiado apegado al ritmo de las cosechas, la industria española del XIX creció a la sombra protectora del Estado, lejos de las embestidas de la competencia europea. Un recurso excepcional, que todos los países consideraron imprescindible en las primeras fases industrializadoras, terminará en España por convertirse en la *salida fácil* del empresariado autóctono, sin riesgos en el mercado interior. Los catalanes llevarán la voz cantante en la demanda de un *mercado nacionalizado,* con asociaciones como el Instituto Industrial de Cataluña o el Fomento de la Producción Nacional, oponiéndose a los intentos librecambistas inaugurados por la revolución burguesa y su política modernizadora de la propiedad y la producción. A medida que con la Restauración el entramado industrial se consolide en el norte peninsular, sus presiones en favor de una acción proteccionista serán más insistentes. En la misma trinchera, los industriales barceloneses, los mineros asturianos, los *condes siderúrgicos* vascos y los productores agrarios castellanos y andaluces conseguirían en 1891 el ansiado arancel, que iría acentuándose tras el desastre colonial con la Ley de Bases Arancelarias (1906) y la Ley de Protección a la Industria Nacional (1907).

Y con el cierre del mercado a los géneros europeos, los monopolios copan rápidamente los sectores productivos: la burguesía española apostaba por repartirse mercados y unir medios de producción antes que lanzarse a competencias indeseadas. Con el cambio de siglo surgen Altos Hornos, Duro-Felguera, Unión de Explosivos, Papelera Española..., a costa de un consumidor nacional obligado a comprar productos a un precio sensiblemente superior al de sus vecinos europeos.

Un desarrollo industrial tan poco homogéneo como el español tendría enormes repercusiones en el campo demográfico. Al impulsar la prosperidad del norte y noreste español, la industria acelera la tendencia al despoblamiento del centro en favor de la periferia ya detectada en los siglos anteriores. Las diferencias económicas ahondan, así mismo, las políticas y sociales. En el País Vasco, Asturias y Cataluña se expanden con fuerza el espíritu europeizante y el progresismo sociopolítico, a lomos del imparable ascenso de sus ciudades. El centro y el sur, por el contrario, permanecerán cautivos de su estructura agraria y caciquil, responsable de graves tensiones sociales y con una industria sometida a los dictados del capital extranjero o de las regiones más favorecidas. El mito de las dos Españas, los supuestos agravios del nacionalismo periférico o el llanto estético de los escritores del 98 por una Castilla olvidada, beberán de esa dualidad.

A comienzos del siglo XIX se podía augurar un buen porvenir industrial a Cataluña y Andalucía. Los catalanes habían demostrado la fortaleza de su tejido manufacturero para aprovechar las oportunidades ofrecidas por los mercados consumidores, adaptándose a sus exigencias de calidad y precio. Andalucía, por su parte, contaba con la feracidad de sus tierras, la riqueza de su subsuelo y la vitalidad del comercio colonial. Y sin embargo, la evolución de una y otra región habría de ser enteramente distinta.

La comarca gaditana, a finales del XVIII, había sido pionera en adaptar la energía del vapor a la molienda y el curtido, medio siglo antes de que lo hicieran las industrias catalanas. La expansión del cultivo algodonero en las vegas granadinas incentiva el funcionamiento de las primeras textiles modernas en Cádiz, Puerto de Santa María y Sanlúcar de Barrameda, bajo la atenta mirada de maestros catalanes. Nacidas a la sombra de los mercados coloniales, las guerras del cambio de siglo demuestran la imposibilidad de sostener estas manufacturas sin el respaldo de un mercado regional seguro, inexistente en Andalucía. Por el contrario, Cataluña pudo pasar el mal trago volcándose de lleno en el consumo interior del país. El XIX sería, por tanto, el siglo del textil catalán.

Tras esta intentona primeriza, las iniciativas saltan de la bahía de Cádiz a las costas malagueñas, donde el comercio agropecuario había enriquecido a una nutrida colonia de comerciantes, muchos de origen extranjero. Será justamente este grupo el que encabece el nuevo intento modernizador, asociado en un principio al consumo de derivados del hierro por las actividades exportadoras. En 1830, Manuel Agustín Heredia, con el auxilio del norteño Francisco Elorza, decide hacerse con este mercado, levantando unos altos hornos en las playas de Marbella que se aprovechan de la paralización de las ferrerías vascas por la guerra carlista. Desde 1831, la empresa de Heredia contará con un rival muy próximo, al seguir sus pasos su antiguo socio Juan Giró. Ambas dominarán la producción y el comercio de hierros españoles hasta 1865.

Este impulso no vendría solo; junto a las fábricas siderúrgicas pronto se alzarían las primeras empresas algodoneras y laneras malacitanas, dotadas de la más moderna maquinaria del ramo. Por su avanzado sistema técnico destaca la Industria Malagueña de los Larios, con una capacidad semejante a la de la barcelonesa La España Industrial, primera textil del país. Y con ellas vienen, asimismo, las industrias químicas, al preocuparse Heredia por la fabricación de ácido sulfúrico. Los excedentes de materia prima en relación a las necesidades textiles acabarían derivando hacia una fábrica de velas, pionera en España, con las francesas La Estrella, de Madrid y Gijón, y dos de jabón duro que encabezarían la estadística española del ramo en 1856.

Sin embargo, las iniciativas malagueñas descansaban sobre cimientos poco firmes. La reforma arancelaria de Salaverria en 1862 supondrá un revés para las ferrerías, mientras las algodoneras se retraen ante la competencia de Tarrasa y Sabadell y la caída de la demanda autóctona, víctima de los apuros económicos provocados por la filoxera y la crisis agraria. En el caso de la siderurgia el fracaso sólo puede achacarse al exceso de costes de la industria malagueña, lastrada por los altos precios del carbón vegetal y la dificultad de incorporar el carbón asturiano e inglés. Lejos de desanimarse, los promotores andaluces luchan por obtener del Estado una rebaja de los derechos arancelarios —a la que se oponían firmemente los mineros del norte—, ensayan el consumo de antracitas y, en última instancia, invierten sus capitales en la puesta en explotación del carbón cordobés de Belmez y Espiel. Tampoco así esquivaron los inconvenientes, para 1877 el fracaso andaluz es manifiesto; poco a poco, los empresarios malagueños irán desprendiéndose de sus participaciones mineras y ferroviarias, y en 1885 procederán a apagar los altos hornos, dando término a este proyecto único.

Cerradas las vías más innovadoras, la industria andaluza se repliega sobre las actividades de transformación de los productos del campo y el mar: vino y aguardientes gaditanos; azúcar granadina; industria oleícola cordobesa y jienense; salazones de Huelva, en retroceso ante el avance de las conservas gallegas. Mientras, Sevilla, que a mediados de siglo sólo encabezaba el sector de la loza con la fábrica instalada por Charles Pickman en La Cartuja, se impone a Málaga como centro fabril de Andalucía, aunque sus estructuras no presenten ya el carácter pionero que en la química, la metalurgia o el textil había significado la industria malagueña en 1856. Perdidos los medios para decidir su futuro, Andalucía caería en las garras de la especulación y los depredadores.

El hundimiento de la siderurgia malacitana refuerza la importancia del sector minero. Conocidos desde antiguo por su riqueza, muchos de los yacimientos sureños reciben ahora el espaldarazo definitivo, arrastrados por la demanda de la industria europea y los servicios asociados al proceso de urbanización. Por otro lado, los apuros de la Hacienda llevaron al gobierno republicano a proponer en 1868 una nueva legislación minera que, olvidando las rémoras regalistas, liberalizaba al máximo la actividad extractiva en beneficio de las compañías explotadoras. La ley, vigente hasta 1944, venía a significar una desamortización del subsuelo equivalente a la que unos años antes había afectado a la tierra. Una eclosión de empresas mineras inaugura el período de mayor esplendor de la industria extractiva española, a costa de poner en manos extranjeras el 50 por 100 del subsuelo nacional, incluidos los filones más ricos, en un claro proceso de colonización económica.

Casi una octava parte de la producción mundial de plomo entre 1861-1910 procede del sur de España, donde la galena extraída en la primera mitad del XIX alcanzaba unos niveles de riqueza metálica insuperable. La ley Elhuyar de 1825 y las grandes facilidades naturales para su explotación potenciaron, en un primer momento, los filones de las sierras de Gador y Almagrera, en el SE peninsular. Rebasando todas las expectativas, las ventas compensan en la balanza comercial española el declive de la lana, proporcionando de 1822 a 1868 unos beneficios superiores a los del hierro vizcaíno cuarenta años después, mientras atraían a la sierra a veinte mil obreros. Ninguno de tales avances, coetáneos del proyecto siderúrgico marbellí, serviría a la industrialización real de Andalucía: los capitales de la burguesía autóctona no tuvieron los efectos multiplicadores del hematites vasco, a causa del minifundismo de las explotaciones y la mala organización empresarial.

A partir de 1870, Gador entra en una fase de franco retroceso, aunque la producción española siga creciendo hasta hacer de Andalucía el líder mundial del plomo. El aliento de los ferrocarriles y la puesta en explotación de los cotos jienenses y cordobeses serían los responsables de este milagro económico. Para entonces, los productores españoles, debilitados por su escasa fortaleza financiera, atraso tecnológico y falta de vocación empresarial, ya habían quedado arrinconados por los capitales europeos.

El gran problema de la minería serreña había sido las filtraciones de agua; en 1852 la sociedad inglesa The Linares y, poco después, la francesa La Cruz lograron salvar el obstáculo introduciendo maquinaria de vapor para desahogar los pozos: Desde ese momento la producción no dejaría de crecer. Los dividendos repartidos animaron a otras muchas empresas a invertir en el distrito, de manera que, veinte años después, ciento ochenta y tres compañías permanecían en activo, concentrando las firmas extranjeras la tercera parte del mineral extraído y el total de las labores de refino. Si el dominio francés del plomo de Linares quedó compensado por el incremento de las labores de las compañías inglesas en La Carolina, al final serán los financieros galos quienes habrían de imponerse en el sector.

La apertura de los ferrocarriles Ciudad Real-Badajoz y Almorchón-Córdoba incitó a las compañías constructoras a meterse en el negocio minero. El impulso de la Compañía de Belmez quedaría, sin embargo, congelado en 1877 con la entrada en la lid de los Rothschild, que fuerzan un acuerdo entre todos los intereses galos: Belmez se concentraría en las vías férreas y los yacimientos carboníferos, mientras una nueva empresa, Peñarroya, haría lo propio con el mineral de plomo. Tras el compromiso, Peñarroya inicia su marcha imparable, acapara minas extremeñas y manchegas, amplía sus cotos andaluces y financia la extensión de las líneas ferroviarias hacia Sevilla, su puerto natural. Con el aprovisionamiento de minerales ajenos, el complejo metalúrgico levantado en la localidad cordobesa despega con fuerza en los años ochenta ampliando sus actividades en el resto de la península al alquilar las fundiciones de Cartagena, Garrucha, Almería y Nuestra Señora de Gracia de Puertollano, que siempre había tropezado con la baja calidad de la hulla de la región. Dada la mutua dependencia, en 1893 la Cía. Peñarroya absorbe a la hullera de Belmez, asegurándose así, no sólo el autoabastecimiento de combustible, sino, lo que es más importante, el monopolio carbonífero en Andalucía. Su ventaja le permitirá imponer su ley, hasta conseguir la hegemonía metalúrgica mediante la adquisición de las restantes competidoras nacionales y extranjeras. Empieza entonces su carrera diversificadora, ampliando sus actividades químicas y aprovechando los carbones de baja calidad para acometer la electrificación de Ciudad Real con su Central Eléctrica Térmica. A pesar de su despliegue, que haría de Peñarroya la número uno del plomo dulce en el mundo, los beneficios para la región fueron pequeños, al estar el consejo de administración en manos extranjeras.

Otro tanto sucedería con el cobre, cuya demanda se

incrementa en Europa por el desarrollo de las comunicaciones y la industria química inglesa. Hasta mediados de siglo, los productores españoles obtienen escaso provecho, frenadas sus perspectivas por la falta de carbón y el retraso técnico, y tampoco los primeros ensayos de los hermanos Pereire alcanzarán resultados halagüeños. Por fin, en la década de los sesenta el éxito sonríe a los ingleses, consiguen extraer de las piritas españolas el azufre y, además, recuperar el mineral de cobre y plata de ellas. Ante las buenas perspectivas, un grupo de inversores ingleses se hace en 1866 con el control de las minas de Tharsis y La Zarza, donde introducen las más modernas técnicas de explotación.

El éxito de Tharsis influye rápidamente en los cercanos filones de Riotinto, de propiedad estatal, cuyas ganancias siempre habían sido escasas. En 1870 el ministro Figuerola propone su venta, adjudicándola luego a un consorcio internacional en el que participaban financieros ingleses, alemanes y los omnipresentes Rothschild. Nace de esta forma The Riotinto Company Ltd., que dominaría la producción mundial de cobre de 1877 a 1891. Para agilizar el negocio, Riotinto construye un ferrocarril hasta el puerto de Huelva, introduce, a finales de siglo, grandes palas a vapor con objeto de remover el mineral y en 1902 levanta una moderna fundición con seis convertidores Bessemer. Todo ello le permitirá producir cobre y azufre a gran escala, con una rentabilidad que superó el 70 % anual durante veinte años. El balance no fue tan satisfactorio para Andalucía; la emisión de gases tóxicos arruinó el área circundante, en tanto la materia prima salía del país sin crear una industria química moderna. La buena estrella de Tharsis y Riotinto estimuló a otras muchas compañías a invertir en el sector, dominado en 1910 por cuatro empresas inglesas, dos francesas y tres españolas.

Si la siderurgia andaluza fracasó por la falta de carbón mineral a un precio competitivo, la reserva de combustible no facilitó mucho las cosas a la región asturiana. Las enormes posibilidades carboníferas chocaban aquí con el lastre de los transportes, que encarecían el mineral frente a sus más directos rivales ingleses, y de la lenta industrialización que impidió su consumo en el propio Principado.

Al comenzar el siglo XIX, la legislación minera asimiló las explotaciones de carbón al resto de los cotos, pero la pequeña dimensión de las *pertenencias* y unos derechos demasiado elevados para los rendimientos obtenidos impidieron su despegue como en Andalucía. A pesar de poseer las mayores reservas del país, seguidas por las palentino-leonesas y cordobesas, la producción astur no comenzaría su marcha ascendente hasta la década de los cuarenta, cuando se despejen algunos de los obstáculos anteriores. En el remonte tendrían una especial participación los capitales extranjeros, mayoritarios en la Real Compañía Asturiana de Minas o la Sociedad de Minas de Carbón de Siero y Langreo. La falta de demanda paralizó ambas empresas, convenciendo a sus continuadoras de la necesidad de orientar su empeño hacia las actividades metalúrgicas.

El desarrollo de la industria metalúrgica tiraría, de este modo, de la producción carbonífera, aunque a costa de dejarla sometida a intereses foráneos y a la dependencia del mercado del metal, por lo que sus dificultades frenaron el desenvolvimiento de la minería. El traslado del centro de gravedad de la siderurgia al País Vasco, a partir de 1881, sería un golpe mortal para la industria extractiva asturiana. Viendo desaparecer su mercado —las importaciones de carbón inglés superan en nueve veces la producción norteña— la Liga General de los Intereses Hulleros de España exigiría al gobierno el resguardo del consumo nacional mediante una política ultraproteccionista, a menudo contestada desde el resto de las regiones industriales del país. Los aranceles de 1895, 1899 y 1904, el consumo forzoso de carbón asturiano por la marina de guerra y los arsenales del Estado, las exenciones fiscales de los beneficios mineros y la devaluación de la peseta conseguirían hacer remontar la hulla asturiana, cuyo producto se triplica en veinte años.

Coincide este espectacular salto con la concentración de compañías productoras que daría origen a la poderosa Unión Hullera y Metalúrgica de Asturias, primer productor del país hasta su absorción por Duro-Felguera. Los recién concluidos enlaces ferroviarios entre el Principado y la Meseta abren al carbón asturiano el mercado de Madrid, aunque a su vez le crean un duro competidor en la provincia leonesa.

Con la Primera Guerra Mundial la minería astur recibiría el empujón definitivo, a pesar del cual el crecimiento anual se ralentiza y los beneficios empresariales no pueden ocultar la caída de los rendimientos. Sólo la explotación de un gran número de pozos marginales, al socaire de unos precios disparados, explica esta aparente bonanza, que cesa bruscamente con la crisis internacional de los años veinte. El intervencionismo estatal —arancel de 1922, ayudas financieras y control de importaciones de Primo de Rivera y la Segunda República— no lograría, sin embargo, desterrar los defectos estructurales. La minería entra en una fase de dificultades que tendrá su reflejo en un aumento de la conflictividad social.

Por sus reservas carboníferas, Asturias debía haberse puesto al timón de la siderurgia española. Pero el Principado carecía del capital necesario para llevar adelante su industrialización, por lo que el peso de las iniciativas recaería en los poderes públicos —Trubia— y en las sociedades de capital extranjero. En 1848, empresarios ingleses plantan la semilla de la futura Fábrica de Mieres, S.A., la segunda factoría española en utilizar carbón de coque en sus altos hornos, a la vez que capitales riojanos, astures y vascos levantan en La Felguera el complejo de Duro y Cía., que crece con rapidez y da paso en 1890 a la gran Sociedad Metalúrgica Duro-Felguera. El proceso de concentración de la metalurgia asturiana continuará hasta integrar en 1966 a todas las sociedades de capital privado —Duro, Mieres y Santa Bárbara— en UNINSA.

El empuje de las primeras fábricas asturianas liquida la hegemonía andaluza y aprovecha la abundancia de carbón para competir con los hornos vizcaínos. A pesar del dominio del mercado entre 1864 y 1879, la producción asturiana no pudo sacar partido de la fiebre ferroviaria. La ley de ferrocarriles de 1855 y sus exenciones cerraron la salida a la naciente siderometalurgia, en tanto España se abastecía en los complejos europeos a un coste elevadísimo. Al fin, el clamor de los fabricantes españoles despojará de sus prebendas a las nuevas compañías, animando las inversiones y la producción de las empresas barcelonesas, asturianas y vizcaínas, pero el optimismo no duraría mucho. La crisis ferroviaria de 1866 y la segunda guerra carlista reducen drásticamente el consumo e impiden la definitiva consolidación de la industria asturiana. Cuando el mercado se recupere, Asturias ya habrá perdido el liderazgo en favor de Vizcaya, beneficiada, poco después, por la generalización del sistema Bessemer, que reducía el consumo de combustible.

Si el Principado no consiguió mantener el ritmo impuesto por la revolución siderúrgica, marcaría sin embargo las pautas de la metalurgia del zinc, espoleada en Europa por la industria naval, la construcción y la galvanización del acero. Mediada la centuria, los empresarios franceses de la Asturiana reconvierten la fábrica de Arnao para rentabilizar su producción de carbón astur y mineral guipuzcoano. Tras un período de languidez, el complejo obtiene un éxito resonante en 1856 al descubrir sus promotores uno de los yacimientos de calaminas más rico del mundo en Reocin (Cantabria), capaz de producir cuatro años después cien mil toneladas.

Como en el caso de la minería sureña, gran parte de los beneficios no se quedaría en el país, sobre todo al iniciar la compañía su despliegue internacional con la construcción de una nueva fábrica en el norte de Francia, ante la escasez de la demanda española. Fruto de la diversificación de mercados y actividades, la empresa entra también en la metalurgia del plomo, con una factoría en Rentería, y en la industria de colorantes. Paralizadas las fábricas francesas durante la Gran Guerra, las fundiciones de Arnao cobran nuevo brío, a la par que comienza la fabricación de ácido sulfúrico en la de San Juan de Nieva.

No obstante sus materias primas, ni Andalucía ni Asturias lograrán desarrollar en el siglo XIX una industria química moderna de suficiente entidad. Los intentos de Heredia en Málaga, paralelos a los de Cros en Barcelona, para implantar la producción de sosa artificial con destino a la industria textil, jabonera y papelera, fracasarían por el pobre consumo de las fábricas españolas. Hasta 1901 no se empieza a producirla en cantidad apreciable por la tarraconense Electroquímica de Flix, de capital alemán, y las fábricas de Aboño y Barreda (Asturias) y Bárcena (Cantabria).

En el sur, la abundancia de piritas sulfurosas, tan estimadas en los mercados internacionales, no impulsó tampoco la fabricación de ácido sulfúrico, imprescindible en una industria química nacional. Las grandes compañías extranjeras estaban más pendientes de exportar la materia prima que de invertir en su procesamiento, dados los obstáculos del mercado interno, y sólo en fecha muy tardía Riotinto (1899) y Peñarroya (1911) comenzaron a recuperar los gases sulfurosos emitidos por sus plantas de fundición para la obtención de ácido. La escasez de ácido sulfúrico impondría a su vez el déficit de fertilizantes, importados en abundancia hasta el siglo XX: en 1913 las mayores productoras —Peñarroya, Cros— apenas cubrían un tercio de las necesidades del país. En el caso de los superfosfatos, Vizcaya llevaría a efecto los primeros tanteos en la década de los ochenta, pero el *boom* se desencadenaría al descubrirse las reservas de fosfatos del norte de Africa que empujaron a las empresas extractivas españolas a meterse de lleno en la industria del sulfúrico. Capitales ingleses, franceses y españoles inundan el litoral mediterráneo de fábricas: Riotinto levanta en Huelva dos plantas de fertilizantes; la Anglo-Española en Sevilla y Alicante; capital francés promueve dos fábricas en Málaga y Peñarroya, otra en Córdoba, mientras la catalana Cros agranda sus instalaciones de Badalona y la Unión de Explosivos, a través de su filial bilbaína Sociedad General de Industria y Comercio, invierte en Madrid, Cartagena, Málaga y Sevilla. El crecimiento no logra acortar distancias respecto a los países europeos, pues aparece siempre encorsetado por el freno de las exportaciones y el escaso consumo interno.

El desarrollo de la agricultura comercial valenciana, andaluza y canaria incrementó la producción de sulfato amónico, tan dependiente de la industria gasística y siderometalúrgica. No es de extrañar, por tanto, que ésta tendiera a concentrarse en Asturias y el País Vasco, aunque sus balbuceos iniciales resultasen imperceptibles por las abundantes importaciones de coque inglés que obligaron a depender siempre de las compras en Gran Bretaña. Con todo, la instalación en el decenio de 1890 de baterías de coquificación en Sestao y Avilés preparará la salida de las primeras partidas dc sulfato, todavía a unos precios nada competitivos. El cambio de agujas se produce en 1923, cuando Duro-Felguera y un potente consorcio bancario —Urquijo, Central, Banesto—, con la ayuda técnica de compañías francesas, constituyen la Sociedad Ibérica del Nitrógeno, que monopolizará la oferta hasta 1929, en que Energía e Industrias Aragonesas levante en Sabiñánigo la segunda planta del país.

Tampoco la riqueza carbonífera asturiana estimularía una química derivada. Las primeras tentativas en la obtención de gas etileno tuvieron como sede Barcelona, con capital preferentemente francés. De entre todas las realizaciones sobresaldría Carburos Metálicos, con sus factorías de Berga (Barcelona) y, posteriormente, de Corcubión (La Coruña), y sus ensayos de abonos nitrogenados en 1914. Lamentablemente la experiencia termina en fracaso, teniendo que esperar al período de autarquía posterior a la guerra civil para el inicio de esta nueva rama industrial, a cargo de la vizcaína Unión Química del Norte de España, en Mataporquera (Cantabria).

Nueva Fenicia

Hasta 1840, el retraso tecnológico de las ferrerías vascongadas y los estragos de la guerra carlista desarbolaron el potencial productivo del País Vasco. Terminada la contienda, la burguesía comercial vizcaína, deseosa de nuevos negocios tras el cierre del circuito lanero, impulsará los primeros intentos de modernización. Se acometen entonces empresas como el ferrocarril Tudela-Bilbao, que abre el puerto vasco a la Meseta y valle del Ebro, o la formación de la infraestructura financiera, fundamental cuando Bilbao desarrolle a finales de siglo su gran industria.

En la renovación ocupan un lugar destacado algunas empresas industriales encaminadas a abrir la senda de la era siderúrgica. Aunque con notable demora respecto de sus homólogas sureñas y con el freno de un mercado poco elástico pusieron los cimientos de la vocación empresarial que fructificaría cuarenta años después. De estas iniciativas merece destacarse la emprendida por el indiano conde de Miravalles en Guriezo, la fábrica de laminados de cobre y estaño de la familia Pradera y, sobre todo, la constitución de 1841 de la sociedad Santa Ana de Bolueta. Primera sociedad anónima del País Vasco, reunió a un equipo de comerciantes bilbaínos y técnicos franceses para crear los primeros altos hornos vizcaínos, alimentados con carbón vegetal. Aunque su producción resultaba muy competitiva, la empresa no llegó a alcanzar un gran desarrollo en el siglo XIX, limitada por el estancamiento de la demanda y la dura competencia.

En la primera mitad de siglo se consolida, asimismo, el grupo empresarial Ybarra-Zubiría-Vilallonga, que se adueña de la fábrica de Guriezo, trasladándola en 1855 a Baracaldo —en la margen izquierda del Nervión—, cerca de los abastecimientos de hierro y, sobre todo, del carbón mineral importado de Inglaterra, necesario tras la elevación del primer horno de coque. Sin embargo, el verdadero despegue no se efectúa hasta el decenio de los ochenta, a remolque de la industria europea del ramo. En efecto, la difusión del convertidor Bessemer acrecentó el interés de las potencias industriales por el mineral de hierro vizcaíno, cuya baja concentración en fósforo lo hacía ideal en el nuevo procedimiento. El mineral vasco era el más rentable del continente para la siderurgia inglesa y las compañías de capital extranjero acudieron con diligencia —Franco-Belga, Orconera— a acondicionar la zona minera de Las Encartaciones y dirigir su masiva explotación. Así y todo, una parte de los beneficios fueron captados por las elites vizcaínas, a través del arrendamiento de las minas, la participación directa en el capital de las empresas foráneas —caso de los Ybarra—, o el trabajo directo de los cotos, como los Sota, Aznar o Martínez de las Rivas. Extremadamente concentrada —los tres mayores grupos controlaban el 40 % de la producción y los medios de transporte entre las bocaminas y el puerto—, la exportación de mineral da origen a una nueva *burguesía minera*, que administra el destino del Señorío hasta el franquismo.

Gracias a sus ingentes recursos, la industria vizcaína consigue a partir de 1878 superar todos los obstáculos financieros e iniciar un nuevo ciclo económico. Dos opciones tenían ante sí los mineros si querían aumentar sus beneficios: transformar localmente el mineral, convirtiéndolo en lingotes para el mercado inglés, o bien hacerse con sus propios barcos a fin de captar los jugosos fletes navieros. Ambas serán seguidas por la burguesía vasca.

La revolución siderúrgica se inaugura con la puesta en marcha de la fábrica San Francisco, que nada más comenzar a funcionar otorga a Vizcaya la primacía de la producción española, a costa de los asturianos. Le siguen muy de cerca La Vizcaya, de Víctor Chávarri, y la Sociedad de Altos Hornos de Bilbao, de los Ybarra, quienes fusionan sus viejas factorías y concesiones mineras, atrayendo capitales madrileños y catalanes. Proyecto ambicioso, los Ybarra aspiran desde el primer momento a hacerse con el mercado nacional, con la ayuda de las mejores técnicas —convertidores Bessemer y Martin-Siemens, trenes de laminación— precisas para transformar cien mil toneladas anuales en sus altos hornos.

No sólo las reservas férricas de la provincia benefician a la siderurgia vizcaína, las grandes exportaciones a Gran Bretaña permiten también mantener un flujo continuo de envíos marítimos y la consiguiente rebaja de los fletes. Esta baratura posibilita la importación de carbón inglés a buen precio, lo que explica la aparente contradicción del triunfo de la industria férrica en la cuenca vizcaína y no en la carbonífera asturiana y el divorcio económico de dos regiones a priori destinadas a entenderse.

A pleno rendimiento desde 1885, las tres empresas vizcaínas hacen del Señorío cabeza del sector siderúrgico, sobre todo cuando se imponga en sus rectores la concepción *españolista* de su actividad. El posicionamiento de la burguesía industrial, encabezada por Chávarri, primero, y la Liga Vizcaína de Productores, después, en favor de una legislación proteccionista señala este cambio de actitud. Antes de 1891, el Estado ya había intervenido en el desarrollo de la industria metalúrgica y mecánica, al exigir material español en las construcciones de la armada. Con tal empujón nacen los modernos astilleros vascongados e igualmente se benefician de él las empresas mecánicas vizcaínas y catalanas. Después del arancel las presiones continuarían hasta conseguir en 1896 el fin de todas las exenciones de que habían gozado las compañías ferroviarias a la hora de importar material mecánico. El posterior éxito del balbuciente acero español refuerza la idea de que el modelo de desarrollo ferroviario constituyó una oportunidad perdida para el sector del hierro en España. Al calor de la autarquía, surge ahora gran parte de la mediana empresa vizcaína y guipuzcoana mientras se refuerzan y diversifican las mecánicas catalanas dedicadas al material naval y ferroviario. A menudo dependientes del gran capital siderúrgico, su actividad recibirá nuevos bríos con la definitiva consolidación del mercado español a principios del siglo XX.

Los grandes movimientos de mineral entre los embarcaderos del Nervión y los puertos británicos hicieron del tráfico marítimo un negocio fabuloso. Mineros, industriales y comerciantes no dejaron pasar la oportunidad, metiéndose de lleno en el sector, en el que Bilbao ocuparía un lugar preferente. Mucho antes de que esto ocurra, la marina mercante española sufre importantes transformaciones. La integración del mercado nacional favorece las líneas de cabotaje, que establecen las comunicaciones entre los puertos litorales mejor acomodados: Ferrol, Barcelona, Tarragona, Santander y Bilbao. Al comenzar el siglo XIX España disponía de novecientos navíos, concentrados preferentemente en los puertos sureños, catalanes y santanderinos, fiel reflejo de la correspondencia comercial con América. Cádiz acaparaba entonces un tercio de toda la flota y, aunque la pérdida de las colonias ejerce un efecto depresivo sobre las compañías andaluzas, en el sur nacerían las primeras navieras —Pinillos, Antonio López— del país.

De 1830 a 1860 es, sin embargo, la época de las marítimas catalanas, una de las cuales pondría a flote en 1834 el primer vapor hispano. A pesar de su esperanzador comienzo, las empresas barcelonesas estuvieron siempre demasiado apegadas a la vela, lo que constituiría la clave de su fracaso junto a su estructura comercial, volcada más en el interior peninsular que en la exportación a gran escala. La pujanza del puerto de Barcelona se manifiesta en el gran número de compañías que se agolpan ahora en sus muelles, destacando desde 1881 la Transatlántica del marqués de Comillas, especializada en el tráfico con las Antillas y el Mediterráneo.

El dominio catalán pierde vigor desde los años noventa, con la remontada de los navieros vascos, especialmente los Ybarra y su Vasco-Andaluza y el grupo Sota y Aznar, que invierte buena parte de sus ganancias mineras en la compra de buques. En 1901, el grupo Sota controlaba sesenta y siete de los ciento cincuenta y dos vapores vizcaínos, seguido por el de Martínez Rodas y un racimo de pequeñas compañías especializadas en el transporte de mercancías. La prosperidad no conoce límite entre 1892 y 1908, cuando se quintuplica el tonelaje bruto registrado con compras en los astilleros ingleses. Los altos beneficios —de un 17 a un 47 % anual— empujan al grupo Sota a iniciar su diversificación en el terreno de los astilleros —Euskalduna— y los seguros (Aurora). Pendiente su negocio del exterior, los navieros lucharon con denuedo a favor del librecambio, una opción perdedora ante el oleaje proteccionista levantado por los industriales.

A finales del XIX Vizcaya contaba, por tanto, con una sólida base industrial y financiera. Las navieras y siderometalúrgicas se encontraban firmemente arraigadas y su carrera imparable incrementaba la capacidad de la economía vizcaína mientras surgían nuevos sectores productivos. Estos no alterarán, sin embargo, la orientación última de la estructura económica, dependiente en exceso del metal y de la producción inglesa.

El cambio de siglo se caracteriza por el afán expansivo del capital vasco en el resto de España, su mercado natural. Con el tirón de la demanda anglosajona, los minerales alcanzan las cotas de exportación más elevadas, a la vez que el alza de los fletes por la Guerra de Transvaal enriquecía a los navieros y la repatriación de capitales coloniales consolidaba la banca. La fortuna sonríe a los empresarios, que fundan un centenar de compañías en el ámbito minero, naviero, bancario y de seguros, en un acelerón que no se frena hasta el hundimiento de la Bolsa de Bilbao en 1901. Ese mismo año, de la fusión de las mayores siderúrgicas nace Altos Hornos de Vizcaya, que en su deseo de monopolizar la producción de hierro y acero fagocita a sus competidoras norteñas. La euforia se extiende también al sector mecánico, donde se fundan la Auxiliar de Ferrocarriles o La Unión Cerrajera, aunque el tejido industrial vascongado no consiga superar la dependencia de la acción protectora del Estado, ni colocar sus productos fuera de las fronteras.

El gran consumo de explosivos por la minería asturiana y vizcaína exigió, en seguida, una industria autóctona suministradora. Vizcaya abre brecha al asentarse en Galdácano la Sociedad Española de la Dinamita, del grupo Nobel, que monopolizará la producción hasta 1883, cuando el capital alemán crea en Oviedo la Sociedad de Explosivos de La Manjoya. No permanecerán mucho tiempo solas, Víctor Chávarri —sin duda el más audaz empresario de la España contemporánea— les acompaña luego con su Vasco-Asturiana de Explosivos, entablando una lucha sin cuartel por dominar el negocio. La guerra de precios entre las tres compañías da paso al reparto del mercado y, finalmente, a su definitiva integración en la Unión Española de Explosivos (1896).

Al igual que Vizcaya en los sectores siderometalúrgicos, mecánicos, químicos y navieros, Guipúzcoa será en el siglo XIX la provincia líder de la producción papelera. Tras tanteos iniciales en Madrid, en 1841 un grupo de comerciantes donostiarras crea, en Tolosa, La Esperanza, primera fábrica peninsular de papel continuo. El capital mercantil de San Sebastián se comprometía en la aventura industrial, arropada por la ley de 1840, que prohibía la entrada de papel extranjero, y por el traslado de las aduanas del Ebro a la costa que le abría el mercado español. Casi al mismo tiempo, capitales catalanes montaban en Gerona un segundo núcleo papelero que, como el guipuzcoano, tendrá notable éxito en las décadas siguientes, cuando se multiplican las factorías en torno al Oria, el Ter y el Fluviá. La fiebre papelera toca techo hacia 1880; los primeros síntomas de sobreproducción no impiden, sin embargo, el nacimiento de algunas industrias de gran calado, como el grupo erigido por los hermanos Torras en Cataluña.

De todos modos, las comarcas gerundenses fueron siempre detrás de las vascas en la producción de papel continuo: en 1902, dos tercios del papel español procedía de los valles guipuzcoanos, cuyos ríos comienzan a notar los desoladores efectos de la contaminación fabril. Además, acordes con la tendencia monopolística del resto de la industria, a comienzos de siglo las más importantes papeleras vascas unen sus estrategias para formar La Papelera Española y expandirse por todo el país. Como tantos otros sectores industriales también el papelero sabría sacar partido de la paralización de sus homólogas europeas durante la Gran Guerra, aprovechando que la neutralidad de los países nórdicos brindaba la libre importación de pasta. No contento con sus beneficios, y ante la perspectiva de la crisis posbélica, el grupo Papelera organizaría, además, la Central de Fabricantes de Papel, poderoso *lobby* que arrancaría al Estado la prohibición temporal de instalar más industrias. Monopolio y mercado asegurado, eternas constantes de la industria nacional, volvían a repetirse, aunque la producción resultase insuficiente para cubrir el aumento de la demanda en el primer tercio del siglo XX.

Fracasado el empeño de Heredia y Larios de dotar a Málaga de una industria textil moderna, el testigo pasa a Cataluña. Ya en la centuria precedente las *fábricas* barcelonesas de indianas habían dominado los telares hispanos, pero la ley de 1802, que vetaba la importación de hilados extranjeros, acrecentó su influencia y fomentó la mecanización de las labores. Así y todo, se trataba de una industria muy modesta, donde las grandes factorías como la de Gónima —seiscientos operarios— constituían una excepción. Esta primera *industrialización* se hunde con la guerra de la Independencia. Al colapso del comercio americano se unen entonces las destrucciones de los ejércitos invasores y la inundación del mercado español por los géneros extranjeros, sin que el gobierno de Fernando VII frene el contrabando o acabe con la perniciosa política ilustrada de las compañías privilegiadas. Pese a que el impulso mecanizador pierde fuerza por la falta de capitales y la atonía del mercado, una parte del tejido productivo sobrevive, recuperándose al mejorar la coyuntura económica en la década de los treinta, gracias a una menor dependencia respecto a los mercados coloniales que en el caso gaditano. Además, la repatriación de capitales hispanoamericanos se dirige, al punto, hacia la industria, mientras que el alza de salarios, como consecuencia de las generaciones diezmadas en la guerra, favorecía la incorporación de maquinaria inglesa a la hilatura y el tisaje.

Siguiendo el ejemplo inglés, los primeros proyectos fabriles modernos tienden a concentrarse en Barcelona y las comarcas limítrofes, en perjuicio de Manresa y demás regiones textiles tradicionales. La elección del vapor como fuerza motriz y las escasas reservas carboníferas de

Cataluña obligaban a disponer la industria cerca del puerto, por donde se abastecían del combustible. El acontecimiento más importante del período tiene lugar en 1832 al instalar en Barcelona la primera máquina de Watt la compañía Bonaplata, Rull y Vilagerut, después de haber desestimado Asturias. A pesar del desarrollo alcanzado, que hizo que la Ciudad Condal acaparase el 70 % de las máquinas instaladas en España, el modelo no se ajustaba a las posibilidades de la región. Entre mediados del XIX y 1900, el 90 % del carbón consumido en Cataluña era foráneo y sus elevados costes obligaban a hacer de él un uso selectivo. Contrariamente al caso vizcaíno, Barcelona no dispuso nunca de carbón inglés a buen precio, ya que la ausencia de comercio de retorno y los aranceles levantados para proteger la minería asturiana encarecieron los envíos. Tampoco los intentos de poner en explotación los yacimientos hulleros de San Juan de las Abadesas o los lignitos de Calaf, Berga y bajo Segre dieron resultados: su mala calidad acabó por expulsarlos de la industria textil, derivando a principios del siglo XX hacia el consumo de la nueva industria cementera. Finalmente, el recurso a los carbones asturianos no resultará viable hasta finales del siglo, cuando la Transatlántica inaugure su línea regular Gijón-Barcelona. Con sus barcos el combustible astur conseguiría ganar la partida a la hulla inglesa, extendiéndose por Cataluña merced a la red ferroviaria. Es el momento en el que los capitalistas catalanes —Comillas, Girona—, al igual que los vascos, empiezan a interesarse por las explotaciones cantábricas.

Ante las dificultades de abastecimiento de carbón, la industria textil procuró replegarse al interior de la provincia barcelonesa, abandonando los centros urbanos para buscar las orillas de los ríos Ter y Llobregat. La mejora de las turbinas hidráulicas fomenta la vuelta a una fuente de energía tradicional, en la segunda mitad del XIX, y da origen a las *colonias,* complejos fabriles situados en el campo. Con la mecanización crece también el tamaño de las fábricas y de los capitales necesarios para promoverlas: en 1861 las seis mayores compañías disponían de un quinto de los husos instalados. Aunque algunas grandes empresas naciesen de la iniciativa individual, como la Güell de Sant, y proliferasen pequeñas industrias familiares al calor del proteccionismo, lo más normal fue el establecimiento de modernas sociedades anónimas —La España Industrial, Industrial Algodonera— a fin de concentrar recursos. Hasta la ley ferroviaria de 1855, nueve compañías algodoneras abrirán sus puertas en Barcelona, pero ante los problemas de abastecimiento de materia prima y la expectativa de negocio en las vías férreas el capital tomará el rumbo de los ferrocarriles.

De todos los sectores textiles, el algodonero marca la pauta de la industria catalana. Desde 1840 la producción crece ininterrumpidamente, apoyada en el algodón americano, la ayuda del Estado y su rápida mecanización. Veinte años más tarde, las algodoneras barcelonesas disponían de la mitad de los caballos de vapor instalados en España, adelantando en producto a Bélgica o Italia. En menos de medio siglo, las empresas catalanas pudieron rebajar el precio de sus géneros un 70 % cumpliendo así el gran sueño industrializador de expulsar del mercado nacional las importaciones extranjeras. No faltan, sin embargo, las ocasiones adversas, como la que sobreviene a finales de los sesenta al solaparse la falta de materia prima por la Guerra de Secesión americana con las dificultades financieras de la crisis ferroviaria y la inestabilidad política de la Primera República; pero hasta 1880 puede hablarse de una etapa de gran dinamismo acompasada a la expansión agraria española. En este sentido, es evidente la dependencia de la industria algodonera catalana respecto de las cosechas del interior peninsular; de ahí la continua defensa del cereal español por los fabricantes barceloneses, a cambio, eso sí, del mismo trato preferente para sus mercancías. Dependencia que se torna negativa a finales de siglo, cuando la crisis agraria tenga su inmediato reflejo en la brusca desaceleración de la actividad fabril y de la mano de obra empleada. La única salida que se ve en el horizonte es una vuelta a las prácticas monopolísticas del comercio colonial, obligando por ley —decretos de 1882, arancel cubano de 1891— a los súbditos americanos a consumir los textiles españoles. Una imposición que exacerba aún más las ansias independentistas. Tras 1898, sólo la devaluación de la peseta evita el desastre de la sobreproducción, primando las exportaciones, en tanto la mejoría agraria animaba la demanda interna. Se trata de una ilusión fugaz; el marasmo vuelve a partir de 1904, favoreciendo la huida de los capitales algodoneros hacia otros sectores como el mecánico, el eléctrico o el cementero.

Aunque el tirón algodonero no acaba con el resto de las actividades textiles, todas hubieron de adecuarse a su marcha. La tradicional industria lanera acomete en la segunda mitad de la centuria su modernización y se especializa en los paños finos y las novedades. Tras varios intentos fallidos, Josep Coma levantará en 1842 la primera fábrica *moderna,* dando comienzo a una carrera que distanciará Barcelona de sus más directos competidores alicantinos, salmantinos y gerundeses, con el 50 % de los telares laneros españoles en 1900. Sabadell y Tarrasa conquistarán el liderazgo al rentabilizar sus recursos hidráulicos y sus excelentes comunicaciones ferroviarias con la Ciudad Condal y el interior peninsular de donde les llegaban el carbón inglés y la lana castellanoaragonesa.

En contraste con la industria lanera, la revolución del algodón arrasa al resto de los viejos *paños.* Avasallados por las hilaturas europeas y sometidos a la dura competencia de los algodones, el lino gallego y el cáñamo andaluz quedan arrinconados. Lo mismo ocurre con la seda: Barcelona, Manresa y Reus arrebatan a Valencia la cabecera del sector. Las dificultades de comercialización empujarán a muchos empresarios lineros, cañameros y sederos a reconvertirse adecuando sus instalaciones a la hiladura y tejido del algodón; es el caso de Ferran Puig, quien en 1860 abandona el lino para fundar la compañía matriz de Hilaturas Fabra y Coats (1903).

La guerra del 14 brindará una última oportunidad al

sector textil catalán, gracias a las compras de los países beligerantes. Sin embargo, la acumulación de beneficios «extraordinarios» no provocó renovación de las plantas industriales sino que la circunstancia alcista se sostuvo sobre el retorno a máquinas en desuso y fábricas marginales. Restablecida la paz, el castillo de naipes se hundiría con la consiguiente agudización del problema social. Hacia 1920, viendo que el algodón ya había cumplido su papel, hasta algunos de los empresarios históricos abandonarán el textil para refugiarse en las empresas de material eléctrico y mecánico o las cementeras.

El auge de los textiles y sus asociadas, así como de los transportes marítimos y ferroviarios ayudarán al nacimiento de la industria mecánica catalana. En 1836 la Catalana de Navegación monta en la Barceloneta la empresa El Nuevo Vulcano y, en 1841, Manuel Lerena y el hilador Tous se introducen con su fundición y taller de construcciones, que anticipan La Maquinista Terrestre y Marítima (1855). Ambas compañías, junto a Alexander Hnos. y la sevillana Portilla & Withe, dominarían el ramo hasta el decenio de los sesenta. La industria mecánica hubiese podido tirar de la producción siderúrgica, al ser Cataluña el mayor consumidor nacional de hierro colado, pero las obsoletas ferrerías del Pirineo quedaron arrumbadas por los altos hornos andaluces y cantábricos. Los intentos de levantar una industria siderúrgica moderna en el Principado —seis altos hornos a principios de los sesenta— no lograrían esquivar la rebaja arancelaria de Salaverría ni la escasez de carbón: el traslado de capitales catalanes a Vizcaya y Asturias —los Vilallonga, Girona, Barat— es el más claro síntoma del fracaso. Fracaso que afectará inmediatamente a las mecánicas, agotadas por el peso de las inversiones y el exiguo consumo interno, sobre todo al asentarse la industria naval en el País Vasco con el Bessemer. Su existencia dependerá cada vez más del apoyo de los poderes públicos —ley arancelaria de 1896— y de las construcciones civiles, aunque los beneficios, menores que los textiles, desanimaron cualquier proyecto nuevo.

Pionera en los textiles y la maquinaria, Cataluña lo será también en los servicios asociados a la urbanización, en especial el gas y la electricidad. La industria gasística da sus primeros pasos en 1842, con la Sociedad Catalana de Gas para el alumbrado, encargada de la iluminación de Barcelona y del abastecimiento de viviendas y empresas. Tras su estela, numerosas competidoras se asientan en la urbe, favoreciendo la rebaja de los precios y la expansión de la demanda de los particulares. A finales de siglo, casi todos los núcleos de más de cinco mil habitantes disfrutaban de esta nueva fuente de energía que pronto sufre la competencia de la electricidad. Y es que la energía eléctrica en España tuvo un sabor netamente catalán: el ingeniero Xifré, con su empresa Dalmau e Hijos, monta en 1875 la primera central, abastecida por cuatro motores de gas. Muy de cerca le siguen los madrileños —General Madrileña—, bilbaínos y sevillanos —Sevillana de Electricidad—; pero no es hasta comienzos del siglo XX cuando el sector alcanza su mayoría de edad. El abandono de la opción térmica por la hidroeléctrica impone entonces una fuerte concentración de capitales en grandes empresas —Hidroeléctrica Ibérica, Hidroeléctrica Española o Unión Eléctrica Madrileña—, mientras los capitalistas vascos apuestan fuerte para hacerse con el control de las más poderosas suministradoras meseteñas, andaluzas e incluso catalanas, donde la primacía corresponde a las finanzas extranjeras, que crean La Canadiense.

El encanto burgués

Un siglo de guerras civiles y revolución no podía constituir una etapa brillante para las creaciones plásticas o literarias. Peor aún, los ininterrumpidos desórdenes domésticos dejaron una estela larga de atentados contra el patrimonio monumental de España. La guerra de la Independencia abriría la cuenta de esta singular iconoclastia: los soldados napoléonicos arrasaron iglesias y conventos, saqueando a placer sus tesoros y obras de arte, que toman el camino del exilio como botín de los generales galos o *regalos* de José I a su hermano, el emperador. De esta manera, muchos de los lienzos de los maestros del barroco rinden viaje en Londres y París, donde el *redescubrimiento* de la pintura española revaloriza su cotización. Animados por los precios que se podían conseguir en las subastas europeas, los dueños de obras de arte prestarán su colaboración al expolio del patrimonio nacional. No es más que el comienzo; cuando se ponga en marcha la desamortización eclesiástica, los atentados al arte hispano aumentarán inexorablemente. Magníficos edificios medievales, renacentistas y barrocos caen víctimas del abandono, la piqueta o la furia anticlerical, poblando de ruinas los campos castellanos, andaluces o gallegos. En las ciudades, la desaparición de las órdenes religiosas permite, al menos, disponer de solares para ampliar el espacio construido antes del gran proceso urbanizador de la Restauración. Y tras los edificios, se desperdigan también las pinturas y esculturas de sus naves y sacristías, que aparecerán luego en colecciones privadas o museos extranjeros.

A fin de evitar la pérdida irremediable del legado artístico, los gobiernos liberales disponen medidas sobre las obras *desamortizadas,* ordenando su custodia hasta la creación de instituciones destinadas a protegerlas y mostrarlas al público. La burguesía española se subía al carro del moderno concepto francés de *museo nacional,* encargado de preservar la riqueza artística del país y ofrecérsela a la sociedad para su disfrute. Gracias a Mendizábal, el Museo del Prado, convertido en pinacoteca real por Fernando VII y nacionalizado en 1868, consigue completar los magníficos fondos reunidos por la corona desde tiempo de los Austrias. Nacen, asimismo, otros museos provinciales como el de Valencia, con sus primitivos levantinos; el de Sevilla, dominado por Murillo y Valdés Leal, o el de Valladolid, con las esculturas de Berruguete.

La desamortización eclesiástica, el fin de los mayorazgos y las penurias de la monarquía española en la primera mitad del XIX acaban con el tradicional mecenazgo del arte. Iglesia, nobleza y corona dejan de ser los *consumidores* de la creación artística y los autores han de buscar nuevos mecenas y clientes. Sólo el Estado y la burguesía podían tomar el relevo, y ambos impondrían ahora sus cánones. El poder estatal, mediante las Exposiciones Nacionales, organizadas por la Academia desde 1856, o sus encargos de decoración de las instituciones públicas, fomenta la pintura de tema histórico. Nada extraño, empeñado en crear la *nación española,* exige a los artistas una iconografía exaltadora de los héroes de la historia o de la reciente revolución burguesa. Con la prolífica obra de Casado del Alisal, Antonio Gisbert, Eduardo Rosales y Francisco Pradilla, los hombres del XIX pudieron asistir a las luchas de Viriato contra Roma, las gestas épicas medievales, el formidable Imperio habsburgués, la guerra de Independencia o el triunfo del liberalismo, es decir, las crestas de ola de una Historia que, supuestamente, había forjado la esencia nacional. Unas imágenes que recobran vida en los años cuarenta y cincuenta del siglo XX, cuando el franquismo manipule hasta el ridículo los viejos mitos con las películas de Juan de Orduña y la productora Cifesa.

En el ajetreo de compras y encargos también participan las nuevas clases adineradas, pero no se interesan ya por los grandes lienzos de motivos históricos, imposibles de colgar en las modernas residencias. Con la burguesía decimonónica prevalece el arte del retrato, aunque la tendencia idealizadora de los tipos humanos contrasta vivamente con el detallismo en la riqueza de adornos y telas, destacando dentro de este genuino arte burgués Antonio María de Esquivel y Federico de Madrazo.

Una eclosión de formas y estilos alegra la arquitectura del XIX; entre todos, el eclectismo y los varios historicismos marcan la pauta. Herederos del romanticismo, los distintos *neos* llenarán el hueco dejado por la crisis del neoclasicismo como lenguaje universalmente aceptado. No obstante, durante la primera mitad del siglo la burguesía española se identifica con las orientaciones arquitectónicas del XVIII y saca partido de su monumentalismo y austeridad. Se trata de un neoclasicismo académico, un modelo profundamente conservador que entroncaba a la perfección con los gustos y necesidades de la burguesía moderada. El nuevo *arte burgués,* definido por el orden y la comodidad, se expande raudo por la península a través de la arquitectura doméstica, los edificios de diversión —teatros, casinos— y, sobre todo, los de las instituciones representativas de los poderes públicos: diputaciones, ayuntamientos, ministerios, seguirán el rastro del palacio del Senado de Aníbal Alvarez.

Este modelo racionalizador y severo se impone pronto en las modernas casas de vecindad urbanas, convertidas en el prototipo de la vivienda decimonónica por el crecimiento demográfico de las ciudades y el desarrollo de las clases medias. En ellas, la burguesía exagera su preocupación por la comodidad y la higiene, pero también su espíritu especulador que le lleva a apurar al máximo la superficie disponible, aun a riesgo de multiplicar los patios interiores y las habitaciones ciegas con el fin de aumentar sus beneficios tras la ley liberalizadora de los alquileres de 1842. Reflejo de la sociedad, los inmuebles reproducen en sus espacios internos la segregación clasista existente a su alrededor, destinando las primeras plantas a los ricos y rebajando la calidad y tamaño de los pisos a medida que se asciende en altura, hasta alcanzar las misérrimas buhardillas. El rango social se manifiesta al exterior con una graduación selectiva del repertorio decorativo según las plantas y la disposición de las estancias más representativas o *de recibo* —salones, salas, comedores— hacia la calle principal, en tanto el servicio ha de conformarse con los patios. A partir de mediados de siglo, la elite burguesa importa de Europa las villas ajardinadas, que vendrían a sustituir a los viejos palacios aristocráticos. Abandonados los grandes pisos de las ciudades, la arquitectura se concibe como un escaparate del éxito y prestigio de sus moradores, dándose rienda suelta a los decorativismos para atraer la atención de los vecinos.

Las reformas urbanas emprendidas por el movimiento

ilustrado carolino y continuadas en el breve reinado de José Bonaparte fueron incapaces de frenar la degradación de las condiciones de vida en las grandes ciudades españolas. La revolución industrial, con su contrapartida de hacinamiento proletario y contaminación, agravó aún más los problemas. Concluida la guerra de la Independencia, la burguesía española es consciente de la necesidad de remodelar las viejas urbes para adecuarlas a los principios higienistas; sin embargo, el retraso de la industrialización española no facilita el desarrollo del urbanismo moderno. La búsqueda de un cierto desahogo pasa entonces por el continuismo en la construcción de plazas mayores porticadas —Real de Barcelona, la Magdalena de Sevilla, Nueva de Bilbao— adaptadas a los ideales estéticos, ideológicos y funcionales de los burgueses. Con el acceso al poder de la gran burguesía y la desamortización, las intervenciones en el interior de las villas se aceleran. La falta de demanda de vivienda arrastra a los capitalistas a aprovechar los núcleos antiguos antes de dar el salto fuera de las murallas. Los solares eclesiásticos dejan así paso a nuevas calles, plazas y edificios públicos o inmuebles de alquiler, mientras los poderes alientan los derribos de las viejas casonas para alinear construcciones y dibujar avenidas, a veces a costa del patrimonio histórico. A este propósito, la operación más importante sería la madrileña Puerta del Sol, obra del arquitecto Lucio del Valle.

No obstante, desde la segunda mitad del siglo los centros históricos de muchas ciudades españolas resultan pequeños ante las exigencias de la población. Se hacen necesarios, pues, los *ensanches,* es decir la ampliación planificada de las ciudades fuera de sus límites anteriores. Como corresponde a su categoría de primera ciudad industrial y muy motivada por el ambiente *nacionalista* de sus gentes, Barcelona sería la pionera. Ya en 1854 el gobierno progresista autoriza el derribo de las murallas circundantes, pero hasta 1860 no impone Madrid el proyecto de Ildefonso Cerdá, que respeta la propiedad privada, articulando una ciudad de trazado ortogonal y calles jerarquizadas. Un planteamiento racional pero un tanto utópico, puesto que frenaba la especulación de los propietarios, quienes terminaron por desvirtuarlo al disminuir la anchura de las calles, aumentar el número de plantas de los edificios o reducir las zonas ajardinadas. Después de la Ciudad Condal, Madrid se suma a la novedad con el proyecto de Castro; luego Bilbao, con las propuestas de Amado de Lázaro, torpedeadas por la burguesía vizcaína que encargaría otros más acordes con sus intereses; San Sebastián, al mismo tiempo, generalizándose por toda España a partir de 1880. Cubierta esta etapa, los ensayos urbanizadores se centran en la construcción de grandes arterias como la Gran Vía granadina o murciana y la Castellana madrileña —hecha realidad en el decenio de 1930 con los planos de Secundino Zuazo—, mientras en los extrarradios van naciendo las primeras colonias obreras y ese experimento de modernidad que fue la Ciudad Lineal de Arturo Soria y Mariano Belmás.

Al quedar arrumbados los ejemplos artísticos aportados por la tradición, que recordaban en exceso el pasado aristocrático, los arquitectos españoles del XIX vuelven sus ojos a Europa en busca de nuevas pautas estilísticas, como ya estaba ocurriendo en otros ámbitos del arte, la cultura, los modos de vida y la tecnología. A falta de un referente propio, la burguesía española trata de encontrarlo entre los desplegados por las clases rectoras de la sociedades industrializadas, particularmente la francesa y la inglesa, a las que tan vinculada se hallaba en su economía. Los historicismos invaden, entonces, la arquitectura española sin que la Academia se oponga, dado el prestigio de la Ecole des Beaux Arts parisina. Si la búsqueda condujo en los países europeos al *revivalismo,* en España nunca se profundizó demasiado en la reproducción arqueologista sino más bien en un marcado eclecticismo de formas, copiado de las revistas especializadas. Por su fácil adaptación a los palacetes de recreo y a las villas urbanas, el decorativista *neorrenacimiento* conquista el gusto de la nobleza y la alta burguesía, como el *neogótico* de la arquitectura religiosa de la segunda mitad del XIX.

En España, el desarrollo del neogótico se retrasa como consecuencia de la nula capacidad financiera de la Iglesia para sufragar nuevos templos después de las leyes desamortizadoras. La oportunidad le llegará con la Restauración, cuando la Iglesia con el soporte económico de la burguesía despliegue su campaña propagandística por medio de aparatosas construcciones —iglesias, conventos, asilos, colegios— en los ensanches de las ciudades. Los edificios neogóticos y neorrománicos, convenientemente españolizados, se multiplican por el país como plataforma de contención revolucionaria, teniendo en la catedral de la Almudena, del marqués de Cubas, y la Sagrada Familia barcelonesa sus mejores ejemplos. No obstante, su propia condición de inacabadas viene a demostrar el relativo fracaso del neocatolicismo hispano en su estrategia de conquista social. Emparentado con la Reinaxença literaria, el auge neogótico responde en Cataluña a la voluntad política de su burguesía de retrotraerse al medioevo para descubrir allí las raíces de la identidad nacional. El neogótico entronca así con la estructura ideológica del catalanismo al responder a su doble orientación histórica y religiosa. Desde las iglesias, el estilo recala, en seguida, en la arquitectura civil y doméstica, sustrato del futuro modernismo, que Joan Martorell exporta al hermoso palacio de Antonio López en Comillas.

Dentro del mismo conglomerado ideológico de la era canovista con su búsqueda de raíces católicas y nacionales —sean españolas, sean catalanas— adquiere su significado preciso la restauración de monumentos, en concreto los conjuntos religiosos medievales. Naturalmente, las primeras beneficiadas por esta atmósfera conservacionista fueron las grandes catedrales medievales —León, Palma de Mallorca, Barcelona, Sevilla, Burgos—, a las que se unieron los recintos monacales de Ripoll, Poblet y Montserrat, emblema del nacionalismo catalán al confluir los intereses ideológicos de la Iglesia y de la burguesía conservadora de Barcelona. Les acompañan San Juan de los Reyes, Santo Tomás de Avila, las iglesias del prerománico asturiano, y otros muchos representantes de las raíces hispánicas, que también se dotan del santuario de Covadonga como expresión de sus esencias.

Gozan, asimismo, de gran estima los modelos neoárabes, aunque la escasa consistencia de los estudios de historia del arte conduce inevitablemente a un revoltijo de estilos. Nace de este modo un historicismo de corte romántico, muy preocupado por lo ornamental, que tendría su paralelo en el orientalismo pictórico de Jenaro Pérez Villamil o la escuela costumbrista andaluza. Desde los años setenta, la burguesía española de las regiones desarrolladas traslada los ambientes alhambristas a sus palacetes de recreo, que ponen también una nota de color en los restaurantes, cafés y plazas de toros. Los estilos arábigos cautivan a los andaluces y el Estado recurre a su alambicada decoración para los pabellones de España en las Exposiciones Universales de la época. Colabora de esta manera a reforzar en el extranjero la imagen típica y tópica de la España de charanga y pandereta, a veces africana, a veces europea, con sus bandoleros, gitanas, faralaes y toreros que llega flamante hasta el franquismo. La misma España de los viajeros franceses e ingleses, de W. Irving y sus *Cuentos de la Alhambra* o de la *Carmen* de Mérimée.

Junto a los estilos importados, los arquitectos del XIX recuperan el *neomudéjar* y la arquitectura del ladrillo como muestra de neomedievalismo español, en un intento de encontrar el modelo genuinamente nacional. Es, en esencia, un movimiento madrileño, que tendrá escasa repercusión en el territorio peninsular antes de 1920 a pesar de los aportes de Juan Bautista de Lázaro y el marqués de Cubas, o las construcciones catalanas de Domenech. No ha llegado todavía en España la hora de la arquitectura del hierro, material moderno adscrito a la revolución industrial, manteniéndose reducido a los esqueletos de las construcciones, oculto bajo paramentos tradicionales. A partir de 1880, no obstante, los heraldos de la modernidad arquitectónica lo defienden como material noble y algunos autores se atreven a mostrarlo en público. Con todo, el número de obras siempre sería exiguo, concentrándose particularmente en los mercados —Born en Barcelona, la Cebada en Madrid—, las estaciones de ferrocarril y las fábricas.

Sin pena ni gloria para las letras transcurre el siglo. Los emigrados políticos conocen el romanticismo en Francia y Gran Bretaña pero sus creaciones apenas aportan ninguna novedad a la cultura europea. Con su asesoría se multiplicaron las traducciones de los éxitos narrativos, especialmente las novelas históricas, que tan bien cuadraban con la pintura historicista, o el teatro español del Siglo de Oro, entonces redescubierto. Hacia el pasado orientan los narradores la trama aburrida de sus novelas, entre las que aún se puede leer *El señor de Bembibre,* de Enrique Gil y Carrasco. En el teatro se observa la misma deriva a los argumentos históricos que construyen dramas románticos de éxito, como *Don Alvaro o la fuerza del sino,* del duque de Rivas, o *Los amantes de Teruel,* de Hartzenbuch. Finalmente, el romanticismo importado salpicará la poesía, reproduciéndose en los versos de Espronceda, Rivas, Zorrilla y Gertrudis Gómez de Avellaneda.

No obstante, el estreno en 1844 de *Don Juan Tenorio* de Zorrilla es el canto de cisne del romanticismo español, en paralelo a la mayoría de edad de Isabel II y al asentamiento en el poder de la burguesía moderada. En su itinerario ideológico, las elites van alejándose de los mundos del sentimentalismo para pasar a alentar los primeros latidos del nuevo realismo. La clase dirigente se divierte ahora en los teatros con comedias de tono costumbrista, reflejo fiel de la moral y los valores de la *buena sociedad,* los mismos que reproducían los pintores y arquitectos en sus creaciones. En defensa del «justo medio» escribe sus obras el director del Teatro Español Ventura de la Vega, cuyo mensaje doctrinal apuntala el orden moderado. Casi un anacronismo, el político José de Echegaray ofrece tediosos dramas neorrománticos en el cambio de siglo y con un Nobel compartido inaugura el elenco español del premio. Parecida suerte corre la lírica; a excepción de las intimistas *Rimas* de Gustavo

Adolfo Bécquer y las comprometidas composiciones de Rosalía de Castro, la poesía se hunde en la mediocridad, el utilitarismo burgués y la vulgarización sentimental de un Ramón de Campoamor o Gaspar Núñez de Arce.

Después de medio siglo de dominio del folletín, será la novela el género por antonomasia de la Restauración y el primero en reflejar la sacudida de la conciencia española ante los cambios producidos por la industria, los regionalismos, el sistema caciquil o la avasalladora presencia de la Iglesia. Las fechas de la Gloriosa marcan el ecuador de la renovación de la narrativa que, en pocos años, recupera el tiempo perdido desde dos siglos largos atrás. La novela es el instrumento tanto de los conservadores como de los liberales, y lo mismo sirve a Pereda y Alarcón que a Palacio Valdés o Juan Valera. En ella se ejercita también la condesa de Pardo Bazán, cuyo *naturalismo* formal oculta un pensamiento casticista que no le impide descubrir el papel embrutecedor de la aldea gallega.

Pocas veces la literatura pudo rendir mejor servicio a la historia como en *La Regenta,* una de las grandes novelas europeas del XIX, en la que desfila toda la sociedad española de la Restauración. Hondamente influido por el magisterio de Giner de los Ríos, el asturiano Leopoldo Alas, «Clarín», ataca la doble moral de la clase triunfadora, la agobiante asfixia de las emociones femeninas, la mediocridad e injusticia del orden establecido o la ambición de la Iglesia y los caciques al tiempo que se deja sentir el anticlericalismo proletario. Más ambicioso aún en su recreación histórica, Benito Pérez Galdós consigue escribir la crónica de la España del XIX, con sus *Episodios Nacionales,* repletos de protagonistas colectivos, que proclaman el poder de la nación y anticipan la entrada de las masas en la historia.

En las trincheras del siglo, no podían faltar tampoco los ideólogos puros, alineados tras la imagen tradicional del país o partidarios de la España liberal, nacionalista y burguesa. La primera mitad de la centuria estuvo ocupada en las discusiones entre el tradicionalismo y el reformismo moderado, destacando en el campo de la teología política las aportaciones de Jaime Balmes y Donoso Cortés, cuyo ideario coincide en la concepción pesimista de la libertad humana, responsable de la anarquía y la subversión de las masas. El *Ensayo sobre el catolicismo, el liberalismo y el socialismo* de Donoso, uno de los pocos libros del pensamiento político español que se lee en Europa, descubre el terror de los católicos al proletariado y su proclividad a la dictadura, concebida como el mejor parapeto ante la marea revolucionaria. Observador y protagonista de la crisis del carlismo, la obra de Antonio Aparisi y Guijarro se empeña vanamente en soldar las fracturas ocasionadas por la revolución liberal en el cuerpo armónico de la tradición católica «auténtica», sacralizando la Historia, hija de la Providencia, y convirtiendo la hora de la Gloriosa en el dominio de la conspiración universal. De todos se nutre Marcelino Menéndez y Pelayo, autor de una descomunal obra encaminada a registrar los rasgos específicos de la cultura española y a denunciar las maquinaciones contra ella. Mientras en *La ciencia española* el pensador santanderino llega a identificar ciencia y teología, para demostrar los avances *científicos* de la España del Siglo de Oro, en su *Historia de los heterodoxos españoles* subraya la ortodoxia católica dominante en el pensamiento hispano y tacha de antiespañoles, *heterodoxos,* a un amplio censo de personajes. Como gran profeta del moderno patriotismo su obra se adentra en el siglo XX a través de las elaboraciones de la derecha militante y de las distintas modalidades del nacionalcatolicismo.

Pese a que el influjo del *menendezpelayismo* monopolice la imagen historiográfica del XIX, no faltan aportaciones de signo liberal con los historiadores de la guerra de la Independencia y de las guerras carlistas, cuyo mejor ejemplo es la *Historia del levantamiento, guerra y revolución de España (1835-57)* del conde de Toreno, continuada luego por Alcalá Galiano, Javier de Burgos, Pirala o Castelar. Pero la que puede considerarse modelo de la época moderada es la *Historia General de España* de Modesto Lafuente, verdadera contribución del campo historiográfico al esfuerzo nacionalizador del siglo. Gracias a su empaque documental y juicio ponderado, alcanzó popularidad entre la minoría culta, multiplicando su influencia en otros estratos mediante las enciclopedias y manuales de enseñanza, inspirados en ella.

Con el desengaño a cuestas

Tras la meditación colectiva impuesta por el desastre del 98, los escritores finiseculares se sumergen en un continuo y lastimero discurso en torno al *problema de España.* En un primer impulso, desde la plataforma de periódicos comprometidos, modernistas y noventayochistas incorporan la reivindicación obrera, para abandonarla a medida que la burguesía se asustaba por el avance de los trabajadores. Distanciamiento y vuelta al redil de las ovejas descarriadas, bien por medio de un esteticismo subjetivista —Benavente—, como del casticismo —Azorín, Manuel Machado—, la comercialización —Blasco Ibáñez— o la tendencia a ocuparse más de lo nacional que de lo social, simbolizada en el *dolor de España* que rebosa las obras de Unamuno o Maeztu. Itinerarios personales llenos de hondas mudanzas que al filósofo bilbaíno le arrancan de la redacción socialista de *La Lucha de Clases* y bañan en *modernismo* religioso hasta hacerle recalar en actitudes individualistas de corte pequeñoburgués. Dramático el giro de Azorín, definidor del concepto de *generación del 98,* en la que conviven una hornada de escritores de rasgos parecidos: desinterés por el proletariado, pesimismo existencial, abulia..., todo ello en el marco de un paisaje deshumanizado. Desde una combatividad anarquizante, henchida de optimismo ante el futuro de una humanidad transformada por la lucha de clases, las obras de Azorín se deslizan hacia el conservadurismo burgués y la ortodoxia católica siguiendo las pautas de una Historia idealizada. También las novelas de Baroja rezuman pesimismo, desconfianza en la capacidad bienhechora de la Historia... que le sumergen en el individualismo más estricto, que esconde, en el fondo, la inseguridad de la burguesía española para adaptarse a los cambios de la época.

Sólo Valle-Inclán y Antonio Machado logran superar el derrapaje conservador de las letras hispanas de fin de siglo. A través de una obra vanguardista, con un manejo brillante de la lengua —a veces, decadente y modernista, a veces, despojada de cualquier exceso verbal, pero siempre rica en savia hispanoamericana—, Valle pone al desnudo en sus *esperpentos* la mentalidad todavía imperial de su España. Aguijonea así a sus conciudadanos, mostrándoles la realidad del sistema canovista, deformándolo. Pueblan sus dramas los generales espadones, las dos Españas, el grotesco machismo, el honor rancio, personajes todos aderezados por su pluma brutal en un revuelto de comicidad y tragedia. Igualmente luminosa es la poesía de Machado, quien, sin abandonar la congoja del *dolor de España,* remonta las limitaciones casticistas e individualistas del 98 y combate a favor de los anhelos populares por encima de las tibiezas burguesas de los intelectuales coetáneos —Ortega, Menéndez Pidal o Gregorio Marañón.

Disconforme con la situación del país, sobre todo cuando la derrota saque a la superficie la crisis economicosocial, el *regeneracionismo* colabora en el desahogo del pesimismo conservador, enfrentándolo al proletariado y al compromiso intelectual de Galdós o Ramón y Cajal. De entre los modernos arbitristas, Joaquín Costa —creyente en una revolución desde la cabeza, restauradora del honor y la seguridad nacional, bajo el gobierno de un «cirujano de hierro»— y Angel Ganivet —cuyo *Idearium español,* lleno de nostalgia imperial, anticipa el *hispanoamericanismo* de Ramiro de Maeztu— resumen las fronteras de la *regeneración* pensada para España.

Cerrado el capítulo de la Guerra Mundial, España se ve inundada por las vanguardias estéticas que rompían en Europa los moldes burgueses del XIX: Ramón Gómez de la Serna y sus *greguerías* son los símbolos del cambio. El desconcierto cultural de las clases dirigentes alterna además con la crisis política, en medio de la cual Ortega lanza sus andanadas contra la estética deshumanizadora o el naufragio de España. Mientras, la poesía y la prosa tienden a eludir los problemas, encerrándose los escritores —Juan Ramón Jiménez, Gabriel Miró— en sus *torres de marfil*, y en los escenarios triunfan las obras populistas de los hermanos Quintero, las tragicomedias madrileñas de Arniches o las astracanadas de Muñoz Seca, que ensombrecen el teatro trascendente de Unamuno, Casona o Jacinto Grau.

Si a finales del siglo XIX la literatura y el pensamiento político se tornan casticistas o se nacionalizan, también las artes plásticas sentirán la llamada del regionalismo. En pintura es el momento de la escuela vasca de los Arrúe, Arteta, Zubiaurre; de los paisajes noventayochistas de Regoyos y Zuloaga o la luz levantina de Sorolla, y en música, de la zarzuela y las partituras de Albéniz, Granados y Falla. La arquitectura no les iría a la zaga, con su bautizo en los *estilos regionalistas* que pugnan por superar las variantes finales del eclectismo decimonónico francés e inglés, de éxito este último en la cornisa cantábrica a comienzos del siglo XX: residencias reales de Miramar y La Magdalena, palacio Artaza de los Chávarri en Vizcaya.

En sintonía con los efluvios nacionalistas suscitados por el 98, los estilos regionales rebuscan en los valores seguros de la arquitectura histórica española los elementos necesarios para elaborar un modelo digno de representar al país dentro y fuera de sus fronteras. En su pesquisa historicista, la mirada de los creadores se dirige a la construcción popular, con su multiplicidad de variantes, y a ejemplos de la arquitectura culta de mayor raigambre. Siguen de esta manera las teorías lanzadas desde la Escuela de Arquitectura de Madrid por Lampérez y Velázquez Bosco y aprovechan las campañas de rehabilitación del patrimonio emprendidas por Cabello Lapiedra. A la caza del lenguaje nacional, empresa común que convive con la disparidad de formas, la arquitectura española da la espalda a la europea, recreándose en las formas del plateresco, herreriano, mudéjar o barroco hispano y en las de la casa andaluza, montañesa, catalana o vasca. Aunque a partir de 1930 el trabajo de los arquitectos del GATEPAC —José Luis Sert, Torres Clavé, García Mercadal, Aizpurúa— o del Grupo de Madrid, con Secundino Zuazo a la cabeza, pugnan por introducir en España las corrientes *racionalistas* continentales, la guerra civil trunca esta vía renovadora, prolongando la vida del regionalismo hasta los años cincuenta.

Dejando de lado el mudejarismo madrileño, los estilos regionales prenden con fuerza en el norte y Andalucía. Especialmente fecunda es la variante montañesa que tiene en el arquitecto cántabro Leonardo Rucabado su principal teórico y promotor. El *neomontañés* nace del patrón sacado de las casonas santanderinas, sobre todo las más puristas, para derivar en un modelo caracterizado por su amplio repertorio constructivo y decorativo: torres adosadas, amplias solanas, pináculos, escudos, veneras, masivo empleo del sillar. En definitiva, una imagen semiaristocrática acorde con las ansias estéticas de los nuevos *condes* siderúrgicos, mineros y navieros. Casi por las mismas fechas se desarrolla el *neovasco* de la mano del nacionalismo aranista y de una burguesía empeñada en encontrar sus signos de identidad en la cultura vasca tradicional. La arquitectura doméstica reivindica aquí el caserío y, a pesar de que faltó un propagandista de la talla de Rucabado, la labor constructivista de Manuel María de Smith, Pedro Guimón, Rafael de Garamendi o Emiliano de Amann multiplicó los ejemplos por el País Vasco y las regiones limítrofes. Mientras tanto, en el sur es Aníbal González quien acepta la propuesta y lleva adelante su estilo sevillano. Partiendo del mudejarismo, el plateresco y el barroco andaluz, a los que añade la sugestiva nota de las artesanías locales —herrajes de puertas y balcones, azulejos...—, González creará una arquitectura luminosa y colorista que deslumbra en la Exposición Hispanoamericana de 1929.

Antítesis plástica e ideológica de los regionalismos, el *modernismo* se apodera de Barcelona, desde donde irradia a toda Cataluña. La ocasión no podía ser mejor para una ciudad tan dinámica y creativa, deseosa de recuperar sus raíces catalanas y, a la par, exhibir su cosmopolitismo. Dualidad de tradición y progreso modernizador, que se resuelven artísticamente combinando avance tecnológico y nuevos materiales —hierro, vidrio— con formas constructivas del pasado local —bóveda tabicada o la arquitectura del ladrillo— y artesanías, para crear un *estilo catalán.* Necesitada de una estética propia, Barcelona se agarró con fervor al modernismo hasta hacer de su ensanche un auténtico museo al aire libre. Su carrera se hace vertiginosa a partir de 1905, cuando la burguesía catalana lo asuma como estilo «nacional» en su voluntad *noucentista* de institucionalizar Cataluña, tarea en la que colaborarán arquitectos del prestigio de Domenech, Puig i Cadafalch o Rubió, exagerando las diferencias culturales con el resto de España.

Desde la década de 1880, un «protomodernismo» que conjuga técnica, libertad compositiva y toques de la herencia artística regional convive con las últimas reminiscencias de los modelos goticistas. Una alternativa ecléctica defendida por Vilaseca y Domenech i Montaner —en la que también se encuadran las primeras obras de Gaudí— que culmina en la Exposición Internacional de 1888. En su café-restaurante, Domenech deja la mejor definición de la tendencia, al combinar con extraordinario acierto los grandes arcos metálicos de la cubierta central con el ladrillo visto, la cerámica vidriada o la bóveda catalana de nerviaciones de inspiración neomudéjar.

Tras la muestra, otra generación de proyectistas se suma a la labor de catalanización arquitectónica, descollando Puig i Cadafalch, quien, a partir de la arquitectura histórica del Principado, recrea un nuevo goticismo, origen de sus investigaciones estéticas. Una vez más la Cataluña medieval deslumbra a los artistas barceloneses, aunque Puig no desecha elementos de otras tradiciones, hispanas o internacionales, para dar mayor prestancia a sus conjuntos, como en la casa Terrades con su afrancesado perfil de *château* del Loira. Igualmente, Gaudí abandona en esta etapa el mudejarismo con ánimo de exprimir las posibilidades del gótico y de la ornamentación —palacios Güell y Episcopal de Astorga, casa Botines de León—, mientras en la Sagrada Familia se sumerge en un camino personal dominado por el afán decorativista, las simbologías cristianas y la búsqueda de la obra de arte global. Avances de lo que será su trabajo futuro, con su desgarrada tensión de volúmenes y líneas en movimiento, de propuestas atrevidas y rupturistas en un juego de mímesis con la naturaleza. Bajo su influencia, un numeroso grupo de arquitectos *gaudinistas* divulga, a menudo de forma repetitiva, estas formas libres y ondulantes, cohabitando con el internacionalista *art nouveau* de Jeroni Granell o la estética «floral» de Domenech, paso intermedio antes de sus mejores obras: el Palacio de la Música y el hospital de Sant Pau. Otros muchos autores van extendiendo las *alegres* pautas del modernismo por el resto de España pero, desprovistas de su carga ideológica, no serían ya más que un entretenimiento decorativista.

De la arquitectura, el nuevo estilo salta a las artes plásticas y la literatura, con el mismo sentido reinvidicativo del hecho diferencial, mezclándose los principios individualistas del «arte por el arte» con el servicio al ideal estético del catalanismo burgués *(noucentismo).* Las «artes menores» gozan de un impulso inusitado; las opulentas formas modernistas se reproducen en la cerámica, la joyería, la ebanistería o el diseño editorial. Es una consecuencia del interés del modernismo por integrar la artesanía en la obra arquitectónica, siguiendo los influjos del *Arts and Crafts* inglés, pero también de su vocación política de remontarse al gremialismo del medioevo catalán. La pintura barcelonesa del cambio de siglo observa, sin embargo, atentamente lo que ocurre más allá de sus fronteras. París será La Meca de los artistas catalanes y el impresionismo y el simbolismo las corrientes pictóricas dominantes. En la ciudad-luz se forjarán Ramón Casas, Santiago Rusiñol, Isidro Nonell y, algo más tarde, imbuidos ya de espíritu vanguardista, Miró y Salvador Dalí. A su vuelta, adaptaron a los gustos de la burguesía barcelonesa los modelos aprendidos, extendiéndolos a través de reuniones, tertulias o exposiciones como las celebradas en el café de «Els Quatre Gats». Agitación cultural burguesa, simultánea a la de los sindicatos obreros, que lanza a Barcelona a la capitalidad artística de España.

Capítulo XIV

La burguesía satisfecha

La abulia ciudadana

En los últimos días de 1874, el general Martínez Campos, sin abdicar del espíritu del siglo, se *pronunciaba* en Sagunto y proclamaba rey a Alfonso XII, que había esperado en su exilio inglés la recuperación del trono, cedido por su madre Isabel II. Poco faltó para que la asonada triunfara como operación partidista, pero la habilidad política de Antonio Cánovas del Castillo y la complicidad del ejército desvirtuaron el carácter del levantamiento. La mayoría de los españoles no experimentó emoción alguna con el cambio; antes al contrario, la indiferencia más absoluta acompañó la llegada del régimen, que sólo disfrutó del aplauso de la alta sociedad de Madrid y provincias. Ya no más veleidades republicanas. Nacía la Restauración acunada por la apatía y el deseo de tranquilidad que los sobresaltos anteriores habían hecho crecer en una sociedad completamente desmovilizada. Era el triunfo de la burguesía conservadora y provinciana, mediocre e hipócrita, radiografiada de modo admirable por Leopoldo Alas, «Clarín», en su novela *La Regenta.*

Nadie, en un comienzo, auguraba larga vida a la nueva política, ni muchos podían ser los que confiasen en la perseverancia de la moderada Constitución de 1876 con los antecedentes de brevedad de las anteriores leyes. La crónica venidera quitaría la razón a los augures, configurando el período más prolongado de la historia constitucional de España, cuya liquidación definitiva sería obra de la Segunda República. Son los años del afianzamiento del capitalismo y del grupo social que lo sustenta, pero también del desarrollo de una clase obrera antagonista, surgida en el flujo del sistema. A los industriales vascos y catalanes y a los terratenientes andaluces se les recompensará su fidelidad al sistema con títulos nobiliarios concedidos por la corona, nunca tan generosa desde el tiempo de Felipe IV. Por mucha apariencia que se le diera de dinamismo liberal y parlamentario, la simbiosis nobleza-burguesía se hacía bajo el sistema ideológico del viejo orden con sus categorías trasnochadas.

La estabilidad política fue el mayor logro del régimen que Cánovas edificó con la ayuda del rey Alfonso XII, a quien la Constitución instituyó jefe supremo del ejército. Para acabar con las tentaciones partidistas de los militares y afirmar el poder civil, tanto Cánovas como Sagasta hicieron de la corona el árbitro del cambio político, que sería refrendado por un procedimiento electoral. De esta manera, los políticos de la Restauración contribuían a asegurar los logros del liberalismo pero vinculaban demasiado estrechamente la suerte de la monarquía a partidos que no dependían de la opinión pública. Atrás quedarían, aunque no para siempre, los motines de los generales, convirtiéndose las urnas en el instrumento de sanción de la voluntad regia. A quien buscara el poder le era imprescindible organizar los comicios desde el gobierno; lo demás se le daría por añadidura. De ahí que nunca un gabinete perdiera ninguna elección a lo largo de todo el período.

Como residuo del progresismo de la revolución de

septiembre y después de algunos ensayos, el sufragio universal masculino entra (1890) en la historia de España a hombros de un régimen liberal-conservador, dispuesto a no tolerar que el espíritu democrático se cuele en la nación a través de las urnas. Mientras el electorado se mostrara tan indiferente y la sociedad tan poco politizada, no debían temer los hombres del régimen la extensión del sufragio, cuyos efectos, por otro lado, siempre podrían ser enmendados con el correctivo de la manipulación. Por su intencionada flexibilidad, la propia Constitución ofrecía en bandeja al poder de turno la componenda arbitraria y el arreglo caprichoso sin abdicar de la legalidad.

Un feudalismo de nuevo cuño se apodera de España, teniendo como sumos sacerdotes a los políticos y sus amigos, a cuya sombra la sociedad rural del cambio de siglo apenas si se dejaría sentir en los debates parlamentarios o en las decisiones del poder. Sin olvidar que fueron muchos más los excluidos del juego político de la Constitución que los directamente implicados o comprometidos con ella. Cuando los marginados por el sistema lograron romper las barreras del silencio y se hicieron oír, todo el edificio levantado por Cánovas se vino abajo.

Si la Restauración, gracias al buen hacer del político malagueño, fue providencial para romper el nudo de la sucesión dinástica, para *domesticar* al carlismo o para orientar el rumbo de la política proteccionista, que favoreció los negocios industriales y las explotaciones latifundistas, tuvo también sus puntos negros. No sería el menor de ellos un sistema político y electoral arrogante y corrupto, repartido entre la oligarquía y el caciquismo, como denunciaron Costa y los regeneracionistas. Así, al mismo tiempo que las Cortes deliberaban sobre la urgencia de las conquistas liberales, la sociedad estaba entregada al despotismo y antojo de los tiranos lugareños. Por debajo de la teórica articulación del Estado, el horizonte real de los españoles no iba más allá de su propia provincia o región y fue en el ámbito local donde cómodamente se instalaron los manejos antidemocráticos. Tanto la novela realista como el paisajismo pictórico se hacen regionales, contribuyendo a afirmar la visión provincial de España; de esta forma, los Pereda, Blasco Ibáñez, Pardo Bazán, Palacio Valdés o Valera comparten el espíritu localista de los pintores Sorolla, Riancho, Regollos, Evaristo Valle o Romero de Torres.

La empleomanía produce el espectáculo, repetido en cada cambio de gobierno, de muchedumbres de cesantes de la administración acompañando en el retiro a su protector. Cuando Romanones abandonaba el poder, se decía que los trenes de Guadalajara se llenaban de desempleados. El vocabulario español se enriquece con términos procedentes de la práctica caciquil, tales como *alcaldada,* que define el abuso de autoridad, o *pucherazo,* utilizado para describir gráficamente un determinado fraude electoral.

En las regiones subdesarrolladas y meramente agrícolas, el caciquismo se manifestó a través de un dominio político real, sin necesidad de imposiciones de los notables del lugar. Esta superioridad se manifiesta en la aplicación del artículo 29 de la ley reguladora de las elecciones que permitía el triunfo automático del candidato que no tuviera rival. Era lo que sucedía con demasiada asiduidad en la Galicia interior y en Castilla la Vieja, condenadas a la abstinencia política por muchos años. En zonas de Andalucía, Extremadura o Levante, en las que el electorado se abstiene a menudo y, cuando no lo hace, suele votar tendencias izquierdistas, el resultado se impone por la fuerza, desplegando toda una panoplia de fraude. Con mayor dificultad se movía el gobierno en las ciudades más pobladas, cuyos votantes se van independizando progresivamente de los dictados del poder central hasta tal punto que, entrado el siglo XX, sólo será en ellas donde haya un interés real por las elecciones.

Tuvo éxito Cánovas del Castillo con su invento mientras consiguió organizar la desmovilización política y la represión pudo mantenerse en niveles muy bajos. Es la época central de la Restauración que se cierra con el *mea culpa* de 1898, promovido por la derrota española ante los Estados Unidos. Se trata de conciliar las dos Españas separadas por el 1868, mediante la aceptación de la monarquía constitucional y la puesta en marcha de un orden burgués respetuoso con las libertades fundamentales. Para alcanzar ambos objetivos, Cánovas, al frente de los conservadores, y Sagasta, de los liberales, lograron un acuerdo programático que se extendería al disfrute del poder, asegurado con el *turno* pacífico de los dos partidos, a la muerte del rey Alfonso XII en 1885. La política sirve para uniformar jurídica y administrativamente el país manteniendo el rumbo del liberalismo moderado con una importante obra codificadora, llamada a durar más que la propia Constitución. El momento de mayor apertura corresponde al denominado *parlamento largo* (1885-1890) reunido por Sagasta a su llegada al poder, de provechosa labor legislativa, coronada con la ley de asociaciones y el sufragio universal.

Aunque esperado e inevitable, el desastre del 98 suscita en las clases dirigentes una mala conciencia que explota en los grandes acontecimientos de los años iniciales del siglo XX. A modo de revulsivo, la pérdida de las colonias provoca un llamamiento a la autenticidad en todos los órdenes de la vida española, desde la estructura política a la imagen diplomática y los moldes de expresión cultural. Una generación de pensadores complicada y contradictoria que amaba a España y detestaba lo español, que pedía la europeización y suministraba elementos nacionalistas, se puso a señalar la dirección correcta: ¡contra oligarquía y caciquismo, fomento e instrucción! Mientras tanto crecía la xenofobia entre las clases populares y España desaparecía casi por completo del concierto internacional. Un exacerbado proteccionismo abrió el camino hacia las prácticas autárquicas que, arma de doble filo, mejoraron la industria pero favorecieron una producción cara y de mediocre calidad.

En contraste con los achaques del sistema, la cultura

vive una vida pletórica, como no había gozado desde el siglo XVII. La *segunda edad de oro* de la cultura española designa esa fecunda etapa en la que conviven tres generaciones intelectuales, la de los ensayistas del 98, la de los universitarios europeístas del 14 y la de los poetas del 27. La novela, el ensayo y la poesía alcanzan un aliento extraordinario que tiene su apéndice admirable en el mundo de las bellas artes, la ciencia y la investigación universitaria. Los nombres de Pérez Galdós, Baroja, Unamuno, Ramón y Cajal, Gaudí, Benlliure, Torres Quevedo, De la Cierva, Falla, Nonell, Picasso, Ortega o García Lorca pregonan con otros muchos el prestigio y la universalidad de la cultura española del primer tercio del siglo XX.

El antagonismo de las dos Españas —la oficial y la real, según el enunciado del filósofo Ortega y Gasset— va a inspirar un hondo deseo de *regeneracionismo* con diversas manifestaciones sociales y políticas. De entre todas ellas, la más duradera y trascendental sería la proveniente de la periferia industrializada en forma de nacionalismo catalán y vasco. Los gobiernos mueren sin duelo y nacen sin alegría porque la política institucional se convierte en la trampa de las grandes palabras, encubridoras del poco interés de los poderosos por el conjunto de la sociedad. Como figuras destacadas de los gabinetes de esta época, clausurada en 1914 con la Primera Guerra Mundial, suele recordarse a los conservadores Francisco Silvela y Antonio Maura y al liberal José Canalejas, embarcados en una imposible revolución desde arriba.

La guerra encona las tensiones sociales mientras se estrella el reformismo económico y social promovido por Santiago Alba y Eduardo Dato. Desacreditada la España oficial, la de los partidos del turno, y enfrentadas las Españas vitales, burguesa y proletaria, comienza a abrirse camino la idea de encontrar remedio al país, enterrando el sistema de Cánovas. La duración media de los gobiernos apenas si llega a los cinco meses, la mitad de lo que había sido desde la mayoría de edad de Alfonso XIII hasta 1917. Vuelven los generales pero los sucesos posteriores iban a demostrar que la dictadura de Primo de Rivera no era la mejor manera de asegurar el trono de los Borbones.

Hacer las Américas

Cuando Alfonso XII se presentó en España sus habitantes no pasaban de dieciséis millones y medio, que se convierten en dieciocho y medio al alcanzar el siglo XX, tiempo en que la población empieza a aproximarse a los ritmos modernos de crecimiento de la Europa occidental. En 1885 la epidemia del cólera todavía golpeaba con dureza los barrios populares de las grandes ciudades, carentes de alcantarillado y en pésimas condiciones de higiene. Sin embargo, a partir de entonces, la curva de ascenso ya es uniformemente acelerada hasta 1933 en que hay una inflexión en los nacimientos y 1936 en la tasa de mortalidad, que sólo vuelve a descender cuatro años después de la Guerra Civil. En el quinquenio 1915-1919 también se produce un momentáneo oscurecimiento de la natalidad vinculado al azote de la *gripe española* de 1918, que en todo el mundo dejaría un reguero de veinticinco millones de muertos, y al hambre sufrida por los barrios suburbanos y algunas zonas rurales.

El estirón demográfico aún se agiganta si se recuerda la intensa corriente migratoria en dirección a América: más de un millón y medio de emigrantes salen de España en los primeros quince años del siglo. Gallegos, valencianos y vascos componen la remesa principal mientras que los andaluces tardarán tiempo en emigrar. Pocos españoles se dirigieron a Europa, donde Francia será el único país receptor hasta los años cuarenta.

Por esa misma época de cambio de siglo, la población española aumenta su movilidad a la búsqueda de mejores oportunidades laborales y de condiciones de existencia. Con el señuelo de su desarrollo industrial, el País Vasco y Cataluña se erigen en polos de atracción de muchedumbres de indigentes, exiliados por el hambre de España. La mano de obra se reclamaba para ásperas y peligrosas tareas —minas, siderúrgicas, construcción—, pero la oferta se dirigió hacia zonas rebosantes de campesinos y jornaleros que dependían del trabajo temporal y con misérrimos niveles de vida.

Veía la luz una sociedad más heterogénea y plural que ensanchaba las ciudades pero hacía crecer también su conflictividad. En pleno progreso industrial y comercial, Barcelona rebasa los 533.000 habitantes al llegar el nuevo siglo; la capitalidad justifica los 540.000 de Madrid; Valencia llega a los 203.000 mientras Bilbao con 85.000, quintuplica sus moradores en cincuenta años.

Nada más engañoso que el progreso de unas cuantas ciudades, pues la estructura social española seguía siendo fundamentalmente atrasada, con una población activa de sólo 35 %, casi toda ella dedicada a la agricultura. El proletariado agrícola e industrial componía la clase social más amplia, que, ya en el siglo XX, estrena su actividad política, y consciente de su poder como colectivo convierte sus problemas en asunto de la nación. Los obreros mejor pagados eran los de las artes gráficas y los peor los del vestido. Entre tres y cuatro pesetas por día se sitúa el promedio del salario, superando esta cifra muchos obreros cualificados y no alcanzándola los pinches, peones, aprendices y, por supuesto, la mujer. A los mineros asturianos se les pagaba más que a los del hierro de Vizcaya, mientras que los sueldos rurales más bajos se percibían en Extremadura y Andalucía, donde los braceros fijos no pasan de una peseta y media ni de tres y media en época de cosecha. Estos promedios solían ser rebasados en aquellas zonas de escaso latifundio, como Levante y Navarra.

La jornada de trabajo era de duración muy variable con diferencias según los rasgos particulares de cada provincia. Convertida en la gran reivindicación proletaria, osciló a lo largo de décadas de acuerdo con el balance de los enfrentamientos de patronos y obreros, la oferta y demanda de trabajo, las huelgas ganadas o perdidas... Nunca bajó de ocho horas y en algunas ocasiones se acercó a las catorce, pero la más habitual se aproximaba a las once. Después de la aprobación de la ley del descanso dominical y gracias al activismo de dirigentes sindicales del brío del anarquista Salvador Seguí, España se adelanta a los demás países al adoptar la jornada de ocho horas.

Desde el arranque del siglo XX, como resultado de la desigualdad social generada por el poder y la riqueza, fueron apareciendo claras las diferencias entre un sector de ricos o clases acomodadas y una amplia masa intermedia de dispar naturaleza. Un tercio de la población, más o menos, podría pertenecer a las clases medias, que engloban lo mismo a tenderos y maestros de taller que a pequeños propietarios agrícolas o asalariados no manuales. A expensas de la prosperidad de las ciudades, adquirió también relieve una nueva mesocracia compuesta por profesiones liberales, funcionarios y empleados del sector servicios. Necesariamente habrían de ser diversas las actitudes políticas dentro de las capas medias, de las que seguirían emergiendo, a lo largo del siglo XX, vocaciones republicanas y democráticas. Pero fue, sin embargo, ese conjunto desclasado y carente de señas de identidad históricas el que hiciera posible la continuidad de un orden social y cultural pusilánime y ramplón, bajo la forma de movimientos antidemocráticos.

Cielo y dinero

Frente a la solución integrista del todo o nada, representada por el carlismo, la jerarquía eclesiástica emprendió un acercamiento al orden burgués, estrechando sus relaciones con la monarquía liberal y aceptando la Constitución como un mal menor. También a ella le llegó el reflujo del posibilismo canovista y, por muy reaccionaria que fuera considerada en Europa, tenía dentro de sí recursos suficientes para acomodarse a las circunstancias del momento. Con su sumisión a la nueva política, los obispos españoles participaban de una estrategia global diseñada por León XIII, en la que se mercadeaba con el reconocimiento del Estado liberal a cambio de impregnarlo de las enseñanzas papales. Los proletarios del mundo se están uniendo y fundando poco a poco asambleas socialistas; los Estados liberales no se sostienen y cada vez dependen más de sus generales para sujetar la marea revolucionaria. Es la hora de la intervención y la Iglesia va a acudir a la cita dando el gran espaldarazo al Estado industrial.

La Iglesia, con su moral rígida, su fuerte sentido de la obediencia y su capacidad de sublimación del malestar de los pobres, era un instrumento muy útil en manos de la burguesía. Nadie mejor que ella podía legitimar su despegue capitalista y restablecer el orden perturbado por la revolución social que se echaba encima. Había que *saber ser rico,* pregonaban los púlpitos señalando el camino de la era industrial y la dignidad del empresariado tutelado por la clerecía. La burguesía española se reconciliaba con la Iglesia, que no sólo le otorgaba el perdón por sus atropellos pasados sino que además bendecía sus riquezas atesoradas en el trasiego de la desamortización.

El pacto de la Iglesia española con la burguesía va a ser duradero y sólo comenzará a resquebrajarse en el ocaso de la era de Franco. Será entonces cuando la institución eclesiástica intente corregir su trayectoria anterior, alentando la creación de estructuras opuestas a la discriminación clasista. La Iglesia, que, consumado el triunfo de la burguesía, se acercará y adaptará a la propiedad individual, esa misma, años más tarde, no dudará en afirmar la convergencia existente entre determinadas metas del socialismo y el apremio ético de la vida cristiana.

En verdad, los obispos sentían tanta repugnancia como su clero al oír hablar de liberalismo, pero la mitra les había hecho componedores y pactistas. Por otro lado, la oferta de colaboración con la burguesía les resultaba más que tentadora, después de tantos años de aguantar el peso de una política burguesa fustigadora de la Iglesia. Estaba claro que, de la noche a la mañana, la jerarquía no iba a renunciar a su idiosincrasia tradicionalista, sin embargo siempre podría esperarse que supieran armonizar hábilmente la fidelidad ideológica con el posibilismo práctico. Y es lo que sucedió. Además, la náusea que a la Iglesia le producía el liberalismo se la hacía olvidar la otra cara del orden burgués, con su defensa de la familia y la propiedad.

Por si hubiera algún desmayo, estarían al quite los nuncios vaticanos, acechando a los prelados recalcitrantes a fin de leerles la cartilla de la «sumisión a los poderes constituidos». La monarquía restaurada encontró en los diplomáticos romanos valiosos aliados capaces de acabar con los últimos rescoldos carlistas, pero también hallaron en ellos magníficos abogados los gobiernos de la Segunda República y el primer franquismo. Los mecanismos de selección episcopal estaban, sin duda, de parte de las autoridades civiles, que se equivocaron en muy contadas ocasiones a la hora de elegir a sus candidatos a la mitra. No suelen abundar los obispos conflictivos en los regímenes concordatorios. La momentánea ruptura de las relaciones del Estado con la Santa Sede, como consecuencia de la política de Canalejas, ratificaría, por su excepcionalidad, las buenas relaciones entre ambos poderes a lo largo de la Restauración.

Resultaba más difícil, no obstante, meter en vereda a los curas pueblerinos, a quienes en los seminarios se había enseñado con rotundidad que «el liberalismo era pecado», de ahí que no hicieran muchos esfuerzos en apoyar la reconversión política de los fieles que la Santa Sede por medio de los nuncios trataba de alcanzar. Antes bien, la prédica siguió anatematizando la maldad intrínseca del liberalismo hasta concluir en la condena de una Constitución que, aunque hacía del catolicismo la religión oficial del Estado, abría el portillo de la tolerancia de credos. Para el pensamiento integrista no había término medio entre la verdad y el error, la libertad y la obediencia, la fidelidad a la Iglesia y la aceptación de un Estado que tenía su piedra angular en el reconocimiento de las libertades políticas. Fiel a su pasado, el clero se mantenía firme en su *clericalismo,* es decir en su defensa a ultranza de la intromisión de la Iglesia en el ámbito estatal.

Los efectivos del clero secular no experimentan variaciones importantes en la segunda mitad del siglo XIX conforme, eso sí, a la tónica descendente de la centuria. En 1900 son 33.403 los curas diocesanos, distribuidos desigualmente por la geografía española. Un clero muy numeroso se asienta en todo el norte, donde también el carlismo había echado raíces más profundas. Galicia dispone de un sacerdote por cada 412 personas, índice incluso superior al que arrojan las tres Provincias Vascongadas. El Levante español, tradicionalmente pobre en clero secular y rico en obispos, tiene un sacerdote para cada 862 habitantes, mientras que Aragón ocupa una situación intermedia entre la exuberancia gallega y la penuria de Andalucía. Siempre padeció la Iglesia el inconveniente de la casi unitaria extracción rural del clero, cuyas motivaciones confesionales resultaban difíciles de deslindar del anhelo de promoción individual o familiar; la vocación religiosa, no obstante, se fue purificando a medida que los seminarios, con el discurrir del siglo XX, se especializaban como centros de formación sacerdotal. Típico ejemplo de cura sin vocación, Galeote asesinaba en 1886 al primer obispo de Madrid-Alcalá, en el paroxismo de la locura y el desarraigo urbano, de acuerdo con la semblanza de Galdós.

El empeoramiento progresivo de la relación entre la masa de católicos y los curas seculares se compensa, desde fines del siglo pasado, con el desarrollo vertiginoso de las congregaciones religiosas. Difícilmente se señalará otro movimiento de tanta trascendencia para la mentalización católica de España como el que abanderaron los regulares. A ellos debe la Iglesia su mejoría y reposición, bajo otras formas, en el puesto que ocupaba en la sociedad antes del triunfo definitivo de la burguesía.

En breve tiempo, los institutos religiosos consiguen reconstruir su demografía, aniquilada por los procesos revolucionarios del siglo y, gracias a la savia joven de las recientes fundaciones, pueden abordar la ambiciosa tarea de socialización religiosa del país. Se recuperan los frailes pero sobre todo se disparan las monjas, que multiplican su oferta con nuevas congregaciones: son 63 las que se fundan en la segunda mitad del XIX. Procedentes en su gran mayoría de ambientes rurales, los escasos años de formación sólo facilitaron a las monjas un ligero barniz, que les sería del todo insuficiente en su trabajo en el medio urbano. La incultura de las religiosas españolas podía tener graves consecuencias cuando, constituidas en docentes, se lanzaran frenéticamente a la conquista de la escuela. El cúmulo de tensiones entre educadoras y educandas, la lucha de mentalidades y la disparidad de valoraciones de la realidad social por parte de unas y otras subyacen en la imagen de la mujer *devota* de los relatos costumbristas de la época.

Las grandes congregaciones religiosas en seguida se repusieron del golpe de la desamortización y modernizando su sistema de finanzas vinieron a formar parte de los círculos capitalistas de España. Mientras la Iglesia diocesana colocaba su dinero en bonos del Estado, como si no quisiera arriesgar un capital del que sólo se sentía administradora, las órdenes religiosas, preferentemente masculinas, compartían con la empresa privada su filosofía de rentas. Una partida abultada en las cuentas de algunas instituciones religiosas procedía de los legados o donaciones que recibieron de la piadosa burguesía, muy preocupada en saldar su vieja deuda con la Iglesia.

Haciéndose fuerte en el Concordato de 1851, vigente hasta la ruptura unilateral de la República, la Iglesia exigió la aplicación del principio de confesionalidad de la enseñanza y en razón de él fundamentó su beligerancia educativa. Su apuesta por la escuela fue tan grande que, ya en la apertura del presente siglo, tenía bajo su cuidado más de un tercio de los alumnos de enseñanza primaria y casi un 80 por 100 de los de secundaria. A pesar de su abrumadora hegemonía, la Iglesia vio con intranquilidad y recelo el nacimiento de la Institución Libre de Enseñanza (1876), que el catedrático de derecho natural Francisco Giner de los Ríos había ideado con el fin de impartir una enseñanza no dogmática encaminada a formar la elite necesaria para modernizar España. Acorde con el proyecto krausista de renovación ética del individuo, la Institución se especializó en las nuevas corrientes de la pedagogía que se resistían a implantar los jesuitas, exponentes de la enseñanza tradicional. Pero fue, ante todo, la gran propagandista de la libertad de ciencia y la secularización, la tolerancia y el contacto con Europa, ideas que no pudieron fructificar más que en unos pocos por la asfixia intelectual con la que la Iglesia y la burguesía castigaban a la población, condenada a una eterna minoría de edad.

La verdadera batalla de la enseñanza en España no se plantea sino en el siglo XX, cuando nace el Ministerio de Instrucción Pública y los liberales empiezan a inquietarse por la rápida expansión del sistema educativo católico. No obstante el fortalecimiento del Estado en sus competencias docentes y la apertura de nuevos centros de enseñanza, la trayectoria de la Iglesia española apenas cambia de rumbo hasta la llegada de la Segunda República, cuya política educativa vino dictada al alimón por el laicismo radical y el deseo de universalizar la enseñanza primaria y hacer llegar los estudios secundarios a amplias capas sociales.

Los éxitos de la Iglesia española en el campo de la educación no debían hacerle olvidar el fracaso que sufrían su *catolicismo social* y su estrategia de unión política de los creyentes. Desprovistos de toda autonomía tanto ideológica como operativa, los movimientos seglares fueron durante mucho tiempo una mera prolongación de la jerarquía, su brazo beligerante en su pulso con el poder civil. Nunca en España el Estado había sido demasiado fuerte frente a la sociedad, por ello la Iglesia sabía que podía jugar con ésta respecto de aquél. Sin embargo, la notable incapacidad de la Iglesia para integrar en su proyecto a los sectores más populares de la sociedad dotó de un marcado carácter elitista a las organizaciones de laicos católicos, cuya actividad siempre se subordinaría al interés de la burguesía.

La unidad de los católicos fue una obsesión de los obispos del cambio de siglo, que jamás abandonaron por completo la idea de crear un partido confesional que acogiese a los seglares comprometidos en la defensa de la Iglesia en el campo político y pusiese fin a los enfrentamientos de su clerecía. Hubieron de contentarse, no obstante, con participar en las elecciones por medio de candidatos católicos, cuyos programas aparecían vinculados a los intereses institucionales de la Iglesia. Y, por supuesto, con el púlpito, trasformado, muchas veces, en tribuna electoral de párrocos y coadjutores empeñados en prolongar su influencia en el ámbito de las decisiones políticas de sus fieles.

En respuesta al florecimiento eclesiástico encarnado más en el poderío de las congregaciones religiosas que en el de los curas seculares, surge, de nuevo, una fuerte corriente anticlerical, testimonio de una parcela de la sociedad que observa cómo la Iglesia recuperaba su antigua posición de privilegio y la revolución sólo se había logrado a medias. Pero, más allá de una réplica violenta al monopolio educativo y a la profusión de pequeñas empresas comerciales de los regulares, en la fiebre anticlerical hay que ver un fenómeno de *larga duración*, heredero de otros muchos estallidos populares y popurrí de ansias ético-religiosas, confesionalismo laico y odio a los poderosos. La imagen del Cristo pobre, crucificado por la Iglesia rica, se adivina en las teas de los anticlericales, cuyo radicalismo purificador fue manipulado por la burguesía para preservar a los auténticos poderes económicos y políticos de la ira de las masas. Distintos ingredientes burgueses se mezclan en el anticlericalismo español que estalla en el estreno de *Electra* de Galdós o se recrea con la literatura negra de Blasco Ibáñez y Pérez de Ayala. En este sentido, ni los socialistas ni los anarquistas inventaron nada; por contra, su anticlericalismo fue, frecuentemente, remedo del burgués y hasta del ilustrado y masónico.

El anticlericalismo no hubiera cristalizado en cuestión

política, ya en el siglo XX, si el partido liberal no desempolva su vieja bandera anticlerical a la búsqueda de una mayor definición política. Pero la mala conciencia del noventa y ocho y la nueva oleada regeneracionista empujaron a los liberales a marcar sus diferencias respecto de los conservadores, compañeros del turno con quienes habían contribuido a levantar el edificio de la Restauración y a sostener a la monarquía. La repatriación de cientos de eclesiásticos españoles, procedentes de Cuba, Filipinas y Puerto Rico, y la entrada por la frontera de clérigos franceses, que huían de la embestida de la Tercera República, hicieron desbordar la marea en sucesos como los de la Semana Trágica (1909) de Barcelona al tiempo que Canalejas trataba inútilmente de sacar adelante un proyecto de asociaciones o *ley del candado* que frenara la invasión de los regulares.

Hasta los años de la Segunda República, la Iglesia no fue molestada en su deseo de ocupar en exclusiva un espacio público. Pese a la tolerante Constitución de 1876, España continuó siendo una verdadera *cristiandad* y la sociedad pluralista y secular sólo hizo ocasionales y siempre conflictivas apariciones, las más de las veces aplastadas o asfixiadas por la intransigencia de los católicos. A remolque de la pretendida identificación de la sociedad española y su cultura con la Iglesia, la jerarquía diseñó una especie de religión cívica, un *nacionalcatolicismo,* convertida en elemento constituyente de la nacionalidad. Este tipo de catolicismo, manifestado en el predominio de las pautas exteriores de conducta, se utilizó como mecanismo de refrendo social, contribuyendo a la configuración de una religiosidad de practicantes más que de creyentes, en la que no cabían ni el lúcido individualismo de los modernistas, ni sus anhelos de reforma o sus equilibrios para aproximarse desde la fe a la cultura moderna. Por ello el *modernismo,* hecho herejía por Pío X, nada tendría que ver con el catolicismo español pero sí con algunos cristianos sin Iglesia, al estilo del filósofo Unamuno y de unos cuantos intelectuales de la Institución Libre de Enseñanza.

El patriotismo alborotado

Como la Iglesia y los estratos elevados del panorama social, el ejército tiende a encerrarse en sí mismo, una vez que Cánovas, buen conocedor de su proclividad a meterse en política, lo aleje de las esferas del poder. En una España con escasa policía y a fin de tenerlos entretenidos, los militares se ocuparán de apaciguar y erradicar los movimientos sociales que surjan. Nacía, así, el ejército gendarme enviado a sofocar huelgas o apalear manifestantes y se enterraba para siempre una larga tradición revolucionaria. De ahora en adelante se especializaría en la defensa del orden, el centralismo y la monarquía.

A los aires de arrogancia prusiana, imitada del ejército alemán, se une toda una mística de *salvadores del país* con la que se pavonean los oficiales de alta graduación mientras la fuerte corriente antimilitarista que aletea por la península alza el vuelo a raíz del desastroso capítulo de Cuba y Filipinas. Incapaces de reconocer la inferioridad de la maquinaria bélica española frente a la potencia americana, los militares derrotados acusan a los políticos de haberles traicionado. Ante las críticas del desagradecido civil y amparados por Alfonso XIII, obligan al gobierno a aprobar la Ley de Jurisdicciones (1906), que les convierte en «juez y parte» de los consejos de guerra encargados de castigar las ofensas a la fuerza armada.

En el verano de 1909, la movilización de reservistas para la guerra de Africa fue la chispa que explosionó el descontento popular. A la gran masa de ciudadanos opuesta a una nueva tentativa colonial, esta vez en Marruecos, se enfrentaba la derecha —cuyos hijos compraban la exclusión del servicio militar— apremiando al gobierno y al ejército a intervenir y vengar el honor de España. Reivindicaciones pregonadas por anarquistas, sindicalistas y socialistas se funden con las quejas por la guerra en una huelga general que adquiere tintes sangrientos y anticlericales en la Semana Trágica de Barcelona.

Por fin, en noviembre de 1912, el acuerdo con Francia permitió tener un protectorado español en Marruecos. Si bien pesó en las espaldas maltrechas de la Hacienda, ilusionó a los militares que, en un intento por redimir su orgullo, se lanzan a una guerra primero disimulada y luego abierta. Serán sesenta y cinco mil los soldados que en 1913 estén destinados en aquel frente, alumbrándose pronto la tipología castrense del *africanista* y el *peninsular*. A semejanza de la Legión francesa, Millán Astray creaba en 1920 el Tercio de Extranjeros, unidad de elite destinada a reforzar el dominio español en el norte de Africa, que desde su primera hora dispuso de la colaboración de Franco.

Caldeado el ambiente, la cúpula militar se aleja del sistema parlamentario con odio al particularismo catalán y desprecio al obrero, mientras Marruecos se convierte en una pesada losa para el ejército y la sociedad de España. Los catorce años de guerra africana cambian la fisonomía del militar español, al reducir su horizonte mental a la disciplina cuartelera, el patriotismo alborotado, los métodos expeditivos y el escarnio de la democracia. Predominaban entre los oficiales los oriundos de Castilla y Andalucía, con pocas simpatías por los movimientos regionalistas que palpitaban en la periferia española. El nuevo espíritu castrense quedaría adscrito a los planes de estudio de la Academia General Militar, fundada en Zaragoza por Primo de Rivera.

Desde comienzos de siglo muchos militares se sentían mal pagados en relación con su *status*, a pesar de que el ejército consumía la mitad del presupuesto nacional. Había demasiados oficiales en comparación con el número de la tropa. En 1917 la protesta por la carestía de vida llega también a los cuarteles, donde como un movimiento de reivindicación corporativa habían surgido las Juntas Militares de Defensa. Formadas por la mesocracia de uniforme, oficiales por debajo del grado de coronel, lucharán contra los sueldos escasos, la deficiencia de su armamento, la promoción «política» y los ascensos por méritos de guerra en Marruecos. En el punto de mira de los agraviados se encontraba el propio Alfonso XIII, que con un guiño a la Constitución miraba al ejército como si fuera de su propiedad y disfrutaba entrometiéndose en él. Al estallar en agosto la huelga obrera, la violencia reprimida de los «junteros» se trasforma en la máquina represora de los levantamientos populares y las quejas sociales de tal forma que militares de uno u otro signo respaldan a los patronos de Barcelona en su lucha contra el sindicalismo proletario, horrorizando a la opinión pública con su expeditivo proceder.

El disgusto nacional por el cáncer marroquí toca fondo en 1921, cuando un imprudente ataque de las tropas españolas es rechazado por Abd-el Krim en Annual causando doce mil bajas. Otro nuevo 98 se venía encima de un régimen aún más debilitado. Republicanos, liberales y socialistas exigieron el castigo de los temerarios, pero no encontraron demasiado eco entre los conservadores, partidarios de minimizar las responsabilidades. El honor de los militares no podría aguantar el banquillo de acusación de los civiles, y antes de que la comisión presidida por el general Picasso presentara su informe inculpatorio a las Cortes, Miguel Primo de Rivera había enterrado la Constitución.

Contra el rey

A pesar del conformismo y abulia de los españoles, en general, determinados sectores hicieron oír su voz contra un orden político que consagraba la desigualdad y ahogaba de raíz el anhelo de una mayor democracia. Fuera del régimen habían quedado los republicanos, cuyos ideales prendidos de la experiencia de 1873 alimentaban la nostalgia de viejas figuras del porte de Ruiz Zorrilla, Castelar o Pi y Margall, que con el cambio de siglo dejan la herencia en otras manos. Desde 1908 el periodista andaluz Alejandro Lerroux abandera la nueva empresa republicana a través del Partido Radical, alimentado en el populismo obrero de Barcelona y en el anticlericalismo de sus clases medias. En Valencia, entre tanto, la riqueza descriptiva y plástica de las novelas de Blasco Ibáñez hacía ganar adeptos a la causa de la República. Con la indefinida revolución social por meta, el *lerrouxismo* desarrolló una intensa campaña de mentalización política a favor del Estado unitario, en un momento en que los catalanistas con sus triunfos electorales lo cuestionaban.

Tras los grandes éxitos iniciales, el partido de Lerroux languidece a partir de 1911, al perder el apoyo de la clase obrera, cada día más reclamada por el anarcosindicalismo y las sugestiones de la izquierda catalanista. Lejos de la demagogia de principios de siglo, los radicales fueron derivando hacia un partido de centro, con arraigo en la pequeña burguesía, y de ideario impreciso polarizado en el republicanismo y laicismo. Marcado siempre por la personalidad de su principal dirigente, el Partido Radical llegó a tocar poder en distintos gabinetes de la Segunda República.

Enfrentado a la retórica revolucionaria de Lerroux, lo mejor del republicanismo histórico elegía el camino señalado por Melquíades Alvarez y Gumersindo de Azcárate al fundar en 1912 el Partido Reformista. Una España moderna, tolerante y democrática, con una legislación social avanzada y una enseñanza de vanguardia, constituía el gran ideal de estos nuevos arbitristas. En las filas del reformismo se sintieron a gusto la burguesía liberal y los intelectuales, desembarcados en la política con el deseo de renovar el país por la vía de la democratización social y parlamentaria y sólo en parte de la económica. A medida que el turno de partidos y el propio régimen tropiezan con dificultades, los reformistas encuentran mayor eco, tentando a numerosas personalidades que habían aceptado la monarquía canovista.

Una clase intelectual, en el verdadero sentido del término, de amplitud nunca superada después se adjudica la tarea de dar al liberalismo español consistencia ideológica e impulso ético. Son los Azaña, Ortega y Gasset, Fernando de los Ríos, Pablo de Azcárate y Américo Castro, que en 1913 convocaban una Liga de Educación Política. Mientras los desilusionados de la monarquía aumentan, el Partido Reformista se alza como conciencia crítica del país aunque nunca logra traspasar el reducto de la minoría ilustrada, su casi exclusiva clientela. Escuela de políticos, el reformismo suministra líderes a las distintas agrupaciones republicanas de 1931, pero antes, y en la persona de Melquíades Alvarez —presidente del Congreso de diputados el día del golpe—, Primo de Rivera se verá en la obligación de recordar al rey su mandato constitucional.

Si desde un punto de vista específicamente político el republicanismo fue el enemigo más peligroso del régimen de la Restauración, desde un plano social ninguno fue tan demoledor como el movimiento obrero. A raíz de la revolución de 1868 los trabajadores españoles descubrieron la eficacia reivindicadora del asociacionismo al que siempre combatió el individualismo burgués. La Primera Internacional, al amparo del derecho de asociación reconocido en el texto constitucional, había conseguido un buen número de adeptos, obligados por Cánovas a actuar en la clandestinidad hasta la aprobación de la ley de 1887. Fruto de aquella experiencia contestataria, el tipógrafo Pablo Iglesias y otros correligionarios de la línea marxista de la Internacional ponen en pie el Partido Socialista Obrero Español, cuya historia arranca de una reunión madrileña del 2 de mayo de 1879.

A pesar de su aireada intransigencia doctrinal acorde con la integridad de su fundador, el PSOE era un partido reformista, parecido a sus hermanos europeos, y como éstos más propenso a trasformar la sociedad liberal que a destruirla. Así y todo, sus años de aislamiento político y hostilidad contra los restantes partidos le marcaron por mucho tiempo con un sello de radicalismo, haciendo imposible cualquier trato con la derecha. Principalmente los socialistas de la primera hora pusieron su esfuerzo en compaginar la actividad política con la sindical por medio de la Unión General de Trabajadores, fundada en Barcelona a finales de 1888. Con objeto de mejorar las condiciones de vida de los trabajadores apoyan distintas huelgas y logran alguna implantación en Madrid, Vizcaya y Asturias, que habrían de ser luego sus feudos más importantes. En 1895, el líder minero Facundo Perezagua se convertía en el primer concejal socialista de una gran ciudad, al ser elegido para el ayuntamiento de Bilbao.

Hasta 1910, sin embargo, vivieron los socialistas marginados del movimiento democrático español. El cambio de agujas en la política de aislacionismo vino señalado por la puesta en marcha de la Conjunción republicano-socialista, que con fines electorales se había firmado ante los desmanes de los conservadores en sus represalias de la Semana Trágica. Por fin un diputado del PSOE se sienta en el Congreso, Pablo Iglesias logra su acta de Madrid. El contacto con los republicanos sirvió para domesticar a los socialistas, facilitando su arraigo en sectores universitarios y una mayor variedad social en los cuadros del partido. Pero sobre todo hizo aumentar la afiliación, que al término de la década llegaba a cuarenta y dos mil con nuevas zonas de militancia.

Sin dimitir de su primitiva retórica de revolución proletaria, el PSOE va ganando respetabilidad con la entrada de intelectuales como Núñez de Arenas, organizador de la Escuela Nueva, el filósofo Besteiro o el escritor Luis Araquistáin, mientras poco a poco se trasforma en un partido de masas. A ello ayudaría más que nada el desbarajuste creado por la Gran Guerra en una España neutral, desigualmente enriquecida por el aumento del volumen y precio de las exportaciones en el mercado mundial. La euforia económica es sólo un recuerdo en 1917, cuando explotan la carestía de vida y el resquemor de la clase obrera, agobiada por la inflación. En respuesta a la crisis, los damnificados se agrupan en asociaciones de variado color y los trabajadores llaman a las puertas de los sindicatos socialista y anarquista.

La moderación del Partido Socialista en España, con las mismas tendencias socialdemócratas y antibolcheviques de sus homónimos europeos, debe encarar, sin embargo, una seria disidencia de la que surge el Partido Comunista en la primavera de 1921. Las Juventudes son las primeras en romper el fuego, al declararse favorables al ingreso en la Tercera Internacional y a la difusión del modelo soviético, pero en seguida se les unen algunas personalidades como García Quejido, Acevedo o Núñez de Arenas. Pocos dan el paso, no obstante, para engrosar el minúsculo grupo, cuya debilidad resulta más sorprendente comparándola con la alta militancia del Partido Comunista italiano y, sobre todo, del francés, nacidos al término de la guerra. Sólo el País Vasco proletario parece tentado por el comunismo en una España donde el gran foco de atracción revolucionaria seguía estando en el sindicalismo *apolítico* y anarquizante.

En pugna siempre con el movimiento socialista por conseguir el favor del obrero, el anarquismo recogió la recia tradición del individualismo español para ponerlo al servicio del ideal revolucionario. Como fenómeno de larga duración, la utopía anarquista acompaña la historia de España con mayor perseverancia que en la de cualquier otro país europeo, haciéndose fuerte en el campo andaluz y en el triángulo formado por Cataluña, Zaragoza y Valencia. Una larga cadena de atentados —explosión de una bomba en el Liceo de Barcelona, asesinato de Cánovas del Castillo— dio popularidad a los anarquistas en la última década del siglo XIX, mientras su rechazo de toda forma de autoridad y su apuesta por la iniciativa revolucionaria individual les ganaban adhesiones en España cuando en el resto del mundo llevaban tiempo negándoselas.

Con la inyección de la doctrina sindicalista, el anarquismo español entra en una fase más organizada en la que la huelga general resplandece como un mito de eficacia sobrehumana, capaz de suscitar el entusiasmo de los trabajadores y conducirlos al triunfo sobre la burguesía. Una agrupación catalana, Solidaridad Obrera, pasó a encarnar la nueva tendencia, definitivamente consolidada en 1911 con el arranque de la Confederación Nacional del Trabajo (CNT). A los campesinos andaluces les costó tiempo hacer la síntesis de sindicalismo y anarquismo pero en 1913 ya se aventuraban por ese camino con distintas fundaciones libertarias. En pocos años la CNT es el sindicato más numeroso, superando con largueza a la UGT: setecientos quince mil afiliados en 1919, cerca de ochocientos mil a la llegada de la Segunda República.

La huelga de La Canadiense —empresa de capital extranjero monopolizadora de la producción hidroeléctrica en Cataluña— representa el apogeo del movimiento sindical, la época dorada de la CNT, que logra dejar Barcelona a oscuras, obligando a cerrar las fábricas y reuniendo a multitud de trabajadores en las calles. Cuando a finales de 1919 los patronos con el apoyo del gobierno y de los políticos catalanistas deciden clausurar las empresas y privar de empleo a miles de obreros, la acción terrorista desplaza del escenario catalán a la lucha sindical. Los pistoleros de la central libertaria se enfrentan a los de la patronal catalana al tiempo que el terrorismo oficial populariza el aniquilamiento mediante la «ley de fugas». Es el preámbulo lejano de la Guerra Civil. Pronto Zaragoza y Bilbao se suman a la oleada de violencia, que culmina en Madrid con el asesinato en 1921 del jefe de gobierno Eduardo Dato, obra de los anarquistas, autores también de los magnicidios del inventor del régimen y del gobernante liberal José Canalejas, caído en 1912.

Mientras tanto el grito de la España agraria se oye en las agitaciones campesinas que conmocionan Andalucía y Extremadura, a lo largo del trienio 1918-1921, con el espectro de la Revolución bolchevique y el apremio del reparto de tierras. A impulso de la escalada de huelgas, las organizaciones anarcosindicalistas alcanzan una mayor solidez, consiguiendo paralizar numerosos pueblos ante la impotencia del gobierno, que sólo acierta a responder con la declaración de *estado de guerra*. Un decreto especial castiga severamente en 1919 la quema de cosechas, aunque no sofoca el gran incendio del campo español, atizado por un deseo perenne de revolución agraria puesta al día por la mística anarquista.

Contra España

Con más esperanza de vida y alimentados, así mismo, en el descontento generado por la política de la Restauración despuntan a finales de siglo los movimientos nacionalistas catalán, vasco y gallego. Nacidos por las mismas fechas, los tres manejan una imagen idealizada de la historia de sus regiones —el esplendor de la Cataluña medieval, la soberanía vasca perdida con los Fueros, la radical igualdad de la sociedad celta—, ven en el centralismo el causante de los males de España y prometen un futuro de progreso y bienestar si se lleva a la práctica su proyecto *nacional*. Daban por sentado que los políticos de Madrid eran corruptos y no así los de esas comunidades con vocación particularista. A lo largo del siglo XX, los regionalismos se vuelven más reivindicativos y nacionalistas, orientando su estrategia a la conquista de estatutos de autonomía. Pese a sus coincidencias de origen y mitología, los tres movimientos tendrían desarrollos muy distintos: el nacionalismo catalán encandiló a las clases medias para ponerlas al servicio de los objetivos económicos de la burguesía autóctona, el vasco provocó una profunda escisión en la conciencia colectiva de los habitantes de Euskalherría y el gallego no pasó de ser una corriente intelectual y urbana.

La idea de una Cataluña *diferente* venía ganando adeptos desde que la lengua catalana abandonara el reducto de lo popular hasta trasformarse en un idioma culto, manejado por los intelectuales y la burguesía. En pleno delirio romántico, el idioma se convertía en manifestación sublime de la historia de las naciones y en órgano configurador del pensamiento. Nutridos por la lírica patriótica de mosén Verdaguer muchos catalanes aprendieron a gustar las glorias de su pasado, que los archivos de la corona de Aragón iluminaban. Los industriales, deseosos de colocar sus telas en España entera, llevaban años en peleas con el gobierno central por conseguir un arancel proteccionista y habían ido creando un sentimiento corporativo de agraviados: Madrid burócrata se enriquecía a costa del esfuerzo de Barcelona y no garantizaba la estabilidad social tan necesaria a la industria.

También en la Cataluña profunda se percibían aires de singularidad, los que el carlismo había hecho respirar a sus clientelas campesinas, a fin de enfrentarlas al liberalismo de Madrid. En el extremo opuesto, el federalismo de Pi y Margall con sus toques anarquistas pescaba en las aguas del particularismo catalán pero asustaba a la burguesía; más moderado, su discípulo Valentí Almirall comprendió en seguida que sin las clases medias y el campesinado la reivindicación catalanista difícilmente tendría salida. Lo mejor para Cataluña era una monarquía regional, respetuosa con las leyes y la cultura autóctonas, e impulsora de la industria. A la defensa de la singularidad catalana se orientan, igualmente, el tradicionalismo que explota la veta ruralista de la mano del obispo Torras i Bages y el conservadurismo burgués de Mañé i Flaquer, director del *Diario de Barcelona,* el periódico de mayor tirada de la región. Los valores de la Cataluña tradicional, aplicables también a la Barcelona industrial, eran el fundamento sobre el que se podía edificar la autonomía catalana, siempre con la Iglesia como garantía de la buena administración de esa herencia.

A partir de 1892, el catalanismo político dispone de un programa en las Bases de Manresa, cuyas demandas inspiran los movimientos de la burguesía barcelonesa hasta la dictadura de Primo de Rivera; desde 1901 cuenta además con un partido, la Lliga Regionalista, organización conservadora pero industrialista dispuesta a reclamar los privilegios jurídicos y fiscales que la tradición, rota con los Borbones, concedía a Cataluña. Empujados por la resaca del desastre de 1898, numerosos industriales confían al catalanismo su desahogo contra los gobiernos de la Restauración: el Estado castellano, inepto y anticuado, se había dejado arrebatar el mercado colonial, tan beneficioso para Cataluña. La hegemonía conservadora del catalanismo empezó a ser contestada en 1921 por Francesc Maciá, inspirador de un nacionalismo izquierdista que criticaba las componendas burguesas de

Francesc Cambó con los gobiernos de Madrid y pensaba que Cataluña debía luchar por su reconocimiento como república independiente. Caída la monarquía, la Esquerra Republicana dominará la política catalana hasta la Guerra Civil.

En el origen del nacionalismo vasco hay que ver, sobre todo, el reflejo de la rápida industrialización desarrollada en Vizcaya en los últimos decenios del XIX. El país agrícola y pastoril, que se había despedido del viejo orden con el trauma nada piadoso de las guerras carlistas, pasó casi sin respiro a una acelerada modernización. La carga fabril que tuvo que soportar aquella sociedad, todavía de creencias y hábitos semimedievales, combinada con el flujo de la abolición foral y la presencia forzada de inmigrantes produjo inmediatas y preocupantes actitudes de defensa étnica y racial. Sabino Arana, miembro de la clase media bilbaína y aprendiz carlista, tuvo a su alcance, desde su privilegiada atalaya, los medios culturales y políticos para realizar la integración doctrinaria de todos estos elementos. Sin embargo, toda su obra, si se exceptúa la corazonada de la nacionalidad vasca, es un puro anacronismo.

Al establecer las pautas nacionalista sobre los conceptos de religión, raza, lengua y costumbres tradicionales de los vascos, Sabino Arana echó marcha atrás en el túnel del tiempo, cerrando los ojos ante el panorama industrial y la sociedad heterogénea que ya tenía delante y dando rienda suelta a la idealización romántica de la cultura local. El nacionalismo vasco partía así de la consideración de un pueblo que, diezmado, siglo a siglo, en sus ingredientes nacionales, se encontraba por obra de la industria y la inmigración al borde del final del proceso. Cargada de sinrazones históricas y culturales, la respuesta política sabiniana estaba encaminada a preservar y recuperar esos caracteres por medio de una actitud secesionista respecto de los Estados español y francés, presuntos responsables de la agresión. No son anecdóticos ni el racismo militante de Arana, ni su manía persecutoria; ambos se incrustan en la médula victimista de la conciencia nacional de tal forma que ningún otro nacionalismo peninsular podrá compararse al vasco en su rechazo obsesivo de la palabra y concepto de España.

Pero la patria vasca no sólo está hecha de sangre y tierra; también Dios forma parte, y muy importante, de la nacionalidad. La salvación étnico-religiosa de los vascos, su completa recristianización y el triunfo definitivo del catolicismo en Euskadi se alcanzaría con la puesta en marcha del proyecto aranista de liberación nacional. De este modo, la misma tramoya que convirtió a Arana en nacionalista le atrincheró en un peligroso fundamentalismo y le metió de lleno en la caverna de la reacción.

Tanta fuerza adquirió en el pensamiento de Sabino Arana la posibilidad política de la independencia que creó toda una simbología patriótica y nacional. Cubría en su mundo conceptual y luego en las aspiraciones de su partido un verdadero universo diferenciado: el nombre de Euskadi para designar al país de los vascos, la divisa del partido JEL, es decir Dios y leyes viejas, para simbolizar la lucha por mantener la tradición católica y foral. La *ikurriña* o bandera, en la que se reúne la representación del pueblo, la ley y la religión, e incluso un himno nacional, actualmente el oficial de la Comunidad Autónoma Vasca. De nada hubiese servido todo ello sin el instrumento de una organización política, el Partido Nacionalista Vasco (PNV), que ha convertido la demanda de alguna forma de autogobierno en el centro de la vida social de esa parte de España.

El nacionalismo germinó, sobre todo, en las clases medias —empleados, pequeños burgueses, campesinos acomodados—, que estaban aterrorizadas ante los cambios de la industrialización y sentían envidia del triunfo de la gran burguesía. La mesocracia ubicada en Bilbao y en otras ciudades vascas había visto surgir la riqueza a sus pies sin tiempo de hacerla llegar a sus cuentas corrientes, mientras era desplazada de sus pequeñas posiciones de poder con la bancarrota del orden anterior. Amedrentado por el espectro de la revolución socialista, este colectivo desclasado se agarró con fuerza al *re-*

vival nostálgico de Arana y a una doctrina que levantaba su prestigio social y cultural, considerándole propietario del país y justificando su frustración por el latrocinio *extranjero.*

Rompiendo el tono mesocrático del partido de Arana, el empresario Ramón de la Sota se sacudió el ruralismo campesino de sus correligionarios y se puso al frente de la aventura industrializadora. A su calor, la confluencia de intereses industriales, navieros y financieros con la reivindicación étnica y cultural del vasquismo tuvo como efecto la aparición de un nacionalismo posibilista, abierto a mayores sectores de la ciudadanía vizcaína pero sin llegar al pragmatismo españolista de los catalanes de Cambó. En la práctica, los nuevos contenidos autonómicos se desdicen de las anteriores opciones independentistas y ofrecen una imagen menos montaraz y más tolerante de la doctrina ideada por Sabino Arana.

Las dos corrientes inaugurales del nacionalismo conviven a lo largo de los años y de algún modo llegan hasta el presente. Con el telón de fondo de la supuesta singularidad histórica, étnica o lingüística, independentismo o autonomismo habrían de ser los polos de atracción de la praxis nacionalista, justificados ambos con diferentes interpretaciones de la *reintegración foral* reclamada por Arana o en virtud de un mero oportunismo político. De todas maneras esta dualidad no traspasó nunca las lindes de la práctica política porque, en el terreno de las emociones y aún de los más altos principios, el nacionalismo siempre fue el mismo, el del afán de soberanía.

Hasta los años de la Primera Guerra Mundial el nacionalismo vasco, ya introducido en Vizcaya, apenas si era conocido en Guipúzcoa, mientras que en Alava tuvo que esperar a la monarquía de Juan Carlos I para obtener algún éxito importante y en Navarra nunca alcanzó relevancia. Sólo en fechas recientes el nacionalismo vasco logra inquietar al Estado, cuya atención a lo largo del primer tercio del siglo pende casi en exclusiva de los movimientos de Cataluña.

La primera dictadura

En septiembre de 1923, Miguel Primo de Rivera, capitán general de Cataluña, se hace con las riendas del poder después de un golpe de Estado de guante blanco y regia complicidad. Apenas si se oyó rechistar ante el cuartelazo de un ejército cada vez menos romántico y ya nada liberal. En realidad, buena parte de su éxito incruento se debió a la notable indiferencia del pueblo español y a la colaboración de la burguesía catalana, práctica donde las hubiere. Una mayoría de fuerzas sociales y políticas aceptaron, pasivas, el golpe y algunas, como la CNT, que podían haberse opuesto, estaban bastante decaídas después de diez años de actividad frenética, luchas intensas y logros menguados. Las primeras medidas del general golpista fueron sobradamente anticonstitucionales: se concedió a sí mismo amplios poderes, entre los que figuraba la facultad de gobernar mediante decretos-ley, suspendió los derechos civiles y declaró el *estado de guerra.* Puso en manos de militares el gobierno de las provincias y apartó a los partidos de la vida pública, disolviendo las Cortes. Con éstas y otras decisiones, el Directorio adquiría la estructura de un régimen de excepción, de una dictadura de *salvación* en la que el mantenimiento del orden y la conservación de la paz laboral se constituían en el primer objetivo nacional.

No desapareció por entero la inestabilidad precedente pero es muy distinto el panorama que se observa entre 1923 y 1930. De un lado, por la actitud represiva del régimen; de otro, por la preponderancia de partidos obreros *de orden* como el socialista, reafirmado frente al anarquismo anterior. Se inicia un período de paz social en el que desaparecen, casi por completo, atentados, huelgas revolucionarias y gran parte de los conflictos laborales. Si en 1920-1921 se había llegado al límite del proceso huelguístico con más de doscientos cuarenta mil participantes, en 1926 la cifra se rebajaba a menos de veinte mil; los atentados político-sociales, que en 1923 sumaron más de ochocientos, quedaban reducidos a la mínima expresión.

Incluso los militares veían refrenado su ardor bélico y se «desmilitarizaban» al decaer la guerra africana, gracias a la voluntad pacificadora de Primo de Rivera: la entente hispano-francesa facilita el desembarco de Alhucemas y la posterior pacificación de las cábilas rifeñas. De algún modo, un apreciable número de españoles confiaba en que un régimen autoritario, a imitación del modelo fascista, tendría el efecto de ordenar el agitado horizonte del país. A la vuelta de un viaje del dictador a Roma, los españoles se referían humorísticamente a él como *Primo de Rivera ma secondo di Mussolini.* Las cuestiones de emergencia que habían justificado la entrada en liza del equipo de la Dictadura —Marruecos, orden público— fueron resueltas por Primo de Rivera con el aplauso general; sin embargo fracasaría a la hora de estructurar el régimen —gobierno civil, corporativismo, proyecto de Constitución. El revés no fue menor en su pretensión de liquidar para siempre el sistema de partidos, el regionalismo y la lucha de clases, mediante la unión de todas las fuerzas nacionales en un proyecto común.

Desde la destitución de los presidentes de las Cámaras de Comercio hasta el destierro de Unamuno, Primo de Rivera hizo todo lo posible por quedarse solo al frente de un país con una dinámica social y política que no le iba a perdonar algunas de sus actitudes. La personalidad del general, entrometida, locuaz y un tanto vulgar, que remedaba en ocasiones lo peor del casticismo español, haría el resto. Su fracaso más sonado radicó en la imposibilidad de «construirse» un partido político de laboratorio, según el modelo italiano: en 1924 fundaba la Unión Patriótica, engendro ideológico llamado a ser tan breve en el tiempo como en su profundidad. Por todos rechazado, sólo adulado por el oportunismo y los arribistas, el proyecto político desapareció antes que el dictador. El vacío político de la Unión no pudo ser enmendado por una Asamblea consultiva, más abierta, que Primo intentó poner en marcha y en la que se negaron a colaborar los socialistas, influidos por la actitud pro-republicana de Prieto.

Pero serían los intelectuales, los universitarios, los ateneístas y los estudiantes los que con su enfrentamiento a la Dictadura darían el tono de la vitalidad de un país mal avenido con autoritarismos e imposiciones. Nadie como Unamuno representa esta postura, entre terca y sublime, de irreconciliable oposición de pluma y espada. El rector de Salamanca, desterrado a Fuerteventura en el invierno de 1924 al mismo tiempo que se clausuraba el Ateneo madrileño, se convertiría en uno de los peores enemigos de la Dictadura. Unamuno, que diría «me ahogo, me ahogo en este albañal y me duele España en el cogollo del corazón» para describir el efecto que le causaba el despotismo del gobierno, estuvo bien acompañado en su oposición. Marcelino Domingo, Jiménez de Asúa, Marañón, Ortega y Gasset, Luis de Zulueta, Fernando de los Ríos..., entre otros, compondrán un muro liberal insalvable y de insospechadas consecuencias políticas por el que no podría pasar la soberbia del general.

La historia económica, en cambio, ha sido más benévola con Primo de Rivera. Los indudables avances en este campo, favorecidos por el control social y la férrea disciplina impuesta en las relaciones de trabajo, harían de los empresarios excelentes valedores de la Dictadura. Para la economía el período corresponde a siete años de abundancia bíblica, uno de cuyos pilares lo constituyó la pacificación africana que terminó con la sangría de gastos militares abierta desde 1909. Tras lo cual, un plan de obras públicas construiría cinco mil kilómetros de carreteras y otros nueve mil de caminos vecinales, siendo el primero de tal envergadura en la historia de España y el único hasta los años cincuenta. Los efectos del plan, como desencadenante de una mejoría temporal, fueron decisivos en los sectores básicos de la siderurgia y el cemento. A él se añadieron la electrificación rural y la creación de las Confederaciones Hidrográficas, que trataron de racionalizar el aprovechamiento de las aguas. La pequeña y mediana empresa disfrutó, igualmente, de una fase de bonanza, al constituirse el Estado en el mayor demandante de bienes y servicios.

Las presiones empresariales habrían sido determinantes para convencer al gobierno de la necesidad de abordar los planes de infraestructura. Precisamente sería la banca, una vez despejado el recelo que gravitó sobre el destierro del marqués de Cortina, presidente de Banesto, la que uniría su voz a la Federación de las Industrias Nacionales, solicitando la actuación del Estado. Los cinco grandes —Hispano, Banesto, Bilbao, Vizcaya y Urquijo— propusieron la superación de la crisis industrial de posguerra mediante la creación de demanda estatal y la provisión de ayudas financieras a las empresas en dificultades. Los socialistas apoyaron el programa de obras públicas, que se puso en marcha financiado a través de una política de presupuestos extraordinarios, cubiertos con emisiones de deuda, en las que los bancos tuvieron una sustancial intervención.

Todos los indicadores coyunturales de esos años reflejan una prosperidad económica y productiva antes nunca conseguida. La siderurgia festejó en el ejercicio de 1929 los mejores resultados de su historia; el acero español sobrepasaba por primera vez el millón de toneladas. Así mismo, el arranque de mineral toca techo a la par que la producción en cementos y papel más que duplican sus volúmenes de años atrás. La energía eléctrica acompaña parecidos resultados con el comienzo de las obras del complejo hidroeléctrico de Saltos del Duero, llamado a ser, en la era de Franco, el mayor de la península, con los pantanos de Vilariño, Aldeadávila, Ricobayo o Saucelles entre los primeros de Europa, por su envergadura y capacidad productiva. Son también años de fuerte penetración de capital extranjero, colocado preferentemente en sectores punta: teléfonos, material eléctrico, alimentación, químicas o caucho.

Los índices de producción industrial ponen de manifiesto un claro movimiento expansivo; la tasa de crecimiento medio anual de 5,52 % mantenida durante el excepcional plazo de ocho años, habla por sí sola del crecimiento del sector secundario. Al mismo tiempo, la población activa de la industria absorbe cada vez con más fuerza el excedente laboral campesino; de 1920 a 1930 el porcentaje de trabajadores industriales pasa del 21,94 al 26,51 mientras el agrícola desciente del 57 al 45,51.

Al final del *paréntesis* de la Dictadura los españoles son ya más de veintitrés millones y medio; entre ellos destacan la población andaluza, con casi una quinta parte, la castellana «nueva» y los catalanes. El urbanismo ha dejado de ser un fenómeno exclusivamente burgués y ha dado como fruto poco deseado las primeras aglomeraciones industriales que prestan a los ensanches ciudadanos un aspecto oscuro y deprimente. Una concepción filantrópica de las relaciones sociales trata de popularizar la construcción de viviendas obreras más dignas y surge el movimiento de las llamadas «casas baratas», con barriadas enteras diseñadas remedando pálidamente el gusto burgués por el hábitat. Pero todo es insuficiente para la marea migratoria que se dirige de las provincias agrícolas a los núcleos industriales y a la capital de España. A muchas de estas personas la oportunidad de vivir en una ciudad vendría a significar una revolución sustancial en sus costumbres y creencias tradicionales; tuvieron que asimilar, en algunos casos en el corto espacio de días o semanas, el ritmo duro y rutinario de la cultura industrial, sustituyendo sus hábitos por un extraño y alienante mundo de nuevas relaciones que no podían entender. El agrupamiento y la convivencia que facilitan la explotación industrial y el trabajo en las modernas fábricas de cadena y montaje sirven también para crear un fenómeno de solidaridad y de conciencia política entre los obreros, de tal forma que las denuncias sociales tendrían un efecto multiplicador en el fermento de ese hábitat.

La cadencia del barco de vela o del coche de caballos se sustituye por el frenético galopar de trenes, tranvías y caballos de vapor; el automóvil pronto empieza a ser emblema de esta convulsión social del trabajo y el consumo. España se abre al tráfico rodado, que pone en relación el campo con la ciudad por medio del «coche de línea» y contribuye a expandir la civilización urbana en la moda y los gustos musicales. Desde los años veinte la radio llega hasta donde había electricidad, impulsando el establecimiento de emisoras, que suman 68 al comienzo de la Guerra Civil, aparte del servicio iberoamericano en onda corta. Por vez primera en el mundo los frentes españoles emitirán noticias de la contienda y dispondrán de emisoras de campaña destinadas a reforzar la moral combativa de los beligerantes.

> ¡Atención! Radio Sevilla.
> Queipo de Llano es quien ladra,
> quien muge, quien gargagea,
> quien rebuzna a cuatro patas.
> ¡Radio Sevilla! Señores:
> aquí un salvador de España.
>
> RAFAEL ALBERTI, *Radio Sevilla*

En este período de gestación urbana, el Estado oficia decididamente subviniendo a las necesidades de los españoles: nuevos conceptos de política social como «sanidad pública», «instrucción pública», «viviendas sociales» u «orden público» se presentan entre las preocupaciones de los estadistas y los responsables de los municipios. A la par que crece la importancia de la administración municipal y la intervención del Estado, se desarrolla una filosofía fiscal dirigida a recaudar los recursos necesarios para solucionar los problemas generados por el urbanismo. En Europa, la ascensión incontenible del Estado no era nueva, pero en España empieza a concretarse ahora un verdadero poder central y el intervencionismo amenaza al sector privado, arrumbando definitivamente el ideal liberal y el permisivo «dejar hacer» de mediados del XIX.

Fueron las tendencias monopolistas surgidas en la empresa privada, sobre todo en la siderúrgica y la banca, las que sirvieron de ejemplo a las intenciones ministeriales de estructurar un capitalismo de Estado. El intervencionismo de la Dictadura se orientó a la creación de empresas estatales, que pudieran aportar al Tesoro los beneficios procedentes del excelente momento económico. De este modo José Calvo Sotelo fue el factótum de una política que estableció el monopolio de petróleos y derivados, CAMPSA, inspirado en el del tabaco, existente desde el siglo XVII, y las entidades financieras Banco Exterior, Banco Hipotecario y Banco de Crédito Industrial. En el marco de desarrollo económico, en una sociedad práctica y productivista, de poetas desterrados e ideales sociales reprimidos, los protagonistas de la «cosa pública» comienzan a ser los ministros económicos, convertidos a partir de entonces en los hombres de moda. A la época de Cambó sucede la de Calvo Sotelo; quedan muy lejos los tiempos en que poetas como Martínez de la Rosa o José Echegaray ocupaban sillones y carteras en los gabinetes de Madrid.

La euforia económica había permitido a Primo de Rivera gobernar sin oposición, pero cuando el dinero empezó a escasear y la peseta se desplomó hasta tocar el nivel de 1898, los descontentos se movilizaron buscando la muerte del régimen. Creció la marejada estudiantil y la oposición intelectual, encabezada por Unamuno, hacía aumentar la impopularidad del dictador, incapaz de establecer una «legalidad nueva». Su canto de cisne habrían de ser las inmoderadas Exposiciones Internacionales de Barcelona y Sevilla, dedicada ésta al mundo hispánico como correspondía a uno de los primeros apóstoles de la *Hispanidad.* Más destituido que dimitido, el general se retiró a comienzos de 1930 y murió al poco en París; uno de sus hijos, José Antonio, aprovecharía la enseñanza de su fracaso para proyectar un nuevo fascismo.

Una semidictadura al mando del general Berenguer sólo podía ser una etapa: la monarquía estaba en peligro de muerte. Los viejos políticos resucitan y la conflictividad laboral se dispara alcanzando los altos niveles de los días anteriores al golpe. Privados de todo órgano de arbitraje, el rechazo a los comités paritarios, que estaban en manos ugetistas, llevó a los conflictos laborales a un auténtico callejón sin salida. Niceto Alcalá Zamora, ministro liberal antes de la Dictadura, confesaba públicamente su nueva fe republicana y fundaba un partido. La marea antimonárquica culminaba en agosto de 1930 en el pacto de San Sebastián, por el que las fuerzas republicanas se comprometen en la estrategia de sustitución de la forma de gobierno y en la aplicación de reformas que abordasen los problemas históricos del Estado, entre los cuales el de la reorganización territorial no era de los menos importantes. Los nacionalistas vascos fueron los grandes ausentes de la conjura republicana, cuya deserción pudo enmendarse gracias a los oficios del socialista Indalecio Prieto, atento a la inclusión de la autonomía vasca en el diseño del futuro Estado republicano. Retornan de su exilio Unamuno y Maciá, el aviador Ramón Franco juega al escondite con la policía, la Federación Universitaria Estudiantil (FUE) toma la calle. Más que un símbolo, el Ateneo de Madrid reabre sus puertas para airear la crítica de los intelectuales a la monarquía. La Agrupación al Servicio de la República elige presidente al poeta Antonio Machado y se lanza a la palestra política con Ortega y Gasset, Marañón o Pérez de Ayala. Como en 1917, el espíritu revolucionario prende entre los oficiales jóvenes del ejército y dos de ellos, Galán y García Hernández, sublevan la guarnición de Jaca, pagando su fracaso con el fusilamiento; la República tenía ya sus mártires. Puesto contra las cuerdas, Berenguer cede el testigo al almirante Aznar, quien se apresura a convocar elecciones municipales para el 12 de abril de 1931.

Con las primeras hojas de los chopos

Las urnas dieron el triunfo a los candidatos republicanos en los grandes núcleos urbanos, donde la libertad del voto es real y se precisa mayor número de sufragios a pesar del aplastante dominio monárquico del campo. Convencido de que las elecciones habían sido un plebiscito nacional contra la monarquía, el conde de Romanones aconsejó al rey abandonar España y negoció con el Comité Revolucionario el traspaso del gobierno. Cuando

Sanjurjo, director general de la Guardia Civil, manifestó que no garantizaría más la vida del régimen, Alfonso XIII se apresuró a marchar. Vestida de fiesta, el 14 de abril, España proclama la República y un gobierno provisional presidido por Niceto Alcalá Zamora con representantes de los partidos republicanos y el socialista asume pacíficamente el poder.

Exaltación, nerviosismo e incredulidad engalanan las calles en las dos semanas siguientes. El monarca desde su observatorio en el extranjero aconseja a sus fieles aceptar los acontecimientos. Atento a la oportunidad que se le brinda, el anarquismo acata la República, aunque la considera burguesa. La Iglesia jerárquica, cautelosa, pide prudencia y respeto para con las autoridades constituidas. No obstante el fuerte contenido antiliberal del catolicismo español, muchos creyentes juzgaron en aquel abril que se podía dar un voto de confianza a un régimen que prometía acabar con los abusos y corruptelas de la política monárquica. La idea de que era necesario cambiar parecía aceptada por todos los españoles. Pero, ¿qué? la República iba a responder al momento. Antes y acorde con una tradición secular, un centenar de edificios eclesiásticos ardía en la pira del anticlericalismo de quienes pensaban que el verdadero problema español era el poder de la Iglesia. Sn embargo, aquellas hogueras anónimas, nunca reivindicadas, producirían mayor daño a la República que a los propios curas.

Si la Dictadura había gobernado sin reformar, los republicanos quisieron innovar pero gobernaron dificultosamente. El nuevo régimen estaba llamado en apariencia a enterrar la vieja España cacique de la Restauración. Se esperaba de él un verdadero revolcón social con la palanca de la reforma agraria y el protagonismo del movimiento obrero; un correctivo a la omnipresencia de la Iglesia; un reajuste de los cuerpos armados, que a un tiempo podase los recargados cuadros de oficiales y ahuyentase el espectro del militarismo; una labor cultural y de educación ciudadana para hacer realidad las fórmulas democráticas y, finalmente, una respuesta política a la singularidad regional de la península. Otras naciones europeas occidentales habían logrado tales metas de modo progresivo y a lo largo de mucho tiempo; el sueño de 1931 consistía en cambiar todas esas cosas a la vez y en pocos años.

Manos a la obra y a impulsos de republicanos y socialistas, el gobierno pretende cambiar el rumbo de la historia de España y transformar el Estado en un sentido moderno, laico y democrático. «Rectificar lo tradicional por lo racional», fue como un compendio del ideario político de Manuel Azaña, un intelectual burgués erigido desde la jefatura del gabinete en paradigma del espíritu republicano. Más tarde, ya presidente de la República, su estrella se iría apagando hasta extinguirse por completo en el derrotismo y el miedo del trienio de Guerra Civil. Tanto él como sus seguidores temían a la clase obrera revolucionaria y nunca se recuperaron de la sacudida producida por los desmanes sangrientos de los proletarios en los primeros meses de la contienda.

La República no inventó ni el anticlericalismo ni el problema religioso, pero tuvo que vérselas con ellos. Inspirada en el modelo francés, la nueva legalidad exigió la disolución de aquellas órdenes religiosas consideradas un peligro para el Estado y el fin del presupuesto del clero, todo ello en el escenario de la separación entre el Estado y la Iglesia. Proclamada la libertad de fe, España no profesaría creencia oficial alguna. Las discusiones dividen la cámara y la calle mientras el *confesionalismo* militante de laicistas y católicos amenaza la vida de la República. El anticlericalismo, extendido desde los sillones oficiales, cristaliza en el decreto de 1932 que disuelve la Compañía de Jesús y en la Ley de Congregaciones Religiosas, que, al año siguiente, limita el ejercicio del culto católico, establece normas secularizadoras de bienes eclesiásticos y expulsa de la docencia a los regulares.

Con el convencimiento de que el atraso español podría superarse mediante un buen sistema educativo, el gobierno azañista culpabiliza a los métodos y profesores religiosos y se lanza a sustituirlos por partidarios de una enseñanza progresista. La contienda laico-religiosa toma como plataforma la política educativa y el azañismo proyecta una ambiciosa estatalización de la enseñanza en su empeño de liquidar la impronta social de la Iglesia. No obstante la resuelta voluntad de la República, ni el tiempo ni el dinero permitieron aniquilar el monopolio educativo de la Iglesia, que, paradójicamente, habría de desplomarse treinta años más tarde a impulsos del desarrollo económico promovido por los tecnócratas del Opus Dei.

A la vez que pretende dar un vuelco a la enseñanza, la República aborda la espinosa tarea de reformar el ejército, sospechoso de devoción a la monarquía. La recién estrenada clase política ve al militar como una agresión y lo arrincona social e ideológicamente en un intento por desposeerlo de su fuerza inmediata. Para aligerar la abultada cúpula castrense, Azaña ofreció a los oficiales la posibilidad de acogerse a la jubilación y retirarse a la vida civil con el sueldo íntegro. Muchos eligieron esta ventajosa reconversión, que redujo drásticamente el número de oficiales pero que no logró republicanizar la milicia. Otras medidas pretendieron disminuir la amplitud de la jurisdicción militar en beneficio de la civil, por lo que se acusó a Azaña de querer triturar el ejército. Temida por su fuerza, la Guardia Civil no tenía simpatías entre el pueblo, acostumbrado a verla disparar a quemarropa contra manifestaciones de campesinos y huelguistas. Sin embargo, la República no se atrevió a desafiar a la derecha y disolverla; prefirió crear, frente a ella, una Guardia de Asalto, fuerza escogida y leal.

Tambaleante, al que las reformas no logran sino maquillar, con los pecados de la Restauración y apenas preparado para un combate efectivo, el ejército verá en Azaña el origen de sus males y desprestigio. Al político madrileño la configuración de una fuerza de choque le parecía un absurdo, dada la nula política exterior de su gobierno; por ello la República secundó a la Sociedad de Naciones pero eludió todo compromiso internacional. A la espera de tiempos mejores, los militares «africanistas», único cuerpo de lucha, soportan con disgusto los envites de la República. Convencidos de su condición de salvadores de la patria, revestidos del antiguo orgullo castrense, estos oficiales aguardan el momento oportuno de reconducir a España en su *destino histórico.*

La puesta en escena de una nueva política laboral por el ministerio socialista de Francisco Largo Caballero ocupó una buena parte del primer bienio republicano, traducido en desagrado empresarial y esperanzas de mejora entre los trabajadores. El instrumento más importante y discutido de intervención laboral fueron los *jurados mixtos* de obreros y patronos, dotados de amplia autoridad en materia de trabajo. Gracias a la carta blanca que la UGT concede al ministro desciende el nivel de la conflictividad crónica en el sector, pues el sindicato socialista busca el entendimiento con la patronal y su afianzamiento como interlocutor, frente al radicalismo de comunistas o anarquistas. La mayor urgencia social del bienio azañista, no obstante, radicó en la *reforma agraria.* Miles de jornaleros extremeños y andaluces vivían de trabajos estacionales, mal remunerados, y en precarias condiciones en los extensos latifundios de la aristocracia absentista.

En la esperanza de muchos, la República debía ser el régimen que resolviera de una vez por todas las lacras seculares del campo español, imponiendo una más justa distribución de la propiedad y haciéndola más productiva. Para ello era fundamental aprobar una ley que expropiara fincas y las repartiera entre campesinos sin tierras. Fortalecido por el descalabro del pronunciamiento derechista de Sanjurjo, Manuel Azaña saca adelante la Ley de Bases de la Reforma Agraria, aplicable tan sólo en catorce provincias, que autoriza la expropiación con indemnización según un sistema bastante complejo y prevé, en teoría, formas colectivas e individuales de laboreo de la tierra. La lentitud burocrática, los altos costos de la expropiación y los bajos presupuestos apenas van a permitir asentar a doce mil campesinos.

La efímera aventura, que trajo más ruido que nueces,

se frena con los aires poco radicales de los gobiernos de Alejandro Lerroux. Unidos los intereses de la oligarquía terrateniente al temor de la cúpula financiera, se aborta el nacimiento de un banco especial para gestionar los créditos agrarios. Diferencias políticas, un Instituto de Reforma con las manos atadas, conflictos sociales y altercados de la Guardia Civil con el campesinado dieron al traste con los sueños transformadores y, en seguida, con la República, asediada por labradores desengañados y prestos a cualquier movimiento insurreccional.

Partidarios de la acción directa y la revolución social, los sindicatos anarquistas entienden que no pueden conseguir sus aspiraciones respetando la legalidad de una república burguesa, por lo que desencadenan en repetidas ocasiones huelgas revolucionarias. En Cataluña proclaman el comunismo libertario, pero la algarada es dominada por el ejército sin derramamiento de sangre. No ocurre lo mismo en el pueblo andaluz de Casas Viejas, donde braceros cenetistas atacan el cuartel de la Guardia Civil y hacen necesaria la intervención de los guardias de asalto, que logran aplastar el levantamiento después de matar a sangre fría a una docena larga de campesinos. La tragedia causa estupor en la opinión pública, avivado por una de las desgraciadas frases de Azaña, mientras la derecha le culpa de lo sucedido e intenta derribarle en el parlamento. A su vez la izquierda proletaria se aparta cada vez más de una República, definida constitucionalmente como «de trabajadores de toda clase», cuyas fuerzas del orden reprimen de tal suerte a labradores hambrientos.

Por la Constitución aprobada a finales de 1931, España se convertía en un Estado republicano, democrático, laico, descentralizado, con cámara única, sufragio universal y Tribunal de Garantías al cuidado de la pureza constitucional. Abierto el cauce para resolver los problemas regionales, los catalanes se abalanzan a la carrera del reconocimiento de su originalidad histórica, redactando un proyecto de estatuto, que es abrumadoramente plebiscitado en Cataluña y presentado al gobierno. Las cosas no fueron tan fáciles en el Congreso de diputados, pues las acometidas de la derecha y el centro agigantan la onda emotiva que recorre España y ponen en pie a miles de cruzados contra ese *desgarrón* de la patria. En defensa de la autonomía catalana, Azaña pronunció uno de sus más brillantes discursos y arriesgó la vida de su gobierno y su prestigio personal con la aprobación del Estatuto. El intelectual madrileño tocaba el cielo de su carrera política en septiembre de 1932; era el jefe de un gobierno que levantaba escuelas, sujetaba a los militares y ligaba Cataluña, con su flamante *Generalitat,* a la República democrática.

En el País Vasco el panorama político ofrecía rasgos bien distintos: unanimidad y fervor autonomista sólo podrían encontrarse en las filas del nacionalismo vasco heredero de Sabino Arana. Para los socialistas y republicanos, la demanda estatutaria era un asunto menor, siempre supeditada a la consolidación de la República. La derecha vasca no quería ni oír hablar de ella, aunque la utilizó en algún momento con ánimo de sabotear el régimen. Así pues, el Estatuto nacía con un pecado de origen; no respondía más que a los propósitos autonomistas de un sector del País Vasco. Era hijo de un espíritu defensivo que acababa de contemplar cómo la República había quemado iglesias y que veía en una autonomía amplia la mejor salvaguarda del catolicismo y las tradiciones vascas. Con semejantes credenciales, la autonomía vasca estaba predestinada a sufrir una larga agonía parlamentaria hasta su resurrección en la España en guerra, cuando el gobierno de Largo Caballero reclame el esfuerzo de los nacionalistas vascos en la defensa de Vizcaya.

Debido a su enorme capacidad destructora, la crisis americana del año 29 alteró seriamente los presupuestos ideológicos de los grupos patronales y, por tanto, de la burguesía. Los países que, como España, no habían estado en la mesa principal del festín y se habían quedado en la periferia del desarrollo tardaron algo más en acusar el golpe. Su reducido grado de integración les evitó la primera embestida, pero no las posteriores. Si en la bonanza económica los países industriales dominaban y hacían dependientes al resto, en el ciclo depresivo era inevitable que esta dependencia no canalizara también los peores efectos de la crisis. Los vínculos de España con los países europeos estaban señalados por la exportación de materias primas minerales y excedentes agrícolas: cereales, aceite, agrios, plátanos, vino...; es decir, «mesa y postre». De la buena coyuntura de las mesas europeas dependía en gran parte las entradas de oro y divisas con las que poder pagar las importaciones. La depresión económica que golpeó en especial a las clases medias, los mejores clientes de los productos españoles, se tradujo en una brutal caída de las exportaciones. Inglaterra, el principal demandante, cerró filas en su imperio y en las naciones bajo su influencia, lo que fue decisivo en la dramática bajada de 76 puntos del índice exportador español, con su correspondencia lógica en una parecida caída de la nómina importadora, que retrasa el avance en la mecanización del país.

El pánico financiero del cambio de régimen apenas si amainó durante el ejercicio republicano, que hubo de aguantar la evasión de capitales y los trastornos de una peseta devaluada. Nunca el paro obrero había alcanzado la cota de los 650.000 desempleados. Se hundía el liberalismo económico y arrastraba en su derrumbe, en el ánimo de la burguesía, a todo liberalismo, que, en otro plano, se mostraba incapaz de defenderle de la escalada del comunismo. De esta forma se extenderían con comodidad las fórmulas *superadoras* del liberalismo y el comunismo, las soluciones corporativas, nacionalsocialistas y fascistas, que pronto seducen a la burguesía.

Mientras el gobierno republicano-socialista se desgasta, la derecha legal, inspirada por Angel Herrera, hace de Acción Popular un poderoso movimiento de masas de muy diversa procedencia social, cuya meta radica en la creación de «una gran nación profundamente cristiana». Del conglomerado nace en 1933 la Confederación Española de Derechas Autónomas (CEDA), bajo el liderazgo indiscutido del catedrático José María Gil Robles, a la par que el grupo monárquico encabezado por Goicoechea constituye Renovación Española. El ascenso de la derecha parece incontenible. En vísperas de las elecciones generales de noviembre de ese año, José Antonio Primo de Rivera funda Falange Española, contraria al liberalismo y al marxismo, declaradamente anti-republicana y empapada de un violento nacionalismo españolista.

Con una abstención mayor que en 1931, los españoles —incluidas, por vez primera, las mujeres— acuden a las urnas cuando la crisis económica alcanza su punto álgido. El revuelo social, la penuria, el desencanto del reformismo azañista y la desmembración de las izquierdas, que se presentan por separado, dan un giro al rumbo de la República. La derecha triunfa —115 escaños para la CEDA— y el centro con el partido Radical —102 escaños— se fortalece. El presidente Alcalá Zamora llama a Lerroux a formar gobierno al considerar que Gil Robles no había aceptado el régimen republicano. Paralizadas las reformas azañistas, Madrid arremete contra el parlamento catalán por una ley encaminada a convertir a los colonos en propietarios y enfurece a los vascos con un intento de manipulación de su Concierto Económico, a la vez que amnistía a los protagonistas de la *sanjurjada.* El descontento en la calle degenera en acción violenta: la CNT declara la huelga general en Zaragoza y luego, unida a UGT, vuelve a poner en jaque el gobierno con nuevas movilizaciones en el campo. Pero más grave aún que las luchas callejeras es la radicalización de los dirigentes y militantes del PSOE y de UGT, dirigidos ambos por Largo Caballero, cuyo disgusto se acrecienta al compás del bascular derechista de la República y de la actitud de revancha de muchos patronos.

El ascenso del nazismo en Alemania y el aplastamiento de los socialistas en Austria aumentan los temores. En las continuas manifestaciones autoritarias y antiparlamentarias de algunos dirigentes de la CEDA, los socialistas creen ver una amenaza fascista, análoga a la austríaca. Y así, desde la primavera de 1934, la directiva del PSOE se manifiesta resuelta a tomar el poder por la fuerza, rompiendo la legalidad republicana, y a reemplazar la política moderada practicada hasta entonces por otra abiertamente revolucionaria. El primero de octubre, la CEDA retira su apoyo a Samper y Gil Robles exige participar en el gobierno, colocando tres ministros en el gabinete de Lerroux; las ejecutivas socialista y ugetista no esperan más y cursan a España entera la orden de huelga general revolucionaria, que es secundada con distinto ímpetu según los lugares.

En Cataluña, el sucesor de Maciá en la Generalitat, Lluis Companys, rompe con el gobierno central y proclama el Estado catalán dentro de la República federal española pero las tropas del general Batet sofocan la rebelión con un balance de 46 muertos y la suspensión de la autonomía. El único lugar donde los trabajadores estaban preparados para la lucha era Asturias, y hacia allí se dirigieron todas las miradas en aquel octubre revolucionario. Las organizaciones proletarias, unificadas en la Alianza Obrera y henchidas de una mística solidaria, asaltan las casas-cuartel de la Guardia Civil, toman la cuenca minera, ocupan las fábricas de armas y se apoderan de Oviedo. En diversas localidades los sublevados constituyen comunas obreras, repúblicas utópicas en las que se decretó el comunismo y funcionó una administración rudimentaria. Desde Madrid el general Franco dirige las operaciones militares para aplastar la insurrección al tiempo que en Asturias el ejército *africano* sofoca en sangre la revuelta de los obreros.

Frenado el movimiento revolucionario más amplio de la historia de España, las represalias se extienden a todo el país. Ingresan en las cárceles 30.000 personas, se limitan las actividades de los partidos obreros y se establece la censura previa. Si la brutalidad de los sublevados había enconado los ánimos de la derecha, la represión gubernamental provocará un efecto similar en la izquierda; la brecha es tan honda que los moderados, de uno y otro lado, se encuentran rebasados y la sociedad española se aleja del camino de la reconciliación. Con el fantasma de una inminente revolución marxista, la extrema derecha fustiga a la CEDA, acusándola de tibia, mientras Calvo Sotelo, que se había exiliado al proclamarse la República, regresa para hacerse cargo del Bloque Nacional con un programa totalitario. La Falange de José Antonio, violenta pero escasa, comienza a recibir ayuda económica de los fascistas italianos. En contrapartida, Largo Caballero radicaliza su bastión obrero de la UGT, llevado por sus simpatías comunistas y por una especie de izquierdismo infantil, del que se encontraba convaleciente en vísperas de la guerra.

Ante la escalada de los fascismos, el comunismo internacional modifica su estrategia: la alternativa ya no se presenta como hasta entonces entre dictadura del proletariado y democracia burguesa, sino entre fascismo y democracia. Por ello, la política a seguir pasaría por el establecimiento de Frentes Populares, que suponían la alianza del proletariado con las clases medias, de los socialistas y comunistas con los burgueses antifascistas ante al enemigo común. En España, el experimento pudo en seguida ponerse en práctica, pues el deterioro institucional, al verse salpicados en escándalos financieros diversos políticos, provocaría la convocatoria de elecciones para febrero de 1936. La antigua conjunción republicano-socialista había asimilado su experiencia de derrota y oposición, constituyendo un arrollador Frente Popular, integrado por las izquierdas y gran parte de las fuerzas progresistas y en el que no faltaban representaciones anarcosindicalistas. Con un programa que incluía la amnistía de los presos políticos y represaliados de octubre y el restablecimiento de la legislación del primer bienio, el Frente Popular conquista el poder.

A pesar de la buena voluntad de Azaña, la República no consigue recuperar el pulso, asfixiada por el radicalismo proletario y la degradación del orden público. Agricultores hambrientos invaden tierras en Salamanca, Extremadura y Andalucía. Arden de nuevo los conventos mientras la Iglesia, acurrucada en sus sacristías, no disimula su deseo de que termine la pesadilla de la República. La Falange, de día en día más multiplicada, se especializa en la violencia callejera, convirtiéndose en un verdadero peligro para el Frente Popular; de ahí que Azaña actuara contra ella con especial rigor. Un teniente de la Guardia de Asalto es asesinado; al día siguiente cae José Calvo Sotelo, líder de la derecha parlamentaria, muerto por un grupo de agentes del orden. Los ánimos calientes desde hace tiempo convencen a los generales levantiscos de que ha llegado su hora. Fue un error destinar a Mola a Pamplona, donde se ganó al *requeté,* el brazo armado del carlismo, y se erigió en *director* de la conjura; también Franco y Goded, en sus destinos insulares, habían maquinado a sus anchas hasta descubrir la ocasión. El 17 de julio de 1936 la guarnición de Melilla se subleva y declara el estado de guerra en Marruecos, disparándose el mecanismo que iba a llevar a España a su más brutal enfrentamiento. Desde Canarias, Francisco Franco vuela a Tetuán para hacerse con el mando del combativo ejército *africano* y el levantamiento se consolida ante la inquietud y expectación de un gobierno indeciso. Imaginado por Mola como un hachazo simultáneo en todas las comandancias, el *alzamiento nacional,* combinando los sables con las pretensiones monárquicas, los sueños tradicionalistas y el ímpetu falangista, desbarataba una República fracasada a la que Azaña no había sabido reconducir.

Caminando entre fusiles

> España no es España, que es una inmensa fosa,
> que es un gran cementerio rojo y bombardeado:
> los bárbaros la quieren de este modo.
> Será la tierra un denso corazón desolado,
> si vosotros, naciones, hombres, mundos,
> con mi pueblo del todo
> y vuestro pueblo encima del costado,
> no quebráis los colmillos iracundos.
>
> MIGUEL HERNÁNDEZ, *Viento del Pueblo*

La Guerra Civil española de 1936 a 1939 tuvo la dudosa virtud de poner de moda España entre los hasta entonces indiferentes pobladores de un mundo que la miraban como algo exótico y más relacionado con la civilización afroarábiga que con la cultura europeooccidental. Resultaba verdaderamente dramático a los españoles de la época comprobar cómo, tras casi un siglo de total inhibición, hubiera de ser la sangrienta crisis la que produjera un movimiento mundial de simpatía hacia el país.

Entre mediados del XIX y los primeros combates de julio del 36 el nombre de España no asomó jamás a los periódicos del extranjero, salvo para certificar y jalear su derrota en Cuba. Años después la vieja nación del sur de Europa, de cuya arrogancia colonial ya nadie se acordaba, podía muy bien pasar al paquete de naciones tercermundistas en las que se empezaban a producir los primeros escarceos de un combate mucho más amplio, que no tardaría en sufrir en su propia carne el continente. Así, la guerra de España, que «sustituyó» a la civil china de principios de los años treinta, atrajo con fuerza la atención de los intelectuales y la clase política de Occidente. Incorporó al conflicto las ayudas de gobiernos como Italia, Alemania o la URSS y dividió la opinión mundial en dos bandos de afinidades, reflejo de las posiciones en el campo de batalla español. Para atraerse a las democracias occidentales, remisas a implicarse directamente en el conflicto, la República exhibe su mejor imagen cultural en el pabellón de la Exposición Internacional de París, levantado por el arquitecto Sert con el fin de dar cobijo, entre otras obras, al *Guernica* de Picasso. De nada sirvió el grito de *aidez l'Espagne* de Miró pues la República hubo de pagar con el oro del Banco de España las escasas ayudas recibidas.

Como fenómeno social y político la guerra española iría mucho más allá de las propias y graves consecuencias bélicas. Suscitó los recursos y la ayuda personal de numerosos voluntarios, socialistas, comunistas, anarquistas, liberales, progresistas o fascistas del mundo entero. Puso al descubierto las ambiciones expansionistas de Hitler y Mussolini y su inequívoca decisión de controlar Europa. Y serviría para ridiculizar y bloquear la capacidad política de Inglaterra o Francia, que ya no podrían presumir de ninguna clase de dominio o influencia en el orden mundial. Aunque se tratara de puro espejismo, nunca los anarquistas se sintieron tan cerca de crear la sociedad soñada como en aquellos días de revolución proletaria. Fue un poco... la guerra de todos. Los ciudadanos del mundo siguieron con puntualidad su evolución y estuvieron atentos a las batallas, avances o retrocesos de los ejércitos, informados por un inusual despliegue de periódicos. Luego la novela, el teatro o la poesía se encargarían de recordar para siempre el dolor y la ruina de la guerra. La mejor nómina de escritores e intelectuales correspondió a la causa republicana, en la que militaron algunas de las personalidades del siglo: Thomas Mann, Faulkner, Gide, Sartre, Einstein... Poetas de una y otra lengua acompañaron el llanto republicano por la muerte del escritor Federico García Lorca, víctima de los insurrectos en los primeros días del alzamiento.

> Se le vio, caminando entre fusiles,
> por una calle larga,
> salir al campo frío,
> aún con estrellas, de la madrugada.
> Mataron a Federico
> cuando la luz asomaba.
> Todos cerraron los ojos;
> rezaron: ¡ni Dios te salva!
>
> ANTONIO MACHADO, *El crimen fue en Granada*

Más ocupados en atender sus problemas domésticos y en evitar la animadversión del Reich alemán los gobiernos europeos no fueron capaces de escuchar las demandas y advertencias patéticas de la República. Dejaron, con su inhibición, armarse a los sublevados y enconarse durante tres años lo que en principio no parecía ser sino un clásico pronunciamiento decimonónico.

Si se la compara con las guerras anteriores en suelo español, la de 1936 supuso un enorme salto cualitativo en los recursos movilizados y en la capacidad destructiva del arsenal bélico empleado. Fue una guerra total en la que se utilizó por vez primera el terrorismo sistemático sobre la población civil, en forma de bombardeos y represalias aniquiladoras. En cuanto guerra industrial, los efectos sobre la estructura económica resultaron demoledores, afectando a las vías de comunicación, a las viviendas y edificios: doscientos cincuenta mil quedaron destruidos así como pueblos enteros y barriadas de las grandes capitales. La sangría demográfica, con cerca de seiscientas mil pérdidas, no tenía precedentes en la historia de las guerras civiles de ninguna nación europea. En fin, la lógica desorganización y el desmantelamiento de numerosos sectores productivos iba a significar, tras el período depresivo anterior, la apertura de un largo proceso de profunda recesión económica y social.

En la primera semana del levantamiento estaba claro que los militares habían fracasado en su empresa de apoderarse de España sin una resistencia seria. Como el alzamiento ni triunfa por completo ni se malogra del todo, el país se divide. Los rebeldes se habían apropiado de la España rural, esto es, Castilla la Vieja, Galicia, Navarra, Aragón y gran parte de Andalucía, al tiempo que el gobierno armaba a las organizaciones de trabajadores para defender el resto. Catorce millones de habitantes poblaban el territorio republicano y once vivían en las tierras sublevadas. Del flanco de la República quedaba la siderometalurgia vasca, asturiana y de Sagunto, las industrias catalanas, la rica agricultura de exportación levantina, el plomo de Linares y el mercurio de Almadén. Por contra, el alzamiento se hacía con los trigales castellanos, el carbón leonés, el ganado gallego, las piritas de Riotinto y los vinos de mesa. Desde la perspectiva económica, las posibilidades de encauzar el conflicto se inclinaban abiertamente del lado de la República.

Mientras estuviera inmovilizado el ejército de Africa, la superioridad militar correspondería al gobierno, que disponía de mayores efectivos en la península y de un claro dominio del mar y el aire. Pero, tras el alzamiento, la República, poco experta en materia de orden público, recibía el primer golpe de sus mismos partidarios, lanzados a organizar su propia revolución. Víctima de un cantonalismo generalizado, las fuerzas militares republicanas se debilitan y pierden un tiempo precioso para detener el avance rebelde, que da un paso importante cuando el disciplinado ejército de Marruecos, Franco a la cabeza, logra atravesar el Estrecho con la inestimable ayuda de aviones alemanes y la torpeza de la marina republicana. Dada su superior preparación, las tropas africanas progresan por la ruta de Extremadura hasta presentarse en las puertas de Madrid a la par que el Ejército del Norte, al mando de Mola, se adueña de Guipúzcoa.

Una guerra en toda regla —en eso se transforma el alzamiento— necesitaba unos apoyos sociales y una mística, que un mero golpe militar hubiera considerado un lujo. No fue la defensa de la religión lo que justificó el 18 de julio de los rebeldes sino la salvación del país, acosado por separatistas y comunistas; pero, alejados de la Iglesia o no, los militares sublevados compartían una tradición patriótica que identificaba el catolicismo con las expectativas culturales y el propio ser de España. Si en tantas ocasiones el combate político había derivado en batalla confesional, ¿por qué no transformar ahora la guerra civil, con sus ingredientes de lucha de clases e ideologías respecto de la unidad del Estado, en cruzada religiosa? La historia, en verdad, ofrecía ejemplos rotundos de metamorfosis de la guerra en empresa admirable y santa. Sin embargo, habría de ser la persecución indiscriminada contra eclesiásticos y militantes católicos en la zona republicana la que pondría en bandeja a los sublevados la sanción religiosa de sus operaciones.

En los primeros meses de la guerra bastaba con que alguien fuera identificado como eclesiástico o militante católico para que se le ejecutara sin proceso alguno. Aunque luego se refrena la matanza, los siete mil miembros del clero y congregaciones religiosas sacrificados y los incontables activistas católicos liquidados, a lo largo de la guerra, describen la persecución más sangrienta sufrida por la Iglesia desde la proclamación del cristianismo como religión oficial de Europa, quince siglos antes.

Con demasiada lentitud la República trata de poner orden en sus agrupaciones proletarias —anarquistas, socialistas, comunistas, estalinistas y antiestalinistas—, muy divididas entre sí, al igual que las clases medias, por el problema autonómico. En la jefatura de gobierno, Largo Caballero debe enfrentarse al dilema: hacer la revolución o intentar ganar la guerra, o lo que en estrategia militar significa optar entre las milicias y el ejército. Moderando su querencia miliciana, dispuso la organización del Ejército Popular de la República, cuyo estreno en la defensa de Madrid no pudo ser más prometedor. Puesto a salvo el gobierno en Valencia, y bajo la dirección de José Miaja y Vicente Rojo, dos de los oficiales más prestigiosos de la República, la ciudad rechazó militarmente los intentos de asalto de los franquistas, convirtiéndose en el símbolo internacional de la resistencia al fascismo. El grito de *¡no pasarán!*, resucitado por la dirigente comunista Dolores Ibarruri, «Pasionaria», serviría de consigna propagandística de la República.

> Madrid, corazón de España,
> late con pulsos de fiebre.
> Si ayer la sangre le hervía,
> hoy con más calor le hierve.
> Ya nunca podrá dormirse,
> porque si Madrid se duerme,
> querrá despertarse un día
> y el alba no vendrá a verle.
> No olvides, Madrid, la guerra;
> jamás olvides que enfrente
> los ojos del enemigo
> te echan miradas de muerte.
>
> RAFAEL ALBERTI, *Romance de la defensa de Madrid*

En las trincheras de la nueva Ciudad Universitaria madrileña se desvanece la esperanza de los rebeldes de cerrar con brevedad el conflicto. Se estabiliza el frente y los contendientes buscan ampliar las ayudas del exterior para romper el punto muerto. Bien conocido el camino, los autodenominados *nacionales* confirman distintos envíos de Hitler y Mussolini mientras los emisarios de la República compran armas y aviones en París, que completan los suministrados por Stalin. A la larga el auxilio extranjero sería uno de los ingredientes de la victoria de Franco, como desde el comienzo de la contienda lo fuera la obsesión por la unidad dentro del conglomerado de fuerzas insurrectas. Sin llegar al nivel de división de las organizaciones republicanas, el colectivo derechista que apoyaba el alzamiento no tenía en común con los militares más que su aversión al Frente Popular. Existieron rivalidades y recelos entre los generales —Queipo de Llano fue siempre un poco a su aire—, pero el espíritu corporativo del ejército *nacional* nunca se vería amenazado en serio. Los triunfos reducen las divisiones y la unidad se airea propagandísticamente a favor de la victoria, en medio de antagonismos mutuos entre tradicionalistas, falangistas, monárquicos y militantes de la CEDA. Numerosas consignas creadas o readaptadas por la retórica del franquismo sirven para identificar esta conjunción precaria; la más famosa de todas, la de *España, una, grande y libre*, era una de tantas que resumía los propósitos del Movimiento.

Una vez alineadas las filas, Franco, jefe político y militar de la España nacional a partir de octubre de 1936, las apretó con un madrugador decreto de unificación que atajaba los asomos de disidencia. En el ambiente eufórico de la zona nacional, Ramón Serrano Súñer, cuñado del *generalísimo,* se había prendado de la capacidad movilizadora de la Falange y la Comunión Tradicionalista y vio en ellas una buena correa de transmisión entre el naciente Estado y sus partidarios civiles. De esta forma, en la primavera de 1937 nacía Falange Española Tradicionalista y de las JONS, pensada como partido único y cauce integrador de un régimen que aborrecía la pluralidad política y sindical.

Al poco retornan las victorias *nacionales,* pues la decisiva zona industrial vizcaína, Cantabria y las minas asturianas caen en poder del Ejército del Norte, poniendo en franquicia la evolución de la guerra. El suministro bélico de los republicanos quedaba a expensas de los envíos intermitentes de la URSS y bloqueado por la actitud del gobierno francés que había suscrito el Pacto de no Intervención. Hasta entonces la insuficiencia de un alimento vital como el trigo se había cubierto mal que bien, pero el déficit irá en aumento, generando situaciones de hambre. Sin materias primas, la *cocina de guerra* intensifica el consumo de sucedáneos al par que las lentejas, las historiadas «píldoras del doctor Negrín», se convierten en centro de la alimentación. Aviones franquistas llegaron a bombardear con pan blanco algunas ciudades republicanas para demostrar su superioridad nutritiva y desmoralizar la resistencia adversaria.

Tras la caída de Bilbao, y como remate del proceso de legitimación de la guerra, el episcopado español se dirigía a los católicos del mundo con una *carta colectiva,* redactada por el cardenal Gomá, en la que explicaba la naturaleza religiosa de la contienda. Quería desautorizar, a petición de Franco, a un sector de la intelectualidad católica extranjera, que, conmovida por la represión ejercida por los nacionales sobre grupos de militancia religiosa, se esforzaba en desmitificar la lucha: «la guerra santa odia más ardientemente que al infiel a los creyentes que no la sirven», había escrito el filósofo Jacques Maritain. A pesar de su opción por el Movimiento, la pastoral no significaba un cheque en blanco; al contrario, dejaba entrever los recelos de la Iglesia ante una posible estructuración totalitaria del nuevo Estado, a semejanza de las potencias colaboradoras del bloque franquista.

De manera admirable, Madrid resiste hasta el final como un ejemplo de la capacidad agónica y voluntad republicanas al paso que van cayendo las demás zonas peninsulares. Franco no se da prisa en finiquitar la guerra para tener tiempo de ahormar los territorios conquistados, ni Juan Negrín, jefe de gobierno republicano desde mayo de 1937, quiere rendirse mientras consiga mantener un ejército en el campo de batalla, a la espera de que algún acontecimiento internacional resolviera el conflicto. La guerra mundial llegó tarde para él. En abril de 1938 la bandera bicolor arriba al Mediterráneo por Castellón, con lo que el territorio republicano queda dividido en dos. La batalla del Ebro alarga innecesariamente la lucha pero abre las puertas de Cataluña, cuya caída sella el final de la guerra después de que el coronel Segismundo Casado, perdida toda esperanza de paz concertada y rebelado contra su gobierno, ordenase a los resistentes madrileños desistir.

Aquí yace media España

Una guerra civil jamás acaba el día en que se firma el último parte de la contienda; en España, la paz fue la aplicación a lo largo de treinta y seis años de lo que el propio régimen llamaba la victoria. Por ello el fin de la contienda no trajo la paz a los españoles, sólo les regaló orden pero orden policial. Cientos de miles de personas se vieron obligados a *enderezar* drásticamente su comportamiento y vida de acuerdo con las exigencias políticas y sociales del nuevo Estado. Otros miles cayeron víctimas de los pelotones de ejecución con la cobertura de la Ley de Responsabilidades Políticas. Los exiliados hubieron de adaptarse a los países de acogida en una situación nada favorable y con la guerra mundial encima; los que permaneciendo en el interior habían sido miembros o simpatizantes de las organizaciones políticas derrotadas sufrieron una constante proscripción social. Y las generaciones más jóvenes, sin haber participado en la guerra nacieron en un mundo de rencores y carencias elementales. Todos forzados a alinearse en las filas del régimen, vestidos, como pedía el himno de Falange, con la camisa nueva.

«Franco manda y España obedece», sentenciaba una consigna al servicio del nuevo orden. Pues bien, las primeras disposiciones tratarían de hacer bueno aquello de que la historia la escriben los vencedores: universidades, institutos, escuelas de profesores y, en especial, el cuerpo de maestros nacionales fueron objeto de durísimos procesos de depuración. Tras los cuales, la cultura se impone, por decreto, al servicio de los ideales del nuevo Estado y arranca de cuajo páginas enteras de la historia. España perdía para siempre científicos, investigadores, poetas, pintores..., un derroche de sabiduría se iba detrás del parte victorioso. Cerca del 90 % de los intelectuales se protegía en el exilio, dejando sin maestros a los españoles. Los novelistas maduros, los estudiosos de la lengua, los poetas se van y su voz se silencia. Casi al completo la generación del 27, con Pedro Salinas, Jorge Guillén y Rafael Alberti a la cabeza, se arranca de España, en la que quedan Vicente Aleixandre, Dámaso Alonso y Gerardo Diego. El premio Nobel concedido a Juan Ramón Jiménez en 1956 hacía volver los ojos del mundo de las letras sobre esa poesía española exiliada. Algo similar ocurría con el Nobel de medicina otorgado, tres años más tarde, a Severo Ochoa como un reconocimiento a aquellos científicos *transterrados*. A los que se quedan no conseguiría el franquismo darles nada propio. Ni la cultura falangista sobrevivió a la derrota de los fascismos en 1945, ni la cultura católica aguantó los empellones de la secularización y la crisis de la Iglesia en los sesenta.

Otra buena porción de españoles, a los que había tocado vivir los duros años treinta y la cruel guerra, no tenía muchos motivos de satisfacción ante una posguerra que se presentaba aún más inmisericorde. Porque no se trataba de volver a empezar ni de reconciliar nada. Todo lo contrario. Para unos era la hora de pasar la factura; para el resto, una buena mayoría, el momento de pagarla. Los méritos de guerra, personales o familiares, se esgrimen sin pudor en el festín franquista, de tal forma que los muertos domésticos alcanzan notable rentabilidad política. En su deseo de mantener vivo el empuje represivo de la contienda, Franco no suprimió el estado de guerra hasta 1948 y en casi cuarenta años nunca dejaron de actuar los tribunales militares, a los que se dotó de amplias competencias, bien distintas de las propias de su esfera. La pervivencia de la dictadura y con ella el logro de los objetivos propuestos exigían irremediablemente la terca aplicación de medidas represivas sobre los enemigos reales y potenciales.

Cálculos optimistas sobre el Producto Nacional indican una reducción del 25 % en el lapso de los años bélicos y la renta per cápita no sobrepasa sus niveles de preguerra hasta 1954. Más catastrófica aún resultaría la evolución de la hacienda pública. El oro del Banco de España republicano hubo de emplearse en el pago de los suministros soviéticos, mientras el bando franquista, que carecía de reservas financieras, se endeudaba con Alemania e Italia por un total superior a los novecientos millones de dólares. O con el propio Banco de España, que desde su delegación en Burgos le adelantó nueve mil millones de pesetas. Con el desproporcionado aumento del gasto público y el caos productivo, la cotización de la peseta y su valor de cambio se redujeron en un 50 %, respecto a 1936; el índice oficial del coste de la vida —prescindiendo del mercado negro— con base 100 en 1930 se situó en 180 en 1940 y en 234 al año siguiente.

Las carreteras construidas en los planes de obras públicas de la Dictadura de Primo de Rivera y en los primeros años republicanos quedarían inservibles en numerosos y largos tramos. El ferrocarril padeció serios trastornos: se dañaron gravemente un 50 % de las locomotoras y un 70 % de los vagones. Algunas centrales eléctricas y otros núcleos productores de energía, dado su carácter estratégico, fueron también objeto de ataques y sabotajes, de uno y otro bando. Por sectores de la producción, sin embargo, el agrícola y ganadero sería el más afectado por una guerra larga y con frentes convencionales, cuyos suministro y abastecimiento corrieron a cargo de la despensa nacional. Se redujo la cabaña ganadera a la tercera parte mientras que los rendimientos de la agricultura disminuían en más de un 20 % con relación al período de preguerra. Asimismo, el obligado abandono de los mercados exteriores hizo que se perdieran, atendidos por otros países competidores, muchos de los tradicionales clientes de los vinos y agrios.

En proporción, el sector industrial sería de los menos afectados, al conservar casi intacta su planta fabril y los principales elementos de infraestructura. Pocos daños sufrieron los textiles catalanes así como la industria pesada y transformadora: las destrucciones fueron ínfimas y de ningún modo impidieron su rápida incorporación al suministro del ejército franquista primero y a la tarea reconstructora después. Las navieras apenas tuvieron pérdidas y en el caso de la Sota y Aznar bilbaína, que participaba mayoritariamente en el tonelaje nacional, algunos buques se refugiaron en puertos extranjeros, pero serían entregados luego por los tribunales ingleses, italianos o alemanes a la empresa constituida tras la guerra. En 1940 ya estaba en pleno funcionamiento la casi totalidad de los barcos, realizando en régimen de monopolio el sustancioso comercio de cereales y hierro con Argentina.

Al término de los combates se inició un lento proceso demográfico de recuperación, con mayor número de matrimonios, natalidad en ascenso, menor tasa de mortalidad y la reincorporación paulatina de los combatientes a sus trabajos o a los nuevos que se irían creando. A causa de la liquidación de la industria bélica, muchas empresas despidieron a los trabajadores empleados en el sector, de tal forma que el superávit de la mano de obra en los primeros años del franquismo provocó un fenómeno de ruralización, activado por las condiciones de inhabitabilidad de muchos núcleos urbanos. A pesar de todo, la población laboral había disminuido en más de medio millón, al mismo tiempo que se creaban numerosos puestos de trabajo en el área de los servicios, todos ellos destinados a los «ex combatientes» franquistas. A su vez, el ejército mantiene una exagerada nómina, que, debido al clima beligerante de Europa, se estabiliza en torno al millón de hombres durante la posguerra.

La situación de la mayoría de los españoles no podía ser más calamitosa. Todas las circunstancias socioeconómicas parecían encaminadas a reducir el poder adquisitivo de los trabajadores, sus condiciones de alimentación, sanidad o vivienda... y su capacidad de protesta y reivindicación. El sistema de racionamiento, que pasaría por méritos propios a designar negativamente la década, no conseguiría más que fomentar el mercado negro y la desviación de numerosos contingentes de abasto. Tanto se degradaron las condiciones de vida en los años cuarenta que llegaron a alarmar a algunos empresarios, conscientes del peligro de una debilitación exagerada de la mano de obra. Al confluir en organismos depauperados ciclos epidémicos graves de tuberculosis, tifus o disenterías, una buena parte de las grandes empresas se vio obligada a ofrecer servicios paternalistas de asistencia a sus trabajadores, tratando de detener el deterioro sociosanitario que al Estado se le escapaba de las manos.

> Madre y maestra mía, triste, espaciosa España,
> he aquí a tu hijo. Ungenos, madre. Haz
> habitable tu ámbito. Respirable tu extraña paz.
> Para el hombre. Paz. Para el aire. Madre, Paz.
>
> BLAS DE OTERO, *Pido la paz y la palabra*

La democracia de Barrabás

Dos sentimientos invadían a los españoles de la primera posguerra: un desánimo que hacía presa en los vencidos y una exaltación revanchista, que mantenía unidos a los vencedores. Muy malos ingredientes para cualquier acuerdo. Pero unos y otros, tarde o temprano, empezarían a buscarse y con diálogo o en silencio dibujarían el proceso sociopolítico, largo pero no aburrido, del franquismo. Al cabo de casi cuatro decenios, el creador del régimen moría en un hospital madrileño; sólo le mataron sus años y no la ira organizada de la oposición a su dictadura. La creencia en un abrumador antifranquismo no se compagina con la real tolerancia con que amplias capas de la sociedad *soportaron* el rigor de esos cuarenta años. Sin un reparto sociológico de los beneficios y poderes del sistema, difícilmente Franco hubiera podido sobrevivir a las crisis, las presiones exteriores, la oposición política, las protestas obreras y a la soledad del mando. Como apoyos *fácticos,* el dictador tuvo a su lado a los militares, la Iglesia, la burocracia del Estado, la clientela del Movimiento, al gran empresariado agrícola, industrial y financiero. Pero tampoco anduvieron lejos del acuerdo tácito las pequeñas burguesías enriquecidas gracias a la *paz laboral* del régimen en Cataluña y el País Vasco, las generaciones de empresarios jóvenes, beneficiadas por el desarrollo económico, sectores de clases medias y hasta de obreros *apolíticos,* a los que en el lenguaje de la oposición se llamaba *estómagos agradecidos.*

Para ser justos, sin embargo, hay que poner de relieve la indigente toma de conciencia política y la frustración cultural en que el régimen mantuvo a los españoles. A través de un control absoluto de los mecanismos de propaganda y educación, sólo relajado en las postrimerías del período, la generación de posguerra recibió un modelo de enseñanza, autoritario y castrante, del que se liberó *en la calle* y por sus propios medios. Más que en una mayoría silenciosa, Franco se apoyó en una mayoría ausente, dominada por la apatía política y encerrada en el ámbito de su vida privada. Pasada la euforia de los primeros años, la movilización quedó reservada a los momentos *numantinos,* vividos muchos de ellos en la madrileña plaza de Oriente, en los que la condena extranjera —«la orquestación de los enemigos de España»— ofrecía al jefe del Estado una oportunidad excelente para reclamar la adhesión de sus fieles.

Cualquier intento de definir el sistema político surgido de la guerra debe arrancar de la consideración de su naturaleza dictatorial y del retrato de su protagonista. Desde el principio hasta el ocaso el régimen fue una pura dictadura, a la que se puede adjetivar según el momento, pero sin perder de vista que siempre tuvo Franco todos los poderes en su mano y los limitó cuando él quiso. Ningún otro gobernante poseyó tanto poder en España, del que sólo se sintió responsable ante Dios y la historia.

El *Caudillo* se veía a sí mismo como el fundador de un nuevo orden, alumbrado en el dolor y sangre de la guerra y destinado a ser el instrumento de la regeneración de España. Su obsesión con los comunistas y masones no era sino el reflejo de un sentimiento más profundo de repugnancia al Estado liberal, contra el que se había alzado. De su fobia al liberalismo proviene el rechazo del régimen a la democracia, a la que históricamente se responsabiliza de decisiones tan poco sensatas como la de salvar a Barrabás en vez de a Cristo. En realidad —ya lo habían sentenciado los eclesiásticos en el XIX—, todos los males procedían del liberalismo y el peor de ellos, la lucha de clases, era un verdadero atentado contra la riqueza nacional. De ahí que para Franco la huelga, como expresión de esa lucha, debiera ser castigada con dureza.

Fruto de la militancia antiliberal del *generalísimo,* el régimen vive obsesionado por luchar contra la supuesta amenaza del socialismo, al que se presenta como una «ideología extranjerizante», y por ello siempre serán tildados de *activistas extranjeros* los defensores de ese credo. Nada más claro en la mente de un franquista que la percepción del peligro soviético y la capacidad subversiva de los partidos comunistas, cuya estrategia pasaba por el reclutamiento de «tontos útiles» entre las filas liberales. Sin embargo, Franco, en cuanto pudo, procuró ganarse el espaldarazo del planeta liberal y vivió con fruición la hora de 1953 cuando suscribió un acuerdo vergonzoso y desigual con los Estados Unidos sin apearse de su retórica nacionalista.

En la misma onda de otros oficiales africanistas, Franco rechazaba el ámbito de los políticos profesionales; los consideraba «despreciables peleles», culpables de las desgracias de España, que tenían «hartos» a los españoles. Con tales prejuicios, el régimen busca su fundamento en espacios no contaminados por el liberalismo y encuentra su talismán en el corporativismo económico y social que pone el centro de la vida ciudadana en la familia, el municipio y el sindicato único, donde conviven todos los productores. Así pues, la repulsa de la política y la negación de la sociedad como conflicto centraban el sistema de Franco en la pura *utopía*, uno de cuyos rostros, el reaccionario, suele ajustarse a muchas dictaduras.

Temeroso de la disgregación, el Estado del 18 de julio eliminó del concepto de nación el sentido romántico de comunidad espontáneamente vivida para sustituirlo por el falangista de *unidad histórica*, a la que se atribuye una finalidad, una *unidad de destino*. Apoderándose del ideario joseantoniano en su vertiente más nacionalista, el régimen rescató un conglomerado de regeneracionismo y providencialismo histórico que asignaba a España nada menos que la responsabilidad universal de salvaguardar los valores cristianos de Occidente. Todo movimiento autoritario es centralizador y los militares vencedores y la Falange eran aún más susceptibles, por cuanto la República contra la que se levantaron había accedido a las reclamaciones autonomistas de vascos y catalanes. Como cualquier nacionalismo, la teoría franquista hizo una reinterpretación parcial de la historia, revitalizando los elementos comunes del mosaico español y suprimiendo los aspectos diferenciales y los particularismos no folklóricos. Para apuntalar ideológicamente el régimen se manipuló el pasado, del que se extrajo la idea de la sagrada inviolabilidad de la patria, su vocación imperial y el profetismo de distintos hombres-providencia.

Esta mística patriotera produjo, en seguida, el efecto contrario. La mendaz identificación de los gobernados con un Estado que pretendía sumar a todos los españoles, pero que no dejaba participar más que a unos pocos, hubo de ser impuesta por la fuerza y mediante una tenaz represión. De esta forma quien pudo cambiar de patria se apuntó a otra. Si el franquismo monopolizó el sentimiento nacional español, el antifranquismo, por reacción, fichó por el *separatismo* o se solidarizó con él.

El orden que Franco establece no se concibe sin el ejército, convertido ya desde el siglo liberal en centro de la nación y columna vertebral del Estado. Convencido de la superioridad de la milicia, el dictador trató de organizar la vida española como un cuartel, asignando a los militares un papel muy revelante. Pero no fue el ejército, en cuanto institución, la espina dorsal del régimen sino la burocracia policial y gubernativa militarizada, con los altos oficiales a la cabeza del aparato del Estado. A ellos se confiaron numerosos gobiernos civiles y la responsabilidad del orden público, llegando a completar un elenco de cuarenta ministros, de entre los ciento catorce de los gabinetes de Franco.

Todo el que se mueve puede ser acusado de *rebelión militar* y juzgado por tribunales compuestos de oficiales. Mediante decretos singulares el gobierno equiparaba a delitos de derecho penal militar ciertos delitos políticos y de derecho común cometidos por civiles; en 1960 uno de ellos permitía inculpar de rebelión militar a los protagonistas de plantes o huelgas y a los que difundieran noticias falsas en desprestigio del gobierno. No obstante esta militarización del orden, si los gobiernos constitucionales de la monarquía alfonsina y la Segunda República echaron mano, periódicamente, del ejército para mantener el orden en la calle, Franco apenas recurrió a tal extremo. Le bastó con la policía y la Guardia Civil, cuyo abultado número hizo de España el país policial, por antonomasia, de Europa.

Más grave aún que la injustificable legalidad les resultó a los españoles el estado de indefensión e inseguridad jurídica al que los sometió el régimen durante toda su existencia. Si con la llegada al gobierno, en los años cincuenta, de profesionales del derecho administrativo, como Laureano López Rodó, comienza a aclararse la administración civil del Estado, no ocurre lo mismo con el orden público, que sigue a expensas de la arbitrariedad del poder.

En contraste con otras dictaduras, la de Franco no se tomó en serio la idea de institucionalizarse hasta muy tarde. Cuando lo hizo, fue en respuesta a acontecimientos externos o a presiones del interior; veintidós años transcurrieron entre la aprobación de la Ley de Sucesión y el nombramiento en 1969 del príncipe Juan Carlos de Borbón como heredero del jefe del Estado a título de rey. Con un sentido táctico Franco dilató deliberadamente el despligue institucional de su dictadura para darse tiempo de resolver los problemas y poner nerviosos a sus opositores. En sus cálculos, los grandes cimientos del régimen —principios del Movimiento, unidad nacional, autoridad, negación de la democracia— debían permanecer inalterados.

Ningún rasgo de la personalidad de Franco recuerda a la de otros políticos contemporáneos que ejercieron el poder en solitario. Ni Hitler ni Mussolini provenían de su mismo ambiente social e ideológico, ni se pueden comparar sus escritos con el *Diario de una Bandera* redactado en Marruecos, ni la vibrante oratoria de los primeros admite paralelo con la parvedad de palabra y monótono gesto del general gallego. Quizás la mayor semejanza pueda encontrarse en el dictador portugués Salazar, de quien se ha dicho, como de Franco, que tenía un carácter diametralmente opuesto al de su país. La habilidad maniobrera y la astucia, adaptadas mejor al mantenimiento en el poder que a la contribución a la teoría política, describen, sin embargo, su perfil más sobresaliente.

Sobre las flechas, cruces

Los primeros tiempos de la posguerra no fueron fáciles para la Iglesia. Había llegado el momento de repartirse el botín de la victoria entre las diversas familias del bloque triunfador: el tradicionalismo, la Falange, los grupos monárquicos y el catolicismo más conservador, con la jerarquía a la cabeza. A la hora de plasmar el discurso ideológico de la guerra había quedado de manifiesto la superioridad del pensamiento católico, acostumbrado a preguntarse por el último sentido de las cosas y capaz de reducir la pluralidad de razones posibles del enfrentamiento a una sola, excluyente y totalizadora. No obstante, con el final de la contienda la hegemonía eclesial empieza a ser puesta en cuestión por el rápido crecimiento de Falange, cuyos militantes se apresuran a copar los poderes del Estado. Asimismo en sus programas doctrinales no faltan, al lado de rotundas declaraciones sobre la identificación del catolicismo con el *ser* de España, serias reticencias respecto del lugar que debería ocupar la Iglesia en la tramoya estatal. Un impulso formidable recibía por esos días el totalitarismo falangista: sus modelos italiano y alemán, levantados en armas, amenazaban con dominar Europa y suscitaban oleadas de entusiasmo y vehemencia entre sus imitadores españoles.

Hasta 1942, siempre con la Gran Guerra al fondo, Falange e Iglesia disputan su liderazgo ideológico en tres años de hostigación mutua, saldados con serias fricciones entre la jerarquía y el poder político. El cardenal Gomá muere desilusionado del nuevo régimen, que no le ahorra el mal trago de la prohibición de una carta pastoral, acusada de indulgente para con los opositores de Franco. Una orden ministerial conmina a los obispos a poner término a la predicación en catalán y en vascuence mientras la Confederación de estudiantes católicos es absorbida por el sindicato universitario falangista (SEU) y el movimiento obrero de influencia cristiana digerido por el sindicalismo vertical. Estaba claro que el Estado no iba a permitir a la Iglesia veleidad alguna: de ahí la prisa del Caudillo por hacerse con un episcopado sumiso que cortara de raíz las desviaciones políticas de un clero menos componedor que sus pastores.

Al tiempo que en Roma la diplomacia franquista se esfuerza en recuperar para el nuevo Estado el *privilegio de presentación,* el cardenal Segura incordia a los falangistas, prohibiendo esculpir las flechas joseantonianas en la fachada de la catedral de Sevilla como el gobierno había ordenado se hiciera en todos los templos del país. Con diecisiete obispados vacantes y un miedo creciente a la preponderancia nazi, la Santa Sede no podía dilatar por mucho tiempo la firma de un arreglo con el régimen. En el verano de 1941, Franco tiene ya en su mano el nombramiento de los obispos residenciales, mediante un complicado trámite, obra personal de Pío XII, que daba garantía suficiente al Vaticano de la idoneidad de los candidatos. Viviendo a todos los efectos en un régimen concordatorio, la Santa Sede dejó pasar doce años después del *Acuerdo,* antes de firmar un verdadero concordato, luego de cerciorarse de que la inserción del franquismo en el marco internacional estaba en marcha.

Los reveses del Eje hacen bajar los humos de Falange y orientan la liturgia del régimen en otra dirección, con menos saludos azules y mayor dosis de cosmética aliada. Cae Serrano Súñer, al frente de la diplomacia, y se busca un anglófilo con objeto de hacer más presentable el franquismo a los ojos de los enseguida vencedores; desvelo, que se transforma en imperativo de todos los gobiernos de Franco, cuya perspicacia para elegir a los hombres encargados de la política exterior sería responsable de algunos de sus mejores éxitos. Comienza a apagarse la estrella ideológica de los falangistas mientras se apoltronan gustosos en la burocracia del poder. La Iglesia española podía respirar tranquila, pues estaba a punto de ganar la batalla ideológica por la dominación y el control de la capacidad endoctrinadora del Estado.

Tan cerca de la Guerra Civil, la España de los cuarenta es un país triste, de supervivientes y, en algún modo, de fratricidas, obligados a vivir de recuerdos mortuorios y funerales por los *caídos.* Entre el hambre y las cartillas de racionamiento, los españoles se sienten asediados por emociones religiosas de culpa y expiación, que la Iglesia instrumentaliza a su gusto. Solemnes procesiones, peregrinajes a lugares revestidos de histórica significación nacional, *entronizaciones* del Sagrado Corazón o desplazamientos de Vírgenes contribuían a afirmar el reino de Dios y ayudaban a distinguir la patria católica, la verdadera España, de la otra, la anti-España del laicismo republicano. Había que recuperar el tiempo perdido con la dieta de Azaña, por ello nadie sabría dónde estaba la frontera entre una ceremonia religiosa y una manifestación patriótica.

La conmoción religiosa de la guerra y el frenesí de la posguerra fomentaron el reclutamiento masivo de candidatos al clero secular y a las congregaciones religiosas. Sin embargo, la Iglesia española —fue grande la sangría de la contienda— no volvería a contar con clero tan numeroso como había tenido hasta entonces. A causa de las masivas ordenaciones de los años cincuenta y sesenta, España dispuso del clero más joven de Europa, a las órdenes, por contra, del episcopado más viejo. El estiaje vocacional y las abundantes secularizaciones de sacerdotes y religiosos hicieron cambiar la situación a partir de 1968, de tal forma que a la muerte de Franco el clero español ofrecía ya rasgos de la media edad.

En 1953, la Santa Sede y el Estado español firman un Concordato que mejora la imagen internacional de Franco y consagra el predominio de la Iglesia dentro del régimen. A la sombra del *nacionalcatolicismo* tuvo ésta todo lo que cualquier institución humana hubiera podido desear: auténtico poder social, aceptable bienestar económico, riguroso control de sus posibles enemigos, inusitadas facilidades para la práctica religiosa y el endoctrinamiento clerical. Los medios de comunicación le fueron absolutamente propicios y toda la presión social se volcó en el fomento de diversas manifestaciones de religiosidad; el viejo anticlericalismo tuvo que retirarse a sus cuarteles de invierno. A la larga, la Iglesia perdería casi todas las batallas: no conseguiría organizar una auténtica comunidad de creyentes, no crearía una verdadera cultura católica y fracasaría en su intento de catolización integral de la sociedad.

Orgullosamente solos

España permaneció al margen de la guerra europea en parte debido a las condiciones de precariedad en que se encontraba y también por la proverbial indeterminación y asombrosa lentitud con que Franco tomaba sus decisiones. Sin embargo, no fueron pocos los momentos en que el dictador pareció decidido a intervenir. Durante el verano de 1940, animado por la campaña relámpago del ejército alemán, el régimen intenta participar en la contienda, sin que nadie se lo reclame. A la espera del rápido triunfo de su amigo Hitler, el Caudillo desea compartir el festín y ofrece la beligerancia española a cambio de las posesiones francesas del norte de Africa, a las que también había echado el ojo Mussolini. Cuando la batalla de Inglaterra anuncia una guerra larga, el Führer presiona a Franco para que controle Gibraltar y dificulte el tráfico anglonorteamericano por el Estrecho, pero ya no encuentra entusiasmo en el régimen, remiso a jugarse todo a la carta de Alemania.

Esta ambigüedad declarada y la fidelidad franquista a las formas e ideales nazis mueven a los aliados, terminada la guerra, a considerar enemigo al régimen español, que vivirá los peores momentos de su historia, tras la retirada de embajadores recomendada por la ONU en 1946. Luego, el blindaje anticomunista de Occidente, con el telón de fondo de la *guerra fría,* vendría en ayuda de Franco, haciendo que poco a poco el aislamiento se fuera rompiendo y la oposición del exilio desinflando. Antes de que esto ocurra, aún tiene ánimo como para lanzar a la huelga a treinta mil trabajadores de la margen izquierda de la ría bilbaína en una semana de mayo de 1947, punto de partida del movimiento obrero de resistencia a Franco. En esas jornadas recibió su bautismo huelguístico la primera generación antifranquista: los jóvenes recién incorporados al trabajo o los hijos de los vencidos de la guerra, pero también los desengañados entre las propias filas del régimen, del que ya habían sido reprimidos los falangistas más radicales, los monárquicos y algunos católicos.

Desde la primavera de 1938 el Estado disponía de un texto legal que desarrollaba sus intenciones en materia socioeconómica y sindical al mismo tiempo que zanjaba cualquier debate sobre las ilusiones populistas de los falangistas críticos. En la discusión del *Fuero del Trabajo* se enfrentó un grupo minoritario de «camisas viejas» con una mayoría de elementos conservadores y monárquicos; el resultado fueron dieciséis declaraciones de principios, inspiradas en los puntos de la Falange aunque asimiladas libremente a los proyectos de la burguesía. Caída la industria vasca en poder de Franco, el régimen se ocupó de legitimar las aspiraciones tradicionales del empresariado español, dando prioridad absoluta al desarrollo de la producción sobre la calidad de las relaciones laborales. Significaba elevar el interés por la producción a «interés nacional», tal como habían soñado los fundadores del movimiento patronal. El reconocimiento de la capacidad empresarial para dirigir el proceso productivo y repartir beneficios trataba de equilibrarse con disposiciones copiadas de la legislación italiana o alemana, que sometían la marcha de las sociedades a la fiscalidad del Estado nacionalsindicalista. En la práctica, el Fuero del Trabajo se tranformó en el del capital, al quebrarse muy pronto las pretensiones de los elementos fascistas del régimen, bajo la mayor presión de los grupos empresariales y conservadores.

En compensación, el Fuero entregaba a la Falange el dominio de un sindicato, único y obligatorio, en el que aparecían agrupados patronos y obreros, en un intento *utópico* de armonizar intereses contrapuestos. De este modo se fijaban las posiciones, que iban a permanecer inalteradas durante el franquismo. Por un lado, el empresariado recibía en su totalidad el poder de la iniciativa privada, sin más limitaciones que las que el propio Estado o el forcejeo con Falange pudieran ocasionarle, y, por otro, los nacionalsindicalistas se encerraban en su feudo vertical con la necia ilusión de controlar la economía y la adhesión de los trabajadores.

Los resabios fascistas y la situación internacional promovieron un incremento de la intervención estatal en el proceso productivo y en la marcha general de la economía. El intervencionismo se tradujo en medidas de política comercial, para favorecer el control de las importaciones, y en apoyos decididos a la industrialización; ambas directrices se encontraban, como caras opuestas, en la misma moneda de la *autarquía*. El concepto no era nuevo en la política económica española, pero se convertiría en el modelo económico del franquismo desde el preciso instante de terminar la guerra. Una tradición autárquica puede encontrarse en los principales regeneracionistas españoles y su rastro se sigue incluso hasta los arbitristas y el mercantilismo medieval. Sin embargo, a finales de los años treinta, cuando Mussolini desafía a las naciones europeas y pronuncia su ideal autárquico, numerosos fascistas españoles verían en este recurso de la política económica el más adecuado marco para definir las nuevas relaciones de un Estado nacionalsindicalista.

De cualquier modo, el régimen no practicó en ningún momento una autarquía radical, que hubiera sido imposible de todo punto por razones de dependencia económica. Pero sí procuró, en cuanto le fue factible, facilitar el desarrollo de sus propias industrias y servicios hasta con empecinamiento negativo para la calidad final de los productos españoles. La leyes de protección a la industria, la creación del Instituto Nacional de Industria (INI) y el fomento de las industrias preferentes declaradas de interés nacional así lo prueban. En unión del arancel de 1891 vigente en el franquismo y del control severo de las licencias de importación, estas leyes protagonizan la transformación industrial de España a partir del final de los cuarenta. Bajo su patrocinio nacen iniciativas empresariales o estatales de relieve, como los abonos de Sefanitro y Nitratos de Castilla, la naviera Elcano, la siderúrgica integral Ensidesa o la empresa nacional Calvo Sotelo de productos energéticos.

El peso de la burocracia estatal y sindical llegó a ser asfixiante para la normal circulación de mercancías y el abastecimiento adecuado de las industrias. Se generalizó la corrupción entre los empleados de los organismos interventores —Comisaría de Abastecimientos y Transportes, Fiscalía de Tasas, Junta Superior de Precios—, que favoreció un total descontrol de las existencias y el desvío de numerosas partidas hacia el mercado paralelo. Diversas empresas fueron expedientadas y algunas multadas fuertemente; el contrabando, sin embargo, no cesó hasta que desapareció el racionamiento y se liberaron algunas trabas del comercio interior.

A pesar del caótico panorama descrito, los resultados en las principales industrias fueron francamente favorables durante el período de reconstrucción. Los planes gubernamentales, forzados por la urgencia de poner en pie un país ruinoso, actuaron de motor indiscutible del desarrollo industrial. La demanda de productos siderúrgicos, material ferroviario, transformados metálicos, cemento, abonos nitrogenados, neumáticos... puede considerarse extraordinaria comparada con la etapa anterior a la guerra. A impulsos de la industria, creció ostentosamente la producción de energía eléctrica, quedando todavía un déficit grande sin poder ser atendido por la escasa capacidad del sector. Con el viento a favor, el Banco de Bilbao y el de Vizcaya patrocinan en 1944 la fusión de la Hidroeléctrica Ibérica y Saltos del Duero para formar el gigante Iberduero, lugar de encuentro de las finanzas bilbaínas que mejores resultados alcanzaría en el futuro.

El sector agrícola, en el que el nuevo Estado neutralizará los intentos de reforma de la República, mantuvo sus negativas condiciones de explotación con las mismas estructuras de desigualdad conocidas. Hasta 1952 no se intenta atajar los problemas de parcelación irracional. En el sur siguen siendo abrumadora mayoría los campesinos sin propiedades mientras que en el norte el minifundismo impide obtener resultados de escala por la tradición individualista en la labranza. El latifundio perdura sin cambio y la reforma agraria relacionada con el régimen anterior es colocada fuera de la ley en su sentido más literal. Dos intentos aparienciales, en 1953 y 1971, con forma de leyes para «fincas manifiestamente mejorables» no conseguirían ni siquiera maquillar este aspecto socioeconómico de la dictadura.

España importará trigo y otros productos básicos no sólo en el grave período del aislamiento de posguerra, bajo los efectos de la «pertinaz sequía», sino hasta los últimos cincuenta: en 1947-1948 se salvó de un hambre generalizada gracias a las compras en la Argentina de Perón. Los índices de producción agraria señalan un descenso sustancial en las distintas especialidades, llegando a su mínimo en 1945, cuando marcan un nivel de sesenta y cinco en referencia al cien de 1935. A pesar de las cuantiosas ocultaciones luego desviadas al mercado negro, está fuera de duda la caída notable de la producción agrícola. Factores como la pérdida de ganado, la nula mecanización, la carencia de abonos y varios ciclos de climatología adversa se unirían a la desafortunada intervención del Estado. Los rendimientos por hectárea fueron extremadamente bajos, del orden de los ocho quintales en trigo y aun menores en otras especialidades. Sólo en el quinquenio 1951-1955 se recuperaba la superficie sembrada con relación al período republicano, y se incrementaban las cosechas elevándose el rendimiento por hectárea hasta los diez quintales.

A la precariedad productiva hay que sumar el abandono político y social del régimen, en contra de las promesas y de un supuesto ideario agrarista de Falange, inspirado en algunas consignas ambiguas de su fundador. Por el contrario se establecieron los instrumentos y el organismo más adecuado, el Servicio Nacional de Cereales, para realizar una contrarreforma agraria. Como consecuencia del conjunto de dificultades, el agrícola fue el sector más subdesarrollado de la economía española, teniendo que cargar sobre su indigencia el resultado favorable de la apuesta industrial realizada por el nuevo Estado. El mecanismo para lograr esta sacrificada cuota consistirá en la férrea contención de los precios agrícolas mientras los industriales crecían a un mayor ritmo, bajo las presiones directas de los empresarios o sus organizaciones. La España agrícola que había ganado la guerra perdía la posguerra.

En términos generales la política económica del primer franquismo estuvo encaminada a favorecer una acumulación financiera en las grandes empresas, bancos o industrias ya consolidadas en épocas anteriores pero que durante la crisis de los años treinta retrocedieron en sus negocios y expectativas de resultados favorables. Para llevar a cabo este propósito se diseñó una elemental estrategia de polarización de rentas, favoreciendo el ahorro capitalista y constriñendo el consumo social al máximo. Los ejes fundamentales fueron el control riguroso de salarios y la creación de una demanda industrial y financiera que diera salida a la capacidad productiva del sistema.

El Estado retornó a la política de obras públicas con fuertes repercusiones en los sectores siderúrgico, ferroviario, del cemento o el eléctrico. No existió una planificación propiamente dicha, ni siquiera un ministerio encargado, pero la iniciativa pública, a través del apremio del ámbito privado, siguió insistiendo en la tendencia a la autarquía y la industrialización. El respaldo financiero de esta actividad lo diseñó el ministro de Hacienda José Larraz, durante cuyo mandato se abandonó por completo la cauta estabilización republicana y el gobierno corrió por la pendiente de la emisión de deuda y el dinero «barato». Al descuidar la proporción tradicional entre ahorro e inversión, en poco tiempo las tensiones inflacionistas pusieron en peligro el edificio monetarista, pero hasta entonces el chorro de dinero regó generosamente la economía. El impulso financiero dejó su impronta en la abundancia de papel estatal emitido: desde octubre de 1939 en que Larraz lanza al mercado, con un éxito calificado de «patriótico y de auténtico apoyo al Caudillo», sus primeros dos mil millones de pesetas en bonos del tesoro hasta 1950 el volumen de deuda en circulación se incrementó en 38.700 millones.

Sin embargo la ausencia de planificación económica y de una conciencia solidaria en el reparto de la renta impedirían la diversidad de las inversiones y el mejor desarrollo de sectores fundamentales como la agricultura. El problema de la vivienda, crónico en las zonas industrializadas, no sería abordado con brío por el gobierno sino en fechas muy tardías, al no tener un ministerio especializado hasta 1957. Muchas empresas hubieron de renovar tradiciones anteriores y promocionar la construcción de barriadas obreras y *casas baratas* en las que alojar con algún decoro a sus trabajadores. Así y todo, el *chabolismo* formó parte durante largos años del paisaje urbano de los cinturones industriales descritos en *Tiempo de silencio* de Luis Martín Santos, una de las mejores novelas españolas del realismo social. Miseria brutal de la que se evaden con sus informales propuestas de ruptura pictórica Tàpies, Miralles o Canogar. Aunque dejara tras de sí secuelas graves que precisaron una dura estabilización a finales de los cincuenta, el sistema mientras funcionó trajo grandes beneficios a los principales implicados: la banca y la gran industria, junto a los merodeadores del contrabando y la corrupción administrativa. Fue un período floreciente para el aventurerismo social, la venalidad y la degradación amplia de las condiciones humanas de supervivencia.

Capítulo XV

Los nuevos españoles

El final de la siesta

La aplicación de la categoría de *milagro* al desarrollo económico de Alemania, Italia o Japón, después de la Segunda Guerra Mundial, lleva implícita la condición de imposibilidad manifiesta de pasar de la ruina casi absoluta al bienestar y adelanto modernos. Hay distintos grados de realización «milagrosa» y en el caso español, comparado con otros desarrollos de posguerra, no existe tanto prodigio como con frecuencia se recuerda. Pues si bien alemanes, japoneses e italianos superaron pronto la reválida del progreso, el ejemplo español requirió un expediente largo y de penosa tramitación, en el que lo peor corrió a cargo de los propios españoles.

Por si la elección forzosa de alianzas con el bando perdedor no hubiera sido poco infortunio, el régimen de Franco se empeñó con un esperpéntico orgullo político en desperdiciar también la ocasión de subirse al carro de la ayuda americana tras la guerra. Enmarañados en el rechazo a cualquier atisbo de libertad o liberalismo, el general y sus prebostes lograron que los americanos retrasaran su inevitable llegada crediticia en más de un lustro. Cuando lo hicieron en los años cincuenta, Europa, es decir la Europa por antonomasia para los españoles —Francia, Inglaterra, Alemania o Italia—, ya había reconstruido su economía y en vía de prosperidad se disponía a inventar un modelo de integración llamado a ser el punto de mira y destino de las aspiraciones peninsulares... nada menos que treinta años más tarde. Con la firma de los tratados de Roma arrancó en 1957 el Mercado Común, que si bien no fue durante mucho tiempo más que una unión aduanera, su empuje amenazó en seguida con terminar de ahogar a la ya aislada nación española.

Un situación tal de aislamiento y reclusión no podía mantenerse a la larga. Poderosos intereses del comercio y el empresariado habían empezado a oponerse al sistema de autarquía e intervención, sobre todo desde el término de la Guerra Mundial con el triunfo de quienes defendían una política de liberalización mercantil. Los sectores más despiertos de la economía española sostenían estas posiciones utilizando las páginas de las revistas especializadas y las plataformas de las organizaciones patronales. La conferencia de Bretton Woods, que en 1944 perfiló la política económica y monetaria de Occidente, tuvo su pequeña representación de las Cámaras de Comercio españolas. Esto no implicaba en absoluto la adopción por el gobierno franquista de medidas liberalizadoras, pero los empresarios se esforzarían en propagar los aires de libertad económica y comercial, a pesar de las adversas circunstancias del país. El «búnker» gubernamental resistiría las presiones, arropado por los intereses de los sindicatos o las preferencias personales del almirante Carrero Blanco y a impulsos del convencimiento nunca del todo firme del propio Franco.

Sin embargo, a mediados de 1951 empezaron a moverse las cosas en el orden comercial. Las tensiones entre los intereses industriales y nacionalsindicalistas, favorables al mantenimiento del intervencionismo, y los del empresariado liberal se resolvieron con el desdoblamiento del hasta entonces Ministerio de Industria y Comercio en dos carteras. El nuevo ministro de Comercio, Arburúa, con la colaboración de Cabestany en Agricultura, emprende una tarea de revisión moderada del rígido intervencionismo comercial. Como acontecimiento significativo se recuerda la supresión del racionamiento del pan en 1952, posible gracias a una excelente cosecha de cereales. Ese mismo año se establecía la libertad de precios, comercio y circulación de productos alimenticios; era el primer paso para una cierta normalización de la vida cotidiana. Los salarios seguían tasados pero la buena coyuntura de la demanda industrial favoreció los ingresos adicionales por horas «extras», jornadas festivas trabajadas, vacaciones no disfrutadas, etc. El Ministerio de Trabajo, a cuyo frente estuvo durante diecisiete años José Antonio Girón, fue la cartera encargada de tasar las subidas salariales y de llevar a cabo largos bloqueos. Igualmente, coincide el período con las primeras producciones de energía eléctrica de las centrales recién construidas, que cierran una larga fase de restricciones. Camilo José Cela deja en su novela *La colmena* un retrato de la vida indigente del Madrid de la posguerra y se pone a la cabeza, junto con Miguel Delibes y Gonzalo Torrente Ballester, de un lánguido despertar literario siempre amenazado por la censura.

La intervención y los controles comerciales se mantuvieron en el sector industrial, del que no desapareció el sistema de cupos, y en el que habría de centrarse, desde entonces, el tráfico clandestino. Se podía decir, no obstante, que las trabas e impedimentos habían empezado a retroceder. Era una brecha por la que en 1959 se colarían también las primeras liberalizaciones del comercio internacional.

En el orden político y de las relaciones exteriores otros acontecimientos compitieron con estos sucesos de la economía básica. La constitución de un nuevo gabinete ministerial en el verano de 1951 suponía una buena noticia para quienes deseaban algún cambio. Representantes del ala moderada del franquismo —Ruiz Jiménez y Martín Artajo— entran en un gobierno de renovación en el que el dictador mantiene intacto su poder personal a la vez que busca equilibrar las distintas familias políticas y promueve a ministerio la cartera que ocupaba el almirante Carrero desde 1941. Llegan los primeros éxitos de la diplomacia franquista. En 1953 el Concordato con el Vaticano y la firma de los acuerdos con los Estados Unidos, seguidos del ingreso de España en la ONU dos años más tarde, fueron otros tantos apuntes históricos del decenio de los «milagros» que contribuirían a largo plazo a la normalización de la vida española. Los Estados Unidos, que habían mantenido siempre relaciones con el régimen y se habían preocupado de seguir de cerca los acontecimientos de España, donde algunas de sus grandes empresas tenían importantes intereses, concederían varios préstamos en estos años: la primera línea de crédito de sesenta y dos millones y medio coincidió, no por casualidad, con la ruptura de hostilidades en Corea.

Los conatos precursores de oposición pública al franquismo son, así mismo, de esa hora; el movimiento obrero ensaya pasos reivindicativos, popularizados y extendidos con las protestas ciudadanas. Los tranvías en Barcelona, los cafés en Bilbao, los periódicos en Madrid fueron *boicots* blandos que secundaron distintos sectores de la ciudadanía al alimón con los obreros de la industria pesada vasca o los trabajadores del textil en Cataluña. Algunas veces las consignas se atrevían a ser políticas —*contra la dictadura, por la República*— pero siempre hacían hincapié en la situación laboral y social de los trabajadores. Los estudiantes universitarios, una de las parcelas más mimada por la sociedad y poco sospechosa de relación con los vencidos de la guerra, se constituyen a mediados de los cincuenta en brazo activo del rechazo a la gestión gubernamental. Fruto de la labor de infiltración del Partido Comunista en el ámbito universitario son las primeras agitaciones contra el SEU, en las que colaboran numerosos estudiantes, recién bautizados en el antifranquismo, y demócratas de diverso signo.

También el ritualismo religioso dominante en la posguerra empezó a entrar en bancarrota. Ni el Concordato que sancionaba la simbiosis del poder civil y el religioso ni la jerarquía eclesiástica satisfecha con el uso de la religión como factor de integración social pudieron detener la caída del espíritu de cristiandad. Con el creciente proceso industrializador se fue afirmando en aquellas minorías de religión más interiorizada un predominio paulatino del factor ético y una merma del rito en la vivencia de su fe. Mientras el Opus Dei con su imponente ambivalencia —integrista en lo religioso, europeizante en lo económico— se incrusta en el poder político aparecen grupos de católicos que rompen con una Iglesia percibida como la mejor aliada del régimen y se preparan para la denuncia de los atentados contra la libertad. Junto a ellos se mueve una generación de clérigos que no ha hecho la guerra y a la que la división de 1936 no ha conseguido marcar.

Cara al sol

Pronto la ayuda americana deja su huella en el sector industrial, que dispone entonces de los contingentes de materias primas y suministros imprescindibles para mejorar su capacidad productiva. Hasta ese trance los estrangulamientos en la recepción de minerales, carbones o chatarra habían provocado la parsimonia de la producción siderúrgica básica, que trasmitía sus escaseces a los sectores dependientes. Durante los cincuenta, en cambio, los avances y el despliegue de la industria española fueron notables.

Pero no por eso el país dejaba de ser predominantemente agrícola, como afirmaban una y otra vez las voces favorables a una preferente atención al campo. La mayor parte de los españoles trabajaban o vivían del producto de la tierra, de modo que en 1960 todavía un 39,37 % del total de la población activa correspondía a la agricultura y pesca, por un 32,98 a la industria y un 27,32 al sector terciario. Con todo, el decenio de 1950 vino a significar algo parecido a una «revolución» agrícola. La producción cerealista incrementó su rendimiento por unidad sembrada, adquiriendo espectacularidad en el maíz, la cebada o el arroz. El trigo mantiene su supremacía absoluta aunque empieza a disminuir la superficie cultivada, conforme se diversifican los productos y aumenta la demanda del cereal-pienso para atender una cabaña ganadera y avícola en pleno desarrollo. Uno de los capítulos más favorables resultó el de la remolacha azucarera que, después de la penuria de la posguerra, elevaría su rendimiento hasta alcanzar la saturación del mercado en 1953 con 513.000 toneladas cosechadas.

Los artículos agropecuarios siguieron copando la nómina exportadora española, especialmente el aceite, los agrios y el vino, cada vez con más duros competidores en los otros países mediterráneos. La producción ganadera, por su lado, registraría grandes progresos en las principales especies, gracias a la mejora alimenticia y al incentivo de la demanda de consumo. España lograba ser excedentaria en aves y porcino, pero no eliminaba el déficit en carne y leche. Los 5.600 tractores de 1940 eran 80.000 en 1962, subrayando la rapidez e intensidad de la mecanización del campo, que habría de alcanzar en la década siguiente su completo equipamiento. La aportación del producto agrario al total del producto nacional bruto será todavía la más notable en 1960, con casi un 25 % del PNB; sin embargo, lo mismo que la relación de su población activa, perdía peso específico de forma vertiginosa respecto a la participación de la industria y los servicios.

Pese al progreso, las estructuras agrarias estuvieron marcadas por la ineficacia de la iniciativa empresarial y la insuficiencia de capitales. Las mejoras en regadíos, vías de acceso, instalaciones, promoción de cooperativas o la misma compra de maquinaria se frenaron por la ausencia de un cierto estilo financiero o capitalista en el sector. Así mismo, el Estado mantuvo intermitentemente su inveterado desdén hacia los agricultores, dedicándose con preferencia a los otros ámbitos de la economía y preocupándose del campo sólo cuando algunos desajustes entorpecían el normal abastecimiento de las ciudades.

Este modelo de desarrollo iba a facilitar el mantenimiento y aun la intensificación del tradicional éxodo campesino hacia los centros urbanos industriales... y desde 1958 a los países de la Comunidad Económica Europea, en los que se demandaba abundante mano de obra sin cualificar. A partir de 1950 se abre un período de crecimiento muy intenso, regular y prolongado que no cesaría hasta 1974. El índice de la producción industrial española que, según la escala del Consejo de Economía Nacional, ya había superado en 1942 el mítico 100 del año 1929, llegaba en 1950 a señalar el nivel 142,1 y en 1960 marcaba 300. A pesar de que estos índices han sido rebajados recientemente, nadie pone en duda la sorprendente progresión de la curva productiva en el sector secundario, que representaba una fase de máxima actividad en la siderurgia, la electricidad, el cemento y los materiales de construcción, en la novísima industria del automóvil, los primeros electrodomésticos, los astilleros, la destilación del crudo o la fabricación de neumáticos.

La producción eléctrica pasaba de los 6.853 kilowatios/hora de 1950 a más de 18.600 en 1960, la de acero de 815.000 toneladas a 2 millones, la de cinc de 21.200 a 45.000 mil toneladas. Se fabricaban 3,5 de cubiertas y neumáticos y de los astilleros españoles salían 152.000 toneladas de registro bruto por sólo 26.000 de 1950. En 1953 las dos primeras fábricas de automóviles —SEAT y FASA— sumaban poco más de 2.000 vehículos entregados. En 1960 alcanzaban los 40.000 y la producción de coches se convertía en el sector punta del desarrollo a lo largo de los años siguientes.

Pero quizás el fenómeno social y económico más sorprendente y de repercusiones más favorables en el conjunto español ha sido desde los años cincuenta el despliegue del turismo. Tras el paréntesis de la guerra mundial, la corriente europea de turismo hacia los países mediterráneos se reanudó con especial vitalidad. La extensión de las vacaciones laborales pagadas y la mejoría del nivel de vida de los trabajadores europeos se unieron al deseo de viajar y conocer otros países, favoreciendo un ciclo de bienestar en Italia, Grecia, Yugoslavia o la Península Ibérica.

España, pese a no pocos errores en la materia, bien puede decirse que supo llegar a tiempo, por una vez al menos, a una de las corrientes mundiales de mayor repercusión en la vida contemporánea. El acercamiento progresivo a los países occidentales, la alianza con los Estados Unidos y la aceptación del régimen en la ONU, que significaron el fin de la cuarentena política, fueron hechos que contribuyeron a acrecentar el flujo turístico internacional. En busca de un sol barato, el escaso medio millón de visitantes de 1949 se había convertido en los seis millones de 1960 y sobrepasaban con creces los treinta y dos millones a comienzos de los setenta para seguir avanzando en el período siguiente. Con los ingresos obtenidos en divisas por gastos de estancias y consumo de esta considerable masa turística se logró el equilibrio de la balanza de pagos y se pudo atender al equipamiento industrial del país. La realista devaluación de 1959, que colocó el cambio de la moneda a 60 pesetas por dólar, sería el punto de partida del incremento de divisas y gasto medio por visitante experimentado en los años sesenta. Distintos subsectores como construcción, hostelería o transporte se vieron generosamente beneficiados por esa lluvia de divisas, mientras la asombrosa progresión del turismo convertía a éste en la gallina de los huevos de oro de la economía española y en el que mejor caracterizó, junto al fenómeno urbano, los años del desarrollo económico y el cambio político y social. Hay ya una España que emigra a Europa, donde conoce otros regímenes con libertad de expresión, y una Europa, atraída por el turismo a España, que asombra a los españoles con nuevos modos de comportamiento social. La intriga era saber por cuánto tiempo lograría Franco mantener a los ciudadanos en la *diferencia.*

Pacto por el futuro

Todo esto sucedía en el seno de un sistema político con pecualiaridades sorprendentes. Por un lado, el régimen había roto con algunas de las más aparatosas formas fascistas —saludos, tratamientos— y la excelente evolución económica ensanchaba la base social en la que se apoyaba el franquismo hasta el punto de poder hablar, por vez primera en la historia, de una moderna sociedad de consumo, con abundancia de clases medias conformistas que ni se oponían al sistema ni anhelaban aventuras incómodas. Pero, por otra parte, los anhelos de libertad, cada día más amplios y profundos en la vida española, seguían sometidos a una rigurosa abstinencia. Se mantenía firme el control de las parcelas política, sindical y cultural y cualquier actividad al margen de los organismos e instituciones del Movimiento era perseguida como sospechosa. Los monárquicos y los católicos, los falangistas de izquierda, los obreros o los estudiantes, todos, a su tiempo, vieron recortados sus despliegues contestatarios, cerrados sus locales o encarcelados sus miembros. A duras penas lograban los partidos políticos del exilio mantener sus células del interior, que una y otra vez caían en manos de la temible *brigada politico-social.*

El régimen trataría de contrarrestar la oleada de protestas y agitaciones mediante una abundante manipulación de los medios de comunicación que haría inevitablemente famosas las «conjuras internacionales» o las «conspiraciones judeomasónicas» empleadas para designar a los movimientos opositores. Sin embargo, el franquismo pondría todo su énfasis en alinearse con el bloque anticomunista, del que pretendía ser incluso precursor por su temprana «cruzada de liberación», aprovechándose del clima de guerra fría existente entre los países del Occidente capitalista y la Unión Soviética. Por este motivo y por su mayor implantación relativa el Partido Comunista fue durante el franquismo medio y tardío el mejor cliente de las comisarías policiales de la dictadura. El acoso alcanzaría resonancia mundial con la ejecución en Madrid del dirigente Julián Grimau en 1963. La organización, que dirigen Santiago Carrillo y Dolores Ibárruri desde el exilio, uniría su suerte a las jóvenes Comisiones Obreras, sindicato clandestino de nuevo cuño formado por trabajadores de diverso color, para participar en las movilizaciones de las cuencas asturianas y las zonas industriales vascas. En 1965 el PCE celebra su VII Congreso en París, en el que diseña una estrategia de alianzas y la aceptación del pluralismo como medio de salir del aislamiento al que está sometido por el resto de los partidos de oposición: comienza el abandono del estalinismo y se atisba el próximo eurocomunismo *carrillista*.

Igual que en la sociedad civil, los conflictos generacionales erosionan la Iglesia, cuya contestación interna acaba siempre por coincidir con la diversa actitud respecto del régimen. La elevación al pontificado de Juan XXIII se acompañó muy pronto por la convocatoria del Concilio Vaticano, que abriría una etapa decisiva en la Iglesia española. Sólo la Guerra Civil había tenido un efecto mayor. Ya para entonces venía emergiendo una conciencia religiosa más crítica y enraizada en el compromiso ciudadano, pero documentos tan clarificadores como el que define las relaciones Iglesia-mundo justificarían de ahora en adelante las incursiones de la clerecía en lo temporal y reclamarían el derecho de la religión a tomar partido contra la dictadura. Con el blindaje conciliar, una parcela de la Iglesia comenzaría a desarrollar en el terreno de la izquierda la labor de socialización política que tradicionalmente realizaba en el ámbito de la derecha.

Las incontestables diferencias económicas, en un país que oficialmente ya no podía recurrir al tópico de la pobreza, abonaban el terreno de la protesta política. Vecina de las ideologías orientadas al cambio social, la Acción Católica no tuvo escrúpulo alguno en colaborar con aquellos grupos, confesionales o no, movidos por un idéntico objetivo de trasformación de las condiciones sociopolíticas de España. Por ello tanto los seminarios como otros centros eclesiásticos asegurarían, a partir de los sesenta, un espacio cultural más abierto y permisivo que el ofrecido por el régimen de Franco y al amparo de esa libertad tomaría cuerpo un importante sector de la oposición antifranquista.

En esa misma hora de los sesenta, la burguesía no se reconoce en sus estudiantes, empeñados en sustituir el sindicato oficial universitario por asambleas libres de alumnos. Varios profesores que se solidarizan con la revuelta estudiantil son expulsados de sus cátedras mientras se suspenden temporalmente las clases en algunas universidades, confirmando la gravedad de la situación que no haría sino empeorar hasta la muerte del dictador.

Tras un largo periplo de enfrentamientos y discordias en el exilio, los partidos republicanos empiezan a agruparse en torno al proyecto de unidad europea y toman contacto con fuerzas monárquicas y democristianas. En 1962, un centenar de delegados del interior y el extranjero reunidos en Munich denuncian la naturaleza antidemocrática del régimen al exigir el respeto a los derechos de la persona de cualquier país que deseara incorporarse a la naciente Europa, como era el caso de España, cuya solicitud acababa de ser tramitada. El PCE sería excluido de la convocatoria muniquesa por su filiación prosoviética, pero ello no impediría que las autoridades franquistas, muy afectadas por el carácter unitario de la maniobra, intentaran desprestigiarla con las habituales acusaciones de «manipulación marxista» o «contubernio comunista». Se habilitan de nuevo las viejas estancias para desterrados en Fuerteventura, hacia donde encaminan sus pasos los liberales de la época, recuperando la negra tradición de Unamuno y los intelectuales del 98 en su enfrentamiento a otro dictador.

Con el mismo telón de fondo del desarrollo económico, mucho más ostensible en la periferia industrial, se reavivan los movimientos nacionalistas de modo particular en las provincias vascas. Entre las juventudes del Partido Nacionalista Vasco, diezmado por la guerra y aletargado por la paz, las nuevas generaciones provocan una escisión, que evolucionará radicalmente hasta convertirse en la actual ETA. Bajo la divisa de *patriotismo vasco, democracia y aconfesionalidad*, echa a andar en 1959 el fenómeno histórico más importante de los surgidos en la era de Franco. Ningún otro movimiento nacido en esos cuarenta años ha tenido una influencia política, social y cultural comparable a la que gozó y sigue gozando la organización terrorista vasca. Porque, más allá de su protagonismo en el enconamiento de la crisis política de los postreros años de la dictadura y en la desestabilización de la monarquía parlamentaria, hay que ver en ETA la raíz de sustanciales transformaciones en el interior de la sociedad vasca. En el carnaval trágico del País Vasco los etarras consiguieron vincular la conciencia vasca, el *ser vasco*, al sentimiento antirrepresivo y al rechazo a las fuerzas de orden público de tal modo que la comunidad nacionalista aceptó con facilidad, como señales de identidad diferenciadoras, la interiorización del hecho represivo y la repulsa a los agentes de la represión.

En parecida circunstancia a la del grito independentista de Arana, la protesta de ETA tendría como horizonte la bonanza económica del País Vasco y la escalada de la inmigración. Entre 1955 y 1975 la zona, la de mayor renta *per cápita* de España, aumenta sus habitantes en un 60 % frente a un crecimiento medio de la población española del orden del 23 %. En la etapa inicial los jóvenes etarras redescubren el nacionalismo aranista, rechazan el marxismo y ahondan en la hostilidad a los inmigrantes, a los que consideran devastadores del vascuence y aliados del poder opresor español. A pesar de los titubeos, ETA refleja, en seguida, el ascendiente del socialismo obrero, y desde su III Asamblea, en la que ataca por vez primera y sin rodeos al PNV, calificándolo de burgués, defiende un nacionalismo anticapitalista. Serán los problemas inherentes a la puesta en práctica de los contenidos socialistas y nacionalistas los que determinen a partir de la V Asamblea las sucesivas crisis y escisiones de ETA, complicadas por las divergencias en torno a la primacía de la lucha armada o de la lucha política y de masas.

No resulta difícil perfilar la trayectoria política del franquismo en medio de toda esta contestación. Aferrándose a los indudables logros económicos, al respaldo internacional proporcionado por el «amigo americano» y al turismo que acaba de aparecer, el régimen no admite el menor cambio en su estrategia fundamental. Las únicas variaciones son de detalle y llevadas a cabo con toda clase de precauciones y garantías de seguridad. No de otro modo debe interpretarse el trabajo del ministro de Información Fraga Iribarne, que en 1962 anunciaba una liberalización cultural e informativa para desfogarse al año siguiente contra los intelectuales que denunciaban torturas de la policía. Esos mismos días, una nueva institución entraba en la historia represiva del régimen de Franco: el Tribunal de Orden Público. Por sus opiniones políticas, obreros, curas, profesionales y estudiantes se encontrarían ante el TOP en procesos arbitrarios que darían popularidad a la oposición. La nueva ley de prensa ofrecía en 1966 la excepcionalidad de suprimir la censura previa, pero la mantenía *a posteriori* y de hecho numerosos editores fueron sancionados y algunos medios cerrados. Al final, la censura se trasformaba en autocensura.

Los negocios mandan

Mediados los cincuenta, el modelo autárquico se hace insostenible y descubre graves muestras de descomposición total. Se abren nuevas posibilidades de vincular España a la evolución normal de las economías occidentales y es el momento en que los principales interesados en las reformas económicas, la banca y las grandes empresas, disputan decididamente el poder a los equipos políticos anteriores. La tirantez entre las fuerzas socieconómicas del régimen se resuelve en 1957 cuando ingresan en el gabinete ministros de formación económica como Ullastres y Navarro Rubio, que ocupan dos carteras fundamentales en el itinerario de la reforma: Comercio y

Hacienda. El franquismo liquidaba al viejo demagogo Girón y trataba de hacer sonreír al Movimiento con el charlatán José Solís.

Una premisa esencial de los cambios económicos que el país iba a experimentar, a partir de 1957-1959, había sido la previa trasformación de las estructuras sectoriales, bajo una decidida voluntad industrializadora. España abandonaba su diseño económico agrícola y se convertía en una nación semiindustrial. Sin embargo, esta metamorfosis hacía más dependiente a la economía española, desprovista de las principales fuentes modernas de energía y de la propiedad de patentes e inventos que revolucionaban sin cesar la industria. La continuidad del desarrollo industrial ya no podía sustentarse en la mecanización primaria de factura propia y tenía que recurrir, cada vez más, a sofisticados bienes de equipo importados, cuya compra seguía dependiendo de las buenas cosechas y de la aceptación de los artículos de mesa y postre en los mercados internacionales. Cualquier contrariedad productiva en el sector minero o alguna que otra catástrofe metereológica, como las heladas del invierno 1956-1957, ponían en peligro el proceso de modernización industrial.

Cuando en 1957 el Mercado Común accionó su modelo de integración europea, el régimen replicó según costumbre con desprecio público e interés privado. Al mismo tiempo que los ministros más conservadores y el propio Franco mostraban su desdén hacia el nuevo organismo, las carteras «moderadas» en manos de los tecnócratas del Opus Dei estaban muy atentas al calendario y oportunidades que la integración ofrecía a la economía española. Y a pesar de las invectivas de los cancerberos de la ortodoxia franquista, el europeísmo y la ideología comunitaria calan en la opinión pública. Desde 1959, al menos, los españoles tienen la certeza de que su destino, a largo o corto plazo, no es otro que Europa. Los gobiernos de Franco jugarán la carta económica de esta opción pero ocultando lo mejor posible su contrapartida de reformas políticas y sociales obligatorias.

El elemento determinante de la apertura comercial y económica habría de ser la calamitosa situación financiera del país, al borde de la bancarrota en 1957. Las principales magnitudes financieras internas acusaban el descontrol y la lamentable política monetaria del Estado, basada en un galopante déficit presupuestario, cubierto por la emisión continua de deuda. Decidido a frenar la expansión monetaria, el gobierno intenta disminuir el volumen de la deuda y se lanza a abordar el espinoso asunto de la reforma tributaria. Era el único camino para eliminar el déficit público, tratando de aproximar los gastos a los ingresos. La reforma fiscal de 1957, con persecución del fraude y nuevas estimaciones tributarias, hace aumentar de forma sustancial los ingresos ordinarios del Estado aunque no altera el anacrónico sistema impositivo, apenas modificado hasta la transición democrática: España tiene en 1970 el más bajo nivel de imposición de todos los países de la OCDE. El gobierno, que había promovido la entrada de España en la OECE, en el Fondo Monetario Internacional y en el Banco Internacional de Reconstrucción y Fomento, tradujo la financiación y los consejos obtenidos de ellos en medidas de política monetaria y fiscal efectivas para incentivar un nuevo ciclo de progreso material.

Había llegado el momento de poner la política económica en línea con las naciones del mundo occidental pero era necesario pasar antes por un *plan de estabilización* que rematase el programa liberalizador del gobierno tecnócrata. A partir de 1959 el régimen no tendría más filosofía que la tecnocracia y el crecimiento económico. El paquete de medidas estabilizadoras limitaba el gasto público, liberalizaba en parte el comercio exterior, ordenaba la banca y favorecía las inversiones extranjeras. Un arancel proteccionista tranquilizaba en 1960 a los empresarios temerosos de la apertura y alentó la inversión. En poco tiempo la balanza de pagos ofreció superávit, la inflación se redujo, se consiguieron importantes créditos internacionales y el turismo, atraído por la devaluación de la peseta, se erigió en pieza clave del progreso económico de España. La clase trabajadora, sin embargo, sufrió los efectos del plan en forma de paro y congelación de salarios y la factura social no fue más grande porque la fase expansiva de la economía europea permitió exportar emigrantes en gran número. Un millón de trabajadores emigraron, entre 1960 y 1970, a través de los conductos legales a Francia, Alemania, Suiza, Bélgica y Holanda, pero los que salieron extraoficialmente casi superaron esa cifra. Todos ellos serían protagonistas del decenio del «milagro», al financiar con sus envíos de divisas, equivalentes a la tercera parte de los ingresos del turismo, el progreso industrial.

Superada la recesión consiguiente al plan estabilizador, se inaugura una etapa de ideología desarrollista, donde la subida de la renta *per cápita* es propuesta como máxima aspiración nacional: en 1963 se sobrepasan los quinientos dólares y los mil, ocho años más tarde. Entre 1963 y 1975 tres *planes de desarrollo* encauzan la vida económica del país con un cúmulo de previsiones de crecimiento vinculantes para el sector público y de carácter indicativo en el caso de los empresarios. Con esa planificación, los tecnócratas del gobierno, muchos de ellos pertenecientes al Opus Dei —López Rodó, Ullastres, López Bravo, Navarro Rubio—, buscaban el crecimiento del producto nacional, el pleno empleo, un mejor reparto de la renta y una progresiva integración en la economía mundial. No todos los objetivos se alcanzaron pero la economía creció, entre 1960 y 1965, a un ritmo medio anual de un 8,6 %, sobresaliendo el aumento de la producción industrial, superior al 13 %. Empujada por los buenos vientos de la economía internacional, España abandona su reducto de subdesarrollo para meterse en el club de los privilegiados como décima potencia industrial.

Con una capacidad productiva que ya no admite comparación alguna con la semiartesanal de los años cuarenta, el sector eléctrico factura un total de 65.111 millones de kilowatios/hora, consumidos en 1972. La producción de acero se aproxima a los 10.000.000 de toneladas en 1973, mientras en cemento la cifra obtenida en 1972, con más de 19.500.0000 de toneladas, casi multiplica por veinte los resultados de posguerra. El sector de más vistoso desarrollo es el del automóvil, a cuyo consumo masivo accede, de día en día, la sociedad española: en 1972 se superan los 600.000 vehículos de turismo y los 94.000 camiones de fabricación nacional. Existen ya cinco grandes fabricantes de coches, alguno de los cuales, como SEAT o Renault, se encuentran entre las mayores empresas industriales del país. Los astilleros españoles, cuya progresión ha sido excepcional en el decenio anterior, figuran entre los más competitivos del mundo y reciben encargos de todas las latitudes. El bienestar se refleja, igualmente, en la amplitud del sector de electrodomésticos, con producciones encaminadas a aliviar las labores hogareñas y a facilitar el ocio social. En 1972 los frigoríficos fabricados se aproximan al 1.500.000 y las lavadoras pasan de las 750.000. Así mismo, los receptores de televisión gozaban de la solicitud de una amplia mayoría, que hacía elevar su fabricación a 700.000; las nuevas antenas en los tejados españoles eran señaladas como emblema de una consolidada sociedad de consumo.

La otra cara del desarrollo español la constituyen no sólo el holocausto, ya reflejado, de la agricultura sino también el mal reparto regional de las bienaventuranzas de la economía. Ningún cambio experimenta la clasificación de las provincias de acuerdo con sus ingresos por persona: las de mayor nivel de vida —Guipúzcoa, Vizcaya, Barcelona, Madrid, Alava— en 1955 mantenían su primacía quince años más tarde al tiempo que las menos afortunadas —Orense, Almería, Jaén, Cáceres, Granada— no conseguían dejar la cola. Fruto de la planificación habían surgido algunos enclaves industriales en Vigo, Valladolid, Zaragoza o Burgos, pero el atraso conservaba su feudo en Galicia, las dos Castillas, Aragón, Extremadura y Andalucía.

Durante los años del *boom* económico el gobierno estuvo presionado por quienes temían la formación de una banca excesivamente poderosa. A medida que se complicaba el mercado financiero, los esfuerzos estatales por conservar el control formal sobre los bancos se reflejaron en distintas, y muchas veces ineficaces, medidas legislativas: obligación de coeficientes de tesorería, de reservas mínimas o de limitación de repartos de dividendo. El aumento de poder de los bancos sería denunciado por grupos de economistas, amparados en el tradicional «antimonopolismo» de corte falangista; sin embargo, la expansión financiera se hacía incontenible, consustancial y necesaria al propio desenvolvimiento del sistema económico. La continua creación de dinero, la afluencia de divisas por el turismo y la emigración, las primeras exportaciones industriales españolas y una abundante llegada de capital extranjero provocaban un flujo monetario tan considerable que debía ser respondido en los mismos términos. Como, por otra parte, la banca extranjera seguía sin un grado significativo de penetración, algo que hubiera sido peor visto por la opinión nacionalista, el avance de la banca propia resultó imparable. Las ampliaciones especulativas se incrementan favorecidas por una mayor flexibilidad fiscal y generan importantes plusvalías bursátiles, haciendo aumentar el número de accionistas y el prestigio del papel bancario entre inversores no acostumbrados al riesgo, que compraban bonos del Estado o Telefónicas.

Al compás acelerado del desarrollo industrial, el capital extranjero se apresuró a crear filiales o a comprar empresas sobre todo en la siderurgia, productos químicos o construcción de maquinaria. La palma se la llevaron los norteamericanos, cuya estrategia inversora resultó más expeditiva que la desplegada por los ingleses y franceses, a comienzos de siglo, en pleno apogeo del imperialismo. Seguras del amparo de un régimen que las necesitaba, las multinacionales camparon a sus anchas y sólo fueron molestadas por el discurso subversivo de la oposición condenando el despojo de España por el dinero extranjero.

El bienestar subversivo

Mientras la industria crecía y aumentaban los placeres del consumo, las migraciones interiores cambiaban la fisonomía de las ciudades y empequeñecían los márgenes de la *España profunda.* En los años del desarrollo más de cuatro millones de personas dirigen sus pasos a la ciudad, dispuestas a abandonar sus hábitos tradicionales para zambullirse en la sociedad urbana de Madrid, Barcelona, Bilbao o Valencia. La mejora de las carreteras emprendida por aquel *Estado de obras* —así le llamaban sus panegiristas— facilitó los vínculos entre los paisajes de la península pero dejaría como asignatura pendiente la modernización definitiva de las comunicaciones. Desde 1970 el presupuesto de educación supera al de las fuerzas armadas, pregonando el verdadero alcance del cambio de pautas y expectativas de los españoles, de día en día más reclamados por los valores de la secularidad. Pura paradoja, el torbellino desencadenado por los tecnócratas del Opus Dei ponía a la sociedad española en sintonía con una cultura del bienestar, abierta a la aceptación de los incentivos terrenales y menos tentada por la esperanza sobrenatural. Por fin España se convertía en un país laico, con una ética civil centrada en el respeto de los derechos de la persona y una mayor tolerancia en el ámbito de las relaciones sexuales.

Promovido por el *aggiornamento* conciliar y avivado por la revuelta del clero y la izquierda católica, el desgaste profundo de las relaciones de la Iglesia con Franco desemboca, a partir de 1969, en una situación de desavenencia continua. El juego de las legitimaciones tuvo un precio, y cuando a la Iglesia le pareció demasiado alto, se aprestó a desandar el camino recorrido. La policía no tiene duda de la combatividad de los clérigos en la oposición ni del uso de dependencias eclesiásticas como infraestructura de acciones subversivas. Roma y Madrid quieren revisar el Concordato: los franquistas acusan a la Iglesia de aprovecharse del fuero eclesiástico para actuar impunemente contra el régimen al tiempo que los curas progresistas ven en el derecho de presentación de dignidades eclesiásticas un privilegio inadmisible. Una cárcel especial, destinada a clérigos, se abre en Zamora. Era uno de los contrasentidos de aquel régimen autotitulado cristiano: en España había más sacerdotes presos que en todos los países de Europa, incluidos los comunistas.

Con ánimo de mantener la continuidad del sistema más allá de su presencia física, en 1966 había trazado Franco un diseño de futuro mediante una ley orgánica y la instauración de la monarquía, que en su perspectiva dejaría todo «atado y bien atado». Tres años más tarde las Cortes, la voz de su amo, aceptan a Juan Carlos como sucesor —fiel a la historia, enredó algún tiempo un pretendiente carlista—, pareciendo indicar que se aseguraba de este modo la transición pacífica a un franquismo moderado. Sin embargo, tanto la oposición como una mayoría de los procuradores franquistas y, por supuesto, la sociedad española desconocen prácticamente la personalidad y las intenciones del príncipe y no pueden prever los cambios que iban a producirse.

En 1970 la oposición al régimen logra un éxito de publicidad alrededor del *proceso de Burgos,* que había de juzgar a quince dirigentes de ETA, acusados de participar en el asesinato de un comisario de policía. El gobierno quería dar un escarmiento a los etarras e intentó hacer del sumario el juicio general contra la organización. Ocurrió precisamente lo contrario, siendo el franquismo el gran procesado: desde el término de la Guerra Civil ninguna causa había podido concertar, más o menos espontáneamente, los esfuerzos movilizadores de la oposición ni había hecho tambalearse tanto los cimientos del régimen. Una inusitada apertura informativa, de orígenes todavía poco claros, permitió a la opinión pública seguir emocionada y esperanzada las sesiones en las que varios de los etarras se proclamaron marxistas-leninistas con el escándalo consiguiente de la familia nacionalista. La protesta adquirió alcance internacional, como en los tiempos duros de la dictadura, y resultó suficiente para convencer a Franco de la conveniencia del indulto.

A partir de esa fecha, ETA sufre una de sus más graves escisiones pero mantiene el liderazgo de las acciones subversivas junto con Comisiones Obreras, agitadoras del mundo laboral, y el Partido Comunista, cuyo *pacto por la libertad* busca la estrategia conjunta de las fuerzas antifranquistas. Mucha menor actividad desarrolló el PSOE, convencido largo tiempo de que el régimen caería gracias a la intervención extranjera y no a la revuelta interior. Las discrepancias entre la dirección del exilio y los resistentes del interior se resuelven en 1974 con el triunfo de éstos, Felipe González a la cabeza, que copan la ejecutiva del partido.

Desde 1967, el almirante Carrero Blanco, sucesor de Muñoz Grandes en la vicepresidencia del Gobierno, era considerado el hombre fuerte de un régimen que buscaba inútilmente institucionalizar el «pluralismo limitado» para hacer frente a la sucesión. De la mano del «cerebro gris de Franco», nombrado jefe del gabinete en 1973, el gobierno intentó neutralizar las aspiraciones de la izquierda del Movimiento, que auspiciaba la reforma sindical, puso su empeño en congelar el asociacionismo e intensificó la represión. Fruto de ésta fueron los duros golpes sufridos por el mundo laboral, los desórdenes universitarios, un mayor control de la información y la poco exitosa lucha antiterrorista. Ante la embestida del *carrerismo* algunas familias del régimen adoptaron posturas de semi-oposición y comenzaron a airear alternativas reformistas con la esperanza puesta en el posfranquismo.

En los últimos días de 1973, el asesinato de Carrero por un comando de ETA cambió radicalmente el equilibrio de poder e hizo emerger al sector postergado del Movimiento. A partir de esa fecha, la salud de Franco declina sin freno y su propio sistema entra en un proceso de descomposición acelerada, que no consigue atajar el nuevo presidente Arias Navarro con una serie de medidas que preveían la legalización de asociaciones políticas dentro del cauce general del Movimiento. A pesar de encontrar fuerte oposición entre los más acérrimos defensores del modelo de partido único, la «reforma» Arias era insuficiente para una sociedad que ya exigía, desde muchos lados, la homogeneidad política con la Europa del entorno. En Portugal, una revolución incruenta dirigida por militares descontentos con la solución continuista dada al régimen por el sucesor de Salazar cambiaba el sistema político y abría un camino de libertades desatando expectativas de mudanza en España. Los primeros síntomas de la crisis mundial, provocada por el alza del coste de los productos energéticos, golpean el índice de precios al consumo, que se dispara hasta suponer un 15,70 % de incremento sobre el año precedente, reduciendo de forma amenazadora el salario real.

La reconversión política de la Iglesia es un éxito cuando la Santa Sede coloca por sorpresa al cardenal Tarancón en la diócesis de Madrid, aprovechando la muerte de su obispo. Conforme el régimen entra en su recta final, la Iglesia, como toda la oposición, aprieta el acelerador en la demanda del reconocimiento de los derechos de la persona, en la afirmación de la particularidad étnica y cultural de algunos pueblos y en la exigencia de amnistía para los presos políticos. El franquismo acabaría sus días entre estados de excepción, atentados de ETA y FRAP, fusilamientos de sus activistas, detenciones de militares y escalada final de las reivindicaciones marroquíes sobre el Sáhara, último bastión español por descolonizar. La búsqueda de una nueva legitimidad basada en el bienestar social había fracasado.

Después de Franco... ¿qué?

Cuando en noviembre de 1975 se dejaba por fin morir en paz a Franco ya se habían hecho perseverantes palabras como libertad, amnistía, autonomía y elecciones, que escribirían la historia de los años posteriores. Si muerto el dictador muchos creyeron haber «matado al padre» y con él a sus «demonios familiares», pronto se darían cuenta de que la libertad de la vida privada y del comportamiento público exigiría aguantar la ortopedia de alguna clase de ordenanza, constitución o reglamento que pusiera banderillas al neófito del *desmadre* español. En cualquier parte del país, el poder político —fuera éste el que fuere— perdió siempre la carrera ante la iniciativa popular, que no se paró en barras ante la llamada «legalidad vigente». Las características políticas del franquismo y su excepcional duración influyeron no poco en las actitudes y apetencias exhibidas en la fase inaugural del régimen democrático destinado a sucederle. Cansados de tantos años de vivir en la diferencia, los españoles corrieron a practicar sus libertades individuales antes de que el cambio político les diera existencia jurídica. De acuerdo con las pautas culturales europeas, la sociedad civil estrena un estilo de vida ensayado en la clandestinidad de los últimos años franquistas, a la espera de su ratificación por la política venidera.

En su primer discurso como rey, Juan Carlos I dejaba entrever un espíritu nuevo: ninguna referencia a la Guerra Civil, ni al Movimiento. Sin embargo, el primer gobierno de la monarquía, con Arias Navarro al frente, podría haber sido muy bien un gabinete de Franco. El país emprendió el viraje cuando un desconocido burócrata franquista, Adolfo Suárez, dio el salto a la Presidencia del ejecutivo. Ahora parece claro que Juan Carlos conocía bien a su personaje y que su nombramiento constituyó un grandísimo acierto de la corona: él fue el verdadero artífice de la transición de una dictadura extenuada a una democracia entusiasta. Al cumplirse un año de la muerte del Caudillo, el joven presidente ya había conseguido que las Cortes franquistas se hicieran el *harakiri* programando un sistema bicameral basado en el sufragio universal. El franquismo moría como un samurai, con la espada de su propia ley, y autorizaba la transición hacia la democracia.

Tres transiciones europeas —griega, portuguesa y española— casi coincidentes en su arranque suscitan el interés de los estudiosos. Habría similitud entre esos países en lo referente a la ausencia de una tradición de tolerancia y pluralismo y, por el contrario, en la proclividad de sus militares a intervenir en asuntos de gobierno. La peculiaridad de la transición en España habría que buscarla en la existencia de un sector mayoritario de ciudadanos que no se sentía representado ni por el modelo continuista ni por la oposición institucionalizada. Otros factores que singularizan la transición española recuerdan el protagonismo del rey y la radicalidad de las reivindicaciones autonomistas.

Buena parte de los españoles deseaba un cambio sin riesgos, una reforma política que no hiciese peligrar su estatus socioeconómico; bien puede decirse que el consenso estaba en el ambiente aun antes de reflejarse en el papel. Los deseos de integrar a España en las economías europeas —vía Mercado Común— y la necesidad de mantener una sociedad dinámica y en expansión, en la que sostener un sistema político atrasado hubiera sido un suicidio, harían el resto. Por otro lado, la oposición democrática, inventora del sofisma de la «ruptura pactada», con su escaso arraigo, mala organización y permanente divergencia, estaba claro que no podía ser una alternativa al reformismo. Como en todos los cambios de régimen un enjambre de oportunistas, granujas o simplemente pusilánimes, haciendo protestas de democracia, corrió a las oficinas de reciclaje político con ánimo de buscar una convalidación de antifranquismo.

A medida que se avanzaba en la reforma o se daban pasos como la legalización de los partidos y sindicatos, el sistema adquiría un tono de mayor estabilidad y la superficie política y formal de la monarquía se desprendía de esa vigencia menor del franquismo para poder dar el salto a la plena homologación de una España democrática. Durante aquellas fechas de mudanza, la política se vivió sobre todo en la calle, sembrada de protestas obreras y revueltas exigiendo la amnistía de los delitos de la dictadura. Los duros enfrentamientos entre la policía y los manifestantes pusieron en aprietos, repetidas veces, la normalización democrática y urgieron al gobierno a erradicar los malos hábitos adquiridos por los cuerpos represivos en vida del dictador.

Desde la misma hora de la muerte de Franco, los ojos del país se vuelven hacia los militares, a los que no se sabe exactamente cómo tratar, pero a los que es preciso llevar cuanto antes al redil de la democracia. Bastante anacrónico y nada liberal, al ejército se le mira con desconfianza temiendo que en cualquier oportunidad el camino hacia las libertades pudiera quedar interceptado de un sencillo *cuartelazo*. Con la idea de incorporar a los militares al nuevo sistema político Adolfo Suárez improvisó una reforma del cuerpo en busca de su mayor profesionalidad y vinculación al rey. Ni ETA ni el GRAPO pondrían las cosas fáciles; sus atentados a altos oficiales consiguieron irritar al ejército y provocaron constante ruido de sables. En la primavera de 1977, la legalización del Partido Comunista pudo haber colmado el vaso de la ira militar de no mediar la habilidad de Suárez, que se apuntó uno de los grandes éxitos de su labor democratizadora. Como muestra de la preocupación gubernamental por «civilizar» a los militares, nacía el Ministerio de Defensa, confiado en seguida a un civil, con el encargo de sujetar la milicia y extender en ella el espíritu democrático.

Más preparada para encajar el cambio, la Iglesia se adelantó por medio de su jerarquía a saludar el proyecto de convivencia política que compartirían los españoles. Ya no hay quema de conventos, ni matanza de frailes, como en anteriores jornadas de exaltación liberal, ni jamás la Iglesia había recorrido tanto camino en tan breve tiempo, desde su legitimación de la dictadura militar hasta su apoyo al programa de la democracia. Aprendida la lección de su fracaso en las filas del Movimiento, la Iglesia apoyó al sector reformista del franquismo, alentó a la oposición liberal y contribuyó, más que ninguna otra institución, al reblandecimiento de la agresividad de la derecha conservadora contra el nuevo régimen democrático. Por un momento la tentación nacionalcatólica pareció vencida, pero en seguida surgiría bajo la forma de reclamación de los «derechos» de la Iglesia en el texto constitucional, la enseñanza o la normativa del matrimonio; el pluralismo con su secularización incontenible sería de ahora en adelante la gran prueba de su lealtad democrática. Quedan muchos rasgos de un pueblo de tradición y costumbres católicas, la sociedad española rezuma símbolos religiosos, sin embargo la Iglesia viene perdiendo de modo acelerado su antigua influencia como definidora del recto orden social. Con la sequía de nuevos candidatos, la edad media del clero se ha disparado espectacularmente, manifestando la vejez de una institución que no consigue detener el desplome de la práctica religiosa: en 1990 sólo el 27 % de la población española se considera católica practicante.

Después de más de cuarenta años de ayuno electoral obligatorio, los españoles eligieron en junio de 1977 a sus representantes en las Cortes. La coalición UCD, formada por diversos partidos de centro, socialdemócratas y liberales en torno a Adolfo Suárez, obtiene el triunfo seguida del PSOE, encabezado por Felipe González. Rozando la mayoría absoluta, UCD revalida su poder pero queda a merced de sucesivos acuerdos que darán un tono consensuado a los años de la transición. De la avalancha de agrupaciones políticas nacidas con el entusiasmo del cambio, surgía un bipartidismo imperfecto, característico del actual sistema de partidos en España: dos grandes formaciones parlamentarias de centro-derecha y centro-izquierda, flanqueadas por la derecha conservadora, animada por Manuel Fraga, y la izquierda eurocomunista, de Santiago Carrillo. Así mismo la consulta electoral mostró otra realidad política vinculada en el franquismo a la reivindicación democrática: la existencia de una conciencia nacionalista en el País Vasco y Cataluña, donde los democristianos PNV y CiU alcanzaban una representación parlamentaria importante.

La aldea constitucional

Al margen de acontecimientos concretos, el proceso histórico de la transición discurrió bajo la guía fundamental de dos ejes: la construcción de un Estado descentralizado que reconociera una sustancial independencia administrativa y de gobierno a las regiones y la búsqueda de un consenso entre las distintas fuerzas politicosociales que sirviera para dotar al régimen de una Constitución ampliamente participada. Algunos partidos, que durante el franquismo habían mantenido una animosa oposición al sistema socioeconómico, perderían sus principales señas de identidad y serían absorbidos por la misma magnitud de la reforma política. Fue el precio pagado por algunos, como el PC, para responder a la pregunta lanzada por Carrillo desde el túnel del tiempo. El *después de Franco... ¿qué?,* quedaba resuelto tras los pactos y la Constitución. Después de Franco... el Estado.

En los años postreros del franquismo, la prosperidad económica había servido para que los grupos sociales menos favorecidos tuvieran una compensación a su falta de libertad, mediante el disfrute de un mejor nivel de vida y la integración en la sociedad de consumo. No se realizó una mejor o más justa distribución de la riqueza pero lo cierto es que ésta aumentó de tal forma que, casi por inercia, el capitalismo trató de extender el disfrute del botín. Por el contrario, la transición a la democracia coincidirá con la llegada a España de los efectos de la crisis económica mundial de los setenta. Una depresión que presenta todos los elementos formales de los ciclos negativos del sistema: recesión de mercados, amontonamiento de *stocks,* cierre de fábricas, pérdida de empleo... Y también algunos elementos nuevos, inesperados y heterodoxos respecto de quiebras anteriores, el peor de los cuales fue el encarecimiento súbito y desmesurado del precio del petróleo y otras materias primas, sobre cuya obtención a bajo precio descansaban las economías de los países desarrollados. Junto al consecuente aumento de los costos de producción, una inflación desorbitada, favorecida por la escalada del déficit del Estado, se convertía en la amenaza cotidiana de empresas, patronos y trabajadores. En 1977 la inflación alcanza el nivel tercermundista del 25 %, algo desconocido en la historia económica de España desde la posguerra y que sobrepasa notablemente las tasas de todas las naciones industrializadas. Ante este cúmulo de negras coincidencias muchos recordaron con inquietud las circunstancias adversas en las que había naufragado la República. Sin embargo, la democracia europea de las letras confía en el experimento español y le da su aval y espaldarazo concediendo en 1977 el Nobel al poeta Vicente Aleixandre, por su vela de armas a contracorriente de la nadería cultural del franquismo.

Al agravarse las condiciones económicas, los enfrentamientos sociales por la obtención de rentas se recrudecieron, alcanzando límites alarmantes. Los primeros años de la transición resultaron cruciales para fijar los contenidos de una estrategia de contención social. La economía empresarial estaba bajo mínimos mientras el paro empezaba su danza macabra, soportable todavía pero anunciador de un período incierto y mucho más dramático. Ocupadas en atender las urgencias políticas, las autoridades no ofrecieron demasiadas alternativas y sus recomendaciones se inclinaron por una fórmula de *reparto* de la crisis. De su diagnóstico saldrían, sin embargo, los principales elementos aplicados en la política de *acuerdos sociales,* realizados a tres bandas —gobierno, empresariado y partidos-sindicatos—, cuya primera piedra la pusieron el gabinete y los partidos políticos, cuando en 1977 firmaron los *Pactos de la Moncloa,* precedidos de la devaluación de la peseta. El objetivo más importante de esta política de acuerdos fue la convalidación, por los sindicatos y los partidos socialista y comunista, del modelo económico y social establecido enseguida en los principios constitucionales. Para acomodar el sistema económico a las reglas de una economía de mercado, el gobierno proyectaría la reforma fiscal, la de la Seguridad Social y la empresa pública.

En el decenio de los ochenta, los Pactos de la Moncloa generaron un clima de paz social, que se tradujo en descenso de la conflictividad y encauzamiento de las reivindicaciones laborales. Aparcando sus convicciones ideológicas, la clase obrera, gracias a ellos, aceptó el sistema socioeconómico definido en la Constitución. Después, la legitimación electoral ha prestado a los gobiernos una capacidad de maniobra en política económica prácticamente ilimitada, según la cual se ha intentado salir de la crisis con altos índices de desempleo subvencionado, con benevolencia fiscal y de cierre empresarial y, sobre todo, con la contención del valor añadido del trabajo en el precio final.

Fruto del consenso de las principales fuerzas parlamentarias, la *Carta Magna* de 1978 entraba en la historia de España como la primera Constitución pactada y no impuesta al país por el grupo dominante. La izquierda española tenía una honda tradición republicana, pero ahora con sentido pragmático reconocía en la fórmula monárquica la mejor solución para el Estado surgido de las cenizas de Franco. De esta manera, el déficit de legitimidad democrática que soportaba el rey Juan Carlos se liquidaba con el refrendo mayoritario de la Constitución. Más liberal que muchas de las de su entorno europeo, la Constitución de 1978 pretendió, así mismo, restituir el poder a las regiones atendiendo a la reivindicación histórica de autonomía representada desde el siglo pasado por los nacionalistas catalanes y vascos. En los primeros días del posfranquismo el impulso anticentralista se manifestó tan poderosamente que obligó a los políticos a plantearse como tarea inaplazable la reforma administrativa y territorial del país. No sólo las «nacionalidades históricas» reconocidas por la República —Cataluña, País Vasco y Galicia— podrían tener gobierno propio, sino también todas las regiones que lo solicitasen de acuerdo con el procedimiento constitucional.

A pesar de ser la primera que reconocía las reivindicaciones históricas vascas, la Constitución de 1978 no consiguió más que una respuesta abstencionista del PNV. La afirmación constitucional de la indivisibilidad de la soberanía española, que trató de ser esquivada por los peneuvistas con una cláusula, determinó la abstención de los hijos de Arana. Por mucho que esperaran ansiosos la aprobación del texto para sacar adelante su soñado Estatuto, los nacionalistas vascos prefirieron seguir jugando, como sus antepasados los carlistas, a no ser constitucionalmente españoles. En los nacionalismos, los símbolos tienen más importancia que las realidades y el del rechazo constitucional no debía desaprovecharse. Mientras el PNV discutía de soberanía, ETA hacía el trabajo sucio, llegándose a pensar que sólo un acercamiento del gobierno a las posturas nacionalistas la detendría. El año de la aprobación del texto constitucional los etarras matan a sesenta y cinco personas, muchas más que durante todo el régimen de Franco. Si el nacionalismo vasco más que una ideología es una *conciencia social*, ETA que brotó de él nació también de su conciencia, asumiéndola en vez de combatirla. Por ello cualquier nacionalista vasco podrá condenar los métodos de ETA pero lo que nunca podrá hacer sin traicionarse es rechazar el propósito final de la organización: la independencia de Euzkadi. En el resbaladizo terreno de los fines y medios, con Maquiavelo al fondo, se ha movido largo tiempo el nacionalismo vasco tradicional, acompasando sus apoyos y condenas a ETA al ritmo de transferencias de poder e intereses en una historia de amor y desamor que llega hasta hoy. Por el contrario, las relaciones del gobierno con Cataluña fueron más fáciles, al encontrar Suárez un interlocutor ideal en Tarradellas, símbolo de la Generalitat en el exilio, al que en seguida acomodó en Barcelona, a modo de muestra del reconocimiento oficial de la singularidad catalana.

Como el sentimiento autonomista casi se reducía a Cataluña y el País Vasco, la clase política puso su empeño en fomentar una conciencia regional que sirviera de fundamento a la generalización del sistema autonómico. A impulsos miméticos de catalanes y vascos se descubrieron derechos históricos o inventaron identidades en un tortuoso y vacilante proceso cerrado en 1983 con el diseño de una España de diecisiete comunidades autónomas, todas ellas reguladas por sus estatutos de autonomía y regidas por sus propios gobiernos y parlamentos, dotados de distintas atribuciones. Un nuevo Ministerio de Administración Territorial se encargaría, a partir de las elecciones de 1979, de supervisar el trasiego de poder a las regiones. Pasada la primera efervescencia, la fiebre autonómica disminuyó, dejando ver en toda su crudeza las contrapartidas negativas de una división, en gran parte artificial, donde prevalecieron los argumentos históricos sobre los económicos o geográficos y que ha hecho aumentar la burocracia y el gasto público.

Una vez ratificada la Constitución, el gobierno convocó elecciones que arrojaron resultados casi idénticos a los de la consulta precedente. Antes de que su estrella comience a apagarse tiene tiempo Suárez de llegar a un acuerdo con los nacionalistas vascos respecto de su Estatuto. Jamás texto legal alguno había ido tan lejos en el reconocimiento de los derechos individuales y colectivos de la comunidad vasca. Ese verano de 1979 fue uno de los momentos de mayor euforia de la transición, que enseguida ETA se encargó de aguar demostrando su propósito de sostener la lucha armada hasta alcanzar la independencia de Euzkadi. A Suárez, sin embargo, se le echaría en cara el no haber aprovechado el entusiasmo vasquista para contener el nacionalismo, supeditando el compromiso estatutario a la aceptación pública por los peneuvistas de la unidad de España, así como a la manifestación de su voluntad de colaborar con el gobierno central en la lucha contra ETA.

Toda la unanimidad lograda por Adolfo Suárez en torno a las grandes cuestiones de la sustitución del régimen se deshizo cuando llegó el trance de llevar el cambio democrático a la vida cotidiana de los españoles. Sin mayoría parlamentaria y con los principales ayuntamientos en manos de la izquierda, el gobierno de UCD hubo de enfrentarse no sólo a la reforma del Estado y sus aparatos sino también al desarrollo constitucional en aspectos tan espinosos como el divorcio, la enseñanza o el empleo. No era UCD, mezcla de ideologías y personalismos, la mejor plataforma para preparar un programa integral de reformas y en seguida pudieron verse divergencias de criterio y funcionamiento acompañando la tarea legislativa.

Ninguna ayuda cabía esperar del PSOE, empeñado en desgastar al gobierno y en ofrecer, por el contrario, una imagen de unidad, reforzada desde su abandono del marxismo como rasgo definitorio. Acosado por el sector democristiano de su partido, Suárez, más en onda con la socialdemocracia, prefirió tirar la toalla y ceder el mando a Leopoldo Calvo-Sotelo, ingeniero ilustrado, desprovisto por completo del magnetismo personal del dimisionario.

Conforme la reforma política encuentra un rumbo menos vacilante, los partidos esgrimen ante ETA el considerable aval de sus votos y construyen paso a paso la certeza de encontrarse en un sistema democrático, pleno de legitimidad y abierto a la discrepancia. La respuesta terrorista ante esta situación de acorralamiento fue tratar de forzar la credibilidad y los límites de la reforma, provocando cada vez con mayor brutalidad al aparato militar y policial del Estado, a la espera de un «derechazo» desestabilizador de los más reaccionarios o, en su defecto, de una aceptable negociación. El mantenimiento de la cadena de atentados a los que se une en Guernica el rechazo al Rey por los nacionalistas radicales de HB y las protestas por la muerte de un etarra en una dependencia policial culminarán, en efecto, en una intentona involucionista el 23 de febrero de 1981, con el Congreso de los diputados ocupado por un pelotón de guardias civiles. Si bien no llegaron los golpistas a sustituir ni mucho menos el sistema democrático, como era su intención, suscitaron recelos contra la política autonómica en sectores del gobierno y los partidos de ámbito estatal; el complejo de *democracia vigilada* se volcó entonces en retardar las transferencias estatutarias. Explotando estos retrasos, otra vez el nacionalismo vasco encontraba motivos de disgusto e incomprensión en su pulso con *Madrid* mientras ETA recibía un balón de oxígeno que le permitía mantener vivo su desgastado discurso detractor de la democracia española.

Entre el intento de golpe y la llegada de los socialistas al poder, la UCD consuma su suicidio político, incapaz de encontrar el equilibrio centrista en cuestiones como la universidad o las televisiones privadas, después de que la aprobación de una ley de divorcio provocara la primera indisciplina parlamentaria. Cada vez que, con el propósito de apaciguar a una facción rebelde, Calvo-Sotelo concretaba el programa del partido, orientándolo a la izquierda o a la derecha, invariablemente causaba fisuras en la otra camarilla, de tal forma que cuando llamó a los españoles a votar la UCD había perdido la tercera parte de sus diputados en el Congreso. En medio de la desbandada, el partido centrista logró estrechar filas para meter a España en la OTAN, objetivo concebido en la era de Franco pero inalcanzable hasta entonces por la resistencia de los miembros de la Alianza. La impopularidad de la medida socava aún más la imagen de UCD en la opinión pública, que, entregada al PSOE, redobla sus mensajes en solicitud de un cambio de política. Calvo-Sotelo le hizo caso no agotando la legislatura y anticipando las elecciones a octubre de 1982.

Demócratas arrogantes

Consumada su ruptura con Marx, el PSOE se prepara a la toma del poder mediante la búsqueda de una mayoría electoral suficiente para gobernar en solitario. No se trataba, pues, de representar a una sola clase o estrato social sino de pelear por la conquista del ámbito mayoritario, que en las sociedades desarrolladas coincide con el centro político. La frivolidad regionalista, el radicalismo, la retórica obrerista y hasta el antiamericanismo podían servir, como lo hicieron, en su labor de derribo de Suárez pero resultaban perjudiciales para ganar la mayoría absoluta en una elección. Por el contrario la consigna socialista de *cambio* y *modernización,* aireada como oferta de políticos jóvenes no contaminados por el franquismo y promesa de un nivel europeo en servicios públicos y renta, conectaba fácilmente con las aspiraciones del conjunto de la sociedad española. Si a esto le añadimos la historia de «honradez» socialista, su compromiso de crear ochocientos mil empleos netos y el tirón del líder se entenderá en seguida la magnitud de la victoria de Felipe González. Nunca en España partido político alguno había conseguido tan abultado triunfo. Cerca del 49 % del censo votó a este PSOE moderado y centrista, que se hacía con una muy holgada mayoría absoluta. Frente a los ganadores y a costa de la hecatombe de UCD, Manuel Fraga, a la cabeza de Alianza Popular, obtenía un premio a la perseverancia, convirtiéndose en el gran patrón de la derecha española reciclada. El PCE, víctima de sus repetidas tormentas domésticas, tocaba fondo y los nacionalismos de distinto signo sólo sumaban votos en Cataluña y el País Vasco.

Tras algunos titubeos, el PSOE afronta la impopularidad de una política de rigor presupuestario y reajuste económico, que impone la inmediata devaluación de la peseta y el empleo del bisturí en el sector industrial público creado por Franco. Esta labor de cirujía, llamada eufemísticamente *reconversión,* exigió el cierre de numerosas empresas, sobre todo en el ámbito de la siderurgia, la construcción naval y los electrodomésticos, aparte de reducciones drásticas de plantillas. Aplazada por los gobiernos anteriores, la reconversión fue, pues, violenta y socialmente muy lesiva para los socialistas, convertidos ahora en verdugos de sus clientelas obreras. Salvo la red eléctrica de alta tensión, el PSOE no efectuó nacionalización alguna y a partir de su segundo mandato de 1986 empezó a privatizar sociedades públicas constituidas en los años de la dictadura. Si el Estado se hizo cargo, por vía de urgencia, de Rumasa, inmenso *holding* implicado en acciones fraudulentas, fue para en seguida ponerlo, a trozos, en manos privadas.

Como consecuencia del escaso crecimiento de la economía, el empleo continuó cayendo durante el primer cuatrienio socialista. El PSOE, que había heredado una tasa de paro del 16 % de la población activa, la sube al 20 % en 1984, para tocar fondo, con un 22 %, al año siguiente. Ningún otro país de la OCDE puede exhibir un récord tan negativo, reflejo del carácter estructural del problema del empleo en España. Más tarde, cuando la economía mejoró y se fomentó la contratación temporal, el empleo creció con mayor ritmo que en la Europa industrializada. En enero de 1986, España, miembro de pleno derecho de la CEE, recobraba la condición europea que le había sido negada durante los dos últimos siglos. Por otro lado, la perspectiva de eliminación de los aranceles con las demás economías comunitarias en un plazo de siete años enterraba la vieja querella del proteccionismo y colocaba a la economía española en un mercado ampliado. En ese marco de convergencia, España debió cambiar su política permisiva con la inflación y el fácil recurso a la devaluación de la moneda como forma de combatir las vacilaciones externas de su economía. La estabilidad de la peseta, reforzada con su ingreso en el Sistema Monetario Europeo, y los elevados tipos de interés volcaron sobre España una torrentera de dinero que en 1992 la situaba en el tercer puesto del *ranking* mundial de reservas de divisas.

Desde la hora en que Europa aceptó a España en su exclusivo club, el capital extranjero hinchó la economía, fomentó altas tasas de crecimiento y dio pie al triunfalismo del discurso oficial con el milagro español de sintonía. Intentando aliviar la situación límite del paro, algo modificada por una importante economía sumergida, la política socialista puso el énfasis en la lucha contra la inflación, para lo cual contó con la inestimable ayuda del descenso en los precios del crudo, la caída de la divisa norteamericana y la mejora sustancial de los mercados internacionales. Pero han sido la política salarial y la reducción de plantillas las que han influido de forma más espectacular en el alivio de la economía empresarial, con mayor notoriedad a partir de 1985. Durante distintos ejercicios, la pérdida en varios puntos del salario real amenazó gravemente la situación socioeconómica de los trabajadores, haciendo cundir la alarma entre los mismos sindicatos que habían propiciado la moderación salarial con los pactos. También en el terreno económico, Europa sirve de pretexto a los socialistas para practicar la política neoliberal que siempre desearon aplicar. Al recelo y animosidad de los obreros más radicales se unen a partir de 1987 abundantes críticas de UGT y CCOO a los ministros económicos del PSOE, a los que acusan de favorecer la recuperación del sistema pagando un elevadísimo costo social y sin que se cumplan las contrapartidas prometidas con respecto a la inversión o a la creación de empleo. Al año siguiente, el gobierno socialista alcanza una difícil plusmarca, al soportar una huelga general, lanzada por su propio sindicato aliado a Comisiones Obreras, que paraliza el país pero que no impide, unos meses más tarde, su tercera mayoría consecutiva en las elecciones.

A fines de 1990 comenzó a advertirse con claridad que los aires de bonanza se alejaban y que la economía española se internaba en una senda espinosa de recesión. El vaticinio nacional acertó al predecir el estallido de la crisis y datarlo en la resaca del 92, cuando desvanecido el espejismo de la Exposición Universal de Sevilla y la Olimpiada barcelonesa el país hizo las cuentas. Un año más tarde, nada queda de aquella euforia y los tres millones de parados son el contrapunto trágico de la ilusión europea. En la raíz del infortunio económico de España se encuentran los Estados Unidos, cuya crisis ha afectado a la capacidad adquisitiva de los americanos y a los negocios de Europa. Por otro lado, los requisitos estipulados en Maastricht para la convergencia europea añaden dosis suplementarias de ajuste y recesión a las economías, sobre todo a la española, a las que se suma la férrea política monetaria impuesta por el banco central alemán, árbitro implacable de la economía del Mercado Común.

Con su perseverante protagonismo en la historia de España, la crisis del sector agrario manifiesta el envejecimiento de la población ocupada y la errática gestión de los socialistas que, al negociar el ingreso en la CE, prefirieron sacrificar el campo a cambio de un trato favorable en otras materias. Casi un millón de personas han abandonado el agro, donde la productividad de la mano de obra es muy baja y la descapitalización extremadamente alta. El campo español agoniza al tiempo que las industrias alimentarias caen en manos extranjeras y el propio gobierno, sin imaginación, ofrece dinero a los agricultores para que tiren la toalla. Es el último capítulo del desarraigo campesino sobre el que cabalgó el «milagro económico» y que ha hecho de España una nación de ciudades desperdigadas en medio de grandes despoblados.

Bajo la égida socialista, la cultura especulativa y financiera se ha impuesto a la empresarial, haciendo nacer una generación de hombres de negocios vinculada a operaciones mercantiles rápidas en las que se consiguen plusvalías impresionantes. Sacados a hombros en los ruedos de la prensa, los especuladores y logreros son los *nuevos ricos* de la sociedad española del fin de siglo, cuya banca se enorgullece de tener los beneficios más altos de Europa. El éxito económico se apoya ahora no en el mantenimiento de un proyecto productivo sino en el manejo de información privilegiada y en una buena red de conexiones con el poder, a costa muchas veces del sacrificio de principios éticos. Al grito de «y tú más», los políticos de todo color dan trabajo a los jueces, dejando boquiabiertos a los ciudadanos cuando destapan la olla de la corrupción pública en un espectáculo compartido por otras democracias europeas. En 1991 el vicepresidente del gobierno Alfonso Guerra tuvo que presentar su dimisión, salpicado por un escándalo familiar de tráfico de influencias. Este olor a podrido y a dinero sucio amenaza gravemente la imagen de los políticos profesionales y fundamenta la percepción negativa que la inmensa mayoría de los españoles de los años noventa tiene de la función política. Pero, sobre todo, tizna al Partido Socialista, que denunciado por corrupcion toca fondo en su desprestigio electoral cuando en la primavera de 1993 decide adelantar los comicios.

A los partidos políticos, los dedos se les hacen huéspedes y acaban fiándose sólo de sus clientes, amigos y portadores de carnet: uno de cada 3,8 afiliados del PSOE desempeñaba un cargo público en 1984. La *empleomanía* surge con fuerza, emparentando la democracia vigente con otra más deshonesta, la de la España de la Restauración, en la que nadie se rasgaba las vestiduras porque un ministro convirtiera a su barbero en bibliotecario de El Escorial. Mientras los gobernantes socialistas reparten patentes de *progresismo* y declaran abolidos los privilegios, la sociedad observa cómo el Estado —las autonomías también lo son— se convierte con demasiada frecuencia en un asunto de familia. A este precio, no pueden lo españoles lamentar la débil implantación de los partidos políticos, que normalmente se considera uno de los graves problemas del sistema actual. España está a la cola de Europa en la proporción militante/voto: sólo uno de cada cincuenta y cinco españoles con derecho a voto milita en partidos políticos parlamentarios y son los nacionalistas los que más afiliados reclutan. Con los sindicatos, sucede tres cuartos de lo mismo.

Durante diez años largos, la contundencia legal de la mayoría absoluta permite al PSOE no sólo gobernar sino también responsabilizarse de la gestión total del país. Ultimado el proyecto democratizador, en el que habían colaborado los herederos del franquismo con sus proscritos, los gobiernos socialistas ponen manos a la obra de la modernización de España, que en su programa equivalía a parecerse a Europa; si con los gobiernos de UCD España había dejado de ser *diferente,* se trataba en adelante de hacerla *parecida.* A finales del siglo pasado, Joaquín Costa también pensaba que la *europeización* permitiría al país encontrar el camino del bienestar social y la mejora de la calidad de vida. A pesar de su retórica amargura por el lastre de la herencia recibida, los socialistas pudieron emplear muchos de los cauces preparados por los anteriores equipos centristas. El principal de todos ellos fue la reforma fiscal que desde 1977 pretendía suministrar al Estado el dinero necesario para afrontar la extensión y mejora de los servicios públicos. Con el objeto de hacer respetar la legislación y perseguir el fraude, el gobierno desató una cruzada fiscal, mezcla de persuasión y amenaza, que en el quinquenio 1983-1988 permitió descubrir dos millones de nuevos contribuyentes. Aunque la presión fiscal global es moderada y no alcanza la cota europea, se le hace pesada al español medio, que sufre en su salario la condescendencia del Estado con el gran capital y las pingües rentas. Y el desembolso resulta aún más enojoso si se lo relaciona con los deficientes servicios públicos o se comparan éstos con los habituales en otros países de Europa.

Los recursos del Estado son ahora mayores que nunca, lo que explica la continua ampliación del sector público, alargado constitucionalmente a través de diecisiete administraciones autonómicas. A expensas del sector privado, el PSOE ha ensanchado la participación estatal en ámbitos como la enseñanza o la medicina pero todavía se resiente la calidad de los servicios. La Seguridad Social acoge hoy a seis millones más de beneficiarios, sin embargo las prestaciones sanitarias mantienen su bajo nivel de aceptación y provocan numerosas críticas. Así mismo, la escolarización obligatoria se ha prolongado sin que haya traído una mejora definitiva de las condiciones materiales de la enseñanza pública. Mayor disgusto produce la incapacidad del gobierno de ofrecer una vivienda de bajo costo a los españoles, que aguantan indefensos la subida disparatada de los inmuebles.

A lo largo del decenio socialista, las relaciones de la Iglesia con el gobierno se han ido degradando hasta llegar a situaciones de incomunicación, con intercambio de dicterios y reparto de responsabilidades. En el deterioro de la convivencia ha influido no sólo el proyecto laicizador del PSOE sino el distinto talante de las autoridades eclesiásticas comprometidas en el «catolicismo de asalto», diseñado por la cúpula vaticana desde el comienzo de los ochenta. El tratamiento de los temas religiosos por los medios de comunicación del Estado, la despenalización, en ciertos casos, del aborto y el repertorio legislativo de la enseñanza no universitaria han desencadenado verdaderas batallas entre ambas potestades. De ámbito regional algunas, a raíz de determinadas exhortaciones pastorales de la jerarquía vasca sobre el autogobierno o ETA. Con todo, no hay unanimidad dentro la Iglesia en cuál deba ser la respuesta apropiada al gobierno, en su grado de beligerancia o en el cálculo de los riesgos de una presumible manipulación de su estrategia con objetivos electorales por los partidos conservadores. Por otro lado, los fieles españoles no tienen la costumbre de financiar la Iglesia, lo que obliga a ésta a depender del presupuesto gubernamental y a buscar, en consecuencia, algún arreglo con el poder.

En los años ochenta los atentados mortales de ETA descienden de forma notable respecto al cuatrienio 1978-1981 y se comienzan a considerar apoyos concretos para forzar la salida negociada, quedando atrás la contingencia de una eventual involución política o la más quimérica posibilidad de *derrotar al ejército.* Desde su llegada al gobierno, el PSOE ha mantenido todas las alternativas. De un lado ha establecido contactos con ETA, muchas veces negados en público, cuando no aireados como las *conversaciones de Argel;* de otro ha sofisticado y discriminado la acción policial contando, a partir de 1986, con el concurso de las autoridades francesas, que seis años más tarde le ofrecen en bandeja la detención en Bidart del *presidium* etarra. En su deseo de ganar la partida a ETA, el gobierno socialista trata de crear fisuras en la organización mediante el ofrecimiento de la reinserción social a algunos de sus miembros. Con esta política abandonan la cárcel decenas de etarras, sembrando intranquilidad en su dirección, que, como medida preventiva, asesina a una antigua dirigente arrepentida. El *síndrome de Yoyes* convence a más de un etarra para rehusar la reinserción, por lo que el gobierno decide dispersar a estos presos entre las cárceles españolas para intentar evitar la coacción ejercida en los colectivos amplios por los duros de la banda. Pese a que ETA mantiene su repique de muerte y extorsión, los socialistas pueden apuntarse en su haber importantes éxitos en la lucha antiterrorista de tal forma que no pocos españoles aventuran el pronto fin de la pesadilla etarra.

España se ha transformado considerablemente en los diecisiete años posteriores a la muerte de Franco pero, en algunos ámbitos, los proyectos de cambio económico y político se han empantanado. Aunque el poder del pueblo sea sólo una mueca de la realidad dictada por un partido y la abstención amenace el modelo democrático, la sociedad civil sigue sin sacudirse a la política y se deja engullir por la voraz burocracia. Mezcla de chapuza y modernidad, la España que divisa el siglo XXI convive con múltiples arcaísmos, herederos de una historia repleta de elementos retardatarios. En pleno proceso degenerativo de desideologización, la democracia socialista ha echado por la borda la gran esperanza liberal y se ha quedado, a sus anchas, con el lastre del autoritarismo y la didáctica paternalista del poder incontestado. No ha habido ni un solo gesto significativo del *felipismo* —ingreso en la OTAN, guerra del Golfo, peleas con los sindicatos— que no apuntara al aniquilamiento de una cultura política de izquierda. En la pira del autoderrotado socialismo real, los últimos gobiernos españoles han hecho arder no sólo los valores de la Revolución de octubre sino también algunos de la francesa. Porque en el camino de las libertades personales también han aparecido obstáculos, bajo capa de eficacia policial en la defensa de la seguridad ciudadana o en la lucha contra el fraude tributario y el narcotráfico, mientras la amenaza informática se cierne sobre la intimidad de los ciudadanos.

Capítulo XVI

Fin de siglo

Momentos olvidables

No recuperados todavía del golpe de dos devaluaciones de la peseta y la suspensión de pagos de la multinacional Torras-KIO —la gran inversora extranjera en los años de euforia económica—, los españoles de 1993 comienzan el año atrapados por unos medios de información que compiten en la carrera del escalofrío y la sensiblería. La tragedia de tres jóvenes valencianas asesinadas acapara la atención de los *reality-shows* televisivos en plena regresión al morbo de la España negra; la misma que se resiste a desaparecer cuando golpea la geografía nacional bajo la forma de mujeres maltratadas por sus parejas. Una vez más, la fascinación de los españoles por la muerte congregaba a éstos en las barrocas liturgias desplegadas en El Escorial con motivo del entierro del conde de Barcelona. El infante que nunca alcanzó el trono obtenía, después de muerto, un lugar entre los monarcas hispanos, por una gracia regia que daba la espalda a la historia. Mientras en las tertulias radiofónicas se discute de lo divino y lo humano repartiendo emociones y juicios, Felipe González, alarmado por los escándalos de su partido no encontraba más salida que convocar elecciones para el 6 de junio de 1993.

A punto estuvo el PSOE de desmayarse a causa de unos comicios, en los que los ciudadanos tuvieron que elegir entre lo malo conocido y la derecha por conocer. En medio de sondeos que cada día adjudicaban el triunfo a uno u otro candidato, la campaña electoral se revistió de una agresividad inédita hasta entonces, aunque luego superada por los ladridos del dóberman televisivo de 1996. Al final, el previsto empate se deshizo por la telegenia de Felipe González y su hábil explotación de la estrategia del miedo a la derecha, que restó votos a Izquierda Unida en favor del PSOE. Entre Aznar y González, los españoles optaron por un perdón condicional a los socialistas pero sin concederles ya la mayoría absoluta. Con todo, la España de 1993 seguía siendo de izquierdas, pues la suma de escaños de PSOE e IU superaba a los de las demás fuerzas parlamentarias. Lejos de llamar en su auxilio a Julio Anguita, como hubiera exigido el mandato de los votantes, Felipe González sorprendió al país con su pirueta ante los nacionalistas catalanes y vascos. Su acrobacia, sin embargo, no conseguiría meterlos en el gobierno, el expediente inconcluso de la actual democracia española. Considerado antinatural por los que se quedaron fuera del poder, el apoyo parlamentario de CiU a los socialistas acrecentará, sobremanera, la estatura política de Jordi Pujol, presidente de la Generalitat de Cataluña desde 1980, que se deja querer, olvidando los viejos agravios provocados por la quiebra de Banca Catalana. La gobernabilidad de España tiene su precio: la cesión del 15% del IRPF a las autonomías, exigida por los catalanistas. Un modelo de financiación autonómica que desata los anatemas del Partido Popular contra quienes agrandaban la distancia entre las comunidades pudientes y las desvalidas.

Con el objeto de cumplir la promesa electoral de impulsar «el cambio del cambio», Felipe González implica en la acción de gobierno a personalidades independientes como los jueces Belloch y Garzón mientras despide a su ministro Carlos Solchaga, inmolado por el fracaso de la economía especulativa, que afloja las lenguas de los guerristas y los empresarios. También se jubila ahora el incómodo Nicolás Redondo, al que se le acosa con el escándalo inmobiliario de la PSV hasta hacerle abandonar la jefatura de UGT; la misma suerte que corre Mario Conde cuando el Banco de España interviene Banesto. El gigante de la cultura del pelotazo se desplomaba, arrastrando en su caída al banco, cuyos despojos sirven para otorgar al Santander de Botín la hegemonía financiera de España. En medio de los abandonos, sólo Miguel Indurain responde a las esperanzas de los españoles, volviendo a ganar el Tour de Francia.

A pesar de las novedades, el gobierno no consigue sacar al país de su parálisis ni al PSOE de las manos de los jueces, decididos a desentrañar los casos de corrupción. Sin ideas y a remolque de CiU, el presidente González pretende aliviar el horizonte de los jóvenes parados por medio de empleos de baja calidad y peor retribución, los contratos basura de las diatribas sindicalistas. La respuesta de UGT y CCOO es una tercera huelga general, que no alcanza a movilizar más que a una pequeña parte de los trabajadores. Una jornada de paro donde sólo hay perdedores: un gobierno progresista que al romper su comunicación con los sindicatos ahonda en su desprestigio y unos dirigentes sindicales irresponsables que al no medir bien sus fuerzas perdieron la confianza de las bases, quedando tan mediatizadas sus organizaciones que apenas si pueden levantar ya la voz en el debate socioeconómico. Nunca, en la historia de España, la izquierda había hecho regalo mayor a los partidos conservadores, pues al desactivar la oposición sindical les aseguraba, a su llegada al poder político, la paz social. Es la renta que disfrutó, sin sobresaltos, el primer gobierno del Partido Popular.

La idea de Europa sigue sirviendo a los socialistas para colorear sus aciertos y disfrazar sus fracasos. Nadie más europeísta que Felipe González, tan seguro de su discurso que ni se molestó en consultar a los españoles la aceptación del tratado de Maastricht, a pesar de los sacrificios que la «primera velocidad» les imponía. Y con los apretones al cinturón de los ciudadanos se reabre el expediente del europesimismo que se creía superado, mientras cunde la duda de si los socios continentales habían sido, precisamente, los mejores amigos de España. Pero lo que, en verdad, quita el sueño a los políticos y periodistas es el estallido de la corrupción, que ensucia la imagen de la democracia y favorece la judicialización de la política y la politización de la justicia. Gracias a las revelaciones del diario *El Mundo* —la bestia negra de los gobiernos socialistas—, los sufridos contribuyentes descubrían cómo el director de la Guardia Civil y otros altos servidores del Estado habían amasado grandes fortunas en un tiempo récord. Con la rocambolesca fuga de Luis Roldán y la detención del gobernador del Banco de España, los «100 años de honradez» del eslogan electoral socialista se trasformaban en el esperpento «del jefe del dinero conducido entre dos guardias y el jefe de los guardias huido con el dinero», en frase afortunada de un dirigente del histórico partido. Al otro lado del Atlántico, el ganador es... *Belle Epoque.* La frase coge por sorpresa hasta a Fernando Trueba, al que la sentencia supone el Oscar, rompiéndose otra vez las barreras de una industria de difícil acceso para los cineastas españoles.

A partir de julio de 1994, la reapertura por el juez Garzón del sumario de los GAL pone el país en vilo. Una opinión pública muy sensibilizada por los continuos casos de corrupcion descubría con estupor que los asesinatos de miembros de ETA y sus anexos, ocurridos en Francia y España entre 1983 y 1987, se habían fraguado en los despachos ministeriales madrileños y en las alcantarillas de los servicios de información. Para rematar la chapuza política, parte de los fondos destinados a financiar estas operaciones había ido a engordar las cuentas de los encargados de la protección ciudadana mientras el gobierno era incapaz de cerrar capítulo, al verse sometido al chantaje de quienes se habían apropiado de comprometedores informes del CESID. Las revelaciones abrieron una etapa de consecuencias políticas imprevisibles, afectando muy negativamente a los resultados de los socialistas en comicios ulteriores. Además, el procesamiento de antiguos cargos del Ministerio del Interior, incluido el ex ministro Barrionuevo, encona las malas relaciones del PSOE y el PP, y promueve distintas artimañas para obstaculizar la acción legal, en detrimento del prestigio de las instituciones públicas. Desde el País Vasco, la interpretación del asunto GAL por los nacionalistas socava la legitimidad del Estado al tiempo que ofrece un respiro a Herri Batasuna, agobiada por el aumento de la movilización ciudadana contra el terrorismo.

Lazos azules contra ETA

En este trance, como ya ocurrió durante la transición, la estrategia de ETA se orienta a ocasionar el mayor número posible de asesinatos y forzar, así, la negociación con el Estado. A la espera de ésta y para alegrar sus finanzas, los etarras secuestran, en el verano de 1993, al industrial guipuzcoano Julio Iglesias Zamora, sin medir la reacción de la sociedad vasca, que empujada por los grupos pacifistas se manifiesta en las calles, exigiendo su libertad. Miles fueron los vascos que, a lo largo del cautiverio del empresario, plantaron cara a los violentos mediante la exhibición de un lazo azul, muestra de rechazo a ETA, en un admirable despliegue ciudadano que no había logrado suscitar ninguno de los sesenta secuestros perpetrados por la organización terrorista.

Preocupados por la pérdida de protagonismo callejero y con el fin de neutralizar la movilización social de los vascos contra el terror, los jóvenes de Herri Batasuna despliegan desde 1994-95 una estrategia de amedrentamiento de la población, al estilo de las «escuadras de acción» del fascismo europeo de entreguerras. Agresiones a los portadores del lazo azul, ataques al mobiliario urbano, pintadas intimidatorias... buscan llenar páginas en los periódicos y atemorizar a quienes se resisten a permanecer callados ante la barbarie desplegada por los ideólogos «civiles» del nacionalismo vesánico, impropiamente llamado radical. Cada vez que los ciudadanos se concentran para condenar los crímenes de ETA tienen que aguantar las contramanifestaciones amenazantes de HB, sin que se vean protegidos en el ejercicio del derecho de reunión por el Gobierno vasco. La casi absoluta impunidad con que actúan estos jóvenes iracundos da origen a enfrentamientos entre los partidos políticos, con criterios dispares sobre cúal deba ser la réplica pertinente a sus atropellos y cuál la actitud de la policia autónoma, cuya pasividad desespera a los ciudadanos no nacionalistas.

Y mientras los nacionalistas de *Jarrai* acosan a los disidentes con el propósito de producir miedo, ETA asesina para demostrar que las amenazas se cumplen y manifestar que se deben tomar en serio. Por ello, actuaciones y manifiestos de los gestores del nacionalismo, que por su naturaleza totalitaria deberían producir escándalo, se convalidan tranquilamente en sectores amplios de la sociedad vasca porque el terror impide toda percepción crítica de lo que está ocurriendo. En enero de 1995, el PP comienza su via crucis al ser asesinado el concejal guipuzcoano Gregorio Ordóñez que aparecía, en todos los sondeos, como el seguro ganador de las próximas elecciones al Ayuntamiento de San Sebastián, algo inadmisible para los que adjudicaban o retiraban credenciales de vasquismo y, en abril, el aspirante a la Presidencia del Gobierno José María Aznar sale con vida de un atentado merced al blindaje de su automóvil. Un escalofrío hiela el verano cuando se conocen los planes para matar al Rey en Palma de Mallorca, cerrándose el año con una masacre en Madrid, producida por un coche-bomba colocado al paso de un vehículo de la Armada. En la espiral del terror planificado, el PSOE pierde, así mismo, a dos amigos de Felipe González, el dirigente del socialismo vasco Fernando Múgica y el ex presidente del Tribunal Constitucional, Francisco Tomás y Valiente. Sin embargo, los crímenes no tienen el efecto pretendido de desmoralización del gobierno sino que lo refuerzan con innumerables muestras de repulsa hacia la banda terrorista al quedar bien patente que los asesinados lo habían sido por pensar que democracia significa ejercicio de la palabra libre.

La derecha de seda

Los episodios de corrupción pasan factura al PSOE tanto en las elecciones al Parlamento Europeo de 1994 como en las municipales y autonómicas del año siguiente y aumentan la resistencia de Felipe González a convocar las generales. A la nada inocente demanda del eufórico PP de adelanto de los comicios, el presidente del Gobierno se niega, denunciando la antinatural «pinza» del PP e IU contra su partido y las conspiraciones de la prensa amarilla. Todos estaban contra él, todos menos Pujol. Y es que las encuestas confirmaban el imparable ascenso de los conservadores entre las clases urbanas, los jóvenes y los grupos con mayor preparación académica, mientras el discurso socialista se petrificaba en las áreas rurales y los jubilados. Esta deserción de las clases medias ya había quedado patente en las elecciones municipales cuando el PSOE perdió tres de las principales capitales del país. Sólo Barcelona permanece fiel, al agruparse en torno a Maragall el voto útil de la izquierda y los no nacionalistas.

A la caza del electorado más moderado, el PP ataca sin desmayo los errores de gestión del gabinete socialista —campo abonado por los casos de corrupción y el GAL— siguiendo el modelo de desgaste público que tan buenos saldos diera al PSOE en la agonía de UCD. El rostro más amable de la opción conservadora se proyectaba, así mismo, en los medios de comunicación con un rejuvenecimiento de los cuadros del partido y una cuidadosa selección de candidatas que cubren los puestos de responsabilidad asignados a las mujeres. Mediante tales cambios el PP modernizaba el conservadurismo español para sintonizar con una mayoría de nuevos votantes, ajenos a las vivencias del franquismo y a los que, por tanto, resultaban ininteligibles las consignas del miedo a la derecha. La templanza en los asuntos comprometidos del divorcio, la despenalización del aborto bajo ciertos supuestos, el servicio militar obligatorio o la defensa del Estado del Bienestar ayuda al partido a romper el estereotipo que equiparaba la derecha española al autoritarismo, de la misma forma que lo había hecho el PSOE en 1982, con el que presentaba a la izquierda como sinónimo de revolución y conflicto social.

Agobiado por problemas domésticos y acorralado por la prensa y los tribunales, poco podía hacer Felipe González para contrarrestar el empuje del PP y lavar la cara de un partido al que sólo le faltó ser acusado de la sequía que en 1995 asolaba España. Ha terminado con alabanzas su presidencia en la Unión Europea y ha conseguido catapultar a Solana a la Secretaría General de la OTAN, a la par que promete el aumento de las jubilaciones y los sueldos de los funcionarios congelados durante dos años. La mala memoria de los españoles impide, no obstante, a los socialistas compensar sus tropezones con sus éxitos en la consolidación del Estado del Bienestar a través de la popularización de la enseñanza o la sanidad, los dos bienes preferentes de las sociedades avanzadas, o con su esfuerzo en acortar la distancia que separaba España de Europa, en cuanto a infraestructuras de comunicaciones.

En noviembre, la pérdida de la mayoría absoluta que disfrutaba CiU en Cataluña pone nubarrones en el horizonte electoral del partido socialista. La caída de votos de los catalanistas y el crecimiento de los populares en el Principado era la factura que pagaba Pujol por su apoyo al desprestigiado gobierno socialista. A los pocos días, el pragmático dirigente catalán dejaba a González en la estacada, obligándole a convocar elecciones para marzo de 1996.

La campaña electoral alcanzó niveles de crispación desconocidos. Frente al reiterativo mensaje del PP de regeneración moral de España, un PSOE autosatisfecho inundó sus discursos de referencias a sus logros sociales y asustaba a los electores con un futuro dominado por las dentelladas conservadoras al Estado del Bienestar. Los nacionalistas tampoco se anduvieron con remilgos en sus ataques al PP, asustados como estaban por la pérdida de votos que podía acarrear la polarización de los electores en los dos grandes partidos nacionales. Contra la mayoría de los pronósticos, el triunfo del Partido Popular resultó muy raquítico, al quedarse a veinte escaños de la mayoría absoluta mientras que el PSOE sufría una dulce derrota que le permitió considerarse el perdedor victorioso. Pese a los escándalos de la gestión socialista, a muchos españoles se les hacía muy duro votar al PP, bien porque dudaban de la talla política de Aznar, bien porque desconfiaban de su partido fundado por el autoritario Fraga. El pinchazo de los conservadores en las populosas Cataluña y Andalucía estuvo también en la raíz de su amarga victoria, que habría de configurar la mayoría relativa más escasa de la reciente democracia.

Con sólo los 156 escaños de su partido, Aznar no tiene más remedio que negociar su investidura de presidente. El mantenimiento de CiU y PNV, como árbitros de la situación, desató la euforia en la derrota de algunos dirigentes del PSOE, que albergaban la ilusión de que el fracaso negociador del PP diera el relevo a González. No contaban, sin embargo, ni con la versatilidad de los nacionalistas, sus antiguos socios, ni con el tesón de Aznar para rematar las negociaciones aunque fuera a costa de desdecirse de algunas promesas. Durante dos meses, el PP hubo de aguantar unas tortuosas conversaciones seguidas con intranquilidad por una opinión pública que barruntaba el coste político y económico de las exigencias nacionalistas.

La consecución del acuerdo fue un auténtico calvario para Aznar, dado que Pujol y Arzalluz no desaprovecharon la ocasión de explotar la fragilidad parlamentaria de los populares en beneficio de sus partidos y su avidez de mayor autogobierno en Cataluña y el País Vasco. El plato fuerte de las aspiraciones catalanistas se llena temporalmente al pactar CiU con el futuro ministro de Economía, Rodrigo Rato, un nuevo sistema de financiación autonómico que cede el 30% del IRPF a las comunidades autónomas, mientras Pujol adorna la operación comprometiéndose a colaborar en la estabilidad exigida por la integración en la moneda única europea. También el PNV consiguió vender bien su mercancía y ser recompensado con un pacto fiscal que dejaba manos libres a las haciendas vascas para establecer los impuestos personales y empresariales y les encargaba recaudar los impuestos especiales privativos de la Hacienda central. Un poderoso instrumento de autogobierno y, al mismo tiempo, de clientelismo, pues permite planificar la presión fiscal en función de los proyectos de construcción nacional del PNV y atraer al País Vasco nuevas inversiones, aun a disgusto de las comunidades vecinas y Bruselas.

El acuerdo con el PNV, cuyos votos resultaban irrelevantes desde la aritmética parlamentaria, desata la envidia de los catalanistas, seguros de su mayor legitimidad para exigir un concierto económico, acorde con el potencial catalán o, al menos, los recursos necesarios para financiar el déficit de su sanidad. Se abre así, otra vez, la caja de los truenos de la supuesta insolidaridad de las regiones más ricas de España, aunque son ahora las autonomías en manos socialistas, especialmente Andalucía y Extremadura, las que llevan la voz cantante de los agraviados. Todo aquello que los populares calificaban de dejación de soberanía nacional cuando lo negociaba el PSOE, ahora intentan hacerlo pasar por modelo de realismo y sentido político. Sin embargo, los regalos y cesiones del Partido Popular a los nacionalistas catalanes y vascos son percibidos por un sector de la opinión pública como entreguismo descarado del gobierno, que pone en peligro la arquitectura constitucional del Estado y hasta la misma idea de España. Seguro de la fuerza que le concede su respaldo parlamentario al PP, Jordi Pujol reclama una nueva exégesis de la Constitución que le permita obtener mayores ventajas de lo que él considera, con manifiesta voluntad de diferenciarse, el «hecho diferencial catalán».

Aunque, a la larga, la cesión del 30% del IRPF no reporta las ganacias esperadas, pues se trata de un impuesto en franca decadencia, la imagen de Aznar pactando con los nacionalistas lesiona el crédito de su gobierno, ya erosionado por la defenestración de Vidal-Quadras, el consistente líder del PP en Cataluña que había denunciado la violencia institucionalizada del pujolismo y, muy en especial, su política lingüística. A todos los nacionalismos les ocurre lo mismo: reclaman pluralidad al Estado pero la descartan donde ellos ejercen su poder.

Otro motivo de descontento generalizado respecto del gobierno del PP es la resistencia de Aznar, en nombre de la razón de Estado, a desclasificar y entregar a los jueces algunos informes de los servicios secretos, que ponen en entredicho la labor de la anterior dirección antiterrorista. En esta ocasión, el gobierno ni siquiera sabe sacar partido de su promesa de supresión del servicio militar obligatorio, una demanda social muy arraigada en los partidos de izquierda. El anuncio preparaba el nacimiento de un ejército profesional acorde con los compromisos internacionales de España, cerrando el largo camino de la reforma militar que ocupó a gobiernos y parlamentos durante un siglo.

La rebelión de Ermua

Si en el ámbito económico la relación entre el PP y sus socios vascos parecía armoniosa, la respuesta de ambas formaciones al terrorismo y sus apéndices no podía ser más divergente. El centro de las discrepancias se traslada ahora a la política de dispersión de los miembros de ETA que cumplen condenas en sesenta cárceles españolas, conforme a la estrategia desarrollada desde 1987-89 por los gobiernos del PSOE con el aplauso del PNV, para evitar la tiranía de los reclusos más duros sobre las comunas etarras y facilitar, así, su reinserción, objetivo primordial de las instituciones penitenciarias. Convertidos en instrumento de coacción, los presos terroristas son el mejor capital de Herri Batasuna, la tabla a la que se agarran sus militantes, cercados por la protesta social contra la violencia, pero, a remolque, la defensa de sus supuestos derechos facilita al PNV la expiación de sus pecados de colaboracionismo con los partidos «españolistas». Frente al tratamiento individualizado de los presos de ETA, defendido por el ministro de Interior, Mayor Oreja, todas las fuerzas nacionalistas vascas exigen poner fin a su dispersión, concentrándolos en cárceles del País Vasco.

La controversia se agudiza durante el terrible cautiverio del oficial de prisiones Ortega Lara a quien los terroristas mantienen secuestrado para chantajear con su vida al Estado y tratar de conseguir el acercamiento a Euskadi de los presos etarras. Las disputas partidistas se trasladan al ámbito institucional cuando en octubre de 1996 el Parlamento vasco, con la participación activa de HB, aprueba una moción en favor del acercamiento de los presos y amenaza con recurrir a instancias internacionales para lograrlo. El desafío se salda, al cabo de un tiempo, con un bochornoso ridículo en el Tribunal de Estrasburgo. Sin embargo, la polémica sobre el acercamiento al País Vasco de los presos etarras consigue abrir una brecha en la Mesa de Ajuria Enea, donde se alinean los nacionalistas e Izquierda Unida frente a los no nacionalistas. Pese a la fuerte presión sufrida y a los atentados de ETA contra los funcionarios de prisiones, Mayor Oreja se mantiene firme en la defensa del Estado de derecho, lo que, junto a su imagen templada, le permite alcanzar la mejor valoración popular de entre todos los políticos, salvando durante meses el balance del gobierno Aznar, por más que en el País Vasco los nacionalistas le conviertan en blanco de su manía persecutoria al no plegarse a sus maniobras.

A lo largo de 1997, el terrorismo ocupa permanentemente la atención de los españoles, cuyos sentimientos fluctúan entre el optimismo y el desánimo, al vaivén de las vicisitudes de la batalla contra ETA, en la que el gobierno popular se ve ayudado por un convenio de extradiciones arrancado a la Unión Europea, tras arduas gestiones iniciadas por la diplomacia socialista. Con el nuevo ordenamiento, se aligera la entrega por parte de Francia de dirigentes históricos de ETA retenidos en el país vecino, mientras su policía golpea resueltamente la cabeza del movimiento separatista y en España se desarticulan los más peligrosos comandos. Aun así, ETA sostiene su capacidad operativa, siendo capaz de prolongar dos secuestros simultáneos hasta principios del verano. Uno para cobrar un multimillonario rescate y el otro, como moneda de cambio, para conseguir el reagrupamiento de los presos etarras.

La liberación de Ortega Lara, el primero de julio de 1997, rompió la racha de la banda, y constituyó un gran éxito de la Guardia Civil. El dramatismo de la operación y la imagen extenuada del liberado, con aspecto de superviviente de campo de concentración nazi, constituyeron un revulsivo de la opinión pública, que precipitó el final momentáneo de la campaña propagandística en favor de los presos de ETA, compañeros de quienes habían torturado durante quinientos treinta dos días a Ortega en un recinto de condiciones infrahumanas. A fin de recuperar la iniciativa, el 10 de julio ETA lanza un órdago al gobierno, secuestrando a Miguel Ángel Blanco, concejal del PP en el Ayuntamiento vizcaíno de Ermua y dando un plazo de cuarenta y ocho horas al ejecutivo para trasladar sus presos a las cárceles vascas. La emoción y la rabia que se desencadenaron en el municipio vasco ante tal atrocidad, se transformaron en un airado clamor de toda España, que no consiguió conmover a los verdugos etarras. El 12 de julio la banda terrorista ejecutó la pena de muerte dictada contra el joven concejal.

El hartazgo de la sociedad ante la perseverancia del terrorismo y sus coartadas se reviste de «espíritu de Ermua», que empuja a miles de ciudadanos vascos a romper su inhibición y salir espontáneamente a la calle para mostrar su cólera contra la barbarie nacionalista y exigir a los políticos unidad frente a la dictadura de ETA y sus allegados, al tiempo que se producen ataques a las sedes de Herri Batasuna. Por unas horas el miedo cambió de bando, en tanto la ciudadanía vasca se veía empujada a desterrar ambigüedades y equidistancias y a proclamar si estaba del lado de las víctimas o de los verdugos. Más de seis millones de manifestantes, doloridos por el drama del País Vasco, reprobaron en las calles y plazas españolas la brutalidad de ETA, demostrando palpablemente la vitalidad de la España real frente al desconcierto inducido por los políticos respecto de la conciencia nacional. La España de los ciudadanos confirmaba su compromiso en la defensa de las libertades a través de una explosión de civismo como no se había visto desde las manifestaciones contra la intentona golpista del 23-F.

La conmoción por el asesinato de Miguel Ángel Blanco favoreció un pasajero acercamiento de los partidos reunidos en torno a la Mesa de Ajuria Enea, obligados por las circunstancias a mostrar públicamente su compromiso de aislar a HB mientras no condenara el asesinato. El proyecto surgió con fuerza sobre el papel, aunque pronto se debilitaría por la prisa del PNV en desactivar un movimiento ciudadano, al margen de consignas y estrategias políticas, que ponía en entredicho su siempre calculada indefinición. Los hijos de Sabino Arana temían que el aumento de la presencia pública de los ciudadanos vascos y su arrojo en la denuncia de la falta de libertades individuales acabaran en un gran proceso al nacionalismo, responsable del déficit de democracia que sufría Euskadi. Pese a los reflujos, las movilizaciones de julio de 1997 marcan para siempre un antes y un después, al quebrarse el silencio del terror que atenazaba desde la época de la transición a buena parte de la sociedad vasca.

El acoso social y policial a ETA tiene, sin embargo, su réplica de sangre cuando la banda terrorista se reafirma en su condena a muerte de los representantes del PP en los ayuntamientos. En su propósito de doblegar al partido en el poder —mediante el asesinato de concejales en

Guipúzcoa y Sevilla— ETA sólo consigue demostrar su nivel de crueldad y acelerar el aislamiento de Herri Batasuna, al tiempo que la ciudadanía vasca vuelve a confirmar su irritación y cansancio ante una agresión tan bárbara y reiterada. Con todo, la ofensiva etarra sirve para agrandar la división entre los partidos nacionalistas y «constitucionalistas», ya enfrentados a propósito de las medidas conducentes a garantizar la seguridad de los ediles populares en el País Vasco o la idoneidad de la decisión del Tribunal Supremo, en diciembre de 1997, de encarcelar a la dirección de HB por un delito de colaboración con banda armada.

El nuevo icono

Los sumarios que empiezan a ventilarse en los juzgados contra dirigentes socialistas atenazan al PSOE, desde el mismo momento de su pérdida del poder en 1996, y dejan al gobierno de Aznar sin una oposición enérgica en el Parlamento. Pese a tan ventajosa situación, el gabinete se mostró incapaz, durante los dos primeros años, de progresar en la estima de la opinión pública, que le acusa de inexperiencia e incumplimiento de algunas de las promesas electorales, en especial las referidas a la bajada de impuestos. Además, el intento del grupo de comunicación PRISA de constituir un monopolio en la televisión digital de pago, al margen del deseo del ejecutivo de mantener una oferta diversificada, desencadenará una guerra legal y mediática en la que el gobierno sufre el fuego cruzado de la oposición socialista y los medios implicados en la operación, que le acusan de interferencia en la gestión impresarial y ataques a la libertad de expresión. El antagonismo se acrecienta al entrar en escena la Compañía Telefónica, competidora directa de la plataforma de PRISA, tras hacerse con el control de Antena 3, y legislar el gobierno en contra de los abusos en las transmisiones deportivas de «interés social». Las espadas todavía en alto, el conflicto recala en Bruselas, con grave deterioro del crédito del gobierno y los medios de comunicación implicados, a menudo más atentos a la cuenta de resultados de sus propietarios o a las expectativas políticas que a la consistencia de los juicios transmitidos.

Sin llegar a cerrarse un acuerdo entre las dos cadenas digitales, que podría revolucionar el mundo de la información, en los últimos años se ha producido un notable fortalecimiento de los grupos multimedia. Algunas de estas empresas ya venían concentrando cabeceras periodísticas desde los tiempos del felipismo pero ahora dan el salto a los medios audiovisuales. Junto al omnipresente grupo PRISA, donde convergen el diario *El País*, la cadena de radio SER y la televisión de pago Canal +, alcanza su mayoría de edad el grupo regional «El Correo», que pisa fuerte en Tele 5, mientras en el periodismo audiovisual irrumpe con fuerza Telefónica a través de Antena 3 y Onda Cero y, en el escrito, se populariza, con su mezcla de opinión y denuncia, el diario *El Mundo*.

Cuando el Partido Popular se hace cargo del gobierno, la entrada en la primera fase del euro, prevista para el 1 de enero de 1999 se convierte en la obsesión de sus dirigentes. A causa de la crisis de los noventa y del atraso estructural de la economía española, los requisitos de equilibrio presupuestario exigidos por el tratado de Maastrich parecían inalcanzables. El ajuste era necesario, si se deseaba que el país no perdiera de nuevo la ocasión de subirse al tren de Europa en la estación de salida. Pero como paso previo a la apretura del cinturón había que garantizar la paz social. Para dejar el suficiente sosiego al gobierno, en octubre de 1996 Aznar firma un acuerdo con los sindicatos que garantiza hasta el año 2000 el poder adquisitivo de las pensiones a la vez que se compromete a estrechar la vigilancia sobre la contratación con el fin de impedir los perversos efectos de los contratos basura. Consecuencias negativas en el ámbito social, ya que a pesar de la bonanza económica el paro se mantiene en las tasas más altas de la Unión Europea, y también perjuicios en el terreno económico porque la inseguridad de muchos de los empleos creados desanima el consumo y la inversión.

La búsqueda del equilibrio en las cuentas públicas encuentra sus damnificados en la tropa de funcionarios, nuevamente sometida a la congelación salarial a pesar de las protestas ensayadas por los sindicatos. Pero sobre todo se resiente el capítulo de inversiones de los ministerios. Después de los años de excavadoras de la etapa socialista que pusieron el país patas arriba, llega el momento de frenar las grandes obras públicas, aunque esto no impide cumplir con dos de los proyectos de comunicación más urgentes para la vertebración de España: la Autovía del Levante, que aproxima la capital madrileña a Valencia, y las autovías de Galicia, que al mejorar los caminos entre el NW y la Meseta rompen definitivamente el aislamiento de aquella porción peninsular, acallando el malestar de una región históricamente olvidada. Igualmente, y tras superar las vacilaciones iniciales, el AVE entre Madrid y Barcelona empieza a hacerse realidad, con lo que en unos años quedará concluida la columna vertebral de la nueva red ferroviaria española. Buenas autovías y veloces trenes van completando el viejo programa de los ilustrados españoles para quienes los caminos hacían la nación.

Inmerso en la contención del déficit público y al calor de la caída de la inflación, el gobierno saca partido de las constantes bajadas de los tipos de interés decretadas por las autoridades monetarias. En poco menos de dos años el Banco de España sitúa la tasa en el entorno europeo del 3%, reduciendo así la factura de una deuda pública desbordada en legislaturas anteriores. El descenso de los tipos de interés arrastra un cambio histórico en el ahorro de los españoles, que empujados por el bajo rendimiento de las libretas y las imposiciones a plazo fijo —la popular renta española— deben buscar ahora otras inversiones. A la captura del dinero, los bancos multiplican los fondos de inversión, mientras la negociación de títulos bursátiles alcanza máximos históricos por las noticias de los beneficios de las empresas.

En el auge de este *capitalismo popular* influyen también los ensayos de liberalización económica puestos en marcha por el ministro Rato para alegrar la economía española a la vista de Europa. Adelantándose, en algunos casos, a las directrices de Bruselas el gobierno impulsa la desaparición de los monopolios que habían estado en la base del desarrollo español del siglo XX, especialmente en los sectores energéticos y de telecomunicaciones. La llegada de la competencia sirve de acicate a la renovación de las grandes empresas españolas, mientras, en el día a día, los ciudadanos ven reducirse las tarifas de servicios tan básicos como los préstamos hipotecarios, la electricidad, la gasolina o el teléfono.

La liberalización económica y la lucha contra el déficit público empujan al gobierno a llevar hasta sus últimas consecuencias, en el trienio 1996-98, la venta de empresas dependientes del Estado, iniciada por los socialistas y aplaudida por sus socios de CiU. Se cierra de esta forma el modelo de industrialización impulsado por el franquismo, que desarrolló un sector estatal fuerte en respuesta al atraso industrial, al deseo de autarquía y a la crisis de la iniciativa privada en sectores considerados básicos. La venta de los activos rentables del patrimonio industrial del Estado encuentra un mercado nacional e internacional ávido de nuevas oportunidades de negocio seguras, lo que explica el clamoroso éxito de los títulos de Telefónica, la petrolera Repsol, la eléctrica Endesa o la corporación Argentaria. Tras las compras muchos españoles quedaban colgados de las cotizaciones de la Bolsa, en tanto los dirigentes socialistas criticaban la entrega de poderosas compañías a gestores cercanos al PP. En sus ataques latía el temor a la pérdida de influencia social que suponía —en caso de recuperar el gobierno— no poder colocar ya a sus clientelas en los consejos de administración de grupos económicos de tanta envergadura.

Obligadas por la competencia doméstica y la pérdida de mercados, las grandes empresas de servicios aumentan la internacionalización de la economía española al extender su raíces por el extranjero. Mercado natural de los empresarios españoles por razones culturales y económicas, así como por la oleada de privatizaciones puesta en marcha por sus gobiernos, Hispanoamérica se convierte en El Dorado del capitalismo peninsular. Especialmente significativas serán las inversiones del Banco de Santander y el BBV en su particular duelo por la corona bancaria de habla hispana, de Telefónica —la primera multinacional española—, Repsol, Endesa e Iberdrola. Si bien la compra de empresas iberoamericanas constituye un negocio redondo en los balances anuales de las compañías, también desata los recelos de la opinión pública de los países *hermanos* que asiste atónita a esta nueva conquista de América por un capitalismo español que sabe desplazar a las corporaciones norteamericanas.

«España va bien», acostumbra a repetir el presidente Aznar, afirmación discutible en cuanto al conjunto de la política nacional pero no tanto en lo que respecta a la economía. Después de tres años de presupuestos contenidos, España cumplía los requisitos exigidos por la Unión Europea, obteniendo su recompensa en 1999 al entrar por la puerta grande en la nueva moneda europea. Comienza la cuenta atrás de la desaparición de la centenaria peseta, seña de identidad española y poderoso instrumento de integración nacional. Al abrigo del euro crece la apuesta de las grandes instituciones financieras por encontrar un hueco entre los gigantes de la Europa unida, donde cada vez prima más el tamaño sobre la eficiencia. De nuevo, el Santander de Botín, engordado tras la compra de Banesto, da la campanada al absorber al Banco Central-Hispano y alumbra el mayor grupo bancario español e hispanoamericano y uno de los primeros de Europa. Alcanzar el tren de Europa a tiempo no consigue, sin embargo, despejar el horizonte del euroescepticismo popular, alimentado por episodios como la reforma del mercado del aceite, que tantos desvelos causó a la ministra Loyola de Palacio y a los olivareros del Sur, o la ofensiva de los países centroeuropeos por reducir los fondos estructurales que necesita España para acortar distancias respecto a los miembros más ricos del club europeo.

Un centro para España

Ni tan siquiera con el poder en la mano y el empujón de las buenas noticias económicas pudieron las gentes de Aznar separarse en las encuestas de intención de voto de su rival socialista. La batalla digital, la postura institucional en los asuntos pendientes del terrorismo de Estado, la lucha del olivar contra la Comisión Europea... marcaron la gestión del gabinete, haciendo cundir el nerviosismo entre los entusiastas del gobierno. La falta de cintura de algunos de los ministros tampoco ayudó mucho a prestigiar la imagen del ejecutivo, incapaz de vender bien muchas de sus iniciativas. Los deslices verbales del portavoz gubernamental o el proyecto del ministro Romay Becaría de reducir el número de medicamentos financiados por la Seguridad Social daban a la oposición argumento suficiente como para aguar la fiesta a los populares. El resbalón de la ministra Esperanza Aguirre al no sacar adelante su Plan de Mejora de la Enseñanza de las Humanidades tiraba por tierra el proyecto estrella de la nueva reforma educativa. Meses de estudio se dilapidan por una votación mal planteada en el Congreso, después de un enorme debate social, en el que se mezclaron agravios autonomistas, partidismos y la agresividad de Pujol. «Pagarán muy caro este decreto», amenazó, anunciando que no lo cumpliría. Además, en su deseo de desgastar al gobierno, el PSOE boicoteó irresponsablemente el primer intento serio de recuperar el papel de la Historia en la formación de los jóvenes, aun a riesgo de alimentar el victimismo diferencial de los nacionalistas y sus melancólicas incursiones en el pasado.

Tampoco salió bien parada la ministra de Medio Ambiente, Isabel Tocino, del desastre ecológico provocado por el derrumbe de la presa de la compañía minera Boliden en Aznalcóllar, aunque en este caso la responsabilidad fuese compartida con la socialista Junta de Andalucía. El aluvión de las aguas retenidas, conteniendo lodos de un impresionante alto contenido tóxico, arruinó las márgenes del río Guadamiar, amenazando el impresionante coto de Doñana. Más que la negligencia de los poderes públicos al permitir balsas de decantación en las cuencas de los ríos y arroyos que desaguan en el parque, la imagen de la ministra se deterioró por la improvisación demostrada al poner remedio a los males y por los agrios enfrentamientos sobre a quién competía haber evitado la tragedia.

Al Partido Popular le costó, así mismo, afianzar su ventaja frente a la oposición socialista por el esfuerzo realizado por el PSOE en la modernización de los mecanismos de selección de las cabeceras de sus listas electorales. Si 1997 quedó marcado por la renuncia de Felipe González y el traspaso del mando a Joaquín Almunia, 1998 pasará a la historia de los partidos españoles como el año de las primarias. Aunque parezca paradójico, la apelación a las bases supone una verdadera revolución en la burocracia de los partidos, cuya falta de democracia interna ofrece continuos argumentos a la crítica política. El intento de estimular la participación de los afiliados en la toma de decisiones obedecía a un proyecto de apertura del PSOE a la sociedad, y como tal fue entendido por la opinión pública, que valoró muy positivamente el compromiso. Un compromiso que entrañaba riesgos tan enormes, que el resto de las formaciones prefirió no asumirlos.

Después del ensayo de los socialistas vascos, las «primarias» alcanzan su mayoría de edad en marzo, al abrir Joaquín Almunia la campaña para la designación del cabeza de lista del PSOE a las elecciones generales. Lo que parecía una simple ratificación de lo ya decidido por los dirigentes del partido adquiere un sentido nuevo al anunciar el ex ministro José Borrell su intención de competir por el cargo. Una vez en marcha el proceso, resultaba imposible controlarlo desde la burocracia de las secretarías generales. Con un discurso populista, en defensa del intervencionismo social del Estado, el candidato Borrell daba la sorpresa al vencer a Almunia, que movilizó la Ejecutiva Federal en su favor y llegó a amenazar con la dimisión si no resultaba elegido. El movimiento de simpatía generado por Borrell en la sociedad española tuvo su reflejo en las encuestas, donde el PSOE logra aventajar, después de muchos meses, al PP de Aznar.

Sin embargo, las buenas perspectivas se esfuman pronto ante el peligro de división interna y la imagen bicéfala del partido, con frecuentes disensiones, que dilapidan el crédito social obtenido. El PSOE tardará varios meses en adaptarse a esta situación, resuelta en noviembre de 1998 con el reparto de papeles entre Almunia y Borrell. La revolución de las primarias, ideada para relanzar la proyección pública de los socialistas, se cerraba tras un año de zigzag, obligados por el afianzamiento del PP y el nuevo escenario abierto por el anuncio de la tregua de ETA.

Y si el PSOE se embarcaba en la aventura de renovación de sus estructuras internas, el PP tampoco se quedaba quieto en la carrera por ganarse a la opinión pública. Disciplinados en torno al líder que reparte el poder, el cambio se centrará en la modernización de su discurso, a la búsqueda del centro político, desierto después de la disolución de UCD. La escenificación de esta conquista tiene lugar en enero de 1999, durante el XIII congreso del Partido Popular. Luego de años en los que la actividad política iba a remolque de las investigaciones de los jueces, el PP apela ahora a la separación precisa de los ámbitos políticos y judiciales, para sosegar la vida pública española. De la misma manera, la siempre aplazada reforma de la burocracia estatal recibe su espaldarazo en el programa del PP ante la necesidad apremiante de modernizar el funcionariado y acabar con las duplicidades originadas por la España de las autonomías. La solución no pasa, sin embargo, por devaluar los servicios públicos característicos de una sociedad moderna. Antes al contrario, la acción del Estado se prevé fundamental en la «España de las oportunidades» defendida por el

PP, para quien la mejora del sistema sanitario, la educación o la lucha contra el paro exigen aumentar la libertad de elección de los ciudadanos y adecuar los estudios universitarios a las demandas del cada vez más exigente tejido productivo. Así mismo, y en respuesta a las presiones nacionalistas, las ponencias del Congreso resucitan el apoyo a la idea de España y al castellano como lengua común de todos los ciudadanos. La ratificación de la unidad nacional que trasciende la Constitución —ésta no hace sino poner por escrito la realidad de un proyecto común, heredado de siglos de historia compartida— sirve para insistir en el carácter plural de la nación española y su cultura. El PP se compromete a continuar la descentralización política y económica de España pero siempre que ésta no atente contra la igualdad de los ciudadanos y el pluralismo cultural, conquistas democráticas a las que ningún gobierno debe renunciar.

El imaginario único

Si el año 97 marca un punto de inflexión del PNV, desconcertado por la rebelión social contra la violencia, durante 1998 el nacionalismo conservador buscará arrebatar al gobierno y a la sociedad la iniciativa de la «pacificación» para moldearla a su interés y mantener su monopolio de las instituciones vascas, en aras de la construcción nacional de Euskadi. La ciaboga dada por el partido de Arzalluz viene impuesta por el temor a una pérdida del apoyo electoral como consecuencia del desprestigio que la violencia etarra contagiaba a toda la parroquia nacionalista. Así mismo, en la nueva estrategia pesaba el rápido afianzamiento del proyecto europeo que lejos de abrir el camino a una Euskadi independiente, en manos de los hijos del país, reforzaba las estructuras del Estado español, justamente lo contrario de lo que soñaban los nacionalistas. La Europa unida del siglo XXI no se estaba construyendo contra los Estados nacionales sino con su colaboración, y Bruselas empezaba a recelar de la singularidad de la organización vasca, sobre todo en su apartado fiscal. Y es que en la Europa de los ciudadanos nadie podía gozar ya de privilegio alguno por muy histórico que fuera. Si el País Vasco quería encontrar su hueco en Europa y defender sus intereses, el terrorismo constituía la peor carta de presentación, sobre todo desde el momento en que España participa activamente en el diseño europeo.

Finalmente, la evolución de la lucha contra el terrorismo etarra, a pesar de los crueles chantajes a que se veía sometido el partido gobernante, presagiaba un cercano fin de la violencia y no, precisamente, con una victoria de los seguidores de ETA. El PNV quería estar bien situado en la línea de salida el día después, con el objeto de pescar en la masa nacionalista, de seguro desorientada tras años de justificación de la lucha armada como medio de alcanzar la independencia del País Vasco y eliminar a los disidentes. Sin embargo, la apuesta resultaba muy arriesgada ya que por primera vez desde la transición los dirigentes del PNV no podían compaginar sus objetivos políticos con su conocida ambigüedad, que tan excelentes resultados les dio durante veinte años. Porque una vez rota la dictadura del silencio, impuesta por el terror, emerge públicamente el descontento de una parte de la población, cansada de proyectos descaradamente *nacionalizadores,* por encima de los derechos individuales reconocidos en la Constitución y el Estatuto. Un ejercicio de libertad de criterio y coraje intelectual de la ciudadanía vasca, para el que el nacionalismo no estaba preparado, ni tampoco algunos dirigentes de los partidos constitucionalistas, desarmados ideológicamente después de tantos años de mimetismo abertzale y pasteleo. Al razonamiento crítico de los disidentes sólo se opondrían la descalificación y el insulto, hasta recalar en los gastados dicterios de *antivascos* y *españolistas.* La contumacia nacionalista provoca, además, el abandono por una parte de los políticos constitucionalistas del lenguaje *políticamente correcto* instaurado en tiempos de la Transición, que anulaba toda crítica a la actividad de los gobiernos autonómicos, controlados por partidos nacionalistas, con el argumento de que pudiera ser interpretada como un ataque a la naturaleza misma del autogobierno.

Con el propósito de capitalizar el término de la violencia, el PNV centró sus embestidas en la política antiterrorista desarrollada por el ministro del Interior, persuadido de lograr así un mayor crédito en la parcela del nacionalismo más extremista. Cuando las encuestas empezaron a mostrar una corriente de apoyo popular al PP, a causa de su entereza ante el hostigamiento terrorista, el enfado del PNV le llevaría al cruel sarcasmo de acusar de *victimismo,* precisamente, a quienes estaban siendo asesinados. Amenazadas por ETA y dejadas a su suerte por los gobernantes nacionalistas, las víctimas no se callan sino que denuncian públicamente las ofensas verbales de los políticos y la cicatería del Gobierno vasco en la asignación de escoltas a los cargos electos del PP que se encontraban en el punto de mira de los terroristas. El incidente empuja al Ministerio del Interior a tomar a su cargo algunas de las tareas de protección con el consiguiente agravio a la sensibilidad nacionalista, capaz de anteponer las competencias de la policía autónoma a la seguridad de los ciudadanos. Con tal de no ver en las calles de Euskadi a los cuerpos de seguridad del Estado, el Gobierno vasco encontraría rápidamente los *ertzainas* precisos, aun a costa de interrumpir su aprendizaje de la lengua vasca.

La pugna entre el mundo nacionalista y el no nacionalista confirmará el papel del PNV como portavoz del *abertzalismo,* pero también el del PP en el bando contrario, donde desplaza a un PSE desacreditado por su permanencia en el Gobierno vasco y las diputaciones que le impide plantar cara a los excesos *nacionalizadores* de sus socios de gobierno. No obstante, el salto de Nicolás Redondo Terreros a la Secretaría General supone un giro en la política de cohabitación practicada durante años por el PSE, que no había logrado acercar ni un solo milímetro al PNV a posturas constitucionalistas. La diversidad de criterios frente a la violencia tomará cuerpo de nuevo el 17 de febrero de 1998 cuando la oposición de los partidos estatales haga fracasar el *plan de pacificación* presentado por el lehendakari Ardanza a la Mesa de Ajuria Enea.

El plan envolvía el hueso duro de la autodeterminación, aunque disimulado entre la palabrería de la oferta, y proponía un diálogo sin límites con HB, una vez que ETA abandonase las armas, partiendo de unas premisas nacionalistas que concedían ventaja a quienes habían apoyado o justificado, al menos, el terrorismo. Una parte de la sociedad vasca acusó el golpe y denunció el intento de abrir el camino de la paz a cambio de la imposición doctrinal del nacionalismo y a costa de los derechos constitucionales de los ciudadanos del País Vasco y Navarra. Antes de que el plan Ardanza encalle en Vitoria y el nacionalismo escriba el epitafio de la Mesa de Ajuria Enea, un grupo de ciudadanos agrupados en torno al *Foro de Ermua* denunciaba la maniobra de los nacionalistas de conseguir mediante el señuelo del cese de la violencia lo que no habían logrado por la vía democrática. Cualquier cesión política, cualquier canje de ventajas políticas a cambio de paz no significaba sino aceptar el triunfo del terror sobre la democracia y, en definitiva, la derrota de la sociedad vasca.

A juicio de los universitarios, artistas y escritores del Foro de Ermua, la única estrategia sensata frente al terrorismo es la que no se había llevado a cabo: la unión de todos los demócratas y el aislamiento político del nacionalismo totalitario. Mal encajó la crítica el PNV manifestando, como otras veces, la mezcla de berrinche y desprecio con que los nacionalistas castigan la disidencia intelectual, mayoritaria en el País Vasco. Aun así, la intolerancia no consigue desanimar a aquellos ciudadadanos comprometidos en la defensa de la democracia que observan con preocupación el acercamiento del nacionalismo burgués a las tesis del *abertzalismo* fascista, en perjuicio de la convivencia de los vascos o la popularización de un discurso hipócritamente neutral que somete a las víctimas de la violencia a las ambiciones políticas de sus verdugos. Una doctrina de la falaz equidistancia que arrastra a la sociedad vasca hacia un «síndrome de Estocolmo» colectivo que la convierte en abogado de su torturador.

La pretensión del lehendakari Ardanza y su partido de un diálogo «sin límites», a cambio del abandono de las armas, constituía un mal negocio para el sistema democrático en España, aunque no faltasen quienes pensaron que un gobierno agobiado por las muertes de militantes toleraría este atajo con tal de lograr el cese del terrorismo. Pésimo negocio porque además de una derrota en toda regla de los principios constitucionales, se hubiese legitimado el supuesto conflicto entre el País Vasco y España que en 1998 se pone al día con las cavilaciones sobre los derechos históricos, alumbradas por uno de los redactores de la Constitución. Su interpretación legitimista y arcaizante devalúa no sólo el texto de 1978, sino toda la historia constitucional europea, pues coloca como sujeto de derecho no a los ciudadanos sino a un ente, denominado pueblo vasco, fácilmente manipulable. Es un pueblo vasco irreal al que una lectura mitológica de la Historia le adscribe prerrogativas inalienables, herederas del Antiguo Régimen, que justifican los ataques del nacionalismo a cualquier Constitución que no las reconozca mediante el derecho de autodeterminación.

La capacidad de presión del terrorismo sobre el gobierno decae a lo largo de la primera mitad de 1998, por la respuesta social a cada uno de los atentados que deja en una situación incómoda al PNV, perseverante en sus acometidas contra el gobierno, al que acusa de no querer negociar la paz por miedo a perder votos. También las actuaciones de los cuerpos de seguridad del Estado y la policía autónoma contribuían al mismo tiempo al debilitamiento de los grupos etarras. La desarticulación de los sangrientos comandos Araba, Andalucía y Donosti reducen al mínimo la capacidad operativa de la banda, mientras el juez Baltasar Garzón desmantela el entramado empresarial y financiero de ETA y sus amigos y cierra el diario *Egin*, por sus variados servicios a la dirección etarra. El desmantelamiento de la estructura económica y mediática infringe un duro golpe al abertzalismo, ahora cercado por una opinión pública encrespada que asusta a sus nuevos dirigentes hasta hacerles dudar de los rendimientos de la opción violenta. La escasa movilización conseguida para protestar por el encarcelamiento de la Mesa Nacional de HB había manifestado el despego de los vascos a quienes apoyaban el terror, confirmándose la nueva sensibilidad con los reducidos movimientos provocados por el cierre del diario *Egin*.

Acorralada en el frente político, ETA-HB encuentra una salida en las negociaciones promovidas por el PNV para conseguir el cese de la violencia y alcanzar una mayoría nacionalista que le compensase de la previsible pérdida de apoyo electoral y del divorcio del PSOE. Pese a su desventaja inicial, ETA-HB sabe sacar partido de la desunión de los demócratas —como ya lo intentara un año antes con los rumores de una tregua— y avanzar en su estrategia de creación de un marco nacional y soberano, llevando de la mano al PNV y EA. La conjunción de objetivos de la familia nacionalista culmina, de esta forma, la unidad de acción *nacional* ensayada por los sindicatos vascos ELA y LAB, a pesar de los atentados mortales de ETA.

Las conversaciones secretas mantenidas por el partido de Arzalluz y Egibar con la dirección de HB habían tenido su anticipo en la postura común a favor del acercamiento de los presos etarras, siendo refrendadas en la primavera de 1998 con la votación conjunta de una ley de deportes, que permitía la constitución de selecciones nacionales vascas. Mediante este gesto propagandístico, el PNV marcó la frontera de su colaboración con los partidos no nacionalistas, ya que el PSE se vio obligado a votar en contra de sus socios en el gobierno y a darles la oportuna réplica con una enmienda al reglamento de la cámara vasca que exigía el acatamiento de la Constitución para acceder al escaño. El rechazo de la propuesta socialista por los votos unidos del PNV, EA y HB provocará la ruptura de la coalición que había organizado Euskadi durante los últimos doce años y desatará la locuacidad del PSE en la defensa de la Constitución y en la lucha contra el frente nacionalista que se perfilaba.

Vértigo nacionalista

La táctica de hacer perder los nervios a la sociedad española, iniciado por el nacionalismo en el País Vasco, aumenta su peligrosidad al reunirse en Cataluña los adalides de las denominadas comunidades históricas: PNV, CiU y BNG. Si bien la cauta *Declaración de Barcelona* no iba más allá de los habituales reproches nacionalistas a la falta de definición de España como Estado plurinacional y a la carencia de entidad política de las «naciones» peninsulares en la Unión Europea, los «documentos de trabajo» de los reunidos invitaban abiertamente a romper con la Constitución. Una Constitución calificada, aquellos días, de antigualla por el lehendakari Ardanza, en un ejercicio extremo de partidismo y bandería.

Para el cónclave nacionalista había llegado ya el tiempo de superar el autogobierno y alcanzar la soberanía, que debía quedar plasmada en el reconocimiento del derecho de autodeterminación de las «naciones» con voz en la reunión barcelonesa. A los paladines de la *Declaración de Barcelona* les entusiasma el Estado confederal, donde, a su entender, sería posible el ejercicio de los derechos de las tres nacionalidades históricas y su colaboración con lo que quedase de España, aunque, por supuesto, en una relación asimétrica con las autonomías que permaneciesen fieles. Porque no era cuestión de repetir, con otro nombre, «el café para todos» del Estado autonómico, tan poco respetuoso con los hechos diferenciales de las regiones dominadas por los partidos nacionalistas. No podían haber elegido éstos mejor momento para alumbrar su manifiesto con el PP despistado doctrinalmente ante la ofensiva de sus socios y el PSOE mermado en su capacidad de réplica por la sentencia del caso Marey y a expensas de sugerencias tan poco igualitarias como el «federalismo asimétrico» de su sucursal catalana. Por no hablar de la enrevesada propuesta de Izquierda Unida de un «Estado democrático, plurinacional, plurilingüístico y solidario». Ante tamaña indefinición nacional de los partidos estatales, incapaces de ponerse de acuerdo ni tan siquiera en la arquitectura política de España, Jordi Pujol podía atreverse a negar a ésta su carácter de nación. Una categoría reservada por el Honorable a las comunidades históricas, justamente aquellas que cuentan con partidos lo suficientemente comprometidos con el futuro de sus «naciones» como para reivindicar derechos y exhibir patriotismo.

Cubiertas las espaldas con el apoyo ideológico de todo el nacionalismo periférico y ante la cercanía de las elecciones autonómicas, el PNV se decide a congregar la familia abertzale bajo la bandera del rechazo a la Constitución y el Estatuto. Trataba de conjurar así el aumento de votos de los partidos constitucionalistas, a quienes las encuestas auguraban un triunfo electoral, y también de reforzar, para consumo interno, su imagen de negociador de los derechos del pueblo vasco. Al mismo tiempo, proyectaba hacia Madrid su perfil de interlocutor exclusivo de todo el movimiento nacionalista vasco, a fin de no quedar descolgado del proceso de negociación que se avecinaba, donde el protagonismo parecía corresponder al gobierno y a HB.

La nueva puesta en escena de la comunión nacionalista tendría lugar en Estella el 12 de septiembre de 1998. Con el Pacto de Lizarra, el PNV, EA y HB, travestida de EH, más Izquierda Unida como elemento exótico —en un papel de comparsa útil para que la componenda no pueda ser tildada de frentista— acuerdan establecer un dialógo ilimitado que acalle las armas en el País Vasco y rompa el aislamiento de los batasunos. El pacto es una plataforma de apoyo al conglomerado de ETA que asume sus objetivos sin requerir previamente el abandono incondicional e irreversible del terrorismo y un instrumento de presión contra el Estado y los partidos no nacionalistas, pero también contra una buena parte de la sociedad vasca, aquella que no estaba dispuesta a sacrificar sus derechos en favor de las ambiciones políticas de los violentos. En Estella, a la sombra legendaria del Montejurra carlista, los partidos nacionalistas burgueses se echaban al monte temerosos de perder la gestión del sistema autonómico, ahora denostado, sin importarles ahondar en la fractura social del País Vasco. Porque ni la vuelta de tuerca en la política de inmersión lingüística, ni la «vasconización» de Navarra contra el deseo de sus habitantes, ni la defensa del eufemístico «ámbito vasco de decisión» que niega toda intervención en Euskadi a las instituciones no estrictamente vascas, podían ser digeridas por los partidos constitucionalistas dada su naturaleza antidemocrática. Los defensores de Lizarra, por contra, sostienen que en el acuerdo no se excluye a nadie... siempre que acepten el ámbito de decisión establecido por el nacionalismo y su agenda política de problemas a resolver.

El Pacto de Lizarra era un balón de oxígeno para los simpatizantes de ETA, y ésta se apresuraría a pagar el favor al PNV y EA. Cuatro días después de firmada la declaración, la banda terrorista anunciaba una tregua en su actividad armada, al considerar la reunión de Estella un paso decisivo hacia la independencia. Y es que en definitiva, con Lizarra y la tregua de ETA se cierra el círculo de la unidad nacionalista soñada por los ideólogos sabinianos. El PNV como partido que aspira a seguir siendo la espina dorsal del País Vasco ofrecía en Estella a ETA el argumento que ésta necesitaba para abandonar las armas. Con la promesa de contrapartidas políticas y una salida para los presos, ETA podía concluir su guerra sin declararse vencida. A cambio del servicio, ETA pregonaba la tregua como el mejor aval de las excelencias de Lizarra concediendo una ayuda electoral al PNV cuando éste más la necesitaba.

Cabalgando sobre el ansia colectiva de paz, el manifiesto de ETA sobrecoge por su naturaleza brutalmente totalitaria. Es una declaración a favor de la limpieza étnica. Sólo son vascos quienes ejercen de nacionalistas, mientras que los demás habitantes de Euskadi no lo son y constituyen la opresión extranjera. Y ya se sabe el destino que espera a «los opresores» cuando venzan «los libertadores». ETA promete, durante un tiempo, no atentar mortalmente contra la disidencia pero, en nombre del falso conflicto entre España y Euskadi, recomienda perseverar en la persecución social contra los partidos y estructuras políticas que resisten fieles al Estatuto y la Constitución. La estrategia etarra de tensión ha hecho mantenerse activos los escuadrones nacionalsocialistas callejeros, que tratan de amedrentar y desmoralizar a los partidos ajenos al frente nacionalista. Entre los 160 ataques y las 115 amenazas registradas en los cinco meses siguientes a la declaración de tregua de ETA, no hay un solo acto que tuviera como objetivo personas o bienes ligados al Pacto de Lizarra. «Antes nos mataban, ahora no nos dejan vivir», dijo en su día un concejal del Partido Popular. El PNV, principal organizador de la tregua, no ha hecho valer su autoridad en el clan de Lizarra para que termine la pesadilla fascista y sus condenas verbales de los atropellos han quedado siempre devaluadas por su actitud de confraternización con quienes los provocan. La táctica, aunque perversa, es diáfana. El partido de Arana necesita la paz para no ser relacionado con la violencia pero necesita la violencia de otros para silenciar a los disidentes y monopolizar el poder.

La división sociopolítica del País Vasco se acelera tras las elecciones de octubre de 1998, en las que el PNV revalida su puesto de primer partido de Euskadi. Sin embargo, no consigue ampliar su clientela fuera de sus tradicionales reductos, con lo que su obsesión por entender a ETA naufragaba en el incremento del voto independentista guipuzcoano, que se refugiaba en EH, mientras en el extremo contrario el voto no nacionalista se apiñaba en torno al PP y al PSE. Especialmente significativo es el avance de los populares, convertidos en la segunda fuerza política del País Vasco y en la primera de Álava —un duro revés para el programa nacionalizador de las fuerzas sabinianas— y, sobre todo, el triunfo de los partidos constitucionalistas en las ciudades más pobladas. Las urnas confirmaban la dualidad del País Vasco en su historia, que había quedado difuminada bajo la presión de la violencia. Un País Vasco, de la llanura alavesa y las capitales, más castellanizado y políticamente plural, feudo de los partidos estatales y otro de los valles cantábricos, euskaldún y rural, hogar y cuartel del nacionalismo.

El enfrentamiento nacionalismo-constitucionalismo explica la evolución política vasca de los últimos meses de 1998 y primeros del 99. De acuerdo con el guión escrito en Estella, que incluía su dosis de suspense alrededor del apoyo parlamentario de EH, el peneuvista Juan José Ibarreche es elegido jefe del Gobierno vasco. Atrás quedaba el diálogo de sordos en que, por exigencias de ETA-HB, se convirtieron las conversaciones del PNV con el PSOE para formar un gobierno que respondiera al pluralismo de la sociedad vasca. El ejecutivo de Vitoria sería exclusivamente nacionalista, como corresponde a los compromisos adquiridos por el PNV en sus negociaciones con los etarras. A partir de ahora, el partido de Arzalluz redobla sus esfuerzos por transmitir a la sociedad la idea de que el cese definitivo del terrorismo depende inexorablemente de la alianza nacionalista.

La unidad nacionalista pudo pronto escenificarse en la ofensiva conjunta a favor de los derechos de los presos vascos, entre los cuales los diseñadores de la campaña incluían la mera recomendación penitenciaria de facilitar el cumplimiento de las penas en establecimientos cercanos para evitar el desarraigo familiar. Desde su puesta en marcha, tres años antes, la campaña venía tiñéndose de emotividad por la presencia acusadora de los familiares de los presos y los mensajes éticos de la clerecía nacionalista. Sin embargo, es a partir de la declaración de tregua de ETA cuando la magafonía nacionalista convierte la situación de los presos etarras en el gran problema político del País Vasco. Los traslados a cárceles cercanas a Euskadi se elevan a «derecho» irrenunciable por los coligados nacionalistas, que acusan al ministro Mayor Oreja de mantener una actitud cerril y perjudicial para los acuerdos con ETA. El acercamiento de los veintiún presos más alejados es considerado una provocación por los del Pacto de Lizarra, que encuentran justificaciones al recrudecimiento de la persecución social de los no nacionalistas. La escenificación de la armonía nacionalista adquirió relieve multitudinario en la manifestación desarrollada en Bilbao, a primeros de enero de 1999, con el fin de exigir al gobierno el traslado de los presos etarras a «centros penitenciarios de Euskal Herria», consigna de HB que el PNV acató, suprimiendo la del *acercamiento* defendida hasta entonces.

Menos emociones suscitan los familiares de las víctimas del terrorismo, que a medida que la idea de la pacificación cala en la sociedad vasca comienzan a dejarse oír con su petición de respeto y reconocimiento a la memoria de los asesinados. Reconocimiento por parte de los verdugos de ETA, pero también del gobierno a quien se pide ser consultados antes de cualquier negociación y fórmulas de reparación moral y económica. La movilización de los familiares de las víctimas cogió desprevenidos a los partidos nacionalistas, que la definieron como una maniobra contra las negociaciones del gobierno y los representantes de ETA. Más doloroso sería aún para las víctimas del terrorismo la falta de solidaridad exhibida por la clerecía vasca, cuyos pastores, completamente inmersos en el imaginario nacionalista, no saben qué hacer, si proponer la reconciliación sin arrepentimiento o pedir perdón con la boca pequeña. La preparación cuaresmal de la diócesis de Vizcaya llega a rizar el rizo con su demanda de perdón a los presos de ETA, víctimas también del «conflicto violento» y su exhortación a los creyentes a aceptar el proyecto nacionalista de Estella porque si no lo hacen no están profundizando en la democracia, ni trabajando por la paz y la reconciliación de la sociedad. Salvo excepciones, las víctimas del terrorismo tampoco encuentran la comprensión solicitada en el episcopado español, cuyo corporativismo ahoga cualquier actitud pública disidente respecto de las declaraciones y movimientos de la jerarquía vasca.

Con el interés de los españoles y el gobierno centrado en los acontecimientos del País Vasco, Jordi Pujol trata de llamar la atención elevando el tono de sus reivindicaciones. Mientras critica el desinterés de la sociedad española por los asuntos de Cataluña, al no generar noticias de actos violentos, el Honorable amenaza con exigir la parte del león de los recursos fiscales generados en el Principado, una vez concluya el actual pacto de financiación de las autonomías. El anhelo de un modelo fiscal que iguale a Cataluña con el País Vasco y Navarra levanta nuevamente los resquemores de los territorios más pobres de España, temerosos de verse privados de los mecanismos de solidaridad que sostienen el desarrollo armónico del país. Pero las voces críticas apenas se dejan oír en el interior de la sociedad catalana.

Otro tanto ocurre cuando la Generalitat promueve su peligrosa cruzada de apoyo al catalán en las salas cinematográficas. La exigencia de que la mitad de las copias de las películas más taquilleras y el 25% del tiempo de proyección de los cines del Principado se realizase en catalán, bajo pena de graves multas, no solivianta a quienes debían defender la libertad cultural de una sociedad democrática y madura. Aunque el decreto fue recurrido y el Tribunal Superior de Cataluña sentenció la ilegalidad de las sanciones propuestas, esta nueva modalidad de totalitarismo lingüístico confirmó el desarme de los partidos no nacionalistas catalanes frente a los proyectos «culturizadores» de CiU. Más aún, algunos de los dirigentes socialistas, cuyo partido había apoyado en el Parlamento autonómico la intervencionista ley del catalán, llegaron a jalear a Pujol para que no cediera ante las grandes distribuidoras americanas que se negaban a cumplir los dictados de la Generalitat. Frente a la intransigencia de las poderosas «majors», contra las que no valen las coartadas «nacionalistas» ni las acusaciones de «españolismo», el pujolismo se veía obligado a negociar, tan acostumbrado como estaba a imponer. Mostraba así los pies de barro de un proyecto cultural excluyente, que sólo había conseguido implantarse por la inhibición de sus oponentes políticos.

A lo largo de los primeros meses de 1999, la estrategia de la tensión nacionalista recorre distintos escenarios, buscando en todos poner nervioso al gobierno y asustar a la opinión pública. Los municipios, gran palanca de la historia de España, son los elegidos por los ideólogos del Pacto de Lizarra para escenificar el «conflicto democrático» que había anunciado el PNV. Aunque las explicaciones del partido de Arzalluz encubren los verdaderos objetivos de la Asamblea de Municipios Vascos reunida en Pamplona, haciéndola pasar por una simple reunión de alcaldes y concejales del País Vasco, Navarra y el País Vasco francés, los primeros pasos del organismo no despejan el peligro de ruptura con el orden legal establecido, sobre todo por el ansia de EH de ampliar la territorialidad de Euskadi y devaluar las instituciones del autogobierno. Las provocaciones de EH marcarán la pauta de la estrategia de deslegitimación de las instituciones constitucionales, que cuentan con el seguimiento servil del PNV y EA.

La primera bofetada la recibe el Parlamento de Vitoria, que deja de ser el centro del poder legislativo para convertirse en sede de la legitimación del terrorismo —Josu Ternera, miembro de la Comisión de Derechos Humanos— y de una descalificación tajante de la justicia española mientras se prepara para albergar un colectivo kurdo, defensor de la lucha armada, pese a las protestas del Gobierno de la nación, responsable de la política internacional, y del empresariado vasco, afectado en sus negocios con Turquía. Ya metido en faena, el PNV se une en Barcelona a CiU y BNG para pedir la supresión del Ministerio de Cultura, pues, a su parecer, la cultura española no es sino un ente de ficción. Tal excentricidad obedece al deseo de los nacionalistas de despojar al Estado, retirándole toda influencia en la formación de las nuevas generaciones, y ocultando de paso la tiranía que el PNV y CiU ejercen sobre el ámbito cultural de sus territorios con una idea tan beligerante de lo autóctono que les empuja a practicar la misma discriminación que ellos pretenden haber sufrido. La educación, la televisión y las consejerías de cultura son los tres pilares de su esfuerzo por nacionalizar las sociedades vasca y catalana y dotarlas de aparatos administrativos propios que impulsen la identidad considerada verdadera.

El mantenimiento del frente nacionalista impone todos los días nuevas renuncias democráticas, que acrecientan la confrontación social y la hondura de la división del País Vasco. Muchos ciudadanos habían albergado la esperanza de que una vez afirmada la tregua de ETA, el PNV y EA se esforzarían en convertir a la democracia a sus socios totalitarios y en convencerlos de la perversidad ética y política de la violencia. Pero ha ocurrido justamente lo contrario. Durante este tiempo EH se ha mantenido firme en su estrategia de combinar el empleo del terrorismo callejero y la amenaza con un gran dinamismo en la provocación política. De esta manera ha podido permitirse el escarnio de hacer aprobar en el Parlamento vasco un texto sobre la violencia, no contra ella, en el que se siguen justificando los métodos coactivos, los usados por ETA, antes de Estella, y los que se emplean ahora contra la población no nacionalista. Después de veinte años de monopolio absoluto de las instituciones de Euskadi y de configurar a su gusto el autogobierno, el PNV ha llegado a la conclusión, gracias a EH, de que la sociedad vasca no tiene instrumentos democráticos para plasmar la voluntad de los ciudadanos. La envergadura del desafío nacionalista, sustentado en la amenaza latente del terrorismo, ha provocado un acercamiento de los partidos constitucionalistas, impelidos a subordinar sus diferencias al objetivo primordial de defender la libertad en el País Vasco, en un momento en que el ansia colectiva de paz puede relajar los resortes de la ciudadanía frente al fascismo.

Apéndices

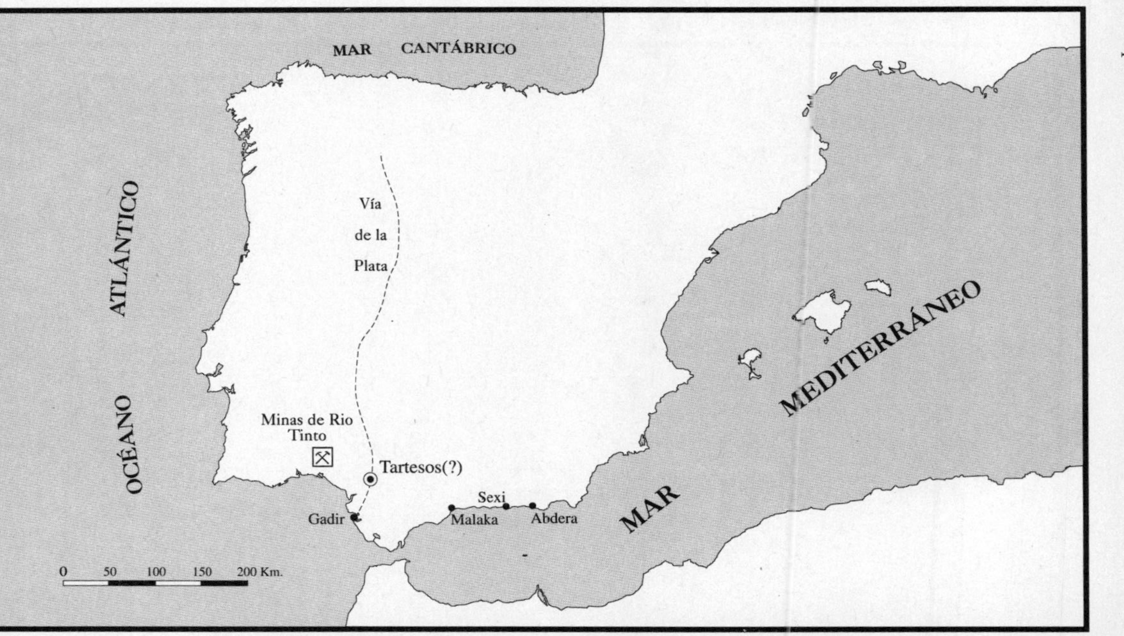

PRINCIPALES YACIMIENTOS FENICIOS Y TARTÉSICOS

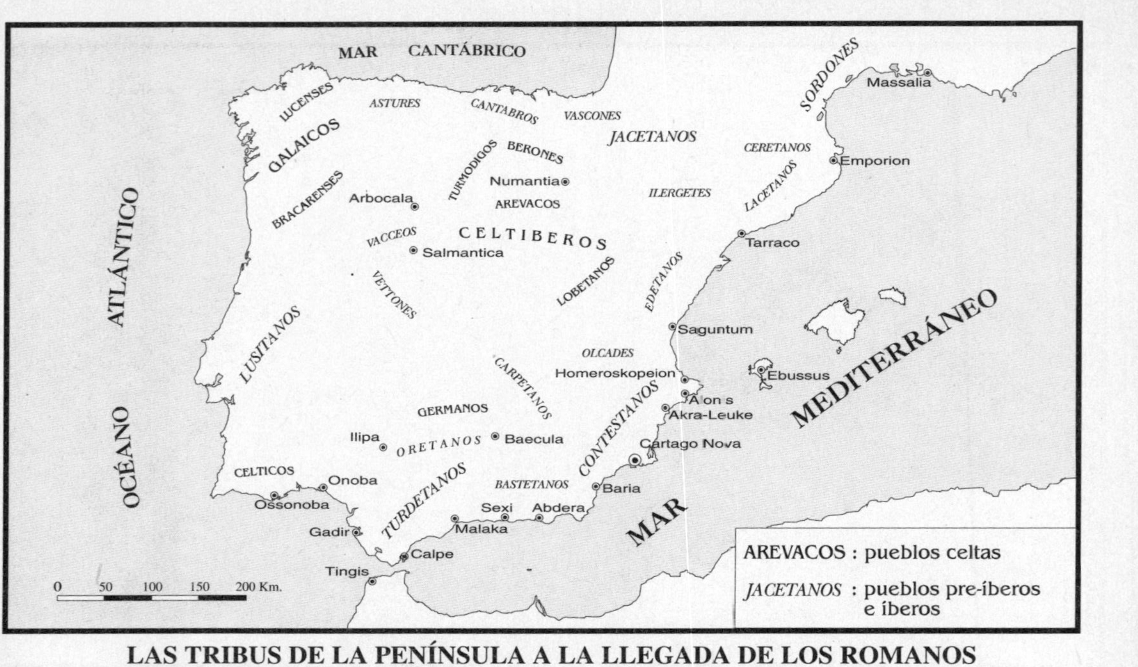

LAS TRIBUS DE LA PENÍNSULA A LA LLEGADA DE LOS ROMANOS

HISPANIA EN TIEMPOS DE AUGUSTO (S.I)

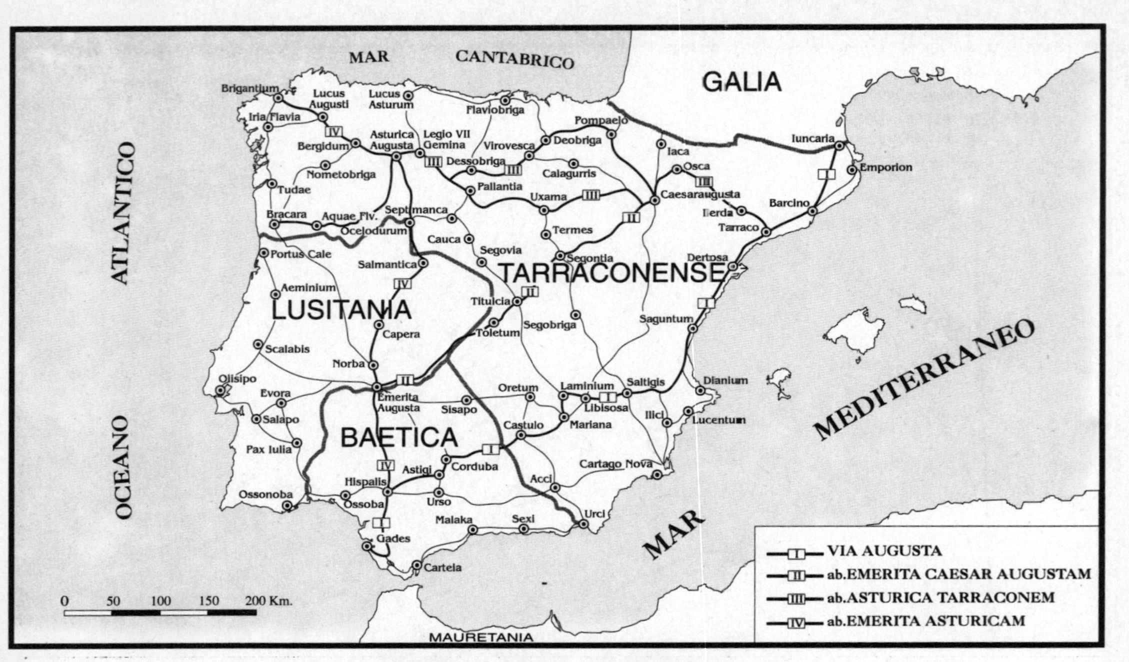

LAS CALZADAS ROMANAS

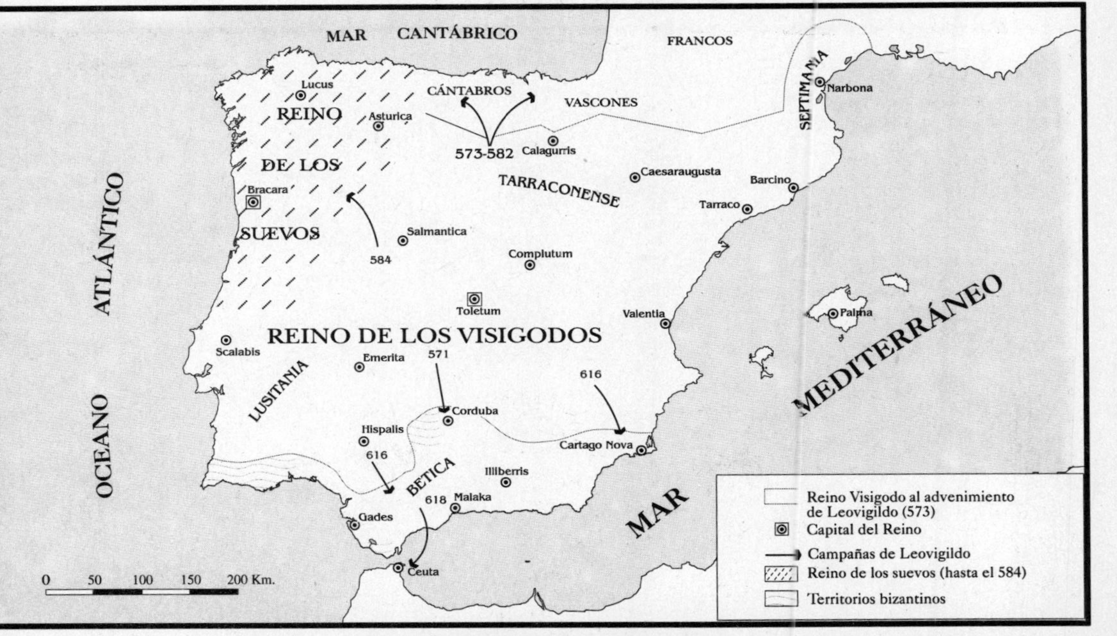

LOS REINOS GERMANICOS

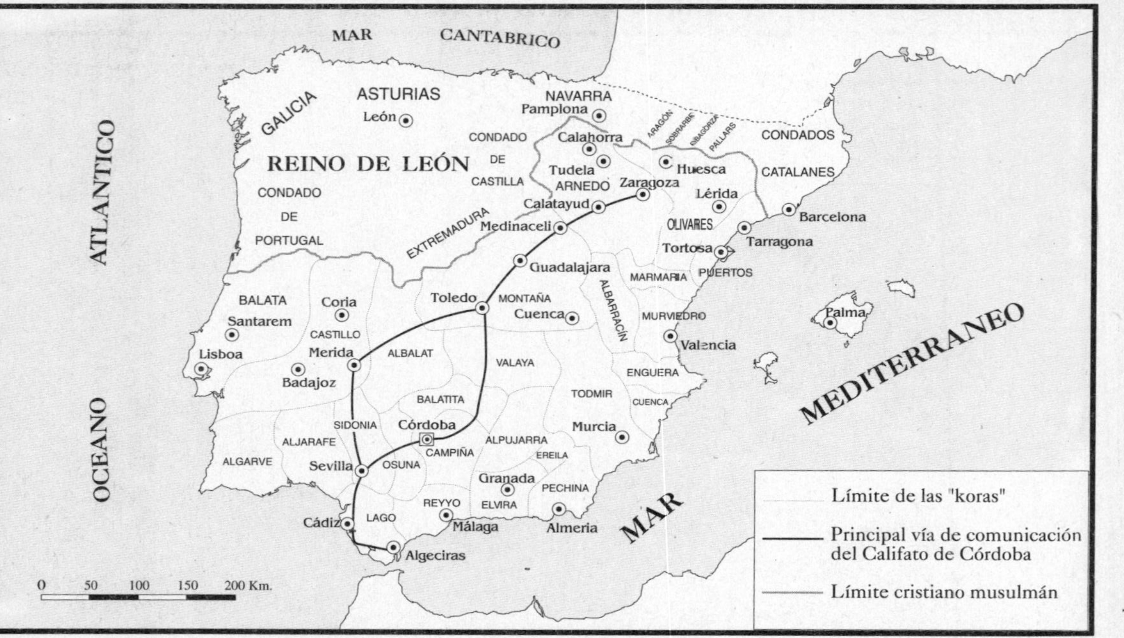

AL - ANDALUS, SIGLO X

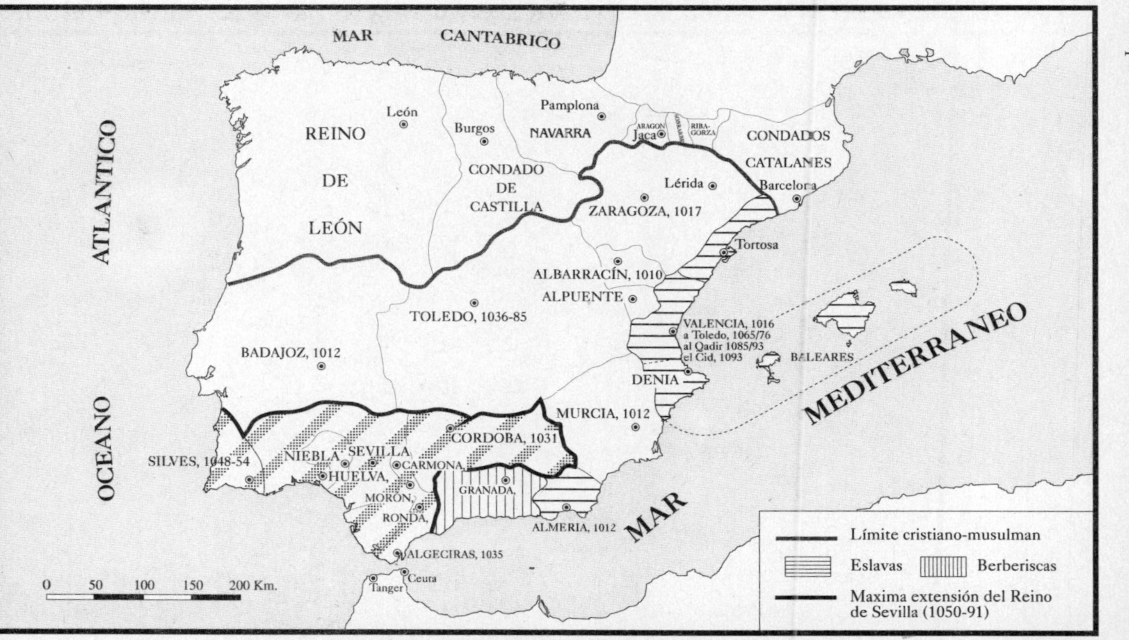

LOS REINOS DE TAIFAS, SIGLO XI

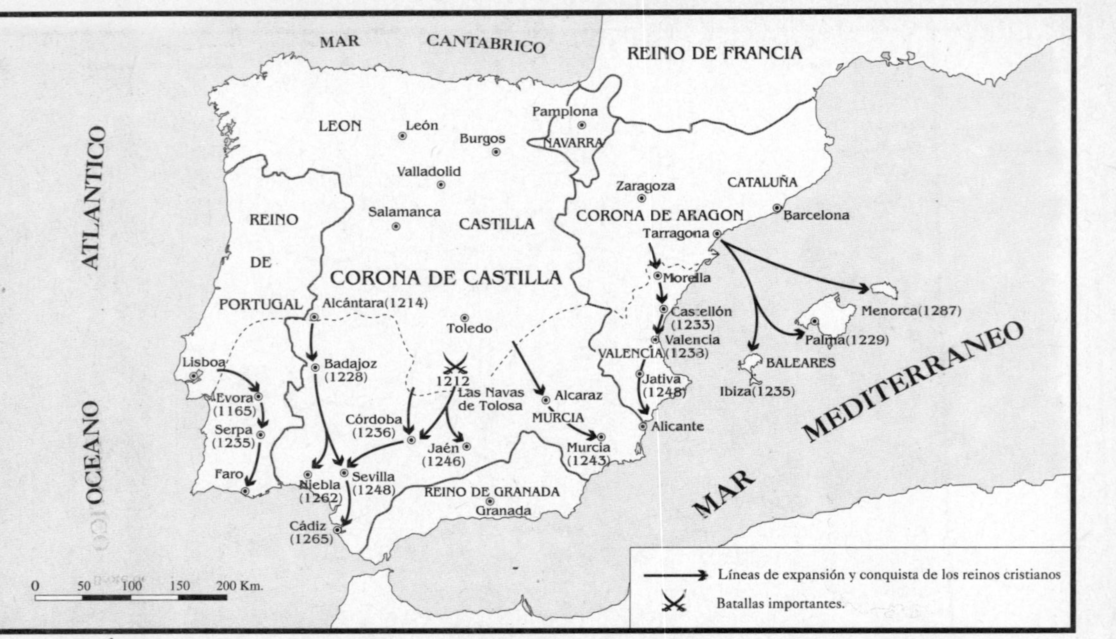

LA PENÍNSULA EN EL SIGLO XIII: AVANCE HACIA EL SUR DE LOS REINOS CRISTIANOS

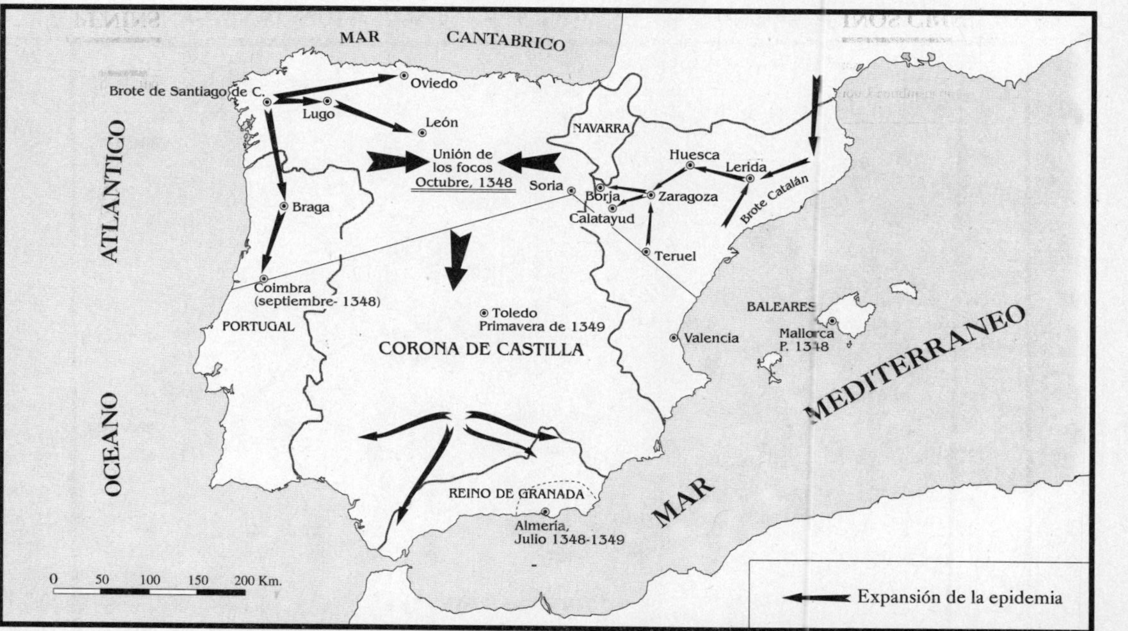

LA PESTE EN LA PENÍNSULA IBÉRICA (1348 - 1349)

LA EXPANSIÓN MEDITERRÁNEA DE LA CORONA DE ARAGÓN

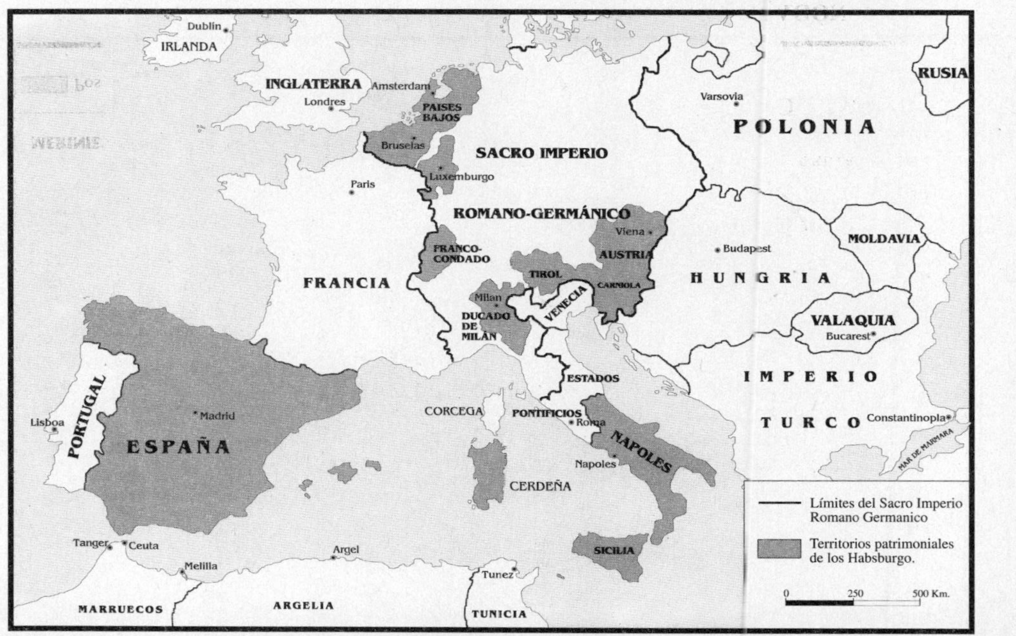

EL IMPERIO DE CARLOS I

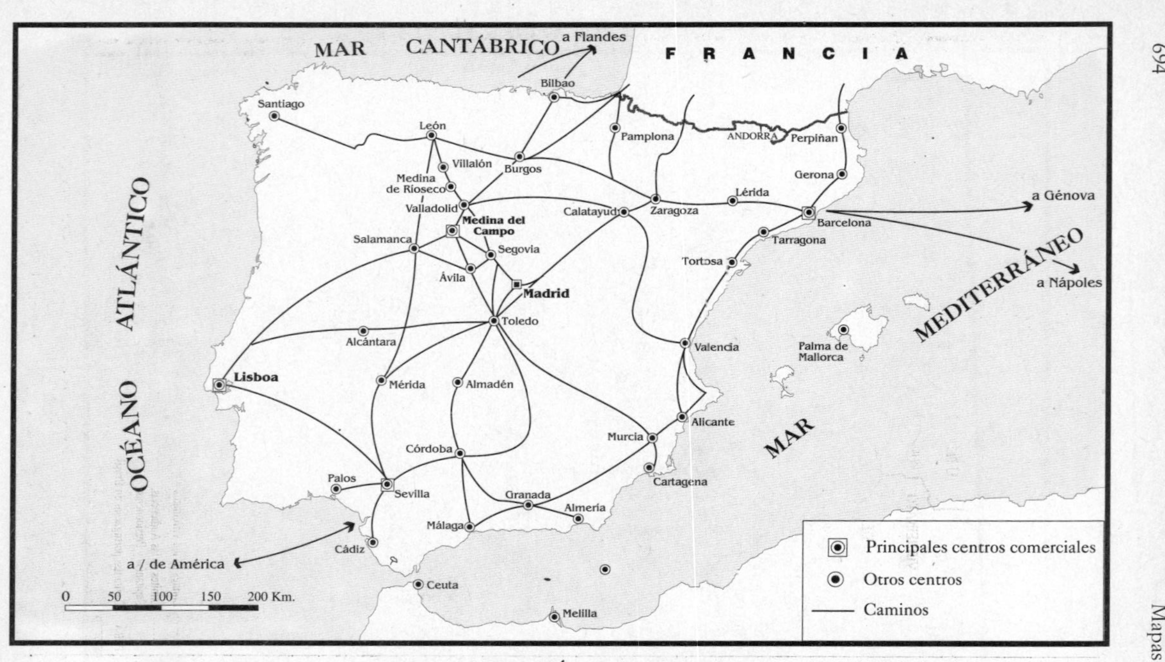

LA ECONOMÍA IMPERIAL

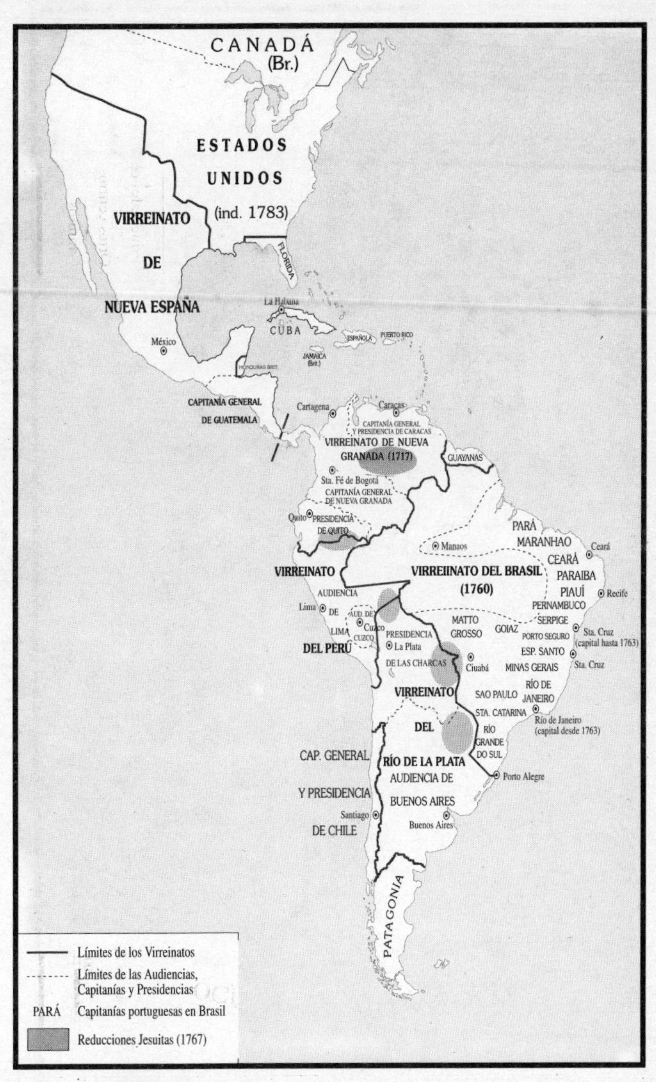

AMÉRICA ESPAÑOLA EN LOS SIGLOS XVII Y XVIII

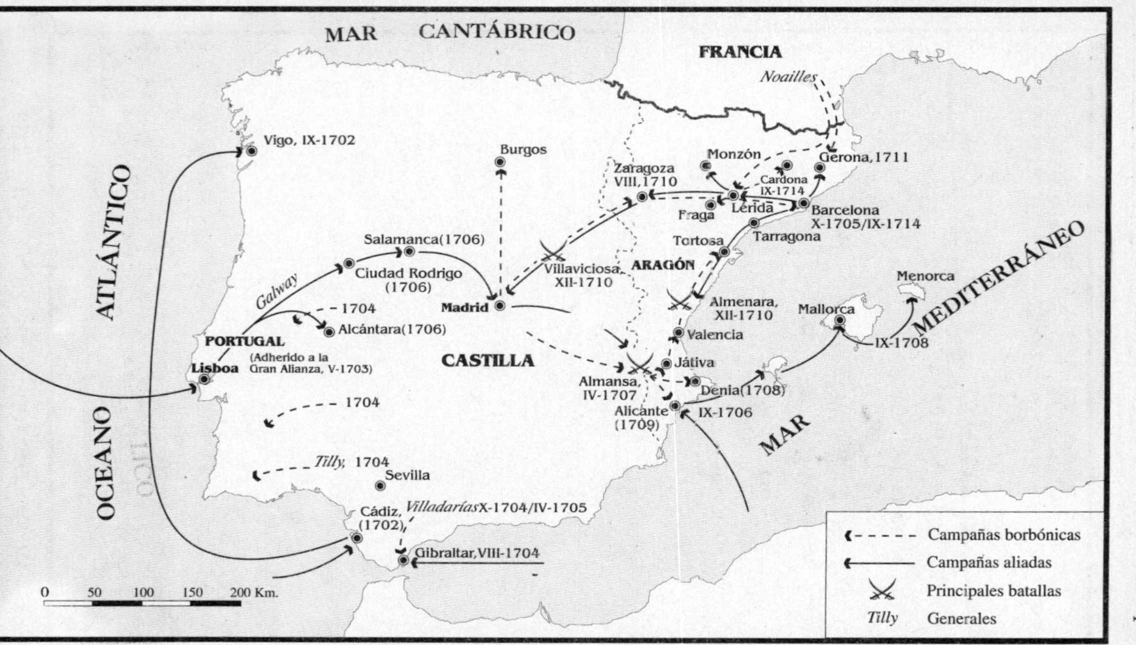

LA GUERRA DE SUCESIÓN (1700-1714)

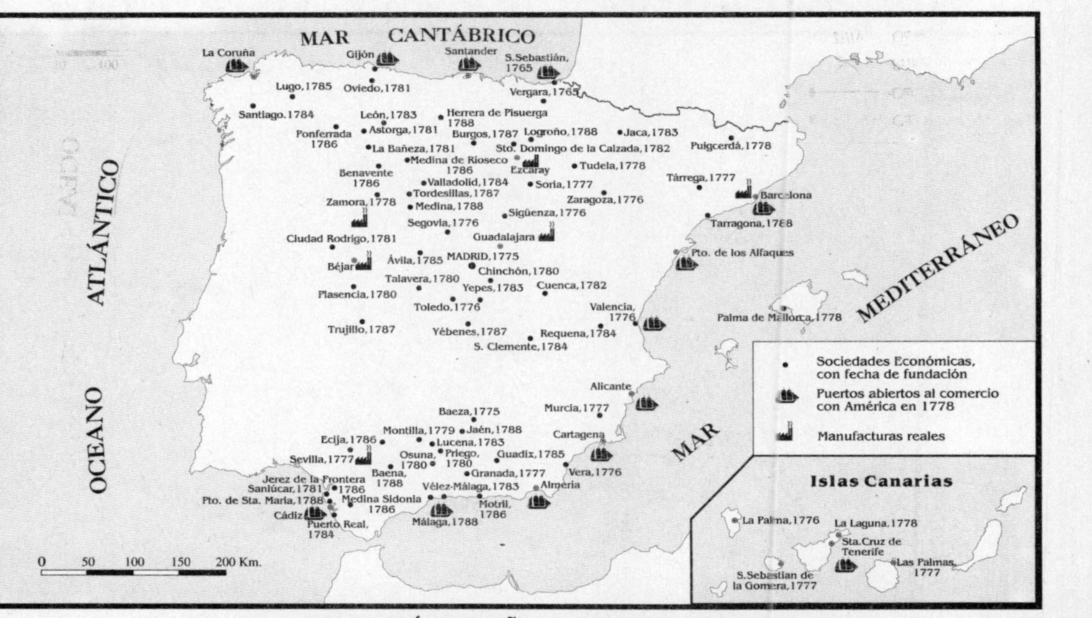

LA ECONOMÍA ESPAÑOLA EN EL SIGLO XVIII

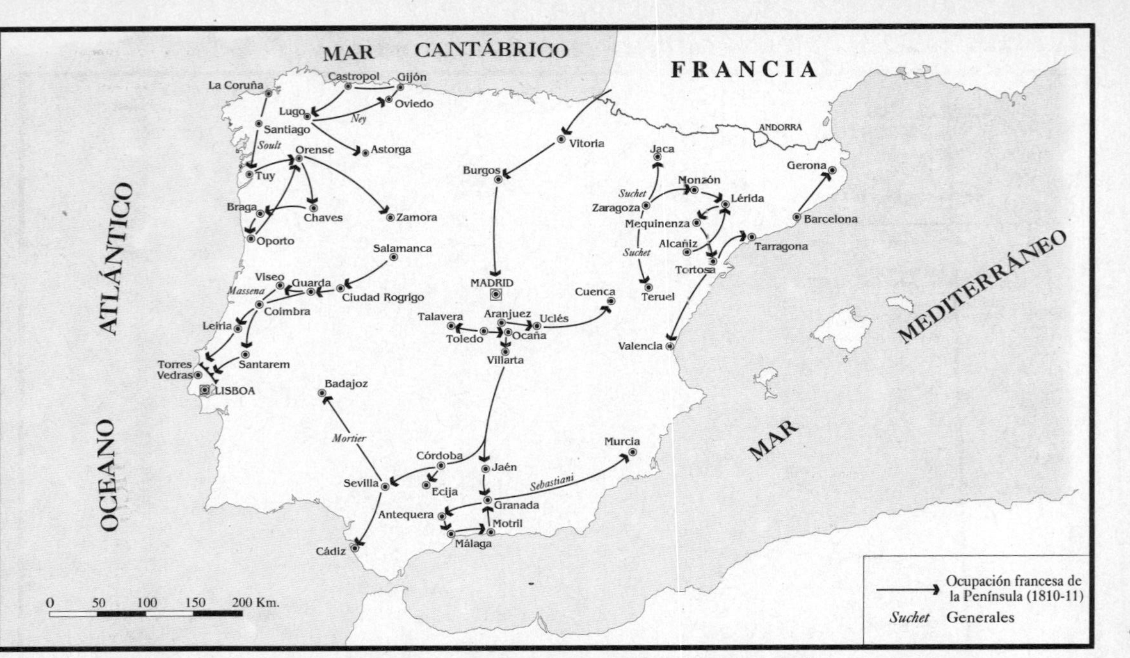

LA GUERRA DE LA INDEPENDENCIA. OCUPACIÓN DE LA PENÍNSULA (1810-11)

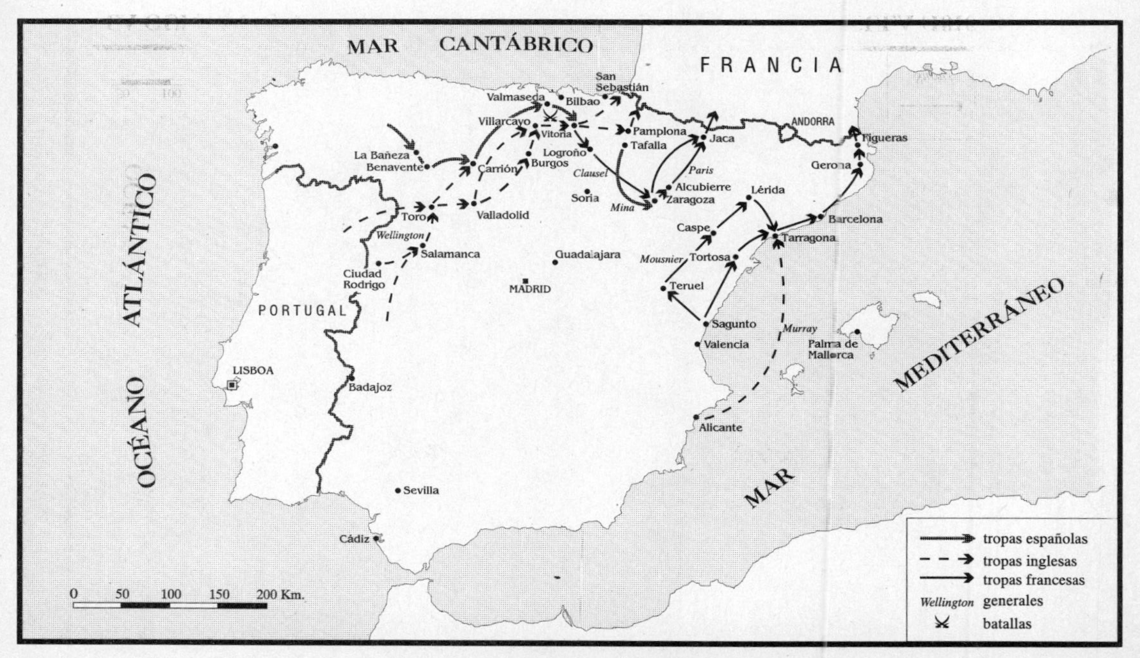

LA CAMPAÑA DE 1813

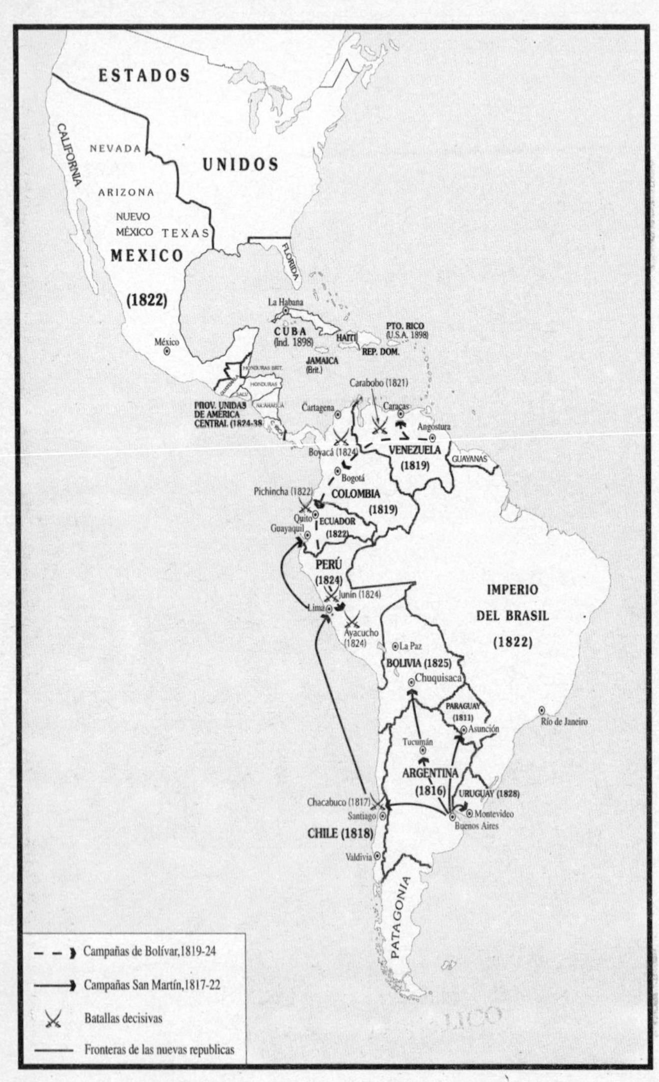

LA INDEPENDENCIA DE LA AMÉRICA ESPAÑOLA

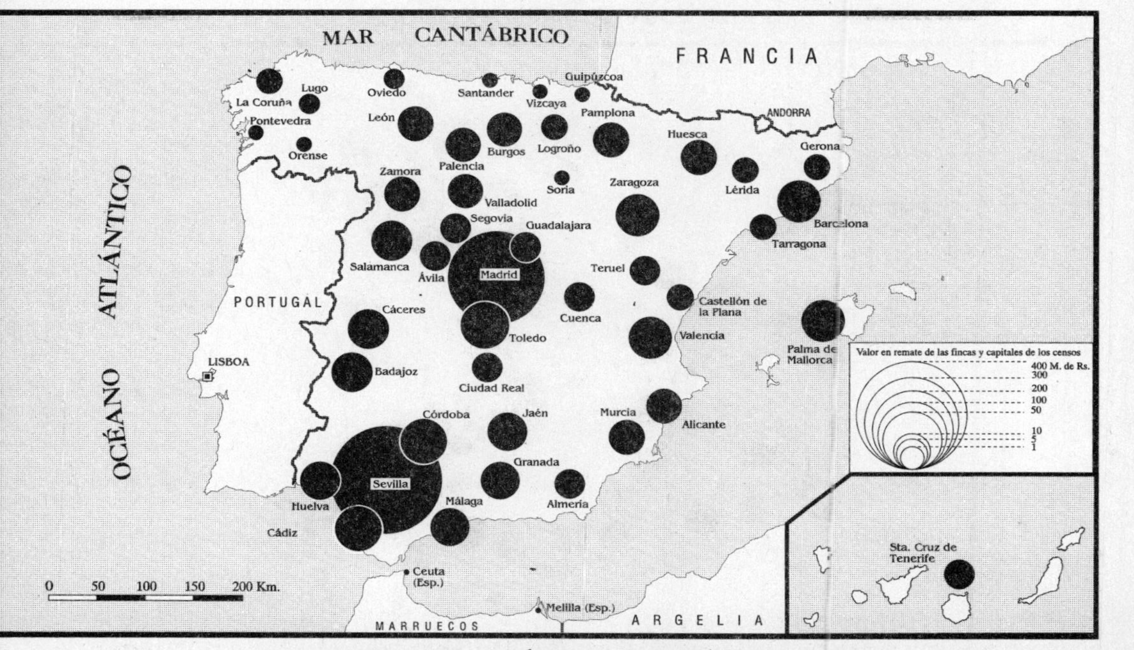

LA DESAMORTIZACIÓN DE MENDIZÁBAL, 1836-1844

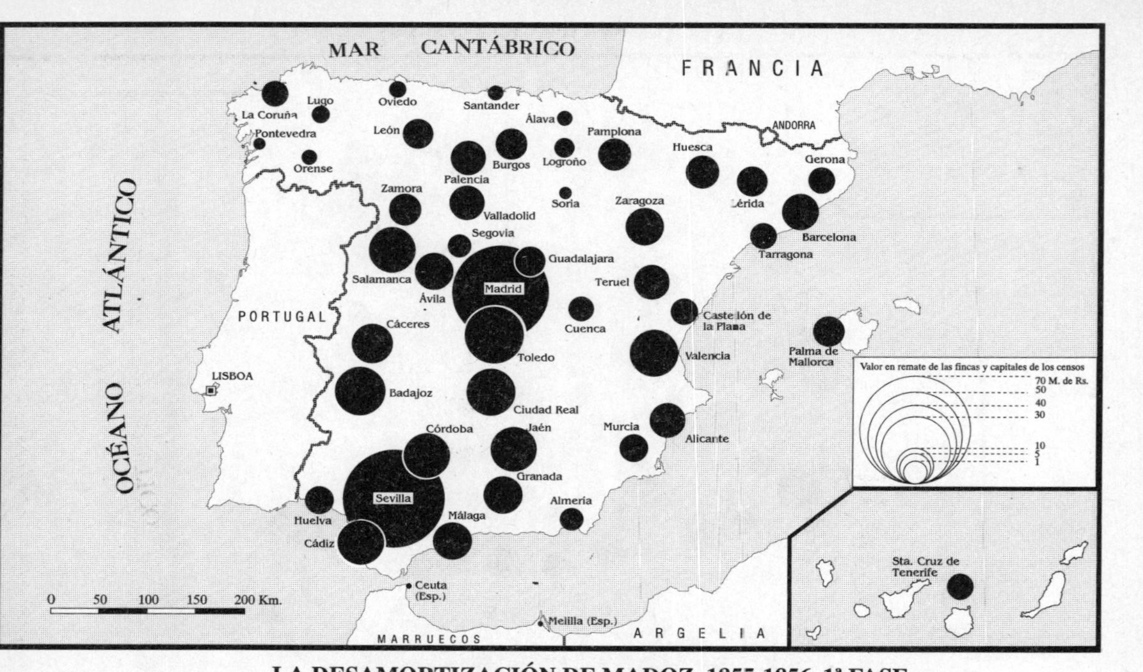

LA DESAMORTIZACIÓN DE MADOZ, 1855-1856. 1ª FASE

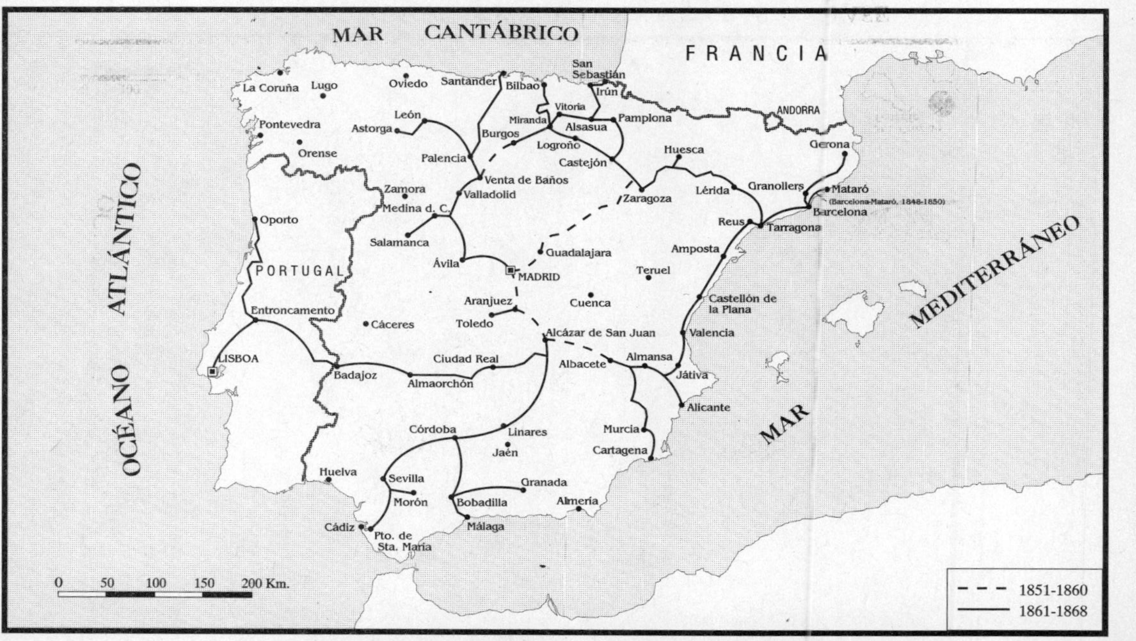

LA CONSTRUCCIÓN DE LA RED FERROVIARIA

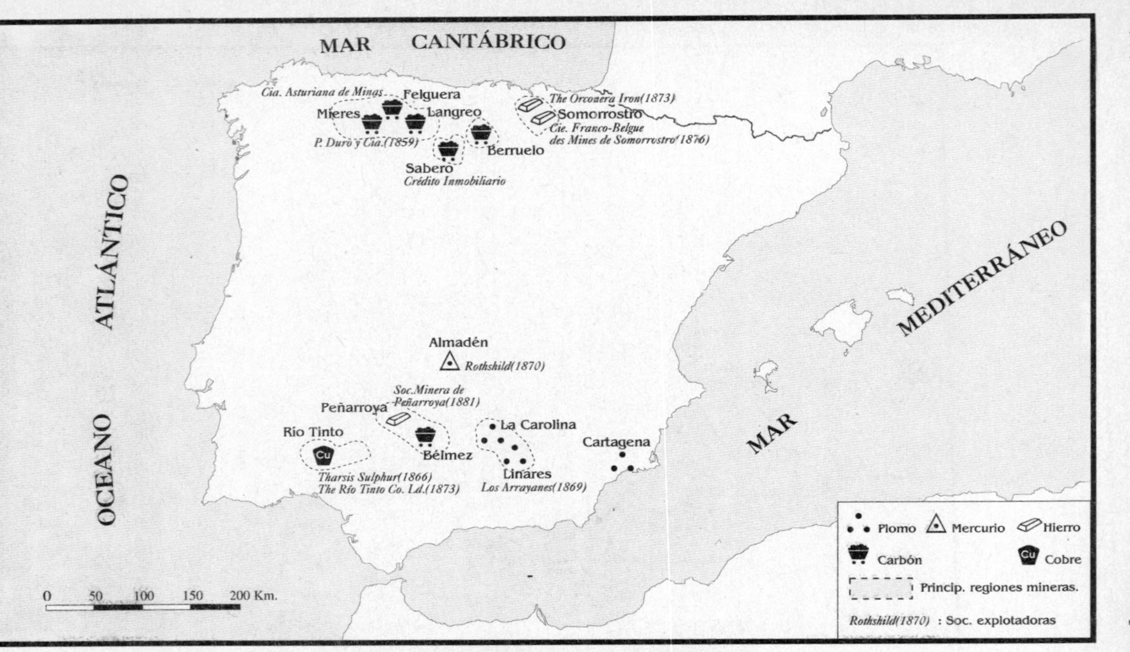
MAR CANTÁBRICO
ATLÁNTICO
OCEANO
MEDITERRÁNEO
MAR
Cia. Asturiana de Minas
Felguera
Mieres
Langreo
P. Duro y Cia.(1859)
Berruelo
Sabero
Crédito Inmobiliario
The Orconera Iron(1873)
Somorrostro
Cie. Franco-Belgue
des Mines de Somorrostro(1876)
Almadén
Rothshild(1870)
Soc.Minera de
Peñarroya(1881)
Peñarroya
Río Tinto
Bélmez
Tharsis Sulphur(1866)
The Río Tinto Co. Ld.(1873)
La Carolina
Linares
Los Arrayanes(1869)
Cartagena
0 50 100 150 200 Km.
Plomo
Mercurio
Hierro
Carbón
Cobre
Princip. regiones mineras.
Rothshild(1870) : Soc. explotadoras

MINAS Y SOCIEDADES MINERAS

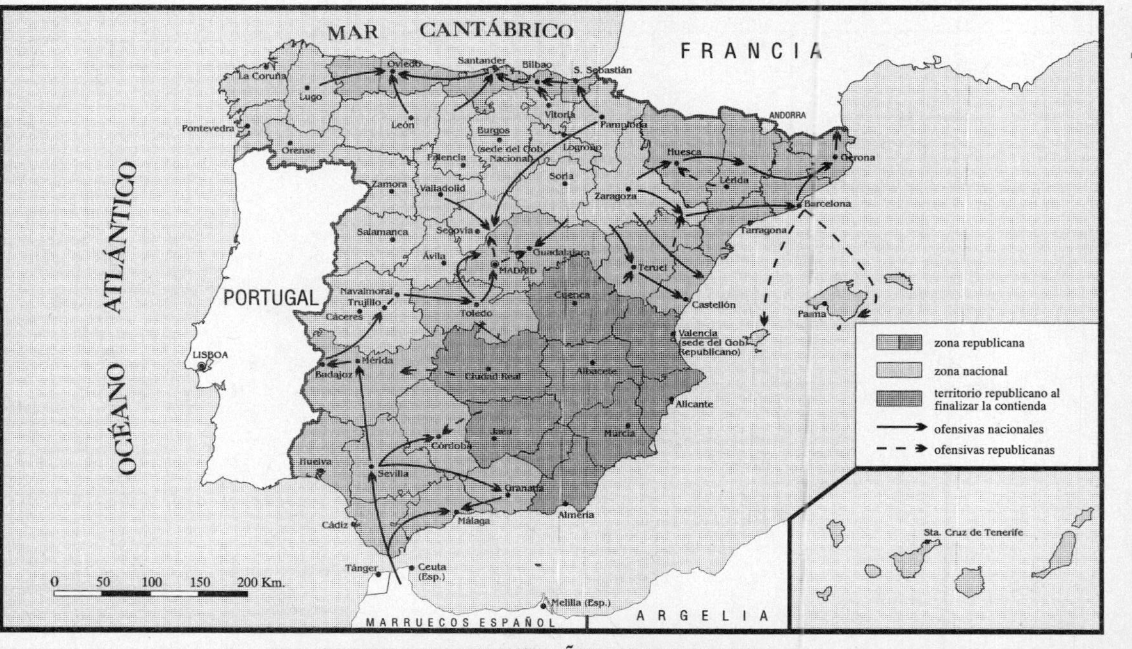

LA GUERRA CIVIL ESPAÑOLA (1936-1939)

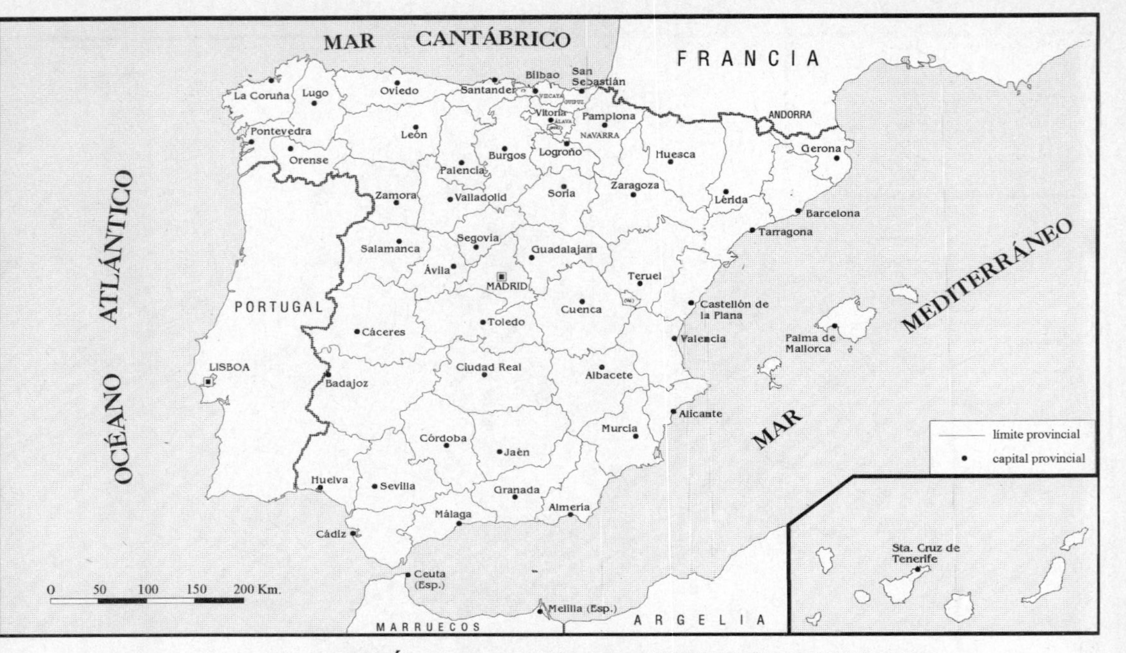

LA DIVISIÓN PROVINCIAL DE JAVIER DE BURGOS (1833)

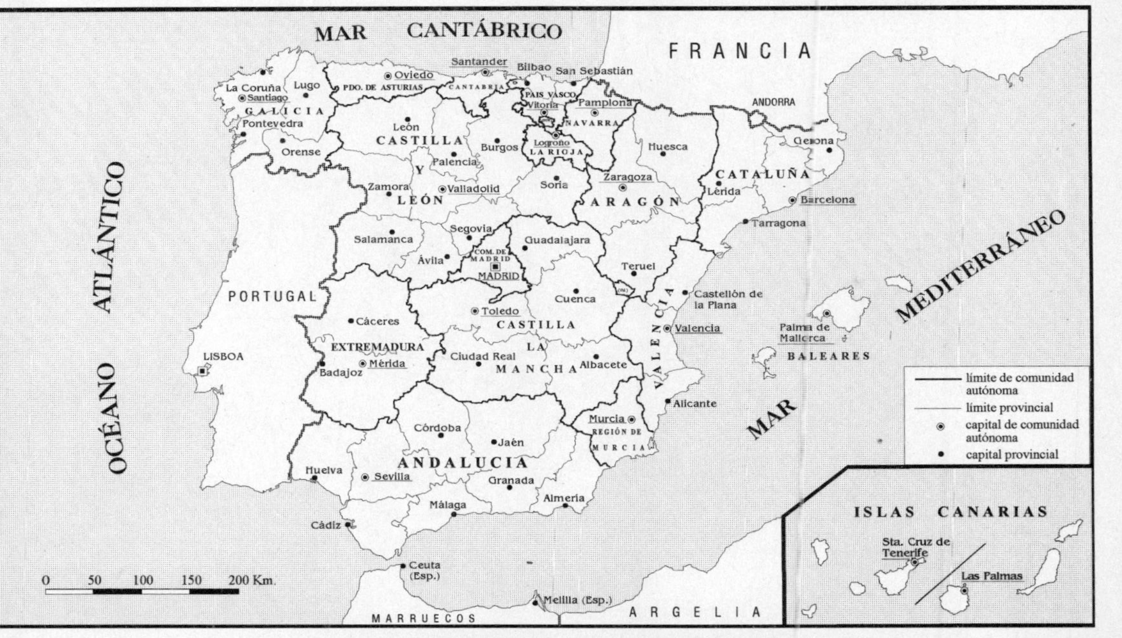

LA ESPAÑA DE LAS AUTONOMÍAS

Monarcas hispanos

REYES VISIGODOS

Ataulfo 410-415
Sigerico 415
Walia 415-418
Teodórico I 418-451
Turismundo 451-453
Teodórico II 453-466
Eúrico 466-484
Alárico II 484-507
Gesaleico 507-510
Teodórico, el Amalo (Regente) 510-526
Amalárico 526-531
Theudis 531-548
Theudiselo 548-549
Agila 549-555
Atanagildo 551/555-567
Liuva I 567-568
Liuva I y Leovigildo 568-571/572
Leovigildo 571/572-586
Recaredo 586-601
Liuva II 601-603
Witérico 603-610
Gundemaro 610-612
Sisebuto 612-621
Recaredo II 621
Suintila 621-631
Sisenando 631-636
Khintila 636-639
Tulga 639-642
Chindasvinto 642-649
Chindasvinto y Recesvinto 649-653
Recesvinto 653-672
Wamba 672-680
Ervigio 680-687
Egica 687-698/700
Egica y Witiza 698-700/702
Witiza 702-710
Agila II 710/711-716
Rodrigo 710-711

PRINCIPES MUSULMANES

Dinastía omeya: Emirato (756-929) y Califato de Córdoba (929-1031)

'Abd Al-Rahmán I 756-788
Hisam I 788-796
Al-Hakam I 796-822
'Abd Al-Rahman II 822-852
Muhammad I 852-886
Al-Mundir 886-888
'Abd Allah 888-912
'Abd Al-Rahman III 912-929 Emir
929-961 Califa
Al Hakam II 961-976
Hisam II 976-1000 y 1010-1013
Muhammad II 1009
Sulayman Al-Mustain 1009 y 1013-1016
'Abd Al-Rahman IV 1018
'Abd Al-Rahman V 1023-1024
Muhammad III 1024-1025
Hisam III 1027-1031

Almorávides

Yusuf B. Tasufin 1061-1106
Ali B. Yusuf 1106-1146
Tasufin 1143-1145

Almohades

'Abd Al-Mumin 1146-1163
Yusuf I 1163-1184
Yaqub Al-Mansur 1184-1199
Muhammad Al-Nasir 1199-1213
Yusuf II Al-Mustansir 1213-1224
'Abd Al-Wahid Al-Majlu 1224
'Abd Allah Al- Adil 1224-1227
Yahya Al-Mutasim Bi-Allah 1227-1229
Idris Al-Mamun 1227-1232

IBERIA DE LOS CINCO REINOS CONFEDERACIÓN CATALANOARAGONESA

Condes de Barcelona

Berá 801-820
Rampó 820-826
Bernat 826-832
Berenguer 832-835
Bernat (segunda vez) 835-844
Sunifred 844-848
Guillem 848-850
Aleran 850-852
Odalric 852-858
Humfrid 858-865
Bernat de Gotia 865-878
Guifré I 878-897
Guifré II Borrell 897-911
Sunyer 911-947
Miró 947-966
Borrel II 947-992
Ramón Borrel 992-1017
Berenguer Ramón I 1017-1035
Ramón Berenguer I el Viejo 1035-1076
Ramón Berenguer II 1076-1082
Berenguer Ramón II 1082-1096
Ramón Berenguer III 1096-1131
Ramón Berenguer IV 1131-1162

Reyes de Aragón

Ramiro I 1035-1063
Sancho I 1063-1094
Pedro I 1094-1104
Alfonso I 1104-1134
Ramiro II 1134-1137
Petronila 1137-1162

Reyes de Aragón y Condes de Barcelona

Casa de Barcelona
Alfonso II 1162-1196
Pedro II 1196-1213
Jaime I 1213-1276
Pedro III 1276-1285
Alfonso III 1285-1291
Jaime II 1291-1327
Alfonso IV 1327-1336
Pedro IV 1336- 1387
Juan I 1387-1396
Martín I 1396-1410
Interregno 31 mayo 1410-30 junio 1412

Casa de Trastámara
Fernando I 1412-1416
Alfonso V 1416-1458
Juan II 1458-1479
Fernando II 1479-1516

CORONA DE NAVARRA

Iñigo Arista 810 a 820-851 a 852
García Iñiguez 851 a 852-870
Fortún Garcés 870-905
Sancho Garcés 905-926
García Sánchez 926-970
Sancho Garcés II 970-994
García Sánchez II 994-1000
Sancho Garcés III 1000-1035
García Sánchez III 1035-1054
Sancho Garcés IV 1054-1076
Gobierno aragonés 1076-1134
García Ramírez 1134-1150
Sancho VI 1150-1194
Sancho VII 1194-1234

Casa de Champaña
Teobaldo I de Champaña 1234-1253
Teobaldo II 1253-1270
Enrique I 1270-1273
Juana I 1274-1305
Felipe I de Francia 1284-1305
Luis I de Francia 1304-1316
Felipe II de Francia 1316-1322
Carlos I de Francia 1322-1328
Juana II 1329-1349

Casa de Evreux
Felipe III de Evreux 1329-1343
Carlos II 1349-1387
Carlos III 1387-1425
Blanca 1425-1441 y Juan I 1425-1479

Casa de Foix
Francisco Febo 1479-1483
Catalina de Albret 1483-1516

REINO NAZARI DE GRANADA

Muhammad I 1237-1273
Muhammad II 1273-1302
Muhammad III 1302-1309
Nasr 1309-1314
Ismail I 1314-1325
Muhammad IV 1325-1333
Yusuf I 1333-1354
Muhammad V (1 vez) 1354-1359
Ismail II 1359-1360
Muhammad VI 1360-1362
Muhammad V (2 vez) 1362-1391
Yusuf II 1391-1392
Muhammad VII 1392-1408
Yusuf III 1408-1417
Muhammad VIII (1 vez) 1417-1419
Muhammad IX (1 vez) 1419-1427
Muhammad VIII (2 vez) 1427-1429

Muhammad IX (2 vez) 1429-1431
Yusuf IV 1431-1432
Muhammad IX (3 vez) 1432-1445
Muhammad X (1 vez) 1445
Yusuf V (1 vez) 1445-1446
Muhammad X (2 vez) 1446-1447
Muhammad IX (4 vez) 1447-1453
Muhammad XI 1453-1454
Sad (1 vez) 1454-1462
Yusuf V (2 vez) 1462
Sad (2 vez) 1462-1464
Abu L-Hasan Ali Muley Hacén (1 vez) 1464-1482
Abu Abd Allah Boabdil (1 vez) 1482-1483
Abu L-Hasan Ali Muley Hacén (2 vez) 1483-1485
Abu Abd Allah Boabdil (2 vez) 1486-1492

CORONA DE PORTUGAL
(Hasta la definitiva separación de 1640)

Alfonso Henriques (infante y príncipe) 1128-1139
Alfonso Henriques (rey) 1139-1185
Sancho I 1185-1211
Alfonso II 1211-1223
Sancho II 1223-1248
Alfonso III 1248-1279
Dinis 1279-1325
Alfonso IV 1325-1357
Pedro I 1357-1367
Fernando I 1367-1383
Beatriz (Leonor Teles, regente) 1383
(Juan, maestre de Avis, regente) 1383-1385
Juan I 1385-1433
Duarte 1433-1438
Alfonso V 1438-1481
Juan II 1481-1495
Manuel I 1495-1521
Juan III 1521-1557
Sebastián 1557-1578
Enrique 1578-1580
Cinco gobernadores presididos por el arzobispo de Lisboa 1580
Antonio 1580

Casa de Austria
Felipe I (II de España) 1580-1598
Felipe II (III de España) 1598-1621
Felipe III (IV de España) 1621-1640

CORONA DE CASTILLA-LEÓN

Reyes de Asturias y León

Pelayo 718-737
Fávila 737-739
Alfonso I 739-757
Fruela I 757-768
Aurelio 768-774
Silo 774-783
Mauregato 783-788
Bermudo I 788-791
Alfonso II 791-842
Ramiro I 842-850
Ordoño I 850-866
Alfonso III 866-911
García I 911-914
Ordoño II 914-924
Fruela II 924-925
Alfonso IV 925-931

Ramiro II 931-951
Ordoño III 951-956
Sancho I 955-958
Ordoño IV 958-960
Sancho I (2 vez) 960-966
Ramiro III 966-984
Bermudo II 984-999
Alfonso V 999-1028
Bermudo III 1028-1037

Condes de Castilla

Nuño Núñez 824-?
Rodrigo 852?-873?
Diego Rodríguez 873?-890?
Nuño Rasura 900-?
Gonzalo Núñez 889-920
Fernán González 930?-970
García Fernández 970-995
Sancho Carcía 995-1017
García Sánchez 1017-1029

Reyes de Castilla y León

Casa de Navarra
Fernando I 1037-1065
Sancho II 1065-1072
García 1065-1071
Alfonso VI 1065-1109
Urraca 1109-1126

Casa de Borgoña
Alfonso VII 1126-1157
Sancho III de Castilla 1157-1158
Fernando II de León 1157-1188
Alfonso VIII de Castilla 1158-1214
Enrique I de Castilla 1214 1217
Alfonso IX de León 1188-1230
Fernando III de Castilla y León 1217-1252
Alfonso X 1252-1284
Sancho IV 1284-1295
Fernando IV 1295-1312
Alfonso XI 1312-1350
Pedro I 1350-1369

Casa de Trastámara
Enrique II 1369-1379
Juan I 1379-1390
Enrique III 1390-1406
Juan II 1406-1454
Enrique IV 1454-1474
Isabel I 1474-1504

Reyes y Jefes de Estado de España

Isabel I de Castilla 1474-1504 y Fernando II de Aragón y V de Castilla 1474-1516
Juana I de Castilla 1504-1555 y Felipe I 1504-1506

Casa de Austria
Juana I y Carlos I 1516-1555
Carlos I 1555-1556
Felipe II 1556-1598
Felipe III 1598-1621
Felipe IV 1621-1665
Carlos II 1665-1700

Casa de Borbón
Felipe V 1700-1724 y 1724-1746
Luis I 1724
Fernando VI 1746-1759
Carlos III 1759-1788
Carlos IV 1788-1808
Fernando VII 1808-1833
(José I Bonaparte 1808-1813)
Isabel II 1833-1868

Gobierno Provisional
Francisco Serrano 1868-1871

Casa de Saboya
Amadeo I 1871-1873

Primera República
Estanislao Figueras 11-II a 11-VI-1873
Francisco Pi y Margall 11-VI a 18-VII-1873
Nicolás Salmerón 18-VII a 7-IX-1873
Emilio Castelar 7-IX-1873 a 3-I-1874

Casa de Borbón
Alfonso XII 1875-1885
Alfonso XIII 1886-1931

Segunda República
Niceto Alcalá Zamora 1931-1936
Manuel Azaña 1936-1939

Jefatura del Estado
Francisco Franco 1936-1975

Casa de Borbón
Juan Carlos I 1975-...

Gobiernos y primeros ministros. Siglos XIX-XX

REINADO DE FERNANDO VII

1808-X-15 Pedro Ceballos Guerra
1809-X-30 Francisco de Saavedra
1810-I-31 Marqués de las Hormazas, interino
1810-III-20 Eusebio Bardají y Azara
1812-II-6 José García de León y Pizarro, interino
1812-V-12 Ignacio de la Pezuela, interino
1812-VI-23 Carlos Martínez de Irujo, marqués de Casa Irujo
1812-IX-27 Pedro Gómez Labrador
1813-VII-11 Antonio Cano Manuel, interino
1813-X-10 Juan ODonojú, interino
1813-X-17 Fernando de la Serna, interino
1813-XII-3 José Luyando, interino
1814-V-4 José Miguel de Carvajal y Manrique, duque de San Carlos
1814-XI-5 Pedro Ceballos Guerra
1816-X-30 José Garca de León y Pizarro
1818-IX-14 Carlos Martínez de Irujo, marqués de Casa Irujo, interino
1819-VI-12 Manuel González Salmón, oficial habilitado
1819-IX-12 José Melgarejo y Saurín, duque de San Fernando
1820-III-9 José Melgarejo y Saurín, duque de San Fernando
1820-III-18 Evaristo Pérez Castro

1821-III-2 Joaquín Anduaga, oficial habilitado
1821-III-4 Eusebio Bardají y Azara
1822-I-8 Ramón López Pelegrín, interino
1822-I-24 José Gabriel de Silva y Bazán, marqués de Santa Cruz
1822-I-30 Ramón López Pelegrín, interino
1822-II-28 Francisco Martínez de la Rosa
1822-VII-11 Nicolás María Garelly, interino
1822-VIII-6 Evaristo San Miguel
1823-III-2 Alvaro Flórez Estrada
1823-IV-24 José María Pando
1823-IX-4 José Luyando
1823-V-27 Antonio Vargas Laguna, interino
1823-VIII-7 Víctor Damián Sáez
1823-XII-3 Carlos Martínez de Irujo, marqués de Casa Irujo
1824-II-9 Narciso Heredia y Begines, conde de Ofalia
1825-VII-11 Francisco Cea Bermúdez
1825-X-24 Pedro Alcántara Toledo, duque del Infantado
1826-VIII-26 Luis María Salazar
1830-XI-10 Manuel González Salmón
1832-II-20 Luis María Salazar
1832-X-1 Francisco Cea Bermúdez, conde de Colombí. (Ultimo gobierno de Fernando VII, confirmado por la reina regente María Cristina)

REINADO DE ISABEL II

1834-I-15 Francisco Martínez de la Rosa
1835-VI-7 José Miguel Ricardo de Alava. (No aceptó; en ausencia, Juan Alvarez Mendizábal)
1835-IX-19 Juan Alvarez Mendizábal, interino
1836-V-15 Francisco Javier Istúriz, interino
1836-VIII-14 José María Calatrava
1837-VIII-18 Baldomero Espartero. (No toma posesión; en ausencia, Eusebio Bardají y Azara)
1837-X-1 Eusebio Bardají y Azara
1837-XII-16 Narciso de Heredia y Begines, conde de Ofalia
1838-IX-6 Bernardino Fernández de Velasco, duque de Frías
1838-XII-9 Evaristo Pérez de Castro
1840-VII-20 Antonio González y González
1840-VIII-12 Valentín Ferraz
1840-VIII-29 Modesto Cortázar, interino
1840-IX-11 Vicente Sancho (gobierno nombrado por la reina regente,

pero que no llegaría a entrar en funciones por la oposición de la Junta de Madrid)
1840-IX-16 Baldomero Espartero
1841-V-20 Antonio González y González
1842-VI-17 José Ramón Rodil, marqués de Rodil
1843-V-9 Joaquín María López
1843-V-19 Alvaro Gómez Becerra
1843-VII-23 Joaquín María López
1843-XI-20 Salustiano Olózaga
1843-XII-5 Luis González Bravo
1844-V-3 Ramón María Narváez
1846-II-11 Manuel Pando, marqués de Miraflores
1846-III-16 Ramón María Narváez
1846-IV-5 Javier Istúriz
1847-I-28 Carlos Martínez de Irujo, duque de Sotomayor
1847-III-28 Joaquín Francisco Pacheco
1847-IX-12 Florencio García Goyega
1847-X-4 Ramón María Narváez
1849-X-19 Serafín María de Soto, conde de Cleonard
1849-X-20 Ramón María Narváez
1851-I-14 Juan Bravo Murillo
1852-XII-14 Federico Roncali, conde de Alcoy
1853-IV-14 Francisco Lersundi
1853-IX-19 Luis José Sartorius, conde de San Luis
1854-VII-17 Fernando Fernández de Córdoba. (Dimite sin formar gobierno)
1854-VII-18 Angel Saavedra, duque de Rivas
1854-VII-19 Baldomero Espartero
1856-VII-14 Leopoldo O'Donnell
1856-X-12 Ramón María Narváez
1857-X-15 Francisco Armero y Peñaranda
1858-I-14 Francisco Javier Istúriz
1858-VI-30 Leopoldo O'Donnell
1863-III-2 Manuel Pando, marqués de Miraflores
1864-I-17 Lorenzo Arrazola
1864-III-1 Alejandro Mon
1864-IX-16 Ramón María Narváez
1865-VI-21 Leopoldo ODonnell
1866-VII-10 Ramón María Narváez
1868-IV-23 Luis González Bravo
1868-IX-19 José Gutiérrez de la Concha

GOBIERNO PROVISIONAL Y PRIMERA REPUBLICA

1868-X-8 Francisco Serrano y Rodríguez
1869-VI-18 Juan Prim
1870-XII-27 Juan Bautista Topete
1870-XII-29 Práxedes Mateo Sagasta
1871-I-4 Francisco Serrano y Domínguez
1871-VII-24 Manuel Ruiz Zorrilla
1871-X-5 José Malcampo y Monge
1871-XII-21 Práxedes Mateo Sagasta
1872-V-26 Francisco Serrano y Dominguez
1872-VI-13 Manuel Ruiz Zorrilla
1873-II-11 Estanislao Figueras
1873-VI-11 Francisco Pi y Margall
1873-VII-18 Nicolás Salmerón y Alonso
1873-IX-7 Emilio Castelar
1874-I-3 Francisco Serrano y Domínguez
1874-II-26 Juan de Zavala y de la Puente
1874-VI-29 Práxedes Mateo Sagasta
1874-XII-31 Antonio Cánovas del Castillo. (Confirmado por Alfonso XII el 9-I-75)

REINADO DE ALFONSO XII Y REGENCIA DE MARIA CRISTINA

1875-IX-12 Joaquín Jovellar
1875-XII-2 Antonio Cánovas del Castillo
1879-III-7 Arsenio Martínez Campos
1879-XII-9 Antonio Cánovas del Castillo
1881-II-8 Práxedes Mateo Sagasta
1883-X-13 José Posada Herrera
1884-I-18 Antonio Cánovas del Castillo
1885-XI-27 Práxedes Mateo Sagasta
1890-VII-5 Antonio Cánovas del Castillo
1892-XII-11 Práxedes Mateo Sagasta
1895-III-8 Antonio Cánovas del Castillo
1897-VIII-8 Marcelo de Azcárraga
1897-X-4 Práxedes Mateo Sagasta
1899-III-4 Francisco Silvela
1900-X-23 Marcelo de Azcárraga

REINADO DE ALFONSO XIII

1901-III-6 Práxedes Mateo Sagasta
1902-XII-6 Francisco Silvela
1903-VII-20 Raimundo Fernández Villaverde
1903-XII-5 Antonio Maura Montaner
1904-XII-14 Marcelo de Azcárraga
1905-I-27 Raimundo Fernández Villaverde
1905-VI-23 Eugenio Montero Ríos
1905-XII-1 Segismundo Moret y Prendergast
1906-VII-6 José López Domínguez
1906-XI-30 Segismundo Moret y Prendergast
1906-XII-4 Antonio Aguilar y Correa, marqués de la Vega de Armijo
1907-I-25 Antonio Maura Montaner
1909-X-21 Segismundo Moret y Prendergast
1910-II-9 José Canalejas y Méndez
1912-XI-12 Manuel García Prieto, gobierno provisional
1912-XI-14 Alvaro de Figueroa y Torres, conde de Romanones, gobierno provisional
1912-XII-31 Alvaro de Figueroa y Torres, conde de Romanones
1913-X-27 Eduardo Dato Iradier
1915-XII-9 Alvaro de Figueroa y Torres, conde de Romanones
1917-IV-19 Manuel García Prieto
1917-VI-11 Eduardo Dato Iradier
1917-XI-1 Manuel García Prieto
1918-III-22 Antonio Maura y Montaner
1918-XI-9 Manuel García Prieto
1918-XII-5 Alvaro de Figueroa y Torres, conde de Romanones
1919-IV-15 Antonio Maura Montaner
1919-VII-19 Manuel Allendesalazar (renunció sin formar gobierno)
1919-VII-20 Joaquín Sánchez de Toca
1919-XII-12 Manuel Allendesalazar
1920-V-5 Eduardo Dato Iradier
1921-III-8 Gabino Bugallal Aráujo, provisional
1921-III-12 Manuel Allendesalazar
1921-VIII-13 Antonio Maura Montaner
1922-III-8 José Sánchez Guerra
1922-XII-7 Manuel García Prieto
1923-IX-15 Miguel Primo de Rivera y Orbaneja
1925-XII-3 Miguel Primo de Rivera y Orbaneja
1930-I-30 Dámaso Berenguer Fusté
1931-II-18 Juan Bautista Aznar y Cabañas

SEGUNDA REPUBLICA

1931-IV-14 Niceto Alcalá Zamora, gobierno provisional
1931-X-14 Manuel Azaña Díaz, gobierno provisional
1931-XII-16 Manuel Azaña Díaz
1933-IX-12 Alejandro Lerroux García
1933-X-8 Diego Martínez Barrio
1933-XII-16 Alejandro Lerroux García
1934-IV-28 Ricardo Samper Ibáñez
1934-X-4 Alejandro Lerroux García
1935-IX-25 Joaquín Chapaprieta Torregrosa
1935-XII-14 Manuel Portela Valladares
1936-II-19 Manuel Azaña Díaz
1936-V-13 Santiago Casares Quiroga
1936-VII-19 Diego Martínez Barrios. (No llega a tomar posesión)
1936-VII-19 José Giral Pereira
1936 IX-3 Francisco Largo Caballero
1937-V-8 a 1939-IV-1 Juan Negrín López (España republicana)
1936-VII-24 Miguel Cabanellas Ferrer (Junta de Defensa Nacional)
1936-X-3 Fidel Dávila Arrondo (Junta Técnica de Estado)
1937-VI-3 Francisco Gómez Jordana (Junta Técnica de Estado)
1938-I-30 Francisco Franco Bahamonde (1.er Gobierno)

FRANQUISMO

1939-VIII-10 Francisco Franco Bahamonde (2.º Gobierno)
1940-X-16 Francisco Franco Bahamonde (3.er Gobierno)
1941-V-19 Francisco Franco Bahamonde (4.º Gobierno)
1942-IX-3 Francisco Franco Bahamonde (5.º Gobierno)
1945-VII-20 Francisco Franco Bahamonde (6.º Gobierno)
1951-VII-19 Francisco Franco Bahamonde (7.º Gobierno)
1957-II-25 Francisco Franco Bahamonde (8.º Gobierno)
1962-VII-11 Francisco Franco Bahamonde (9.º Gobierno)
1965-VII-7 Francisco Franco Bahamonde (10.º Gobierno)
1969-X-29 Francisco Franco Bahamonde (11.º Gobierno)
1973-VI-8 Luis Carrero Blanco
1974-I-3 Carlos Arias Navarro

REINADO DE JUAN CARLOS I

1975-XII-12 Carlos Arias Navarro
1976-VII-7 Adolfo Suárez González (1.er Gobierno)
1977-VII-4 Adolfo Suárez González (2.º Gobierno)
1979-IV-5 Adolfo Suárez González (3.er Gobierno)
1980-IX-8 Adolfo Suárez González (4.º Gobierno)
1981-II-25 Leopoldo Calvo-Sotelo Bustelo (1.er Gobierno)
1981-XII-1 Leopoldo Calvo-Sotelo Bustelo (2.º Gobierno)
1982-XII-3 Felipe González Márquez (1.er Gobierno)
1985-VII-5 Felipe González Márquez (2.º Gobierno)
1986-VII-25 Felipe González Márquez (3.er Gobierno)
1988-VII-7 Felipe González Márquez (4.º Gobierno)
1989-XII-6 Felipe González Márquez (5.º Gobierno)
1993-I-1 Felipe González Márquez (6.º Gobierno)
1993-VII-13 Felipe González Márquez (7.º Gobierno)
1994-V-5 Felipe González Márquez (8.º Gobierno)
1995-VI-30 Felipe González Márquez (9.º Gobierno)
1996-V-5 José María Aznar López (1.er Gobierno)
1999-I-18 José María Aznar López (2.º Gobierno)

Fechas que completan la «Breve historia de España»

1200 a. C. Cultura de los campos de urnas. Origen mítico de Tartessos
1100 a. C. Entrada de grupos indoeuropeos en la Península. Según la tradición, los fenicios fundan Gadir en el estrecho de Gibraltar
1000 a. C. Inicio del Hierro peninsular
800 a. C. Grupos celtas procedentes del valle del Ródano penetran en la Península Ibérica asentándose en el área norte
750 a. C. Reino histórico de Tartessos en el sur peninsular
700 a. C. Cultura del Hierro en la Meseta (Las Cogotas)
630 a. C. Argantonio, rey de Tartessos. Viaje de Colaios de Samos descrito por Herodoto
600 a. C. Nueva oleada céltica hacia la Meseta
(ca) **580 a. C.** Constitución de la Polis ampuritana
(ca) **480 a. C.** La escultura ibérica alcanza una de sus cimas con la dama de Elche
350 a. C. Santuario ibérico del Cigarralejo (Mula, Murcia)
300 a. C. Fundación de la ciudad celtibérica de Numancia
237 a. C. Amílcar Barca traslada al sur de la península ibérica la base de operaciones militares del expansionismo cartaginés
226 a. C. Tratado del Ebro entre romanos y cartagineses
(ca) **225 a. C.** Fundación de Carthago Nova, capital del imperio bárcida en Occidente

206 a. C. Sitio y toma de Sagunto por las tropas de Aníbal, origen de la segunda guerra púnica (218-201 a. C.)
197 a. C. Conquista de Cádiz, último enclave cartaginés en la Penísula Ibérica y victoria romana de Ilipa. Hispania queda bajo el control de Roma
155 a. C. Comienzo de la guerra lusitano-romana en la que Viriato se impondrá como caudillo de los pueblos indígenas hasta su asesinato en el 139 a. C.
133 a. C. Continúa la ocupación romana del valle del Ebro y la Meseta con la destrucción de Numancia
83 a. C. Guerras sertorianas en Hispania
72 a. C. Perpenna acaba con Sertorio en Osca (Huesca) y Pompeyo somete a Perpenna y a las ciudades fieles a la causa sertoriana
49 a. C. César vence a los pompeyanos en Ilerda y unos años después (45 a. C.) definitivamente en Munda
29 a. C. Guerras contra los cántabros y astures (29-19 a. C.) que permitirán a Roma dominar el espacio hispano
25 a. C. Fundación de la colonia romana de Emérita Augusta (Mérida)

Cambio de era
65 Mueren en Roma, por orden del emperador Nerón, el filósofo Lucio Anneo Séneca (Córdoba, 4 a. C.) y su sobrino el poeta Lucano (39 d. C.)
74 El emperador Vespasiano concede el derecho de ciudadanía a los hispanos
98 El bético Trajano es nombrado emperador
166 La peste asola Hispania, mientras bandas de indígenas norteafricanos atacan (173 d. C.) las ciudades del sur peninsular
258 Francos y alamanes invaden la Península, permaneciendo en ella por espacio de diez años
306 Concilio de Elvira, primer sínodo de la Iglesia hispana
380 El concilio de Caesaraugusta (Zaragoza) se pronuncia contra el priscilianismo, aunque no es hasta el de Burdeos (384) cuando se le condena como herejía
409 Entrada pactada de grupos bárbaros en Hispania (vándalos, suevos, alanos)
411 Los visigodos llegan a la Península dirigidos por su rey Ataúlfo, en apoyo de Roma
425 Los vándalos cruzan el estrecho de Gibraltar para fundar un reino en el norte de África
441 Rekhila, rey suevo, conquista Sevilla, controlando así la Gallaecia, Lusitania, Bética y Carthaginense, mientras la *bagauda* incendia el Valle del Ebro

456 Expedición del visigodo Teodorico II contra los suevos
475 Eurico rompe el simbólico *foedus* con el Imperio e inicia la ocupación visigoda de la Península
506 Promulgación del Breviario de Alarico
507 Derrota visigoda en Vouillé y muerte de Alarico II
522 Justiniano, emperador bizantino, envía fuerzas militares a Hispania en apoyo de Atanagildo; expedición saldada con la formación de la provincia bizantina del SE peninsular
542 Gran epidemia de peste bubónica, de efectos catastróficos en la Tarraconense
575 Leovigildo acuña los primeros tremises de oro, símbolo de la soberanía regia
579-585 Rebelión de Hermenegildo contra su padre
585 Leovigildo invade Galicia. Fin del reino suevo y reconstrucción de la unidad peninsular
589 III Concilio de Toledo. Se completa la conversión del pueblo godo al catolicismo, mientras los concilios se transforman en pilar de la organización política al adquirir rango de ley civil los cánones aprobados en la asamblea de obispos y magnates
612 Iglesia de San Juan de Baños (Palencia)
615 Sisebuto ordena la conversión de los judíos al cristianismo, primer paso decisivo en las medidas antihebreas
620 San Isidoro dedica a Sisebuto la primera redacción de las *Etimologías*
654 Recesvinto promulga el Liber Iudiciorum
711 Luchas intestinas entre D. Rodrigo y el clan witizano por la corona. Campañas del monarca contra los vascones. Desembarco de Tariq en Gibraltar en apoyo de los witizanos y derrota de Rodrigo en Guadalete. Comienza la ocupación árabe de la Península
718 El visigodo Pelayo organiza la resistencia cristiana en Asturias donde es proclamado caudillo obteniendo en el 722 la *victoria* de Covadonga
730 Nace el Beato de Liébana, autor de unos *Comentarios del Apocalipsis* de enorme difusión en la Edad Media
750-55 El hambre golpea la Península. Los bereberes abandonan el norte y se trasladan a África, lo que permitirá a Alfonso I de Asturias ocupar Galicia, Astorga...
756 Llega a Córdoba Abd Al-Rahman I, proclamándose emir en la gran mezquita
778 Expedición de Carlomagno a Pamplona, Huesca y Zaragoza. Emboscada de Roncesvalles
785 Los carolingios ocupan Gerona
807 Empieza a difundirse el hallazgo de la tumba del apóstol Santiago en Compostela

810 Los clanes vascones se agrupan al elegir como caudillo a Íñigo Arista (810-851): génesis del reino de Pamplona
834 Ampliación de la mezquita cordobesa bajo el reinado de 'Abd Al-Rahman II
844 Ataques normandos contra Gijón, Lisboa, Cádiz...
848 Consagración de la iglesia prerrománica de Santa María del Naranco
880 Comienza la actividad rebelde del muladí Umar Ibn Hafsum
917 Victoria navarro-leonesa de San Esteban de Gormaz. Apertura a la repoblación de las tierras del Duero
929 'Abd Al-Rahman III toma el título de califa mientras somete a las zonas rebeldes al poder de Córdoba y castiga a los príncipes cristianos
936 Brillo de su poder, el califa ordena la construcción del palacio de Madinat Al-Zahira
939 Batalla de Simancas. Derrota de Abd Al-Rahman ante los ejércitos coligados cristianos
948 Embajada del emperador bizantino Constantino VII a Córdoba que ofrece como regalo un ejemplar de *Materia Médica* de Dioscórides, traducido al árabe por Ibn Shaprut.
975 Eude pinta el Beato de la catedral de Gerona
979 Almanzor permite depurar la biblioteca de Al-Hakam II que a la muerte del califa poseía unos 400.000 volúmenes
985 Almanzor destruye y saquea Barcelona, a la que no tardan en seguir León, Zamora, Osma, Santiago...
1000 Sancho III Garcés, el Mayor, rey de Navarra. Durante su reinado la mayor parte de los enclaves cristianos quedarán bajo su cetro, aunque en el 1035 dividirá los estados entre sus hijos
1009 Muerte de Sanchuelo, último vástago de la dinastía de Almanzor. El populacho cordobés destruye Madinat Al-Zahira
1017 Basílica de San Isidoro de León
1031 Rebelión de los notables cordobeses contra Hisham III. Fin del Califato
(ca) 1067 Compilación de los *Usatges* de Cataluña
1085 Alfonso VI de Castilla conquista Toledo, restaurada en 1088 por el papa Urbano II como diócesis primada
1118 Zaragoza capitula ante los ejércitos de Alfonso I de Aragón
1135 Coronación imperial de Alfonso VII de Castilla en León
1137 Matrimonio de Petronila de Aragón y Ramón Berenguer IV de Barcelona
1139 Alfonso I Enríquez se proclama rey de Portugal
1151 Tratado de Tudillén entre Alfonso VII y Ramón Berenguer IV repartiéndose las zonas de influencia y conquista en el sur y levante peninsular

1160 *Enciclopedia General de Medicina* de Averroes
1171 El califa almohade Yusuf I desembarca en España y se instala en Sevilla, donde impulsa un año después la construcción de la mezquita y su Giralda (1195).
1188 Se convoca en León una curia regia extraordinaria a la que por primera vez acuden representantes de las ciudades, origen de las Cortes. Al mismo tiempo, el maestro Mateo ultima su obra cumbre, el Pórtico de la Gloria.
1195 Alfonso VIII es derrotado por los almohades en Alarcos, pero los reyes cristianos no tardan en desquitarse en las Navas de Tolosa (1212)
1213 Simón de Monfort destruye las ambiciones del aragonés Pedro II en Muret
1230 Fernando III reunifica la corona castellano-leonesa
1236 Córdoba capitula ante el empuje de los ejércitos de Castilla, dos años después Valencia hace lo propio frente a Jaime I de Aragón
1240 Fuero de Valencia y primeras Cortes del nuevo reino de la Confederación
1254 Alfonso X otorga las Constituciones de la Universidad de Salamanca, una prueba más del renacer cultural de su reinado. Catedral de León (1255)
1264 Rebelión de los musulmanes de Andalucía y Murcia, ocasión aprovechada por la nobleza aragonesa para imponer el Justicia de Aragón al rey (Cortes de Egea, 1265)
1273 Primeras ordenanzas de la Mesta
1275 Ramón Llul: *Libre del ordre de cavayleria*
1300 Fundación de Bilbao, enclave estratégico en las relaciones comerciales con Europa del Norte
1306 Catedral de Palma de Mallorca
1315 Formación de la Hermandad de Concejos y Hermandad de caballeros y hombres buenos de Castilla, en defensa de Alfonso XI
1328 Alfonso IV de Aragón declara inseparables los reinos de la corona
1330 Felipe III de Evreux mejora el Fuero Viejo de Navarra
1335 Don Juan Manuel concluye el *Libro de Petronio o conde Lucanor,* tan alejado del casi coetáneo (1343) *Libro de Buen Amor* de Juan Ruiz (Arcipreste de Hita)
1356 Fuero Viejo de Castilla
1369 Asesinato de Pedro I en Montiel. Enrique II implanta la dinastía Trastámara
1377-(91) Patio de los Leones de Granada
1380 Las Cortes de Zaragoza reconocen a los Señores aragoneses el «Ius malectrandi» o derecho de coerción sobre sus vasallos

1381-(84) Oleadas pestíferas azotan todos los reinos peninsulares. Crisis bancaria en Barcelona
1391 *Pogroms* antijudíos en Castilla y Aragón (Asaltos a las juderías)
1393 Enrique III de Castilla jura los Fueros de Vizcaya
1412 Fernando de Antequera es elegido rey de Aragón en Caspe
1415 Los portugueses conquistan Ceuta
1420 Nápoles entra en la órbita de Alfonso V
1421 Ordenanzas de las Ferias de Medina
1444 Juan de Mena redacta *El laberinto de Fortuna o las Trescientas*
1458 Tracerías y flechas de la catedral de Burgos (Juan de Colonia)
1461 Después de diez años de enfrentamientos con su padre Juan II de Aragón, muere Carlos, Príncipe de Viana, heredero de la corona navarra y aragonesa
1462 Alzamiento de la remensa en Aragón. También Galicia sería pronto (1467) escenario de la II Guerra Irmandiña
1472 Rendición de Barcelona. Fin de la guerra civil catalana
1475 Inicio de la Guerra de Sucesión castellana entre los partidarios de Isabel I y la infanta Juana
1476 Creación de la Santa Hermandad. Jorge Manrique escribe *Coplas a la muerte del Maese Don Rodrigo*
1478 Por una bula de Sixto IV se constituye el nuevo Tribunal de la Inquisición en Castilla. Tres años después tiene lugar el primer auto de fe en Sevilla
1482 Empieza la guerra de Granada
1484 Revuelta de los payeses de la remensa gerundenses
1486 Fernando «el Católico» libera a los campesinos catalanes por la Sentencia de Guadalupe
1490 Primera edición valenciana del *Tirant lo Blanch*
1492 Toma de Granada. Pragmática de expulsión de los judíos hispanos. *Arte de la lengua castellana* de Nebrija. Nuevas ordenanzas de la Mesta. Primer viaje transatlántico de Colón
1494 Consulado de Burgos. El dadivoso Alejandro VI concede a Isabel y Fernando el título de «Reyes Católicos» y la perpetuidad de las tercias reales. Tratado de Tordesillas entre Castilla y Portugal
1495 Impulsado por la Corte y el Papado, el Arzobispo de Toledo, Cisneros, emprende la reforma eclesiástica
1497 Reforma monetaria: se acuña el ducado y se establece la paridad bimetálica
1501 Edición completa de *La Celestina* en Sevilla
1503 Casa de Contratación de Sevilla. Gonzalo Fernández de Córdova asegura la preponderancia española en Nápoles (Ceriñola, Garellano)
1506 Desconcierto político en Castilla a la muerte de Felipe de Borgo-

ña. Fernando de Aragón asume la regencia ante la incapacidad de su hija Juana, en tanto Maximiliano I dirige Flandes en nombre de Carlos I, menor de edad

1508 Real Patronato Universal sobre la Iglesia en las Indias

1511 Los sermones del padre Montesinos en Santo Domingo en favor de los indígenas solivianta a los colonos hispanos

1514-(22) Biblia Políglota Complutense

1515 Carlos I, mayor de edad, gobernador de los Países Bajos y un año más tarde rey de Castilla y Aragón

1518 La corona permite la introducción de esclavos negros en las colonias

1520 Rebelión de las Comunidades contra Adriano de Utrecht

1522 Después de tres años de navegación Juan Sebastián Elcano regresa a Castilla tras haber dado la primera vuelta al globo terráqueo

1525 Rotunda victoria de los tercios en Pavía. Los Fugger obtienen del emperador la administración de los maestrazgos de las órdenes y las minas de Almadén por sus préstamos a la corona

1530 Se prohíbe la entrada de libros luteranos en España. Palacio de Carlos V en la Alhambra

1532 Pizarro somete el imperio inca del Perú

1542 Promulgación de las *Leyes Nuevas* para las Indias

1543 Se ordena depositar en Simancas toda la documentación de la burocracia estatal

1547 Batalla de Mühlberg, inspiradora de uno de los más célebres retratos del emperador por Ticiano

1548 *Exercitia spiritualia* de San Ignacio de Loyola

1549 Rodrigo Gil de Hontañón levanta la Universidad de Alcalá

1550 Introducción de la caña de azúcar en Cuba. El emperador instituye una Junta para resolver las disputas acerca del trato a los indígenas entre el padre Las Casas y fray Ginés de Sepúlveda

1554 La literatura en castellano se enriquece con el *Lazarillo de Tormes*

1556 Felipe II, rey de los territorios hispánicos por abdicación de Carlos I

1557 El triunfo de San Quintín tiene su contrapunto en la primera bancarrota de la monarquía habsburguesa

1559 Autos de fe de Valladolid y Sevilla. Detención del arzobispo Carranza. Nuevo *Indice* de libros prohibidos y freno regio al estudio en las universidades extranjeras

1561 Felipe II fija la corte en Madrid en tanto que decide el emplazamiento del futuro monasterio de El Escorial

1568 La ejecución de los nobles Egmont y Horn en Bruselas arrastra al príncipe Guillermo de Orange a la sublevación. Levantamiento de

los moriscos en Granada. Muerte del príncipe Carlos y la reina Isabel de Valois
1571 Victoria de la Liga Santa sobre los otomanos en Lepanto
1581 Felipe II, rey de Portugal. Peste en Andalucía. Las Provincias Unidas abjuran de la soberanía de Felipe
1586-88 El Greco pinta para la iglesia de Santo Tomé de Toledo *El entierro del conde de Orgaz*
1588 Desastre de la Armada Invencible
1591 Tropas reales invaden Aragón en persecución del secretario regio Antonio Pérez y ejecutan al Justicia Mayor. Mueren San Juan de la Cruz y fray Luis de León.
1599 Mariana escribe su *De rege et regis institutione*
1605 Primera parte de *El ingenioso hidalgo Don Quijote de la Mancha*
1609 El Consejo de Estado decide la expatriación de los moriscos peninsulares (1609-1614)
1621 Comienza la privanza del Conde-Duque de Olivares
1631 Los altos hornos de Liérganes renuevan la siderurgia española
1640 Las sublevaciones de Cataluña y Portugal y las alteraciones sociales en Andalucía (1641) ponen en entredicho la unidad de la monarquía
1643 El ejército español sufre la humillante derrota de Rocroi; los franceses invaden Flandes
1656 Velázquez deja patente su dominio de las formas y la luz en su cuadro *Las Meninas*
1668 Tratado secreto entre Leopoldo I de Austria y Luis XIV de Francia sobre el reparto de la monarquía hispana en caso de muerte sin herederos de Carlos II
1673 Calderón de la Barca: *La vida es sueño*
1687 Revuelta rural de los barretines en Cataluña
1691 La armada francesa bombardea Barcelona y Alicante, exacerbando el odio antigalo de los territorios levantinos
1700 Fallece en Madrid Carlos II, último monarca de la dinastía habsburguesa. En su testamento nombra heredero universal a Felipe de Anjou
1702 Estalla la guerra de Sucesión
1704 El pretendiente Carlos de Habsburgo desembarca en la península mientras tropas aliadas toman por la fuerza Gibraltar en su nombre
1707 Abolición de los fueros privativos de los reinos de Valencia y Aragón
1709 El reconocimiento por parte del Papado del archiduque como rey de España se salda con la ruptura de las relaciones diplomáticas entre la Santa Sede y Madrid

1713 Firma de la paz de Utrecht: España pierde sus posesiones europeas pero a cambio no tarda en dominar la secesión de Barcelona (1714)
1714 Felipe V promueve la Real Academia de la Lengua
1715 Proceso inquisitorial contra Macanaz, máximo representante teórico del regalismo hispano
1717 Decretos de traslado de las aduanas a los puertos marítimos y a las fronteras con Francia y Portugal
1718 Primeras medidas proteccionistas en favor del textil nacional prohibiendo la importación de sedas asiáticas
1724 *Teórica y práctica de comercio y de marina*, de Jerónimo de Uztariz
1726 *Teatro Crítico Universal* del padre Feijoo
1728 Fundación de la «Real compañía guipuzcoana de Caracas»
1734 Después de una onerosa política bélica, fomentada por la reina Isabel de Farnesio, el infante Carlos es coronado rey de Nápoles y Sicilia. Constitución de los Cinco Gremios Mayores de Madrid
1737 Concordato con la Santa Sede. Renovado en 1753
1743 Ascenso político del Marqués de la Ensenada
1749 Comienza la redacción del Catastro de Ensenada, intento serio de ordenar las finanzas del Estado y hacer contribuir a los grandes propietarios
1759 Un edicto de la Inquisición prohíbe la lectura de la Enciclopedia francesa
1761 El gobierno planifica la construcción de una red de caminos entre la capital y las ciudades más importantes de la periferia: no se llevaría a cabo
1763 El conde de Peñaflorida presenta su «Sociedad económica bascongada de Amigos del País»
1765 Apertura de los puertos de Santander, Gijón, Sevilla, Cádiz, Málaga, Cartagena y Barcelona al comercio con América
1766 Motín de Esquilache
1767 Expulsión de la Compañía de Jesús, acusada de estar involucrada en los desórdenes del año anterior. Proyectos de colonización de Sierra Morena a cargo de Pablo de Olavide
1770 Decretos sobre el reparto de tierras de propios y arbitrios
1775 Ordenanzas gubernamentales contra la vagancia
1780 Emisión de Vales reales. Hace su aparición en Cataluña la moderna maquinaria textil
1782 Nacimiento del Banco de San Carlos
1783 Los tratados de Versalles y París ponen fin a la guerra de Independencia de los EE.UU. y a la intervención española en Norteamérica
1786 León de Arroyal publica sus *Cartas político-económicas al conde de Lerena*

1787 Reordenación de la estructura gubernamental: queda fijado el número de secretarías y sus competencias. Censo de Floridablanca. Jovellanos recibe el encargo de redactar el *Informe sobre el expediente de reforma agraria,* que no vería la luz hasta 1795

1789 El temor a los sucesos revolucionarios franceses fuerza al gobierno a decretar la censura de noticias ultrapirenaicas; la Inquisición se encargaría de mantener desinformado al país

1792 Gracias a sus buenas relaciones palatinas Godoy es nombrado primer ministro

1796 Tratado de San Ildefonso entre Carlos IV y la república francesa después de los reveses militares de los años anteriores

1798 Acosado por las deudas el Estado decide la enajenación de las fincas pertenecientes a obras pías: la desamortización surge en pleno Antiguo Régimen

1801 Guerra contra Portugal. Unificación de pesas y medidas en todo el reino

1805 España paga cara en Trafalgar su alianza con Napoleón al destruir el almirante Nelson la armada hispano-francesa

1806 Moratín: *El sí de las niñas*

1807 El príncipe de Asturias, futuro Fernando VII, es detenido bajo la acusación de conspirar contra Carlos IV y Godoy

1808 Las tropas francesas penetran en España al mando de Murat según las cláusulas del tratado de Fontainebleau. Motín de Aranjuez. Abdicación de Carlos IV y Fernando en favor de Napoleón. José Bonaparte, rey. Sublevación popular de Madrid y sitio de Zaragoza. La asamblea de Bayona propone el primer texto constitucional de España

1809 Los insurgentes firman un tratado de amistad y cooperación con Gran Bretaña. Incursiones de Wellington en la Península

1810 Primeras sesiones de las Cortes de Cádiz. Napoleón anexiona a Francia las provincias españolas del Ebro

1811 Venezuela y Paraguay se declaran independientes. Quedan abolidos los señoríos

1812 Promulgación de la Constitución de Cádiz

1813 Las Cortes decretan el fin de la Inquisición. Victoria hispano-inglesa de Vitoria. El tratado de Valençay pone fin a las hostilidades entre Francia y España

1814 Retorno de Fernando VII. Francisco de Goya deja su particular homenaje a los patriotas españoles en sus *Fusilamientos del 3 de mayo* y *El dos de mayo*

1818 Fundación del Museo del Prado

1820 El éxito de la sublevación de Rafael del Riego devuelve a España la constitución de 1812, abolida por el monarca

1823 Los Cien Mil Hijos de San Luis abortan el período constitucional. Creación del Consejo de Ministros
1824 Establecimiento de la policía
1828 Alvaro Flórez Estrada publica su *Curso de economía política,* mientras Larra da a la imprenta los primeros *Artículos*
1829 *Código de Comercio*
1830 Las siderurgias malagueñas dan sus primeros balbuceos. Abolición de la Ley Sálica
1833 Muerte de Fernando VII. Levantamiento carlista. Javier de Burgos impone la moderna división provincial. Epidemia de cólera
1834 La reina regente, María Cristina de Borbón, promulga el Estatuto Real. Zumalacárregui, jefe de las tropas carlistas en el Norte
1836 Primer decreto desamortizador. Mesonero Romanos funda el *Semanario Pintoresco Español.* Supresión de la Mesta
1837 Constitución progresista
1839 El Convenio de Vergara pone término a la guerra carlista en las Vascongadas
1840 Ley moderada de Ayuntamientos. Una sublevación progresista lleva a Espartero al poder
1841 Espartero, regente. Decretos de adecuación de los territorios forales a la Constitución
1844 Creación de la Guardia Civil. R. O. sobre concesión de ferrocarriles. Gabinete Narváez. *Curso de Derecho Político* de Joaquín Francisco Pacheco
1845 Reforma monetaria de Alejandro Mon. Nueva constitución moderada. Balmes: *El Criterio*
1848 Ley de Sociedades por acciones. Se inaugura la línea ferroviaria Barcelona-Mataró
1849 Entra en España el Sistema Métrico Decimal
1851 Concordato con la Santa Sede
1854 Fundación de la Unión Liberal. Sáez del Río expande el krausismo desde su cátedra madrileña
1855 Desamortización general de Madoz. Huelga general de la industria catalana contra los planes librecambistas del gobierno
1856 Constitución progresista «nonnata». Caída de Espartero. Nacen el Banco de España y la Sociedad General de Crédito Mobiliario Español
1857 El panorama bancario se enriquece con los bancos de Santander y Bilbao. Ley Moyano de Instrucción pública
1859-60 Guerra de Marruecos: victoria de Tetuán. Alarcón: *Diario de un testigo de la guerra de África*
1863 *Cantares Gallegos* de Rosalía de Castro
1864 La pintura historicista agiganta su peso con dos obras de enver-

gadura, *La capitulación de Bailén* de Casado de Alisal y *El testamento de Isabel la Católica* de Rosales

1865 Levantamiento estudiantil de la Noche de San Daniel. Congreso obrero en Barcelona. Profunda depresión económica

1866 Cierre gubernativo de las cátedras del Ateneo. Pacto de Ostende entre progresistas y demócratas contra Isabel II

1868 La escuadra se pronuncia en Cádiz. Prim y Topete fuerzan la deposición de Isabel. El ministro Figuerola adopta la peseta como unidad monetaria nacional

1869 Cortes Constituyentes. Leyes arancelarias

1870 Amadeo I rey de España. Fortuny: *La Vicaría*

1872 Comienza la segunda guerra carlista

1873 I República. Sublevaciones cantonalistas. Perez Galdós acomete sus *Episodios Nacionales*

1874 El general Pavía disuelve las Cortes y Martínez Campos proclama en Sagunto rey a Alfonso XII. El Banco de España adquiere el monopolio de emisión de moneda

1876 Fin de la segunda guerra carlista. Nueva constitución, la más duradera de la historia de España

1878 Pablo Iglesias funda el Partido Socialista Obrero Español (PSOE)

1880 El gobierno aprueba la abolición de la esclavitud en las colonias, que se consuma nueve años más tarde.

1881 Con el beneplácito episcopal Alejandro Pidal y Mon constituye el grupo de la Unión Católica, cuyo objetivo es la movilización política de los católicos en el ámbito de la monarquía restaurada

1885 Epidemia de cólera. Pacto de El Pardo. Muerte de Alfonso XII

1887 Ley de asociaciones. Los trigueros castellanos crean la Liga agraria. Isaac Peral desarrolla su submarino

1888 Exposición Universal de Barcelona, donde ese mismo año se funda la Unión General de Trabajadores (UGT)

1889 Promulgación del Código Civil. Manifiesto integrista rompiendo con el carlismo

1890 Establecimiento del sufragio universal masculino

1891 Nuevo arancel con el que el régimen de la Restauración acentúa su proteccionismo

1895 Fundación del Partido Nacionalista Vasco (PNV). José Martí desembarca en Cuba, muriendo poco después en una refriega; comienza la guerra de independencia cubana

1898 Los Estados Unidos declaran la guerra a España, derrotándola en Santiago de Cuba y Cavite, lo que acarrea la pérdida de Cuba, Puerto Rico y Filipinas

1900 Creación de un ministerio independiente de Instrucción Pública

1901 Estreno de *Electra* de Pérez Galdós con manifestaciones anticlericales en toda España. Se crea la Lliga Regionalista en Cataluña

1903 Se establece el descanso dominical. Período azul de Picasso

1904 La «Hispano-Suiza» de Barcelona, primera fábrica de automóviles de España. El novelista Pío Baroja escribe su trilogía *La lucha por la vida*

1906 Ley de jurisdicciones. Arancel proteccionista. Conferencia de Algeciras relativa a Marruecos

1909 Regulación del derecho de huelga. Semana Trágica de Barcelona y fusilamiento del anarquista Francisco Ferrer

1910 Se permite a las mujeres acceder a los títulos universitarios. Ley del Candado. Tensiones con la Santa Sede. Inauguración de la Residencia de Estudiantes en Madrid

1911 Los anarquistas fundan la Confederación Nacional del Trabajo (CNT)

1912 Protectorado marroquí. Inauguración del túnel de Canfranc

1913 Antonio Maura abandona la jefatura del partido conservador y se pone al frente del maurismo

1914 Prat de la Riba es elegido presidente de la recién creada Mancomunidad catalana. España se declara neutral en la I Guerra Mundial. Estreno en París de *La vida breve* de Falla

1917 Juntas Militares de Defensa. Asamblea de Parlamentarios en Barcelona. Huelga general revolucionaria. Nueva orientación literaria de Juan Ramón Jiménez: *Platero y yo*

1919 Huelga de La Canadiense y escalada del terrorismo en Barcelona. Regulación de la jornada laboral de ocho horas. España ingresa en la Sociedad de Naciones

1920 Nacen el Partido Comunista de España y la Liga de Acción Monárquica. Creación del Ministerio de Trabajo

1921 Desastre en Marruecos: Annual. Terrorismo de Estado: «ley de fugas»

1923 Golpe de Estado del general Primo de Rivera. Un directorio militar se hace cargo del poder, que da paso en 1925 a otro civil, lanzado a la realización de grandes obras públicas

1927 Intentos de institucionalizar la Dictadura. Creación del monopolio de petróleos CAMPSA. Estreno de *Le chien andalou,* obra maestra del surrealismo cinematográfico, fruto de la colaboración de Luis Buñuel con Salvador Dalí

1928 El beato José María Escrivá de Balaguer funda el «Opus Dei». Publicación de *Poesías completas* de Antonio Machado, del *Romancero gitano* de García Lorca y del *Cántico* de Jorge Guillén

1929 Revueltas estudiantiles y dimisión de catedráticos: cierre de las universidades de Madrid y Barcelona. Exposición Iberoamericana de Sevilla y Universal de Barcelona

1930 Dimisión de Primo de Rivera. El filósofo Ortega y Gasset publica *La rebelión de las masas*. Se constituye el Grupo de Artistas y Técnicos para el Progreso de la Arquitectura (GATEPAC). Pacto republicano de San Sebastián

1931 Proclamación de la República. Quema de conventos en Madrid. Se aprueba la Constitución. Alcalá Zamora, presidente de la República y Manual Azaña, jefe de gobierno

1932 Disolución de la Compañía de Jesús. Se establece el divorcio. Fracaso del pronunciamiento de Sanjurjo. Estatuto de Cataluña. Ley de Reforma Agraria. El escritor José Bergamín crea la revista *Cruz y Raya*

1933 Represión sangrienta en Casas Viejas. José Antonio Primo de Rivera funda Falange Española. Triunfo de la derecha en las elecciones, en las que por vez primera votan las mujeres. El poeta Miguel Hernández publica *Perito en lunas*

1934 El gabinete Lerroux restablece la pena de muerte. Movimiento revolucionario en Asturias, Cataluña y País Vasco. Ramiro de Maeztu publica su *Defensa de la Hispanidad* y el poeta Pedro Salinas *La voz a ti debida*

1936 Triunfo del Frente Popular en las elecciones. Amnistía de delitos políticos. Ocupaciones de tierras y escalada de la conflictividad social. Azaña, presidente de la República. Alzamiento de la guarnición de Melilla. La sublevación militar se extiende por la Península. Inicio de la guerra civil

1939 Fin de la guerra civil. España afirma su neutralidad en la II Guerra mundial y en seguida la sustituye por la «no beligerancia». Fundación del Consejo Superior de Investigaciones Científicas. Depuración de los cuerpos docentes

1940 Ley de unidad sindical. Tribunal especial para la represión de la masonería y el comunismo. Creación del Frente de Juventudes. Entrevista de Franco y Hitler en Hendaya. Dionisio Ridruejo funda la revista *Escorial*

1942 El adulterio incluido en el Código penal. Ley de exenciones fiscales para la Iglesia. Atentado falangista en Bilbao en una ceremonia tradicionalista. Aprobación del seguro obligatorio de enfermedad. Cela publica *La familia de Pascual Duarte*

1947 Decreto-ley de represión de los delitos de bandidaje y terrorismo. Huelga masiva en Vizcaya, la primera después de la guerra. Referéndum sobre la ley de sucesión

1950 Francisco Javier Sáenz de Oiza diseña el *Santuario de Aránza-*

zu, en cuya decoración también colaboraría el escultor Jorge Oteiza

1952 Termina el racionamiento del pan. Libertad de circulación de productos alimenticios. Plan Badajoz. Congreso Eucarístico Internacional en Barcelona

1953 Reforma del bachillerato. Concordato con el Vaticano. Acuerdo con Estados Unidos sobre cooperación militar. Estreno de la película *Bienvenido Mr. Marshall,* de Bardem y Berlanga

1955 Admisión de España en la ONU. Blas de Otero publica *Pido la paz y la palabra,* y Gabriel Celaya, *Cantos Ibéricos*

1956 Incidentes en la Universidad Central de Madrid. Declaración de independencia de Marruecos. Primera emisión de Televisión Española. Éxito comercial de la película *El último cuplé,* de Juan de Orduña, precedido dos años antes por el de *Marcelino pan y vino,* de L. Vajda

1957 Comienza el giro tecnocrático del régimen. Reivindicación oficial de Gibraltar en la ONU. Conflicto en el Ifni

1959 Nace ETA. Anuncio del plan de Estabilización. Ley de orden público. Visita del presidente Eisenhower. Se terminan las obras del Valle de los Caídos

1962 El gobierno pide iniciar negociaciones con la CEE. Agitación obrera y estudiantil. Primera aparición de Comisiones Obreras. La oposición antifranquista se reúne en Munich

1963 Primer Plan de Desarrollo. Decreto que impone el salario mínimo de 60 pesetas. Protesta internacional por la ejecución del comunista Grimau. Tribunal de Orden Público (TOP)

1964 Se constituye en Valencia el «Equipo Crónica»

1966 Ley de Prensa de Fraga. En Montejurra, más de 100.000 carlistas sueñan con un trono para el príncipe Carlos Hugo de Borbón-Parma. Aprobada en referéndum la Ley Orgánica del Estado

1968 Primeros muertos a manos de ETA. Segundo Plan de Desarrollo. Independencia de Guinea Ecuatorial. Entran en funcionamiento las Universidades Autónomas de Madrid, Barcelona y Bilbao. Manifestaciones eclesiásticas contra el régimen. Ley de libertad religiosa

1969 La represión policial se acentúa: estado de excepción en todo el país. El príncipe Juan Carlos de Borbón designado sucesor de Franco a título de rey. Estalla el escándalo MATESA en el que están implicados algunos tecnócratas del Opus Dei

1970 Consejo de guerra de Burgos contra militantes de ETA. Aumento de la conflictividad y las huelgas. Cierre de la universidad. Ley General de Educación

1973 Separación de los cargos de jefe del Estado y presidente del gobierno. Asesinato de Carrero Blanco. Proceso contra miembros de Comisiones Obreras. *El espíritu de la colmena,* estreno de Víctor Erice. La inflación alcanza el 17,6 %

1975 Decreto-Ley Antiterrorista. Ejecución de cinco militantes antifranquistas. Enfermedad y muerte de Franco. Subida al trono de Juan Carlos I. Retirada del Sahara. El novelista Eduardo Mendoza publica *La verdad del caso Savolta*

1977 Matanza de Atocha. Decreto de amnistía. Legalización del PCE Elecciones generales con triunfo de UCD. Pactos de la Moncloa. Régimen preautonómico en Cataluña y País Vasco. Devaluación de la peseta en un 20 %

1978 La fiebre autonómica recorre España entera. La Constitución aprobada en referéndum es sancionada por el Rey

1979 Elecciones parlamentarias con repetición del triunfo de UCD. Primeras elecciones municipales democráticas. Dámaso Alonso recibe el premio Cervantes

1981 Dimite Suárez y la UCD elige como sucesor a Calvo-Sotelo. Frustrado golpe de Estado. Ley del divorcio. Fuerte escalada terrorista. Llega a España el *Guernica* de Picasso

1982 España, miembro de la OTAN. Las Cortes aprueban la LOAPA, con disgusto de los partidos nacionalistas y recurso al Tribunal Constitucional. Mayoría absoluta del PSOE en las elecciones legislativas y primer gobierno de Felipe González

1983 Sc completa el mapa autonómico de España. Expropiación de RUMASA. Decreto-ley de reconversión siderúrgica. *Volver a empezar* de José Luis Garci recibe el Oscar a la mejor película extranjera

1984 Recorte del poder militar: reestructuración del Ministerio de Defensa. El cine español obtiene diversos premios internacionales, sobre todo *Los santos inocentes* de Mario Camus basado en la obra de Miguel Delibes. Plan de empleo rural para los jornaleros extremeños y andaluces. Decreto de reconversión naval

1986 España ingresa en la Comunidad Europea. Entra en vigor el IVA. Triunfo del Gobierno en el referéndum sobre la OTAN. Rafael Moneo culmina su Museo de Arte romano de Mérida. Mayoría absoluta socialista en las elecciones generales. Se abre una fase expansiva de la economía española. Retrospectiva de la obra de Eduardo Chillida

1988 Primera gran fusión bancaria: BBV. Huelga general contra la política del gobierno. Consagración internacional del director de cine Pedro Almodóvar: *Mujeres al borde de un ataque de nervios*. Ley de televisión privada

1989 España ejerce durante seis meses la presidencia de la Comunidad Europea. Alianza Popular adopta el nombre de Partido Popular. Las Cortes aprueban el ingreso de la mujer en las fuerzas armadas. Tercera victoria de los socialistas con mayoria absoluta. La peseta entra en el SME. Cela, Nobel de Literatura

1991 Conferencia de Paz sobre Oriente Próximo en Madrid. Dimisión del Vicepresidente de Gobierno Alfonso Guerra. El ciclista Miguel Induráin consigue su primer Tour de Francia

1992 Celebración del V Centenario del Descubrimiento de América. Exposición Universal de Sevilla y Olimpíada de Barcelona. Cumbre Iberoamericana de Madrid. Ley de protección de la seguridad ciudadana. Tren de alta velocidad. Devaluación de la peseta. Récord histórico del déficit comercial español. Abre sus puertas en Madrid el museo Thyssen

1993 Estancamiento económico. Según la EPA el paro priva a tres millones y medio de españoles de su derecho al trabajo. Los socialistas ganan sin mayoría absoluta las elecciones generales anticipadas. La Generalitat reclama al gobierno la cesión del 15 % del IRPF a las autonomías. Quiebra la promotora PSV y Nicolás Redondo abandona la Secretaría General de la UGT. Intervención de Banesto por el Banco de España

1994 Incendio del Liceo de Barcelona. El gobierno aprueba la nueva Ley de Arrendamientos. Huelga general de UGT y CCOO contra la política económica del gobierno. Trueba gana el Oscar con *Belle Epoque*. Huye de España el director de la Guardia Civil, Luis Roldán, acusado de malversación de fondos públicos. El PSOE pierde las elecciones europeas en favor del PP y la mayoría absoluta en Andalucía, en tanto el PNV revalida su poder en el País Vasco. Estalla el escándalo de los fondos reservados. Enfrentamiento entre Bono y Borrell a propósito de la Autovía de Levante. Se inicia el fin del monopolio telefónico con la concesión de la licencia de telefonía móvil a la empresa Airtel

1995 Se reaviva el caso GAL. Autonomía del Banco de España. El asesinato del candidato popular a la alcaldía de San Sebastián, Gregorio Ordóñez, provoca multitudinarias manifestaciones de rechazo a la violencia. Los alcaldes españoles empiezan a celebrar bodas civiles. *Guerra del fletán* entre España y Canadá. ETA intenta asesinar a José María Aznar. El Partido Popular gana las elecciones municipales y autonómicas. Pujol cede la mayoría absoluta que disfrutaba en Cataluña. Presidencia española de la Unión Europea. El socialista Javier Solana es elegido secretario general de la OTAN. CiU pone fin a su apoyo al gobierno y obliga a González a adelantar las elecciones generales. El PNV critica al Vaticano por nombrar un obispo no vasco para Bilbao

1996 Después de varios años de sequías, las lluvias permiten acabar con las restricciones de agua en el sur de la Península. Procesamiento del ex ministro del Interior, José Barrionuevo, por sus relaciones con el caso GAL. El PP gana las elecciones generales pero el estrecho margen obtenido frente al PSOE le obliga a pactar con los partidos nacionalistas, ofreciendo un nuevo modelo de financiación autonómico basado en la cesión del 30 % del IRPF. Freno de la inflación y caída de los tipos de interés. El Gobierno vasco y las diputaciones acuerdan reducir el impuesto de sociedades al margen del gobierno central. Primeros juicios con jurado. Aznar anuncia el fin del servicio militar obligatorio. El gobierno inicia la venta sistemática de todas las empresas rentables del patrimonio público. Viaja a Madrid el retrato de *Inocencio X*, de Velázquez

1997 Iniciativas liberalizadoras del gobierno en los sectores eléctrico, telefónico, del agua... El índice de precios al consumo cae por debajo del 1,5 %: un récord histórico. Renovación del concierto económico vasco y de la ley del cupo que entrega a Euskadi la recaudación de los impuestos especiales. Aprobación de la nueva reforma laboral. Felipe González abandona la Secretaría General del PSOE, siendo sustituido en el cargo por Joaquín Almunia. Polémica por las peticiones de traslado del *Guernica* de Picasso al recién inaugurado Museo Guggenheim de Bilbao. En una brillante operación la Guardia Civil libera a Ortega Lara después de 532 días de secuestro. Asesinato del joven concejal de Ermua Miguel Ángel Blanco; fuertes movilizaciones populares contra la violencia y el entorno de ETA; apoyo de la opinión pública a los intentos del gobierno de endurecer las leyes terroristas. Telefónica refuerza su posición en los medios de comunicación con el control de Antena 3. Ascenso del BNG en Galicia y tercera mayoría absoluta de Manuel Fraga. Fracaso del plan de unificación de las humanidades de la ministra Esperanza Aguirre. El acuerdo entre CiU y PSC permite la aprobación de la Ley del Catalán. Condena e ingreso en prisión de los 23 miembros de la Mesa Nacional de HB por colaboración con ETA

1998 La Ertzaintza escoltará a todos los cargos electos del PP en el País Vasco. El PSOE inaugura el sistema de elecciones primarias: el ex ministro Borrell desplaza a Almunia como cabeza del partido. La reforma del aceite pone en pie de guerra al olivar español. Estatuto de la función pública. El PNV decide anunciar la política penitenciaria del gobierno. España cumple los criterios de convergencia de Maastricht. Rechazo del PP-PSOE al plan de pacificación de Ardanza: bloqueo de la Mesa de Ajuria Enea. La Academia de la Lengua presenta el banco de datos del español. La venta de Endesa se convierte en la mayor privatización de la Bolsa española. Desastre ecológico en Doñana. El juez Garzón desmantela la red de financiación de ETA y cierra el diario *Egin*. La Generalitat pretende que la mitad de las copias de las películas más taquilleras se doblen al catalán. Cumbre de CiU, PNV y BNG en Barcelona. Condena de Barrionuevo y Vera por el asunto GAL. Telefónica alcanza el liderazgo de las empresas españolas tras sus recientes compras en Brasil. El paro se reduce a la tasa más baja desde 1980. ETA declara una tregua total. Ascenso del PP y EH en las elecciones vascas. Las víctimas del terrorismo declaran sentirse olvidadas por los representantes políticos y eclesiásticos mientras crece la presión abertzale contra los electos del PP. Pujol reclama una Agencia Tributaria catalana

1999 España entra en el euro: tras 130 años de vida la peseta desaparece de los mercados de divisas. Reunión de alcaldes nacionalistas en Pamplona. Alemania presiona para reducir su aportación al presupuesto comunitario en perjuicio de España. Fusión del Banco de Santander y BCH. Las *majors* de Hollywood se oponen al decreto del cine de la Generalitat catalana. El PP escenifica su giro al centro en el XIII Congreso del partido. El lehendakari Ibarretxe presenta su nuevo gobierno en el País Vasco, sostenido únicamente por los partidos nacionalistas. La Unión Europea cuestiona los privilegios fiscales del País Vasco.

Agradecemos la labor desarrollada por Miguel Artola y su equipo de colaboradores en los tomos 6 y 7 de la *Enciclopedia de Historia de España,* que nos han guiado en la confección de estos apéndices.

Pistas de los autores al lector interesado

Son muchos los historiadores y obras en los que este libro se ha inspirado. Pero el carácter interpretativo de nuestra *Breve historia de España* y, sobre todo, el deseo de no abrumar al lector con tediosas referencias aconsejó reducir las notas finales a unas pocas menciones de autores significativos, en cuyos escritos, casi siempre reeditados y a la venta, el lector podrá encontrar amplias bibliografías que complementan nuestras pistas. De esta manera, la poda de contenidos impuesta al redactar los capítulos precedentes tiene su correspondencia en la selección historiográfica realizada, que reconoce también el difícil acceso del aficionado medio a muchas de las obras pontificadas por la crítica, dada la pobreza de las bibliotecas públicas, y aun universitarias. Si por fortuna dispusieran de la llave de una biblioteca informatizada, de las escasas existentes en España, no duden de que cualquiera de los nombres propuestos a continuación les ofrecerá en la pantalla del ordenador el largo listado de obras, fechas de publicación y editoriales que nosotros nos resistimos a reproducir.

Gracias al trabajo de M. Almagro, A. Blanco Freijeiro, J. Maluquer o M. Gómez Moreno, la prehistoria y las primeras culturas peninsulares volvieron a cobrar vida, en tanto A. García Bellido, Bosch-Gimpera y M. Eugenia Aubet recuperaban el mundo de las colonizaciones y los pueblos indígenas prerromanos, un campo en el que también picó la erudita curiosidad de J. Caro Baroja. José M. Blázquez, Julio Mangas, J. M. Roldán, M. Tarradell o Javier Arce se aplicaron a los *latines* y los monumentos imperiales para explicar la riqueza de la Hispania romana, sus contradicciones y el ocaso de su fortaleza, pasando la antorcha de sus sucesores visigodos a J. Orlandis y E. A. Thompson.

La Córdoba islámica y califal seduce a Anwar G. Chejne, E. Levi-Provençal y Thomas F. Glick y la lucha por la libertad y la dura subsistencia diaria en los enclaves norteños a Claudio Sánchez Albornoz, P. Bonnasie, J. M. Lacarra, A. Barbero y M. Vigil. Siguirían sus pasos y los de la Reconquista y repoblación de las tierras meseteñas José Luis Martín, Ramos Los Certales, Jesús Lalinde, P. Iradiel, M. González Jiménez, J. A. Sesma y J. A. García de Cortázar, mientras J. Gautier-Dalché analizaba el renacer de las ciudades, J. Klein, el avance de la oveja, J. Valdeón y Reyna Pastor los conflictos sociales y L. G. de Valdeavellano las instituciones.

La España de Isabel y Fernando y los Austrias atrajo la atención de R. Carande, A. Ladero Quesada, Luis Suárez y A. Domínguez Ortiz, ayudados por una torrentera de hispanistas franceses e ingleses, comensales en el banquete documental ofrecido por el Imperio. Joseph Pérez, H. Kamen, F. Braudel, P. Chaunu, B. Benassar, E. J. Hamilton, J. Lynch, H. Lapeyre, J. Elliot, G. Parker o P. Vilar desentrañaron los aspectos ocultos de la política interna y externa de los Reyes Católicos y los Habsburgos, la cara desconocida de la Inquisición, la actividad del comercio atlántico y mediterráneo, el auge y decadencia del Imperio, la vitalidad de la vida urbana y la burguesía de los negocios, la subida de los precios y la vida económica y social de las regiones. Animados por su entrega, J. A. Maravall retraería a finales del XVII su análisis del pensamiento político e intelectual español del mundo moderno, enlazando así con los trabajos de L. Díez del Corral, y otro tanto hará F. Tomás y Valiente, buen embajador de la historia del derecho en España. Marcel Bataillon, M. Defourneaux y los Peset tomaban al asalto las universidades habsburguesas y borbónicas, la historia de los estudios científicos y la censura; Martín de Riquer la de la literatura en lengua catalana; D. Angulo, J. Gállego, A. Pérez Sánchez y P. Brown la del arte barroco, bella pantalla que oculta las conflictivas relaciones sociales analizadas por J. Pérez Moreda, P. Molas, N. Salomon, sin que falten las aportaciones de los demás autores especializados en la época, y Guillermo Céspedes nos dejaba la obra de síntesis sobre la América española.

Muchos de estos historiadores prolongan sus estudios hacia el siglo XVIII, hasta no hace mucho el gran olvidado de la historiografía. Después de los pioneros escritos de Domínguez Ortiz, J. Lynch nos sorprendió con su obra para *Crítica,* en parte deudora de las investigaciones anteriores de G. Anes, R. Herr, V. Palacio, D. R. Ringrose o la ya clásica de J. Sarrailh sobre la Ilustración. Incluso algunos de los especialistas de la España contemporánea bucearon en las Luces en pos de las raíces del siglo XIX, como Miguel Artola o J. Fontana en sus estudios sobre la crisis del Antiguo Régimen, la quiebra de la hacienda o el triunfo de la revolución liberal y A. Elorza y M. C. Iglesias en lo referente al pensamiento político. Los trabajos de A. Bernal y Bahamonde Magro penetraron un poco más en la sociedad burguesa; J. Nadal, G. Tortella, N. Sánchez-Albornoz, L. Prados de la Escosura, R. Anes y P. Tedde bregaron por desempolvar los triunfos y fracasos de la industrialización, la economía y los ferrocarriles; P. Gómez Aparicio, M. D. Saiz y C. Seoane releyeron el papel del periodismo y J. Varela Ortega completó con su análisis del caciquismo la irrepetible labor de M. Tuñón de Lara y C. Seco Serrano en el campo de la historia política y social sobre la Restauración, aunque sería un autor extranjero, Raymond Carr, quien terminara por redactar la imprescindible síntesis de la Edad Contemporánea en su *España 1808-1975*.

Para concluir, no han fáltando quienes se interesaran por el siglo XX, con sus momentos de euforia y de desánimo. La economía atrapó a J. L. García Delgado y R. Tamames; el ejército a R. Salas Larrazábal, G. Cardona y F. Fernández Basterreche; la Iglesia a J. M. Cuenca, J. Andrés Gallego y a los hispanistas F. Lannon y A. Botti; y la sociedad y la política a S. G. Payne, J. Tusell, S. Julia, V. Pérez Díaz, A. de Miguel, P. Preston, J. P. Fusi, H. Thomas y A. Viñas.

A pesar del magnífico trabajo investigador y la inflación de publicaciones, no abundan las historias generales de España si exceptuamos, claro está, los manuales dirigidos a la formación académica del bachillerato. De las disponibles, destacamos en primer lugar por su veteranía la *Historia de España* de la editorial Espasa-Calpe, iniciada por Menéndez Pidal y hoy bajo la dirección de José María Jover. En su larga treintena de volúmenes publicados encontramos un ejemplo de erudición y riqueza bibliográfica, aunque su extensión dificulta la lectura al profano y, debido al tiempo transcurrido desde que los primeros tomos vieran la luz, algunas de sus páginas han quedado algo retrasadas. De gran éxito comercial y calado en los ambientes universitarios del momento fue la *Historia de España* en siete volúmenes de Alfaguara, recientemente renovada por sus mismos autores en Alianza. De ella, rescataríamos por su calidad los confiados a los historiadores M. Vigil, J. A. García de Cortázar, A. Domínguez Ortiz, G. Anes y M. Artola, de consensuado magisterio en sus respectivas áreas. Complementaria en cuanto a nombres, pero muy poco en contenidos, es la encomendada por la editorial Labor al precursor M. Tuñón de Lara, cuyas tres últimas entregas de recopilación de fuentes documentales son complemento práctico en la tarea docente, mientras permanecemos expectantes ante la incompleta *Historia de España* de la editorial Crítica. Finalmente, por su novedad y fácil consulta, la *Enciclopedia de Historia de España* de Alianza, bajo la batuta de Miguel Artola.

Junto a estas *voluminosas* historias generales recomendaríamos varias obras de interpretación y síntesis que, no obstante su economía de páginas, aportan meditaciones sugestivas y no poca sapiencia. Entre las ya clásicas, *La realidad histórica de España* de Américo Castro, *España. Un enigma histórico* de Sánchez Albornoz y la *España* de Salvador de Madariaga, así como la *Aproximación a la historia de España* de J. Vicens-Vives, y las más próximas a nosotros *Historia de España* de Pierre Vilar o la *Historia de los españoles* de B. Benassar. Y por su claridad expositiva la *Introducción a la historia de España* de Ubieto, Reglá, Jover y Seco y la *Historia de España* de Historia 16, obra que incorpora el trabajo de profesionales de mérito: Valdeón, Domínguez Ortiz, Tuñón de Lara o J. P. Fusi.

No debemos dejar tampoco al margen otras obras que acompañan al historiador como guía de mano en su itinerario hacia la recomposición integral del pasado, es el caso de la *Historia económica de España* de Vicens-Vives; el *Diccionario de historia eclesiástica de España* del CSIC; la *Historia crítica del pensamiento español* de Abellán; el *Ars Hispaniae* o la *Historia del Arte* de la editorial Alhambra y los estudios dirigidos por Francisco Rico *Historia y crítica de la literatura española* y Carlos Blanco Aguinaga *Historia social de la literatura española* para las letras.

Por último, no se deben despreciar las revistas históricas distribuidas a través de los quioscos callejeros, que con su tratamiento desinhibido de la historia contribuyen a popularizar la aventura de Clío: *Historia 16, Revista española de Arqueología, Cuadernos de Arte Español...*

Índice de términos

Este índice quiere provocar una cómplice y selectiva relectura de la historia de España. Los vocablos más cercanos al ciudadano actual desplazan a las denominaciones utilizadas en el pasado mientras desaparecen los nombres propios ya cumplimentados por los apéndices anteriores. El lector tampoco debe aferrarse ciegamente al término elegido; lo que se ofrece es un camino de búsqueda y enlace entre conceptos e ideas. Por excepción, en algunos casos se han desdoblado las entradas de acuerdo con el protagonismo concedido por los autores a distintos momentos de la crónica peninsular.

Índice

3000 AÑOS DE HISTORIA DE ESPAÑA

PREHISTORIA Y ANTIGÜEDAD

EDAD MEDIA

SIGLOS XVI Y XVII

SIGLO XVIII

1808 A 1873

1874 HASTA HOY